ストリート人類学

方法と理論の実践的展開

関根康正 編

風響社

●目次

目次

●結　ストリート人類学の要諦――「ネオリベ・ストリート化」から「根源的ストリート化」へ

●総括討論

装丁＝オーバードライブ・前田幸江

序章　ストリート人類学という挑戦

関根康正

ストリート人類学は、本来二〇世紀人類学が本来目指していたものの、二一世紀的な自覚的復権であり、再挑戦である。というのは、二〇世紀人類学はその初頭から文化相対主義を標榜し近代西洋思想の覇権に対して人間とは何か人類とは何かという根底的視点から異議申し立てを行ってきた学問であったからである。それではなぜ、そのような再挑戦が必要なのだろうか。

今日、そのような下からの文化批判としての文化人類学という学問の立場あるいは位置は、ネオリベラリズムに主導された覇権的思潮の隆盛で、特に「自己監査文化 audit culture」のトップダウンな浸透できわめて危機的な状況にある。自己監査文化は、大学や研究所に対してその成果を短期間で問い、しかもその評価において量と効率性を重視するので、研究組織はその存続を守るためにいきおい深まらない表層的な研究成果で量を稼ぐようになる傾向に陥る。研究の本義が蔑ろにされていると言わざるを得ない。人類学の最も重要な特長、すなわち、その意味を言葉で語ることがしばしば難しい繊細で微細な事柄を扱う学問であること、そのことが自己監査文化では価値のないもののように扱われ、最悪の場合は、切り捨てられるという始末である。この歓迎できない傾向が、米国で始まり欧州へ広がり、今や世界中に影響を及ぼしている。そこでは、今日の現代人類学は「実践」人類学あるいは「公共」

人類学であるべきだという主張の制度化が進んでいる。そのような文脈でなされる人類学的な仕事は、その研究が公共や社会のためにどのように役立つのかを明示せよと常に性急に要求され、その基準から評価される。このような制度的な圧力は研究者としての本義（健全な社会批判）に立とうとする者を委縮させることになる。社会変革にとって重要で根本的な論点と提案というものは、どうしてもその成果が出るまでに時間がかかるし、またその内容はすぐに多くの人に理解されるわけではない。そのため、何かすぐに社会に、公共に「役立つ」成果が評価される圧力の悪しき結果として、今や多くの研究者が意識的にまた無意識的にそうした挑戦的な基本的テーマを避けるようになってきている。このような状況は、社会批評に深みを提供するために繊細で微妙なアプローチを採る人類学という学問にとっては、その真の力量を踏みにじり本来の目的をそこなうものであり、致命的で危険なものである。ストリート人類学の研究プロジェクトは、このような看過できない望ましからぬ潮流に対して、まっすぐに異議申し立てを宣言し、そこからの脱却と改善の方途を模索するものである。過程を大事にしない結果は、魂のない形式に過ぎない。深みのある研究には、〈研究者の個的な固有の「折り返し地点」をもった自己変容の経験と思索の「時間性」〉（結章にて後述）が不可欠であり、そのようなある研究人生を通じた協働の営みの刻み込まれた成果のみが真の意味で公共のための財産になっていく。社会の中でそれぞれに固有の生を刻み付けている私たちは、それぞれ個的にヒューリスティックな創造過程を歩んで研究しており、そのような歩みの結晶としての深く拓かれた成果のみが、真に役立つものであり、それに出会った個人の生を援助するのである。学問成果の受け手の公共の個々人は単なる研究成果の消費者ではなく、共に人生創造の同行者である。あたかもニュートラルであるかのように「公共性」という言葉が漠然と使用されるとき、支配政体が国民抑圧に用いる都合のいい言い訳となる危険な概念となりうることを、私たちはすでに歴史的に学んできたはずである。沖縄の基地問題、過疎地の原発立地、三里塚の成田空港建設、種々の公害問題、といった冷酷な公共性概念の使用の数々の歴史を思い出せる。今また、沖縄の辺野古で高江で、日米地位協定に実は発する事態を「公共性」の名の下に隠し、国家による非人道的行為を痛恨の想いで目撃している。したがって、公共あるいは公共性が用いられた歴史的な痛みを知っている者として、その言葉の使用には懐疑が拭えない。それでも使うなら、私としては、「公共性のため」と「公共の個々人のため」とを明確に分けることを提案したい。そこには、私が公共人類学という抑圧に転じやすい実践人類学を廃棄し、岩田慶治の後を追って言うならば、いわば「創造人類学」という個々人の生を創造的にする真の実践人類学を標榜する必要性があるとの想いが込められている。後者の立場に立つ私なりの研究実践が、ストリート人類学として探求されてきた。

今日では、大学での研究も教育も商品のように見なされている感がある。つまり、公衆は研究を買い、学生は教育を買うというわけである。私自身は、自分の教える学生が単なる消費者であるというような考え方を受け入れることは到底できない。ストリート人類学は、研究と教育における、このような腐敗的傾向に歯止めをかける抵抗的反応であり、公衆にとって本当の意味で適切な実践性を持った人類学的貢献とはいったいどういうものであるかを再定義していく試みである。

編者の私自身は、ストリート人類学という人類学的見方について、インドと英国でのフィールドワークを通じて考え考えしてきた。本書では、そのような思考過程と成果を、共同研究をしてきた他の執筆者とともに表現してみたのである。

インドでは、大通りの両端に設けられた歩道上に建設された「歩道寺院」と私が名付けた宗教装置を梃子にして、そこに自分たちの居場所やホームを産みだしていく人々の営みをめぐって調査研究してきた。また英国では、南アジア系移民社会に見られるヒンドゥー寺院建設活動を通じた、極めて錯綜した宗教的・社会的ローカリティの再構築の模様を観察検討してきた。こうしたフィールドワークの対象を、ヴォルター・ベンヤミンの概念である通路・通過（*passage*）としての敷居（*schwelle*）がそこに発見できる潜在性を持った狭義と広義のストリート現象とみなして研究してきた。そこで見いだされる敷居こそが、時間と空間の交差の中で創造的かつ芸術的な実践行為の生成する「創発」の場所なのである。実のところ、次で見るように、理論的には敷居というものは客観的に実在するものではなく、ある主体がある文脈で通過経験する転換点であるという意味で主観的にしか規定できない。そうであるから、逆に言えば、どこにおいても現象し得る潜在的可能性があるとも言いえる。

ここでとにかく肝要にして解明しなければならないことは、敷居を、私の概念ではストリート・エッジを見つけ出す方法である。その点で、南インドの巨大都市チェンナイ市の特異な景観、すなわち市中の大通りの歩道上に異様なほど沢山存在し、それも都市全体に満遍なく広がって作られている「歩道寺院」とそれをめぐる活動風景は、顕在的な形で狭義のストリート・エッジ現象を提供してくれている。この典型事例は、ストリート人類学の初学者にとっては格好の研究対象であり、取り掛かりやすいものであった。事実、私自身がこのチェンナイの歩道寺院の存在に誘われてストリート人類学なるものを考え始めたのである。そこで目撃できるストリート・エッジ現象の主体は、その多くが社会的に底辺に排除された人々であり、その場所で生き残りをかけた生活闘争を繰り広げている。傍線部分で排除という言葉を客観的であるかのように使ったが、それは問題性をはらむので、その点についてはすぐに説明を補わなければならない。このような言葉の用法には、ストリート・エッジないしは敷居の場所を同定するのに、社会的には客観的と主張されるが、その実は上からの視点による排除の線引きと、それぞれの主体の主観的な被排除感覚による線引きとの区別があいまい化されているという難点がある。つまりこの用法では無自覚に上からの排除線を肯定してしまっていて、排除されているとされる個々の主体の現実感覚は無視されている。実相は、「排除されている感覚」の線引きは、それぞれの主体の置かれた文脈においてその主体が感覚するというもので、正確には主観の数だけ多様なものであるはずである。したがって、自らが排除されていると感覚する境界的な場所、すなわち敷居は、主体の文脈に応じて潜在的にはどこにでも見いだされるはずということになる。

私のストリート人類学的方法は、ストリート・エッジが容易に見いだされる顕在的なチェンナイのケースにおいて始まった。そこでは、社会的排除の度合いの強さゆえに、いわゆる客観的に見える視点と主観的な視点との相違がミニマルになるケースであるからである（それでもなおズレがあるのだが）。その後、インド調査と並行しながら、英国での南アジア系移民社会での研究を開始した。しかしながらそのフィールドは、敷居の発見に関してはずっと複雑で見えにくいケースを提供することになった。研究を続ける中で分かったことは、このケースにおけるストリート・エッジ現象は、当初予想された、移民社会という社会的周辺性から見出されるストリート・エッジというような単純なものではなく、継続的な調査観察によってはじめてわかってくるような微妙なあり方をしているのであった。確かに、宗教や人口量などについてみれば彼らは明らかに英国社会のマイノリティであるが、経済的地位についてはわずか三世代あまりで社会的中心を占める人々が少なからず出てきている。特に私が主たる対象にしている東アフリカ経由のグジャラート系移民においてはそのことが強く妥当する。このような事態からも現代英国社会の中での南アジア系移民にとっての現在のリアルな敷居がより見えにくくなっていることが推察できる。したがって、そういうところでは、どこに敷居があるのかを見つけ出すために、対象にしているフィールドの主体が置かれている文脈をまずは注意深く読み取ることに向かう必要がある。そのようにして現に生きられている敷居を見つけた後にはじめてその敷居をめぐってどのようなことが起きているのかを考察ができることになる。このような意味で、私にとって英国でのフィールド体験はストリート人類学を深化させる上で欠かせない重要な経験を与えてくれた。まさに、その経験が、文字通りの形象的なストリート・エッジを、抽象度の上がった、しかし具体性の場としての敷居へと概念的に拡充深化してくれたのである。

自己が排除される線引き、すなわちそれぞれの敷居（ストリート・エッジ）の場所が相対的であることを確認した後で、ストリート人類学は、敷居を発見するために、そして敷居をどのように生きているかを知るために、社会的に限界状況に置かれた人々、いわばもはや自力では出口なしという「排除された」感覚のなかに立つ人々の生き様（生きている場所と状況）に注目することによって特徴づけられる人類学であることを宣言できる。このような敷居を生きる人々の活動を観察することを通じて、限界状況の人々がいかに生き延びているかを学ぶことになるが、それだけでなくそのような厳しい状況においてもいかに価値ある生き方をしようとしているかを学ぶことができるのである。その学びには人間の生き様の普遍の本質のいくつかが、特に基本的に重要ないくつかが認められる。というのは、排除される度合いがひどく限界状況にいる場合ほど、その限界状況において見出される生は私たちの生のありかたの拡大鏡という分析装置の役割を果たしている。そこまでは自分は排除されていないと思っている人たちにおいても、その実際の生き様の本質においては、酷く厳しい状況にいる人たちのそれと本来変わらないものである。それはどういうことか、なぜそう言えるか。というのは、誰の人生も、その置かれた文脈において自己の能力ではもはやどうすることもできないという限界状況すなわち敷居を抱え込んだ時にこそ、そこをめぐって本気でもがき、そこを通過する経験のうちに展開し発展するものだということを、私たちに改めて気づかせてくれるからである。そのような敷居で人は決定的に大事なことを気づく。敷居を通過し生き延びるには、つまりそこを通過して前に進むためには、他者の力を受け取る協働という実践以外にできることはないことを知ることになる。これこそが、自己の力にこだわる自分を放棄した後の事態であり、そこに敷居の不思議な過程がある。すなわち、そこで、人は自己努力の往路から他者との協働の復路に転換（折り返し）を始めるのである。

これこそが、チャールズ・サンダース・パースの連続主義に裏打ちされた記号過程、すなわち生きることの創発と創造の実践過程のことなのである。ジル・ドゥルーズの「マイナーなものになる」という概念もまた同じ問題に取り組んでいるに相違ない。自己中心的視点から他者中心的視点への転換という敷居過程における決定的な出来事（折り返し）こそが、ブリコラージュ概念がしばしば作ってしまうブラックボックスをそのキーポイントにおいて開けるものであり、価値ある芸術的な生き様がどのように獲得されうるのかという最も枢要な秘儀を開示するものである（「知の折り返し」を述べていた岩田慶治人類学は早々にそのことを開示していたのだが）。この過程における最重要なことは、「時間性」あるいは「記号学的時間」を有することである。この非常に哲学的・倫理的なニュアンスを持った変容の事実（メタモルフォーゼ）がストリート人類学的思考の中心を貫くものである。ここで自覚すべき重要なことは、その「時間性」とは、近代西洋思考において支配的な、全く折れ曲がることのない近代の直線的な時間観念とは全く異なる次元の時間であることである。この「時間性」のキーポイントは、有に向かって進む往路から無に向かって進む復路へと転換するという異なる質の時間を内包する点である。これが敷居の時間なのであり、それを創発のための「記号学的時間」すなわちここで言う「時間性」と呼びたいのである。

そういうことであるから、ストリート現象というのは、ストリート・エッジないしは敷居が見いだされるべき場所のことであり、それゆえにまさに生活としてのストリートアートあるいは同時にストリートアートとしての生活と言えるものの発見・発明場なのである。排除、敷居、ストリート・エッジと呼んできた自己の限界状況こそが、人がオリジナルで芸術的な生き方を構築し続けるために鍵を握る場所なのである。そして、そこに展開する記号過程の創発の「時間性」が他者との協働を不可避に導くのである。この他者との協働を繰り込む生き方の方法を、フーコーを踏まえて私は「ヘテロトピア・デザイン」として定式化できると考えている。そして、以上のような民族誌に裏打ちされた理論的議論は、近代的な発展時間を批判した社会科学における「空間論的転回 spatial turn」の意義をより幅広くし深めるものにする上で有効な理論的貢献をなすものと信じている。

＊

ここまで、ストリート人類学が意図する文化人類学及び社会科学における学問的貢献とは何かについて述べてきたが、その意義は「公衆の一人一人にとって本当の意味で適切な実践性をもたらす人類学的貢献」に届かなければならないとするものである。したがって、本書で示される研究が、なぜ今を生きる人々に密接しているかを、もう少し切迫する現代社会状況と切り結ぶ形で、この序において記しておきたい。その要点はこうである。多くの公衆にとって生活・生存の厳しさが増した、言い換えれば、これまでのホーム中心的な発想でゆっくりとやり過ごせていた状況が急激に変化して不安定化した。そのために、隠れ蓑がなくなってきた分、ストリート的なるものと向き合う度合が増してきた。すなわち、「ストリートを生き抜く知恵」が必要になってきた、あるいは身近になってきた。そう言わざるを得ない状況から、ある意味では皮肉にもストリート人類学が公衆の個々人のために不可欠の人類学の様相を呈してきたのである。しかし、その意味は、もちろん、ネオリベラリズムの流動化に合わせた浅いモビリティ論の提供などを意図していない。そうではなく、現代を生きる人々に本当に必要とされているもの、すなわち自己の限界を生き抜くという根源的な生のあり方に届くような深みを持った真の遊動性に触れた実践知を提供するのである。

現代社会をグローバルスケールで席巻するネオリベラリズムの経済思想状況は、一九九〇年代以降に顕在化したが、そのトランスナショナルな動きの始まりはすでに一九七〇年代に起こっていた（歴史学者中里成章氏の御教示に負うが、今日のネオリベラリズムの起点を戦前の総力戦体制に置く見方もある。本書の総括討論で阿部年晴も同じ指摘をしている）。ネオリベラリズムは合理化・効率化・リスク化のランキング競争を通じて社会的再帰性を強化させることで、グローバルスタンダードに標準化させるという徹底した一元化を推し進める思潮である。

近代が科学と共に一旦は作り出した分化構造システムには、少なくともそのシステムの内に「内化・周辺化した他者」が含まれていた。しかし、現代のポスト近代においては、その脱分化運動（流動化）によって、このシステムの内にあった最後の他者をも放逐して人間と集団の自己の全域化という一元化に急速に向かっている。そのことは、すなわち、その一元化・標準化に沿わない人や物は規格外として徹底的に排除されることになる。排除された者たちはもはやシステムの外にある者であるから福祉で救済されることもなく、棄民される。すでに社会の支配様式は、「生かす権力」から「殺す権力」へと基本的なところで変質したのであり、一つの統合社会とは言えない「分裂社会」（格差社会という言い方は不適切であるし、よく見られる世代分断の議論も不十分なもので誤解を招くものである）の様相を呈している。ネオリベラリズムは、近代が世界的にまた国家的に産み出した支配の中心、半中心、周辺という同心円的世界構造を、突き崩しつつある。国家の中でおおかたが半中心的位置を占める市民的中間層を破壊していく。少数の支配中心という自己のみに資するイデオロギーすなわちネオリベラリズムが他者を自己化して肥大していく（経済的に富の極端な集中が起きる）。他方で、膨大な数のアンダークラスすなわち棄民（社会から棄てられた人々）が支配中心の自己とは無縁のシステムの外部に追放された他者（現代奴隷）として発生・増殖してきている。アンダークラスはもはや周辺でさえない、標準外の群れとして例外状態に置かれる。例外状態の生は、隔離的管理の対象に過ぎないので、周辺存在の両義性という近代の中に残存していた意味づけももはや無効になる。メディアと警察と空間計画の共同管理が、少数のスーパーリッチと膨大なアンダークラスの間に新たなアパルトヘイトを持った「分裂社会」を生産維持し、後者の「剥き出しの生」を生きる（あるいは死ぬ）者たちは、下級民としての貧民（the poor as the lower class）でさえない、衣食も賄えない極貧者（paupers）としてストリートを彷徨う。これが、新しい現代奴隷制社会（たとえば、ケビン ベイルズ『グローバル経済と現代奴隷制』二〇一四、凱風社）の成立である。

ここに書いていることは大袈裟であろうか。一九七〇年代まで総中流意識などと浮かれていた日本社会が、現在では日本人の六人に一人が「貧困層」（「相対的貧困率」という基準での貧困線を下回る等価可処分所得しか得ていない人の割合。厚労省はOECDの基準に基づき算定している。二〇一二年の場合、所得が一二二万円未満の人の割合を指す。）であるとされ、この三〇年程の間に日本の五分の一の世帯が年収二〇〇万円以下で生きている現実に転落し変化していることに戦慄を覚えないだろうか。平成二六年国民生活基礎調査の結果では二〇・五％の世帯が年収二〇〇万円以下である、さらに参考に付加すると、年収四〇〇万円以下で、なんと四八・二%の世帯、ほぼ半分を占めるのである（cf. nippon.com のサイト http://www.nippon.com/ja/features/h00072/ より）。ＯＥＣＤ諸国の中でも「相対的貧困率」は四番目の高さである。そうならば、この先に、路頭に迷う日本人の群れを見ないとは限らない底なし沼の光景が見えないだろうか。これが、私の名付けるところの「ネオリベラリズムのストリート化」の先端の（殺）風景である。メジャーのネオリベ旋風が自己空間をグローバル・フローで標準化（一元化）し、そのストリート的な見せかけ（すでにストリートは殺されているので）の下で巨大なホーム化（ホームしかなく、それ以外は荒野）を実現しつつあるのである。その旋風に吹き飛ばされてネオリベ自己空間の外部に投げ出された者たちは死ぬまでの期間、メディア一括管理の下に置かれている姿である。

こうして、悲惨な極貧者が彷徨う路頭ないしはストリートエッジが、奇しくもクローズアップされることになったのである。それがネオリベラリズムの現実の真実の陰画なのである。その意味で、今日の paupers あるいは homeless は、このネオリベ社会の特徴を私たちに見せつける拡大鏡にすぎないのであって、明日をも知れない不安定 uncertainty という極貧者 paupers の特徴は、今日の若年層の、そして少し前までの総中流意識の幻想覚めやらぬ中高年層のただいまの生活の真相なのである。泡沫の幻想を振り払い、福祉少なき社会をメディア・パノプティコンのごとき監視管理の下で現実には生きていることに、すなわち自分が、少数スーパーリッチの住む gated community の堅固な高塀の中ではなく外にいる大多数の一人であることに気づく時が来ている。この気づきにストリート人類学の眼目がある。したがって、私たちは何も好き好んでストリート・エッジの paupers を追いかけているわけではなく、その現実に私たちが今生きている社会の真相が映じているからである。そこは人類学実践の行われるべき中心的な場なのである。とはいえ、ネオリベは本当にストリートを完全に殺したのか、今もう少し確かめておきたいのである。どのように瀕死であるのか、瀕死であることは確かだが、甦る可能性はないのか、などなど。その研究は、極貧者化する私たち自身の問題としてもちろん思考されている。

なおもそう問うのには、理由がある。ネオリベ自己空間の外部に投げ出されても、塀の外でも例外状態といわれようとも、そこで人間はまた生活を営む力を有しているからである。不安定（uncertainty）をなんとか少しでも安定化させようと必死になる。諦念や無感覚という退出もそこに含まれるだろうが。死に隣接した極限的状況の中での人間の創発力が、ぎりぎりのストリート・エッジで発現しているからである。それを事実目撃できるからである。もちろん膨大な犠牲を伴いながらであるが。犠牲を出しながらも何かをつかみ出し作り出す。一見無に見えるところから有を産む創発の実践が見えるのである。それを解明したい。解明する必要がある。塀の外部に生きる膨大な人々の今後のために役立つ覚悟と知恵と実践方法が発見できるに違いない。今日多くの人たちの身の上にもたらされつつある経済と精神の貧困から抜け出す道筋を知りたいのである。家もなく無産なのに、ストリート・エッジの明日をも知れぬ不安定 **uncertainty** の中でそれでも死なずにそれなりに元気に生きている人々がいるならば、それは私たちの教師である。その状況は、究極的に「人が生きるとは何か」を、哲学的思弁的ではなく現実的に問いかけるものであろう。その問いを多くの場所と事例から一緒に考えて探索していきたい。そこにストリート人類学の協働性を創り出すという意義がある。

死にそうだ、もうだめだ、……そして実際に死んでしまうこともある。だが死なない場合もある。死なない場合はどうしたのだろうか、何が起きているのだろうか。先取り的に言うと、閾ないし敷居を発見したのだ。〇度で水が氷になるように、一〇〇度で水が水蒸気になるように、私たちの人間の現実にも敷居がある。その転換点において私たちは違った想像力を獲得する。端的に言うと、ネオリベが主導するような他者を排除した自己中心のメジャーな見方すなわち「ネオリベ的ストリート化」での往路の想像力では見えない、新たなもう一つ別の次元の想像力が確かにある。それは、他者の受容によって起こる自己変容という動的過程においてまさに創発する復路の想像力である。メジャーになることとは真逆の「マイナーなもの」になることで見えてくる地平である。ある文脈で今の自己がその自己限界状況の中で到来する他者に包み込まれるときに、創発が起こる。この「自己が他者化」するという動的過程を、私としては「根源的ストリート化」と呼んで概念化しておきたい。なぜ根源的と形容するのか。それは、現代のネオリベ思潮という歴史拘束的な次元を超えている、より長波の人間の生の在り方を指し示していると思われるからである。ここでもすでに私たちの思考の下敷きになっている、歴史的・認識的因果よりも動物的・実践的の回帰を含む現代の厚みを把握したい（cf. A・リンギス『変形する身体』二〇一五、水声社の「身体的内観の勝利」を参照）。先人の数々の偉大な業績があることは言うまでもない。E・サイードの『オリエンタリズム』から始まる表象の反省から表現へ、C・パースの記号過程すなわち経験行為と創発、野村雅一による自己が他者になるアイデンティフィケーションという視角、M・フーコーのヘテロトピア、C・レヴィ＝ストロースの野生の思考やブリコラージュ、西田幾多郎の主語と述語化による無への深化、G・ドゥルーズのマイナーなものへの生成変化、動かないノマド、W・ベンヤミンの敗北の歴史、などなど。いずれにも貫かれている、ある思想的なキーポイントがある。歴史的常識に依存した特殊的な自意識を突き破る単独的な「高貴な」自他以前の噴出である何かだ。

　ネオリベラリズム批判は、私がこの時代を生きる研究者であることにおいて抱える不退転の意志表現である。それが私における研究の当事者性というものである。しかしながら、そのことは、ここでの考察がこの時代だけに限定されることを意味しない。人類学は人間が人間として生きるとは何かを問う、もう少し長波の課題を持っている。この時代に巡り会い、ストリート・エッジを彷徨する極限的な人々の生において、自らの生そして人間の生を豊かにする根源的問いに出会っているのだと思っている。そういう社会の底を打ちそうな生の場所で、本書の執筆者たちはそれぞれに人間の生の根源的様態すなわちぎりぎりの創発力に肉薄しようとしている。その思考の軌跡を広く共有することが本書の刊行の意図である。

本書の構成は以下のように起承転結の展開をとる。結論として「ストリート人類学の方法と理論」が開示される。

＊

〈起〉メジャー・ストリートの暴力と排除に抗して――棄民される人々の中へ　ネオリベ近代も近代の近代化という社会的再帰性が進んだことで排除性と暴力性を格段に高めている。科学技術と資本の産み出した放射能汚染による故郷喪失、児童福祉施設の暴力、植民地近代が固定化した不可触民差別、そういった社会の底辺で呻吟する人々は、私たちが生きる近代システムの負の犠牲者、つまりホームからストリートに投げ出されている人々である。このような顛末の近代の過剰としての「ネオリベ・ストリート化」に対して、単に犠牲者救済の立場ではなく、真摯に当事者として対峙することが求められている。ここでの諸論文で本書の問題意識が示される。

〈承〉ストリートの表層と内奥の往還――新しい敷居の発見から自覚へ　「ネオリベ・ストリート化」による棄民の彷徨う空間はストリート・エッジであり、そこが研究対象に据えられる。しかしストリート・エッジは意外にも見えにくい。空間の広がりと時間の重層が詰め込まれたストリートを遊歩し、ストリート・エッジすなわち想像力の入り口としての敷居を発見するために目を凝らす必要がある。そこは、ストリートの深層に入り込んでいく場であり、深層心理学の知見が人類学と出会う場でもある。具体的には、ネオリベ社会のストリート・エッジであるローカリティやエスニシティが、ノスタルジアという概念を介して敷居に見立てられて、それが共同的に自覚し直されるという事例が取り上げられる。本書収載の各論文のさまざまな事例こそがそれぞれの文脈での「新しい敷居」の発見そのものである。

〈転〉マイナー・ストリートの創造力――ヘテロトピア・デザインに向かう実践　ネオリベラリズムに席巻され追い込まれ敗北したかに見える人々の生き様の現実に接近してみると、敷居の発見、自覚を通じて創発的にネオリベを織り込んだブリコラージュの豊かな表現実践が見て取れる。これを、当事者の自己の限界状況で起こる「マイナー・ストリートの創造力」と呼びたい。その他者の力の繰り込みという協働を通じて受動を能動へと逆転して生き延びるストリート・エッジの生活の想像力と創造力に、ネオリベ一元化に粘り強く抗する知恵と技法が見出される。それは「他者・外界の環境に働きかける実践」というデザイン概念の本義に立ち返れば、ヘテロトピア・デザインという協働的デザイン過程として概念化することができる。それによってブラックボックス化しやすいブリコラージュ概念自体も再定義できる。それが本書執筆者たちが人々の生き様から見出した、底辺からの想像力・創造力である。

〈結〉ストリート人類学の要諦――「ネオリベ・ストリート化」から「根源的ストリート化」へ　「マイナー・ストリートの創造力」には、ストリート・エッジ（敷居）での動態が有する「根源的ストリート化」と見定めることができる。そこでは、「ネオリベ・ストリート化」の近代時間とは異なる時間性、すなわち有に向かう往路から無に向かう復路へと折り返す実践が要諦になる。これこそがパースの言う創発的な記号過程の生活世界での実践原理である。この原理は、エッジに立つ人たちだけでなく、あらゆる人々の生き様の根底にあるものとして敷衍できる。「ネオリベ・ストリート化」の奔流は、逆説的に「根源的ストリート化」という人間の生の原理の発見の衝迫となった。追い込まれ、底辺にあえぐ人々の現実そのものが、折り返し点ともなる。これが本書の見出す結論であり、人類学の特長を最大限に引き出す新たな貢献と呼ぶことができよう。

＊

本書が描き出すストリート人類学は、人類学の本道を歩むならば、必ずや踏み越えるべき不可避な過程として敷居の発見と自覚と超克があることを提示するために探究されてきたものである。しかしながら、このストリート人類学の完成の地点を想像するならば、つまりその研究過程の全体からすれば、今はまだ、踏み越えるべき敷居を見出した入り口すなわち復路への折り返し地点を過ぎた復路の最初部に立ったものと位置づけられる。本書の編纂はその最初の協働（コラボレーション）であるが、今後、この敷居を超えていく復路の道行で未踏で創造的な豊かな数々の協働が待っているはずである。本書の著者諸氏そして編者はそれを願って楽しみにしている。

起

メジャー・ストリートの暴力と排除に抗して——棄民される人々の中へ

一章　新たなローカリティを創発せざるを得ない人々
——新現実と戦う福島第一原発事故被害者たちのストリート・ウィズダム

トム・ギル

まえがき——周辺の集落の危機への反応

そもそも日本国家の周辺にある東北地方、福島県。その中でも、内陸にある福島市や郡山市の大都市と漁業・原発で比較的に盛んな沿岸部の間に隔絶がある、一番人口密度が低い飯舘村は、「村」と言っても、村域二三〇平方キロに点在する二〇ヶ所の「行政区」という零細集落の集まりである。村の役場はその中心に位置するが、その役場から一番遠い南部の行政区が長泥区（人口約二五〇人）である。飯舘村の中でもさらに周辺である。と同時に最南部というのは、一番福島第一原発に近いということであり、二〇一一年三月一一日の大震災以降、大量の放射性物質が長泥に降ってしまった。当年五月の末から飯舘村全域が避難命令を受けたが、二〇一七年三月の末、長泥以外の行政区は避難命令が解除された。長泥だけは現在（二〇一八年春）まで「帰還困難区域」で、居住が禁止されており、長泥を通る道は行政区の堺でバリケードとガードマンにより閉鎖されている。周辺化の極りである。

物理的に汚染された原発付近の集落は観念的にも汚染された。「不浄」のイメージを負わされ、きついスティグマ・差別にさらされる。国・県・村の避難政策により、人々はお互いに長距離を置いて暮らすように余儀なくされていて、「人」と「場所」の関係が分断されている〔ギル　二〇一三〕。それに国家の賠償金政策により、被災者の一部が大金を貰ういっぽうで、彼らの近くに暮らす人は避難指示区域の境界線の外だからほとんど賠償金を貰えず、避難民のあいだでさらなる分断が発生している。

この国家政策の犠牲になってしまった集落の人々はどうやって環境の突然な激変に反応するか。ただただ被害者として、受動的に当局が決める支援策を待つだけなのか。それとも積極的に、弾圧された人の知恵（ストリート・ウィズドム）を生かして抵抗するのか。この論文では後者であると主張する。国家権力に潰されそうになっている共同体は様々な形で想像力を発揮し、抵抗して来た。たしかに、先述したような「分断」が発生したため、当事者の「団結」はほぼ不可能なはずであるし、実際集落内の不調和も見られる。しかし驚くべきことに、長泥の人々はそれなりに団結して戦い、新たなローカリティを創発してきたと言えよう。

一　「ふるさと主義」と「不浄意識」

日本ほど首都中心的な国家はあるまい(1)。政治的な権力、経済的な富、社会的な地位、すべてが東京に集中している。東京による国の支配は大型地方都市により各地で再生産されている。このような都市集中化のプロセスで、地方は人口減少・高失業率・経済的不況に陥り、近年では少子高齢化・跡継ぎ問題が加わって、農業・地方の活気は著しく低下してきた。

ところが、急激な都市化・産業化・現代化の中でも、古い田舎の共同体に対する憧れの意識は根強く残る。それは単なる個人の意識ではない。保守的なイデオロギーでもある。それにより、ふるさとを愛することは個人の選択ではなく、国家が定める規範となっている。愛国主義と似ており、ふるさとを愛さない人は国を愛さない人と同様、裏切り者であるかのように見なされる。田舎の「ふるさと」らしき集落を支持して、その代わりに田舎の票を貰うのは自民党の日本支配の芯にある。だからこそ「ふるさと」という言葉をマントラのように使う自民党の政策はいつの世代でも見られてきた[2]。二〇一二年、東日本大震災後初の総選挙で圧勝した自由民主党のマニフェストの表紙には「日本を、取り戻す」と書いてあり、次のページの見出しは「まず復興。ふるさとを、取り戻す」であった[3]。自民党は、その産業化政策が大都市に有利で地方に害を与える場合が多いのに、その事実を隠し「ふるさとを大事にする」ことを訴え、地方の選挙基盤を保ってきた。

「ふるさと」は保守的な政治の中心イデオロギーでありながら、大衆文化の芯にもある。離れてしまったふるさとへの愛着やノスタルジーというテーマは演歌や歌謡曲の定番であり、テレビドラマでも頻繁に登場する。第一興商が運用する通信カラオケシステムＤＡＭのカラオケメニューには「ふるさと」がタイトルに含まれている曲は六二八件もあり[4]、文部省唱歌「故郷」（高野辰之作詞・岡野貞一作曲）は一九一四年以来、すべての公立学校で歌われている。

日本の大衆文化に浸透しているふるさとへの感情は郷愁だけではない。罪悪感も含まれている。日本の都市化はよその産業国家と比べれば最近の現象であり、日本人の九割は都市に暮らしているいっぽう、まだまだ田舎に実家があり、故郷をもつ人が多い[5]。自分たちが見切りをつけた実家・ふるさとに対する罪悪感が、お盆と正月の巨大な交通渋滞に表現されているだろう。

上記の現象を合わせた思想システムを私は「ふるさと主義」と呼ぶ。

東日本大震災はふるさと主義に大きな課題を与えた。津波で木端みじんにされた漁村を同じ場所に作り直しても、次の津波にまた潰されるかもしれない。高台に移したり、巨大な堤防を建設したりすることもできる。しかし、海が見えないそれらの漁村を「ふるさと」と言えない気持ちは多くの住民にあった。巨大な堤防の建設に反対する集落もあった[6]。一方、福島第一原発事故は別の試練を与えた。福島県の内陸にある市町村は潰されていない。多少地震の害があったかもしれないが、原発事故がなければ普通の暮らしを続けることは可能であった。ところが、放射能がある。放射能を帯びたふるさとをどう考える。そのふるさとに帰る気があるか。なるほど、放射能は危険である。しかし一日何マイクロシーベルト（μSv）、一年何ミリシーベルト（mSv）からが危険なのか？大震災の前、政府が定めた「安全線量」は一年間1mSvだった。ところが、政府は、市町村の避難解除を決めたとき、それを二〇倍の年間20 mSvに変更した。「安全性」の公式定義が変わった。当事者へのメッセージは、「二〇倍ぐらいは大丈夫だから、愛するふるさとに帰れ」というようなものだった。しかし放射能はシーベルトで測ることができるのに対し、ふるさとへの愛情は測る単位がない。よって、放射能のリスクとふるさとへの愛情のバランスをとる方程式はない。

見てほしい写真がある。飯舘村の入り口の一つで菅野典雄村長と役場の部下が二〇一七年三月二七日、「お帰りなさい」という看板の除幕式を行なった。[7]これは三月三一日の帰村宣言・避難解除への準備の一角だったが、その看板の意味を考えてみたい。

（1）村の名前は漢字ではなくカタカナでもなく、ひらがな。被災地の地名の表記は複雑な問題であり、下記第二節でもっと触れるつもりだが、カタカナなら問題性を表現する（ヒロシマ、フクシマ、ゲンパツ等）ところ、ひらがなを使って柔らかい、あえて言えばフェミニンな印象を作ろうとしているだろう。避難解除になる村は子供たちの帰りを待つお母さんのイメージではないか。

（2）「首を長～くして待ってたよ」と書いてある。この文章には主語はないが、避難命令によって村民全員が外に出たことを考えるとやはり、村そのものを擬人化しているようである。

（3）典型的な四人家族が歩いて帰るという影像があり、家族全員が帰村するという希望・夢を絵にしている。

（4）両手でハートを持つ手という村のロゴマークがあり、そのハートに村のスローガン「までいライフ」が書かれている。「までい」は「手間暇を惜しまない」を意味する東北弁の言葉で、（ものごとを）ゆっくり、丁寧に（やる）

という意味である。「までいライフ」は菅野村長が大震災のずっと前から提言していた飯舘村のスローガンであり、全国に知られている「スローライフ運動」〔筑紫　二〇〇六参照〕の一角である。

（5）一番目立つのは、「現在の放射線量」とその下にある赤い電気表示の「0・21 μSv」。役場はこれで「村に暮らすのは安全ですよ」というメッセージを発信しようとしているだろうが、村民の解釈はもっと複雑である。まず、「帰村したら、一日中放射線量を気にする必要がある」、それに「毎時0・21 μSvは年間1・84 mSvに当たるから、まだまだ震災前の年間1mSvという安全水準の倍に近い」、さらに「案の定、測定器の周辺を特別除染して人工的に値を下げただろう」、そして最後に「雪が積もっているから値が低くなっている」（雪が積もっていると土に取り込まれている放射能は比較的に空気に出にくいから、飯舘村の放射線量は冬場下がり、春にまた上がるというパターンがよく知られている）。大震災から六年間以上経った現在、以上の認識はもうはや地元の常識的な知恵になっている。

写真1

ふるさとの安全性をアピールして、ふるさとの生活を美化するこの看板は同時にふるさとが汚れていること、危険であることを表現してしまう。次節で触れるように、ここでふるさとを聖なる土地とする「ふるさと主義」が日本文化に根強くある「不浄意識」とぶつかる。結果として被災地の共同体にずっと残る傷が付けられた。村は、帰村する人々に一家庭あたり二〇万円の「お帰りなさい補助金」を支給するが、村のホームページによると「避難解除宣言」から九ヶ月経った二〇一八年一月一日現在、帰村人数は五二五人（総人口の八・九％）に留まっている。[8]

二　他者になった福島原発事故被災者たち

東北地方は日本の都市化が残した問題の代表例である。輸入規制緩和などで既存の農業・漁業が弱体化したうえに都市化で労働力も次第に失ってしまい、慢性的な経済的不振と長年戦ってきた。その中で新しい収入源を必要とする地方にとってインフラ・雇用・補助金が伴う原発建設は一つの逃げ場になってきた。一九七一年三月二六日、福島第一原発が営業運転開始した。いったん地域住民の原発拒否運動（「ニンビー現象」、ギル　二〇〇七参照）を抑えて一つの原子炉が作られると反対の声が上げにくくなり、金銭的なサポートに依存性が出来、次の原子炉が作りやすくなる（「逆ニンビー現象」、同）。いつの間にか福島第一原発六基、第二原発四基と福島県に一〇基が現れた。日本の地図を見ると原発の立地は貧しい都道府県に集中している。半分近くが福井と福島の二県の沿岸部にある（同）。

二〇一一年三月一一日に発生した東日本大震災は原発容認という経済的な「逃げ場」の危険性を残酷にも暴露した。震災直後の数日間に渡り、原子炉三基が相次いで水素爆発を起こし、大量の放射性物質で福島県の空気を汚染した。一六万五千人が避難を強いられ、七年が経っても約六万人はまだまだ避難先で生活する状況が続く。

原発事故直後から福島県民に対するきつい差別が始まった。ホテルなど宿泊施設は福島県民を宿泊拒否する。[9]ガソリンスタンドは福島ナンバーの自動車にサービスを拒否する。[10]避難した子供たちが「放射能で不浄になった」とされ、いじめられた。証明するのが困難ではあるが、福島県民との婚約を取り消す事件も何件かあったようである。福島産の農産物をボイコットする運動も見られたが、それは「風評被害」なのか、当然の安全対策なのか、微妙である。福島県そのものが「フクシマ」と書き直されて「ヒロシマ」に並ぶ恐怖のシンボルになってしまった。（福島県の当局はそのカタカナのイメージを避けて、飯舘村の役場と同じように柔らかいひらがなを使い、「ふくしま」と書くことが多い。[11]）

差別はミクロとマクロのレベルで再生産された。外国人は「ニホン」を不浄と見なし、日本国内では、東京など被災地と離れたところの人が「フクシマ」を不浄と見なした。福島県内ではほとんど汚染されなかった西部の人が原発所在地の東部を不浄と見なした。福島東部の中では、福島市など直接な被害が少なかった地域の住民が原発周辺の被災地を不浄と見なした。被災地の中でも放射線量が比較的に低い地域はそれが高い地域を不浄と見なした。

対福島差別は単純な現象ではない。二〇一六年の末から二〇一七年にかけて、一旦新聞の見出しから消えつつあった避難先における福島県の子どもたちへのいじめ問題がまたマスコミで報道されるようになった。福島出身の生徒が、同級生、場合により担任教員にまで名前に「菌」をつけて呼ばれるなど[12]、明らかに不浄意識が見られる事件もあれば、「賠償金あるだろう」と言われて金を出させられるなど[13]、経済的な妬み差別も見られる。原発被災者に対する人々の態度にはこの二つ（不浄意識・賠償金に対する妬み差別）が必ず込められていると言えそうである。

対福島差別は「同情」として表現されることもある。例えば私が知り合ったKさんの場合である。Kさんは二〇代後半の男性で、東日本大震災が勃発してすぐ東北の被災者支援に取り組んで、南相馬市で市民FMラジオ局を設立した。ベテラン左翼運動家である両親はKさんの活動を強く支持した。ところがある日、東京の実家に戻り、親に「知らせがある。実は婚約した」と発表すると、母親は開口一番、「福島の子じゃないよね?」と言い出した。Kさんには大変なショックであった。母親は息子がフクシマを支援するのはよろしいが、フクシマの女性と結婚するのは困る。おそらく、放射能のため、奇形児が生まれるではないかという心配があったのだろう。こういった出来事で分かるのは「同情」は「差別」の反対ではないということである。場合により、「同情」と「差別」はお互いに極めて近い存在になりうる。人が同情するのは自分ほど恵まれていない人、他者に対してである。他者化は差別の前提でもある。多くの親は子供が国際協力機構に入り貧しいアフリカの人たちを助けに行けば喜ぶだろうが、帰国したとき貧しい黒人の配偶者を連れてくれば、ショックを受けるのではないか。他者を助けるのは結構、他者と一緒になるのは困る。これは同情と差別の接点である。３・11以降、福島原発事故の被災者は日本の内部的他者になってしまった。

三　支配的な権力に抵抗する「当事者の知恵」

この国の権力は悪質というよりむしろ無責任で不器用であると私は思う。第一原発の防災措置は不十分だったのに、東京電力の怠慢を国家は牽制しなかった。事故になったら、麻痺状態になり、せっかくあったＳＰＥＥＤＩシステムの正確な放射線データを適用せず、不必要に多くの人の健康に害を与えた［佐藤　二〇一五］。そして地図に線を引いて、その線の内外により賠償金の金額を大きく変えることで被災者の一部を百万長者に、一部を貧困者にした。正にわんぱくな神のように人の運命を勝手にひっくり返した。

この強力で不器用なモンスターのような国家権力を相手にした被災者たちは、これから紹介するように、この論集のテーマの一つである「ストリート・ウィズダム」（土着の知恵）で抵抗してきた。

筆者がこの六年間調査してきた福島県相馬郡飯舘村長泥区はただでさえ周辺的な場所にある村の、さらに中心から離れた部落で、福島第一原発事故により突然人間が住めない、忌の場所と化した。しかし、「放射能」という物理的な汚染と「不浄」という概念的な汚染に区別をつける必要がある。「人間が住めるようになるまで放射能を除染するのは可能か」という問いとは別に「仮にきちんと除染が出来ても、「不浄」な集落に住民が戻るか」という問題がある。下記のエピソードで分かるのは、これに関して「住民の知恵」があっても、決して一枚岩ではないことである。

二〇一一年一〇月一〇日の朝、文部科学省が発表した飯舘村の最南部にある長泥区の空中放射線量は14・6 µSv/

hr（マイクロシーベルト毎時）であった。飯舘村の全二〇区が計画的避難区域となり、その中で長泥は一番線量の高い区であった。その日の午後、長泥区の元区長、高橋正人さんはいまや無人の部落の中心である十字路に行って、別の男性に十字路に面する菅野利夫さんの畑の草刈りをお願いした。その男性は十字路に一番近い所で約二〇平米の草を刈り、正人さんがトラックに積んで運び出した。二〇一一年一〇月一一日の朝、文部科学省が発表した長泥区の放射線量は11・2 μSv/hr であった。

文科省のオンライン放射線量データを見る限り、長泥の空中放射線量は一〇月一一日を区切りに二～三割減ったように見える。現実はというと、正人さんが放射能で汚染された草を除去することで小さな低放射能地帯を十字路の一隅に作ったのである。そこにある部落の掲示板の上にプラスティック・ボックスがあり、その中に文部科学省の放射能測定器が入っていた。放射能が測定されるまさにその場所で、正人さんは個人的に局地除染をしていたのだ。空中放射能は草や葉っぱにくっ付くから、草を刈りとってしまえば、その場に限って放射線量が下がる。集落全体の放射能が減少したわけではない。

その後、この幻の放射能減少の原因がばれて、多くの区民たちは怒った。正人さんの個人除染のせいで、長泥全体の放射線量が下がったという現実離れの印象を世間に与えてしまい、賠償金などに影響がある可能性があったからである。現長泥区長の鴫原良友さんが正人さんを飯舘村の役場に行かせ、菅野典雄村長にも頭を下げさせた。

私が正人さんになぜ草を刈ったかと聞くと、「自分と仲間たちが長泥に帰れる日を早めたかった」と言う。願望的思考でやはり無責任だと私は思った。しかし話はそれで終わらなかった。

文科省の測定器は道路沿い、畑の傍にあるが、畑の値は道路の真ん中の値の倍ぐらい高いと正人さんが指摘する。なぜ長泥の代表的な値が道路の真ん中の値ではなく畑の傍の値にされたのか。

——それは、雨が降れば道路の固いアスファルト面から放射性物質が流されるから、放射能が残る畑の方が現実に近いからではないか、と私は応じた。

しかし正人さんも負けてはいない。長泥にはもうひとつの測定器があると指摘した。十字路は国の測定器だが、長泥コミュニティ・センターの前には、福島県の測定器がある。あれは数ヶ月間、約8 μSv/hを表示している。放射能は山から谷に流れるから高台にあるセンターでは谷にある十字路より低い数字が出る。しかも周りの地面は土ではなく水はけのよい砂利であるからさらに低くなる。では、国がセンターの「8」ではなく、十字路の「15」を世間に見せるのはなぜか。国は勝手に長泥の汚れを大袈裟に発表しているではないか。さらに、もし長泥に人がまだ住んでいたとすれば、草刈りを普通にしていたはずである。だから「いつから人がまた長泥に住めるか」を考える場合、草刈り済みの値のほうが草ぼうぼうの値より参考になる、と言う。

つまり、正人さんの目から見ると測定の場所の恣意的な選択により、長泥の概念的な「不浄」（高線量によるスティグマ）はその物理的な「汚れ」を不自然に上回っていた。草刈りで値を「曲げた」のではなく「正した」のだと彼は主張した。

どうだろう。確かに測定器の位置により違う結果が出て、世間の目に違う印象を与える。福島市役所の測定値を福島県の「代表的」な値、飯舘村役場の駐車場の値を飯舘村の「代表的」な値にする科学的な根拠はない。長泥の十字路の畑の傍の値を長泥の代表的な値にする根拠もなかろう。山か谷、アスファルトか土か砂利か、川の近くかどうか、地面から何メートルの高さで測るか等々、放射能測定値に影響を与えるファクターは多々ある。どこの値を公表すべきか。農業が問題なら、畑の値だろうが、暮らしが問題なら、高台の砂利の値が参考になる。長泥の家の多くは高台にあり周りは砂利なのだから。

次の日、事件の測定地をはじめ、いくつかの測定地を見学した。測定地の地面には文科省が設置した赤いゴムテープの十文字があり、場所はすぐ特定できた。長泥の十字路（文科省三三番測定地）から始まり、隣接する浪江町の三一番（津島仲沖）、三二番（赤宇木手七郎）、八一番（赤宇木石小屋）を見学した。長泥の測定地は谷なのに、浪江町にある三ヶ所は高所にあり、そのうち二つは道路の真中だった。持参した測定器で測ると、たしかに道路沿いよりその真中の方がはるかに低い測定値が得られると分かった。正人さんが指摘した通り、長泥の測定値はよそより高い値が出やすいところに置いてあった。たしかに草刈り作戦は放射能の値を「正した」とも読めるかもしれない。

その晩、私は酒の席で鴫原良友区長に正人さんの「草刈り作戦」の正当性の話を伝えて、区長の意見を求めた。「もちろんひとつだけの値が正しいとか正しくないとかは有り得ない。だが、我々には低い値より高い値の方がいい。だから正人さんがやったことは困るんだ」。

鴫原区長も本来、長泥を離れたくはなかった。避難区域になってからも更に三週間、最後の牛が子牛を産むまで残った。しかし避難してから、考え直し始めた。菅野村長は「二年間で帰村」と宣言したが、一番放射線量が高い長泥区の場合、人が安全に住めるようになるまで数十年間がかかるはずだ。その厳しい現実を早々と認め、損害賠償を求め、新天地に移るしかない。一方、東京電力や国は放射能の値とその危険性を過小評価して帰村ムードを作りあげ、賠償金を安くしようとするだろう、と区長は心配していた。

区長が正人さんに怒ったのは「正しい放射能の値を曲げた」のではなく、「政治的に具合の悪い方向に値を変えた」からである。正人さんは、長泥の高い放射線量は現実とかけ離れており部落の評判を汚すと考えたが、区長はその高い値こそが国を動かすのに必要な材料だと見たのだ。

一方文科省のウェブサイトでは、三三番測定地の値は「14」から「11」になっただけである。「元区長が草刈りしたから低めになった」など、脚注は無かった。

それから一年が経った。飯舘村の二〇区の内、長泥だけは高放射線量のため「帰還困難区域」とされ、部落に入る道路に金属バリケードが設けられた。菅野村長が国と交渉した結果、一六部落は二〇一四年、三部落は二〇一六年、そして長泥だけ二〇一七年の帰還スケジュールが設定された。それに対し鴫原区長は弁護団と組んで、長泥区の一家庭当たり一億円強の賠償を東京電力に要求する集団申し立てに乗り出した。長泥の七〇世帯のうち約六〇世帯がこの原子力損害賠償紛争解決センターへの申し立てに加わった。正人さんは当初入らなかった（途中から気が変って参加した）。「闘争より交渉」を強調する菅野村長も反対した。しかし二〇一二年一〇月、隣の部落、蕨平も申し立てに加わった。

村民、区民、元区長は皆それなりに自分の共同体を愛している。でも彼らの愛する共同体とは、何か。村か、部落か。住む場所なのか、それとも人間の集まりなのか。鴫原区長の認識は後者に近い。よその場所に「長泥」という共同体を作り直したいのである。ダム建設で沈む村が村ごと移住した前例もある。それに対して菅野村長と高橋元区長はあくまでも「この場所」を強調する。結局それは国の方針にもなり、数百億円をかけて飯舘村を除染することになった。

しかし、特に子どものいる村民たちは除染を信じていない。上記の通り、国が定める放射能の安全基準は原発事故の前は年間1ミリシーベルトだったのに、事故後は20ミリシーベルトにされた。これでは、「安全」になったといわれても子持ちの人が戻らない。そして子持ちの人はだいたい働き盛りの人である。村の主力人口は消え、戻るのは老人のみ。しかしそれでは店やサービスが成り立たない。バスも来ない。こう考えると老人でさえ、既存の生活を諦めざるをえない。ただでさえ人口密度がとても低い村は一気に限界集落になる可能性が高い。故郷を守る方針は、結局故郷を潰す。一方で、除染に当たっている土木業者は地元の会社ではないのに相当な恩恵をうける。その一部は原発の建設でも儲けたのに。

ところで、肝心な放射線量だが、二〇一二年九月に入るころ、十字路の測定器の値は約8 μSv/hで、それが文科省のHPでは長泥の数値として示されていた。一方、高台にあるコミュニティ・センターの値は約5 μSv/hで、その数値は福島県のＨＰで表示されていたが、二〇一二年三月から、その測定器の管理責任が福島県から文科省に移り、二〇一七年現在、十字路の代わりに徹底的に除染されたコミュニティ・センターが長泥の代表的な測定値となっていた。長泥の放射線量を低く見せるからくりだとしか言いようもない。

二〇一二年九月二日、鴫原区長がセンターで記者会見を行った。外の駐車場には建設会社のトラック五〜六台が並んでいた。駐車場を実験的に除染していると区長は説明する。外へ出て、測定器を読むと、七割減の「1・5 μSv/h」である。その日から、福島県のＨＰを見ると長泥の値は1・0〜1・5で、激減している。皮肉にも、文科省と福島県がやったのは高橋正人さんと同じことであった。部落全体の放射能は激減していない。国は測定器の周りだけを除染し、それで公表される値を下げた。「この値は特別に除染されたエリアのものである」などの注記はない。「主流」が「周辺」から知恵を貰ったケースなのかもしれない。

それからさらに四年半が経った。二〇一七年四月二日、筆者はまた放射能測定器を持ち長泥に行った。コミュニティ・センター付近は地面から一メートルの高さで毎時2・3 μSv/h であった。だいぶ下がっていたが、年間ベースでは20・15 mSv でまだまだ国が定める安全基準の年20 mSv/h を僅差で上回っているし、村の「お帰りなさい」看板（写真1）にある「0・21 μSv/h」の一〇倍以上である。ところが特別に除染されたコミュニティ・センターの駐車場は筆者の測定器では1・2 μSv/h となっていたが、どっしりとしたコンクリート・ブロックと厚い鉄板の上に設置された行政の測定器は「0・393」を示していた。[14] 妙に細かい数字ではあるが、特に意味はない。すぐ近くの森に入ったところ、筆者の測定器では十倍以上の「4・5」であった。様々と工夫して、国が放射線量を、無理にでも、下げる。事なかれ主義の極みであり、あらゆる手で長泥の環境の安全イメージ作りを行っているようだ。

それに対して、長泥区民は自前で測定を続けてきた。村では「見守り隊」を組織し、定期的に各行政区の区民が区を歩き回って、防災防犯チェックに当たっているが、ついでに六ヶ所で放射線量を測定する。二ヶ所は行政と同じ十字路とコミュニティ・センターで、残り四ヶ所は区民が選んだ民家の前だが、区民が記録した放射線量は必ず行政のそれを上回っている。行政が測定を行っていない四ヶ所は平均的に、測定された二ヶ所より線量が高いというファクターもあったが、同じ測定ポイントであっても区民測定が行政測定を上回る。

実際、同じ部落の中で、お互いに一〇〇メートルしか離れていない場所でも、放射線量が全然違うということがよくある。低い値がほしい人は低いところで測定し、高い値がほしい人は高いところで測定するわけだ。早期避難解除を狙う行政は低い値を求める。一方当事者のなかでは正人さんのように低い値を求める人は少数派であり、多くは区長のように高い値を求めている。部落の一部は放射線量が下がっても、高いところがあちらこちら残っていれば安心して暮せるわけがないからである。それに、ほとんどの人はもうはや帰るつもりがないから、避難解除になることは「うれしい帰還の機会」ではなく、「賠償金が打ち切られる打撃」となるからである。

二〇一七年三月三一日、飯舘村の二〇行政区のうち、一九区は避難解除になったが、長泥だけがならなかった。この歴史的な節目の前に鴫原区長は東京新聞にインタビューされ、こう話した。「今、心を砕いているのは、長泥地区の除染を実現することだ。ほかの一九の行政区では民家周辺の除染はほぼ終了。これが帰村の前提ともなっている。だが長泥地区は手付かずで、平均して毎時2・0～3・0μSvほどの高い線量がある。除染をしないのは、この土地はいらないと、見捨てるのと同じ。長泥の人は、これは差別だと心底怒っている。[15]」

差別があるのは事実である。区長は震災直後、ステンレス・キッチン用品を作るアルバイトに出るたびに同僚から「あっ、放射能が来たぞ」と言われて、お昼はみんなとは別のテーブルに座り、「自己隔離」していたという。しかし同時に上の草刈りの逸話で見えるように、区長は必ずしも早期除染・帰還を望んでいると限らない。実際、二〇一四年の夏、菅野村長が長泥区民に「国に対して早期除染を求めるように」提案した際、長泥では五つある組の懇談会を行い、臨時総会も行った結果、「国の対策に変更を求めない」という返事を区長の名前で村長に出した（長

泥　二〇一四）。国の対策とは、帰還の見込みが強い地域をまず除染して、その見込みが弱い「帰還困難区域」（年間50ミリシーベルト以上の区域）は除染期間未定で後回しにすることである。長泥区だけは（測定器周辺と一時帰宅者の訪問の多い墓地周辺以外）一切除染されていないのは、区民が望んだことではないかもしれないが、あえて除染を求めてもいないのである。

村長としては、国に長泥の除染を求めて、何とかよその行政区と同じタイミングで避難解除したかった。しかし区民はそれに反対した。区民の一人が、その意見書のもととなった臨時総会の様子について語ってくれた。「（1）〈除染してもらい村民全体で帰還する。〉（2）〈除染してもらっても帰還のめどが立たないので無理に全村帰還に参加しなくても良い。〉（3）〈賠償を貰えるだけもらった方が得なので全村帰還には参加しない。〉以上が大枠で出た意見だった記憶があります。〈賠償の継続が見込まれ帰還の意思も薄いので除染は急がなくとも良い〉との意見が多かったです。その時点では、帰還困難区域もいずれは除染してもらえると思っていた。[16]」

つまり、ふるさと主義により禁じられている発想ではあるが、ふるさとに帰るより、賠償金をもらって都市生活を続けたい、のである。ごくごく自然な考え方ではあるが、自民党政権に支配される国家においてはタブー化されている。今村雅弘復興大臣（当時）の失言、「故郷を捨てるっていうのは簡単ですよ。（故郷に）戻って、とにかく頑張っていくんだっていう気持ちを持ってもらいたい[17]」では国家のふるさと主義、それに伴う避難者への差別意識を垣間見ることができた。

四　損害賠償による分断

現在（二〇一八年三月）にいたるまで、長泥調査を七年間続けているが、年月を経て様子は変わってきた。賠償金が増え、二〇一四年の後半から多くの区民が福島市、伊達市、南相馬市などに家を購入した。その家は主に新築で、5～6LDKが多い。庭もついていて、ジャクジーや太陽光発電パネルがよくある。家の前には自動車が3～4台あるのが普通。物質的な話に限ると震災前と比べて、よほど生活水準が上がったと認めざるを得ない。いわゆる「原発貴族」である。しかし、これは被災者全体に言えることではない。長泥は飯舘村の唯一の帰還困難区域だから一番賠償金額が高い。ふるさとを奪った原発事故は富をもたらした。以下、賠償金による地域社会の分断を考えてみたい。

1　津波・原発の被害者分断

計算の仕方にもよるが、東日本大震災で被害を受けた人は百万人以上にのぼる。賠償金をたくさんもらった人がいれば、ほとんどもらわなかった人もいる。特に津波の被害者と原発事故の被害者を比べれば、前者より後者の方が厚く補償された。前者は「天災」であり、「賠償」ではなく「災害弔慰金」や「お見舞金」が支給された。死者が生計維持者である場合は五〇〇万円、そうでない人は二五〇万円、家が全焼した場合は三〇万円、半焼した場合は一五万円である。一方原発事故は「人災」であり、明らかに責任を持つ相手（東京電力・原発推進してきた政府）があり、一九六一年成立の「原子力損害の賠償に関する法律」がある。具体的には、（1）精神的苦痛への慰謝料として一人月一〇万円の支給。帰還困難区域の場合、長年帰還する見込みがないから、二年目から二回も五年分がまとめて、全部で一一年分が支給されている。四人家族なら五二八〇万円、五人家族なら六六〇〇万円という金額になる。（2）家屋、農地、家具、農機、墓石、自動車、立木など、使えなくなった財産に対する補償。（3）失業してしまった人の給料の補填。（4）医療費は無料、高速道路の料金は免除（淡路ら　二〇一五参照。賠償現象を詳しく分析する唯一の本である）。

津波の被災者より原発事故の被害者の方が厚く補償されているから、当然前者は後者に対する妬みがあり、同じ被災者の間に分断が見られる。

2　原発避難区域の内外による分断

事故後、国は原発の周りに半径三〇キロメートルの線を引き、その内側を避難区域として定めた。これは放射線が広がる仕組みの根本的な勘違いに基づいていた。空中放射能は風、雨、雪などに影響され、きれいな半径で広がることはない。政府がこの事実をいやいやながら認め、三〇キロ半径の外にある飯舘村を避難区域に加えたのは事故から四〇日間経った後であった。しかしそれでも地図に引かれた線の内外で放射線量がまったく違うということはもちろんない。違うのは賠償金の金額である。例えば飯舘村に隣接する月舘町の住民は賠償としてわずか一人八万円（子供・妊婦なら一二万円）しかもらえなかった。境界線を知らない放射能に境界線をつけることにより、地域住民の運命が大いに左右されたのである。避難区域の外に住んでいたにも関わらず自主的に避難した人がたくさんいた。しかし、世間の目は自主避難者に厳しい。「大して危険ではないのに逃げた臆病者」と見なされがちである。多くの場合は子持ちの女性であり、「ヒステリーな女」という、男尊女卑の偏見もあった。賠償金はほとんどもらえなくとも避難先では公共住宅に無料で宿泊できるという支援があった。しかし二〇一七年三月の末、その唯一の支援策も打ち切られた。[18]「強制避難者」と「自主避難者」の区別は事故後の社会における一大分断だと言えるだろう。

3　原発避難区域内の分断

二〇一二年の夏、避難区域は三種類に再編成された。（1）帰還準備区域（当時年間放射線量20 mSv以下）、（2）居住制限区域（20～50 mSv）、（3）帰還困難区域（50 mSv以上）。帰還準備区域と居住制限区域は精神的苦痛の慰謝料を六年分支給されたところであり、上記の通り帰還困難区域はすでに一一年分を支給されている。なお、帰還準備区域と居住制限区域のほとんどは、二〇一七年現在、すでに避難解除されている。そうなると損害賠償金の支払いが（一年間の猶予期間の後で）打ち切られるが、実際に戻ったのは事故前の人口の一、二割程度に留まっている。いくら安全であると言われても、政府の安全基準が事故前年間1mSvだったところ、事故後は20 mSvになったのだから、「安全性」の定義をこれほど劇的に変える政府の判断を疑問視する人が当然、多い。放射能の恐怖は依然としてあって帰れないのに、精神的苦痛の慰謝料はもうもらえない。

結果として、人が帰還しないのはどの区域でも同じだが、帰還困難区域はよそより長く支払いが続くことになっている。「原発貴族」の中にさらなるエリートな集団ができてしまった。よって、放射能が高い帰還困難区域は周りの人に同情されるより嫉妬されがちなのである。二〇一二年の夏、長泥が帰還困難区域として指定されバリケードが閉まったとき、NHKでインタビューされた鴫原区長は「避難したとき全員一緒だったのに長泥だけは取り残されたようだ。自分たちのせいではないのにこんなことになって、大変悔しい」と言った。[19]ところが、長泥のすぐ東にある蕨平の区長は蕨平も帰還困難区域にしてほしかったと言い[20]、実現しなかったため政府を強く批判した。帰還困難区域として指定されると放射能関連スティグマが確かにきつくなるが、同時に賠償金の金額が高い。そのため、積極的に「帰還困難区域」になろうとする場合があるのは驚くことではない。最終的に、蕨平は帰還困難区域と同額の賠償金を勝ち取った。[21]

4　家庭規模による分断

精神的苦痛への慰謝料の単位は家庭ではなく個人だから一人暮らしの人は五人家族の人の五分の一しかもらえない。一人家庭の多くは老人であるため、独居老人と二〜三世代家族との差が大きい。これもあって六年間経っても仮設住宅に残っている人には老人が圧倒的に多い。独居老人の社会的孤独は賠償金のありかたによってより一層深刻になった。

5　既存の経済格差が膨大化する

家屋や農地への賠償は失った家の評価額、土地の面積と評価額により計算される。大きな持ち家、広い畑や水田を持っている人が多大な賠償金をもらういっぽう、家を借りていた人、土地を持っていない人にはその補償がない。こうして地域社会にすでにあった格差が一気に広がった。賠償金は土地や家屋など、すでに「持っているもの」に対する補償であり、当事者の生活再建のために必要なお金の補助ではない。補助しようとしているのは「過去」の回復であり、人の「未来」ではないのが「ふるさと主義」の表現であると言えるだろう。

6　働く人・働かない人の分断

被災地には原発事故のせいで仕事が奪われた人が多くいて、失った賃金・給料は賠償された。しかし就職すればこの賠償金が支給されなくなるので、就職をしようとしない人も、なかにはいた。賠償金のおかげ、収入は仕事する場合とあまり変わらない。「もっとお金が入って、もっと暇があるから、暇な時間をパチンコ、酒、競馬に使う。」[22]これはステレオタイプではあるが、そういう人が被災者に多少いるのは間違いない。

7　家庭内分断

賠償金は原則として世帯主に支給された。場合によりこれは家庭内摩擦につながることがあった。世帯主は普段は男性であり、妻、子供の分をそれぞれの口座に振り込む場合もあるが、家などを購入するさい、どんぶり勘定で全額私物として見なす場合もあった。あるいは住居を購入する枠で一つの豪邸を購入する場合があれば、家をスケールダウンして長男や次男のために二つ目の家を買うこともあった。この様々なお金の使い道を決めるプロセスは家庭内不和に繋がることもあった。

五　結論――亡命と裕福による二重ローカリティ意識

上記のように、長泥区民の多くは賠償金により急に裕福になった。ところが、様々な理由で彼らは、単純には喜べない。何しろ、世代から世代へと受け継がれ、暮らしている故郷が不浄になってしまい、住めなくなった。大金が入る嬉しさで故郷を失った悲しさが相殺されるわけではない。微妙に混ざり合う。さらに、故郷への愛着はふるさと主義により求められる規範だから、仮に内心で喜んでいるとしても、その喜びを表現すればふるさとのイデオロギーを否定するような発言だとされ、自分の故郷を現金のために売り払っても構わない「非国民」扱いを受けるだろう。それに、避難先での暮らしがある。賠償を受けていない周りの人との間に妬み差別が発生しやすい。よって、被災地出身であることを周りの人に言わずになるべく秘密にする被災者が多い。それでも噂が回り始まるのは時間の問題であり、噂の中で生活するようになってしまう被災者が多い。

ひとつの例を紹介しよう。福島市松川町に新築一軒家の開発団地があり、その新築を購入した人の約半数が被災者であった。それ以外の購入者は苦労して頭金を集め三〇年間の住宅ローンを組んでいたのに被災者たちは現金一括で購入しているという噂が回り始まると、団地内の人間関係はかなり悪くなったという。(23) また、被災者の荒っぽい金の使い方は週刊誌のネタにもなり、妬み差別を助長している。

被災者たちが賠償金で単純に喜べないもう一つの理由がある。それは前例の教訓にある。福島第一原発事故は前代未聞ではあるが、似た形で故郷を奪われた事例がある。それはダム建設で部落が沈んでしまい、住民全員の移転を余儀なくされる事例である。飯舘村の場合、真野ダム（一九七一年着手・一九九一年竣工）がある。ダム建設により飯舘村大倉区にある民家数十軒が水中に入ってしまうことになり、その賠償金で当事者たちは立派な新築の家を購入した。ところが新築の家は固定資産税が高く、家が立派でも年収が低い区民の一部はたちまち金銭困難に陥ってしまった。この真野ダムの問題は飯舘の村民が皆気にしており、より高い家を買う枠があっても、比較的に安い家を購入する人もいる。

二〇一六年一一月六日、環境省の官僚たちが福島市飯野町にある飯舘村の仮役場に足を運び、長泥区民に対して説明会を行った。私も部屋にいたが、河北新聞の記事を引用する。

　除染とインフラ整備を優先的に進める「復興拠点」は、山間部の長泥地区への設置は難しいとみられ、除染の遅れを懸念する住民から「差別的で理解できない」といった声が上がった　……　住民は「われわれが守ってきた里山を、きちんと除染して返してほしい」などと要望した。(24)

この説明会で環境省サイドが行政区の要望を聞きたいと言ったため、その後またしても組別の会議が行われた。最終的に下記の「要請書」が村の役場に提出され、霞ヶ関に運ばれ、環境省、農水省と経産省に提出された。その要請書を引用する。

　長泥地区が除染対象外山や森林に囲まれた地勢にあることを認識しているのか
　除染効果が低かった場合、帰還して事業開催することは困難ではないか
　後継者がいないまま帰還した住民は高齢化が進み何もできなくなるではないか

村から長泥地区だけ除かれているのは不公平ではないか……〔長泥　二〇一七〕

その下に要請のリストがあり、一番上の要望は

ふるさとである長泥に住民が帰還して「生きがい」を取り戻すために、村内でのこれまでの経験・実績に基づく「までいな除染」を早期に実施・完了すること。[25]〔同〕

二〇一四年九月の段階で、早期除染を拒否した部落が二〇一七年二月には除染を強く求めた。この転換には様々な理由があったと思われる。（1）長泥以外の行政区が避難命令解除になろうとしていたため、「取り残される」という危惧が強まったこと、（2）すでに六年間が経過し、これ以上賠償金はあまり期待できないこと、（3）実際、区民のふるさとに対する意識は複雑で葛藤に満ちていること等、がある。しかし「ふるさとである長泥に住民が帰還して「生きがい」を取り戻す」つもりの区民が極めて少ないのはたぶん間違いないだろう。この要望のリストは、相手である国のふるさと主義を意識した話としてとらえられる。

ふるさとに対して愛情がないというわけではない。大人が懐かしく子供時代を思い返すように、彼らは故郷を想う。懐かしいが、戻れるわけがない。作成に筆者が参加した部落記録の本のタイトルは雄弁にかたる――『もどれない故郷ながどろ』〔長泥記録誌編集委員会　二〇一六〕。

故郷への愛着は別な形で表現する。戻らないけれど、長泥で営農したいという人が少なくない。よそで暮らす決定した人でも墓地を残すし、定期的にお墓参りする。自分が亡くなったら長泥の墓地に入るという。[26]福島市に暮らしても戸籍を長泥に残す。しかしそういった話を近所の人にすることはあまりない。長泥出身であることをなるべ

く隠し、放射能で汚れたではないかという不浄差別、賠償金でずいぶん儲かったではないかという嫉み差別が次第に希薄化するのを待ちつつ、福島市などの新天地に次第に溶け込もうとしている。しかし「長泥人」のアイデンティティは消えない。年一回、飯坂温泉で親睦会を行う。年三、四回、区の総会を行う。五つある区の組が飲み会を行う。個人同士の友情関係が残る。避難先が次第にパーマネントな住まいになっても故郷は忘れない。現実のローカリティ・心のローカリティを共に意識する県内亡命者。これが未解決な、解決不能な状況に置かれた原発事故被災者のストリート・ウィズダムである。

注

（1）例えばイギリスやフランス、ドイツなどヨーロッパの先進国は行政の機能の大部分を首都から地方に移しているし、米国はそもそも国家が州に大きな権力を委ねているが、日本では中央政府から地方自治体への権限委譲がほとんど進んでいない。公的金融を見ても、地方の財政は国からの交付金に依存しており構造的な権力のアンバランスが慢性的にある。

（2）例えば一九八三年から始まった「ふるさと作り大賞」（現在総務省担当 http://www.soumu.go.jp/main_sosiki/jichi_gyousei/c-gyousei/hyousyou.html）。竹下登首相の「ふるさと創生事業」（一九八八～一九八九年）。現在進行中の「ふるさと対話プロジクト」（地方で行う勉強会）（https://www.jimin.jp/activity/project/youth/）や「ふるさとフェア」（地域農産物の展示会）（https://www.jimin.jp/news/activities/133927.html）、「ふるさと納税」（地方税を田舎の市町村に払い返礼品を貰う制度）（http://www.soumu.go.jp/main_sosiki/jichi_zeisei/czaisei/czaisei_seido/080430_2_kojin.html）など、自民党が「ふるさと」と党のイメージを関連しようとする事例は多くある。

（3）このスローガンは今でも自民党のサイトで見られる。https://www.jimin.jp/election/results/sen_shu46/

（4）http://www.clubdam.com/app/search/searchKeywordKaraoke.html

（5）一九五〇年の段階で、都市部に暮らしていたのは日本人口の五〇％。イギリスは八四％。米国は六四％。現在日本の都市化率は九三％、英国は八二％、米国は八一％。このデータを見ると日本の都市化は他の先進国より最近かつ急な現象であることが分かる。

一九五〇年：http://earthtrends.wri.org/text/POP/variables/448.htm

二〇一四年：https://esa.un.org/unpd/wup/publications/files/wup2014-highlights.Pdf

（6）http://www.news-postseven.com/archives/20140129_238521.html

（7）共同通信、二〇一七年三月二七日。https://this.kiji.is/219056678412599304 参照

（8）http://www.vill.iitate.fukushima.jp/uploaded/attachment/5476.pdf

（9）「福島からの被災者、宿泊拒否しないで：厚労省呼びかけ」朝日新聞二〇一一年三月一九日、オンライン版。http://www.asahi.com/national/update/0319/TKY201103190302.html（リンク破損）。

（10）阿呆「首都圏のガソリンスタンドで『福島ナンバー』お断りの張り紙を見た」「レストランで入店を拒否された」馬鹿 https://blogs.yahoo.co.jp/aki_setura2003/27583433.html

（11）例えば、福島大学の「うつくしまふくしま未来センター」、あるいは福島県が行っている「ふくしま新発売」キャンペーン、「ふくしま再生の会」という非営利団体、等。

（12）「原発避難の小四に担任が「菌」発言――いじめ相談の五日後」。朝日新聞オンライン、二〇一六年一二月二日。http://www.asahi.com/articles/ASJD15GQMJD1UOHB011.html

（13）「「菌」「賠償金あるだろ」原発避難先でいじめ――生徒手記」。朝日新聞オンライン、二〇一六年一一月一六日。http://www.asahi.com/articles/ASJCH5GJYJCHULOB02P.html

（14）コミュニティ・センターの値がいかにも不自然であることは、福島県がインターネットでアップする「飯舘村放射線量マップ」で分かる。周りの測定値よりはるかに低いからである。https://www.f-map.biz/radiMap_iitate/index 参照。

（15）東京新聞オンライン版、二〇一六年一二月二七日。「『見捨てられるのでは……』飯舘村長泥地区の除染問題」http://www.tokyo-np.co.jp/article/feature/tohokujisin/fukushima_report/list/CK2016122702000189.html#print

（16）個人連絡、二〇一七年六月一五日。匿名希望。

（17）二〇一七年三月一二日、ＮＨＫ総合テレビ番組「日曜討論」で。http://www.jcp.or.jp/akahata/aik16/2017-03-13/2017031302_02_1.html 参照。

（18）地域により、古びた公共住宅を引き続いて自主避難者に提供する自治会もある。

（19）二〇一二年七月一七日午前〇時のＮＨＫ生放送。

（20）「蕨平を帰還困難区域に――飯舘、地元行政区が村、村議会に要望」。福島民報オンライン版、二〇一二年五月一二日。http://www.minpo.jp/pub/topics/jishin2011/2012/05/post_3917.html

（21）「報告：飯舘村蕨平集団申立てで、帰還困難区域と同等の賠償認められる。」原発被災者弁護団ウェッブサイト、二〇一四年三月二四日。http://ghb-law.net/?p=1012

（22）当事者のコメント。フィールドノート、二〇一六年八月一一日。
（23）当事者二人からの聞き取り。フィールドノート、二〇一六年八月一一日。
（24）「〈帰還困難区域〉飯舘・長泥住民『里山の除染を』」河北新聞オンライン版、二〇一六年一一月七日。http://www.kahoku.co.jp/tohokunews/201611/20161107_63053.html
（25）「までい」の意味に関して上記第一節を参照に。
（26）二〇一七年から、長泥の区民数名が福島市の墓地で墓を購入し、長泥から先祖のお骨を移し、墓地の「長泥コーナー」を作り始めた。

参考文献

淡路剛久、吉村良一、除本理史編
　二〇一五『福島原発事故賠償の研究』日本評論社。
菅野典雄
　二〇一一『美しい村に放射能が降った――飯舘村長・決断と覚悟の一二〇日』ワニブックス。
ギル、トム
　二〇〇七「ニンビー現象と回避行動」関根康正・新谷尚紀編『排除する社会・受容する社会――現代ケガレ論』吉川弘文館、二一―三二頁。
佐藤康雄
　二〇一五『放射能拡散予測システムSPEEDI――なぜ活かされなかったか』リーダーズノート。
筑紫哲也
　二〇〇六『スローライフ――緩急自在のすすめ』岩波新書。
長泥行政区
　二〇一四『意見書』二〇一四年九月二九日。
　二〇一七『要請書』二〇一七年二月一七日。
長泥記録誌編集委員会
　二〇一六『もどれない故郷ながどろ――飯舘村帰還困難区域の記憶』扶養書房。

二章　施設と暴力の現在
——児童福祉施設で人類学者として何を体験したか

飯嶋秀治

はじめに

関根康正は『ストリートの人類学』の過渡的な総括として、その研究の意図と方法を次のように述べている。

「ストリートという、交通や移動を引き起こす差異・境界を時空間的に体現している場を、議論の対象に意識的に据え、そこでのフィールドワークとそれに基づく理論的議論を通じて、上記の研究意図〔引用者注—現代社会についての境界現象に取り組み，日常生活に照準を合わせた下からの民族誌記述を，社会の全体性の中で徹底すること〕の達成を試みた。ベンヤミンのパサージュをめぐる論にも似て、ストリートを『対象』であると同時に『方法』であるとした本研究の、ここに提示される総括は、依然として仮説的なもの（仮説的推論 abduction の意味で）ではあるが、境界の人類学を深化させるために思い切って前進した地点を示そうと思う」〔関根　二〇〇九：五二四〕。


ところがこの脱ネオ・リベラリズム的可能性をはらんだストリートは、こんにち、ネオリベ的ストリート化という窮状におかれつつあると指摘する。

「メジャーのネオリベ旋風が自己空間をグローバル・フローで標準化（一元化）し、そのストリート的な見せかけ

（すでにストリートは殺されているので）の下で巨大なホーム化（ホームしかなく、それ以外は荒野）を実現しつつある」［関根 二〇一八：一〇］。

それゆえ、私たちはこうした状況を転換する「根源的ストリート化」への「気づき」を必要とするという。以下ではこうした議論の枠組みが、筆者らが児童福祉の世界で体験してきた事実とどのように接続するのかを確認し、筆者なりの「気づき」から「根源的ストリート化」への経路を記述してゆこう。

一　児童福祉におけるネオリベ的ストリート化の枠組み

児童福祉の世界は日本近代史の中で宗教的背景を持ち成形されてくる［Goodman 2000、ムコパディヤーヤ 二〇〇五、土屋 二〇一四］が、その中でも特に喫緊課題とされ、現在の制度へと形を成しくるのには、戦後の「戦災孤児」の問題があった［ダワー 二〇〇四（一九九九）］。それ以前から身寄りのない子どもたちに生活の場を提供していた大型施設は、のちに「児童養護施設」と呼ばれるようになる。高度経済成長期から、特に一九八〇年から一九九〇年のバブル経済期に、生活保護の「被保護世帯数」も「被保護人員」も徐々に低減し［山野 二〇〇六］、一九五五年から一九九五年にかけては児童養護施設の入所児童数も減少傾向にあった［グッドマン 二〇〇六（二〇〇〇）：八八—八九］。

ところがその一九九〇年、それまで「躾」と称されていた育児行為のある面が「虐待」と公的に定義され［グッドマン 二〇〇六（二〇〇〇）：三一八］、その認識が広がるようになる。このことと相関して、生活保護の被保護世帯数も被保護人員も再び上昇し、そうした背景をもつ社会から児童福祉施設への児童収容が再び注目されてきた［グッドマン 二〇〇六（二〇〇〇）：第七章］。

ここではこの歴史のなかで見られた三つの点に限って注目したい。

一点目は、児童養護施設に暮らす子どもたちの家庭が、社会経済的な好況・不況に埋め込まれた生活保護世帯とゆるやかな相関性を保っているということである〔グッドマン　二〇〇六（二〇〇〇）、山野　二〇〇六〕。それゆえ、一九九〇年のいわゆる「虐待元年」以降の児童虐待の相談件数をみると、事態は一方的に悪化しているように見える〔厚生労働省　二〇一七〕が、それ以前からの戦後の統計も含めて見れば、高度経済成長期からバブル経済期の前後まで、その社会背景となる生活保護世帯も、児童養護施設への入所児童数も、漸減していた〔山野　二〇〇六〕。

二点目は、にもかかわらず、バブル崩壊以前に収容されてきた子どもたちの施設退所後のキャリアを見ると、限られた時期と地域での統計しかないとはいえ、経済的に好景気に向かっていた当時から、退所者が不安定就労を繰り返してきた姿が見て取れる。具体的には退所児の調査（札幌市一九八五年）によれば、「袋小路的職業」を転々としており〔松本　一九八七〕、東京都が区の輪番で運営していたホームレスの緊急一時保護センターでは児童養護施設出身と見られるものが二〇〇三年で八・一％〔特別区人事・厚生事務組合　二〇〇三：五九〕、また大阪府ではいわゆる「ネットカフェ難民」といわれる若年ホームレスの場合、二〇〇六年で一三％が児童養護施設出身とされている。二〇〇七年当時同世代の児童養護施設在籍児童比が〇・一四％であることを考えれば、この数値から、児童養護施設出身者とホームレス化との相関を読み取るのは難しくあるまい〔妻木　二〇一一〕。

そして三点目としては、バブル経済が崩壊し、児童虐待の認識が広まり、児童虐待の相談件数が右肩上がりになり、児童養護施設の社会的な配置が変容してきた〔グッドマン　二〇〇六（二〇〇〇）〕ことを受け、これまで臨床心理学と福祉社会学での研究が蓄積されてきた。こうした研究では、臨床心理学では子どもを（ネグレクトを含む）虐待の被害者であり、癒しを必要とする個人として捉えがちとなってきた。他方、福祉社会学では「虐待」命名自体が問題を社会経済から家族へと矮小化しているので、彼らを社会経済的文脈に引き戻したうえで包摂を必要とする、社会的に排除された集団としてとらえがちとなってきた。そこでは臨床心理学でも福祉社会学でも、子どもたちを自己責任の範囲外にある存在として措定するあまり、施設内の子どもも集団の中で学習する存在であることを軽視し、言い換えるなら、個的にあるいは集団的に捉えるかの違いはあれ、そこでの子ども（たち）は児童養護施設という具体的な文脈に埋め込まれた個的な生としての顔を持たない存在であるかのようにも見える。

こうして児童福祉の世界において子ども（たち）は、癒しや包摂の一時的（境界的）隔離管理対象として措定される「剥き出しの生」に接近した存在としてたち現れる［cf. ゴッフマン　一九八四（一九六一）］。[1] こうした枠組みに措いてみれば、児童福祉の世界がネオ・リベラリズムの経済思想とも接続し、社会経済的な背景が家庭の虐待の問題へと変換され、そこで児童養護施設に措置された子どもたちは、他者なき標準化とホーム化の駆動システム内に置かれていることが確認されよう。

だがこうした臨床心理学と福祉社会学のメジャーな認識には回収しきれない現象がある。それが子どもたち自身による児童養護施設内での暴力問題である。というのも、そこでの子ども（たち）は、確かに児童養護施設に入る点では責任の範囲外と言えるのだが、近年の社会経済的背景以前からかなり一貫して暴力が潜在してきた可能性も高く、そこでの彼らを顔のない一群の存在として捉えるには、あまりにも個性的な集団のなかでの学習が見られるからである。

ただし暴力が、「現地人の視点」［マリノフスキー　二〇一〇（一九二二）］に大きく依拠する人類学からは、捉えられにくい現象であったこと［Richs ed. 1986、田中編　一九九八、飯嶋　二〇一二a、二〇一二b］は想起しておくにしくはない。『暴力』とは、その行動を行った側の言葉であるよりもずっと、それを目撃した人間、もしくはある種の行動の犠牲者の言葉」［Richs 1986: 3］であり、加害側はその認識がなく、被害側や傍観側にその認識があったとしても、現に暴力的な状況が生成している場合、それを指摘できる条件が整わない限り、その指摘自体も困難になる。だからこそ彼らの個性的な振る舞いの学習がそこで見られるのであるが、彼らが施設を退所して行為の責任が問われるようになるまでに、その個性的な学習を社会で生き延びられるよう支援していかなくてはならない。以下で述べるのは、ネオリベ的ストリート化が進行しているともみられるなかで、児童養護施設での暴力問題の理解と対応に立ちあがった臨床心理学者（田嶌誠一）に伴奏した人類学者（筆者）との、ひとつの連携の体験である。

二　児童養護施設と暴力

二〇〇五年の夏、かねてから私が臨床心理学の指導を仰いでいた田嶌誠一氏より、ある民俗学者が書いている一連のエッセイを集めて欲しいとの呼びかけがあった。そこにはある児童養護施設の設立経緯が書いてあったのだが、その年の暮れになると、誰かそのエッセイの舞台となっていた場所に出かけられる人間はいないだろうか、との相談があった。話によれば施設内で暴力問題が持ち上がっているのだが、人手が足りないので、夜の見回りだけでもしてくれると助かる。「研究にはならんと思うけど、とにかくいい経験にはなる」ということなので、これから業績が必要な後輩たちに任せることはできないと判断し、博士論文を書き終えていた私が引き受けることにした。その時、私家版で教授が印刷した『児童養護施設での暴力問題の解決に向けて』をいただいたが、児童養護施設という存在がどのようなものかは不明な状態で、児童間の暴力、職員からの暴力、職員への暴力という三種類の暴力が連鎖しているという指摘［田嶌　二〇〇五a］と、いずれの暴力も包括的に止めるために安全委員会方式を考案したということ［田嶌　二〇〇五b］を手掛かりとし、既に同じ立場で井生浩之さんが施設に入っていると聞いていた。

二〇〇六年の年明け、井生さんがいる施設に、私と教授で出かけることになったのだが、人類学者の経験則で、そこでも人間が暮らしているので、何とかなるだろうと思いつつも、今回は暴力事件が続いた施設で、施設長はこの安全委員会方式で暴力が止まらないようなら施設をたたむ、との決意である、と聞いていたので、独特の緊張感があった。

そこは私たちが住んでいる場所から陸路で五時間ほどかかり、さらに海路で三〇分程かかる場所であり、初めて見る児童養護施設は海岸に小中学校と並ぶようにして建っていた。

私たちは特に子どもたちからは、職員と児童の狭間にある実習生のようなものと把握されたようで、子どもたちが学校から帰ると、宿題の面倒を見、それが終わると特に小学生から遊び相手になるようせがまれることが多かった。

彼らがせがむ遊びは多岐にわたったが、将棋やオセロ、テレビ・ゲームのようなものだと二人でしか遊べず、次々と遊びをせがまれ子どもたちに不満を募らせることになった。そのため、ケイドロ（警察と泥棒）、ドッヂボール、野球、サッカーといった集団で遊べるものの方が全員と同時に遊べ、広く薄く不満が解消されるようになる。

ところが、こうした屋外での遊びは私にとって、すぐに不穏なものになっていった。というのも、こうした遊びを始めようとすると、誰かが提案した時には勢いよくそれに賛同する子どもたちが集いだすのだが、チーム分けをしようという段になると誰がどちらに行くかをめぐり諍いがおき、遊びが始まると「ずるをした」と諍いがおき、どちらが負けたかで諍いがおき、要するに諍いの連続のようになるのである。そしてそこでの諍いが口論で止まらなくなると手が出て喧嘩になり、やられた相手が泣き出すということが起こる。彼らはこれを「〇〇がぶった」「××が泣いてる」と告げに来ることはあっても「暴力」とは言わなかった。だが、私たちは叩いたり、蹴ったりなどの行為があれば大人として止めに入った。そうした諍いと喧嘩、介入の積み重ねが、私たちにとってこの種の集団遊びを不穏なものにしていったのである。

だがひと月も経たないうちに、施設には主に六歳から一五歳の児童が二四人入所しており、施設内の同胞関係や学年、時空的な民族誌的全体像が分かってくると、こうした喧嘩は偶発的に起こるものであることが分かってきた。

というのもさらに詳細に観察すると、こうした遊びに参加していても、ある特定の子ども同士が接触を避けるとか、そもそもある子どもが遊びに入ってくると他の子どもがやめるなど、喧嘩の機会をあらかじめ避けるような動きが見えてくる。こうしたところに彼らが個別に積み重ねてきた学習が顔を出してくるのである。

さらに一ケ月を過ぎる頃になると、施設生活歴の長い中学生の男女から、全く別の文脈で、「俺ね（あたしね）、先生のことを（一ケ月）ずっと見てたんよ」と言われたことがあった。施設の中でずっと暮らすことになるかもしれない相手が、自分にとってどういう人物なのかを見極める。見極めないことには、「ぶった」「泣い（た）」、の世界に突入してしまった。直接の被害者として、あるいはそれを傍観していたものとして、最初は周囲にいる大人たちにそうした訴えをしてくるが、そうしたやりとりのなかでおそらくは、相手とのつきあい方を見極める生存のための観察を身につけてきたものと思われた。実際、この施設に私たちが招かれたきっかけになった事件は女児への性的暴力であったし、一七〇日余りの滞在中には男児の間に力関係の「ランク」というものがあったことも分かっていった［田嶌　二〇一一：四〇三］。

私が児童養護施設に入ってすぐに、上述の安全委員会方式［田嶌　二〇一一］は立ち上がっていた。安全委員会ではひと月に一度、子どもたちから暴力の加害、被害、目撃の聞き取りを行い、「力関係に明らかな差がある身体への暴力（身体暴力）」は全て「暴力」としていたことから、「ぶった」「泣い（た）」という訴えは、徐々に年少の子どもたちからの「暴力じゃ」「安全委員会に言う」というその場での訴えになり、言葉の広まりと同時に、喧嘩自体が減っていった。上述した「生存のための観察」から安全委員会自体の観察が行われていったものと思われる。

実はその第一回目の安全委員会の時に、上述の中学生の男子が、安全委員会の考案者、田嶌に次のように訴えたという。「俺がやられていた時には助けてくれんかったくせに、なんで今頃こんなことするんや」。そうした訴えが一月後に、先の「先生のことをずっと見てたんよ」という発言になっていたのである。そのことをどのように解釈したら良いであろうか。

三　気づき――根源的ストリートへ

以上の関与観察［飯嶋　二〇一二］には、児童養護施設における暴力問題を文化人類学的にのみ扱う難しさとその難しさを乗り越える可能性が集約している。

文化人類学では当事者の視線を重視し、彼らの民俗語彙や言説を重視する。しかしリッチス［Richis ed. 1986］が書いていたように、「暴力」という言葉は、被害者か傍観者から漏らされることが通例である。ところが、児童養護施設のように、これからどのくらい先まで一緒に暮らすのか分からない子どもたち自身のなかで、直接的な被害に遭った子どもが「ぶった」と訴えたり、そうした場面を見ていた子どもが「泣いて」いたと訴えても、それは偶発的な喧嘩であって、そうした体験を積み重ねてきた子どもたち同士は次第に喧嘩に至る子どもたちとのつきあい方を変えるに至る。つまり偶発的にでも喧嘩に巻き込まれないように学習してゆくのである。ところがこの学習の仕方は職員たちからすると、問題が潜在化することを意味している。より深い関係には口をつぐみ、避けることを学習してゆくのである。

それは職員たちの怠慢というよりも、構造的に死角［飯嶋　二〇一六］ができやすい施設で、子どもたち自身が生存してゆくために身につけざるを得なかった所作と考えられる。だが訴えのないところで問題が進行していたからこそ、私たちの入ったこの児童養護施設でも、暴力事件が連続していたのであった。

こうした問題が潜在化した施設をなんとか生存し、退所した後に、元来家族や親族の養育が期待しづらい社会に出ていかざるを得ない彼らが、何とか就職したとしても、潜在的な暴力関係を学び、それに口をつぐみ暮らしてゆく学習をしていれば、職場での対人関係がこじれたときに、結果的にどうなるのかは想像に難くない。袋小路的職業を転々とし、ホームレスとなりかねないという人生の経路はやっとこの三〇年に可視化されるようになってきた。

先に、「そこでの子ども（たち）は、確かに児童養護施設に入る点では責任の範囲外と言えるのだが、……そこでの彼らを顔のない一群の存在として捉えるには、あまりにも個性的な集団のなかでの学習が見られる」と書いたが、一見、人懐っこい子どもたちの暮らすこうした児童養護施設の下に潜在しているかもしれない問題を把握しないままに、福祉社会学が社会経済的背景を問題化し、臨床心理学が個人のみを問題化しているとしたら、これは結果的に専門家がネオリベ的ストリート化を補完するような役回りにもなってしまう。だがこれは、児童養護施設に関わる福祉社会学と臨床心理学という専門家だけの問題でなく、当事者の言説に依拠して動こうとする文化人類学者が、暴力問題に接近するときにも構造的に陥っているかもしれない問題なのである。

ところが、そうした専門職が専門職として責任を全うする制度内に自足するのではなく、垣間見えた子どもたちの顔に気づき、これ以上この問題が続くようなら施設をたたむという職員の顔に応え、安全委員会方式を苦慮考案していったのが田嶌誠一であった。安全委員会で「暴力」というものがどういうものであるのかを穏当な範囲で設定し、それが子どもたちの間で広がることで、年少の子どもたちからさえ、傍観者が、あるいは先日まで直接的な被害者であった子どもたちが、言葉に出してその不当性を訴えられるようになってきた。

一ケ月過ぎた頃、中学生の二人の男児・女児が私に話してきたのも、彼らが口をつぐんできた問題について言葉に出せる環境になったと学習したものと考えられるであろう。

こののち、次章で田嶌氏がこの背後にあった企図を包括的に描いているように、私たちの共同作業で児童養護施設に安全委員会を導入した前後の動態が詳細に把握され、安全委員会方式は私たちのような助っ人抜きで全国二九児童養護施設等での運用がされるようになり、全国大会も九回開催されてきた（http://www2.lit.kyushu-u.ac.jp/~com_reli/

safety/)。
二〇一六年、この児童養護施設を退所した子どもたちが、一〇年前の当時を振り返り、現在の施設に次のようなメッセージを伝えてきた。

安全委員会を通じて　Aさん（二三歳、女性、六歳時入所）
私が安全委員会の中で学んだことは、暴言や暴力では何も生まれないということです。私は安全委員会ができるまで、自分さえ良ければいいと思っていました。気が付いた時には、ただ恐れられていて誰一人も本当の意味で慕ってくれてはいなく完全に孤立し、誰も信じられなくなっていました。安全委員会ができた時も、自分は守られなかった側なのにどうして下の子ばっかりが守られるんだろうと腑に落ちませんでした。
しかし、暴力や暴言などを我慢するうちに下の子が少しずつ慕ってくれるようになりました。慕われると人を信じられるようになり、思いやることができ、独りではなくなりました。また、素直になれることもできるようになりました。
もし安全委員会がなかったら、今繋がっている方々とのつながりもなく独りだったと思います。人を思いやり素直になれたことも、今では他の人から認められるくらいの長所になりました。これからも子どもたちの安心安全を守っていって欲しいです。

逆に、この施設で被害者になり易かった子どもは次のようなメッセージを伝えてくれた。

安全委員会ができて　Bさん（二一歳、女性、六歳時入所）

安全委員会ができたことによって、生活しやすくなりました。暴力を振るわれるという怖さもなくなりました。みんなが仲良くせいかつできるようになったと思うし、ケンカした時に話し合いという方法で解決できるようになり、とてもいい会だと感じています。

私たちは、この取り組みは、児童養護施設における暴力問題を文化人類学的にのみ扱う難しさを示したと同時に、その難しさを乗り越える可能性も示した、と考えている。

ではその可能性とは何かといえば、それぞれの専門職が専門職のみの制度で構成される効率的なルーティーンを遂行することでネオリベ的ストリート化を補完するのではなく、その子どもたちの顔に自らの存在との関わりに気づき、その職員たちの顔に気づき、専門職の制度から応えようとした根源的なストリートから生まれてくるものたちの可能性である。私自身は子どもたちの顔に気づき、田嶌氏の実践も含めて関与観察を行うようにした時、文化人類学の現地人の視線、彼ら自身の言説化を待つという制度的な範から一歩足を出したと言えよう。根源的ストリートは、単に制度的な文化人類学の枠内での主題というより、制度的な文化人類学そのものを変容に導く変容の坩堝となる—そこにストリート人類学の可能性があるのではあるまいか。

注

(1) 紙幅の都合があるので、全国の施設でもどのような暴力の全体像があったのかの詳細は［田嶌　二〇一一］参照。なお、宗教的な背景を持つことが多い施設の中で、しかも法的に保護されてきた子どもたちが施設内で受けてきた暴力を考えるに、まさにアガンベンの「ホモ・サケル」概念のもとに考えたくなる。但しアガンベンはそれを問うたが具体的な変革には着手しないようだ［ゴイレン　二〇一〇（二〇〇五）］。

参考文献

飯嶋秀治
二〇一一「日本の児童福祉施設」小國和子・亀井伸孝・飯嶋秀治編『支援のフィールドワーク』世界思想社、三七―五三。
二〇一二a「書評」『文化人類学』七七（一）：一八〇―一八三。
二〇一二b「社会的排除とのつきあい方」『文化人類学』七七（二）：二七三―二九三。
二〇一六「施設の暴力と人類学」田嶌誠一編『現実に介入しつつこころに関わる展開編』金剛出版、二九一―三〇五。
グッドマン、ロジャー
二〇〇六（二〇〇〇）『日本の児童養護』津崎哲雄訳、明石書店。
厚生労働省
二〇一七「社会的養護の推進に向けて」(http://www.mhlw.go.jp/file/06-Seisakujouhou-11900000-Koyoukintoujidoukateikyoku/0000154058.pdf)
田嶌誠一
二〇〇五a『児童養護施設における児童間暴力問題の解決に向けて　その一　児童間暴力の実態とその連鎖』心理臨床研究会。
二〇〇五b『児童養護施設における児童間暴力問題の解決に向けて　その二　施設全体で取り組む「安全委員会」方式』心理臨床研究会。
二〇一一『児童福祉施設における暴力問題の理解と対応』金剛出版。
ゴイレン、エファ
二〇一〇（二〇〇五）『アガンベン入門』岩崎稔・大澤俊明訳、岩波書店。
ゴッフマン、アーウィン
一九八四（一九六一）『アサイラム』石黒毅訳、誠信書房。
関根康正
二〇〇九「結論と展望――なおも、〈生きられる場〉を穿つために」『国立民族学博物館調査報告No.八一　ストリートの人類学下巻』国立民族学博物館、五一九―五五六。
田中雅一編
二〇一八「ストリート人類学という挑戦」関根康正編『ストリート人類学』風響社：一―一五。

一九九八『暴力の文化人類学』京都大学学術出版会。

ダワー、ジョン
二〇〇四（一九九九）『増補版　敗北を抱きしめて　上巻』三浦陽一・高杉忠明訳、岩波書店。

土屋　敦
二〇一四『はじき出された子どもたち』勁草書房。

妻木進吾
二〇一一「児童養護施設経験者の学校から職業への移行過程と職業選択」西田芳正編『児童養護施設と社会的排除』解放出版社、一三三―一五七。

特別区人事・厚生事務組合
二〇〇三『緊急一時保護センター大田寮利用者実態調査』特別区人事・厚生事務組合。

松本伊知朗
一九八七「養護施設卒園者の『生活構造』」『北海道大学教育学部紀要』四三：四三―一一九。

マリノフスキー、ブラニスラウ
二〇一〇（一九二二）『西太平洋の遠洋航海者』増田義郎訳、講談社学術文庫。

ムコパディヤーヤ、ランジャナ
二〇〇五『日本の社会参加仏教』東信堂。

山野良一
二〇〇六「児童虐待は『こころ』の問題か」上野加代子編『児童虐待のポリティクス』明石書店、五三―一〇〇。

Goodman, Roger
2000　*Children of Japanese State: The Changing Role of Child Protection Institutions in Contemporary Japan*. Oxford.

Richs, David ed.
1986　*Anthropology of Violence*. Blackwell.

三章　児童養護施設等における暴力問題の理解と対応
——子どもたちの成長の基盤としての「安心・安全」の実現

田嶌誠一

はじめに

「なんで、もっと早く助けにきてくれなかったんですか!!」

私に向かってそう言うなり、その男子高校生は号泣した。幼い頃に児童養護施設に入所し、そこで年長の子たちから毎日、毎日、殴られてきたのだという。腕の骨を折られたこともあった、今晩寝るなと命令されたこともあったという。

児童養護施設とは、社会的養護の児童福祉施設のひとつであり、事情があって保護者が育てられない二歳からおおむね一八歳までの子どもたちが保護され、養育されている施設である。二〇一六年一〇月時点で全国六〇三ヵ所あり、約二万七千人の子どもたちが暮らしている〔厚労省　二〇一六〕。近年では被虐待児の入所が多くなっている。児童虐待については、ようやく社会的関心が集まるようになってきた。しかし、その一方で、保護された後のこの子たちの境遇に思いをはせる人は非常に少ない。

児童養護施設では、近年、入所児童の心のケアの必要性が認められ、心理職が配置されるようになってきた。臨床心理士として、私もかつて数年間にわたって、いくつかの児童養護施設で入所児童の成長・発達のための関わりをあれこれ実践したが、それなりの成果はあったものの、どれも今ひとつの観があった。そして、やっとわかってきたのは、これらの施設では非常にしばしば予想をはるかに超えた深刻な暴力があるということ、すなわち「成長の基盤としての安心・安全な生活」を送ることができていないということである。したがって、この問題への取り組みなしには子どもたちへの成長・発達への援助はありえないと言えよう。

一　児童養護施設等の施設における暴力

1　子ども間暴力（児童間暴力）の深刻さ

児童養護施設・児童自立支援施設・情緒障害児短期治療施設といった児童福祉施設の暴力は深刻であり、全国的な問題である。むろん落ち着いている施設もあれば荒れている施設もある。しかし都道府県単位でみればどの都道府県でも起こっているという意味で全国的問題であると言える。

こういうと読者はどのような事態を思い浮かべられるだろうか。それはおそらく、施設職員による体罰や虐待ではないだろうか。むろん、新聞報道に見られるように、その種の暴力は時に起こっている。しかし子どもたちにとってもっともありふれていてしかも深刻なのは、強い子たちからのいじめ・暴力あるいは威圧である。

2　性暴力も起こっている

こうした児童養護施設における子ども間暴力は、さらに痛ましいことに、同性あるいは異性間の性暴力を伴うことがある。そのような事例は稀なものではない。性暴力は当事者の口からは極めて語られにくいが、実際には少なからず起こっているものと思われる。

3　子ども間暴力（児童間暴力）は連鎖する――被害者が加害者になっていく

また、そのような暴力は特定の地域や特に荒れた児童福祉施設での話ではなく、多くの児童福祉施設で全国的に起こっているものと思われるということを強調しておきたい。

さらに痛ましいことには、殴る蹴るといった暴力も性暴力も被害児が長じて力をつけ加害児となっていく。すなわち子ども間で暴力の連鎖が見られるのである。これは、まさに惨い事態である。

4　死亡事件や裁判も

極端な場合、それは時に、さらに惨い事態となる。たとえば、子ども間暴力についてだけ見ても、報道されているだけでも3件の死亡事件が実際に起こっている。紙幅の都合で詳しく述べることはできないが、いずれも凄惨な事件である。また、入所時に受けた暴力被害をめぐって裁判も起こっている。

5　訴えにくい被害と仕返し

暴力被害は、なかなか訴えにくいものである。また、訴えたが仕返しをされ、その後訴えなくなった子もまた多い。また、潜在的暴力はキャッチが難しい。とりわけキャッチが難しいのは子ども間暴力である。なかでも性暴力はさらにキャッチ困難なものである。

6　暴力に関する調査

報道されているだけでも、以上のようなことが起こっている。その背後には、そこまでは至らないにしても暴力による被害がどれだけあることだろうか。

ここでは詳しくは述べないが、最近では、兵庫県児童養護連絡協議会や東京都の社会福祉協議会の児童相談所部会の調査などがあり、多数の暴力があることが報告されている。しかし、ごく一部の地域調査に留まっており、未だ全国的な調査がきちんとした形で実施されていないのは極めて残念なことである。

二　施設内暴力の実態とその適切な理解

1　「2レベル三種の暴力」

これまであまりにも子ども間暴力（児童間暴力）が取り上げられてこなかったため、本稿ではそれを強調したのだが、むろんそれだけが問題なのではない。

児童養護施設・児童自立支援施設・情緒障害児短期治療施設といった児童福祉施設には「2レベル三種の暴力（含性暴力）」がある。2レベルとは潜在的暴力と顕在的暴力であり、三種の暴力とは①職員から子どもへの暴力（職員暴力）、②子どもから職員への暴力（対職員暴力）、③子ども間暴力（児童間暴力）の三つである。これらの施設内暴力（含性暴力）は、いずれの暴力でも死亡者が出ており、いずれも深刻であり、またそこまでは至らない暴力はどれだけあることかと思う。いずれの暴力も子どもたちの安心・安全をひどく脅かすものである。

ここで重要なことは、2レベル三種の暴力はしばしば相互に関連しており、いずれか一つの暴力だけを取り扱うのでは他の暴力が激化することがあるので注意を要するということである。たとえば、職員暴力だけを問題にすれば、かえって子ども間暴力（児童間暴力）がひどくなる可能性が高い。したがって、従来職員暴力だけがもっぱら注目され問題とされてきたことには大きな問題がある。それらのどの暴力にも対応すること、すなわち包括的対応が必要である［田嶌　二〇〇七、二〇〇八a・b、二〇〇九］。

2　成長の基盤としての安心・安全

すなわち児童福祉施設では、しばしば子どもたちは「成長の基盤としての安心・安全な生活」が送れていないということである。それは子どもたちのもっとも切実なニーズである。

表1　2レベル3種の暴力（田嶌　2005 c，2007）

2レベル3種の暴力
1）2レベルの暴力
①顕在的暴力　②潜在的暴力
2）3種の暴力
①職員から子どもへの暴力（職員暴力）
②子ども間暴力（児童間暴力）
③子どもから職員への暴力（対職員暴力）

したがって、この問題への取り組みなしには、心のケアはおろか、子ども虐待からの保護さえも終わったことにはならないし、また子どもたちへの成長・発達への援助はありえないと言えよう。

3　見ようとしなければ見えない

ここで重要なことは顕在的暴力でさえ見ようとしなければ見えないし、ましてや潜在的暴力はそれをキャッチする仕組みがなければキャッチできない［田嶌　二〇一一］ということである。児童養護施設等の児童福祉施設の暴力は関係者には広く知られていたにもかかわらず、長い間放置されてきた。「かくも長き放置（ネグレクト）」である［田嶌　二〇〇九、二〇一一］。それがやっと二〇〇八年の児童福祉法の改正で施設内虐待の防止（「被措置児童等虐待」）が明文化され、取組みが始まっている。しかし厚労省によれば、平成二五年度の届出・通告受理件数総数は二八八件、そのうち虐待の事実が認められた件数は八七件、内訳は「児童養護施設」が四九件（五六・三％）、「里親・ファミリーホーム」が一三件（一四・九％）等であった［厚生労働省　二〇一五］。これはあまりにも少ない数字であり、実態とかけはなれたものだとしか考えられないというのが私の率直な感想である。この件数はそのほとんどが「職員からこどもへの虐待・暴力」であり、子ども間暴力の実態はほとんど把握さえされていないし、それどころかかえって覆い隠されている［田嶌　二〇一四］。未だ取組みが極めて不十分であることがうかがえる。いじめに取り組む学校ではいじめ件数が飛躍的に増加することが知られていることに思いをはせていただきたいものである。

4　入所以前に受けた虐待が必ずしも主たる要因ではない

誤解されやすいことだが、必ずしも被虐待児だからそのような暴力が起こるのではない。児童養護施設では従来、入所児が示す暴力は主に家庭で受けた虐待による影響であるとして、愛着やトラウマや発達障害という視点からもっぱら理解されてきた。私はその影響を否定するものではないが、しかし、それ以上に基本的要因として、「集団内の暴力（含性暴力）は児童福祉施設に限ったことではなく、大人であれ子どもであれ、ある程度の数の人間が閉鎖性の高い空間でストレスに満ちた生活を共にする時、極めて起こりやすい性質のものである」という視点が重要であると考えている。つまり、入所以前に受けた虐待は促進要因のひとつではあるにせよ、少なくとも主たる要因であるとは考えられない。

集団の質と構造次第で暴力が吹き荒れ、連鎖していくリスクが極めて大きくなるのである。質と構造に影響する代表的要因としては、①「参加動機」と②「出入り性」があげられる。不本意ながら集められた集団は、望んで集まった集団より暴力のリスクが高く、また出入り性の自由度が低い（またはない）集団は、出入りの自由度が高い集団に比べ、深刻化と連鎖のリスクも高いものと考えられる。私は、不本意ながら参加させられ、さらには出入りの自由度の低い集団を「不本意集団」と呼んでいる〔田嶌　二〇一一〕が、そこでは暴力が吹き荒れやすい。不本意集団は外部との交流が少なく、閉鎖的であることが多い。すなわち、そこに③閉鎖性（外部との交流のなさ）という要因が加わると、暴力が深刻化し、しかも連鎖していくリスクがさらに大きくなるものと考えられる。不本意性も閉鎖性も高い集団すなわち閉鎖的不本意集団ではいじめ・暴力の発生と深刻化と連鎖のリスクが極めて高くなるものと考えられる。

児童養護施設の子どもたちはみな自分から望んで入所してきたわけでは決してなく、しかも逃げ帰る家もない。メンバーである子どもたちが望んで形成された集団ではないため、しかも出て行くこともできないため、閉鎖的な施設では暴力の発生と深刻化と連鎖のリスクは非常に高くなるものと考えられる。

この「（閉鎖的）不本意集団化によって暴力等の荒れのリスクが高まる」という現象は、施設だけに起こる現象ではなく、あらゆる集団で起こりうることである。たとえば、学校やクラスが不本意集団化した時いじめや学級崩壊や校内暴力等のリスクが高まるし、家庭が不本意集団化した時子ども虐待やＤＶや家庭内暴力のリスクが高くなるものと考えられる。

三　安全委員会方式――「個と集団という視点」からの仕組みづくりによるアプローチ

1　「モニターしつつ支援する仕組み」が必要

暴力問題は、特に子どもが振るう暴力への対応は、職員個人の力量の問題とされてきたし、また職員が子どもに振るう暴力はその職員個人の資質の問題とされてきた。いずれももっぱら個々の職員の問題とされてきたのである。しかし、それは誤りである。個人の処遇力だけではなく施設全体の処遇力を上げることが重要なのであり、暴力への対応は施設全体としてどう対応をするかというガイドラインと、個々の職員の対応を支援する仕組みが必要である。

暴力をなくすには、「心の傷」のケアさえすれば暴力を振るわなくなるという理解があるようだが、それは甚だ疑問である。その子だけが止めても、次に自分がやられるかもしれない中で生きているのだから、個別対応だけでは解決困難である。**「個と集団という視点」からのアプローチ**が必要であると言えよう。

また、この問題は、特定の地域の特定の施設の問題ではなく、全国的な問題である。全国で同様の痛ましい事件がくり返し起こっているということは、これはいわば構造的な問題であるということである。

したがって、ある施設だけで有効な取り組みが行われればそれだけで済むというわけにはいかない。どの施設でも暴力から子どもたちを日常的に護るシステムを創っていくこと（＝「仕組みづくり」）こそが必要なのであり、システム形成という形をとらないと解決がつかない性質の問題があるということなのである。したがって、個々の職員の取り組みだけでは限界があり、その対応にはなんらかの構造介入的アプローチまたはシステム形成型アプローチが必要であり、しかも、どれかひとつだけに対応するのではなく、施設におけるすべての暴力を同時になくしていくのに有効な包括的対応システムが必要なのである。すなわち、2レベル三種の暴力を「モニターしつつ支援する仕組み」が必要なのである。

2　児童相談所や学校・地域と連携して施設全体で取り組む「安全委員会方式」

私たちは、児童養護施設等で二〇〇六年から児童相談所（児相）や学校・地域と連携して施設全体で取り組む「安全委員会方式」の導入を開始し、現在では九州から北海道に至る二九か所で実践しているので、そうした仕組みづくりの一例として、ここでその概要をごく簡単に述べておきたい。

表2　安全委員会方式の基本要件

①力関係に差がある「身体への暴力」を対象とする
②安全委員会には、児相と学校に参加してもらう
③委員長は外部委員が務める
④定期的に聞き取り調査と委員会を開催し、対応を協議し実行する
⑤事件が起こったら緊急安全委員会を開催する
⑥4つの基本的対応（1.「厳重注意」2.「別室移動」）3.「一時保護（児相に要請）」4.「退所（児相に要請）」）
⑦原則として、暴力事件と結果の概要を入所児童に周知
⑧暴力に代わる行動の学習を援助し、「成長のエネルギー」を引き出す
⑨措置変更や一時保護が続いた場合は、検証会議を開催し、対応の改善点を協議する

なお、この活動は、学問と現場の協働によるものである。また学問的には、臨床心理学者の筆者と発達心理学者の當眞千賀子氏と文化人類学者の飯嶋秀治氏との学際的協働によるものである。ただし、この三つの学問領域が揃いさえすればよいと言うことでは決してない。この三名のいずれもそれぞれの学問の現在の本流からは大きくはずれた学問的立場にあることは、この協働におそらく必要な条件であったものと私は考えている。

安全委員会方式とは、簡単にいえば、暴力を早期発見し、それを暴力を振るわないで言葉で表現できるようにするという学びにつなげていき、さらには成長のエネルギーを引き出すことを目的とする方式である。そのために、外部に委嘱された委員と職員から選ばれた委員とで**「安全委員会」**というものをつくり、子どもたちへの定期的聞き取り調査に基づいて、暴力事件についての早期のキャッチと対応を行う。したがって、この安全委員会方式は日常的に子どもを護るためにモニターしつつ支援する活動であり、外部評価委員会や施設での大きな暴力が発覚した後に通常設置される第三者委員会とは大きく異なるものである。

なお、児童福祉施設における暴力の変化については、その導入第一号の施設に支援に入ってもらった飯嶋秀治氏による前章を、またより包括的実態とその取り組みの詳細は、田嶌［二〇一一］を参照されたい。

強調しておきたいのは、安全委員会の審議と対応だけが注目され、それだけが安全委員会活動であると思われがちであるが、実際には、それだけでなく同時にスタッフによる安全委員会活動が必須であるということである。すなわち、安全委員会活動とは、①安全委員会の審議と対応、および②スタッフによる安全委員会活動の両者を含むものであるということである［表3、田嶌 二〇〇九］。生活場面でのスタッフによる暴力への対応や指導、ケース会議等をはじめ成長のエネルギーを引き出すための活動が同時に行われているのである。

表3　安全委員会活動とは

①安全委員会の審議と対応
②スタッフによる安全委員会活動
日々の指導：「叩くな、口で言う」等
緊急対応　事件対応　応援面接　ケース会議　等
→成長のエネルギーを引き出す

3　安心・安全が実現すると暴力がおさまってくると

暴力がおさまってくると、小さい子や弱い子がはじけてくる。これはとりあえず良いサインであるが、要注意でもある。ここをきちんと対応していくことが重要である。

安全委員会方式が軌道にのり、安心・安全が子どもたちに実感できるようになると、しばしば以下のような変化が起こる。

①　強い子が暴力をふるわず、言葉で言うようになる。
②　弱い子がはじけたり、自己主張するようになる。
③　特定の職員に過去の被害体験や虐待体験を語るようになる。
④　愛着関係や友人関係がより育まれる。
⑤　職員が安心し、元気になる。

「安心・安全」が実現されると、自然に、それまでとは違う愛着関係が展開してくるし、またしばしば子どもたちが自発的に過去の被害体験や虐待体験を特定の職員に語るようになる。「安心・安全」が実現できてこそ、「愛着」も「トラウマ」も適切に取り扱うことが可能になるものと考えられる。「愛着」や「トラウマ」関係のどの本でも、安心・安全が重要であると述べられているものの、その安心・安全を施設で実現することがいかに大変なことか、どうやって実現していったらよいかということが全くといっていいほど言及されていない。このことこそが、現在この領域で最も重要な課題である〔田嶌　二〇〇五a、二〇〇八a・b、二〇〇九〕。

4　全国的な取り組みの展開

先述のように、私たちは二〇〇六年から安全委員会活動を開始し、現在では北は北海道から南は九州に至る全国の二九か所の児童養護施設等（児童養護施設・児童自立支援施設・情緒障害児短期治療施設・乳児院・ファミリーホーム）で安全委員会活動を展開している。そこでは暴力が激減することは勿論のこと、それ以外にも子どもたちにさまざまな望ましい変化が起こっている。さらに二〇〇九年から全国大会を九回開催するなど、この問題の解決に向けて全国的に活動を展開しつつある。

しかし、ここに至るまでにはさまざまな困難があった。これまで述べてきたような視点から取り組みの必要性を訴えても、当初は関係者からの反応はほとんどなかったし、この領域で国や厚生労働省や全国児童養護施設協議会等への発言力のある専門家に驚くほど通りが悪かった（それは現在でも変わっていない）。なにより困ったのは、私たちと一緒に施設をあげてこの問題に取り組もうという施設が見つからなかったことである。私には、この問題が関係者間でいわばタブーになっていたように見えた。そうした中で、やっと山口県のある児童養護施設が私たちの呼びかけに応じてくれた。この第一号施設には、主に私の研究室の聴講生をしていた井生浩之氏と当時大学院生であった人類学者の飯嶋秀治氏にいわば「助っ人」として入ってもらった。第二号導入施設以降は、基本的には私がひとりで入ることとしたが、この時の彼らの詳細な観察記録が大いに役立ったが、その一部については前章で飯嶋氏が執筆している。

こうした全国的展開の一方で、この方式についてはいくつかの批判がある。施設内で発生する暴力問題の捉え方の違いからと思われる批判もあるが、特筆すべきは明らかに事実ではないことに基づく批判があるということである。西澤哲［二〇〇八、二〇一五］の「子どもの暴力だけを対象としている」「四回暴力を振るえば退所」「暴力を振るう子を排除する方式」という批判がそれである。これらの批判は、事実はそうではないということを私たちが繰り返し述べているにもかかわらず、訂正されることなく繰り返されているという点で悪質なものである。安全委員会方式では、子どもの暴力だけでなく職員による暴力も取り上げているし、また「四回暴力を振るえば退所」ということもない。

そのことと関係して「懲戒権の濫用」［西澤　二〇〇八］とも述べている。そもそも措置権は児相にあり、懲戒権は施設長にある。原則として安全委員会には児相や学校が安全委員会に参加することになっているにもかかわらず、このような批判が出ること自体不可解である。

実際、静岡県の県立情短施設「吉原林間学園」が安全委員会活動実施の全施設（当時は一二か所の施設）にアンケート調査を行った結果が報告されている［静岡県立吉原林間学園　二〇〇八］ので、参照されたい。そこには、現実にはこれまで安全委員会を立ち上げて以降に退所になった児童は、二〇〇八年六月二十日の時点で**全一二施設全体で一名のみ**であり、「退所も一時保護も極めて少ない」と述べられている［田嶌　二〇〇九］。

こうした批判がある一方で、児童養護施設で長年過ごした当事者からはネットで支持されている［「施設内虐待を許さない会」二〇一五］し、また導入した施設（二〇一七年七月現在二九か所）からは、年長児童の暴力の減少や施設の安定化、職員のチーム対応力の向上等の効果が報告されている［築山　二〇一六］。

私たちの方式に賛同しない方々も、一方的批判に終始するのではなく、この問題の深刻さ児童福祉施設や児童相談所に対して、子ども間暴力（児童間暴力）や職員暴力を解決しろと外部からただ声高に要求するだけでは解決は難しいと私は考えている。この問題を解決しうる有効な対応策や予防策を提示し、この問題に取り組む職員の方々を支援していくことこそが必要なのだと思う。この問題は、行政（児童家庭課）と児童相談所と児童福祉施設の三者が同時にやる気にさえなれば、そして各種の専門家がそれを支援していけば、確実に解決できる問題だと、私は考えている。

5　取り組みの優先順位の重要性

最近、社会的養護・児童福祉領域でも非行・矯正領域でもトラウマ・愛着・発達障がい・性教育といった視点が大きく注目されてきているように思われる。それらの視点そのものは大変重要であると私も考えている。しかし、ここで注意すべきは、先にも述べたようにそれに先立って成長の基盤としての安心・安全の実現が必要であり、そのためには現在の暴力状況への十分な対応が必要だということである。そうでなければ効果がないどころか、かえって混乱をひきおこすことさえありうると考えられる。すなわち取り組みの優先順位が重要なのである。なにを当たり前のことを、と思われたかもしれない。しかし、このことはなかなか理解してもらえないのである。残念なことに、実際、児童養護施設等の社会的養護の多くの施設ではこうした現実の暴力への施設をあげての対応なしに、トラウマ・愛着・発達障がい・性教育といった視点からの個別のケアや心理療法等が実施されているのである。しかし、優先されるべきは暴力状況の実態を把握すること、すなわち安心・安全のアセスメント［田嶌　二〇一一］と、それに基づく対応である。せめて児童福祉施設では暴力状況の実態把握のために子どもたちへの定期的聞き取り調査くらいは義務づけるべきである〔田嶌　二〇一四〕と私は考えているが、実際には暴力の実態把握もなしに、入所の子どもたちの安心・安全は当然実現されているはずだという根拠なき前提での対応になっているのである。そして、その動向は今後もますます強くなっていくように思われる。そのことを私は大変危惧している。

まずなによりも必要なのは、**「安心・安全のアセスメント」**である。

四　ストリートチルドレンと施設の暴力問題

これまで述べてきた施設の暴力問題と「ストリート」との関連に少しだけ触れておきたい。たとえば、ストリートチルドレンの集団では、しばしば暴力の加害・被害の連鎖がある。たとえば、石井〔二〇一〇〕の『レンタルチャイルド』（新潮社）には、かつての被害児が暴力の加害に回る痛ましい状況が如実に描かれているし、最近では中国のいわゆる「誘拐ビジネス」でもこどもに傷を負わせ物乞いに仕立てる者たちが、元誘拐児童であるとも言われている。

こうした事態は私たちとは無縁の事態では決してない。そこで起こっていることは施設で起こっている事態と極めて類似しているし、さらには施設だけではなく、いじめや虐待や非行・犯罪においてもしばしば見られるものである。そこには、集団における暴力の加害・被害の連鎖がある。

いくつか、わが国の例をあげておこう。

わが国の非行少年・非行少女（以下、「非行少年」と表記する）の成育史をみれば非常に多くの場合、暴力、それも殴打系暴力にさらされてきている。法務省の法務総合研究所研究部会の報告によれば、少年院在院者のうち被虐待経験がある者は約七〇％とのことである〔法務総合研究所　二〇一二〕。そこにはしばしば、暴力の世代間連鎖があるものと考えられる。さらには、殴打系暴力だけではなく、中には性暴力も受けている。また少年院の入所者への調査でも入所前にいじめ・暴力被害がかなりの高率でみられることが報告されていたという記憶がある。

最近でも二〇一五年の川崎中一生徒殺害事件では、三名の少年が逮捕されたが、主犯の少年は昔はいじめられっ子だったと言われているし、また他の加害少年は主犯の少年に命令されてやったと語っている。やはりここにも被害・加害の連鎖がある。

これらのことから、近年ではトラウマ・愛着（アタッチメント）・発達障害といった視点の重要性等が言及されるようになってきた。それ自体はいずれも重要な視点ではある。しかしここで私が主張したいのは実はそういうことではなく、もっと重要な視点は、過去だけではなく非行少年は現在もなお暴力の渦中にあるということである。加害者であることもあれば、被害者であることもある。通常は、暴力の加害・被害の連鎖の中に生きている。非行にはいろいろな形があって、中には暴力とは直接関係がないものも数多くあるが、しかしそれらを支えているのはほとんどの場合暴力の連鎖ないし暴力的文化であると言えよう。

暴力にさらされない安心・安全の体験は非行少年に限らず、すべての子どもたちにとっての成長の基盤である［田嶌　二〇一一］。にもかかわらず、非行少年は暴力を使わない関係――暴力をしない・されない関係――をあまりにも経験していないのである。したがって、まずなによりも必要なのは暴力を振るわない・振るわれない関係の「体験の蓄積」、安心・安全な「体験の蓄積」［田嶌　二〇一一］である。そのために、非行少年にもっとも最優先で必要なのは、暴力を振るわないようになること、暴力に依存しない関係を築けるようになることが重要である。つまり、あらゆる非行・犯罪対策の土台には、暴力への有効な対応が必須であり、さまざまな関わりはその土台の上になされるべきであるというのが私の主張なのである。つまり、最優先で取り組まれるべきは暴力への対応、すなわち成長の基盤としての安心・安全の実現である。

おわりに

実は、近年暴力が大きな問題になってきているのは、これまで述べてきた福祉領域や教育領域だけではない。医療の領域でも暴力が大きな問題となっている［和田　二〇〇八、二〇一五］。つまり医療・福祉・教育のいずれの領域でも暴力が大きな問題となっており［田嶌　二〇一二］、それらはいずれも先述の閉鎖性と不本意性が高い集団・組織すなわち閉鎖的不本意集団という共通の背景を持つ問題として理解できるのである。

そこでの暴力も近年始まったものでは決してないが、近年ではさらに共通の傾向が出てきている。それは、従来からある暴力に加え、近年では「利用者」から「従事者」への暴力（子どもから職員への暴力、生徒から教師への暴力、患者から医師・看護師への暴力）が増えているということである。このような変化の背景には、大人と子どもの関係性の変化をはじめとして、さまざまな領域での権威との関係の変化があるものと考えられる。

したがって、その対策としては、2レベル三種の暴力に包括的に対応すること、安全委員会方式のような「モニターしつつ支援する仕組みの必要性」ということが共通して重要な視点であると私は考えている。

学校でも施設でもひと時期は教師や職員による暴力だけがもっぱら大きくとりあげられてきた背景に共通しているのは、権力者である教師や職員が弱い子どもをいたぶっているというイメージではないだろうか。「大人は加害者、子どもは被害者」という暗黙の前提ではないだろうか。施設に対しても学校に対してもこのような共通の強固な認知の枠組みが社会の側にあるように思われる［田嶌　二〇〇九］。それが、実情に合わなくなっているものと考えられる。

むろん、子どもの人権は守られなければならない。しかし、子どもの権利擁護が叫ばれる一方で、大人でもいくつかの条件が整えば、容易に人権侵害が起こりかねないし、また起こり続けかねないことは、施設内暴力の実態が教えてくれることでもある。大人でもある種の条件が整えば、被害者となり、安心・安全が守られなくなるのである。また、大人には、子どもの安心・安全を守る責任がある。そして、その責任を果たすためには、なによりもその大人自身の安心・安全が守られることが必要である。したがって、大人と子どもの両方の権利擁護が必要である。

医療・福祉・教育のどの領域でも、暴力が大きな問題となっていることは、私たちの社会で、「安心・安全社会の構築」が大きなテーマとなってきていることを示している。私たちの社会の急激な変動は、既成の価値観をゆさぶり、価値観の多様化・相対化をもたらした。かつて絶対と思われたものの価値が根底から疑われ、権威関係も大きく変化しつつある。私たちはほとんど何を共通の価値としていったらよいのかわからなくなってきているように思われる。そうした今こそ、これだけはというものを見定めることが必要であると思う。

私たちの誰しもが共通した価値として共有できるもの、それが安心・安全である。

折しも、二〇一一年三月には未曾有の巨大地震と津波という大災害がわが国を襲った。さらには原発問題が追い討ちをかけている。この事態は、被災者の試練であるだけでなく、むろん私たちの試練でもある。内的安心（心理的安心感）と外的安全（物理的安全）の双方を含む安心・安全社会の構築が今後私たちの課題であり、そのためにはさまざまな領域で「モニターしつつ支援する仕組み」が必要であると私は考えている。

参考文献

厚生労働省　二〇一六　社会的養護の施設等について。

施設虐待を許さない会　二〇一五　「子どもたちが児童養護施設で安心・安全に暮らすための意見書」https://www.facebook.com/1111786505506508/photos/pcb.../1111817845503374

静岡県立吉原林間学園
（二〇〇八）安全委員会に関するアンケート調査、平成二〇年度児童養護施設等における暴力防止に関する研修会第一回講演抄録。

西澤　哲
二〇〇八「田嶌先生の批判に応えて」臨床心理学、八（五）：七〇六―七一二。

二〇一五「善意の小石」『CAPニューズ』第九六号、一二―一三、子どもの虐待防止センター。

法務総合研究所
二〇一一　法務総合研究所研究部会報告一一――児童虐待に関する研究（第1報告）。

石井光太
二〇一〇『レンタルチャイルド』新潮社。

田嶌誠一
二〇〇五a「児童養護施設における児童間暴力問題の解決に向けて　その一、児童間暴力の実態とその連鎖」一―一一、心理臨床研究会。

二〇〇五b「児童養護施設における児童間暴力問題の解決に向けて　その二、施設全体で取り組む「安全委員会」方式」一―二五、心理臨床研究会。

二〇〇五c「児童養護施設における児童間暴力問題の解決に向けて　その三、「事件」等に関する資料からみた児童間暴力」一―一九、心理臨床研究会。

二〇〇六「児童養護施設における児童間暴力――子どもたちに「成長の基盤としての安心・安全」を」『日本心理臨床学会二五回大会発表抄録集』：四四頁、関西大学。

二〇〇七「児童養護施設における施設内暴力への包括的対応――児相と連携して施設全体で取り組む「安全委員会」方式」『日本心理臨床学会二六回大会発表抄録集』：九九頁、東京国際フォーラム。

二〇〇八a「児童福祉施設における施設内暴力の解決に向けて――個別対応を応援する「仕組みづくり」と「臨床の知恵の集積」の必要性」『臨床心理学』第八巻：五号、六九四―七〇五。

二〇〇八b「現実に介入しつつ心に関わる――「内面探求型アプローチ」「ネットワーク活用型アプローチ」「システム形成型アプローチ」」『コミュニティ心理学研究』一一―二一、日本コミュニティ心理学会。

二〇〇九『現実に介入しつつ心に関わる――多面的援助アプローチと臨床の知恵』金剛出版。

二〇一一『児童福祉施設における暴力問題の理解と対応──続・現実に介入しつつ心に関わる』金剛出版。
二〇一四「児童福祉法改正と施設内虐待の行方──このままでは埋もれてしまう危惧をめぐって」『社会的養護とファミリーホーム』Vol. 5：一二一─一二四、福村出版。
築山高彦
二〇一六「入所児童支援のための児童相談所と児童養護施設の協働的な取り組みについて」『子どもの心と学校臨床』第一四号（二〇一六年二月）一三六─一五〇、遠見書房。
和田耕治編著（相澤好治監修）
二〇〇八『ストップ！　病医院の暴言・暴力対策ハンドブック──医療機関における安全・安心な医療環境づくりのために』メジカルビュー社。
和田耕治編著
二〇一五『医療機関における暴力対策ハンドブック──患者も医療者も安心できる環境を目指して』中外医学社。

四章　如何に被差別の当事者性を獲得するか？
――現代インドで反差別運動に取り組む仏教僧佐々井秀嶺の実践から学ぶ

根本　達

はじめに

インドのマハーラーシュトラ州ナーグプル市は、一九五六年一〇月一四日に不可触民解放運動の指導者B・R・アンベードカル（Bhīmrāo Rāmjī Ambedkar）（一八九一―一九五六）が数十万人の元不可触民を導いて仏教へ集団改宗式した場所である。[1] 本論では、ナーグプル市において一九六七年から仏教復興に取り組む仏教僧佐々井秀嶺（一九三五―）の思想と実践に目を向け、日本で生まれた佐々井が如何に現代インドの仏教徒（元不可触民）による反差別運動において「当事者性」を獲得したのかについて考察する。[2] 障害者解放運動を論じる豊田は、ある社会問題に取り組む運動が当事者性を排外主義的に再定義することで、元来は社会全体が責務を負うべき多様な社会問題がこの狭義の当事者性の枠内にいる「当事者」だけの問題に矮小化されてしまうと述べる［豊田　一九九八：一〇〇、一〇四―一〇五］。この弊害をどのように乗り越えることができるのか。沖縄戦を議論する屋嘉比は、「戦後世代の非体験者」が体験者との共同作業を積み重ね、「『わたし自身が起こすかもしれぬ』という自らの問題」として沖縄戦を「学びなおす」ことを通じて当事者性の拡張が試みられるとする［屋嘉比　二〇〇九：三六、三九、五四］。この「学びなおす」とは、もう一度学ぶことで既存の理解を越える試みであり、必ずしも近代科学の思考のみに依拠する必要はない。

近代科学とは別の思考に目を向けるために、ドゥルーズとガタリ［一九九四］が論じた「樹木（ツリー）状のシステム」と「根茎（リゾーム）状のシステム」の区別が参考になる。ツリー状のシステムは中心化し統一化するものであり、それぞれの関係性は血統もしくは出自の論理で説明される［ドゥルーズ／ガタリ　一九九四：二九―三〇、三八］。近代科学はこのツリー状の特徴を持つものと言える。そこで各自は「支配する者と支配される者の非対称的な関係」の中に階層的に配置され、経験は「過去―現在―未来の時間系列」に沿って秩序づけられる［中沢　二〇一〇：六八八―六八九、七三五―七三六］。他方、リゾーム状のシステムは非中心化し非統一化するものであり、ここでは同盟もしくは縁組が形成される。蘭から食料を調達する雀蜂と雀蜂を用いて生殖する蘭のように、同盟や縁組とは関係相互の照応でも相似でも模倣でも同一化でもなく、非等質的な要素による非対称的な二つの運動が共存する「生成変化〈なる〉」のブロックである［ドゥルーズ／ガタリ　一九九四：三四―三五、二七四、三三八］。出発点も到着点も持たないリゾーム状のシステムは「中心のない網状のシステム」であり、階層性や他のいかなるタイプの超越的統一化にも抗うようなシステム」とされる［ヴィヴェイロス・デ・カストロ　二〇一五：一三九、一四二］。それではこの同盟や縁組において、ある種類のものはどのように別の種類とされるものと結びついているのだろうか。

この異質的な要素の結びつきについて、ハラウェイはサイボーグを用いて説明する。「機械と生物のハイブリッド」であるサイボーグは、「同一性（アイデンティティ）」ではなく「類縁性（アフィニティ）」を重視し、機械と生物がそれぞれの差異を残したまま、各自の選択によって相手との関係を結ぶ方法論を示す［ハラウェイ　二〇〇一：三二、四六、四八］。同様にチャクラバルティは、「暗黙の全体を想定する断片の数々という意味で断片的ではなく、全体性という観念ばかりか、『断片』という観念そのもの（というのは、いかなる全体もないとしたら、断片はいったい何の断片だということになろう?）に挑戦する断片」について学ぶ必要性を説く［チャクラバルティ　一九九六：一〇〇―一〇一］。

柄谷［一九九四］の言葉を借りれば、これは一般性の中の代替可能な特殊性と特殊性の関係性ではなく、代替不可能な単独性と単独性の関係性と説明することができる。特殊性が一般性（「私の集合」や「犬の集合」）という全体の中にある部分（「私」や「犬」）であるのに対し、単独性は「この私」や「この犬」にある「この」性であり、固有名詞を持つものである［柄谷　一九九四：一〇—一三］。[3] 議論の要点は、機械と人間、「全体を想定しない断片」と「全体を想定しない断片」、「この私」と「この私」の差異に目を向けると同時に、異なる起源をもちながらも共に作動する「等質性なき共存可能性」［ストラザーン　二〇一五：一三一—一三四］、そこにある繋がりの在り方を知ることにある。

マジョリティが選択するにせよ、マイノリティが取り組むにせよ、狭義の当事者性に依拠する「同一性の政治学（アイデンティティ・ポリティクス）」では近代科学のツリー状のシステムが用いられる。これに対し、リゾーム状のシステムに基づく政治学とはどのようなものなのだろうか。以下では、仏教僧佐々井が元不可触民の視点から自らを「脱領土化」［ドゥルーズ／ガタリ　一九九四：三四七—三四八］し、「不可触民の指導者／聖者」へ生成変化することで、仏教徒の反差別運動における狭義の当事者性を拡張している点を論じる。

一　反差別運動——排他的な当事者性に依拠する

現代インドの元不可触民から「父なる指導者」（*bābāsāheb*）と呼ばれるアンベードカルの生涯は、三つの局面に区別することができる。一番目は、生まれながらの宗教の枠内にとどまり、その改革を目指す段階である［Queen 2010: 99］。一八九一年に不可触民とされるマハール（*mahār*）として生まれたアンベードカルは、欧米への留学を経験した後、一九二七年からチャウダール貯水池開放運動に取り組んだ。一九三〇年になるとアンベードカルはカーラーラーム（*kālārām*）寺院立ち入り運動を率い、カースト・ヒンドゥーから如何なる苦難を与えられようともヒンドゥー教を捨てないと宣言した［Keer 1971: 8-143］。二番目は、自分が信仰する宗教を自らの考えで選択しようとする段階である［Queen 2010: 99-100］。一九三五年、寺院立ち入り運動が失敗に終わったアンベードカルは、「私はヒンドゥー教徒としては死なない」と述べ、ヒンドゥー教からの改宗を宣言した［Zelliot 1969: 202-203］。アンベードカルは翌年、集団改宗に向けた準備を進めることのほか、今後はヒンドゥー教の神への礼拝やヒンドゥー教の祝祭を行わないことをマハールの会議で決定した［Keer 1971: 272-277］。三番目は、既存の宗教を分解し組み立て直そうとする段階である。アンベードカルは「様々な場所の過去や現在や想像される未来の信仰や実践の断片」を用いて、既存の仏教を「自由、平等、博愛」の宗教として組み立て直した［Queen 2010: 100］。この仏教が理性や正義に対する道徳的犯罪として不可触民制を批判できると考えたアンベードカルは、一九五六年の仏教への集団改宗でヒンドゥー教と別の宗教枠組みを提示し、インド全体の再構築を試みた［Viswanathan 1998: 238-239］。

現在のナーグプル市の仏教徒（元不可触民）による改宗の在り方は三種類に分けることができる。一つ目は、既存の枠組みを用いた「読み換え」であり、改宗後も既存のヒンドゥー教の枠組みから仏教文化の要素に意味が与えられている。例えば超自然的な力を仏教寺院で受け取ったり、仏教僧が巻いた守護紐の中に超自然的な力が入ったりすることで、病気や苦悩が取り除かれるとされる。この既存の論理による意味付けは仏教徒の間で頻繁に耳にするものであり、この読み換えによって改宗後の宗教と改宗前の宗教との繋がりが維持され、文化的な記憶が継承される。二つ目は、アンベードカルの著作や演説を基盤とした「切断・分類」である。ヒンドゥー教を「差別と迷信」、仏教を「平等と科学」と本質主義的に定義するアンベードカルの教えに従うならば、ヒンドゥー教と仏教を別のものとして分離し、改宗前の意味付けの枠組み全てを破棄することが求められる。活動家は神の力を「迷信」とするアンベードカルの教えを厳守しており、超自然的な力を仏教寺院で受け取ることや守護紐儀礼が「無知」によるものと強く批判している。ここでは文化的な記憶が引き継がれることはない。三つ目は、改宗前の宗教と改宗後の宗教という二つの枠組みを組み合わせる「作り直し」である。例えば仏教徒は、守護紐に対し「紐を見ることによりブッダの教えを思い出すことができる」という新たな意味を生産している。ここでは超自然的な力への信仰を「迷信」として破棄しつつも紐を巻く儀礼自体は否定しておらず、文化的記憶が部分的に捨てられ部分的に継承されている。この新たな意味は、改宗前の宗教からも改宗後の宗教からもズレており、誰がヒンドゥー教徒で誰が仏教徒かという既存の「同一性を定義するカテゴリーを作り直す」［Viswanathan 1998: XV］ものと言える。

現在のナーグプル市の仏教徒運動の一つのかたちは、アンベードカルの生涯における三番目の局面を引き継ぐものであり、改宗の二番目の在り方が正統なものとされている。つまり、仏教徒は「差別と迷信のヒンドゥー教」と相反する「平等と科学の仏教」をインドに復興することで公正な社会の実現を目指しており、この反差別運動は「仏教徒（元不可触民）」という排他的な当事者性に依拠している。佐々井もまた仏教徒が「不可触民、非人間、ハリジャン、新仏教徒と動物以下にさいなまれ、卑下差別され、殺され、辱められ、傷つけられ、瓦石打擲を受け、食うに米麦なく、着るに衣類なし、住むに家なき極貧民衆」であり、「五千年間のヒンズーカースト種姓制度に非人間・不可触民として動物以下に虐待、虐殺され、恥辱、迫害、弾圧、一切の人権を剥奪され生きてきた人達」［佐々井 二〇〇四：四一四、四二〇］であると述べる。このことから活動家と同様に、佐々井がアンベードカルの演説や著作が示す「迷信と差別のヒンドゥー教対平等と科学の仏教」という本質主義的で二元論的な見取り図を受け継いでいると理解できる。佐々井はアンベードカルの仏教を「人間解放、社会解放、心の解放、人間革命を目指す宗教」であるとし、自らの仏教をアンベードカルの理想の実現を目指す「闘争仏教」と名付けている。

二　類似——苦悩する自己と苦悩する他者

佐々井は一九六七年にビハール州ラージギルにおいて、「八宗の祖師」と呼ばれる龍樹（Nāgārjuna）（一五〇―二五〇頃）から「汝、南天龍宮城（龍＝ナーガ *nāga*、都＝プル *pur*）へ行け」とのお告げを授かり、ナーグプル市で仏教寺院の建立や仏教儀礼の普及といった仏教復興運動を開始した。ナーグプル市で暮らす仏教徒たちはインドにとどまる佐々井の姿に尊敬の念を抱き、佐々井を支援していった。一九八〇年代以降、佐々井はアンベードカル入滅日の式典の導師など、仏教の祝祭において重要な役割を担うようになり、一九八八年には仏教徒による大規模な署名活動の結果、インド国籍を取得することができた［山際　二〇〇〇：一三三―一五三、二四二―二四四、二六二―二八六］。佐々井は自分自身とナーグプル市の関係性を次のように説明する。

私は子どもの頃に大病になって、毎日赤い目をした蛇の心臓を食べ、牛を煮たスープを飲みました。それで一度死んで生き返りました。その時、心臓は一分か二分は止まっていたのではないでしょうか。蛇の心臓が私の心臓になり、牛のスープが私の体になりました。［中略］蛇の心臓は蛇の中心ですから、龍種（ナーガ）族の首都（プル）をさしています。それは仏教が生き返ったナーグプルのことです。ナーグプルの周辺の地域は「マヒンシャック」と呼ばれています。それは「水牛（マヒシャ *mahiṣa*）の国」を意味しています。［中略］私の心臓が蛇の心臓でナーグプルを指し、私の体が牛のスープでできていてマヒンシャックとぴったりとあっています。そこで仏教が生き返りました。

この語りの中では「蛇の心臓でできた自分の心臓」と「ナーガ族の首都であるナーグプル」、「牛のスープでできた自分の体」と「牛の国であるナーグプル」、「自分が生き返ること」と「仏教が再興すること」の間に類似性が見出されている。このように、佐々井はアンベードカルの教えを引き継ぎながらも、物事の関係性を考える際に類似性を重視するため、科学や合理性を信頼するアンベードカルや活動家との間にズレが生まれることになる。一九六七年以降、ナーグプル市で仏教徒と一緒に暮らす中、佐々井は苦悩する自分と苦悩する仏教徒が似ていることを発見するようになった。佐々井は以下のように語っている。

私の仏教の基礎は日本での苦悩にあります。〔中略〕日本での苦悩が一番大切であり、これがなければ今の活動はできていません。不可触民と呼ばれ迫害されてきた不可触民と呼ばれ迫害されてきた彼らもみな苦悩を持っています。彼らも立派な人間なのです。それを何千年かはわかりませんが、彼らも、不可触民として差別し奴隷にしてきたわけです。〔中略〕仏道者とは学問をする者ではなく、口で言うばかりではなく、実践しなければなりません。迫害されている人たちと離れていてはいけません。密着してなくてはいけない。〔中略〕お釈迦さまや観音さまは遠くにいる人でも泣き声で苦しみが分かりました。深い深い修行をしているからどれだけ遠くに離れていても分かるのです。心と心が密着し相手が泣けば自分も泣く。〔中略〕悲しみを分かるようにならなければなりません。

このように「日本で苦悩を抱えた佐々井」と「インドで苦悩を抱える仏教徒」の間に類似性が見出されている。それぞれの苦悩の内容は別でありながらも、佐々井は苦悩する自分と苦悩する仏教徒を重ね合わせ、一九六七年から現在に至るまで布教活動を続けている。ここにあるのは「あなたは私のようだ」という直喩的認識と言えるだろう。インド各地における改宗式の導師を務めるため、佐々井は冷房が故障したぼろぼろのジープに乗り込み、四月から

写真1　佐々井の部屋（インド・ナーグプル市）、2017年3月2日、筆者撮影。

六月には気温四〇度以上になるデカン高原を通り抜け、十数時間から数十時間かかる移動を繰り返してきた。佐々井の僧衣とサンダルはいつも汗と埃まみれであり、仏教徒居住区の仏教寺院にある佐々井の部屋には使い古された椅子やベッドが置かれている（写真1）。仏教徒が寄付するインド料理を食べる佐々井の食生活は、経済的に貧しい仏教徒居住区で暮らす仏教徒とほとんど変わらない。

三　生活世界——他宗教信者にも祝福を与える

一九六七年からナーグプル市の仏教徒居住区で暮らす佐々井は、仏教徒たちが差別だけでなく病気や貧困にも苦しんでいることを知り、仏教徒に「祝福（もしくは恩寵）（*āśīrvād*）」を与えるようになった。すでに一九七〇年代から佐々井に儀礼を頼むと病気が治癒し家が繁栄するといった評判が広まっており［山際　二〇〇〇：一八一―一九〇］、現在も佐々井の部屋にはインド各地から毎日のように仏教徒が訪れ、祝福を授けてほしいと佐々井に頼んでいる。ナーグプル市の仏教徒は次のように語っている。

> 佐々井師をこの店に連れて来てくれないか。佐々井師にはすごい力がある。佐々井師を店に連れて来てくれたら客がたくさん来るようになるはずだ。根本（筆者）は佐々井師と近い関係だから、友人の店に来てくれないかと聞いてみてくれないか。それか佐々井師の車が店の前を通った時に一緒に乗っていたら、ここが友人の店

だから少し止まってくださいと頼んでくれないか。（雑貨店経営　三〇代男性）

まだ自分が子どもだった頃、佐々井師の部屋に食事を持って行ったら、そこに女性が来ていた。その女性は幽霊にとりつかれていることで有名だった。その時、佐々井師は「南無妙法蓮華経」を唱えながら、その女性の頭を棒で叩き続けていた。ものすごく長い時間、ものすごく叩いていた。自分はすごく怖かった。二時間くらい続けていた。そして佐々井師はその女性から幽霊を取り除いた。（修理工　二〇代男性）

神の力を否定する反差別運動と神の力を肯定する祝福の儀礼という「矛盾する実践」［根本　二〇一六］に佐々井が取り組む中、大多数は仏教徒だが他宗教の信者も佐々井のもとを訪れるようになった。佐々井は他宗教信者の苦しみを聞く中、苦悩を抱える自分が仏教徒だけでなく病気や貧困に苦しむ他宗教信者とも重なることを知り、他宗教信者にも祝福を与えるようになった。以下の事例は、インド北東部アッサム州出身のジャイナ教徒に行われた儀礼の様子である。

【事例】

二〇〇五年四月二八日の午前八時頃、年配の夫婦が部屋を訪れた（元弁護士である夫は病気を患っていた）。妻が「以前に祝福を受け取った時、強くやられすぎてしまったため、夫の首が縮んでおかしくなってしまいました。ですから今日はあまり強くやらないでください」と佐々井に伝えると、佐々井は「前に手で頭を叩いたものだから、首が縮んでおかしくなったのだそうです」と筆者に言って笑った。佐々井は近くにあった新聞紙を丸めて右手に持ち、夫を自分の前に座らせた。妻が夫の後ろに座り、夫婦は三拝した。［中略］佐々井は新聞紙で夫の頭を叩きながら「南無妙法蓮華経」を唱え始め、夫婦にも一緒に唱えるように言うと、夫婦も声を合わせて「南無妙法蓮華経」と経文を唱えた。〔中略〕儀礼が終わると夫は佐々井に一〇ルピー紙幣、妻は二〇ルピー紙幣を渡した。佐々井は「もし病気がよくならないようだったらジャイナ教の先生の所にも行ってみてください」と夫婦に言った。三拝した後、夫婦は部屋を立ち去った。佐々井は「今の夫婦はジャイナ教徒なのです。ジャイナ教徒だけでなくキリスト教徒が来たりもしていますよ」と筆者に言った。

佐々井は日常生活における人々の苦しみの声に耳を傾け、宗教の違いにかかわらず病気を治癒し悩みを取り除くために祝福を与えている。この儀礼において唱える経文は「南無妙法蓮華経」でなくとも構わず、頭を叩くための棒も時と場合によって異なり、木の棒や新聞紙など身近にある物が用いられる。儀礼を行なう場所も決まっておらず、佐々井が座った場所で儀礼が行われる。佐々井の祝福の儀礼はプロセスが厳格には形式化されていないため、多くは仏教徒であるがヒンドゥー教徒やキリスト教徒、ジャイナ教徒といった他宗教信者も佐々井の前で「南無妙法蓮華経」を繰り返し唱え、祝福を受け取っている。

四　隣接――「不可触民の指導者／聖者」への生成

佐々井は二〇〇二年にジュネーヴの国連人権高等弁務官事務所を訪問し、インドでの人権侵害撤廃などへの協力を求め、二〇〇三年から二〇〇六年までインド政府の少数派委員会の仏教徒代表を務めた。二〇〇九年に四四年ぶりに日本を訪れた佐々井は、それ以降も継続的に日本に戻り各地でインドの仏教徒の被差別状況を訴える活動を続けている。この佐々井は、類似性を根拠としてアンベードカルや仏教徒（元不可触民）に仏教の枠組みから意味を与え、一九世紀以降のインドの歴史の中で語られる両者を位置づけなおしている。例えば佐々井は以下のように説明している。

お釈迦さまが亡くなってから二五〇〇年後には末法の時代となり、宗教は亡骸となり、坊さんは職業的なものになってしまいます。その時、地下の虚空から現れた地涌の菩薩が仏教を再興するという考えです。この菩薩を率いるのは上行菩薩です。[中略]（自分の国で差別を受けてきた）不可触民は自分の土地も国もない地下人であり、自分の土地を踏みしめることも、ここが自分の国であると言うこともできず、人間として認められることもありませんでした。地下で苦しみながら何千年も苦しみながら修業し、改宗広場の下から涌き出てきたのです。(4)［中略］私は上に龍樹菩薩がおり、下にアンベードカル菩薩がいると考えており、二つは一つにならなければならないのです。龍樹菩薩の生命はアンベードカル菩薩に繋がり、私へと繋がっているのです。三者一体であり、私は二人に守られているのだと感じています。

佐々井によると、アンベードカルに導かれて仏教へ改宗し仏教復興に取り組む仏教徒は、上行菩薩に率いられて仏教を再興する地涌の菩薩の化身（もしくは分身）である。この仏教徒を導くアンベードカルは龍樹の化身であり、地下から涌き出た菩薩を率いる上行菩薩の化身でもある。佐々井自身もまた龍樹とアンベードカルの化身とされている。(5) ここにあるのは直喩的認識から隠喩的表現（「あなたは私だ」）への展開と言えるだろう。しかし、これらの化身同士は必ずしも完全に同一であるわけではない。インドにおいて佐々井はアンベードカルが開始した反差別運動を率いると同時に、日常生活において病気などに苦しむ人々に祝福を与えてきた。この矛盾する実践を行う理由を佐々井は次のように語っている。

写真2　佐々井の十一面観音菩薩の像（インド・ナーグプル市）、2017年3月2日、筆者撮影。

私はインドが大嫌いなのですよ。ダール（豆と香辛料でできたスープ状の料理）やチャパーティー（小麦粉をクレープ状に焼いたもの）は食べたくありません。味噌や醤油が好きですから。天の声が聞こえたからここにいるのです。インド人も嫌いなのです。悪口を言われたり何度も騙されたりしてきましたから。ですが仏教徒の置かれた環境を、歴史を見つめたのです。それによって人間として宗教家としての同情が生まれてきて少々言われても我慢するようになったのです。この間アンベードカルについて書いている時も涙が出てきて書くことができませんでした。不可触民の苦しみというものが分かってきましてね。

（自分が与える祝福によって）病気が治ったと言う人がいて、私は冗談ではないかと思っていたのですが、仏教徒たちはそうではないと言うのです。だから私は自信を持ってこのお勤めをやっているのです。実はＸＸ（日本人の仏教僧の名前）にひどくやられまして、法華経を唱えることが嫌になったのです。それ以来、「南無妙法蓮華経」をあまり読みたくないのですが、これをやると自然に口から法華経が出てくるのです。だから私は病気の人がいるからこそ法華経が口から出てきてくれるのだと考えています。彼らが私を宗教のために助けてくれているると思っています。

以上の語りから分かるように、インドで生きる日々を「修行」と呼ぶ佐々井は、自分自身の望みよりも、隣接して暮らす仏教徒の期待に応えることにより、神の力を否定し仏教徒を率いる「不可触民の指導者」となり、神の力を肯定し仏教徒を救う「不可触民の聖者」になった。この佐々井は常に、変幻自在な十一面観音菩薩の像を首からさげている[6]（写真2）。言い換えれば、苦悩する自分と苦悩する仏教徒が似ていることを発見した佐々井は、差別に苦しんできたアンベードカルや仏教徒と同一化するのではなく、それらとはズレた「元不可触民の指導者／聖者」に生成することで結びつく。このように佐々井は、アンベードカルの演説や著作が示す本質主義的な二元論を引き継ぎながらも、これまでとは別の動きを仏教徒の反差別運動の中に組み入れている。

おわりに

被差別者の運動が当事者性を排外主義的に設定することは、この当事者性が定義する「当事者」こそが「自身の問題に関して唯一絶対の精通者であるという幻想」を生み出し、社会全体が負うべき責任を見えづらいものにする［豊田　一九九八：一〇六］。この「マイノリティの運動における共同幻想の論理」［豊田　一九九八：一〇〇］を打破する方法の一つは、「当事者」の枠外とされた者が自らの位置からその問題を学びなおし、狭義の当事者性を拡張することである。現在のナーグプル市における仏教徒運動は「仏教徒（元不可触民）」という狭義の当事者性に依拠し、「自由、平等、博愛の仏教」をインドに復興することで公正な社会の実現を目指している。佐々井はこのアンベードカルの教えを引き継ぎ、一九六七年から元不可触民による仏教復興運動を率いてきた。これと同時に佐々井は、苦悩を抱える自分と苦悩を抱える人々の間に類似性を発見し、宗教の違いにかかわらず祝福を与えている。佐々井は仏教徒（元不可触民）が地涌の菩薩、アンベードカルが龍樹と上行菩薩、自分自身が龍樹とアンベードカルの化身だと語るが、これらの化身同士の関係は部分的に重なりながらも部分的にズレている。言い換えれば、「心は外にある」と語る佐々井は、自らと隣接して暮らす仏教徒の願いを叶える宗教実践の中で、アンベードカルや仏教徒を模倣したり、同一化したりしているのではない。佐々井は、仏教徒の視点から「日本出身の仏教僧」である自らを脱領土化し、「不可触民の指導者／聖者」に生成変化することで被差別の当事者性を獲得してきた。このことから「あなたは私だ」という佐々井の隠喩的表現は、一般性の中の代替可能な特殊性（「元不可触民」や「仏教徒」の一員）同士ではなく、固有名を持つ代替不可能な単独性と別の単独性の繋がりを言い表すものであり、佐々井と元不可触民による同盟もしくは等質性なき共存可能性を指し示していると言える。この当事者性の拡張が生み出すズレによって狭義の当事者性に依拠する反差別運動に新たな方向性が含まれていく。[7] ここにあるのは同一性の政治学とは別のリゾーム状の連帯、言い換えれば、「生成変化の政治学」［ドゥルーズ／ガタリ　一九九四：二八五］と呼べるだろう。

注

（1）一九五六年の集団改宗を経て、マハーラーシュトラ州における仏教徒人口は、一九五一年の二四八七人から一九六一年には二七八万九五〇一人に急増した［Mitra 1965］。また二〇一一年時点でナーグプル市の人口二四〇万五六六五人のうち仏教徒が三七万四五三七人（一四・二六％）であり、インド人口における仏教徒の割合（〇・七〇％）と比較すると、市人口に占める仏教徒の割合が極めて高い［Office of the Registrar General and Census Commissioner, India 2011］。

（2）本研究はＪＳＰＳ科研費二四七一〇二八一、二六八七〇〇七五の助成を受けたものである。

（3）柄谷によると、例えば「子供に死なれた親に対して、『また生めばいいじゃないか』と慰めることはできない」理由は、「死んだのがこの子であって、子供一般ではない」ためである［柄谷　一九九四：一六―一七］。そこでは死んでしまった「この子」の代替不可能性という単独性が顕わになっている。

（4）『法華経』「従地涌品」によると、地涌の菩薩は娑婆世界の大地の裂け目からあらわれ出た無数の菩薩たちであり、仏が完全な涅槃にはいった後に仏の教えを説き明かすことを託された弟子たちである。この地涌の菩薩の指導者である四人の菩薩大士の一人が上行菩薩である［松濤、丹治、桂　一九七六：八三―一〇三］。

（5）内山田によると、高位の神とその分身とされる低位の神の本性を予め答えが決まっている階層性の公準でとらえる「階層的に差異化する存在の静態的ロジック」と、一人のパーソンの内に複数の存在者の潜在態が隠されており、この内在する差異を持続の中で外在化したものが分身であるとする「変態する存在の動態的ロジック」を区別することができる［内山田　二〇一一：五三、六〇―六二］。

（6）佐々井の「不可触民の指導者／聖者」への生成は、『法華経』「観世音菩薩普門品」にある観世音菩薩の変化に通じる側面がある。「自在に観察する」菩薩大士である観世音菩薩とは、ブラフマー神に教化されるべき衆生たちにはブラフマー神の姿をし、マヘーシュヴァラ（大自在天）に教化されるべき衆生たちにはマヘーシュヴァラの姿をする。つまり、観世音菩薩は衆生それぞれに応じて変幻自在に姿を現わし仏の教えを説くものである［松濤、丹治、桂　一九七六：二二〇―二二二］。

（7）例えば、科学的推論よりも直感的な確信を優先し、「ポスト啓蒙主義の主題とは完全に矛盾する」立場に立ったとされるM・K・ガーンディー（Mohandās Karamchand Gāndhī）（一八六九―一九四八）［Chatterjee 1999: 96-97］は、不可触民解放の取り組みにおいて自己と他者を分割できない「伝統的なインドのモード」を選択し、「差別者」と「被差別者」との相互作用を通じてカースト・ヒンドゥーが道徳的責任に目覚める「自己浄化」を主張したとされる［Nagaraj 2011: 45, 78］。ガーンディーは「遊説中はかならず、各地の指定カーストの集落やスラムを訪れ、気軽に住民と食事を共にしながら語らった」し、アーシュラムへの「最初の不可触民の入居者の娘ラクシュミーの養父となった」［森本　一九九四：三二一］。前者は不可触民との共食であり、既婚者であったガーンディーにとって後者は通婚の代替と考えることもできる。生活世界の卓越した哲学者であったガーンディー［Nagaraj 2014: 245］の「伝統的なインドのモード」を、「イデオロギーとしての宗教」ではなく「信仰としての宗教」［Nandy 1990: 70］として、もしくは、「ヒンドゥー・ナショナリズム」ではなく「フォーク・イマジネーション」［Nagaraj 2014: 252-253］として理解した場合、ガーンディーの共食や「通婚」、さらに「自己浄化」はどのように理解できるのだろうか。

参考文献

チャクラバルティ、ディペシュ
　一九九六　「急進的歴史と啓蒙的合理主義――最近のサバルタン研究批判を巡って」臼田雅之訳『思想』八五九：八二―一〇七。
Chatterjee, Partha
　1999　Nationalist Thought and the Colonial World: The Derivative Discourse? In *The Partha Chatterjee Omnibus*, pp.1-181. New Delhi: Oxford University Press.
ドゥルーズ、ジル／フェリックス・ガタリ

一九九四　『千のプラトー――資本主義と分裂症』宇野邦一・小沢秋広・田中敏彦・豊崎光一・宮林寛・守中高明訳、東京：河出書房新社。
ハラウェイ、ダナ
二〇〇一　「サイボーグ宣言――一九八〇年代の科学とテクノロジー、そして社会主義的フェミニズムについて」小谷真理訳、巽孝之編『サイボーグ・フェミニズム』二七―一四三頁、東京：水声社。
柄谷行人
一九九四　『探求 Ⅱ』東京：講談社。
Keer, Dhananjay
1971　*Dr. Ambedkar Life and Mission.* Bombay: Popular Prakashan.
Mitra, A.
1965　*Census of India 1961, Volume I India, Part II-C (i)*, Social and Cultural Tables. Manager of Publications.
森本達雄
一九九四　「マハートマ・ガンディー――人と生涯」M・K・ガンディー『不可触民解放の悲願』森本達雄・古瀬恒介・森本素世子訳、二八五―三三五頁、東京：明石書店。
Nagaraj, D. R.
2011　*The Flaming Feet and Other Essays: The Dalit Movement in India.* London: Seagull Books.
2014　*Listening to the Loom: Essays on Literature, Politics and Violence.* London: Seagull Books.
中沢新一
二〇一〇　『カイエ・ソバージュ』東京：講談社。
Nandy, Ashis
1990　The Politics of Secularism and the Recovery of Religious Tolerance. In *Mirrors of Violence: Communities, Riots and Survivors in South Asia.* Das, Veena (ed.), pp.69-93. Delhi: Oxford University Press.
根本　達
二〇一六　「ポスト・アンベードカルの時代における自己尊厳の獲得と他者の声――インド・ナーグプル市の反差別運動と仏教僧佐々井の矛盾する実践について」『文化人類学』八一巻二号：一九九―二一六。
Office of the Registrar General and Census Commissioner, India

2011　Census of India.（http://www.censusindia.gov.in/）（二〇一四年九月一六日閲覧）

Queen, Christopher S.

2010　Ambedkar, Modernity and the Hermeneutics of Buddhist Liberation. In *Dr. Ambedkar, Buddhism and Social Change*. Narain, A.K. and D. C. Ahir (eds.), pp.99-135. Delhi: Buddhist World Press.

佐々井秀嶺

二〇〇四　「『ブッダとそのダンマ』再刊によせて」B・R・アンベードカル『ブッダとそのダンマ』山際素男訳、四〇五―四三〇頁、東京：光文社。

松濤誠廉、丹治昭義、桂紹隆訳

一九七六　『大乗仏典五 法華経Ⅱ』東京：中央公論社。

ストラザーン、マリリン

二〇一五　『部分的つながり』大杉高司・浜田明範・田口陽子・丹羽充・里見龍樹訳、東京：水声社。

豊田正弘

一九九八　「当事者幻想論　あるいはマイノリティの運動における共同幻想の論理」『現代思想』二六―二：一〇〇―一一三。

内山田　康

二〇一一　「チェッラッタンマンは誰か?――関係的神性、本質的神性、変態する存在者」『文化人類学』七六巻一号：五三―七六。

Viswanathan, Gauri

1998　*Outside the Fold: Conversion, Modernity, and Belief*. New Delhi: Oxford University Press.

ヴィヴェイロス・デ・カストロ、エドゥアルド

二〇一五　『食人の形而上学――ポスト構造主義的人類学への道』檜垣立哉・山崎吾郎訳、京都：洛北出版。

屋嘉比収

二〇〇九　『沖縄戦、米軍占領史を学びなおす――記憶をいかに継承するか』横浜：世織書房。

山際素男

二〇〇〇　『破天――一億の魂を摑んだ男』東京：南風社。

Zelliot, Eleanor Mae

1969　Dr. Ambedkar and the Mahar Movement. Ph. D. Dissertation. University of Pennsylvania.

承

ストリートの表層と内奥の往還——新しい敷居の発見から自覚へ

五章　ゾンビ化するストリートの存在論
――ベンヤミン、コールハース、そしてレヴィナス

近森高明

一　ゾンビ化するストリート

ストリートは死んだ、といわれる。あるいは都市は死んだ、とも。では、死んだあとに残るものは何だろうか。形骸化したもの。残り滓。死体。……だが動いてはいる。死んでいながら、なおも動き続けるもの。それはゾンビ的存在であるだろう。ストリートのゾンビ、都市のゾンビを、私たちは目の前にしている。街路や広場での創発的な交流や出会いや集まり――そうした生きいきとした実質が抜け落ち、魂を失いながら、なおもストリートや都市らしき姿形をとどめ、それは動いている。ゆえにストリートの現在を問おうとするならば、まずはそのストリートのゾンビ化、都市のゾンビ化が、いかなる存在論的地位を占めるのかを考える必要があるだろう。

都市のゾンビ化。それは「非―場所」化［オジェ　二〇〇二］、「俗都市化」［ムニョス　二〇一三］、「無のグローバル化」［リッツァ　二〇〇五］などと呼ばれる、一九九〇年代後半以降の新自由主義的なグローバリゼーションの本格化を背景とした、欧米諸国を中心とする都市空間の均質化の、その先に出現しつつある状況である。

たとえばS・ズーキンは、ニューヨークを事例に、都市の魂としてのオーセンティシティの喪失を嘆き、その蘇

生を訴えている［ズーキン　二〇一三］。ズーキンが嫌悪するのは街の高級化としてのジェントリフィケーションである。再開発され、真新しいカフェやブティックが並ぶきらびやかなストリートを、ズーキンは一種の荒廃した状況とみなす。「私はむしろ、多くの場所がスターバックスやその他のカフェのオープンにより上品に修景されることで、かえって荒廃した場所となり、カプチーノによって日常的に毒されている事実について考えてみたいと思います」［ズーキン　二〇一三：一九］。それはいわばストリートの抜け殻であり、死体ではあるが、しかし防腐処理を施され、死にながら、なおも活動させられるアンデッドである。

現在の都市には、公共空間でありながら市民的ではない空間が増えている、とZ・バウマン［二〇〇一］は指摘する。彼によれば、そうした空間には二つの範疇がある。ひとつはパリのラ・デファンスのように、畏敬の念を呼び起こしはするが、親近感に欠け、その場にとどまろうという気持ちを挫き、ただ通過されるだけの空間。もうひとつは都市生活者を、互いに交渉をもたない端的な消費者に変貌させる、カフェや観光地、ショッピングモールのような空間。バウマンは、それら二つの空間の範疇は、C・レヴィ＝ストロースが指摘した他者の他者性に対処する二つの方法、すなわち、嘔吐的方法と食人的方法に対応するという。前者は、異他的なものを体外に放出し、排除し、隔離することで自身を守ろうとする方策であり、後者は、異他的なものを体内に取り込み、同一化することで「非異物化」しようとする方策である。ラ・デファンスは、異質な他者を寄せつけず、追放する嘔吐的な空間であり、カフェやモールなどの消費空間は、訪れる人間をもっぱら消費者に仕立てることで、他者性をキャンセルする食人的な空間である。公共空間でありながら市民的ではないとは、つまり、誰にも開かれているように装いながら、異他的な要素を慎重に管理し、見知らぬもの同士の集まりや交流の契機をきれいに除去した、没交渉的な空間の状態を指す。それは公共空間の姿形をとっていながら、それが公共的であるための核をなす市民的交渉を抜きにした、公共空間のゾンビである。

S・ジジェクがしばしば言及する比喩に「〇〇抜きの〇〇」がある［ジジェク　二〇〇八］。砂糖抜きのダイエットコーク。アルコール抜きのノンアルコールビール。脂肪分ゼロのアイスクリーム。これらは有害物質を除いた商品群だが、いずれも、それがそれであることを支える核心を取り去った商品群であり、危険でもあるが魅惑の源泉でもある、リアルなものを除去した製品群である。これらの製品群は現在の文化状況を徴候的に示す、とジジェクはいう。異他性を抜き去り、安全で安心な環境のもとで、私たちはヴァーチャルな実質なき現実を享受しようとする。この比喩を借りれば、ショッピング・ストリートの形状を模しながら、ノイズのない清潔な環境を提供するショッピングモールは、ストリート性抜きのストリートといえるだろう。それは、他者との交流の楽しみと、それと裏腹にあるリスクをともに除去した、ストリートのゾンビである。

ジジェクの場合には「リアルなき現実」のうち、リアルが問題なのであり、リアル抜きの現実モドキは、ただの批判材料にとどまる。しかし本稿では、このアンデッドの存在論的地位について考えてみたい。ゾンビ的なものに取り囲まれ、ひょっとしたら自身もゾンビ的になりつつある私たちの現在について反省するには、ひとまずゾンビ的なものの地位を、本気で考察してみる必要があると考えるからだ。ゆえにここでは、モールとストリートを対比させる批判的言説で言挙げされるような、モール的なものに消されるストリート的なもの、というよりもむしろ、モール的なものに凝縮されるゾンビ的なものにこそ照準を合わせたい。

そのために以下では、ゾンビ的なものという主題をめぐって、やや抽象的で思弁的な考察を展開する。おもに参照するのは、W・ベンヤミン、R・コールハース、そしてE・レヴィナスによる議論である。いずれも、ゾンビ的なものそれ自体を直接的な主題としてはいないが、一方で、ベンヤミンとコールハースは、群衆や技術的複製、ジェネリックなものという、増殖する複製的なものという主題を通じて、消去不能なアンデッドという論点に踏み込んでいる。群衆と複製、そしてジェネリックなものは、いずれもゾンビの増殖をくり返すダイナミズムと、その消しがたい不死性にかかわっている。そして他方、レヴィナスの議論は、そうしたベンヤミン＝コールハース的な論点を、存在論的な観点からとらえ返すのに貢献してくれる。言い換えれば、本稿で試みるのは、ベンヤミンとコールハース、そしてレヴィナスの議論を、ゾンビ論として読み替えることをつうじて、ストリートの現在をとらえる批評的視点を獲得することである。

二　ゾンビへのオブセッション

ゾンビは、現在、映画や漫画、ゲームなどのヴィジュアル・メディアに頻繁に登場する流行の形象となっている。とりわけ二〇〇〇年代以降の流行状況は、ゾンビ・ルネッサンスとも呼ばれる［Hubner, Leaning and Manning eds. 2015］。ここで、ゾンビ・ルネッサンスの要因それ自体は、本稿では問わないことにしたい。素朴な反映論をとる場合、テロ攻撃や自然災害、パンデミックなど、ゾンビもののフィクション世界を想起させるアポカリプス的な風景は、現実社会でも生起しており、その状況を反映しているのだと指摘されるだろう。あるいはまたヨーロッパ社会に押し寄せる、移民や難民に対する不安と恐れが、都市を襲うゾンビの形象に投射されているという、社会心理学的な解釈も可能であろう。いずれにしても、ポスト九・一一の状況が背景にあるとはいえそうだが、そうした要因を探ることはさしあたり留保しておく。ゾンビの流行を社会的要因に還元したところで、なぜゾンビなのかは解明されない。むしろあきらかにフィクションの産物でありながら、これほど執着される文化的形象の、存在論的な意義について真面目に考えてみたい。

死体が蘇るという設定自体は、もちろん荒唐無稽である。その説明は、ナラティヴ上では、何らかの病原菌や放射線の作用として擬似科学的に処理される。だが表面上の荒唐無稽さにもかかわらず、傷ついた身体を晒し、無目的に都市空間を彷徨し、動きは緩慢ながらも、集団で生者に襲いかかるゾンビの存在には、現在の社会状況の何かがアレゴリー的に映し出されているようにみえ、独特の魅力を放つ。

現在のゾンビの範型をつくりだしたのは、ジョージ・A・ロメロ監督の『ゾンビ』（原題：*Dawn of the Dead*, 一九七八年）である。この作品でゾンビの基本設定、すなわち、死体が蘇ったものであり、意識や主体性は失われ、動作が緩慢で、生前の記憶や習慣にもとづいて惰性で動き、襲われると生者もまたゾンビとなり、相手を倒しうる唯一の手段は脳を破壊すること、という設定が確立した。秀逸なのは、その舞台の設定である。ロメロが選んだのは、郊外のショッピングモールであった。生前の習慣にしたがい、どこからともなく漫然とモールに集まり、内部をうろつくゾンビの群れ。その姿が、日常の私たちの姿と重なり合う。そこに私たち消費者は、生きながらにしてすでにゾンビなのではないか、という批評的なメッセージが読み込まれる。これ以降、ショッピングモールとゾンビというペアリングは、ゾンビもののフィクションにおいてくり返し反復される、定番のモティーフとなる。あたかも自身の不気味な自画像を、思わず何度も、強迫的に確認しようとするかのように。

だがそもそも、ゾンビの何がそれほど魅力的であり、人びとのオブセッションの対象になっているのだろうか。以下ではこれを、存在論的な観点から考えてみたい。

三　アンデッドと〈ある〉

ゾンビをゾンビたらしめる、アンデッドという存在の位相について考えてみよう。それは生きているのでもなく、死んでいるのでもない。端的な有でもなく、無でもない。もとから死んでいる以上、それは、それ以上死ぬことができない。死んでいるがゆえに、それ以上死ねない状態が無限に続く。何度消去しようとしても、執拗に蘇り、ゾンビはそこに存在し続ける。

消去し尽くすことができず、何度も平気な顔をして蘇る、アンデッドという存在。その厄介さを適切に説明する存在論的な概念として、レヴィナスのいう〈ある il y a〉があげられる［レヴィナス　一九八六、西谷　一九九六］。

それは、ある思考実験の結果として導き出される状態である。あらゆる存在者が、人も物もすべてが無に帰したと想像するとして、しかし、その「無」は欠如ではなく、何かが満ちみちている、とレヴィナスは考える。〈ある〉とは、主語を欠いた、非人称的な「存在する」という事実そのものである。それは、すべての存在者を沈み込ませる、夜であるともいわれる。「自我と呼ばれるものそれ自体が夜に沈み、夜に侵蝕され、人称性を失い、窒息している。いっさいの事物の消滅と自我の消滅は、消滅しえないものへと、存在という事実そのものへと立ち戻らせる。この事実に〈ひと〉はいやおうなしに、いかなる自発性もなしに、無名の者として融即する」［レヴィナス　一九八六：九四］。

〈ある〉はまた不眠として描かれる。不眠には果てがなく、出口がない。眠れぬ夜、意識ばかりがさえてしまう。だがその意識は何らかの対象に留まらず、浮遊して、ただ何ものかの到来を待ち受けるだけの受動的な状態となる。ここで目覚めているのは、誰かではなく、非人称的な存在そのものである。そして、そうした〈ある〉の中断に、レヴィナスは主体の誕生のモメントをみいだす。それはすなわち「意識の眠る能力」である。終わりなき目覚めが、不意にやってくる眠りにより中断されるとき、ひとは〈ある〉から退避して人称的な主体の場を確保しうる、とレヴィナスはいう。眠る身体に裏打ちされることではじめて、主体の意識は成立しうるのだ。

レヴィナスの〈ある〉は、それ以上死ぬことのできない、アンデッドという存在の位相によく符合する。事実、〈ある〉はまた「死の不可能性」として規定されている。死ぬのは誰かである以上、非人称的な存在そのものは、永遠に死ぬことができない。人称性が剝ぎ取られ、〈ある〉の夜に呑み込まれてしまうと、無名の存在として限りない目覚めを強いられる。死はときに救いとなりうるが、そうした死による解放という可能性すらも剝ぎ取られた存在、それがアンデッドである。

J・クレーリー［二〇一五］は、レヴィナスを参照しつつ、新自由主義的なグローバリゼーションの作用のもとにある現代社会を、連続的な労働と消費を求めて睡眠を奪う不眠社会と特徴づけ、それを「24／7」の世界と呼んでいる。「この惑星は、ノン・ストップの労働現場か、いつも開店中のショッピングモールとして再考されるようになる。……不眠は、生の消耗や資源の枯渇を加速させながら、生産・消費・廃棄をひっきりなしにもたらす状態である」［クレーリー 二〇一五：二四］。「……いまや、不眠症は、グローバルに生じている他の様々な強奪の形態や社会的な崩壊と切り離すことができなくなっている。現代におけるわたしたちの個人的な欠乏として、また世界喪失の一般化された状態として、不眠症が存続している」［クレーリー 二〇一五：二五］。陰影を欠いた、のっぺりとした恒常的な明るみのもとで、個人的な退避の可能性を奪われ続ける状態。限りのない目覚めを強いる「24／7」の世界は、〈ある〉が全面化するアンデッドの社会であり、あるいは社会のアンデッドである。

四　群衆の不気味さ

アンデッドは不気味な感情を呼び起こす。ここにはフロイト的な〈不気味なもの〉の位相がある。周知のように、フロイトのいう〈不気味なもの das Unheimliche〉は、「慣れ親しみ」と「見知らぬもの」という両義的なモメントから成立する。すなわちそれは、抑圧されたものの回帰にほかならない。ゾンビの不気味さを理解するうえで有用なのは、とくにフロイトが分身の不気味さについて語っている箇所である。フロイトは、ドッペルゲンガーの不気味さの由来について、不死の分身の回帰という点にあると述べ、「自己と他者の無差異化、自由な交通、置換、分割、そうして生ずる同一物の反復、同一性の無効化」といった特徴をあげる。これらの特徴はそのまま、ゾンビの不気味さの特徴をいいあてているだろう［西谷　一九九六：二六三］。

不死の分身の回帰――ここには「不死であること」と「分身＝同一物の反復」という二つの契機がある。とすれば、ゾンビの不気味さは、アンデッドであることと同時に、無数の同一物がひたすら反復する、増殖のダイナミズムに由来することになる。なるほど、ゾンビはつねに群れになった状態で彷徨っており、感染症のごとく増えてゆく。その厄介さは、不死性とともに、限りのない増殖性に求められる。

事実、ゾンビものの映像作品のクライマックスをなすのは、無数のゾンビの群れに生存者たちが襲われる場面である。群れであることそれ自体が、不気味さを喚起する。ここで想起されるのは、無数の人びとからなる街頭の群衆そのものが、かつては不気味なものとして感受されたという事実である。無数の人びとが蝟集する、その一様性のもとで個性が剝ぎ取られ、同じ存在の流れに呑み込まれてしまうかのように思われるとき、不気味さが誘発される。

ここで参照したいのは、ベンヤミンの都市論的テクストのなかで触れられている群衆論である。ベンヤミンは、群衆の不気味さを、遊歩者が群衆に差し向ける両義的な態度とともに問題にしている。遊歩者とは、一九世紀パリの街頭に登場した、有閑階級の散歩者であり、とくに目的をもたず、街路の人物や風物を気まぐれに観察しつつ、自在に彷徨する人物形象である。遊歩者は、ブールヴァールを埋める群衆に、なかば紛れながらも、同時にそこから批判的な距離をとろうとする。群衆は、遊歩者のお気に入りの隠れ家でありながら、同時に嫌悪の対象でもある。「大都市の群衆は、それをはじめて目のあたりにした人びとの心に、不安、嫌悪、戦慄を呼び起こした」［ベンヤミン　一九九五b：四四八］。そのようにベンヤミンは、一九世紀の街頭に出現した群衆という存在が、当時の文学者や思想家たちの関心を強く惹きつけたことを指摘する。エンゲルスは、街路の雑踏に「嫌悪を催させるもの」「人間の本性に逆らうもの」を感じ取る。またポーは、群衆のなかでしか落ち着けず、ものに憑かれたように、群衆を追ってロンドン中をさまよい続ける、奇妙な「群衆の人」という存在を描いている。ポーの群衆描写のうち、ベンヤミンが注目するのは、その服装やふるまいの一様性と、まるで機械のような自動的反応である。通行人にぶつかられても、腹を立てる様子もなく、服を直してすぐに先を急ぐ。そわそわしながら、独り言をつぶやいたり一人芝居をしたりする。誰かにぶつかられると、ペコペコと相手に頭を下げる。ベンヤミンがポーの描写から引き出してくる、機械仕掛けのように動く非人間的な人びとは、のちのゾンビを彷彿とさせる。その点で、一九世紀の群衆のモティーフは、現在のゾンビのモティーフの先取りとみることもできよう。

群衆が喚起する「不安、嫌悪、戦慄」と、非人間的な不気味さ。それは、主体性が奪われて、非人称的な〈ある〉の夜に呑み込まれることの、恐ろしさと不気味さに類比できるだろう。ベンヤミンは、ボードレールが群衆に対して、魅惑と嫌悪の両義的な感情を抱いていたことに注意を向ける。

> 大都市の群衆は否応なしに彼を引きつけ、遊歩者としてその一員にしたのだが、この群衆が非人間的な性格をもっているという思いは、そのときでもやはり彼の心を去らなかった。彼は自分を群衆の共犯者とし、しかもほとんど同じ瞬間に、群衆から離れる。彼は群衆と相当に深くかかわりあいになり、そして突然、たったひとつの軽蔑のまなざしをもって、彼らを虚無のなかへ投げ捨てるのである。［ベンヤミン 一九九五b：四四五］

ここでの描写は、レヴィナスが描き出す主体の誕生と同型的である。群衆が、人称性を剝ぎ取り、一様性へと呑み込んでしまう〈ある〉だとすれば、遊歩者としてのボードレールは、そこに惹かれつつも、そこにすっかり溶け込んでしまう瞬間に〈ある〉を中断し、そこから退避して主体の場を確保しようとする。

遊歩者は、都市の観察者として、群衆から批判的な距離を保つ。だが遊歩者としてのボードレールは、そうした距離を最初から確保して、外側から群衆を眺めるのではなく、群衆に限りなく一体化していた。群衆の内側にいながら、しかしそれに取り込まれる最後の刹那に、私的な退避を試みるのである。群衆をゾンビとしてパラフレーズするなら、ここで生存者＝遊歩者は、アンデッド＝群衆に囲繞されながら、主体としての人称性を、不死としての〈ある〉の中断として確保していることになる。

五　複製的なものと群衆

ゾンビの不気味さは、不死性と同時に、その増殖性に由来するのであった。増殖性という点でいえば、ベンヤミンの複製技術論［ベンヤミン　一九九五ａ］もまた、一種のゾンビ論として読み替えることができる。同一物のコピーが増殖をくり返し、群れとなり、溢れかえり、オリジナルを埋もれさせ、その唯一性を侵蝕してゆく。そうしたコピーの群れに呑み込まれるオリジナルのあり方は、群衆に取り囲まれる遊歩者の姿に、そしてまた増殖するゾンビに取り囲まれる生存者の姿に重なり合う。いくら消去しても、コピーはその複製物を限りなく生み出して増殖をくり返す。それは消去不能なアンデッドであり、存在者を呑み込む〈ある〉の気配を示す。

一九世紀における写真や映画など複製メディアの登場は、伝統的な芸術作品がもつ〈いま―ここ〉の一回性にもとづくアウラを破壊し、衰滅させる、スキャンダラスな出来事であった。そのことは、群衆の登場が、独立したブルジョア市民の個性を剝ぎ取り、一様性のもとに呑み込んでしまう、スキャンダラスな事態と受け取られたことに対応する。すなわち、ベンヤミンにおける複製的なものという主題は、群衆という主題と理論的に同等の位置にある。人間の領域での複製的なものが群衆であり、芸術の領域での群衆に相当するのが複製的なものである。

絵画など伝統的な芸術作品が、〈いま―ここ〉の唯一性を保つのに対し、写真や映画、レコードなどの複製技術は、模造品めいたコピーを大量生産するだけだとみなされるのが通例であった時代に、ベンヤミンは、あえて複製技術とそれが生み出す複製的なものの価値を称揚してみせた。

複製技術による作品を、オリジナルの芸術作品に比して価値が劣るとみる保守派の見方は、じつは転倒しているのであり、そのように判定する基準（＝芸術の芸術らしさ）それ自体が、複製技術の普及によって変換したという点を、ベンヤミンは鋭くつく。すなわち礼拝価値から展示価値へという、芸術の性格の転換である。芸術はもともと呪術や宗教の儀礼に用いられる形象として誕生し、そこで芸術作品は人びとの目から隠され、秘匿されればされるほど、その価値は高められた。だがそうしたアウラ的な経験に依拠する礼拝価値は、大量の複製を出現させる複製技術の登場によって、切り崩され、無効化される。作品の価値はむしろ、積極的に人びとの目に触れれば触れるほど、高まることになるのであり、受容者それぞれが手元に置けるようになった作品は、各自のコンテクストに応じて享受されることで、アクチュアルな意味を獲得することになる。

そのように指摘したうえで、ベンヤミンは、写真や映画など、非アウラ的な複製メディアが可能にする、あらたな知覚と経験可能性の広がりを、生彩ある筆致で描き出す。たとえば映画は、スローモーション撮影や高速度撮影、クローズアップなどにより、時空の拡大縮小を自在に創出し、それまでは知覚しえなかった無意識的な要素（視覚的無意識）をも経験可能にする。そしてまた人びとの知覚の様式は、社会のあり方とともに転換するのであり、映画という新興のメディアは、来たるべき社会に標準的となる知覚の先取り的な訓練を提供すると指摘する。

六　複製的なものとジェネリックなもの

アウラ的経験を掘り崩す、スキャンダラスな存在としての複製的なものを、あえて称揚してみせること。コールハースは、ベンヤミンのこの立場取りを継承し、都市論へと応用する。コールハースのジェネリック・シティ論に含まれる概念やモティーフの布置は、ベンヤミンの複製技術論のそれと重なり合う〔岩元 二〇一〇〕。すなわち、ベンヤミンの複製技術論における「芸術」を「都市」に置き換えれば、そのままコールハースの都市論となるのだ。薄っぺらな複製品の氾濫によって、オリジナルな芸術作品のアウラが危機に瀕しているというとらえ方は、そのまま、均質的で画一的な空間の拡張によって、都市の固有のオーセンティシティが失われつつある、という見方と重なり合う。コールハースはベンヤミンに依拠しつつ、そのようなとらえ方の前提をなす基準（＝都市の都市らしさ）を反転させ、むしろジェネリックなもの、凡庸なものが示す特性やダイナミズムを正面から見据え、冷静に記述・分析しようとするのである。

グローバリゼーションを背景に世界中に増殖しつつある、無個性的でアイデンティティを欠いた都市を、コールハースはジェネリック・シティと名づける。ラゴスや深圳、ドバイなどが、コールハースの注目する事例である。そこでは建築と破壊が猛スピードでくり返され、都市計画という概念は失効し、すべてが不安定で流動的な状態にある。

コールハースは、都市のアイデンティティが衰退する状況を、端的な事実性として受けとめる。人口成長が続き、都市が拡張して建設量が増大する以上、伝統的な中心がもつアイデンティティは、摩滅していかざるをえない。歴史は消費され、自身の価値を減少させ続ける。中心と周縁という対極構造は、両者の距離が広がるにつれて、中心の支配力がやがて限界に達し、無効化し、中心も周縁もない茫漠たる広がりが残される。伝統的都市を基準とする見方では、アイデンティティは都市の都市らしさを規定する基準的価値であったが、コールハースはそうした見方を反転させる。ジェネリック・シティにおいては、中央やアイデンティティは、むしろ都市を拘束する条件となるという。「アイデンティティは強烈であればあるほど拘束力も強く、拡張、解釈、更新、矛盾を寄せ付けない」〔コールハース 二〇一五：一一〕。

そうしてアイデンティティや中心という束縛を脱すると、都市は、自在な拡張性と反復性、ならびに更新性を獲得する。「ジェネリック・シティは中心の束縛、アイデンティティの拘束から解放された都市である。……それは歴史のない都市だ。大きいからみんなが住める。お手軽だ。メンテナンスも要らない。手狭になれば広がるだけ。古くなったら自らを壊して刷新する。どこもエキサイティングで退屈だ。それは「薄っぺら」で、ハリウッドの撮影スタジオみたいに毎週月曜日の朝、新しいアイデンティティを制作することができる」［コールハース　二〇一五：一四］。

群衆が、人間の領域における複製的なものであり、複製的なものが、芸術の領域における群衆であるとすれば、ジェネリック・シティは、都市の領域における群衆であり、複製的なものである。それはひたすらに同一物のコピーを氾濫させてゆき、個別の都市の伝統やアイデンティティを、アウラやオーセンティシティもろとも呑み込んでゆく。ここにもまた消去不能なアンデッドがある。奇しくもコールハースはいう。「ジェネリック・シティとは、かつて都市だったものの残滓である」［コールハース　二〇一五：一九］。生き生きとした活動が抜き去られた、都市の残り滓。魂が抜き取られた、ゾンビ化した都市。それがジェネリック・シティである。ズーキンならば、そうした状況を前に、魂の蘇生を試みて、オーセンティシティの復興のプロジェクトを立てようとするだろう。コールハースはしかしゾンビ化を所与の条件として、その特性とダイナミズムを踏まえた建築を構想するのである。

七　総ゾンビ化する世界を生き抜くために

以上、ベンヤミンとコールハースの議論から、群衆や技術的複製、ジェネリックなものなど、増殖する複製的なものという主題系を追うことで、消去不能なアンデッドという論点を両者の議論から抽出してきた。さらにまた、そうしたベンヤミン＝コールハース的な論点を、レヴィナスの〈ある〉をめぐる議論に照らすことで、存在論的な観点からとらえ返してきた。その作業をつうじてみえてきたのは、増殖し、複製が複製を生み、消去し尽くせないアンデッドが支配している状況であり、都市がゾンビ化し、ストリートもまたゾンビ化している状況である。

都市は死に、ストリートも死んだといわれるが、それ以上に事態はすすんでいる。死んだはずのものが、小綺麗に修景され、防腐処理を施され、どこにでもあるようなカフェやブティックに埋め尽くされ、それなりに賑わいをみせている。それは、たしかに死んでいるかもしれない。魂の抜け殻かもしれない。けれども都市もストリートも、ゾンビ的に動き続け、活発に増殖をくり返している。それゆえ死からの蘇生というよりも、むしろゾンビ化のその先を問う必要があるのではないか。ゾンビ化のロジックを前方へと推し進めたさきに、何が出現するかを問う必要があるのではないか。

したがって、ゾンビ的な都市とストリートのダイナミズムと不死性を、ベンヤミンとコールハースに倣い、まずは所与の条件として受けとめたうえで、最後に問うてみることにしよう。ゾンビ的なもので埋め尽くされた世界の向こう側は、どのように構想しうるだろうか。ベンヤミンとコールハース、レヴィナスの議論をゾンビ論と読み替えることで抽出されたゾンビの存在論は、ゾンビ的なもののストリート化をいかに提示しうるのか。これらの問いについて、十分な考察はなしえないまでも、ごくかんたんな手がかりだけでも示してみたい。

ゾンビの存在論が示すのは、人間的事象を支える、身も蓋もないマテリアルな次元である。それはG・アガンベン［二〇〇三］のいう生の二つの次元のうちビオスに対するゾーエー、すなわち形容をともなう生に対する、端的に生きているという次元にも近い。なるほど例外状態に置かれた剝き出しの生として、脳死状態の人間、難民、グアンタナモ収容所の拘留者などは、いずれもゾンビ的な存在にさせられている。

だがしかし、剝き出しにされ、動物的な状態に貶められることで浮かびあがる、人間のマテリアルな次元、非人間的なもの、非有機的な何ものかこそが、隙間のない世界に、敷居を生み出す契機のひとつになりうるのではないか。たとえば田崎英明は、ベンヤミンの思考の特徴についてこのように述べている。「ルカーチからネグリにいたる多くの西欧マルクス主義者にとって、非人間化されても、それでも残っている人間性の残りかすのようなもの、それが叛乱の根拠です。ところが、ベンヤミンにとって、叛乱を起こすのは人間の中の非人間的なものの方です」［平井・田崎　二〇〇六：一三七］。

あるいはレヴィナスの描写する主体の誕生にしても、非人称的な〈ある〉を、眠りという身体的かつ動物的な契機をもとに中断することで、人称的な主体の場が切り開かれるのであった。すなわちそこでは、ごくマテリアルで非人間的な契機こそが、人間的なものの基盤になっている。とすれば、遍在する不死としての総ゾンビ化の状況から、私的な退避を試みるモメントは、ゾンビ化されない何か、というよりも、ゾンビ化が露わにするマテリアルなもののうちに発見しうるのではないか。（なおクレーリーもまた、睡眠が退避のモメントになることを指摘している。「睡眠は、ほとんど政治的抵抗なしで権力が操作しうる主観性の形象であるが、逆説的にもそれと同時に、道具化も外部からのコントロールも最終的には不可能になる条件でもある。つまり、睡眠は、グローバルな消費社会の要求を逃れ、挫くのである」［クレーリー　二〇一五：三三］。）

＊

押井守の『ゾンビ日記』という奇妙な小説がある。小説といいながら、銃器や射撃をめぐる詳細な蘊蓄が延々と語られたり、死をめぐる哲学的考察がくり広げられたりする、独特のテクストである。主人公は、彼が〈死者〉と呼ぶゾンビが徘徊する街にただひとり取り残され、日々、規則正しく過ごしながら、街路の〈死者〉を狙撃することをみずからの務めとする。〈死者〉を正しく葬ることが〈生者〉の務めだという考えから、主人公はきわめて真摯に、禁欲的に、ワンショット・ワンキルの正確な射撃で〈死者〉を撃ち、死を丁重に扱おうとする。主人公は孤独であり、通常のゾンビもののような人間ドラマは皆無である。そうした極端な設定のゆえに、この小説は、総ゾンビ化の状況で人間はいかに生きうるか、という思考実験となりえている。

本稿の最後に紹介したいのは、この『ゾンビ日記』の文庫版解説にある、舞踏家の最上和子による次のような一節である。ここでもやはり、マテリアルな次元の可能性が示唆されており、総ゾンビ化する世界を生き抜くための、可能なる敷居の在処の手がかりが示されているように思われる。

共同体なき世界で人は何を自分の生の根拠とするのか。マテリアルである事物と身体に鍵があると私は予感している。身体と事物は微細であればあるほど聖性をおびてくるものだ。狙撃手の語りは執拗に微細の網の目に入っていく。ギリギリの行為の中で、地面から地下水が滲み出るように身体がおのずと姿をあらわす。身体をくぐって普遍の土地へ。狙撃手がそれを意識していたかどうかはわからない。だが彼の「単独者として死者を弔うという不可能性」の任務は、彼の身体の知恵をむき出しにした。彼は身体と事物のマテリアルに行き着くしかなかったのだ。〔最上　二〇一五：二一九〕

参考・引用文献
アガンベン、ジョルジョ
　二〇〇三　高桑和巳訳『ホモ・サケル——主権権力と剥き出しの生』以文社。
オジェ、マルク
　二〇〇二　森山工訳『同時代世界の人類学』藤原書店。
バウマン、ジークムント
　二〇〇一　森田典正訳『リキッド・モダニティ——液状化する社会』大月書店。
ベンヤミン、ヴァルター

一九九五a　浅井健二郎編訳・久保哲司訳「複製技術時代の芸術作品」『ベンヤミン・コレクション 1 近代の意味』ちくま学芸文庫。
一九九五b　浅井健二郎編訳・久保哲司訳「ボードレールにおけるいくつかのモティーフについて」『ベンヤミン・コレクション 1 近代の意味』ちくま学芸文庫。

近森高明
二〇一三　「無印都市とは何か？」『無印都市の社会学――どこにでもある日常空間をフィールドワークする』法律文化社、二一―二二頁。

クレーリー、ジョナサン
二〇一五　岡田温司監訳・石谷治寛訳『24/7――眠らない社会』NTT出版。

平井玄・田崎英明
二〇〇六　「非有機的・非人間的な思想家――ベンヤミンの危険な最深部へ」『ベンヤミン――救済とアクチュアリティ』河出書房新社、一三一―一四五頁。

Hubner, Laura, Leaning, Marcus and Paul Manning eds.
2015　*Zombie Renaissance in Popular Culture*. Palgrave Macmillan.

岩元真明
二〇一〇　「大都市的建築――ヴァルター・ベンヤミンとレム・コールハースの比較分析」東京大学建築学科難波和彦研究室『東京大学建築学科難波研究室活動全記録』角川学芸出版、三三二―三三五頁。

コールハース、レム
二〇一五　太田佳代子・渡辺佐智江訳『S, M, L, XL+――現代都市をめぐるエッセイ』ちくま学芸文庫。

レヴィナス、エマニュエル
一九八六　西谷修訳『実存から実存者へ』朝日出版社。

最上和子
二〇一五　「解説／葬送の儀礼」『ゾンビ日記』ハルキ文庫、二一四―二一九頁。

ムニョス、フランセスク
二〇一三　竹中克行・笹野益生訳『俗都市化――ありふれた景観 グローバルな場所』昭和堂。

西谷　修
一九九六　『不死のワンダーランド』講談社学術文庫。

押井　守
二〇一五　『ゾンビ日記』ハルキ文庫。
リッツァ、ジョージ
二〇〇五　正岡寛司監訳、山本徹夫・山本光子訳『無のグローバル化――拡大する消費社会と「存在」の消失』明石書店。
ジジェク、スラヴォイ
二〇〇八　鈴木晶訳『ラカンはこう読め！』紀伊國屋書店。
ズーキン、シャロン
二〇一三　内田奈芳美・真野洋介訳『都市はなぜ魂を失ったか――ジェイコブズ後のニューヨーク論』講談社。

六章　ストリートの記憶と痕跡
――ニューヨークと広島の遊歩から都市の無意識を辿る

南　博文

アブストラクト

都市とはどういう場所であろうか。生活世界としての都市の生きられる場所性の一方に、原風景として記憶され、人々の願望と不安が投影され、現実と空想の入り混じった共同幻想としての像（イメージ）の領域がある。本章では、都市を歩く体験の中で、その都市が隠し持っている「消去された歴史」が痕跡として浮上する現象に注目し、それらが痕跡として表出するストリートから都市の無意識を探る臨床的なアプローチを提案する。それは、都市の文脈と遊歩者の文脈が相互浸透し、ある感情価をもった object として現象化する場面である。精神分析における転移の概念を手掛かりに、ストリートの事物との出会いの瞬間を夢からの目覚めと位置づけるベンヤミンのパサージュ論に、都市の無意識をさぐり当てる方法の導きを得ながら、広島とニューヨークのグランドゼロという場所に都市の Body が傷つけられた体験のフィールドを見ていく。

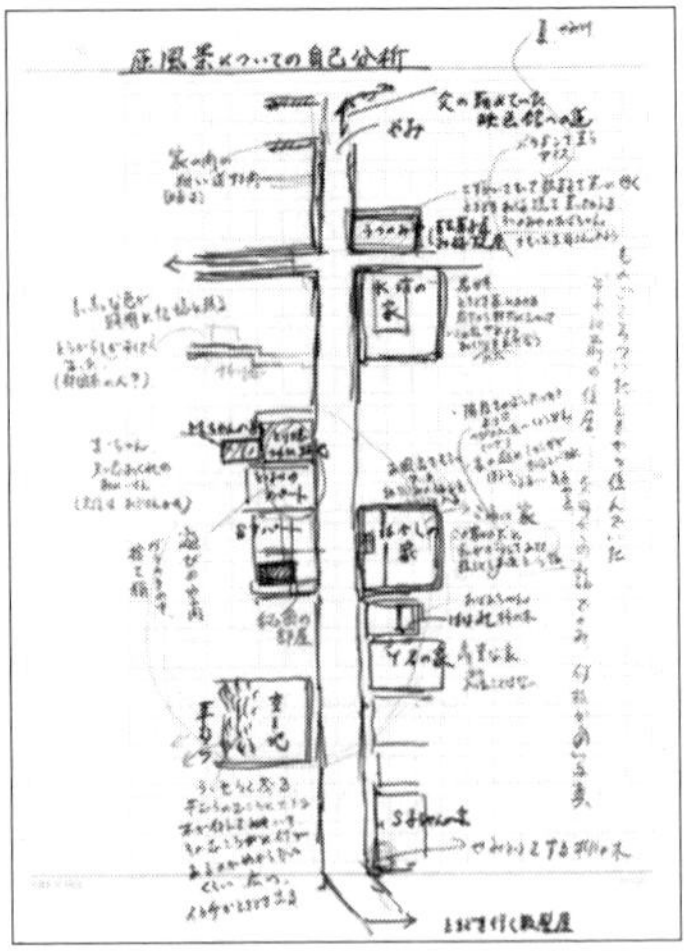

図1　原風景についての自己分析

はじめに——原風景としての路地

本稿は、都市の形態を発生的にみていく方法(1)の一つとして、道を中心とした記憶および想起の現象を取り上げる。筆者は当初、「原風景」という言葉を鍵に、子ども時代に経験された環境の像がその人の一生を通して、職業や個人的な生活を選び、自分のものにしていく際の「原型」として、根っこのところから対象選択を規定していくという考えにコミットしていた。このような考えは、明らかにフロイトの精神分析学に由来するものである。自分が都市の人間であると思い、都市にしか住めないという（一方で「田舎」をどこかで軽視している）思い込みが生まれる背景に、自身の子ども時代の「路地体験」が効いている、という素朴な理解から原風景研究を始めた。

記憶の中に一本の路地がある。アパートの狭い部屋とその隣近所、それを貫く道のまわりにブドウの房のようにいくつかの場所が張り付いている。その一つ一つに感情価があり、錨を下ろしてみるとどこか秘密めいたエピソードが潜んでいる（図1）。それらは内秘的な記憶像であり、人には言えない内容である。あるいは伝えても理解してもらえなさそうなきわめて個人的な出来事である。しかし、同時に路地に対して開かれている。つまり、ここに描かれたものは、内的な事柄ではなく、路地という環境世界に起きていた出来事であり、私の外部にあったものである。この事の共立の不思議さが、原風景という鍵概念をめぐってその後考えたことの骨子をなしている。

一　道が記憶をつなぐ

個人的な体験をいったん離れて、大学生に「子ども時代に住んでいた場所、遊んだ所として、思い出される場所」を地図に描いてもらう調査研究をした〔南・難波・塚本・小原・遠藤・上向・吉田　一九九六〕。そこであがって来る場所について思い出される事も合わせて書いてもらった。場所の性質を、感情的な色合いと意味合いから分類し、その配置を見ていくとある共通パターンが浮上した。自宅を中心に二つの方向に道が延びている。一方は、人と出会う交流空間に行き着く。もう一方は、これまで行ったことのない「向こう側」へ越えた探検空間のエッジをなす。この両極にはさまれる形で、秘密、禁止、恐怖、危険といった社会的にネガティブな意味合いをもつ空間が、自宅を取り囲むように配備され、それを越えたところに安心と社交の空間が配置される。毎日の家から外出する行為（Trip）は、これら色合いの違う場所をくぐり、そこでの小さな体験を順序づけ、つないでいく冒険旅行のパッケージのようなものとなっている（図2）。

図2　手書き地図による子ども時代に遊んだ場所（原風景）の基本構造（南ほか、1996）

建築家の仙田満が言う「遊びの循環（遊環）構造」〔仙田　一九九二〕が、自分の家を中心とした放射状の空間配置に実現している。ここで、道は、これら個人の幼児体験にとって意味のある固有の場所を結ぶ「糸」の役割をしている。記憶は、この線に沿って構成されており、認知地図論では、このような場所の想起を「ルートマップ」型と呼んで、子

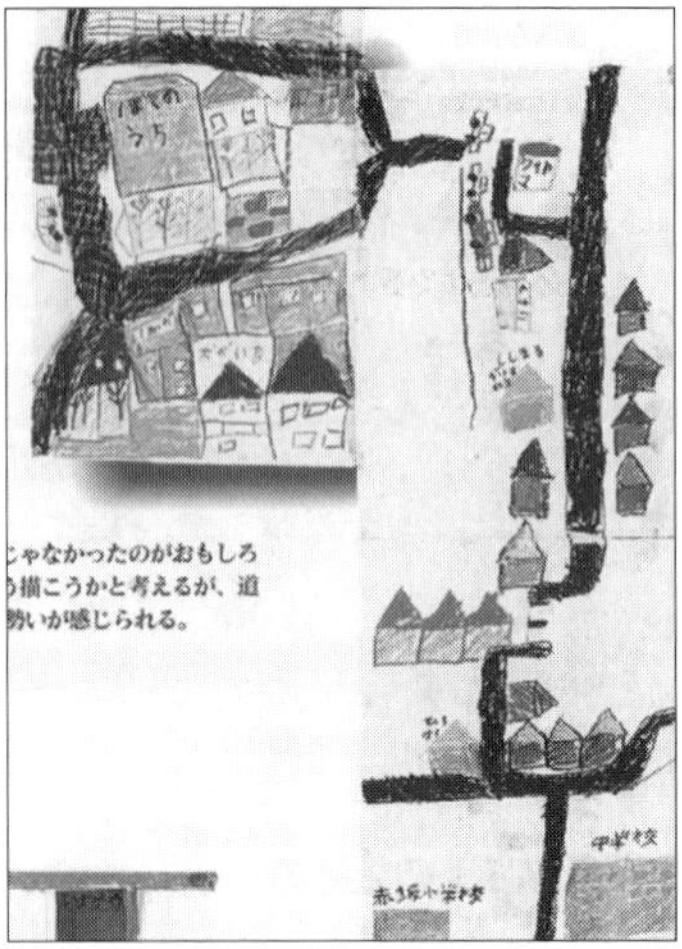

図3　ルートマップの例（「福岡市中央区絵地図コンテスト」）

どもはもっぱらこの方式で環境を認知していると説く。一方、大人は、全体を一望する視点から、ユークリッド座標に射影した「サーベイマップ」を産出する［Hart and Moore 1976］。どちらのタイプの地図にも道は登場するが、前者は体験に即した行動的表象（enactive representation）であり、後者は知的に構成された表象（cognitive representation）である。

　二枚の絵地図を比べるとこの違いがよく分かる（以下の例示は、福岡市で行われた絵地図コンテストで受賞した作品であり、筆者は審査員としてその選考に参加した）。父親の自転車に乗せられて家から学校までを移動した小学校低学年生の地図は、道が延びていって、さらにその先があることが絵を描きながら分かって、それを別の紙に描いて足している（図3）。

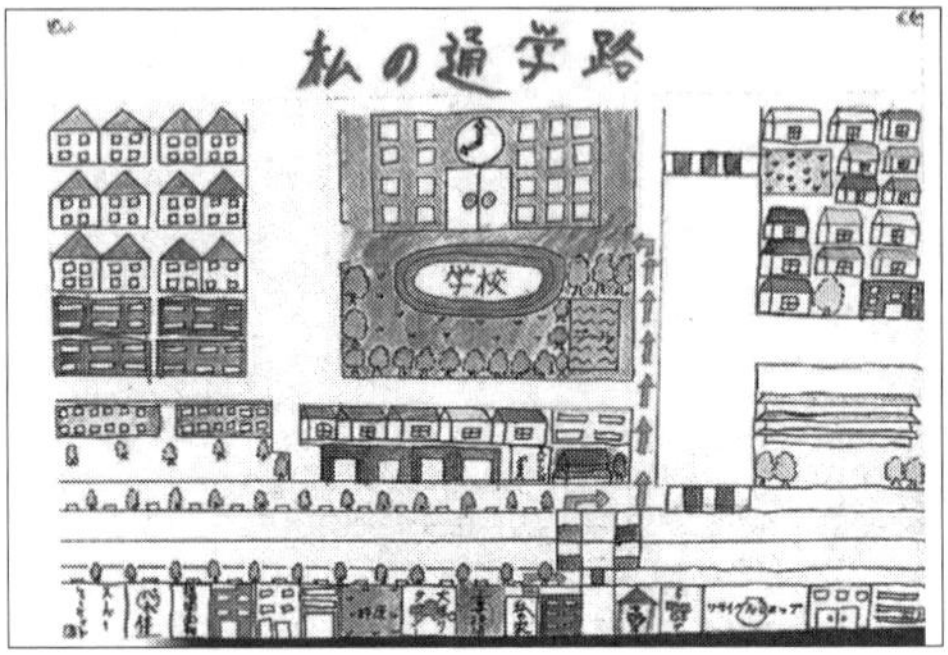

図4　俯瞰的視点から描かれた絵地図の例（同右）

　一方、学校が行くところの「中心」になってきた小学校高学年生の地図では、俯瞰的な観点から自宅と学校とを含む空間全体が画面の枠内に収められ、構造的にはサーベイマップの特徴を持っている。ここには歩行経路がきっちりと点線で示され、角を九〇度に正確に折れて到着する学校には、正面の校舎の時計が登校時間をきっちりと針で示している（図4）。

　前者が、「道」という表現にふさわしい空間の体験様式であるのに対して、後者は、「道路」という呼び名がふさわしい空間である。「道」は、身体の動きに応じて展開する前へ前へと開けて行く間隙であり、体験者の現在と供応して周囲に現れる場所の顔立ちである［南　二〇〇八］。ここで特徴的な自己―環境系［南　二〇〇六］は、もっぱら自分の側から見られた環境を描き出している構図である。一方「道路」は、街の構造をなす基本軸として、まず全体の範囲を定めた上でそこに各建物を配置するための枝のようなものとして、正確な方位の下に配置される帯状の空間である。それが計画的な次元に則っていることは、この図のほぼ中軸に置かれた時計の針が示すであろう、秩序（order）と規範の様態と呼応して命令的な厳格さを表出することに窺われる。

このように描画という行為において、表象する主体は、自己中心的な座標系から、俯瞰的な絶対空間の中に自分たちを脱中心化した部分へと位置づけるというコペルニクス的転換が起きている。前者が、発達的に低次の環境体験の様式であるのに対して、後者は、発達的に高次の体験様式である。少なくとも、Piaget, J. を代表とする認知発達論ではそのように説いてきた［Hart and Moore 1976］。大人でもルートマップ的に場所を思いだすことがあるが、それは（泥酔時に家に辿り着く場合のように）「退行」だと見なされる。このことから分かるのは、ルートマップとサーベイマップは、前者から後者へと一方通行路のように「発達」していく段階ではなく、一人の大人の中にも「両方共に」保存されている環境体験の様式（モード）であるという理解である。このような見方は、Piaget, J. と対置される発達理論の提唱者であった Werner, H.［一九四〇］の発達理論に基づくものであり、いわゆる原始的心性（primitive mentality）は、未開社会に特有のものではなく、子どもにおいても、また病理状態などにも見られる一般的な精神活動の水準の特徴であり、成人はそれを廃棄したのではなく、多層的に自己の環境との相互交流の手段として持ち合わせていると理解される［Werner and Kaplan 1963］。ここに、筆者は、認知地図に見られるルートマップ的構造と呼ばれる環境体験の様式が精神分析につながる理論的接点を見出す。

成人において、酩酊した状態で辿られる環境は、俯瞰的なパースペクティブに立った目的―手段関係を示さず、自己中心的な見えに左右される身体化された周囲として現れる。意識による統制がゆるんだ状態において、プリミティブな自己―環境の体制が表に出てくる。逆に言えば、意識によって覆い隠されたとき、それによって覆われた方は、その意識との関係で「無意識」と呼ばれる体験の領域をなす。この意識―無意識の図式は、精神構造の分析に有効なモデルであるが、今も見てきたように、われわれが生きている都市についても有効なモデルであるだろう。大人の意識統制によって整序された空間図式に基づく都市構造の基本軸が道路であるならば、道は、幼児期の環境体験において優位な身体化された環境世界の中軸であり、個人史における古い記憶としての原風景における軸線をなす深層の構造である。

筆者は、退行的なモードで体験される都市の部位（あるいは後に用いることになる用語で「都市のBody」）を「都市の無意識」と呼ぶことで、都市的体験を精神分析の用語を使って解釈する道筋が得られると考え、このような作業を「都市の精神分析」と名づけ、実践している［南　二〇一五］。すべて作業仮説である。それが有効であるか否か、あるいは妥当な理論への前哨であるかどうかは、その線に乗って具体的な作業を進めてみてから判断されよう。都市の無意識という用語も、予め定義をすることによって研究行為が開始されるというよりは、具体的素材の中で解釈され、事後的に明示されてくるような筋道を辿る性質のものであると考える。その点では、解釈学的と言え、九鬼［一九七九］が『粋の構造』で示した論理と同類である。

二　道から道路へ――都市再開発の中で起きる空間タイプの変質

原風景をテーマに子ども時代の環境体験をさぐっていく途上で、原風景が特に問題化する場面があることに行き当たった。当時住んでいた広島市内の段原地区で進行していた再開発の現場をフィールドワークしていく中で、特にお年寄りが、新しく建った家と町並みになじめず孤立する現象を目撃した。ひどい場合には、自分の家だと認識できないケースすらあった。この問題は、ジャーナリズムの扱うところともなり、段原地区の再開発を「第二のピカドン（原爆の通称）」と呼ぶ高齢者の姿が浮き彫りになった。ここには、長年慣れ親しんだ身近な町が、大きく変容するという「環境移行」の体験があり［山本・ワップナー　一九九二］、愛着のある場所の喪失は、特に高齢の住民にとって原風景の喪失をもたらし、後戻り出来ない状況変化としての危機の相をもった否定的な体験となることが理解できる［Minami 1997］。

個人と共同体の双方向の変容を含む複雑な都市現象であるが、道の変容という一点にしぼって、ここで起きていることの構造を考えてみたい。

再開発事業の当事者である広島市の都市整備課が住民用に配布したパンフレット「生まれ変わる段原」の中に、なぜ再開発が必要か、それはどのような変化をもたらすかを説明した二枚の写真が載せられている。一方が、古い道、すなわち現状である。表面は舗装されておらず、車の離合ができない道幅である。排水溝も整備されず、子どもが遊ぶには「汚い」環境だとされる（図5）。

図5　前の状態——道（「生まれ変わる段原」より）

図6　後の状態——道路（「生まれ変わる段原」より）

それに対して、再開発後の姿は、舗装整備が行われ、車に対応した道幅が確保されて、清潔で快適で美しい都市環境を提供するとされる（図6）。

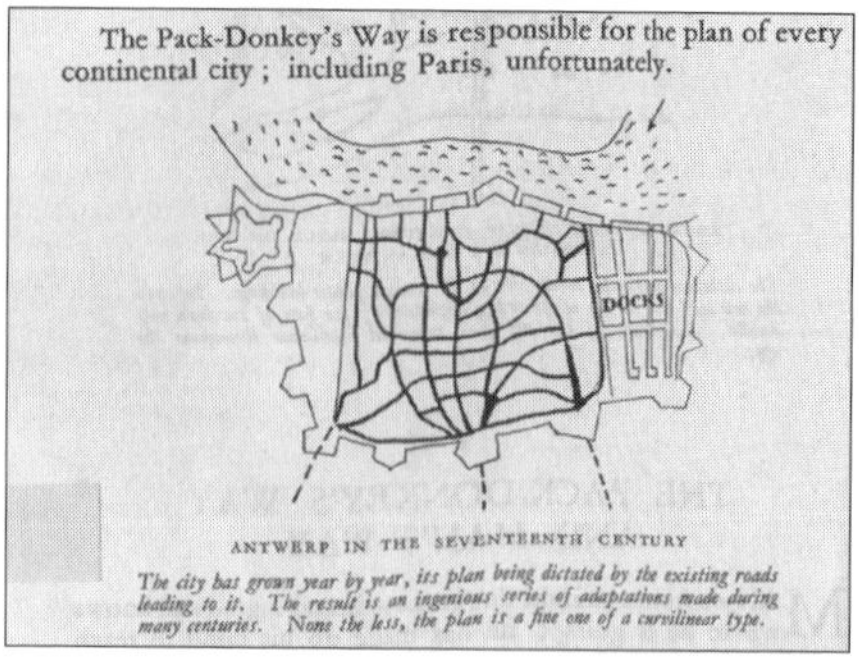

図７　積み荷ロバの道（Le Corbusier, 1929/1987, p.6）

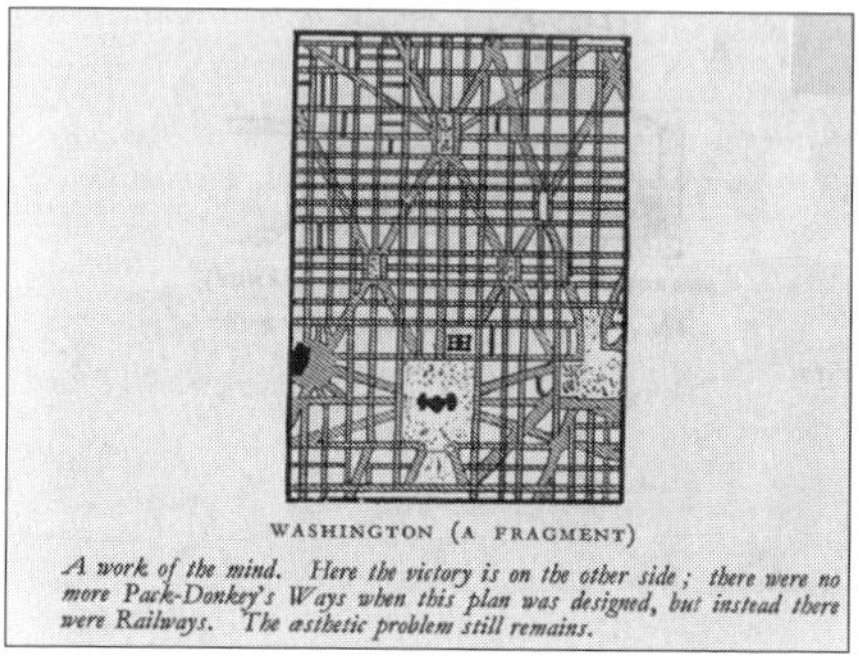

図８　人間の道（Le Corbusier, 1929/1987, p.11）

この対比の中で、Negative な要因（狭さ、汚さ、変則性）をPositive な要因（広さ、清潔さ、定常性）へと変えていくことが、経済的にもメリットを生むと予め計算される。このような都市計画の論理をたどっていくと、近代建築を構築したコルビジェの思想に行き当たった。彼の「The city of to-morrow and its planning」（一九二九）に、計画の理念を「荷積みロバの道（Pack Donkey's Way）」と「人間の道（Man's Way）」とを対比して、前者が慣性の法則に従うのに対し、後者は理性的な計算と合理的なプランに従う「明日の都市」のビジョンであると説明される（図７・図８）。

前者は、歴史の偶発性の中でロバが疲れたら休み、また動き出すように無計画に「出来た」のに対して、後者は、人間が目的的に考え、理に即して計画的に「作った」ものである。コルビジェは、次のように宣言する。

> 近代の都市は、直線によって生きる。建物や下水道、トンネル、ハイウェイの建設にとってそれは必然的なものである。交通の循環は、直線を要求する。都市の心臓（the heart of a city）にとってそれは適切なものである。曲線は、破滅的であり、困難であり、危険である。それは、麻痺させるものである。[Le Corbusier, 1929, 1987, p.10]

ストリート[2]には、道的な成り立ち（荷積みロバのように出来た）と道路的な成り立ち（人間による計画）の両方が含まれる。動物の自然が、人間の合理と対比されているところに、道において、無意識的なはたらきを体現する空間的延長であることが象徴的に示されている。動物と無意識性との関係については、北山［二〇〇七］に詳しいが、コルビジェの「荷積みロバの道」という比喩表現には、道が生成される共同的意志のあり方が、計算・計画といった合理的な操作ではなく、必要性・交渉・妥協といった「場当たり的」な欲求充足であることが強調されている。再開発の現場において顕現したのは、計画前の道では無意識的な充足と意識的なはたらきの両方が混在し、「近代的」な都市計画への流れが前者（道）から後者（道路）へ、まさにアスファルトを覆うように変形し、古いものの現われを消し、あるいは上から押さえつけ、「整形」してきたプロセスである。

図9　トマソン（赤瀬川原平「散歩の収穫」2010）

ここで、道路＝意識的（合理的）計画による空間、道＝無意識的（自然）発生による場所、という図式を置くことで、ストリートを解釈する精神分析的な見立てが開かれる。この意識と無意識の軸は、対立的でもあるが、精神構造においてと同様に都市の空間構造においても、層的に重なっていると考えた方が現実の都市を理解する際に応用が利くかと思われる。

古いものは、新しい表面からときどき「表出」する。路上観察学が、遊び的なモードで発見してきたものは、こうした都市の表層の中に、ひびのようにして割れ目からのぞき出ている古層である。それは無名的であり、偶発的であり、無計画である［赤瀬川　一九九七］。場所の記憶をとどめる「痕跡」として、観察眼をもった者に、しかと受け止められるのは、こうした露呈という形で下に隠れた層の自己表出[3]の姿である。

意図し、計画された意匠に対して、意図されない場所の記憶の表出、あるいは染み出しという「トマソン」的な物件の存在は、都市の無意識という観点から再解釈される。生活世界の道路化によって、表面を覆われ存在が隠れかけた過去の履歴は、コントロールが徹底しない「破れ」において、存在の一端を症状として自己提示する。それらは、都市の往来を行き交う人々の注意を引くことなく、見過ごされているが、ある構えをもった者の観察眼には引っかかる。その事情は、夢に現れた表象が、大概の夢主にとって日常の意識的な生活の意味体系からはすくい取れない意味不明なものであるが、精神分析における自由連想の技法から、それが被ってきた変形の過程を「辿り直す」ことによって、元々もっていた意味を復元する解釈が可能となることに似ている。精神分析における自由連想と比肩される都市解釈の方法が、遊歩である。

三　遊歩の方法

「遊歩」は、W・ベンヤミンの『パサージュ論』〔一九九四〕に出てくる鍵概念の一つである。それは、遊歩者（フラヌール）というパリが作った新しい都会人の「タイプ」から来ており、「長い時間あてどもなく町をさまよ」う行動のことである（W・ベンヤミン『パサージュ論Ⅲ：都市の遊歩者』七〇頁）。遊歩者を特徴づけるのは、街路との「陶酔」的な関係である〔近森　二〇〇七〕。陶酔的な感覚の中で、街路との接触が遊歩者を追憶の夢想に連れ出すことを、ベンヤミンは、かつて試みたハシーシュ（薬物）の影響下に都市徘徊した経験〔ベンヤミン　一九三二〕になぞらえている。遭遇する事物が、時間的に隔たったある別のものの形象と重なり、プルーストの小説でのマドレーヌの挿話のように、「遠くに消え去った時間へと連れて行く。」（W・ベンヤミン『パサージュ論Ⅲ：都市の遊歩者』六九頁）。「空間は遊歩者にむかって目配せをして、さて、私の中で何が起こったと思うかね、と言うのだ」（同書七四頁）。ここに見られる感情移入や、

「陶酔における類似化、重ね合わせ、同類化」（同書七四頁）と説明される街路空間との接触の様相は、精神分析で言われる自由連想と呼ばれる技法に近いものであることを伺わせる。ここで個人の連想は、街路空間という外部環境を媒介にして、他者もそこに感情移入できる共同的な連想の礎になる。

このような発想の傍証として、ベンヤミン自身が遊歩者というタイプを見つけ出す際に依拠したボードレールと、ボードレールが「群衆」という都市的現象の発見者として依拠したポー（Edgar Alan Poe）の探偵小説の中に、遊歩のプロトタイプを見てみたい。

ポーの『モルグ街の殺人事件』の冒頭に、主人公（わたし）と同居人、デュパンとの散歩の場面がある。少し長いが原文を引用する。

ぼくたちはある晩、バレー・ロワイヤルの近くの長い穢い道をぶらついていた。二人とも考え事でもあるらしく、少なくとも十五分間ほど、どちらもぜんぜん口をきかなかった。と、とつぜんデュパンがこう言いだした。
「たしかに、あいつはひどく丈が低い。寄席（テアトル・デュグアリエテ）のほうが向くだろう」
「もちろん、そうさ」とぼくはうっかり返事をした。

さっきから黙って歩いていた「わたし」が誰のことを考えていたか、デュパンは、この後で言い当てる。（「シャンティリー」という名の役者）。

「頼むから教えてくれ」とぼくは大きな声を出した。「ぼくがこのことを考えているのを、君がどんな方法で——もし方法があるのなら——推測できたかを」事実ぼくは、口で言うよりもずっとびっくりしていたのだ。

「果物屋だよ」と彼は言った。

「果物屋だって!びっくりさせるなよ。果物屋なんて、ぜんぜん覚えがない」

「ぼくたちがこの通りに入ったとき、君に突き当たった男さ。十五分ばかり前のことだ」

今度はぼくも思いだした。……しかしこれがシャンティリーとどう関係があるのか、ぼくにはどうも判らなかった。


訝しがるわたしにデュパンは、この答えに行き着いた「思考の鎖」が、「シャンティリー、オリオン星座、ニコラス博士、エピクロス、截石法（ステレオトミー）、通りの敷石、果物屋」であることを告げ、さらに続けた。

「ぼくの記憶が正しければ、ぼくたちはC街を立ち去りかけたとき馬の話をしていた。これが最後の話題だった。道を横切ってこの通りにはいったとき、頭の上に大きな篭をのせた果物屋がぼくたちの前をあわてて通りすぎ、修理中の歩道の、敷石が積んである所に君をつきとばした。

……

「君は地面をみつめつづけていた。ラマルティーヌ小路へ来るまで、不機嫌な顔つきで、歩道の穴ぼこや車輪の跡を見ていた。（それで、相変わらず石のことを考えてるな、ということが判ったんだ）」


（E・A・ポー『モルグ街の殺人』一五―一八頁）

敷石から、舗装の用語の「戴石法　ステレオトミー」へ、その音韻の語尾を引き継いで「アトミー　原子」へ、そこからエピクロスへ、その宇宙星雲説から、オリオン星座へと「だから、君は、きっと眼を上にあげてオリオン星座に向けるだろうという気がした。そう期待していると、君はやはり上を見た。それでぼくの考えの辿り方は正しいと保証されたわけさ。ところで、昨日の『ミューゼー』に出ていた、シャンティリーについての批評で」とデュパンの謎解きが続く。

ここで、注目したいのは、推理小説というジャンルそのものを創作したポーのこの作品の中で、二人の人物の想起が、重ね合わされていく順列の中に、路上を歩いていく道々遭遇したオブジェクトが登場している事である。いわば連想ゲームとも言えるこの系列に、路上で出くわした事物（果物屋、敷石、夜空のオリオン座）が、二人にshareされて、互いに考えている事を外的に停留している。環境が連想の中に入り込み、相手の「内部」にある密かなイメージの世界を「外に」見える物と結びつける。それらは、ストリートに点在する事物である。また、そこを通りすぎるときに、「ぶつかる」対象である。これらの事物は、過ぎ去った出来事の「痕跡」として路上に残される。

しかし、痕跡は、物そのものとして痕跡である訳ではなく、ある想起に基づいて後付けられるものである。ある推測の下に辿り直したときに初めて、それまで見過ごされてきた「もの」が、そこで起きた事件の痕跡であることが判明する。過去が開封されるとは、このような分析によって起きる事物の痕跡性の開示である。

この小説でポーは、物思いに耽りながらパリの街路を散歩する二人の主人公が、道々に遭遇した同じ事物と出来事の連鎖によって、相手の心の内に惹起された連想に、同型的に思い至るメカニズムを描いている。このような追想の作用こそが、ベンヤミンにとって、遊歩の方法として再解釈されたものである。都市を歩く体験の中で、その都市が隠し持っている「消去された歴史」が痕跡として浮上する事がある。それは、都市の文脈と遊歩者の文脈が相互浸透し、ある感情価をもったobjectとして現象化する場面であり、プルーストが描いた敷石につまずき、失われた時が賦活する瞬間である。

このような事物との出会いの瞬間を夢からの目覚めと位置づけたベンヤミンのパサージュ論に、都市の無意識をさぐり当てる方法の手がかりがあるに違いない。

以下では都市の精神分析の試みとして、筆者自身のニューヨークと広島の遊歩の小報告を行い、そこから浮かび上がる都市の無意識の姿を描きたい。

四　都市のbody——ニューヨークの遊歩から

都市とは何か。再びここでこの問題に立ち戻る。『モルグ街』でポーが描くところの探偵デュパンが、「わたし」の考えている事を推理したとき、引用された都市は、「C街」の通りであるが、そこで二人が通りがかりに遭遇した、「修理中の歩道の、敷石が積んである所」

「歩道の穴ぼこ」

「車輪の跡」

などが、具体的に都市を成している。それらは、ぶつかることの出来る「もの」であり、場所の様態（穴や跡）である。わたしの体がそれと交わるのは、都市もまたBodyを成しているからである。この実感は、例えばニューヨークの地下鉄の先頭車両の前面の窓から見えた、地下の穴をくぐって疾走する鉄の塊と一体化した自分たちの眼に入ってくる光景に起きてきたものであった。


はじまりは、二〇〇二年にニューヨークで受けた精神分析的心理療法（約八か月週二回のペースで）の経験にあった。九・一一の後のニューヨークの復興を研究する一年間の滞在中、当時同じ大学で研究室が隣にあった北山修氏の薦めで分析家を紹介された。四五分の分析セッションが終わった後、大学にもアパートにも帰る気持ちにならなかっ

図10　地下鉄の先頭からの光景（ニューヨーク、2002年）

た。比較的時間の自由があったこともあり、分析家のオフィスを出てから街を歩くことが習慣になった。特にあてもなく、ただ赴くままに、通りを歩いた。分析を受けた当初期待していた自己の理解といったような「心理的」な変化が起きるよりも、身体的なレベルでの変化に気づくようになった。例えば、オフィスの近くにあった食料品店の入ってすぐの所に置かれた多種多様なオリーブに眼が引かれるといった風に。そして、ある日いつも移動で使っている地下鉄の駅構内に、それまでも特に気にする事なく見ていたはずの、鉄のオブジェが異様に鮮やかに見えた。思わず写真に撮った。

図11　地下鉄の鉄のオブジェ・落下防止柵（ニューヨーク、2002年）

知覚の敏感化とも言える、変化だった。それと同時に、都市の立ち現れが、素材性を剥き出しにして、こちらに迫って来るようになった。そのような自己変容と同期して、撮る写真が自分でもリアルで感覚的にクリアーになるように思えた。このような同時的に起きた変容は、Physicalという英語がぴったりに感じられた。ここでPhysicalであるとは、「物理的」という意味ではなく、スポーツで言う「身体性」としてのそれである。都市がこちらの身体性（Physicality）とぶつかる。ぶつかってくるものそれ自体もbodyとして目の前にあり、足下にあり、頭上にある。それらは、この体を取り囲んでいる堅い材質（materiality）として、私の体と直に向き合っている実在するものであった。

図 12　街の覚醒：Wall Street（ニューヨーク、2002 年）

路上を歩いているときにも、地下鉄が走る振動が、路面全体を響かせて「下から」上ってくるのを足で感じた。それが都市の律動（鼓動）であるかのように、目覚めている意識に響いた。いや、私が目覚めているのではなく、「街が目覚めている」という表現の方が当たっている。

　街の覚醒は、振動だけでなく、空間を充填する光によってももたらされた。ウォールストリートの朝の時間、垂直の都市身体のガラスの壁面を反射する光が、路面をうっすら照らしているとき、硬質の空間がそこに現れた。

　鋭角の光の屈折の中、堅い周囲に意識は研ぎ澄まされ、それが朝の街の目覚めと同期した。壁の通り（Wall Street）という名前の意味が、この囲みの中にある身体によって了解される。垂直に立つ壁が通りを切り通し、ここでの意識は、私のものであるよりは、この空間に属すかのようである。覚醒は、金属とガラスと光の屈折が作り出す空間の緊張として、身体と相互浸透する。

　分析家のオフィスは、セントラルパークの西側にあった。分析のセッションが終わって、足の向くままに歩き出すとセントラルパークに突き当たる。何度かの縦走や横断の行程で、摩天楼の周囲にはおよそ似つかわしくない隆起した岩盤の存在が、目につく。火山のマグマがそのまま溢れ出したかのような姿が、土地の内臓のようにも見え、最初はグロテスクに思った。

　しかし、そんな岩山のそこかしこに登って憩う人々に混じって、自分もでこぼこの中に収まりの良い場所を見つけ、そこから林立するビルの群れを眺めるようになったとき、この街の土台が理解できた気がした。どでかく厚い岩盤の上に建つ都市なのであると。上へ上へと伸びていく建造の運動性は、この土台への安心に支えられている。

ビクともしない岩の量感（mass）はそれを確信させる物質性である。

都市を支えるものは、大地の土台だけではない。そこにある揺るぎないもの、古代性と言ってもよい神殿の佇まいと、その守り神が都市の神話（共同幻想）を支えている事実に気づかない。それは、いつもそこにあり、風景の一部となり、とりたてて詮索の対象とはならない程日常化した物神像である。

五番街を歩く――この街を歩く人はどうしてそんなに揺るぎないのか？　自分というカプセルの中に入り込んで他者との交渉の扉は閉じている。それぞれの目的地も、そこから出てここにやって来た家も、みんな違うはずなのだが、このストリートのまっすぐの構造に置かれると、個人の意志といったものはないかのごとく、ただ前に進んで行く人体のマッスとなる。他所者は、この人体の量塊の風圧に耐えられない。観光客のだらだらとした動きとコントラストをなして、この街の人は、コルビジェの直線の意志を貫くようにまっすぐに行く。

図 13　大地の記憶：セントラルパーク（ニューヨーク、2002 年）

図 14　都市の神話：公立図書館前のライオン像（ニューヨーク、2002 年）

ふと見上げるとそこにエンパイア（エンパイアステートビル）がある。それがニューヨークの構造である。遠くから見えていたかと思うと、予想外に近くに在ったりする。どっしりとして頼りになる親父といった風に。人はそれを起点にしてこの街を計ることができる。どこからも眺められ、誰にも平等に見える。多

図15　五番街を歩く（ニューヨーク、2002年）

図16　エンパイアが見える都市（ニューヨーク、2002年）

視点のフォーカスであり、全方位に開かれている。
　あらゆるところにそれは現われる。人の目に映り、意識に映り、水たまりに映る。その等価性、遍在性とそれを基にしたときの（その下での）平等性という点で、エンパイアは神の位置にある。
　以上、ニューヨークの遊歩で遭遇した事物のスナップショット的［Benjamin, 1978, 2007］な素描を報告した。見てきたように、都市は、歩く者のからだを通じて現前し、それに向かう側のbodyと地続きに相対峙するbodyとしてそこに在った。Human Bodyに対するUrban Bodyという関係項が遊歩の中で際立つ形で現れた。ここには当然、遊歩者自身の投影が作用する。その偏り、歪み、屈折を半ば意識しながら、しかし同時にフロイトの言う「平等に漂う注意」という自由連想の方法規範に従って、現れてくるものの中に都市の無意識の痕跡を探ることが都市の精神分析のやり方である。
　ニューヨークの無意識に現れたのは、人工性と人間の意志の直接の表現としての垂直軸、すなわち「上へ」の志向と、それと逆方向の「地下へ」戻り・もぐって行こうする回帰的な運動であった。この都市の垂直性を支えるのは、量塊として地下に控える岩盤の堅さであり、それに突き刺さるように上昇する石とコンクリートと鉄の構造体である。構造体がつくる「壁」は、制限するものであり、同時に守るものである。ストリートは、垂直の壁に防御されながら、遊歩者にとっては、自己の意志の自由行動を促すまっすぐな回廊として、この都市のどこにでも誘導してくれる開放された空間の形で延長している。自分の意志以外にその進行を妨げるものはない、といった我が物顔でこの都市空間の通路を歩いて行く遊歩者は、自己完結したストーリー（モナド的宇宙）の中で都市の主となっている。その通行を横で眺めるようにそこかしこに配置された公的（パブリック）な建造物は、この都市がローマ時代に至る正統な歴史の嫡子であることを、神殿様の意匠で表示している。常に「新しい」都市のディスプレイ（自己表出）の中に古代的な都市への憧憬が記憶痕跡（メモリアル）として提示されている。ストリートは、こうした都市の無意識の提示と邂逅する夢の空間であり、そこで夢見ているのは個人であるというよりは、都市という現象を共同して成立させる集合的なbody［Benjamin, W. 1978, 2007, p.192］である。

五　見ることへの抵抗――グランドゼロのSITEで

分析を受けながらニューヨークの街を遊歩するという自分なりの都市との「臨床的セッション」がほぼ六か月目を迎えようとしていた頃、歩いて行った先にグランドゼロの敷地が現れた。特にそこへ行こうと意図したわけではなかった。例によって遊歩は、気の向くまま、出会うものの引力に従って、足が赴くのに任せて歩を進めた結果だった。ただ、九・一一の一周年期が近づいていたから、気になっていた事は確かである。

その場所は、眩しいライトで照明されて、野球場のように見物人の目に供されてグランドが浮かび上がるようにして、そこにあった。それ以前にあれだけ秘密のベールに包まれて、周囲から一切、中の様子が見えないようにシートで覆われていたのが嘘のようだった。

しかし、いま目の前に開陳されたグランドゼロの掘り出された基部と、その存在と保存をめぐって物議の的となっ

図17　壁の出現：グランドゼロの場所（2002年9月2日、New York）

ていたWTCの構造体の根っこの「壁」が、目に痛いように感じられた。見てはいけないものを、見ているような、「罰当たり」な感じと言っていいだろうか。そこにはタブーの意識とそれを破る罪悪感が起きていたと思う。金網にはさむように供された花束は、せめてもの償いの印のように感じられ、見ている私の罪の意識も少しだけ緩和された。

外部に剝き出しになった「壁」の与える生々しい傷口のようなヒリヒリした痛みの感覚は、ここで犠牲になった多くの人命に対する悼みでもあるが、それよりもここがグランドゼロの現場であり、そのもぎ取られたビルの軀体の膚として臨場しているものに接する、ほとんど生理的なものであったように思う。

日本神話の中に、原初的な禁忌として、みにくい（醜い／見にくい）ものに期せずして遭遇したときに生じる「見るなの禁止」を読み取った北山〔一九八二、二〇〇七〕の論が、ここで手がかりを与えてくれる。精神分析の文脈で悲劇の構造を読み取ったものであり、母親対象の持つ両義的で暗い側面（性や出産にまつわる「原光景」的な営みの事実）に急激に直面した幼児のポジションに起きる、錯覚からの脱却（脱錯覚）の失敗が、そこにある真実の相手の姿を見ない、否認の原型であるとする。

グランドゼロの現場は、即物的に穴（the hole）と呼ばれた。文字通り地面が穿たれ、凹状にへこんだその空洞は、大きな工事現場で見かけるそれと基本は変わりないが、「壁」の膚がもつ剝ぎ取られた跡は、覆い隠しようもなく、そこで起きた悲劇を物的に表出していた。都市のbodyという用語を使うならば、ここはあるべきものがなく、かつてあったものの痕跡が、壁の断面として、それが示していた垂直への志向性だけを残してわれわれの目に突きつけられている、都市のbodyの四角い傷口であった。その傷口に容赦ない目映い光線を当てて、照らし出している「ここ」は、手術室の機械的な扱いの対象となった「患部」を連想させた。目を背けたくなる抵抗感は、グランドゼロに意味をもたせる意識の側というよりは、「これは見てはいけないものだ」という身体レベルの反応であるように思われた。原光景という精神分析の言葉が、この現場には似つかわしい。この傷口の圧倒されるボリュームに相対している「こちら」は、どうしようもなく小さなものである。為す術もない。

ここで露わになった自分と自分が「対しているもの」との関係は、グランドゼロという特殊で劇的な出来事の現場において起きている異常な事態であるが、そこにあるHuman BodyとUrban Bodyの関係は、実は常態的にニューヨークという街に内在しているものである。普段はそれが無意識化されている。その「事」を見せられる現場であったことが、「見るなの禁止」のはたらき、抵抗感として金網の外から眺めたわたしに起きた無意識の反作用だったのではないか。

六　広島の「ない」町を歩く

グランドゼロの研究を、ニューヨークと広島という二つの都市で、遊歩という方法で探る試みを、二〇〇二年から継続している。そこには都市の全体、あるいは部分の消去という現象が、過去の問題としてではなく、その場所を現在訪れる遊歩体験にどのように反映するかという関心があった［南　二〇一五］。その一環で、ニューヨークで半年を過ごして帰国した二〇一三年、夏の広島の街を古地図を手にして歩いてみる実験を行った。広島のあき書房が復刻した「明治二七年改正実測廣島市街地図」をベースにして、歩ける限り「廣島」の街を全域歩き、自分が今居ると思う地点を、明治中期の地図の上に重ね合わせて確かめ、道の食い違いを記していった。

図 18　不可思議な一角（広島市中島町）

図 19　ゴジラ

　このようにして探査の目的があり、遊歩とは言いかねる歩き方ではあったが、そのようにして始まった歩行が、歩くうちに街のあるものに惹かれて、その相貌（顔つき）に反応して、「さらにその先」を探すようになると遊歩モード[4]に入っていくことがあった。現在、平和公園となっている旧中島町のあたりを歩き始め、道の誘導に従って進んでいたとき、曲がり具合が捻れていて、角が鋭角になっていた箇所に出くわした。この夏の歩行で、斜めの道や直行しない角が「何か」を告げることを理解していた。するどい傾斜角になった道の交わる角に、小さな神社があった。

　天神様が祭ってあり、菅原公とのゆかりを記した記念碑も建ててあったが、小さな境内で目に飛び込んで来たのは、岩のように地面に憮然とした表情で立っている「ゴジラ」だった。何なのか説明書きは一切ついていないこの「相手」を見たときすぐにゴジラの連想が浮かんだ。説明はないが、そして「狛犬だった」と理解はされる相手が、原爆を受けたことを証言しているであろうことも、相貌から直感された。

　逆に言えば、爆心地となった中島町の一帯を、予備知識なしに歩いて回って、原爆の前から後につながると思われる痕跡を見つけられたのは、この小さな神社の一角と「ゴジラ」だけであった。ここだけが異質な空間として、ビルの街の中に分割されていた。隠すという意図はないものの、文脈の不連続によって、見過ごされていく虚の場所という印象をもった。そことシンクロしたのは、歩いている私の側に遊歩者の探偵的な目と嗅覚がはたらいていたからであろう。

この町の場所の記憶は、消去されている。私は、「ない町」を探して歩いていた。想起の作業が、取り込んだものが、あの一角にひっそり佇む異形の岩塊であった。

夏の遊歩で出会ったもう一つのものは、丹下健三の建築体であった。それまでにも見慣れた平和記念館が、私自身のものであれ、他の人間のものであれ、Human Body と対峙して量塊として立って「そこにある」こと、そしてそれが丹下自身もねらいとした Urban Body の自立した表現であることが、歩く人の間尺によって直感的に理解された。

図 20　都市身体

図 21　引用される原爆ドーム

戦後の広島が、この建築体と市民広場として用意された公園の広い平面の連続と、都市を真横に貫く百メートル道路と、それと直行して原爆ドームを結ぶ十字の空間配置を新たな中心軸として「設計」された、その記念碑的な建造物が平和記念館であった。廣島から広島への変換の重心となったのが、この丹下案の軸線の指し示す先にある原爆ドームである。それは、国際平和記念都市ヒロシマの文字通りのシンボルとして、広島の記憶を人類の遺産の水準に凝結させる Body となった。広島の都市イメージは、この Body を抜きにしては語られないことになった。引用され、世界に流布されるこの象徴は、もう一方で今は「ない」この町のかつての記憶［田邊　二〇〇八］、その普通の日常を隠蔽する作用をもつことにもなった。そのことの功罪を都市の無意識の観点から、さらに問うには、われわれ自身の「見るなの禁止」［北山　一九八七］が解除されねばならないだろう。

おわりに

ストリートを解放の契機として見なしていく「ストリートの人類学」［関根　二〇〇九］の企てが成功するには、集合的なものが、人々という人間世界によって培われた路上の知によって構成されるだけでなく、路面のでこぼこや路傍の石のような人間ではない環境の側が参加して出来る「道」に貯められた記憶を掘り起こす術が必要となるだろう。本稿では、それらの集合的な記憶を、特に都市現象に即して「都市の無意識」と位置づけて、それが遊歩体験のなかで解きほぐされる事を示そうとした。人間の中に潜む抑圧的な作用を白日の下にした精神分析の前例に習って、環境こそが人間によっても抑圧され、見ないことにされている現況を無意識という用語の汎用のなかで捉えようと試みた。都市は、かつてあったものを隠蔽することによって成り立つ場所である。その反復が、都市という現象の本質をなすこと、つまり忘れることが宿命づけられた「常に新しい場所」であるが、その力に抗って「上手に思い出すこと」［小林　一九四六（一九七二）］が、ストリートの解放的契機をわれわれ自身が取り戻すためには不可欠である。遊歩はそのための「足がかり」である。

注

（1）　ここでの「発生的な方法（Genetic method）」は、ゲーテの『植物の変態（Metamorphosis of Plants）』に関して Miller, G. L. [2009]

が抽出した方法概念である。Miller［2009］は、ゲーテの「原植物（ur-Plant）」あるいは「原現象（ur-Phenomenon）」の着想の元にあったのは、「創造された対象を私が見て、その創造を問うとするならば、その過程を私が辿れる限り元に辿り、連続したステップを見出すだろう。それらのステップは、一度に私の眼の前に実際に見られる訳ではないのだから、私は私の記憶の中でそれらがある理想的な全体を形成していく姿を視覚化しなければならない」と記された方法にあったと捉えている［Ibid, p.105］。そして、そこでは、対象への参加による知識（knowledge through participation）が図られ、観察するものと観察されるものとの同一化（identification）および内部から物事を知ること（knowing things from inside）を求める直感的知覚（intuitive perception）が発揮されていると特徴づけている［Ibid, p.111］。

（2）「ストリート」という用語の含意については、本書全体での用法に従うが、ここでは日本語での「道」と「道路」の両方の意味を含んだ、人々の往来のあるパブリックな経路空間を指すものとする。

（3）「自己表出」は、吉本隆明が『言語にとって美とは何か』で用いた概念である。「指示表出」と対比して用いられる言語が行う表現の様態である。外界の対象を指さすことに還元される指示表出に対して、自己表出は、表現されたものにおいて明らかになる言語主体の表現されざる何ものかである。本稿では、吉本の概念を敷衍して、都市の表層に読み取れる「その場所の何ものかであるもの＝アイデンティティ」を広義の自己として捉える。

（4）ブルトンの『Nadja』で主人公が、パリの街路を歩きながら、薪炭屋の看板が目につき始めて、次には必ずあの辺りにあるはずと思って歩いて行くと本当にそこにある、と一種の自己催眠的な状態で都市徘徊をする場面を描いている。Nadjaとの遭遇は、それを象徴する現実と空想の交差する、中間領域的［ウィニコット　一九七九］な対象であり、そのようなイメージのはたらきが活性化した状態で都市と交錯するモードを、私自身はNadjaモードと名づけている。

引用文献

赤瀬川原平

一九九七　『超芸術トマソン』ちくま文庫。

二〇一〇　『散歩の収穫』日本カメラ社。

ベンヤミン、W

一九三二（一九九六）「マルセイユのハシーシュ」『ベンヤミン著作集Ⅱ　都市の肖像』川村二郎編、晶文社、九八―一〇八。

一九九四　『都市の遊歩者（パサージュ論3）』今村仁司・三島憲一他訳、岩波書店。

Benjamin, W.

1978(2007)　Surrealism. In Demetz, P. (Eds.), *Reflections: Essays, aphorisms, autobiographical wirtings.* New York: Harcourt, Inc., 177-192.

Breton, A.

1928(1960)　Nadja. New York: Grove Press.

近森高明

二〇〇七　『ベンヤミンの迷宮都市——都市のモダニティと陶酔経験』世界思想社。

von Goethe, J. W.

2009　*The metamorphosis of plants.* Introduction and photography Miller, C.L. Cambridge: M.A. , The MIT Press.

Hart, R. A., & Moore, G. T.

1973　The development of spatial cognition: A review In R. M. Downs & D. Stea (eds.), *Image and environment: Cognitive mapping and spatial behavior.* Chicago: Aldine.

Le Corbusier

1929(1987)　The city of to-morrow and its planning. New York: Dover Publications, Inc.

北山　修

一九八二（一九九七）『悲劇の発生論』金剛出版。

二〇〇七　『劇的な精神分析入門』みすず書房。

Kitayama, O.

2010　*Prohibition of Don't Look: Living through psychoanalysis of culture in Japan.* Tokyo: Iwasaki Gkujutsu Shuppansha, Co. Ltd.

九鬼周造

一九七九　『「いき」の構造』（岩波文庫）岩波書店。

小林秀雄

一九四六（一九七一）『無常という事』角川文庫。

Miller, G. L.

2009　The genetic method (Appendix), In von Goethe, J. W. *The metamorphosis of plants.* Introduction and photography Miller, G. L. Cambridge: M. A., The MIT Press.105-115.

南博文・難波元実・塚本俊明・小原潔・遠藤由美子・上向隆・吉田直樹

一九九六　「地域社会における子どもの遊び環境アセスメントと親子の環境体験プログラムの開発」マツダ教育財団青少年健全育成関係論文集、八：五七―七三。

Minami, H.

1997　Urban renewal and the elderly: An ethnographic approach. In Wapner, S., Demick, J., Yamamoto, T., and Takahashi, T. (Eds.) *Handbook of Japan-United States Environment-Behavior Research: Toward a Transactional Approach.* New York: Plenum Press, 133-148.

南　博文

二〇〇六　『環境心理学のあたらしい形』誠信書房。

二〇〇八　「山を舁いてみた博多――走る身体と勢いの場の現象学」サトウタツヤ・南博文編著『社会と場所の経験（質的心理学講座3』東京大学出版会、一三一―四三。

二〇一五　「都市の精神分析」九州大学大学院アーバンデザイン学コース編『都市理解のワークショップ――商店街から都市を読む』九州大学出版会、一六―二三。

ポー、E・A

一八四一（一九九九）『モルグ街の殺人』丸谷才一訳、ポオ小説全集三、創元社、八―五五。

関根康正

二〇〇九　『ストリートの人類学：上巻』（国立民族学博物館調査報告）。

仙田　満

一九九二　『子どもとあそび――環境建築家の眼』（岩波新書）岩波書店。

Shemyakin, F.

1962　Orientation in space, Psychological Science in the USSR, Vol. 1, Office of Technical Services, Washington, pp. 186-225.

谷　直樹

一九八〇　「ルートマップ型からサーヴェイマップ型へのイメージマップの変容について」『教育心理学研究』二八（三）：一九―二八。

ハート、R・A／ムーア、G・T

一九七六　「空間認知の発達」ダンズ、R・M／ステア、D編、吉武泰水監訳『環境の空間的イメージ』鹿島出版会、二六六―三一二。

田邊雅章
二〇〇八『ぼくの家はここにあった～爆心地ヒロシマの記録～』朝日新聞出版。
山本多喜司／ワップナー、S
一九九二『人生移行の発達心理学』北大路書房。
吉本隆明
一九九〇『定本　言語にとって美とは何かⅠ』角川書店。
Werner, H.
1940(1980) *Comparative psychology of mental development.* International University Press.
Werner, H. and Kaplan, B.
1963(1984) *Symbol Formation: An Organismic-Developmental Approach to Language and Thought.* Psychology Press.
ウィニコット、D
一九七九『遊ぶことと現実』橋本雅雄訳、岩崎学術出版社。

七章　パリと東京のストリートにおける共同性（コモナリティ）

――アート・音楽・都市菜園によるストリートの流用

モニカ・ザルツブルン（喜田康稔、関根康正共訳）

序　敷居における包摂と排除のプロセスの写し鏡としてのストリート

経済的・空間的排除が進む中で、ストリートとは社会闘争および抵抗の写し鏡であるといえる（詳細は本書の関根論文を参照）。ストリートの人類学は、そうしたプロセス、とりわけ個々人がどのように排除に反応しベンヤミン［Benjamin 1982, 618］のいう意味での私的空間と公的空間の間の「敷居」のような空間を占拠しているかを明らかにするものである。本章では、パリと東京における象徴的で物質的な都市空間における「敷居」という語の用法を発展させ、さらには抵抗という行為によって、共有された状況・条件を意識することで、どのように共同性の認識が創造されるかを明らかにしたい［Salzbrunn 2011b］。

この二〇年間、「コモンズ」や「コモナリスト」は、市場や国家とは一線を画した新たな政策を構想しようとする一般的な反資本主義ムーブメントの一つを推進する概念であった［Helfrich and Heinrich-Böll-Stiftung 2012］。世界のどの地域でも、人々はヒエラルキーや富の再分配について問おうとするオルタナティブな生活様式を求めているのである［op. cit., p.15］。このムーブメントはとりわけ都市住民にとって特に重要性を持つといえる。それは（商業目的の使用・

民営化によって）公的空間が減少していること、そして住民たちはどこかに押し込められたり、都市空間における移動や集まる権利をも奪われてきているからである［ib.］。そこで、抵抗の手段として、創造的なコモンズと仲間同士でつながるプロジェクトが立ち上がってきている。都市菜園［Müller 2011］もこのように都市での生活を自ら確立するためのものの一つである。公的・私的空間を越境する場が、時にアーティストとコラボレーションするかたちで、占拠され、変容され、流用されていくのである。鉄道や高速道路、スーパーマーケットなどのように人々や商人が顔を向き合わせることなく行き交うAugé［1992］による非＝場所とは異なり、本章で扱う場所とは住まうことに接続される。一方で非＝場所との共通点を一つ挙げるとすればその同時性である。密集はしているものの顔の見えない都市空間での人々の出会いというのは、一九九〇年代まではほとんどなかったが、そのような非＝場所が生まれると同じ時期に、大都市の住民間で社会的つながりを再創造しようという考えが、ボトムアップに出てきたのであった。つまり、この同時期に近隣のつながりを新たに作り直そうといういくつものイニシアティブが働いてきたことが確認されるのである。

以下では都市の自然空間における共通の経験がどのように共同性の意識を生むのか検討していく。都市（ストリート）菜園に参加するということは、自給自足を志向するムーブメントに戻る道なのであろうか。議論の嚆矢としてパリと東京のそれぞれの事例を取り上げながら、それぞれの境界域［Turner 1982］におけるパリと東京との間の重要な差異を示すことになる。パリ市のサント・マルト街と東京都の台東区・谷中の事例との間の共通点はともに、公的空間の収用に抵抗するために公的・私的空間の間の敷居において行為する住民らによって主導されたボトム・アップ型のイニシアティブであったことにある。このように、敷居をまたぐということが出会いのための境界空間となりうる［Turner 1982: 25］。

ヴァルター・ベンヤミンは、眠りにつくことと眠ること、また眠ることと起きることの間の移行に例えながら、敷居の経験（threshold experiencees）を定義した。ベンヤミン［一九八二：六一八］によれば、敷居（'Schwelle'）とは移行的な性質を有するという。つまり、敷居は辺境（frontier）とも明確に異なるという。「敷居とは一つの域（a zone）である。変化、移行である……」[1]。敷居とは媒介するなにものかを指す用語であろうが、断片的な姿のパサージュ論を残したベンヤミンは、想像を超え混乱を引き起こす行為や出来事が起こりうる境界域として敷居を理解していたのではないだろうか。筆者は、異なった複数の事例に言及しながら、この点について考察を行いたい。まずはパリのサント・マルト街からである。

パリのベルヴィル地区におけるストリート現象の研究によって明らかにされるのは、アートを用いた実践や都市菜園を通じた土地の使用・占拠による共同性の創造がどのようになされてきたかである。ストリート・ウィズダムのグローカルな展開［Sekine 2011］の一場面であると言える。そこでは、労働階級の歴史からすればありふれた遺産の一つが、地区の建造物の保全に資するものとして議論される形で既存の言説空間の中で動員され新たな意味を生み出している。

一　パリのサント・マルト街――破壊の危機、音楽と菜園を通じた抵抗、ジェントリフィケーション

筆者の主たる事例研究は、一九九八年以来の長期に渡る民族誌的フィールドワークの一部をなすものであるが、多様なバックグラウンドからなる住民たちが実践してきた都市の再開発への抵抗に焦点を当てている［Salzbrunn 2011b］。サンタ・マルトは、筆者が特に着目している街区であるが、ジェントリフィケーションの進行の苦難の只中にある。行政のリーダーシップによるグローバル観光市場での競争力を増大させる努力によって、ジェントリフィケーションはより強く促されてきたのであった。筆者は出来事 an event（ここでは破壊と抵抗の出来事）をパリのサンタ・

マルト街のローカル・ダイナミクスへの起点として精査してきた［Salzbrunn 2007a, 2007b, 2008］。二〇〇一年、各都市間でのグローバル競争が、パリ市において社会主義者であるベルトラン・ドラノエ市長と緑の党からの彼の同盟者の政治的勝利をもたらした。この勝利は、パリの多様性の認識、称揚、市場化という圧力の集大成であった。パリの多様性が強調されるようになったのは、多民族地域における地方選で左派政党が勝利をおさめた一九九五年からである。更に、文化的・地理的多様性をうたう国際的な市場のトレンドがあったため、パリが国際的レクリエーションの中心地として一層宣伝されることとなった。バルベスのファッション・ストリートのようなアートやクラフト工房、またパリ市も支援した二〇〇七年の旧正月の祝祭といった祭典が導入されたことは、先に述べたように多様な文化を強調したことによる産物であるといえるが［Raulin 2009］、その目的は国際観光市場においてパリを位置づけし直すことであった。今日では、*L'officiel des spectacles* のような観光ガイドや公的文書において、ヒンドゥー教地区とユダヤ人地区と二か所の中華街（その一つはサント・マルトに近い）がお勧めであると紹介されている。一〇年前までは、（逐語的にいえば「ここを訪れることができます」の意の）"**ça se visite**"のようなオルタナティブな観光ガイドや旅行代理店のみが、バルベスやベルヴィルに代表される「エスニック地区」を（地元の）旅行客に興味深いスポットであると推奨していただけだった。それが今日では、ジェントリフィケーションが目下進行中なのにもかかわらず、ある種の「絵に描いたような貧困」を目の当たりにすることができる民族混住地域が主流の観光ガイドにも掲載されているのである［Salzbrunn 2011a］。

サント・マルトという名称は、地区内を並行して走る二本のストリートの片方に由来する。現在当該地域にみられる建物の多くは、一八六〇年代に建てられた。ここは元々はパリの郊外（Faubourg）の一つであったが、コント・ド・マドレ（Le Comte de Madre）によってこの街区の建物は造られた。コント・ド・マドレは起業家であり、彼のユートピア思想によって、今日ではマドレ様式 *le style Madre* として知られている労働者住宅のための新たな建築様式が発案されたのだった。狭い二階から四階建ての住宅は安価な資材で助成金もなしにつくられたものである。工場やブティックが一階部分にあり、上階は衛生環境も劣悪な労働者の生活スペースで、一つあるいは二つに区切られた部屋からなっていた。一連の建物は現在でもなお地図上にHのかたちをとって並んでいる。つまり二つの並行するストリートの中間点同士を垂直に一本の狭いストリートがつないでいるのである。一九世紀末には地区全体が私有地となったため、これらのストリートはゲートで閉鎖されることとなった。

一連の建物は、一九八〇年代までにはすでに、その質の低さ故に崩壊の危機にあった。そして一九九一年初頭には、市長が地区全体を更地にしてサント・マルト地域の北部や東部にあるような巨大なビルを建設する意向を示したのである。住民らは強制退去をおそれて様々な戦略を練った。*Village Saint Louis Sainte Marthe* という組織は、大々的にPRを行ってバンケットやフェスティバルを開催し、市民や政治家の支援を勝ち取ろうとした。組織の名称は、巨大都市の中に存在する地域的アイデンティティを示唆している。主催するフェスティバルや活動を展開するにおいては、労働者住宅の建築的・美的価値や地域住民の文化の豊穣性が強く訴えられた。この場の歴史と、住民の共通の敵である右派政治家や不動産投機家との闘争などが、この特定の地域への人々の帰属意識を高めることに寄与した。

一九九四年に修復という考え方がパリの新しい都市プロジェクトにおいて初めて登場した。一九九五年の地方選挙戦において、地元左派のアジェンダには、（地域破壊を引き起こしうる）不動産投機への反対と地区の修復支援が第一に掲げられていた。一九九五年には、地域複合体の破壊に抵抗する人々の動員もあって、左派が地元選を制した。その後二〇〇一年には、パリ市全体で初めて左派が多数派となった。ただし修復のプロジェクトが承認されて家屋所有者に支援金が給付されたのは、二〇〇三年になってからのことであった。

サント・マルトの事例でとりわけ重要な点は、住民自身によって文化的多様性が称揚されたことであるが、それに加えて、このような住民の抵抗がより一旦明示化され周知されるようになると、左派の新市長もその文化的多様性を称揚したということである。今日では、住民の中には、一九六〇年代にやってきた北アフリカ系および旧ユーゴスラビア系移民労働者や、空き家となっていた職人のアトリエを使用している画家やミュージシャンや、その場所の多様性と村のような雰囲気に魅了された中産階級なども含まれている。一九九〇年代よりサント・マルト・スクエアではフェスティバルが開催され、アマチュアあるいはプロの音楽団体、ベリーダンサー、道化師などと並んで、地元の人々もステージ・パフォーマンスを通じて文化的バックグラウンドを示しているのである。なお前者の方は、参加している数多くの子どもたちを楽しませるために招かれている。

こうしたイベントは *Les quatre horizons*（四つの地平線）という組織によって開催されている。それはかつての *Village Saint Louis Sainte Marthe*（この組織自体は存続している）の内部紛争を経た後、一九九七年に創設された。元の組織名称の **"Village"** とは共通の地域的アイデンティティを作り上げようとする戦略として組み込まれたものであった。**Saint Louis** は一六〇七年に開設された同名の病院に由来する。一九世紀までは、それがサント・マルト地区における唯一の建築物であった。今日では **"Sainte Marthe"** ストリートに隣接しているが、それは元の組織名称の二番目の部分に当たる。この元の組織はこれらの地区の保存を目的に抵抗を行うものであった。次の組織である *Les quatre horizon* の設立者であり会長でもある **Kheira** はアルジェリア系フランス人の女性で、地区住民（特に若者）を活気づけようとし、様々な地平やバックグラウンドを持つそれぞれの人々をつないできた。また孤立して苦しむアルジェリア人女性のために集まる場を設けるなどしてきた。彼女はサント・マルトで家政婦として働いており、また住居や店舗用地を探している人々のための不動産仲介もしている。それゆえ、本業ではないものの不動産業者としても知られている。サント・マルトで不動産取引に携わっているため、たとえ地域を破壊から守ろうという運動をしていても、これまでも一部の住民からの批判にさらされてもきた。*Les quatre horizons* は、クスクスを使用するバンケットやカーニバル等の公共イベントとともに、スポーツなども含む文化的イベントを開催している。こうしたことによって、観光客や不動産投資家や地元出身の議員の視野では、サント・マルトがより一層評判の高いものになっている。また祭礼イベントの組織化は、住民たちのこの地域への同化にも大きな役割を果たしてきた。

Les quatre horizons は、いまでは公的資金を受け取っている。一つは、その社会活動に対して都市問題対策大臣から、もう一つは毎年全国各地で開催されている音楽祭（*Fête de la Musique*）のサント・マルト街での開催にも参画しているため区長から、資金援助を受けている。また会費（会員は四〇人弱）やバンケットの開催やフェスティバルで提供する食事の売上げといったものも資金源になっている。（春祭、年祭、夜の話会などの）年間イベントの企画・開催をする中で、市長や国会議員、他に地元史に関わる組織の長など、様々なキー・パーソンと交流を図っている。他には地元のアーティストや女性職人などもこうしたイベントに参加し利益を得ている。

二〇〇一年、些細な犯罪の発生のため住民からも見放されていた、サント・マルト・ストリートの上端に位置する小さいながらも絵に描いたように美しいセントラル・スクエアが、象徴的にもパリを代表するストリートの一つとして指定され、正式に Place Saint Marthe と命名された。そのスクエアに立ち並ぶそれぞれの家屋の外観にこのような名称をつけることができたというのは、動員された地域住民にとってはある種の政治的勝利であったといえる。二〇〇五年の（学校の長期休暇の終わりを記念する）*the Fête de la Rentrée* の開催中に、主催者が地元住民にインタビューを行いその感想を集計した。その結果は、みな地域住民の間のまとまりを、また地区に存在する立派で希少な建築を肯定的に捉えているというものであった。インタビューは地域住民に経験されている強い帰属意識を証明したことになる。祭礼イベントの際に、自己肖像の提示としてこのインタビューの音声を流すと、サント・マルトの住民間でのこの場所に基づいた同化を醸成する手段になったのであった［Salzbrunn 2011a］。

こうした一連の活動の重要な帰結の一つとして挙げることができるのは、新たに就任した左派市長が、サント・

マルトの文化的・経済的潜在能力を強く認識したことである。その結果、一九九六年に市長自らが"Ensemble, nous sommes le Xe"（集え、我らパリ一〇番街）という名称の街全体にまたがるフェスティバルを始めた。開催中には地元組織が出し物を行い、（食・音楽・衣装などを通じて）特徴的な文化的アイデンティティを提示した。そして、一部のケースではあるが、結果的にこうした実践を通じて文化的アイデンティティが再発明されることとなった。その後二〇〇四年からは、特定のテーマを掲げて毎年開催されている。

すなわち、ここでは地元の政治機構側が場所に根ざしたアイデンティティの発展に貢献したことになる。区長は「団結・QOL・世界への開示性・市民権」の四つの原則に基づいて活動を行ってきたベートランド・デラノエ市長の綱領に従ってきた。それぞれの地域組織が伝統的な工芸品や食物を展示したり販売したりしたが、こうした文化遺産の提示というものは住民による活動のほんの一側面でしかない。こうした集まりやイベントは、地元の楽しみと共にローカルな権力関係の折衝のための機会をも提供したし、グローバル観光市場のなかに新たに地域を位置づけ直すことで、進行中の再開発計画に影響を与えることにもなった。こうしたイベントに参加した政治家たちに対して住民たちは公然とプレッシャーを与え、地域のイメージおよび自らが支持していた都市修復計画の再認を求めたのだった。二〇一四年の選挙戦を制した新市長・アンヌ・イダルゴは、包括的な都市政治を行いたいとその思いを語っている。「私の描くパリとは次のようなものです。移民は何よりもまずチャンスであると捉えられ、異邦人は地元の一般生活に溶け込む、公共サービスは誰にでも適用され、言語の障壁などは存在しない、そんな都市です。[2]」これまで何人ものフランス大統領が同様の演説をしてきたが、実際に多様性を開示するような措置をとったかといえば、限定的であったことも事実である（ただ少ない事例だが、ケ・ブランリ美術館がその良い例であり、「文化同士が対話する」とフランソワ・ミッテランが発案し、ジャック・シラクが完成させた[3]）。

二　ストリート現象の重要性

ストリートはアーティストや政治的アクティビスト、あるいは政治的・経済的意思決定から排除された人々の表現の場となっている。公的空間を民営化しようとする押し寄せる波の中で、ストリートの占拠および／あるいは流用がとりわけ意義深い政治現象として浮上している。また最近になって、ストリートは共生の新たなかたちを発明する実験場ともなり、個人化のプロセスや資本主義の消費中心的経済に対してオルタナティブを提供する。筆者は、ストリートが、どの程度に、（都市プランナーによる）排除の場であり、かつ（公的空間で価値や善を共有するという考えを再び導入しようとする活動家たちによる）包摂の場でもあるかということを見ていきたい。

三　都市菜園による土地の占拠と流用

ジェントリフィケーションの進行に抵抗する二つ目の戦略は、より多くの公共空間および施設を要求することであった。フランスでは、政治当局は、公の共用のためであれば容易に土地や私有の建物を取得することができる(4)。公共の福祉が最優先と考えられる場合には、土地の強制収容をすることさえできる。サント・マルトに隣接するシャレー街では、一九九〇年代末にはいくつもの建物が閉鎖されようとしていた。サント・マルト二四番街では、巨大な建物が閉鎖されるとパリ市へ売り渡されてしまった。市議会および地区評議会での話し合いでは、住民は自分たちがどのような施設を最も必要としているのかという点について議論を行った。スポーツ施設という者もいれば、若者の出会いの場をつくろうという者もいた。最終的に多数派となったのは、新しく公園をつくろうという意見であった。パリのこの地区は特に人口過密で公園もないからである。市の地区評議会も公園という意見を支持し、住民側に建設の選定に加わるよう求めた。サント・マルト二二番街のすぐ隣の建物はアーティストに占拠されていたが、警察はその人たちを追い出した。その間、空いた建物には、ワンルームのアパートがいくつも入った二階建ての家屋があった。一階部にはクロアチア系の地区住民が縫い物のアトリエを有しており、また他のアトリエでは二人の兄弟が木彫に特化して活動していた。安価な住宅がパリには不足していたため、長きに渡ってこの家屋を壊して広い公園をつくるべきか、あるいはそのまま残しておくべきか公的な議論が行われてきた。そして二〇〇五年にはついに、市長の尽力によって住民（トルコ人とその妻、アルジェリア人労働者、アーティスト、クロアチア人テイラーなど）はそこから移住することとなり、将来的により広大な公園を建設するように、オーナーは家屋を没収された。この小さな家屋の隣のサント・マルト一八番街には、鋼板づくりや傘と乳母車の修理を行う業者の入る建物が長期間存在していた。都市中心部から工業を締め出すというヨーロッパにおいて頻繁にみられる政治的な都市計画の傾向が、パリにおいても確認される。また賃料が上昇しているため、多くの起業家は都市部において事業を継続できず、周辺部に移動せねばならないのである。こうしたことを背景に、アトリエや工場は郊外に移っていったのであった。残された建物は、再びアナーキスト的あるいは極左のアーティストやミュージシャン、活動家によって占拠されていた。当初は、住民は一致団結して占拠者を保護していた。水や食料を差し入れ、アート・イベントや映画上映、バーベキューやパーティーの際には彼（女）らと一緒になっていた。しかし状況が変わったのは、彼（女）らがますます騒がしくなり、地区住民とゴミや騒音、素行の件などでトラブルが起きるようになってからであった。八月には、そこの住人のほとんどがパリを不在にしているときを見計らって、警察は彼（女）らを退去させて、建物内部に壁を作り、占拠を終わらせたのである。シャレー一八番街のこの敷地（一六三平方メートル）が市による公園の建設計画に最初に組み込まれた。最終的に、公園拡大の目的で、いくつもの工場ビルが壊されたのであった。そのシャレー一八番街の建物の隣にあるアパートの入った六階建ての建物は、居住の社会保障対策としてパリ市によって建設されたものであった。シャレー二〇・二二・二四番街のものも合わせると、利用可能な敷地は一〇〇〇平方メートルに達した。当初から地区住民は、新設される公園内に都市菜園のスペースが必要だと訴えていたのであった。

建物が取り壊されて以降の数年間は、公園にあてられる予定であった空間は更地のままであった。土地の区画の中心部にあるアパートの二階建ての家屋が、住民を転居させるのに長時間を要したため、最後まで残っていたのである。この間に公園予定地の空地では、木々は成長し草が生い茂っていった。また残された壁にはストリート・アーティストが日常的にグラフティを描いていた。

写真1　公的な集合都市庭園に向かって占拠から転換への変化段階にあるパリのシャレー通りの庭園。上の壁に描かれた2つのグラフィティ（落書き）は、ストリートアーティストのトマ・ビュイル（Thoma Vuille）の“Sorry Unesco”と“Le chat”（猫）。（モニカ・ザルツブルン撮影）

二〇〇〇年を回る頃になると、地区住民のあるグループがその更地のスペースを一部占拠し、都市菜園のプロジェクトをスタートさせることにした。その理由の一つは、人々が公園の建設計画のかなりの長期化にしびれを切らしたからである。パリ市の動きがあまりにも遅いため、自分たちで段取りを進め「荒れ地（friche）」を共用の都市菜園に変えてしまおうというのであった。住民はまず花や野菜を育て始めた。野菜や果物の播種というのも自給戦略といえる。都市周辺地域の労働者住宅の庭の中にのみ限られていたヨーロッパの菜園の在り方に、あたかもインドやメキシコのストリート・ウィズダムが回帰してきたかのようである。政治的意見表明というかたちをとった都市中心部での菜園造りは、比較的新しい戦略である（写真1参照）。今日では、パリにおいては、「下から」開設された都市菜園の数は二〇〇以上にのぼる。そして（左派）政権はこうした菜園を公営化し、余った作物を一つにつき一ユーロで販売させるなどの支援もしている。サント・マルト街の政治闘争から一〇年近くを経て、公営の菜園がつくられ、地区住民による非公認の「野生の」都市菜園も造られた。後者は、開発計画の進行中に彼〈女〉らのイニシアティブにもとづいて自覚された再創造されたものであった。従って、このことは不動産投機に抗する地元の勝利であると表現できよう。ただし、都市部の貧困層が本当にこうした菜園スペースから利益を得ているのか、あるいはその公園敷地を採集・菜園の場として利用しているのは貧困層というのではなく都市部の知的エリートではないのか、という疑念は提示しておきたい。

サント・マルトでの春祭り（Fête du printemps）によって、この都市菜園と地区の各イベントの関連性はよく示されている。**Les quatre horizons** はこの二、三年ほど花を販売提供し、地区を彩っている。この組織のメンバーにもサント・マルトの都市菜園開設に携わった者がいる。また数年間その菜園を支援していた **Les jardins du Chalet**（「シャレーの菜園」）は、**Les jardins du coin**（「すぐそこの菜園」）という新たな組織に発展的に二〇一六年四月に取って代わられた。

四　敷居におけるアンダーグラウンド・アート

菜園スペースの上方には、一匹の猫 "**le chat**" のグラフティが描かれているが、トマ・ビュイル **Thoma Vuille** という地元の有名なアンダーグラウンド・アーティストによるものである。その猫は長年の計画期間中に壁の空いた部分に描かれた数多くのグラフティの一つである。市当局はトマ・ビュイルによる「猫」は保存する意向を示したが、その他は壁を薄茶色に塗って消去した。この出来事は、この地区の抵抗運動が地元政治の主流に取り込まれることの一側面であると解釈されよう（写真2参照）。二〇一四年七月七日に地下鉄駅の建設地にトマ・ビュイルが猫を描いたが、パリ交通公団（ＲＡＴＰ）もまた同じ対応をした。なぜ、公認されていない場所にペイントするのかを尋ねられると、彼はこう答えた。「この環境の利用者であるのに、どのようにその環境を装飾しようと考えてはいけないですか。自分の描いた猫なんか、地下鉄でいつまでもかけられている数え切れないような広告と比べれば、全く不快なものではないと思いますが[5]」と。地元出身の国会議員の中には、社会福祉のおかげで一〇年間も生き延びてきたアーティストがその後に地元当局や公的機関と連携し始めたという効果を示して弁護する者も出てきた。トマ・ビュイルのモチベーションは「行政との連携とそこからの逸脱」であったが、今では個人的で孤立的なグラフティ活動は止めて、「近接の文化としてのアートを共有[6]」しようとしている。その結果として、シャレーの菜園にある壁のグラフティを、トマ・ビュイルの行政への協力と見なして、当局公認の芸術の内部に取り込んだのである。同じような論理で、都市菜園も市当局の主流政策に組み込まれるのである。ある意味では、私有地と公有地との、行政公認の計画と住民の創案による占有との間の境界域は、ベンヤミンのいう敷居に相当すると考えられるのである。

写真2　公的な集合都市庭園に向かって占拠から転換への変化段階を終え、パリの都市庭園へと収まった状態。「Sorry UNESCO」は消されたが、トマ・ビュイルが描いた猫は保存されていた。この事例は、反行政的意思で始まった占拠実践が、パリ市の公園計画の一部に包摂されてしまう模様を物語っている。（モニカ・ザルツブルン撮影）

五　国際的な政治的ムーブメントの中のコモンズとしての都市菜園

このようにして発生したアナーキスト的都市菜園ムーブメントは、地元政治にも有意味な変化をもたらし、住民は一片の共有地を維持できるようになった。こうしたことによって、このローカルな社会的ムーブメントは私的空間を公共空間に変容させ、一九世紀の労働者住宅という建築物の保存という点においても成功を収めたのであった。

アーティストによるパフォーマンスの効果を大いに享受したこの政治的勝利は、一つのローカル・シーンにおけるグローバルな政治問題（階級やエコロジー）に対する一つのレスポンスであるとも捉えることができる。携わるアクティビストらは「コモンズ」の創出、つまり新たな批判的でグローカルな政治的ムーブメントを目論むのである。次に見るように、東京においては、都市菜園は政治的・社会的に異なった文脈において展開されている。

六　東京――トップダウン型とボトムアップ型の都市菜園

日本では、「アーバン・アグリカルチャー（urban agriculture）」のプロジェクトは、都市開発に沿って行われており都市主導であるといえる［Niwa 2015］。実際のところは、それは、農村振興に対抗しようというもの（一定の農民にはそれが農村農業に不都合であると見なされてはいるが）でもなければ、農村地域に寄り添っているものでもどちらでもない。今日では、アーバン・アグリカルチャーはむしろ補完的な意味合いを持つに至り、こうした補完関係がより可視化されていることを意味する「都市農業(7)（toshinogyo）」に進展したと考えられる。第二次世界大戦後、経済不況と政治的混乱の中で、非認可のかたちでの作物栽培が始まった。小さな区画の土地が耕作され、それは貸し農園と呼ばれた。というのは、農地法は、農民を保護するため農民にしか耕作する権限を与えていなかったからである。それでも、都市住民は、次の段階では経済的繁栄を背景にして、耕作を続けた。その理由は、過密が進む都市空間において、農作業はリラックスできる余暇となるとも考えられたからであった。一九七五年より、複数の法によって都市住民の農地の耕作が認められ、二〇〇五年にはついに、市民菜園を許可する改正・特定農地貸付法が施行された。都市菜園は当初コミュニティ・ガーデンとして始まり、そこでは都市住民が一五～二〇平方メートルの土地を借りて耕作していた。この市民菜園という形態は、農業の一種に位置づけられる。東京都は、渋谷のような非常に過密な商業地域でも市民菜園が見られるように、東京都は様々なマイクロ・コミュニティ・ガーデンを支援してきた。民間事業者も、たとえば表参道や山手線沿いのようなところに、都市菜園を開設してきている。そしてインターネットで自作の米を販売している有名な女性ポップ歌手・藤田志穂のような人物のおかげで、都市菜園は若者の間でもポピュラーになってきたのである。

こうした自律的実践は、歴史的なボトムアップ型の実践を自治体の行政的利害あるいは商業的利害と関連づける形で行われているが、いずれにせよ、都市菜園に参与する個々人はこうして切り開かれた空間を物理的にまた象徴的に流用している。顔の見えない都市の中での社会関係を再創造し、古典的なルフェーブルの「都市への権利」という概念［Lefebvre 1968］を再考させるコモンズの希求を追い求めつつ、現代の都市菜園利用者は商業地・宅地・鉄道の間に存在する都市空間に投資し占拠しているのである。

写真3　私的空間と公的空間の敷居での都市園芸。（モニカ・ザルツブルン撮影）

二〇一〇年と二〇一四年に日本に滞在している間、筆者は東京・谷中地区でフィールドワークを行ったが、都市菜園造りにあたるような自律的実践は至る所で見られた。谷中は、第二次世界大戦でも大地震でも被害を受けていない、仏教寺院が集中している地区でもある。住宅や店舗はたいてい一、二階建ての家屋に入っている。谷中という住宅地にある家屋の前の敷居部分はほとんどが、数々の植物や花、ハーブで覆われている。人々は住宅と公共空間の境界空間にマイクロ・ガーデンを設けているのである。場合によっては玄関と歩道の間は非常に狭い空間なのだが、そのわずかな歩道の一角を都市的

写真４　猫は常に境界を侵犯する。この猫は道に棲んでいるが、私的空間の敷居で食べ物をいつももらっている。（モニカ・ザルツブルン撮影）

マイクロ・ガーデンに変容させている（写真3参照）。住宅の壁から（歩道が低くなっているだけの）蓋もない排水路、そして（段差もなく車道からは白線一本のみで仕切られていることの多い）歩道へと移行する空間は、その区別さえも判然としないように落ち葉で覆われていることもある。地上にこうした空間がない場合は、数階建ての建物の窓から突きだしたわずかな棚に植物を置くことで代替している。更に、たくさんの猫が住民に餌を与えられており、猫の図像がステッカーやペイントの形で公共空間から私的空間まで広く認められる（写真4参照）。今日では、このような住戸の都市菜園が集中しているることによって、谷中には絵のように美しいイメージが強く付与されている［Marlin 2008］。住民自身によって創造され享受されているこの詩的で活気のある美しい環境は、より商業的であり行政的である東京の他の地区の、創造性が乏しく顔の見えない、灰色の高層ビル群の環境の反転像とも言えよう。

結論

本研究は、公的なあるいは半公的なイベントの観察と都市の敷居や他の境界空間の展開に特に焦点を当てた長期の民族誌的調査を踏まえたものであり、ストリートの人類学の発展につながるものであると考える。パリのサント・マルトの事例では、ストリートにおいて喧伝され実践されたイベントが、対象フィールドへの結節的な入口となり、主要な分析点となった。パリにおいて（資本主義的）排除が進行する中で、都市菜園が都市の抵抗ムーブメントとして現れたが、筆者は東京での問題発見的なフィールドワークにおいてもこの現象につながる都市菜園造りをいくつかを見出し、観察を行った。都市菜園造りやストリート・アートにおける猫の重要性だけでなく、他の共通点も浮かび上がった。それは、象徴的に物理的に公共空間を共用することの重要性である。すなわち、両都市において、意識的に無意識的に公私の空間の移行領域が住人によって流用され専有されていることである。

比較調査の成果としては、都市行政の（アートや音楽、菜園を通じての）抵抗ムーブメントがいかに主流な政治へと取り込まれていくかも示している。そのようにして、多様性や民族的・社会的混淆やローカルなアート・シーンを国際的に認知された都市資産として市場化するのである。結論としては、アートや菜園がどのように共同性を創出するかと同時に、意識的にか無意識的にか新たな排除の空間の現出も認めたことになる。

ベンヤミンによる敷居の概念は、とりわけこうした抵抗の現象を了解するのに適している。都市菜園は私的・公的空間の境界域において展開される。（入口のような場所として）敷居を移行と都市変化の空間へと変容させるのである。実際的にいえば、極小の都市菜園スペースの出来事であっても、オルタナティブな生活様式を発展させようとしている国際的に展開しているゲリラ菜園あるいはコモンズ希求ムーブメントに連なるものであると考えられる。こうしたムーブメントには、しばしば、共同性を創出するとともに、場への帰属意識を創造することを目的とする音楽や絵画などの芸術的なイベントが伴われている。その意味で、ストリート・ウィズダムは、社会にとってその固定性を揺るがし変身可能なようにする柔軟な潜在力を有していると言える。

注

（1）特に断らない場合を除けば、筆者の訳出による。

（2）Hidalgo, Anne (2014): Paris qui ose. Mon projet pour Paris 2014-2020, p. 173. http://issuu.com/oserparis/docs/prog-0412-rvb (3.5.14) Translated by the author.

（3）ミュージアムの名称の公式なサブタイトルは、Musée du Quai Branly là où dialoguent les culturesとなっている。http://www.quaibranly.fr/en/collections/permanent-collections.html (3.5.14)

（4）これは "Droit de préemption"（先買権）を通じても可能である。

（5）Le Monde 29.10. 2014, Monika Salzbrunn によりフランス語から翻訳。Salzbrunn.http://www.lemonde.fr/culture/article/2014/09/05/chat-contre-ratp-des-elus-au-secours-du-matou_4482977_3246.html (6.9.16)

（6）以下のものも確認。Nora Monnet, Thomas Vuille: L'homme qui donne sa langue au chat, http://www.artistikrezo.com/art/portraits/thoma-vuille-lhomme-qui-donne-sa-langue-au-chat.html (6.9.16)

（7）このパラグラフはアーバン・アグリカルチャー（urban agriculture）から都市農業（toshinogyo）への変遷を扱ったNelly Niwaの学位論文のサマリーである（参考文献も参照)。

References

Augé, Marc

1992 *Non-lieux. Introduction à une anthropologie de la surmodernité:* Paris: Senil.

Bauhardt, Christine

2009 'Jardins partagés' in Paris. Urban gardens in the context of sustainable urban planning, in: Doris Gstach, Heidrun Hubenthal. Maria Spitthöver (eds.) *Gardens as everyday culture: an international comparison.* Kassel: Universität, Arbeitsberichte des Fachbereichs Architektur Stadtplanung Landschaftsplanung, Heft 169. Heft A 169, pp. 99-106.

Benjamin, Walter

1982 *Das Passagen-Werk.,* in: id: Gesammelte Schriften V-1. Frankfurt/Main: Suhrkamp.

Helfrich, Silke, Heinrich-Böll-Stiftung (Eds.)

2012 *Commons: Für eine neue Politik jenseits von Markt und Staat.* Bielefeld: transcript.

Lefebvre, Henry

1968 *Le droit à la ville.* Paris: Anthropos.

Marlin, Cyrille

2008 *L'expérience ordinaire : fabrication d'un énoncé de jardin.* Thèse soutenue en jardins, paysages, territoires à l'EHESS.

Müller, Christa

2007 Intercultural Gardens. Urban Places for Subsistence Production and Diversity, *German Journal of Urban Studies,* Vol. 46 (1).

2011 Urban Gardening. Über die Rückkehr der Gärten in die Stadt. München: oekom.

2012 Practicing Commons in Community Gardens: Urban Gardening as a Corrective for Homo Economicus in Bollier, David/ Helfrich, Silke (Editors): *The Wealth of the Commons: A World beyond Market and State,* Amherst.

Niwa, Nelly

2015 De l'agriculture urbaine à la 都市農業 toshinogyo: Une analyse de leur émergence dans le cas de Genève et de Tokyo. Thèse de doctorat. Faculté de Géosciences et de l'environnement, Université de Lausanne.

Raulin, Anne

2009 Minorités urbaines : des mutations conceptuelles en anthropologie, *Revue européenne des migrations internationales,* 25, 3, pp. 33-51.

Salzbrunn, Monika

2007a Lokale und Globale Produktion von Alteritäten im Rahmen von Ereignissen – Wie ein heterogenes Pariser Stadtviertel seine Identität Konstruiert, in E. Tschernokoshewa and V. Gransow (eds.), *Beziehungsgeschichten: Minderheiten – Mehrheiten in europäischer Perspektive.* Bautzen: Domowina, pp.151-168

2007b Enjeux de construction des rôles communautaires dans l'espace urbain: le cas du quartier de Belleville à Paris, in J. Laville, I. Sainsaulieu and M. Salzbrunn (eds.), *Esprit critique.* Automne 10 (1), [http://www.espritcritique.fr/publications/1001/esp1001article02.pdf]

2008 The Feast as Marginal Politics: Carnival as a Mode of Expression in Migration, in A. Henn and K.-P. Köpping (eds.), *Rituals in an Unstable World: Contingency – Hybridity – Embodiment.* Frankfurt /Berlin /Bern /Bruxelles/New York/Oxford/Wien: Peter Lang, pp. 151-170.

2011a Rescaling Processes in Two Cities: How Migrants are Incorporated in Urban Settings Through Political and Cultural Events, in Nina Glick Schiller and Ayse Çağlar (eds.), *Locating Migration. Rescaling Cities and Migrants.* Ithaka: Cornell University Press. pp.166-189.

2011b Multiple belonging in urban neigborhoods, in: Salzbrunn, Monika, Yasumasa Sekine: *From community to commonality: Street phenomena in an era of reflexive modernisation.* Tokyo: Seijo University Press, pp. 45-80.

Salzbrunn, Monika and Yasumasa Sekine

2011 *From community to commonality: Street phenomena in an era of reflexive modernisation.* Tokyo: Seijo University.

Sekine, Yasumasa

2006 Anthropology Research on Transnationalism and Street Phenomena. Research Objectives [http://www.transnationalstreet.jp/en/outline/assignment/ (26.2.2010)].

Turner, Victor

1982 *From Ritual to Theatre: The Human Seriousness of Play.* New York City: Performing Arts Journal Publications.

八章　野菜とひとが紡ぐローカリティ

――「伝統野菜のエスノグラフィー」のためのメモランダム

鈴木晋介

はじめに

「伝統野菜」というラベルを用いて、地域に埋もれた在来の作物を再発見・再評価し積極的にプロデュースしていく動きが全国的な拡がりをみせている。本論ではこれを「伝統野菜ムーブメント」と呼ぶ。こうした身近な在来作物を地域固有の食文化として取り上げ直し、地域振興へとつなげていこうとする試みが拡がる一方で、いわゆる「ファスト風土化」［三浦　二〇〇四］として表象される地域の固有性の平準化作用も増々進度を速め、その範囲を拡大しているように実感されることも事実であろう。私たちの暮らしの場には、ローカリティをめぐる錯綜したせめぎ合いの図式が重なっている［cf. Sekine 2001］。

伝統野菜ムーブメントをテーマに設定する筆者の問題意識、あるいは大きな課題は、その同時代的意義を問うことにある。なぜ今伝統野菜なのか、その意義は何かである。そしてこれを問うためには、生活の場における「ひとと野菜が生きるカタチ」をめぐる記述・考察、いわば「伝統野菜のエスノグラフィー」が不可欠であると筆者は考えている（その理路は第二節に論じる）。本稿はその試みの一歩としてのメモランダムである。

本稿で取り上げる事例は、新潟県長岡市山古志地区（旧古志郡山古志村）の伝統野菜「かぐらなんばん」である。この事例からは、筆者が伝統野菜をめぐるフィールドワークを通じて感じてきた三つの重要なポイントが浮かび上がってくる。第一に、在来の作物と連鎖する非匿名的なひとのつながり、第二に、「種を継いでいく」営為が紡ぐローカリティ、そして第三に、伝統野菜ムーブメントが有しうるローカリティの賦活作用である。事例の素描のあと、人類学者ティム・インゴルドの「ローカルなパースペクティブ」の議論［Ingold 1993a］を蝶番に据えてこれを論じ、伝統野菜のエスノグラフィーの射程を展望したい。

伝統野菜をめぐっては農学や青果物市場流通研究などの分野で近年研究が蓄積されつつあるが、管見の限りこれを扱った研究は文化人類学の領域では見当たらない。なじみの薄い題材であるから、まずいくつかの用語の整理とともに伝統野菜ムーブメントというものを概観する。その後、幾分前置き的となるが、筆者の考える伝統野菜のエスノグラフィーの方向性を明確するために紙幅を割きたい。伝統野菜をめぐる現時点で最もまとまった先行研究のひとつである香坂玲と冨吉光之の議論［香坂・冨吉　二〇一五］と、人類学には馴染み深い「伝統の創造」の議論を交差させることでこれを論じ、事例の記述・考察へと進めることとする。

一　伝統野菜ムーブメント概観

1　伝統野菜

「伝統野菜」とは、概ね一九八〇年代後半以降に各地域の在来作物に冠されるようになった看板あるいはラベルのようなものであり、学術的な定義の定まった術語ではない。「在来作物」という語も同様だが、江頭宏昌ら山形大学農学部の研究者を中心とする山形在来作物研究会では、在来作物に次のようなゆるやかな定義を与えている。

「在来作物とは、①ある地域で世代を超えて栽培されていて、②栽培者自らの手で種とりや繁殖が行われ、③特定の料理や用途（たとえば祭式や儀礼など）に用いられる作物のこと」［山形在来作物研究会　二〇一〇：八］である。

江頭らとは別に、阿部希望は「在来種」、「固定種」、「F1品種」の三種を日本の野菜育種の三つの時代画期と対照させて整理し、このうち固定種を今日伝統野菜として再評価されているものと捉えている［阿部　二〇一五：一二］。阿部の整理は、伝統野菜ムーブメントをめぐる大きな背景を理解する上でも有用であるので要約しておきたい。第一の画期は、京・大阪・江戸の三大都市周縁で都市向けの野菜生産が活発化する江戸時代中後期にはじまり明治初期までの期間である。この期間、各地に個性的な野菜が誕生する。東京の練馬大根や鹿児島の桜島大根が生まれるのもこの頃だ。この期間を阿部は「在来種の時代」と呼ぶ。ただし、当時は形状や大きさを揃える技術体系が発達していなかった。第二の画期は近代都市の形成と都市部野菜需要の増大をもたらす明治中後期以降にはじまり昭和三〇年頃までの期間であり、形状等の揃った品種を選抜・固定化する技術が体系化されていく。この期間が「固定種の時代」である。第三の画期は農政の転換の図られた昭和四〇年代頃に訪れる。一九六六年（昭和四十一年）、野菜生産出荷安定法により指定産地制度が導入され、安定的な大量生産・大量供給が目指されるようになると、固定種よりも格段に均質で耐病性に優れ、手間暇もかからずしかも高収量のいわゆるF1品種（フィリアルワン、一代雑種）が野菜の世界を席巻していくことになる。「F1品種の時代」の到来である［阿部　二〇一五：一四－一七］。今日、私たちが日常に口にする野菜のほとんどはF1品種である。したがって、伝統野菜ムーブメントはF1品種の席捲に対するカウンター的な性格を有しているといってもよい(1)。

阿部の記す通り、伝統野菜の看板の下、脚光を浴びるようになった野菜たちというのは、F1品種の時代の訪れとともに片隅に追いやられていった固定種のことと捉えて概ね間違いはない。ただし伝統野菜ムーブメント到来とともに、あらためて在来種の固定化を目指す営為も存在するし、ブランド化の要請を背景に品質を揃える努力がむしろ高まっている側面もある。用語的に整理すれば、江頭らがゆるやかに定める「在来作物」を構成するのが阿部のいう「在来種」と「固定種」であり、この在来作物に対する、いわばキャッチーなラベルが「伝統野菜」であると捉えておけばよいだろう。

2　伝統野菜ムーブメント

伝統野菜の代表格にして、ムーブメントの先駆けをなしたのは、「京野菜」の名で知られる京都の伝統野菜である。京都市は一九六〇年、二一品目一〇五種の在来作物を選定し保存活動を開始、その後一九七四年に京都府立農業研究所にて「伝統野菜原種ほ設置事業」をスタートした［田中　二〇〇七］。管見の限り、「伝統野菜」という言葉が初めて公に用いられたのはこの事業名においてである。[2] 一連の保存事業の進行する一九八〇年代、いわゆるグルメブーム[3]が到来すると、京都の料理店や流通業者の間に伝統野菜への関心と期待が高まった。これを受けて有識者を中心に「京の伝統野菜」の定義・基準の画定作業がなされ（一九八七年～八八年）、一九八九年「京のブランド産品認証制度」の創設へと結実する［田中　一九九二］。「保存のための保存」ではなく、時代の文脈のなかでの在来作物の再評価・取り上げ直しを行ったという意味において、一九八〇年代末・京都を伝統野菜ムーブメントのはじまりの地とみることができる。

京野菜に続いたのが石川県の加賀野菜だった。一九九四年、地元の種苗店、生産者、流通業者らが「加賀野菜懇話会」を立ち上げ、京野菜関係者との懇談を経て一九九六年に「金沢市農産物ブランド協会を設立、五郎島金時をはじめとする七品目のブランド認定を行った［cf. 小畑　二〇〇二］。この時点で京野菜の方は既に全国的な知名度を獲得している状況にあり、京野菜に加賀野菜が続いたことで、同様の動きが全国に波及していくことになる。一九九八年には新潟県長岡市で流通業者を中心に「長岡野菜ブランド協会」が設立され、一一品目のブランド認定が行われるが、

表1　略年表――伝統野菜ムーブメントの波及

冠名	都道府県	認証制度開始（ないし定義画定）年	認証にかかる中心団体
京の伝統野菜	京都府	1987年	京都府農林水産部
ブランド京野菜	京都府	1989年	京のふるさと産品協会
加賀野菜	石川県	1997年	金沢農産物ブランド協会
長岡野菜	新潟県	1998年	長岡野菜ブランド協会
会津伝統野菜	福島県	2002年	会津の伝統野菜を守る会
飛騨・美濃伝統野菜	岐阜県	2002年	飛騨・美濃伝統野菜認証委員会
あいちの伝統野菜	愛知県	2002年	愛知県農林水産部
秋田の伝統野菜	秋田県	2005年	秋田県（農林水産部）
山形おきたま伝統野菜	山形県	2005年	山形おきたま伝統野菜推進協議会
最上伝承野菜	山形県	2005年	最上伝承野菜推進協議会
なにわの伝統野菜	大阪府	2005年	なにわの伝統野菜認証制度
大和の野菜	奈良県	2005年	奈良県（農業水産振興課）
くまもとふるさと伝統野菜	熊本県	2005年	熊本県農林水産部
おきなわ伝統的農産物	沖縄県	2005年	沖縄県農林水産部
肥後野菜	熊本県	2006年	熊本市農水局
能登野菜	石川県	2007年	能登野菜振興協議会
信州伝統野菜	長野県	2007年	信州伝統野菜認定委員会
みえの伝統野菜	三重県	2007年	三重県農林水産部
村山伝統野菜	山形県	2008年	村山特産野菜推進協議会
近江の伝統野菜	滋賀県	2008年	農政水産部
かごしまの伝統野菜	鹿児島県	2008年	鹿児島県農政部
上越野菜	新潟県	2009年	上越野菜振興協議会
柏崎野菜	新潟県	2009年	柏崎野菜推進選定委員会
江戸東京野菜	東京都	2011年	JA東京中央会
伝統の福井野菜	福井県	2011年	伝統の福井野菜振興協議会

この段階で既に関係者の間に「モデルケースとしての京野菜・加賀野菜」が明確に意識されている［cf. 鈴木（圭）二〇〇八］。また、一九九七年には、農業協同組合法施行五〇周年の記念行事としてＪＡ東京グループが神社など都内五〇カ所にゆかりのある野菜たちを紹介する「農業説明板」を設置、在来作物のＰＲ活動を展開している［大竹　二〇〇九］。

表1は、京野菜、加賀野菜というトップランナーを含め、後続組の取組みを時系列順に配したものである。

主として明確な基準画定がなされ認証制度が取り入れられているもの（かつ制度開始年の明確なもの）を挙げたが、これらに加えて二〇〇〇年代以降にはたとえば県レベルのオフィシャルな認証制度とは無関係に

図1 「伝統野菜」関連記事件数の年別推移

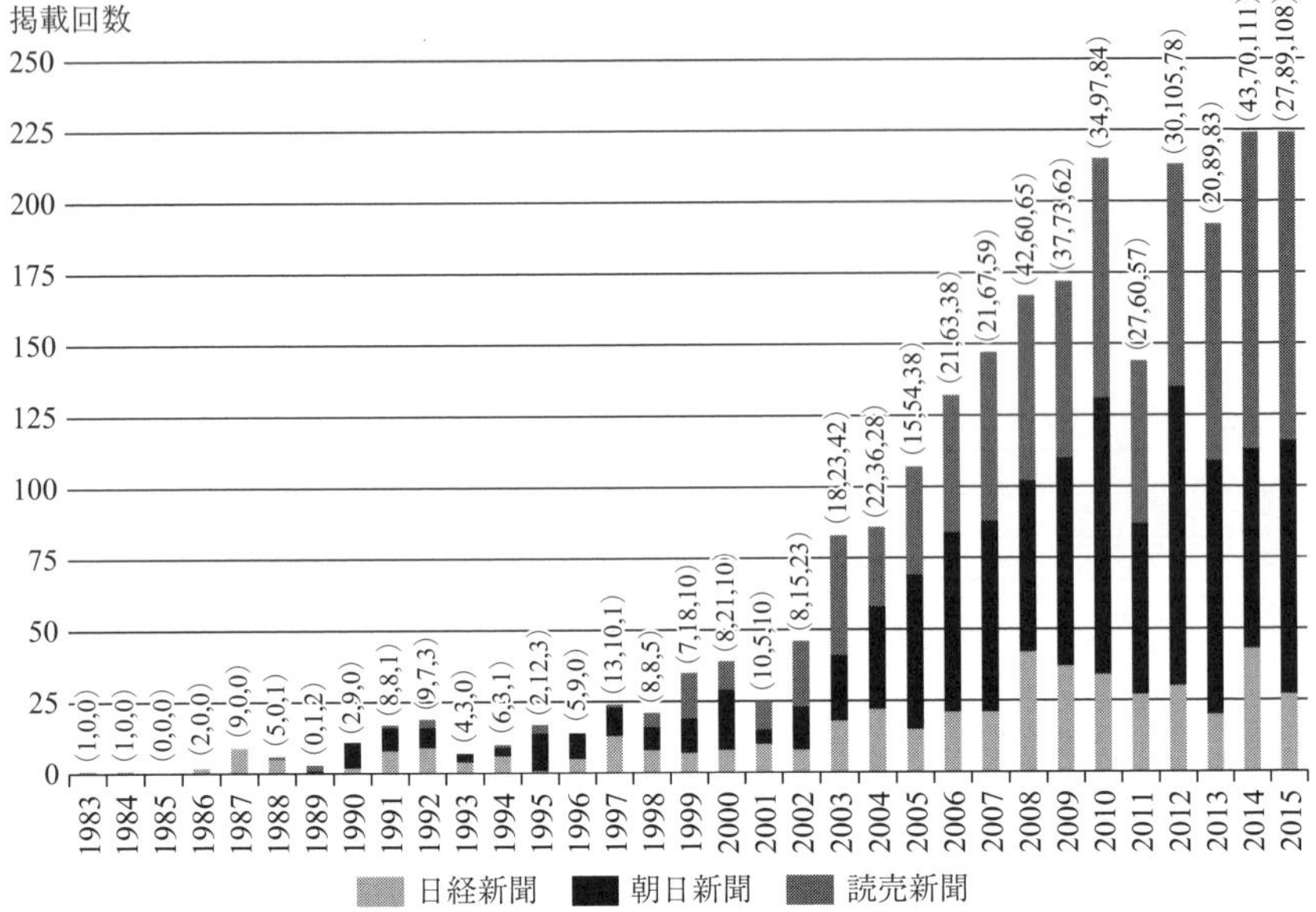

＊1　データ参照先は各紙オンラインデータベース（『ヨミダス歴史館』、『聞蔵Ⅱ』、『日経テレコン 21』）。

＊2　各紙の参照データは次の通り。読売新聞：全国版（1983 年〜）＋地域版（1998 年〜）、朝日新聞：本紙（東京、大阪、名古屋、西部、北海道）＋地域面（1983 年〜）、日本経済新聞：朝刊、夕刊、日経産業新聞、日経 MJ、日経地方経済面の合計（1983 年〜）。

地域の在来作物を「伝統野菜」として取り上げ直そうという小さな動きが全国に無数に拡がっている。ムーブメントの全体像の把握はその担い手の多様性もあって容易なことではない。代わりにここでは、ムーブメントがまさに全国津々浦々に波及したことを物語る証左として二つの全国イベントの開催に言及しておく。第一に、金沢市にて北陸農政局の主催で開催された「伝統野菜サミット―伝統野菜が地球を救う」（二〇〇九年）である。各地の伝統野菜復興に携わる関係者が一同に会した大きなイベントである。第二に二〇一四年、農林水産省が主催し東京で開催された「にっぽん伝統野菜フェスタ」であり、同イベント時には全国四七都道府県の専用ブースが設置された。一九八〇年代末・京都に端を発する伝統野菜ムーブメントは、二十余年の歳月をかけて全国規模に展開したといってよいだろう。

ムーブメントの拡大に合わせてマス・メディアを通じた情報流通量も拡大している。図1は読売新聞、朝日新聞、日本経済新聞各紙の関連記事（記事中に「伝統野菜」の語句を含むもの）の掲載回数を掲載年ごとに集計したものである。「伝統野菜」の語が用いられた初出記事は、一九八三年三月三一日付の日本経済新聞文化面に掲載された「京の伝統は野菜で残す――精進料理支えた鴫なす、堀川ごぼう」（「鴫」は原文ママ）である。グラフでは、二〇〇〇年代に入る辺りから関連記事の掲載回数が右肩上がりに増加している。表1にみたブランド化の全国普及に呼応したものとみることができるだろう。

料理本やグルメガイドブック等の関連書籍の刊行も相次いでいる。着目したいのは全国を網羅した事典タイプの書籍の登場である。嚆矢となったのは、大手種苗メーカー・タキイ種苗株式会社出版部が刊行した『都道府県別地方野菜大全』（二〇〇二年）である。同書は、一九九六年から二〇〇二年にかけて『園芸新知識　野菜号』（タキイ種苗㈱発行）に連載された「地方野菜をたずねて」という記事に加筆修正を加え集成されたものである（同書では「伝統野菜」の語ではなく、「地方野菜」の語が用いられている）。その後、二〇〇九年には丸善出版より『四七都道府県　地野菜／伝統野菜百科』が、また二〇一一年には高橋書店より『からだにおいしい野菜の便利帳　伝統野菜・全国名物マップ』が刊行された。後の二冊では、書名に「伝統野菜」の語が掲げられており、『野菜の便利帳』の方には、各種団体によって伝統野菜認定されている品目に「伝」のマークも付されている。他にも週刊誌の特集、あるいはテレビの地方版ニュースなどで地元の伝統野菜が取り上げられることは、今日ではごく当たり前のようになっている。一九八〇年代後半の京都に発する伝統野菜ムーブメントは、いまや全国規模の拡がりと認知度の獲得を果したといえる。

二　伝統野菜の生きられる場へ

伝統野菜を題材に取り組まれた近年の研究動向に目を向ければ、おおまかに三つのアプローチを指摘できるように思われる。第一に、農学系のアプローチ。伝統野菜として着目される特定作物の成分分析や栽培技術の研究、遺伝資源の多様性保全の観点からの研究などがある（例えば［小木曽　二〇一五］、［西川・根本　二〇一〇］など）。第二に、地域振興の施策として論ずるアプローチ。特定地域の伝統野菜復興の取り組みの紹介や問題点の指摘、提言を行うといった趣意を有するもの（一例として［本田　二〇一四］）。第三に、農業経済学あるいは青果物流通研究系のアプローチで、生産システムやブランド化の流通戦略を議論するものである（一例として［足利・内藤・小森　二〇〇七］）。

これらの研究には論点の重なる部分も少なくなく、アプローチの区分はあくまで暫定的・便宜的なものだ。ところで、こうした諸研究にはひとつの共通点がある。いずれもムーブメントを所与として、その内部で進行する研究であるということだ。対照的に筆者の問題意識はいわばムーブメントに外在している。本稿冒頭に記した通り、筆者は伝統野菜ムーブメントという近年の社会的事象そのものを対象に、その同時代的意義を問題としたいのである。そしてそのために、いわば伝統野菜のエスノグラフィーに向かうというのが筆者の方向性である。このことを論じておきたい。

伝統野菜ムーブメントそのものを取り上げた研究として現時点で最もまとまったものに、香坂玲と冨吉光之の共著『伝統野菜の今――地域の取り組み、地理的表示の保護と遺伝資源』（二〇一五年）がある。香坂らは欧州連合（EU）で先行し日本も導入を進めた地理的表示保護制度をはじめ特定地域産品のブランド化をめぐるグローバルな動きを念頭に置きながら、伝統野菜ムーブメントの同時代的意義をめぐり次のような問いかけを行っている。「グローバルな時代における伝統野菜などへの回帰の動きが、一体、何を意味するのか」［香坂・冨吉　二〇一五：一二］。この問いかけは筆者も共有するものである。ただし、同じ箇所で香坂と冨吉はつぎのような一見奇妙な問いを同書の「出発点」として記している。それは「そもそも帰るべき場としての伝統野菜は存在するのか」［香坂・冨吉　二〇一五：一二］という問いである。

彼らの「出発点」については少し説明が必要である。伝統野菜ムーブメントといっても、これは総じて曖昧模糊とした動きである。携わる主体（生産者、ＪＡ等の農業関係者、流通業者、市民団体等）や規模（小さな集落の村おこしレベルから県の認証制度導入のレベルまで）は雑多であり、野菜そのものにもＦ１品種のような均質性はなく、おまけに謳われるところの「伝統」とやらいうものにそもそも統一的基準などもない。これを追いかけて各地の現場取材を行った彼らが意外にも見出したのは、消費者の「ノスタルジアを満たすために、逆に伝統野菜というフレームが生み出されている側面」であり、伝統野菜という言葉の語感とうらはらに、そこに「地域の活動としての牧歌性は帯びていないのが実情」ということであった［香坂・冨吉　二〇一五：一四九―一五〇］。これを受けて、香坂らは自らの「出発点」の問いに対する答えを次のように記すことになる。すなわち「我々が帰りたい故郷としての伝統野菜は、ある種のフィクションであるとさえもいえる」［香坂・冨吉　二〇一五：一五〇］。

伝統野菜プロデュースに携わる人々の情熱に直にふれて調査を行ってきた香坂らは、ときに慎重な筆運びで上記言明を行ったあと、次のようなある種レトリカルな転回を行っている。「帰るべき場ではなく、自らを問う場としての伝統野菜へ」である。曰く、「伝統野菜を通して問うべきは、それが本物であるかどうかでもないように、その消費がどうあるべきかでもない。なぜ伝統野菜という商品が自分にとって大切なのか、それらが生産されることでどのような農業、社会を形作っていきたいのか、自らを問うことができるかどうか」、「伝統野菜に帰る場を求める力が、自らの価値を問うものへと脱皮できるか」［香坂・冨吉　二〇一五：一五一―一五二］。

香坂らの「自らを問う場としての伝統野菜」への転回には、（抽象的とはいえ）何か大切なことが述べられているように思える。だが筆者はこの転回の一歩手前に踏みとどまる必要を感じるのである。というのも、そこに重要な研究領域がひらいたまま残されているからである。それが、野菜とひと、あるいは野菜と社会との間のつながりの在りようをエスノグラフィックに記述・考察していくという仕事なのである。この点は明確にしておく必要がある。

筆者は伝統野菜ムーブメントの同時代的意義を問う香坂らの研究に親和性を感じているが、先述の「フィクション」あるいは「ノスタルジア」をめぐるくだりは、「伝統の創造」の議論［Hobsbawm and Ranger 1983］や「文化の客体化論」［太田　一九九三］を経た文化人類学の見地からすれば、幾分ナイーブにもみえる（念のため記すが、香坂は森林経済学・地域資源論、冨吉は農業経済学・栽培植物起源学の専門家である。筆者にはここで彼らを批判する意図はなく、異なる学問領域から彼らの議論に建設的に接続したいと考えている）。彼らの出発点の問いは、いわば「純粋不変で固定的な伝統という実体」をそもそもの念頭に置いて繰り出されるものであろう。むろん研究者以外の一般的感覚としても、伝統というのはずっと伝えられてきた何か純粋で変わらないもの、と捉えられている側面はある。とはいえここにはいわゆる「伝統の創造」をめぐる少し錯綜した議論も存在している。

伝統の創造というテーマは歴史学者エリック・ホブズボウムとテレンス・レンジャーが編んだ一九八三年の著作『The Invention of Tradition』を契機として広範な議論を引き起した問題系だ。ホブズボウムらが論じたのは、古くから伝わる伝統とされるものの多くが、ナショナリズム（ネーション形成）と結びついて近代においていわば「捏造」（inventionにはこうしたニュアンスがある）されたということだった。この議論が、エドワード・サイードによるオリエンタリズム批判以降の、アカデミズムの言説の政治性に鋭敏なポストモダン人類学と結びついたひとつの仕方は、俗な表現をすればいわば逆張りに近いものがあった。すなわち、そもそも文化や伝統というものは、歴史的状況のなかで主体的に構築されるものであるとする構成主義である［cf. Linnekin 1992、太田　一九九三］。本質主義を退け、とくにポストコロニアル状況下における被抑圧者側の主体的な文化・伝統の構築を評価するこの立場の政治的正しさ（political correctness）は疑いを容れない。だが、いったんホブズボウムに遡ってこの構成主義を批判する論考を小田亮が記している。小田は、一見対立する本質主義と構成主義が共に種的同一性の論理に依拠する「同一性の政治学」の陥穽にはまることを指摘する［小田　一九九七：八三七―八四三、cf. 鈴木（晋）二〇一三：六一九］。構成主義が否定する「真正な伝統」と「捏造された伝統」の区別、小田がこれに対置したのはホブズボウムの着想には残されていたある区別である。そのまま引用しよう。ホブズボウムは、「近代のナショナリズムと結びついた発明された伝統と、いわゆる「伝統社会」における慣習（custom）を区別し［Hobsbawm 1983: 2］、「本物の伝統 genuine tradition」の強靭さや融通性を「伝統の発明」と混同してはならないとしていた」［小田　一九九七：八三八］のである。小田がこの区別にこだわる理由は、生活の場におけるしなやかで融通無碍な生きる仕方（次に記す関根の「生きられる文化」と通ずる）の中に、種的同一性の論理に依拠した近代の知と権力による同一性の政治学に対するカウンターの拠点を見出そうとしたからだった。

小田と同じスタンスを関根康正も提示している。関根はホブズボウムによる区別を念頭に、「語られる文化」と「生きられる文化」という概念を用いている。「文化が語られるときには、本質主義的に純粋性、独自性が主張され差異の強調という保守的傾向（ベクトル）が認められるが、他方「生きられる文化」とは、その都度革新的生成に向かう文化の現在を言い当てる概念であり、語られる場合とは反対に外部性の受容、それによる雑種性に向かうことを特徴とする」［関根　二〇〇一：三三四］。

議論を伝統野菜の方に引きつければ次のようになる。香坂らも先の引用に見る通り、伝統野菜の真正性（本物であるかどうか）など問うべき問題ではないと考えている。筆者も同意見である。だが、ここで小田や関根の着想が重要となってくる。香坂らが「ある種のフィクション」と直感しているのは、彼ら自身の言葉を使えばコモディティ化を前提として消費者のノスタルジーをくすぐるような、創られたイメージや物語性の側面となろう（関根の概念でいえば「語られる文化」に対応しよう)。だが、ムーブメントが拡大すればするほど、換言すれば「伝統」の名によるブランド化が進めば進むほど、覆い隠されていくものがある。それが、ノスタルジックな謳い文句には表れることのない、人々が実際に生きてきた、生活の場における、野菜とひととの(あるいは社会との)つながりの在りよう、野菜をめぐるひとの営みの在りようなのである。

このことを具体的にイメージするために少しだけ筆者自身のことにふれたい。筆者は、二〇〇〇年代半ば、三年弱ほどの短い期間だが青果物卸売市場でレタスを売っていたことがある。大規模産地を背景とする大量生産・大量供給、高速道路網が支える広域流通システム、そしてスーパーマーケットという巨大な出口が小売りの中枢を占めるという青果物流通に組み込まれた卸売業者の一社員として筆者が捌いていたのは、レタスというよりも圧倒的な物量の段ボールの山、もっと正確にいうなら、「数字」だった[cf. 鈴木(晋)二〇〇九]。これもまた、現代における野菜をめぐるひとの営みのひとつのカタチである。あるいはとくに「土いじり」をするわけでもない一消費者としての筆者を例にとるなら、野菜というのはスーパーマーケットでカゴに入れ、レジで支払いを済ませ、最終的に胃袋に入れる、それだけのものである。これもまた現代における野菜とひととのつながりのカタチには違いない。だが、「そうでないカタチ」もあるのではないか。

伝統野菜をめぐって、ブランド化の光の影に隠されてしまう野菜とひと、あるいは野菜と社会との間のつながりの在りようをエスノグラフィックに探究することは、香坂らの言葉を借りるなら「自らを問う」ために不可欠な仕事となるはずである。これが、自らを問う場へと転回する手前にひらいたまま残されている研究領域に他ならない。

ひとりの研究者の言葉を引いておきたい。今日の伝統野菜ムーブメントの興るより以前、各地に残る在来作物を訪ね歩いた研究者がいる。農学博士・青葉高である。青葉は一九四九年から在来作物の調査研究を始め、山形大学在職時には東北地方を中心とする東日本を歩いて、ひとつひとつ在来作物の特性、来歴、栽培方法を記録していった。

青葉は次のような言葉を残している。

調査をしているうちに、各地に残されている在来品種は、それがその地に伝わり、一つの品種として成立した歴史を秘めている生き証人であることに気付いた。この意味で在来品種は生きた文化財として価値の高いものであると思う［青葉　二〇〇〇：四］。

青葉が記した「生きた文化財」という表現は、研究者のみならず伝統野菜ムーブメントを担うさまざまな主体によって、活動の意義を裏書きするものとして繰り返し引用されているものだ（少し穿った見方をすれば「伝統野菜は文化財だから残さなきゃいけない」という理屈に短絡しそうで心配になる）。だが筆者が関心を抱くのは、「文化財」の方ではなく、前段の「生きた」の方である。ここにダブルミーニングを読み取るべきではないか。ひとつにはむろん植物という生命体という意味で。そしてもうひとつ、「人々によって生きられてきた」という意味で。在来作物を求め歩き、ひとつひとつその特性、来歴、栽培方法を記録していった青葉は、作物が人々に生きられる豊かで多様な仕方、「生きられる文化」に直に接してきたのではなかろうか。だからこそ、単なる植物（あるいは食物）以上の価値をそこに見出したのではないか。「作物が人々に生きられる仕方」を「作物が地域に根差す仕方」と言い換えても構わない。作物が地域に根差すとは一体如何なることなのか。その具体相を記述・考察していけば伝統野菜のエスノグラフィーとなろう。ムーブメントが有する同時代的意義の問いかけも、この具体相への沈潜から発せられねばならないと考えるのである。

本稿はこうした仕事の取り掛かりである。新潟県長岡市山古志地区の「かぐらなんばん」を事例に野菜が生きられるひとつのカタチを素描してみたい。

三　事例——新潟県長岡市山古志地区に伝わる「かぐらなんばん」

新潟県長岡市山古志地区（旧古志郡山古志村、二〇〇五年に長岡市に編入合併）は、美しい棚田や闘牛、錦鯉の産地としても知られる山間の集落である。冬は深い雪に閉ざされる豪雪地帯でもある。二〇一七年三月現在、四三三世帯一〇〇五人が暮らす。この地が「かぐらなんばん」のふるさとである。

かぐらなんばんとは緑色のごつごつしたピーマンのような外観を持つ唐辛子の仲間で、さわやかな辛みが特徴的である。広域市場流通に乗ることもなくもっぱら自家消費用（「なんばん味噌」等に加工）に細々と作り続けられてきた。来歴について確かなことはわかっておらず、集落の人に聞けば、とにかく昔からあったもの、である。

各地の在来作物のなかには伝承された昔話に登場したり、年中行事と深い関わりを持つものも報告されているが［cf. 増田　二〇一三、山﨑　二〇一三］、かぐらなんばんの場合は集落の民俗との関わりも特別なものがあったとはいえない。『山古志村史』（一九八三年）の民俗篇を紐解いても、動植物をめぐる「俗信」の項に、戸口にナンバンを吊るすと疫病除けになるといった記載をわずかに見ることができるに過ぎない［山古志村史編集委員会　一九八三：四一八、四三六］。また一九七〇年代に民俗学者・宮本常一が複数回、山古志を訪れ村の活性化に向けた講話を行った記録が残っているが、畜産や錦鯉生産など村の特産品を話題の中心に取り上げているものの、宮本の話にもかぐらなんばんはまったく出てこない［山古志村写真集製作委員会　二〇〇七］。山古志の人々にとって、かぐらなんばんは地元の特産品といったわけでもなく、ただ身近にある野菜のひとつだったようである。

この身近な野菜に光が当たったのは一九九八年のことだ。ＪＡ越後なかおかの農業祭に他の野菜たちに混じって出品されたかぐらなんばんが、同年、市場関係者を中心に発足していた長岡野菜ブランド協会の目にとまり、長岡の伝統野菜「長岡野菜」としてリストアップされることになったのである。集落の人々にとっては意外だったようだが、その後、市場関係者との調整がなされ、少量とはいえ市場出荷に向けた生産組織や「山古志かぐらなんばん保存会」も結成された。並行して集落における在来種の固定化の取り組みも本格化し、なんばん味噌の瓶詰めといった加工品販売も盛んになった。長年のブランド協会による宣伝効果も相俟って、今日では山古志の名物のひとつとして知名度を獲得し、集落各所に設けられた直売所には遠方からかぐらなんばんを買い求めにやってくる客の姿も珍しくなくなっている。

1　「それがひとつの伝承だと思いますよ」

二〇一五年三月、まだ雪深い山古志を訪ね、かぐらなんばん保存会会長のAさん（八〇代・男性）と民宿の女将Bさん（六〇代・女性）と炬燵を囲んでお話を聞く機会があった。話は、弾んでは飛び、弾んでは飛び、長いインタビューになったが、そのなかでBさんがこんなことを言った。「それがひとつの伝承だと思いますよ」。

Bさんのいう「それ」とは、その前段にAさんが語っていた、種を継いでいく営みを指していた。筆者の「F1品種を購入して植えるのと、自分で種をとって植えるのとでは気持ち的に違うものですか?」という質問に二人は大笑いして「全然違うよ」と答えた後、Aさんが説明してくれた話である。

「俺がいま種取りをしているなんばんのタネはさ、ムシガメ（集落内の地区名）のゴヘイのミヨちゃん（「ゴヘイ」は家号・仮名）が、ミヨ婆ちゃんが苦労して作り続けたなんばんで、それが分かるわけ。分かるだけね、気持ちの面が一番」（括弧内筆者）。

Aさんは続けて、かぐらなんばんには系統がいくつかあること、それら系統が「ゴヘイのミヨちゃん」や「ヨモギ（ヨモギヒラ、集落内の地区名）のCさん（仮名）のお父さん」ら、いわゆる篤農家によって作り続けられてきたこと、そしていま自分が選抜・固定化に励む営みがそれらを「引き継ぎ、引き継ぎ、来た」ものであり、だからこそ山古志のかぐらなんばんだと胸を張れるんだと教えてくれた。これを受けて、Bさんの「それがひとつの伝承だと思いますよ」が引き出されたのである。

このBさんの言葉に乗った筆者が、自身の研究関心が伝統野菜というブランドの中身の部分にあることを簡単に説明し、ブランド化に違和感はないんですか？といった水を向けるとすぐにAさんが笑いながら話を引き継いだ。「そこのところをブランド協会に聞いたらどうですか？どうして伝承とかブランドとかっていうものをやろうと思うのか、その細かいところ（＝個別具体的な集落の人々の種を継ぐ営み）まで、どういう風にね、分かっていてそこまであれ（＝長岡野菜ブランドの立ち上げ）したのかっていうさ」。

文面ではニュアンスは伝わりづらいが、Aさんの言葉にはブランド協会に対する反発や皮肉のトーンがあったわけではない。山古志の集落の人々とブランド協会はいわば二人三脚でかぐらなんばんのプロデュースを行ってきた間柄であり、集落の人々にはそうした取り組みを「ありがたいこと」と捉えるムードがある。強調されたのは、むしろ「その細かいところ」こそ自分たちにとって大切なのだということだった。

この、種を継いでいく営みの重さが、ひとつの限界的状況において顔をのぞかせたエピソードがある。二〇〇四年十月二十三日に発生した新潟県中越地震にまつわるものだ。

2　震災とかぐらなんばん

中越地震は、阪神・淡路大震災以来、観測史上二度目の深度七を記録した巨大地震であり、新潟県中越地方を中心に甚大な被害をもたらした。壊滅状態に陥った山古志集落は全村避難を余儀なくされ、住民たちは長岡市内で最長三年に及ぶ仮設住宅生活を強いられた。集落の人々は今でもその時の苦労を細部まで覚えている。ここに取り上げるエピソードは震災から時を経た二〇一〇年七月一日、朝日新聞に掲載されたものだ。要約すれば次のような話である。

震災から一週間後、一時帰宅許可が下り住民は自衛隊へリコプターで集落に戻った。仏壇や大事な書類を取りに帰るためだ。その際、畑で真っ赤に熟れたかぐらなんばんがある農家男性（七〇代）の目にとまった。「『種を守らないと』。その一心で、いくつかをバッグにつっこんだ」。翌年三月、男性は仮設住宅のそばにかぐらなんばんの種をまいた。二週間後に芽が出ると、避難住民たちが代わる代わる見に来るようになった。記事は、「みんな、うれしかったんだね。避難生活は大変だから」という男性の回顧の言葉を引き、こんな風に締めくくっている。「今夏も、人々の思いと太陽の光を一身に浴びて、かぐらなんばんは緑色の実をキラキラと輝かせている。本格的な収穫の季節がやってきた」。

筆者は新聞記事でこのエピソードを知ったが、集落でこの話を聞けばかぐらなんばんを「救出」した者はひとりではなかったという。前出のBさんは当時のことを次のように語ってくれた。

「絶対に種を絶やすわけにいかないんで。だから、その次の年（震災の翌々年）もみんな作って、作るのだけは作って、出荷はしなくても作るんだけは作ろうってことで。で、種採り（をした）」（括弧内筆者）。

あらためて、かぐらなんばんはF1品種ではないから種採りをしなければそこで途絶えてしまう。だから山古志の人々は被災現場から「真っ赤に熟れた」かぐらなんばんを救出し、仮設住宅に持ち込んだ。そして「仮設暮らし」

の間も種採りを続けた。だが人々のアタマに販売という目的はなかったし、いわば「文化財保護」的な対象物に外在的な保存の発想もなかったろう。だとしたら、人々に「絶やすわけにはいかない」と感じさせたもの、換言すれば、継いでいかねばならなかったものは何だろうか。

震災と関連してもうひとつふれておく。仮設暮らしにおける農作業の継続についてである。東洋大学の明峯哲夫らのグループは、山古志の人々が仮設住宅で取り組んだ農の営みについて継続的なヒアリング調査を行っている。仮設住宅のプレハブの長屋に沿ってつくられた小さな菜園、「仮設の庭」で野菜づくり（かぐらなんばんだけではない）が始まったのは震災から明けた二〇〇五年春である。明峯によればそれは「いつのまにか」始まったのだというが、多くの世帯が利用した〔明峯　二〇〇八：一〇〇〕。また同年五月には仮設住宅に隣接した敷地で二つの「いきがい健康農園」がスタートし、多くの世帯が利用した。農園の利用の動機では「村では野菜などは自分で作っていたから」、「新鮮な野菜が食べたかったから」といった回答が上位を占めている。農園を利用して良かった点では「健康維持ができた」、「隣人との交流ができた」、「食べ物の自給ができた」、「土に触れられ精神的に安定した」といった回答が上位である〔明峯　二〇〇九：一二七〕。また「仮設の庭」で住民たちが感じたことに関するアンケートでは、「土に触れている安心感があったと思います」といった回答、「必ず誰かいたので楽しみになりました」といった回答〔明峯　二〇〇九：一二七〕が目につく。筆者の聞き取りでも同じようなことを幾度と聞いた。前出のAさんとBさんはこんな風に語っていた。

Aさん：まぁ、生きがい農園も、ただ野菜を作るっていうことじゃなくて、みんなが畑へ行っておしゃべりができたっていうことだよ。
Bさん：交流の場だっだ。
Aさん：うん、交流の場だった。ほんとに、非常に良い事業だったなぁと思う。

Bさん：ねぇ、良かったよ。
Aさん：菜園開くとき（開園セレモニーのとき）は、初め市長、森さん（森民夫・当時長岡市長）が来られて。森さんの話が終わったら、山古志の住民がみんなわーっと畑ん中に散らばったんだ（笑）。森市長は、「山古志んしょ（山古志のひとたち）は、会っても（市長の）話なんて聞きたくない、畑があればそれでいいがら（それでいいんだよね）」って。「これでしめたもんだ、この元気があればだいじょぶだ」って（笑）（括弧内筆者）。

仮設暮らしにおける農作業について、明峯は農園が「「人と土」の結びつきの強さを再確認させ、さらに「人と人」の結びつきの大切さもあらためて知らせてくれた」［明峯　二〇〇九：一二七］と記している。この表現は、ややもすると都会人のノスタルジックな言明に響くかもしれないが、そうではない。明峯は阪神・淡路大震災のケースと対比し、山古志集落の人々の仮設暮らしにおいて孤独死がゼロだった事実を重く捉えている。そしてその背景に農園の果たした力をみているのである［明峯　二〇〇九：一二七―一二八］。筆者も、録音テープのAさんやBさんの言葉や笑い声を聞きながら、明峯の言葉には実感がこもっていると想像できる。明峯らのグループも幾度も繰り返した現地調査でこうした声や笑いにふれてきたはずである。

四　紡がれ続けるローカリティ

インゴルドは「グローバルとローカルのパースペクティブの違い」に関連してかつて次のように指摘したことがある。「ローカルは、グローバルよりも限定的で狭くフォーカスされたものではなく、まったく異なる直感的理解のモードに依拠している。それは、切り離された、無関心な世界の観察に基づいているのではなく、生活の実際の営みのなかで、住まわれた世界（the dwelt-in world）の構成要素に対するアクティブかつ、知覚的なエンゲージメントに基づいている」［Ingold 1993a: 40, cf. Ingold 1993b］。

伝統野菜をめぐってその生きられた文化の領域に照準するとき、ローカルに内在的なパースペクティブに肉薄することが不可欠である。二節にふれた消費者のノスタルジーをくすぐるようなイメージや物語性が、その領域から切り離された「外部から」（'from without'［Ingold 1993a: 33］）付与されるのに対して、住まう者の「内部から」（'from within'［Ingold 1993a: 33］）開示される世界への沈潜である（「住まう」に関してはハイデッガーを引く社会学者ジョン・アーリの議論も参照［アーリ　二〇〇六：一二三二］）。その領域で紡がれていく、在来の野菜とひとをめぐる営みにおいて際立った点を事例に依拠しながら三点指摘したい。

一点目は、「ゴヘイのミヨ婆ちゃん」が象徴するところの、在来作物に連鎖する非匿名的なひとのつながりである。こうしたひとのつながりは、かぐらなんばんに限った話ではない。同じく長岡野菜にリストアップされた長岡市中島地区の「巾着ナス」を例にとれば、明治一五年、南蒲原郡田上町（旧田上村）から同地区（江戸時代から城下への野菜供給地）の篤農家のDさん（仮名）に嫁いだ女性が持ち込んだ種が代々引き継がれたものだ。別の事例では茨城県常陸太田市の日光内集落に伝わる「おんめさん豆」などは、集落に暮らしていたその名も「おんめさん」という女性が作っていた豆を近所の者が分けてもらい今日まで継いできたという。

ここ十数年になるか、青果物流通におけるトレーサビリティが重視される風潮のなかで、スーパーマーケットに並ぶ野菜に「わたしがつくりました」という文言とともに農家の方の顔写真シールを見かけるようになった。だがその野菜を手に取る都市生活者が見ている「顔」は、匿名的な生産者の記号（シンボル）に過ぎまい。これに対して、「かぐらなんばん」と「ミヨ婆ちゃん」の相互のつながりは、個別具体的なインデックス性（換喩的隣接性［cf. 鈴木（晋）二〇一三］）を色濃く示している。在来作物に連鎖するこのひとのつながりは、それ自体、ブランド化の光の影で紡ぎ続けられる、顔のみえるローカリティの物語といってもよい。Aさんが「引き継ぎ、引き継ぎ、来た」と語ったのが、生きられた野菜をめぐる生活の場の物語そのものである。

二点目は、「種を継いでいく」という営為そのものの重要性である。文字通り、住まわれた世界の構成要素に対するアクティブなエンゲージメント。この観点から考えるとき、被災地からかぐらなんばんを「救出」したこと、「仮設の庭」に芽が出てうれしかったこと、あるいは市長のスピーチが終わるや否や「山古志んしょ」が「畑ん中にわーっと散らばった」こと等が格段の意味を持ってくるように思われる。明峯らの詳細なヒアリングや筆者の調査からも、人々は仮設住宅で農の営みを継続することで安心した気持ちになれたという。だがそれ以上のものがあったのではないか。絶望的な被災状況の前に全村避難という「苦渋の決断」をした当時の山古志村長・長島忠美氏は、同時に「必ず戻って緑の村を取り返す」意思を固めていたという〔よしたー山古志　二〇〇六〕。見通しの立たない仮設暮らしの間、多くの集落の人々にも共有された合言葉があった。「帰ろう山古志へ」であった。前節に問うた、人々に「絶やすわけにはいかない」と感じさせたもの、継いでいかねばならなかったものとは何か。この文脈で考えるとき、それはもう山古志の生の営みという他ないものだったのではないか。「かぐらなんばん」の種を継いでいくこと、Bさんの言った「出荷しなくても作るんだけは作ろう」は、なんとか山古志の生の営みを途切れさせないことだったのではないか。だとすれば、山古志の人々は仮設住宅の地に、住まわれた世界をトランスプラントすることで（＝「種を継いでいく」という営為によって）、いつか帰るその日に向けてローカリティを紡ぎ続けていたことになる。被災、そして避難生活という限界的状況において、在来の作物が生きられるひとつのカタチが浮かび上がっている。

種を継いでいくことの重要性をめぐり、他所の事例からひとつ補足しておく。西川芳昭と根本和洋は、長野県南部の阿智村（旧清内路村）に伝わる在来作物のカブをめぐって興味深い報告をしている。二〇〇〇年代前半、信州大学や村役場、JA南信州などが協同事業として旧清内路に伝わっていた在来のカブを元に「清内路あかね」という

F1品種を作り上げた。均質で収量の見込める作物に転換することで地域振興に役立てようと考えたのである。農家の人々は清内路あかねの種子を農協から毎年購入し、規格を揃えて出荷している。この在来作物のF1化に対して、農家の間には「在来種とは違ったものになったという感覚」がみられるという〔西川・根本　二〇一〇：一一二〕。F1品種の栽培をしつつも、自分で食べるカブ漬け用には自家採種したものを使い続ける人々もいる。種を継いでいく営みが続いているのである。西川らによれば「村としては（中略）「ものがたり性」のある商品を育てたいとしている」〔西川・根本　二〇一〇：一〇九（括弧内筆者）〕ようだが、端的に言えばF1化は商品経済を前提とした在来作物の脱埋め込みの営為となろうし、その代価として山古志のAさんの「引き継ぎ、引き継ぎ、来た」にみるような人々に生きられてきた物語の分断をもたらすのかもしれない。それが、阿智村の人々に「違ったものになったという感覚」をもたらしているように思えるのである。

最後の三点目は伝統野菜ムーブメントが有しうるローカリティの賦活作用ともいうべきものである。図式的にいえば、伝統野菜ムーブメントという社会的事象には一方に地域振興策としてのブランド化・商品化といった脱埋め込み的ベクトルが働いている（「「ものがたり性」のある商品」といった表現はこのベクトル上に配されよう）。他方で、事例にみるような在来作物に連鎖する個別具体的なひとのつながりや「種を継いでいく」営為が紡ぎ続けるローカリティの水準がこのベクトルと対極的な方向性を示しているようにみえる（Aさんの「ブランド協会に聞いたらどうですか」の語りを想起）。ここで指摘したい賦活作用とは、こうした見かけ上の二極のいわば中間において働いているものである。

事例冒頭でふれた通り、かつて山古志においてかぐらなんばんは取り立てて特別なものではなかった。それが二〇〇四年被災時には位牌などと共に「救出」の対象となり、「仮設の庭」で山古志の生の持続を仮託されるほどの存在になっている。(4) この懸隔を埋めているものこそ、一九九八年以降の長岡野菜ブランド協会という集落外部の者との接続、ひろく言えば伝統野菜ムーブメントがもたらした「再発見」に他なるまい。これが集落の人々の「引き継ぎ、引き継ぎ、来た」という営為を賦活した。これがなければ、もしかしたらかぐらなんばんは再び収穫の季節を迎えることはなかったかもしれないのである。

伝統野菜ムーブメントの現場は、範囲確定的な地域という地理的境界線を越えた外部のさまざまな人々が関わっていることが一般的である［cf. 香坂・冨吉 二〇一五：五五―五六］。換言すれば、在来作物に連鎖する非匿名的なひとのつながりが集落を超えて結ばれていくのである。筆者は別のところで茨城県常陸太田市の「里川カボチャ」を事例にそのネットワーク形成をスケッチしたことがある（それは「カボチャが蔓を伸ばすように」、在来作物がひとをつなぎ、そのつながりの中にローカリティが賦活されていく様である［鈴木（晋）二〇一五］）。ムーブメントの現場もまた、野菜が生きられる場ということになってくる。「在来作物のエスノグラフィー」ではなく「伝統野菜のエスノグラフィー」を志向するとき、ローカリティをめぐる現在的な生成の姿が射程に入ってくるはずである。

結びにかえて

筆者がまだうまく言語化できないひとつの感覚を記してメモランダムの結びにかえたい。それは伝統野菜をめぐるフィールドワークを通じて感じてきた、どこか「ほっこりしたような感じ」のことで、前節に連ねた三点を彩るムードのようなものでもある。山古志集落の小さな農産物直売所の風景がよいように思う。

夏の盛り、山古志を訪れた筆者は、「山古志かぐらなんばん保存会」と書かれた幟を見つけて車を止めた。小さな直売所では近所のおばあさんたち四人が漬物など持ち寄って縁台にならべ、お茶を飲んでいた。どういう流れでそうなったかよく思い出せないが、自然と筆者もごちそうになった。ひとつ食べるとおばあさんが「こっちもおあんがなさい」と言う。また食べると別のおばあさんが「こっちもおあんがなさい」となる。その合間に「どこから来なすったね？」とか「おこ、そうらかね（あら、そうですか）」と合いの手が入る。時折、遠方からの客がやってきてエンジン音が止むと、蝉の声そしてまたおしゃべり。そこは「二〇〇円」の買い物に「二〇〇円分」のおまけをつけるような」〔明峯　二〇一〇：一一八〕場所であり、流れていたのはどうにもほっこりした時間であって、おばあさんたちはといえば、そうしていることがなんだかうれしいようなのである。

香坂らは、伝統野菜ムーブメントの調査の過程で関係者に聞いたさまざまな意見としてこんな言葉を挙げている。伝統野菜を地域活性化に活用したり、農産物輸出戦略に結ぼうとする風潮に対して、「そもそも伝統野菜は他所で販売したり、（中略）輸出戦略と同列に論じられるべきではない」といった意見。あるいはブランド保護のための地理的表示法との絡みで、「（伝統野菜は）『お上』に認定されたり、保護されたりするものではない」といった意見である〔香坂・冨吉　二〇一五：一三（括弧内筆者）〕。自ずと眉間に皺がよるような議論（それ自体重要であるし、揶揄するわけではない）の下方に、「そういうものではない」と否定形でしかまだ語り得ないような領域を伝統野菜ムーブメントは紡いでいるように思える。この領域に沈潜し、肯定形で記述・考察し得たとき、同時代的意義をめぐる問いが折り返されてくるのである。

〔謝辞〕調査研究は、科学研究費補助金（基盤研究（C））「「伝統野菜」と地域振興に関する人類学的研究」（二〇一四年度〜二〇一六年度、研究課題番号二六三七〇九七一、研究代表者・鈴木晋介）により可能となった。本稿はその成果の一部である。なお本稿の一部は『茨城キリスト教大学学術研究センター研究シリーズ』掲載の試論〔鈴木（晋）　二〇一七〕を元にしている。

注

（1）日本における野菜育種の大きな流れについては芦沢正和が簡明に整理している〔芦沢　二〇〇二〕。なお本文で記した「カウンター的な性格」について香坂と冨吉は、「伝統野菜という言説は、F1という対立軸、仮想敵があって初めてまとまることができるものではないか」［香坂・富吉　二〇一五：一四九］と指摘していることに留意（本章第二節の議論も参照）。

（2）一九八〇年には同研究所から『京都の伝統野菜――ここ数年間の観察記録』という報告書が刊行される。これが書物の類としての「伝統野菜」という語の初出とみられる［cf. 草間　二〇一四］。

（3）その象徴ともいえる漫画『美味しんぼ』（原作・雁屋哲、作画・花咲アキラ）の連載開始が一九八三年である。

（4）参考までに、一九七九年に山古志村が発行し村内に配布した『四季の味 やまこし』という郷土料理をまとめた冊子では、かぐらなんばんは「きのこの変わり漬け（保存食）」と「野沢菜」の調味料のひとつとして登場するに過ぎない。だが伝統野菜としての認定、そして震災を経た二〇〇九年発行の第二版にはその名称を冠した五品（「なすとかぐらなんばんのみそいため」、「かぐらなんばんのたたき」等）が並ぶようになっている。

参考文献

青葉　高
　二〇〇〇『日本の野菜　青葉高著作選Ⅰ』八坂書房。
明峯哲夫
　二〇〇八「山古志の農業」『福祉社会開発研究』一号、九九―一〇二頁。
　二〇〇九「山古志の農業（第二報）」『福祉社会開発研究』二号、一二五―一三三頁。
足利幸・内藤重之・小森聡
　二〇〇七「料理店との連携による伝統野菜マーケティングの課題――京の伝統野菜「えびいも」を事例として」『農業市場研究』一六（二）、四二―五〇頁。
芦沢正和
　二〇〇二「地方野菜の復権」『都道府県別地方野菜大全』タキイ種苗株式会社出版部編、農山漁村文化協会、一一―一六頁。
阿部希望
　二〇一五『伝統野菜をつくった人々――「種子屋」の近代史』農山漁村文化協会。
アーリ、ジョン
　二〇〇六『社会を越える社会学――移動、環境、シチズンシップ』吉原直樹監訳、法政大学出版局。
Ingold, Tim

1993a　Globes and Spheres: the topology of environmentalism, in K. Milton (ed.) Environmentalism, Routledge
1993b　The temporality of the landscape, *World Archaeology*, vol. 25, pp. 152-174.

太田好信
一九九三　「文化の客体化――観光をとおした文化とアイデンティティの創造」『民族学研究』五七／四、三八三―四〇九頁。

大竹道茂
二〇〇九　『江戸東京野菜 物語篇』農山漁村文化協会。

小田　亮
一九九七　「ポストモダン人類学の代価――ブリコルールの戦術と生活の場の人類学」『国立民族学博物館研究報告』二一巻八号、八〇七―八七五頁。

小畑文明
二〇〇一　『ほっと石川　加賀野菜』自費出版。

京都府立農業研究所
一九八〇　『京都の伝統野菜――ここ数年間の記録』京都府立農業研究所。

草間壽子
二〇一四　「伝統野菜にみる地域名と地図」『地図情報』三四―一、八―一〇頁。

香坂　玲・冨吉満之
二〇一五　『伝統野菜の今――地域の取り組み、地理的表示の保護と遺伝資源』アサビビール・清水弘文堂書房。

小木曽加奈
二〇一五　「長野県の伝統野菜「村山早生ごぼう」の香気成分と食品利用方法の検討」『食生活研究』三五（四）、一八三―一九〇頁。

鈴木圭介
二〇〇八　「「伝統野菜」と「食べ物」をめぐる諸問題――長岡野菜復興の取り組みから」『環』三五号、一二四―一三三頁。

鈴木晋介
二〇〇九　「青果物卸売市場の「いま」と「あの頃」――新潟県長岡市の地方卸売市場における「場所性」の変容を焦点として」『ストリートの人類学　下巻』国立民族学博物館調査報告八一号、関根康正編、一八五―二一二頁。
二〇一三　『つながりのジャーティヤー――スリランカの民族とカースト』法藏館。

二〇一五　「「里川カボチャ」と紡がれるひとのネットワーク（前・後編）」（http://dentouyasai.jp/report/）

二〇一七　「伝統野菜ムーブメントに関する人類学的研究I——エスノグラフィーの意義および文脈としての「ポスト生産主義」への移行に関する試論」『茨城キリスト教大学学術研究センター研究シリーズ』三巻、一号。

関根康正

二〇〇一　「他者を自分のように語れないか？——異文化理解から他者了解へ」『人類学的実践の再構築——ポストコロニアル転回以後』杉島敬志編、世界思想社。

Sekine, Yasumasa

2011　Toward "Anthropology of the Street": Street phenomena in the era of Reflexive Modernization, in Monika Salzbrunn and Yasumasa Sekine, *From Community to Commonality*, Center for Glocal Studies (Seijo University), pp. 2-44.

高橋書店編集部編

二〇一一　『からだにおいしい野菜の便利帳 伝統野菜・全国名物マップ』高橋書店。

タキイ種苗株式会社出版部編

二〇〇二　『都道府県別地方野菜大全』農山漁村文化協会。

田中大三

一九九一　『京都の伝統野菜（やさいの本）』誠文堂新光社。

二〇〇七　「京都の伝統野菜を活かしたブランド野菜の振興と現状」『野菜情報』四四、一九—二八頁。

成瀬宇平・堀知佐子

二〇〇九　『四七都道府県・地野菜／伝統野菜百科』丸善出版。

西川芳昭・根本和洋

二〇一〇　『奪われる種子・守られる種子——食料・農業を支える生物多様性の未来』創成社。

Hobsbawm, E. and T. Ranger (eds.)

1983　*The Invention of Tradition*, Cambridge University Press.

本田洋一

二〇一四　「在来作物による食文化発信」『創造農村——過疎をクリエイティブに生きる戦略』佐々木雅幸・川井田祥子・萩原雅也編、学芸出版社。

増田昭子

二〇一三　『在来作物を受け継ぐ人々——種子（たね）は万人のもの』農山漁村文化協会。
三浦　展
二〇〇四　『ファスト風土化する日本——郊外化とその病理』洋泉社。
山形在来作物研究会編
二〇一〇　『おしゃべりな畑——やまがたの在来作物は生きた文化財　どこかの畑の片すみで〈二〉』山形大学出版会。
山古志村史編集委員会
一九八三　『山古志村史　民俗』山古志村役場。
山古志村写真集制作委員会
二〇〇七　『ふるさと山古志に生きる——村の財産を生かす宮本常一の提案』農山漁村文化協会。
山﨑彩香
二〇一三　「在来作物とフィールドワーク」『暮らしの伝承知を探る』野本寛一・赤坂憲雄編、玉川大学出版部。
よしたー山古志編
二〇〇六　『帰ろう山古志へ』新潟日報事業社。
Linnekin, J.
1992　On the Theory and Politics of Cultural Construction in the Pacific, *Oceania* 62, pp. 249-263.

九章　阿波木偶の伝統と被差別民の漂泊性

姜　竣

はじめに

本章は、門付の人形芝居の再生に焦点を当て、一度消滅しかかった儀礼が現代に復活した過程とその背景を明らかにしつつ、門付の伝統に対する現今の担い手たちの意識や彼らに対する社会的期待感を、民族誌の手法を用い、地域史の成果を活かして実証的に検証するものである。

伝統的に人形芝居が果たした儀礼上の役割は、本質的には人形遣いの体制外者《アウトサイダー》としての漂泊性や他者性に負うところが大きかったが、彼らはまさに門付の伝統ゆえに自らの過去に対して「痛み」や「辛さ」を抱いてきた。そして、ご神体であり生きる術であった人形は、スティグマのシンボルとして封印された。

筆者は長年紙芝居の調査研究に従事したが、かつて紙芝居屋は「乞食商売」と蔑まれたからと、過去の経験を語りたがらない人も多い。兄弟や子どもへの迷惑を恐れる心情は分からなくもないが、親の過去には触れられたくないと聞き書きを断られた時はやるせない気持ちが込み上げてきた。

自らの過去を隠ぺいし否定させる社会状況と、埋もれた歴史と価値の再発見の狭間で、門付の人形芝居の復活はいったいどのような漂泊性を発揮するだろうか。それが本章のテーマである。

序節　「えべっさん」を取りもどす

歴史的に人形芝居が盛んな徳島県では「木偶廻し《デコまわ》」と呼ばれる門付の伝統があるが、近年その保存活動が活発である。正月に家々を廻って三番叟やエビスの人形を舞わせる門付が復活したのは、徳島市内で部落解放や同和教育の運動に取り組む人たちが、約二〇年前に県西部に伝承されていた技術と廻檀先を継承しているためで、筆者はその実態を調査している(1)。

徳島県西部には近世以来、住民たちが人形廻しを生業とする村が点在したが、その門付は、下層身分に属する彼らが社会の末端で担わされた夫役の代わりに認められた勧進だった。彼らは正月には近隣の村を門付して廻り、その他は一年中各地を旅しながら人形浄瑠璃を行っていた。一九六〇年頃に県西部のある人形の村で聞き書きを行った民俗写真家によると、未だ一六軒が木偶廻しに従事しており、県中西部に広がる十数カ所の集住地には二百軒以上が稼働していた［芳賀　一九六〇：四〇―四三］。その当時は正月に街角を歩く三番叟廻しをよく見かけ、門付に隣県へ出かける木偶廻しで電車一車両が一杯になったともいわれる。しかし、一九六〇年代を通じて姿を消し始めた木偶廻しは、七〇年代初めには人形の部落の若者を巻き込んだ結婚差別による心中事件が原因で、殆どが廃業してしまった。

一方、七〇年代末に徳島市内のある被差別部落では、同和対策事業の一環で奨学金を受給する高校生たちの部落問題の学習や活動に、身近な職能や風俗や芸能を活かそうとする動きが芽生えていた。それらは蔑視を恐れ、人目をはばかるうちに、折しも高度経済成長期をへて自らの手で封印され、遠ざけられ、忘れ去られようとしていた。

しかし、同和対策は主に環境改善事業に終始したため、部落の仕事や文化の把握はあまりにも不十分だった［辻本　二〇〇八：七二―七四］。

青年教師として生まれ故郷でその活動に取り組んだ辻本一英（一九五一年生）は、実は部落に生まれて「情けない、恥ずかしい、つらい」という思いから一度故郷を飛び出し、東京の大学に通ったことがあった［辻本　二〇〇八：四四―四六］。辻本が育った高度成長期の社会と同和教育夜明け前の学校では、部落の生活文化のいっさいにマイナスのレッテルが張られ、親でさえも差別と闘えというどころか、部落差別を子に伝える知識や手段を持っていなかった［辻本　二〇〇八：三、四四］。経済至上主義や学歴社会の普遍的な価値観にがんじがらめに縛られた彼の「愚かさ」を気づかせてくれたのが、「ひっかりゾウスイ」と「えべっさん」だった［辻本　二〇〇八：三］。石臼で挽いた麦をホルモンやすじ肉を長時間煮込んだ味噌味の鍋に入れると、ふくれて量が増える。それは、わずかな麦しかない時でも家族の腹をいっぱいにしてきた部落の「ばあやん」たちの知恵とたくましさの結晶だった［辻本　二〇〇八：五二］。教材の中身の多くが生活圏外のものや成功者の立身出世譚では、生徒たちに胸を張らせるのに十分な力はなく、といって、自分の「ムラ」（被差別部落のこと）には解放運動史に残る輝かしい実績も誇れる産業もない。そこで辿り着いた教材が、厳しい生活を知恵と工夫でどっこい生き抜いてきた「ばあやん」たちの生き様と、文字を知らないその力強い語りだったのだ［辻本　二〇〇八：三、五〇―五一］。

ところが、「えべっさん」は長年の活動の間にも親たちが決して「口を割らなかった文化」［辻本　二〇〇八：八二］だった。辻本は、古老たちへの聞き書きに取り組んですでに十数年が経とうとしたある日、骨董屋で出会った「えべっさん」の木偶から四、五歳の頃（一九五〇年代末）の記憶が蘇った［辻本　二〇〇八：八〇］。母親に抱かれた彼に祖母が「えべっさん」を突き出して頭や体を触りながら呪文を唱え、木偶の口に彼の手を入れようとした時、怖くて泣いてしまったのだ［辻本　二〇〇八：九六］。自分の祖母がえびす廻しの門付をしていたと知った彼は、両親に人形の所在を尋ねるが、素知らぬ顔をされる。
もともと辻本のムラは、江戸後期から昭和初期にかけてほとんどの家がえびす廻しの門付をしていたが、一九六〇年頃には六軒だけしか門付を続けておらず、辻本の家はその内の一軒だった〔辻本　一九九八：九八〕。祖母の形見の人形は、門付を受け継いでいた伯母が封印した後、「解放住宅」（「同和住宅」または「改良住宅」のこと—姜注）へ引っ越しの際、弟である辻本の父と相談して実家の近くの川に流してしまったのだった〔辻本　二〇〇八：八〇—八二〕。人形の存在が知られたら将来、子や孫の縁談に差し障るという判断からだ〔辻本　二〇〇八：八二〕。

戦後、「金の卵」として京阪神へ集団就職していったムラの若者たちの中には、その地で結婚して住み続ける人も多く、同対法成立に始まるムラの解放運動も同和教育も知らない彼らは、「被差別部落出身者」であることをひた隠して生きた〔辻本　一九九七：二六—二七〕。彼らが帰省する盆や正月の前にムラでは「大そうじ」が始まる〔辻本　一九九七：二六—二七〕。家に配られた狭山事件のビラをゴミ箱に捨て、同和対策関連の書類はタンスの奥に仕舞い込んで、帰省してくる子の故郷が被差別部落であることが結婚相手に知られないようにするのだ〔辻本　一九九七：二六—二七〕。同対法成立で状況が大きく変わった七〇〜八〇年代にも、同和対策事業であることを示す看板が、子ども夫婦が帰省する前にはこっそり取り壊されていた。ムラびとは、部落差別の重い現実を共に抱えているから、それを深く追求しなかった。同和対策にもかかわらず、啓発が十分に行われないやるせない現実に、辻本は憤りを感じた〔辻本　一九九七：二七〕。

そうした状況を揺さぶったのは「金の卵」世代の子供たち、すなわち、辻本たちムラの青年が部落問題の学習と活動を支援する高校生たちの学校での「部落民宣言」だ。そして、差別という逆境がきっかけで様々なことを考えたり行動したりできることを幸せに思えるようになるという転換が起こり、厳しい生活から生まれたムラ独自の食べ物やなりわいにも誇りを持てるようになっていった〔辻本　一九九七：二七—三四〕。

こうしてスティグマのシンボルであった「えべっさん」を、同和教育や人権啓発の活動のイコンへ持ち替えた辻本は、九〇年代半ばから仲間たちとえびす廻しを復活する模索をはじめ、人形の村といわれた県西部の被差別部落を、伝承者を訪ねて歩きまわっていた九八年に、最後の三番叟廻し芸人と出会った〔辻本　二〇〇八：八二―八三〕。翌年から三年間、復活する会のメンバーがその芸人に弟子入りして人形廻しの技術を学び、門付にも同行して廻檀先の一部を受け継いだ〔辻本　二〇〇八：八四―八五〕。七〇年代初頭の心中事件に追い討ちをかけられて消滅しかかった阿波木偶廻しの門付の伝統は、こうして受け継がれたのである。

さて、祖母のえびす廻しの復活にかける情熱は、取りも直さず、部落解放や同和教育の運動に取り組む者の使命感から湧いてくるものである。いっぽうで、賤視の烙印の象徴である木偶を強く渇望したのには、辻本自身も「腹いっぱい飲み込んでいた」〔辻本　二〇〇八：三〕という、高度経済成長期を通じて上昇し、洗練化した普遍的価値観が、マイノリティとしてのアイデンティティの確立を困難にする状況を突破するため、自らを奮い立たせようとする心情がある気がする。ひっかりゾウスイ、ごぼう堀り名人の技、一世を風靡した餅の賃づき、そしてえびす廻しといった、部落の人びとが厳しい生活を生き抜くために創造した暮らしの技術の数々が時代に飲み込まれていくのを目の当たりにしながら、である。

部落差別は、すべての人びとに不利益をもたらします。三味線づくりには猫の皮が必要です。その皮づくり職人が激減し、後継者も十分に育っていないのが現状です。その原因は、部落のアイデンティティ豊かな職能が忌み嫌われ、従事する職人や家族が差別されるからにほかなりません。三味線や太鼓なしでは、伝統芸能や民俗文化は成り立ちません。（中略）香川県在住のベテラン芸人夫妻が、スコットランドを旅していた時の出来事です。芸人は、木偶を入れた大きなトランクを喫茶店に持ち込みました。店の女将が、カップとソーサーをテーブルに置いて、注文をとるでもなく「あなたたちは旅行者か」尋ねました。芸人が、仕事で来ていると返事すると、女将が何の仕事かと問い直しました。芸人が、「人形芝居の芸人です」と答えると、女将はさっとカップを下げてしまいました。旅芸人ということで蔑まれたのかと思った瞬間、女将が店でいちばん上等なカップを用意してくれました。町に夢を運んでくれる人形芝居の旅芸人を、女将は最上級にもてなしたそうです。」〔辻本　二〇〇八：四〕

ここには、部落民が生きる様々なアイデンティティが差別の対象ではなく、差異として活写される世界への理想が読み取れる。じつは、部落のアイデンティティ豊かな世界を押し潰したさらなる文脈は、戦後の「他者のいない日本」（道場親信）そのものである。

戦前期の日本は、「国民」を創出する過程で多民族国家や混合民族論を標榜していた。内地では階層間を貫く「臣民」、外地ではネーションを超える「皇民」という概念を媒介して、である。ところが、敗戦とともに「帝国」が崩壊し、植民地、占領地、交戦国からの引揚者と日本からの引揚者（朝鮮人、中国人、台湾人、沖縄人）が入れ替わる人口の再配置が行われると、日本は自らを単一民族国家と表象するようになり、植民地支配の記憶を一挙に忘却しはじめ、その挙句、旧植民地出身の在日朝鮮人・台湾人を意図的に排除し不可視化した〔道場　二〇〇五：二四、一九二〕。戦後日本の「他者」不在の同質性は、じつは内発的にというより占領によって外発的にもたらされ、冷戦体制に支えられたものだった。例えば、占領軍のガイドラインともいわれ、大いに読まれた『菊と刀』には、沖縄もアイヌ民族も登場せず、自己完結な「日本文化」が実体として描かれ、同質で超歴史的な「日本人」像が浮かび上がる〔道場　二〇〇五：四九〕。また、『菊と刀』の著者が戦中の敵国研究時から維持した天皇制の評価と尊重は、国民統合の象徴として天皇制存置を決定した占領政策とも符合する〔道場　二〇〇五：一〇四、一四四〕。さらに、その象徴天皇制維持の代償として、日米安保体制維持のための例外項として沖縄が切り離され〔道場　二〇〇五：三二〕、「他者のいない日本」の同質性が自己完結を強める。ちなみに、この同質性に輪郭を与え続けたのが冷戦体制と高度経済成長であるなら、沖縄は熱戦の基地でありつづけたことを忘れてはならない。

してみれば、「えべっさん」を取りもどすという選択は、マイノリティやエスニシティを不可視化した――差別が無くなったわけではない――戦後の「他者のいない日本」の空ろな同質性に対して、ムラで生きる者の誇り＝アイデンティティを打ち立てようとする対抗意識のあらわれであり、新たな漂泊のはじまりでもあった。ネオリベ社会のストリート・エッジであるローカリティやエスニシティが発現させる敷居に注目するストリート人類学に、儀礼人形の門付の再生は何をもたらすのか。それを考察するために、次節では本章の研究の着想と方法を述べておきたい。

一　ノスタルジアの遠近法

そもそもこうしたテーマは、宗教学が専門のアメリカの日本研究者、ジェーンマリー・ローが淡路島の人形伝統の消滅と復活を取り上げた仕事から着想を得た(2)。ローは一九七〇年代の末、兵庫県の大学に留学していた頃に淡路島の人形芝居と出会い、日本宗教史の研究の傍ら断続的に淡路人形の調査研究を続けた。それによると、大体一九四〇年頃までにほぼ消滅した淡路人形の伝統は、戦後の文化財保護行政や芸能研究を中心とした民俗学運動、さらにディスカバー・ジャパンのようなツーリズムによって再生を果たしたが、その過程で戦後日本の行政、学問、社会は、伝統的に人形遣いが果たした儀礼上の役割の本質的要素、すなわち、体制外者《アウトサイダー》の漂泊性と他者性が清祓体系の中で発揮した力を正当に評価せず、担い手たちが門付の伝統ゆえに自らの過去に対して抱く「痛み」や「辛さ」

を無視し隠ぺいした、とローは示唆に富んだ問題提起を行っている［ロー　二〇一二：二九八―三〇二、三一七―三二一］。復活を願う人形遣いたちの人形伝統へのノスタルジアと、漂泊芸能民としての被差別経験の狭間に横たわるアンビバレンス。淡路の人々にとって人形は地域の誇《アイデンティティ》りであると同時に社会的烙印《スティグマ》である［ロー　二〇一二：三〇一］。こうした経験としてのノスタルジアは、戦後の文化財行政と民俗学運動がスキーム化し、ツーリズムが消費化した「日本人」というアイデンティティの原動力であるイデオロギーとしてのノスタルジアの蔭に隠ぺいされてしまうのだ。

戦後の数十年間、「日本の過去を取り戻す」運動は民俗芸能の復興に焦点を当て、各地の異なる儀礼、美学、芸能の諸ジャンルを一元的に括れる概念を必要とした［ロー　二〇一二：三〇三］。大正～戦前期の「民俗芸術」と「郷土舞踊」は前者が広範囲すぎて役立たず、後者は芸能の他の主要な側面を損なってしまう。だが、一九五〇年に文化財保護法が制定され、全国郷土芸能大会が始まると、五〇年代を通じて「郷土芸能」が規範となった［ロー　二〇一二：三〇三］。それは、「郷土」という語には地域的特質《リージョナリズム》、例えば「民俗」という概念が様々な現象を一元化しメタ化するのに対し、「郷土」という語には各地方には広大な現実の中に独自な形があるとする視点があるからだ。時空連続体としてのノスタルジア、失われた過去は地理と結びついて懐かしさを誘うというわけだ。郷土芸能はリージョナリズムにとってよいイコンとなる［ロー　二〇一二：三〇三］。

しかし、そこには倒錯がある。そもそも「ノスタルジア（nostalgia）」は、「帰郷」を意味するnostosと痛みを伴う状態に言及するalgiaでできた造語で、懐旧に伴う痛みを表わす語である［ロー　二〇一二：三一〇］。しかし、ノスタルジアは、現代社会において物理的な場所としての「故郷」が喪失すると、時間上の過去を指しつつ憧憬へと変貌し、さらに地理と歴史を交換可能なものにする。郷土芸能の再生と観光化がそうであるように、人は奥地に向かって空間を移動することで、時間を遡るという倒錯に陥る［ロー　二〇一二：三一一］。さらに、憧憬は自覚的忘却を伴って過去を美化する。たとえば、「明るい昭和三〇年代」イメージを分析した関川夏央は、昭和三十年代には、空襲で破壊しつくされた跡に再建された急造の東京で、戦前の明るくモダンな東京を回想することは「自主規制」された、と同時に「暗い戦前」という通念が作られる、それと同じ仕方で逆に貧しさ、混雑、匂いや汚れが自覚的に忘却されて「明るい昭和三〇年」イメージが作られたという〔関川　二〇一三：二一―一四〕。郷愁の自主規制と自覚的忘却による二重の隠ぺいである。

にもかかわらず、ノスタルジアという概念は、歴史と地理の交換可能性を手がかりに空間論にパラフレーズしてみると、ある効果に気づく。それは、ノスタルジアをめぐる言説が多様な次元の空間の中に入れ子状に重なっていることが可視化できるという効果で、ここではそれを、ノスタルジアの遠近法とよびたい。まず、特定の位置として安定性の法則にかかわる「場所《プレイス》」と、人々が実践し、消費することで活性化する「空間《スペース》」との対比（セルトーの空間の実践）からいえば〔セルトー　一九八七：二三九―二四五〕、歴史的には人形遣いが抱く「痛み」は「場所」における周縁性と「空間」をめぐる漂泊性に由来する問題といえる。

しかし、この捉え方には空間が社会的に生産されるところの権力やヘゲモニーの問題への配慮が不十分だ。つまり、文化財行政や民俗学運動が企画し計画する復興と、その企図を受け入れる淡路人形伝統の当事者の関係は、抽象空間を操作する技術である「空間の表象」（思考され計画化したもの）と、受動的に受け入れて生きられる「表象の空間」（イメージや象徴に媒介されたもの）の対立に当てはまる、とすれば、人形遣いたちの漂泊性が活性化する「空間」は、人間の活動・行動・経験の媒介・帰結として提示される「空間的実践」（無反省に反復される日常の実践の結果として出来上がるもの）に相当する〔ソジャ　二〇〇五：七六―一〇四〕。ところで、やや図式的にいうと、やっかいなのは、空間の表象と空間的実践の対立を際立たせる一方で、「痛み」を伴いながら復興を受け入れる人形遣いたちとノスタルジアを消費するツーリスト、さらには、そのどちらでもない調査者の三者が、同じ「表象の空間」に属しながら占める異なる位相をいかに捉えるかという問題だ。

景観が環境の単なる眺めだとすれば、風景はそれに審美的態度を加えたもので、定住者と旅行者との審美的態度の相違は、それぞれ生活者的風景と探勝的風景を構成し、両者が混じることは絶対にない［勝原　一九七九：一九一―二四］。問題は、定住者でも旅行者でもない、というより、定住者に寄り添おうとする調査者に見える風景はどのようなものかということだ。例えば、俳句などにおける描写は、歌枕に使われる名所旧跡の景勝に対して詩歌美文を排列しているに過ぎず、それは視線の先の風景を見るというより、共同体内部で形式化された伝統的なコードをなぞるものでしかない。それに対して、明治二〇年代に近代文体のリアリズムの源流である写生文が成立すると、その描写はものを描くのではなく「もの」そのものを出現させることであって、人間から疎遠化された《アノニマス》「風景としての風景」が発見されたのである［柄谷　一九九二：二九―三三］。風景の描写がたんに外界を描くものではなく、それにより外界そのものが見出されるということは、視覚上の問題ではなく認識的または記号論的な布置の転倒であり、知識の様態の変える転倒である［柄谷　一九九二：二二―二六］。

こうしたリアリズムは風景をものとして、人間をも風景として疎外化する近代人の「内面」を宿すわけだが［柄谷　一九九二：二九］、風景がどのように交換の媒体、視覚的な流用の場、さらにはアイデンティティ形成の焦点として流通するのかを検証する分野では、風景を「ランドスケープ」とよぶ。つまり、場所に特定の意味をコード化する営為、換言すれば、人が特定の場所と認識的に出会うための文化装置としての「風景《ランドスケープ》」は、単に見られるイメージや読まれるテクストとして扱われるだけでなく、社会的・主体的なアイデンティティを形成するプロセスとして考えることに重きをおく［佐藤　二〇一一：一九三―九四］。たとえば、一九二〇年代に流行ったアマチュアによる芸術写真運動では、いかにもノスタルジアを誘う田園の風景が、補筆や修正が自由にできる印画法で芸術的な効果を作りだす写真によって生産され消費されていたが、それらは唱歌『故郷』（一九一四）同様の匿名で抽象的な風景だった［佐藤　二〇一一：一七四―七八］。但し、「風景画」「風景写真」というように、日本では「風景」の概念が歴史的に構築されてきた経緯があるため、その風景論は代わりに「トポグラフィ（topography）」という中立的な概念が提案する〔佐藤　二〇一一：一九四〕。

確かに、国民性論に結びついた明治の風土論から近年の景観法制定に至るまで、風景や景観をめぐる議論には整理しきれないほど複雑な展開があり、おそらくそうしたモダニズムを批判する形で風景をめぐる議論は精緻化し、政治性や消費化の分析に効果的ともいえるが、しかし、その中立的な視線はローや辻本たちが抱く同情を正当に評価できるだろうか。ここでの行論に則っていえば、旅行者的審美の態度を自覚しながら、生活的風景を構成する定住者の目線に交わることはいかに可能かということになる。一九五〇年代から東京の農民運動に携わりながら多摩丘陵を隈なく歩いた益田勝美が、高度成長をへて地形と結びついた生活が弱まりつつあることへの危機感から著した「新風景論序説」によれば、それは、生活者が「わかっている風景」を知るということかもしれない。

占領から高度経済成長にかけ、国土交通行政、鉄道敷設、土地売買及び開発の猛威によって地名が地形との不可分なつながりを喪失しつつあった当時、地形が失われてそうなることもあるが、多くの場合、地形感覚が先に失われ、地名が記号化した結果、小地名が消されていった〔益田勝実　一九七一：三〇〕。猟犬に追われた鹿が一目散に下ってきて、足跡と臭いを消すために飛び込んで対岸へ渡る沢（畑薙）で「狩りうどの眼がもつ風景」はもはやダムに沈んでしまった〔益田勝実　一九七一：三五—三七〕。カンジキを履いたり竹竿を沈め渡して田植えをするほど泥濘の深い田んぼや泥沼にはよく死にまつわる伝承（〝じじばば田んぼ〟）がまとわりついているが、等高線地図には表れない「泥の深浅図」は見せかけの浅さに騙されない機能がある〔益田勝実　一九七一：三六—三七〕。朝ごとに神詣りを欠かさない老婆たちが、神殿の方には上がって行かず、その階下の空地で拝む「眼に見えない拝殿」の奥の森には、集められた家々の神を年ごとにわらで葺き替える地神宮があった〔益田勝実　一九七一：三九—四〇〕。生活者の眼には見えないが「わかっている風景」への眼差し、それがノスタルジアの遠近法の方法だ。

さて、本章の主人公、阿波木偶廻しの人形遣いたちは、どのような空間をいき、風景をみてきただろうか。人形遣いたちの漂泊性を空間的に理解する上で大事な要素の一つは、彼らの集住地のランドスケープである。八世紀初めに九州で大和朝廷の隼人征服に一役買ったとされる傀儡子、首掛けの箱に入れた夷人形を舞わしながら春先に家々を訪れ、予祝すると共に夷神の札を配る夷舁《えびすか》き、そして、淡路島を拠点に人形座を組んで全国各地を興行して廻る人形遣いたちは、それぞれ儀礼の拠点である宇佐八幡宮、西宮戎社、三條八幡神社の境内または隣接地にある「サンジョ」とよばれる村に集住した。そこは、もう一方で周縁的身分の人々の住処として局在化していた河原がもつ地形とは異なり、ランドスケープを象徴的に作り出す「他者性の地理」によっている［ロー　二〇一二：一九、一〇五―一一二］。

西宮戎社にあった集住地の痕跡は今も「産所」という地名にかろうじて残っているし、淡路島のかつての集住地にも「三條」（現市三條）という地名が残っている。そればかりか、一六世紀に淡路人形を創始したとされる引田源之丞の広大な屋敷跡は今も確認でき、往時の繁栄ぶりが偲ばれる。しかし、徳島県西部に点在する人形遣いの集住地は近世以来、川縁、坂、村境、街道筋などの地形に位置し、現在も同じ場所に産土神社や改良住宅とともにランドスケープを形成していることもある。淡路島の場合は、漂泊芸能民が寺社権力に直属して職能を果たしていた中世的なあり方に近いが、徳島県西部のそれは、近世国家が彼らを職能集団ではなく身分集団として把握するようになって、居住地も縁辺部に固着させた結果であった。

二　被差別状況の変遷

1　被差別身分の夫役と勧進、あるいは、国家の支配と保護

江戸時代から正月の予祝芸として徳島県西部一帯に根付いてきた阿波木偶廻しは、近世の身分制で「掃除」と呼

ばれた人々によって担われていた。その身分の存在は、当地域の人別帳に当たる「棟付帳《むねつけちょう》」に一七世紀以前から、一定の地域に限って記されている。木偶廻しのことが当地域の記録に現れ始めるのは、寛政～文政年間（一七八九～一八三〇）である。「掃除」というあからさまな呼称は、「本村には古来掃除と称する一種の賤民がある。掃除は、遍路其他行倒を始末し汚穢物を掃除するより起こった語で、明暦年間には乞食といい、明治五年の戸籍面には傀儡子、人形舞と化して居」［三好町教育委員会　一九八八：七五］たということによる。つまり、「掃除」は特定の階層の夫役に由来するもので、人形まわしは、彼らが夫役を果たすかわりに旦那場で門付することを認められた勧進行為であった。これは近世における漂泊芸能民の典型的なあり方である。

旦那場は、もともと被差別身分の人々が斃牛馬の処理権をもつ地域のことだが、例えば、土佐藩ではそうした権利のことを「郷株」と呼び、旦那場での門付や物貰の権利もそれに含まれた。「郷株」は「御掃除株」ともいわれ、土佐藩が高知城下の掃除役を負担する穢多村に与えた扶持・給米に発する権益が、次第に物権化して株となったものである［宇賀　二〇〇八：一八］。藩政初期の扶持米から、一七世紀初頭には門付権を意味する「ほいとう（陪堂）」にかわり、その後再び一括給米制度に戻った。ほいとう＝門付権の中身は、正月三が日に旦那家を廻って予祝の儀礼や芸能を披露し、餅米や酒銭を貰い受けるというもので、当地ではこの褒め祝する儀礼を「ホメ」といい、三月と五月の節句、祭礼、盆などにもした。しかし、それだけではあまりにも貧弱なので、一定の穀物や漁獲物を戸別に徴収する権利（「壱舛物」「投上ケ」）も与えられていた［宇賀　二〇〇八：一九―二〇］。

しかし、投げ上げが渡されなかったり、また、斃牛馬がみだりに河川、野山に捨てられることが多くなって皮細工などの収入が減ったりして、女子どもが勧進（ほいとう、乞食）に出ざるを得なくなった。そうした事情を目付所へ訴えた文書が複数存在する［黒岩　二〇一一：三九］。

一七～一九世紀、伊予小松藩は穢多身分の人々に斃牛馬処理による皮革生産のほかに、芝居の場所や喧嘩口論の警固、盗賊の探索や容疑者の吟味と留置、牢番、浪人や遊芸人を取り締まる牢番役や行刑、掃除役、下級警察業務なども課していたが、それは全国的な実態であり、一七世紀半ばには幕府が法令を発してそれを追認した［水本 二〇〇八：七一一〇］。

こうした夫役と勧進、つまり、収奪と再配分による交換様式自体は中世から存在する。近世の四国地方における「掃除」は、寺社に直属して道端の汚穢を清め、葬送儀礼を行った中世の「キヨメ」という集団と職能が共通する。しかし、中世には寺社の庇護の下に集住地を形成していた芸能的遊動民たちが、近世にかけて寺社権力が衰退ないし解体されるに従って新たな領主との関係を模索しつつ、近世的な芸能者集団の形を整えていく［神田 二〇一五：二九二］。さらに、国家による芸能的遊動民の支配と保護は、近世において思わぬきっかけから本質的な変化を遂げることになる。それは、国家が芸能的遊動民を職能集団としてではなく身分集団として把握するようになったということである。

2　〈役の体系〉から〈身分の体系〉へ

近世日本には二種の戸籍台帳が存在した。徴税と徴役の元となる家数人数帳と、信仰を家の仏事の状況で把握する宗門人別帳だ。それらは「賤民」をどう位置づけていたか。前者は、近世初期には本百姓をはじめ寺家や大工等の職人と並んで家長だけを「かわた」として分類し、職人の一つとして把握するあり方から、その後家族員まで含めて、しかも他の役家とは別建てにする書き方へと変わっていった結果、賤民を種姓として分類するという性格を帯びるようになった［横田 二〇一四：二九一一九三］。基本的に男性家父長を問題にしてきたはずの役家台帳が、家族すべてを把握するようになったきっかけは宗門人別帳である。宗門改めというものの基本的性格は「郷中ニこれ有る行人・乞食迄」老若男女すべての〈人〉を対象としたことで、そうした理由は、人の思想・信仰は変化しうるし入信・復信の可能性があって継続的に改めざるを得ないからである〔横田　二〇一四：二八〇―八二〕。

そして、おそらく寛永期に作られ始めた当初から賤民の宗門人別帳は別帳になっていたと考えられている。役家を細分化して析出する過程と相まって、家族すべてを問題にする宗門人別帳がきっかけとなって、賤民を家族ごと別枠にするというあり方が生じたのではないか。それと同時に、本来同じ地域空間に居住する〈人〉すべてを職業や身分・階級にかかわらず書き上げるという原則をもつはずの宗門人別帳において、かわた（穢多）の人別帳を本村とは別帳で作成するという方法が生みだされたのではないか〔横田　二〇一四：二九四―九五〕。

職業集団を構成し、それに応じた職人役を賦課する〈役の体系〉に対し、宗門人別帳のレベルで別帳化されたものを〈身分集団〉と定義するならば、両者の最大の違いは何か。後者では男性家父長だけでなく、その家族・女性までが一括して区分され、内婚制をともなうことでそれぞれが〈身分集団〉を構成し、その家族の再生産そのものの分離が行われ、そこで〈種性〉が維持（婚姻関係）され続けるということである〔横田　二〇一四：三〇六―三〇七〕。寛永期における「かわたから穢多へ」の展開も、呼称の変化というよりは、最も典型的にこのような事態を意味しているのである〔横田　二〇一四：二九五〕。

四国とりわけ徳島藩でも、宗門人別帳と家数人数帳を兼ねた、当地の戸籍台帳である「棟付帳」から、一七世紀半ばから一八世紀初頭にかけて被差別身分の呼称が「本百姓、但しかわた」→「えた百姓」→「えた」へ変化していることがわかる〔山下　一九九九：九〕。高松藩では、村方に居住して門付を中心に諸芸興行を生業とする人々を「乞喰」として編成し、宗門人別帳も別帳で作られ、年貢徴収の基本となる田畑・家屋などの高も挙がっていることから、一つの固定した身分として規定されていたといえる〔山下　一九九九：二二〕。徳島藩では万治三（一六六〇）年に「乞喰」に対し、木札が交付されたことにより「番非人制度」が確立している〔山下　二〇〇七：三八〕。

3　支配の内面化

一七～一九世紀、伊予小松藩では穢多身分の人々が下級警察業務を課せられていたことは先述した。第一にそれは、危険で賤視される仕事の強制によるものだろうが、そもそも、幕府法令の中で「穢多」という呼称が初めて見出せる「盗賊人条々」（明暦二・一六五六年）では、「出家・山伏・行人・虚無僧・かねたたき・穢多・乞食・非人等」が「盗人の宿仕り、又は同類のこれあるべし」とされ、また、安永七（一七七八）年の風俗統制令でも穢多・非人・茶筅を「盗賊悪業もの之宿、又は盗物之世話致し候趣も粗相《あらあら》聞」として、日常での犯罪との関連が常に問われていた［横田二〇一四：二九五―九九］。

一八世紀初め、讃岐国丸亀藩では「えた」そして「おんぼう」という身分の人々に盗賊狩り、博打宿の探索、有事の際の動員、「倹約御法度」の取り締まりなどの役負担を課し、違反者からの罰金（過銭）や押収したもの（取徳）を報酬として支払っていた。同じ頃に高松藩でも役人の手先として犯罪の探査をしていた「えた目明」の人たちに警らや盗賊狩りの役務まで課し、報酬として一人につき一カ年に米二石を支給していた［山下　一九九九：一四一一五］。

「えた目明」は「かわた」集落のある村の庄屋が適した人物を具申し、郡の大庄屋が任命するもので、十手や早縄、六尺棒などの武器を所持し、不審者や野宿遍路の他領への追い払い、盗人や博打打の詮索・逮捕、農具市などの警備、行倒れの発見と報告、他領への抜き牛馬の取り締まりなどの役務を果たしていた。こうした制度は明治二年に「えた目明給米」が廃止されるまで一九世紀を通して維持されていた［山下　一九九九：一六―二〇］。

このような末端の警察業務の遂行が武士や百姓に対して暴力装置として働くことで、被差別民に対する憎悪を助長し、階層間に心情的な分裂をもたらしていた可能性は、明治も半ばを過ぎた時代まで残されていた偏見から窺うことができる。平民と「新平民」との喧嘩に際して、警察が新平民側に同情的だったとして、新平民を警察の「手先犬」と称し、「犬びいき」を非難する新聞記事が堂々と載せられていた〔山下　一九九九：二一〕。

寺社の庇護のもとに職能集団としてあった中世の芸能的遊動民は、近世には藩政権力の下で夫役と勧進、つまり収奪と再分配による支配に組み込まれ、戸籍台帳の上では一人ひとりが剥き出しにされ、しかも他の身分と別帳化されたことで、その存在様態が大きく変わった。「キヨメ」と「掃除」の間には、役の体系から身分の体系への存在様態の転換があった。

三　「興行」と「法楽」

1　祭礼の「穢多支配」

被差別身分の人々が末端的な警察業務を担わされていたことは、漂泊的芸能民と近世の芸能史の動向にとっても看過できない問題である。なぜなら、彼らは寺社の開帳、市立、芝居を含めた祭礼の警固にもあたっており、警権に因んで利権が発生し、さらに、その中から興行主に転じる者が現れるからだ。それは、芸能的遊動民がその漂泊性ゆえに、芸能における市場の媒介や商品の交換を主導する事態である。

一八世紀半ば、伊予小松藩では芝居の場で喧嘩や口論をした者は、いかなる身分でも穢多に召し捕られており、そのことを「穢多支配」という〔水本　二〇一一：五七〕。祭礼時には穢多身分の人たち数十人が道の傍らに小屋を構え、軒には「喧嘩口論ノ者穢多支配」という札を出して、十手を差し、御用提灯を飾って警備に当たっていた。民に狼藉した者は藩士であっても召し捕られたようで、「穢多ノ手ニ懸るがいやさに自然と喧嘩も嗜む由也」という。祭礼時に市が立つと芝居の興行があるが、被差別身分の人々がそこで帯刀していた例もある〔水本　二〇一一：五八―五九〕。

こうした警固の役務は彼らに無銭入場や櫓銭といった形で既得権をもたらし、やがて警固権は興行権へと発展していく。豊後国府内藩では、「かわた」はもとより勧進相撲や芝居興行に無銭入場していたらしく、藩がそれを禁じたところ「かわた」から「古格」を根拠に歎願を受け、公儀ゆえ許可はできないが、先例に鑑みて、頭の手印（紙札への印鑑）を義務付けることで入場割当をしたという［水本　二〇一一：六〇―六一］。

こうした機会には、勧進元から毎日、「十分の一」銭（芝居興行の櫓銭、辻芸の芝銭、市立の棚銭）、垣廻り（警備）の人足賃、無賃入場できる木戸入札を貰う。一八世紀半ば以降、地域によって、とくに寺が勧進元の場合には、櫓銭の支払いを拒否しようとする動きが出てくるが、「かわた」側が古法や前例を根拠として役所に支払いを認めさせ、櫓銭が幕末まで存続した地域もある［水本　二〇一一：六一―六三］。

漂泊芸能民における利権をめぐるヘゲモニックなあり方は、とりわけ民間宗教者に顕著のようだ。江戸期に土佐藩では、総鎮守一宮土佐神社で藩の主催で真言僧による千部経読誦が催される際には、陰陽師頭が率いる「博士」集団が警固役を担い、出店する商人から棚賃をとっていた［水本　二〇一一：六四―六五］。博士とは、戦国時代以来、土佐国の山間部に居住しながら各地に旦那場をもち、弓祈祷、家祈祷、病人祈祷を行った民間宗教者のことである。その頭である芦田家は、散所の統括者として土佐の神子や様々な芸能者たちを支配してきたが、その支配は一七世紀までは狭い範囲に限定され、他の民間宗教者への影響力も強固ではなかった。そこで、陰陽師などの他の民間宗教者たちは、博士の職掌である弓祈祷や病人祈祷を駆使してその旦那場を侵犯していたので、その牽制と取り締まりのために博士は自ら「組頭」という役を設け、組織の強化と拡大を図った。また、一八世紀半ばには土佐藩から「御国中博士頭」という墨付きまでもらっている。博士頭は宿切手、往来切手、弟子切手の類を発行し、営業権（旦那場）の拡大と通行の確保を図りつつ、他の民間宗教者を包摂していったという経緯がある［山本　二〇一二：二一］。

2 「渡世」から「興行」へ

漂泊芸能民が勧進として門付を行って生計を立てていくありさまを、近世には「渡世」といった。例えば、「操人形渡世」や「物貰い之外渡世之道無」［辻本　二〇一五：六―七］というようにである。一方、芸能史研究では、「特定のパトロンを持たない芸能者が、一定の場所で営利を目的に芸能を上演し、不特定の観客が、料金をはらって任意にそれを鑑賞するシステム」、「芸能の上演を、あたかも商品のごとく扱う形態」を「興行」と呼んだ［守屋　一九八五：五―六］。それは、一七世紀末〜一八世紀初頭に大都市で、経済的繁栄の結果としての民富の形成、都市的な労働形態に基づく余暇の出現、一般教育及び出版の普及に伴う知的水準の向上を背景に確立し、地方都市へ拡散した［守屋　一九八五：八一九］。興行ないし芸能の商品化という視点は、一九七〇年代に守屋毅が芸能の近世的な特質として提唱して以来、芸能をめぐる社会的環境の実証的研究を大きく進展させた［佐治　二〇一四：四］。

なるほど、一八世紀後半には人々が自国を越境し諸国を往来する動きが活発化し、新たに開発される町や市も増え、確かにその振興のために芝居興行の機会が増大するとともに、芸能者の移動も領主の支配領域を超えて加速化したが、そこでは芸能者が市場の商人のごとく諸国を渡り歩き、芸能を「商品」として売買したのである［神田　二〇一五：二九四―九五］。その様子は、当時、他国から流入してくる芸能者に対する統制が目立ち始めることからも窺える。

近年の芸能史研究では、一八世紀以降、穢多身分の者や長吏、寺社や説教者、神職や山伏、特定の芸能者集団など、様々な興行主が存在したことが明らかになりつつあるが、就中、目明や博徒、相撲取、遊女屋など、土地の顔役が興行を仕切るという傾向が、一八世紀後半〜一九世紀には急速に広まる。また、彼らが独自のネットワークを活かして各地の興行地を結ぶようにもなった［神田　二〇一五：三〇八―三〇九］。

例えば、東北有数の芸能の興行地である庄内藩では、ほぼ一貫して長吏集団が興行と関わっていたが、彼らは、鶴岡や酒田の牢屋に隣接する地域に集住し、鶴岡には多い時（一六八三年）で三九戸、二一三人が住んだ。庄内藩の長吏もやはり斃牛馬の皮の取得権と芸能の勧進権をもち、そのいっぽうで庄内の興行の利権とも関わった［佐治　二〇一四：八―九］。

一八世紀初めから明治初頭の約一八〇年間、興業は、長吏の収入の補助的手段であった。また、公共事業の費用の捻出を含め、藩の支出を補完する手段として、営利的に機能した［佐治　二〇一四：一四］。庄内藩における興行に関する最も早い時期の記録は、元禄一〇（一六九七）年に長吏が芝居を願い出た願書で、そこには長吏が過去に芸能者として芝居を行った事実に加え、「芝居を立てる」＝「興行」する権利を形成しつつあったことが窺える。改革や災害で興行が長期間差し止められる時には、収入減少の補填として被下米が支給されたという事実から、長吏と興行の結びつきは慣行化していたことがわかる［佐治　二〇一四：七―八］。

ところが、一八世紀半ばには寺社や町方もが興行に関わるようになり、利権をめぐって攻防を繰り広げた結果、長吏、寺社、町方の三者の棲み分けがなされた。長吏の願い出により町奉行所が管轄する興行は、主に新興芸能である歌舞伎や浄瑠璃を萱場や萱原、辻々などの芝居小屋で上演するものであった。いっぽう、近世以前から寺社と関わった相撲や能のような芸能は、寺社奉行所の管轄により寺社地で行われ、勧進と興行の両方の側面を併せ持っていた。他方、町方では、舟橋と筬橋の修繕や架け替えの費用を捻出する名目で、主に見世物類の興行が行われ、そこには世話役、興行師、香具師が関わっていた［佐治　二〇一四：九―一四］。

3　都市部の「興行」と郷村部と「法楽」

興行という視点は、芸能史研究に浸透してすでに久しく、確かに一定の成果を挙げてきたが、しかし、近世を「芸能の商品化」の時代として捉え過ぎると、様々な芸能集団の個性や地域性、営利性に対する宗教性を見損なう可能性も大きい［神田　二〇一五：二九〇］。前節では、周縁的な身分の芸能民が漂泊性を活かして興行と深く関わる様子を捉えたが、ここでは、興行＝商品化という視点が近世芸能史のあり方や方向性を不可逆なものとして印象づけてしまうという反省から新たに提示された「法楽」という概念とその事例を取り上げる。

一八世紀半ば、庄内藩では、興行をめぐって長吏、寺社、町方が棲み分けをしていたことは先述したが、その時期は、当藩が東北における芸能興行の拠点となった時期と重なる。ところで、こうした興行の盛衰と連動して、法楽という側面にも注目すべき変化がみられる。すなわち法楽は、興行の盛期には芸能の神聖性、寿祝性、無欲性を意味する言葉として用いられるが、興行が規制されている時期には、芸能を行うための建前として用いられ、従って、法楽と興行は、ともに芸能と社会の結節点として、芸能が存続する上で補完しあう関係にあった［佐治　二〇一四：八］。「法楽」が芸能にまつわる宗教、政治、市場の諸力を吸収しながら、神聖と世俗の間で織り成すダイナミズムを、本来興行性の強い歌舞伎という芸能が、村落社会に需要される過程で大いに発揮した事例こそ、黒森芝居である。黒森は、庄内藩の都市部における興行の拠点である鶴岡と酒田の中間に位置する郷村部だが、一八世紀初めに鶴岡の町々で興行していた仕組み狂言などの影響を受けて地芝居が始まった［佐治　二〇一三：四〇二］。黒森歌舞伎は、代々サイドウ＝サイノカミを信仰してきた「妻堂《サイドウ》連中」とよばれる人々が、小正月の道祖神の行事として行うものだが、興味深いのは、芝居が開催場所であり、鎮守の日枝神社に奉納されるわけではないことと、人々の宗教的な関心はあくまで、芝居当日に境内への二カ所の入口脇に仮設される、サイノカミとよばれる男性器を模したご神体に向かっているということである［佐治　二〇一四：三八八］。つまり、鎮守より古層の神道を濃厚に保持しつつ、いっぽうで各時代の人気狂言を積極的に上演してきたのが黒森歌舞伎なのである［佐治、同前：一二三］。その仮設性と空間のポイエティーク（セルトー）は興味深い。

ところが、黒森芝居は通常、サイノカミ祭りの余興として催される歌舞伎だが、祭礼とは別の名目で行われる場合があった。天保一一（一八四〇）年、庄内藩が長岡藩へ転封を命じられ、一四万石から七万石に減封されることになった際に、地元の豪商や農民が反対を唱えて老中への駕籠訴、大規模な抗議集会、近隣諸藩への歎願を行った結果、領地替が沙汰止みになったことがあった。このことを祝して定例の小正月ではない時期に、オリジナル狂言で芝居を行った際、それを「法楽」と呼んだ。すなわち、興行性の強い歌舞伎を、定例の神事とは別の機会に、藩の規制を受けず、通常の興行空間の外で行ったそのときの法楽は［佐治　二〇一四：一三―一五］、諸力に対抗するオルタナティブという意味以外の何ものでもない。

4　村持ちの人形座

漂泊芸能民が媒介し、村落社会が受容し、村民を挙げて実践する地芝居の如き例は人形芝居にも多く、そうした村持ちの人形座が歴史的に最も多く存在したのは徳島県である。上演施設である農村舞台の建設と普及の時期からして、ほとんどが江戸後期から明治期に成立したと考えられるが、その直接的な背景には、明治初期から中期に大阪で文楽座が全盛期を迎えると人形浄瑠璃の人気が再燃し、素人義太夫や女義太夫を通じて素浄瑠璃が全国的に普及したことがある。さらに、文楽創始者の出身地とされる淡路には江戸中期以来、全国を股にかけて興行して廻る専業の人形座が盛衰をくりかえし、その対岸の阿波には多くの人形師たちが工房を構えていた。つまり、徳島県には人形浄瑠璃が普及する物心両面の基盤が備わっており、最盛期の明治一〇～二〇年に当県には村持ちの人形座が五十余座を数えたという［草薙　一九五四：一九］。

一九五〇年代初頭に新聞連載のために主として香川県の人形座を取材した記事は、村持ちの人形座の成り立ちや仕組み、漂泊する人形遣いとのかかわりを詳細に記録している。香川県三豊郡大見村（現三野市）の人形座は、頭を製作した人形師の活動時期、衣装の奉納時期、座長の系譜から考えて明治末～大正期に成立し、調査当時も活動を続けていたが、普段は百姓である一八名の座員が、興行的な打算を離れて祭礼、敬老会、慰霊祭、隣村の市立などの機会に上演し、主だった四人が人形株を持ち合って保存と運営を賄い、座員一同に上下の隔てはなく役回りも独占しない〔草薙　一九五四：二―三、六、九―一〇、二四〕。そして、正式な催しでは人形芝居の前に必ず三番叟を舞わせて祝詞を挙げるが、一方のエビス廻しは農村ではあまり要求されず、漁村では喜ばれた〔草薙　一九五四：二五―二七〕。

一八三〇年代に同県香川郡円座村（現高松市）に成立した人形座は、徳島県から師匠を招いて二か月も指導を受けていたが、その経費や人形の維持費を村内にある「デコ地」（高松藩のお蔵米の倉庫の跡地）を耕作した収益で賄っていた〔草薙　一九五四：三〇〕。徳島県から香川県へは毎年定まった季節に、人形遣いが一人ないし二人で街角で見料をとって外題を演じる「箱廻し」がたくさん来ていて、通常四、五頭の人形で一組をなすものを時には一度に五荷（組）ほど自宅に集め、自ら義太夫を語って奉仕興行する旧家や豪農があった。その箱廻しの本場こそ、辻本たちの保存会が師匠と出会う徳島県三好郡昼間（現東みよし町）の人形の村に他ならない〔草薙　一九五四：二三、六二〕。

一方、徳島県では、江戸期から明治期にかけて県南部を中心に二〇〇棟を超す農村舞台が、主に人形浄瑠璃を上演するために建てられた。その数は全国の農村舞台数の約一五％、人形芝居を上演する舞台数の約九五％に達するもので、この地でいかに人形芝居が盛んであったかを窺わせる。もちろん村々の農村舞台に上演技術と人形の流通を媒介したのは阿波の人形遣いたちであった。

その一部は現在、保存によって祭礼や年中行事の際に復活し、人形芝居や襖からくりが上演されているが、筆者の調査地である東みよし町にも東山字法市に明治三二（一八九九）年に建てられた農村舞台がある。法市《ほいち》農村舞台は、大正期まで人形浄瑠璃を上演した後に長らく衰退したが、二〇〇三年に東京の建築専門家が、取り外しできる床板を腰の深さの床下に落とし込むことで舟底のようにして人形が操れるという珍しい舞台の構造（仮設式舟底舞台）を発掘したのをきっかけに、毎年一〇月と一一月に再び人形芝居が復活した。そこで、門付で舞わせる三番叟とエビスで舞台を清め、大道芸で演じる外題を披露しているのは、阿波木偶箱廻し保存会である。

終節　漂泊的価値の再創出

中世には職能民として寺社権力の庇護下にいた漂泊芸能民は、近世社会では身分体系の底辺へ周縁化すると、夫役と勧進の次元で担っていた祭礼での警固権を、自らの漂泊性とネットワークを活かして興行権へと発展させ、近世後期を通じて進展した芸能の商品化を牽引することとなった。人形芝居に限っていうと、例えば、岐阜市に明治末まで存在した東伝寺人形の一座は美濃・飛騨・尾張一円で興行を張り、人形浄瑠璃の師匠として各地を回り、大阪の座へ人形遣いや太夫を輩出していたが、代々その座を仕切ったのは非人頭宅平である。

興行とのアクチュアルな関わりは、幕藩制国家の支配と保護を越えて漂泊芸能民に多くの富をもたらした。例えば、少なくとも一六世紀から日本の人形芝居の中心を占め、江戸時代を通じて全国的に活躍した淡路人形の座本、引田源之丞の豪勢な邸宅の跡は現在もかろうじて確認することができ、往時の繁栄ぶりが偲ばれる。しかし、改革時には市中や寺社地の芸能興行が厳しい統制を受け、ときに統制は大道や門戸にもおよんだ。

近世後期には興行の文脈での無料やサービス、神仏へ奉納する儀礼芸能、レベルに関わらず楽しむ芸能に意味が多義化していた法楽は［佐治　二〇一四：一四］、とりわけ郷村部では国家の規制を受けず、市場からも自由な芸能のオルタナティブな場を実現させていた。村持ちの人形座でみる限り、芸能を実践する共同体は自己組織化と協同自助をなし、そこに漂泊の人形遣いたちが技術と人形を媒介していたあり方が見て取れる。さらに、素人義太夫を嗜む旧家や豪農の旦那衆を結節点に、数組の箱廻し芸人が臨機応変にその場限りの一座をなして行う奉仕興行には、中元や歳暮の代わりとして秋祭に各家が誰彼構わず飲食を振舞う唐津の「くんち」におけるようなポトラッチの側面もある。とするならば、こうした分配や交換の根底にあるのは、門付における人形儀礼を通じた漂泊者への客人歓待に他ならない。

ご存じのように、落語「寝床」といえば、素人義太夫にはまった大家が店子を相手に喉自慢をしようとするが、あまりにも下手で誰も行こうとしない。結局、御馳走に釣られて集まった連中は酒に酔って寝てしまうという始末。ところが、一人最後まで涙しながら聴いている小僧がいて、旦那が感心して聞くと、浄瑠璃を語った席が自分の寝床だったというサゲの話だ。話の背景となっている素人浄瑠璃は、幕末から明治初期にかけて流行し、昭和初期には全国各地に素義会ができていた。香川の豪農が三好郡昼間から数組の箱廻しを迎えて自ら浄瑠璃を語った例は御多分に漏れず、人形芝居が盛んな徳島県西部にも戦前に素義会が存在したことは、いくつかの市町村誌から確認できている。

人形遣いは報酬を得て芝居を提供するが、太夫を用意しなくて済む。旦那衆は費用がかかるけれど、喉自慢ができる。観客は無料で見物ができる。少なくともなんとか時間をやり過ごすことができる。利害関係だけでは割り切れず、演者と観客の立場も完全に分化しないところは、例えば、街の看板屋が大概同じ町内の依頼主の広告看板を銭湯の浴場に貼らせてもらう代わりに、浴場の壁に無料で描く富士山の絵（とそれを眺める入浴客）と状況が似ている。早くも一九七〇年頃に視覚の日常性を論じた石子順造は、そうした生活に根ざす関係に支えられ、芸術性よりも「意味のあつみ」を知覚させる庶民の美意識を「キッチュ」と呼んだ［石子　一九八六：一三―一四］。この生活に根ざす関係が美的価値を生み出すということが肝心だ。

二〇一五年に筆者が初めて阿波木偶箱廻し保存会の門付に同行させて頂いたときのことだ。愛媛県新居浜市にあるその門付先は、かつて保存会の師匠が家祓いをしながら泊めてもらったお宅で、師匠はそこを拠点に何日もかけて新居浜市の廻檀先を廻っていた。その日は、三番叟を踏む中内正子さんと南公代さん、保存会の辻本さんとSさん、そして筆者と研究者仲間の都合六人で訪れ、家中の神棚と荒神様の家祓いが一通り終わって、用意された弁当をご馳走になった。その時である。三番叟を踏んだ二人にご祝儀が渡されたついでに、残りの四人にもそれぞれ千円の祝儀が渡された。慌てた私が自分の立場を説明しつつ、いくらお断りしても聞き入れて下さらない。結局、気前よく渡された。これには困ったし、驚いた。その千円札は何だか特別な気がして、しばらく使うことができなかった。

現代に復活した門付は、儀礼なり芸能が制度や市場に専ら依存することなく、価値を生み出す関係をどのように作り直しているのか、それが目下、筆者の一番知りたいことである。じつは、その日は老夫婦と一緒にやや緊張気味の姪夫婦がホストを務めていた。そこで、筆者がご子息には門付を受け入れてくれる方がいないかと聞くと、黙ったまま返事がなかった。えべっさんをとり戻し、門付を復活させた保存会が新しい関係をとり結び、価値を生み出すことは、奇抜な現代アートをめぐって作家とギャラリーとコレクターの関係が芸術の市場を作り出すことと比べて尖鋭的でないこともない。

注

（1）本研究はＪＳＰＳ科研費 JP15K03066 の助成を受けたものである。

（2）Jane Marie Law, Puppets of Nostalgia: The Life, Death, and Rebirth of the Japanese Awaji Ningyo Tradition. Princeton: Princeton University Press, 1997. 並びにその抄訳［ロー　二〇一二］を参照のこと。

文献目録

石子順造

一九八六　『キッチュ論』（石子順造著作集第一巻）喇嘛社。

宇賀　平

二〇〇八　「「郷株」覚書」四国部落史研究協議会『しこく部落史』第一〇号、同協議会。

勝原文夫
　一九七九　『農の美学――日本風景論序説』論創社。
柄谷行人
　一九九二　『日本近代文学の起源』講談社。
神田由築
　二〇一五　「芸能と文化」（岩波講座『日本歴史　第一三巻　近世四』）岩波書店。
草薙金四郎
　一九五四　『人形の村』香川県教科図書株式会社。
黒岩伸安
　二〇一一　「土佐の門付け芸と芸能②」四国部落史研究協議会『しこく部落史』第一三号、同協議会。
佐治ゆかり
　二〇一三　『近世庄内における芸能興行の研究――鶴岡・酒田・黒森』せりか書房。
　二〇一四　「近世庄内における芸能興行」四国部落史研究協議会『しこく部落史』第一六号、同協議会。
佐藤守弘
　二〇一一　『トポグラフィの日本近代――江戸泥絵・横浜写真・芸術写真』青弓社。
関川夏央
　二〇一三　『昭和三十年代演習』岩波書店。
セルトー、ミシェル・ド
　一九八七　『日常的実践のポイエティーク』国文社。
ソジャ、エドワード・W
　二〇〇五　『第三空間――ポストモダンの空間論的転回』加藤政洋訳、青土社。
辻本一英
　一九九七　「金の卵」とその子どもたち」『部落解放』通号四二一、解放出版社。
　一九九八　「えびす舞」の蘇生を通して人権文化を」『部落解放』通号四四三、解放出版社。
　二〇〇八　『阿波のでこまわし』解放出版社。
　二〇一五　「幕末・維新期における名東懸の操り芝居や雑芸人の諸相」四国部落史研究協議会『しこく部落史』第一七号、同協議会。

芳賀日出男
一九六〇「人形まわしの村――阿波の昼間」『芸能』第二巻六号、芸能発行所。
益田勝美
一九七一「民俗空間としての風景――〈新風景論序説〉」『伝統と現代』第二巻第三号、伝統と現代社。
水本正人
二〇〇八「旦那場の成立は幕藩体制以前に遡る――伊予小松藩会所日記を通して」四国部落史研究協議会『しこく部落史』第一〇号、同協議会。
二〇一一「祭礼（御開帳・市立・芝居等を含む）時における「かわた」の警固について」四国部落史研究協議会『しこく部落史』第一三号、同協議会。
道場親信
二〇〇五『占領と平和――〈戦後〉という経験』青土社。
三好町教育委員会
一九八八『三好郡昼間村史全』（大正一四［一九二五］年刊の復刻）三好町教育委員会。
守屋　毅
一九八五『近世芸能興行史の研究』弘文堂。
山下隆章
一九九九「高松藩における「かわた」身分の下級警察役とその実際」四国部落史研究協議会『しこく部落史』創刊号、同協議会。
二〇〇七『資料で語る四国の部落史　前近代篇』再検討」四国部落史研究協議会『しこく部落史』第九号、同協議会。
山本　琢
二〇一二「檀那場をめぐる民間宗教者たちの争い――土佐国の博士集団の組織化をめぐって」四国部落史研究協議会『しこく部落史』第一四号、同協議会。
横田冬彦
二〇一四「近世の身分制」（岩波講座『日本歴史　第一〇巻　近世一』）岩波書店。
ロー、ジェーンマリー
二〇一二『神舞い人形――淡路島人形伝統の生と死、そして再生』齋藤智之訳、私家版。

一〇章　放浪民ジョーギーの定住化と呪術性の現在

中野歩美

北西インドに広がるタール砂漠地域に、ジョーギーという人びとが暮らしている。彼らは、現地の人びとから、移動生活を送りながら砂漠の村々を回り、施し物を乞うことで糊口をしのぐ放浪民として知られている。とはいえ、この〈施し物を乞う〉という行為は、都市部に見られる物乞いのそれと決して同様ではない。ジョーギーという名前がヨーギー（ヨーガ行者）に由来することや、ジョーギーの男性がナートという姓を名乗ることにも表れているように、彼らは、シヴァ神を始祖とするヨーガ哲学の一派であるナート派の信徒であり、したがって〈施し物を乞う〉という実践は、ジョーギーたち自身にとっては信仰に根ざした「伝統的」生業（リッティ・リワージ）なのである。そして同様に、施し物を提供する側、つまり定住社会の人びとにとってもまた、彼らに施し物を与えることには、単なる貧しい人びとに対する食料提供以上の宗教的な意味が備わっていたといえよう。（写真1、2参照）

しかし、一九四七年のインド独立後、中央政府および州政府が一丸となって急速な近代化政策を進めていくなかで、ジョーギーたちの暮らしや定住村落の人びととの関係にも少なからず変化が訪れた。特に現地ではこの二、三〇年の間に定住する者が増加し、現在ではほとんどのジョーギーが家を持ち、決まった場所で生活を送るようになっている。（写真3、4参照）

写真1　ジョーギーの男性たち。高齢者になると、髭を蓄えてターバンを着用する。また、ジョーギーの男性たちは、インドで出家者や遊行者たちが着用することの多いオーク色の衣服やターバンを好んで着用する。（2015年、筆者撮影）

写真2　ジョーリーと呼ばれる布製の肩掛け鞄は、乞食（こつじき）修行などで用いられるもので、ジョーギー表象のひとつでもある。ある定住村落に暮らす50代後半の男性は、「昔はジョーリーを肩にかけたジョーギーが家の前まで歩いてやってくると、子どもたちは皆恐ろしくって泣き出していたものだよ」と語ってくれた。（2014年、筆者撮影）

朝早くから学校に通う子どもたちや、村の他カーストの男性たちとともに肉体労働に向かう男性たちに目をやれば、ジョーギーたちの現在の暮らしは、村の人びとの生活とほとんど変わらないようにさえ見える。

しかし村の新参者である彼らは、村の中心部に居を構えることは許されておらず、今もなお生活の場は村社会から一線を画している。さらには、定住化が進んだことによって、移動生活を送っていた際にジョーギーたちに付与されていたような、〈賤〉かつ〈聖〉であるという両義的な「異人性」は、もはや消失してしまったようにさえ見える。調査中に幾度となく聞かれた同じような質問は、筆者に彼らが異人としての〈聖〉性を失い、単なる物乞いカーストとして認識されていることを強く実感させた――「まさかジョーギーのところで寝泊まりする気か、食事や水はどうするんだ」、「そのネイルは誰にしてもらったの？お願いだからジョーギーにしてもらったなんて言わないでね」、「この子、外国人だからジョーギーたちがどんな人たち分かっていないのよ」、「彼らの食事は汚いから食べないほうがいい」、「数週間も風呂に入らないやつもいるって聞いたよ、とても汚くない？」、「彼らは一週間前のロティでももらっていったもんだよ」、「あいつらは自分たちで稼ぐことをせず、他の人たちの食料を食って生きているんだ」。

ジョーギーに向けられるこうした差別的な語りやまなざしは、彼ら自身にも自らの「伝統的」生業に対する否定的な認識を改めて明確に呼び起こさせている。例えば筆者が暮らしていた家の一六、七歳の女の子は、毎日のように市街地に物乞いに出かけていたにもかかわらず、筆者に対しては「物を乞う」という単語を決して使わず、いつも食べ物を街から「持ってくるね」とか「買ってくるね」と言って出かけていた。彼女の両親もまた、そのことを「汚い仕事」という言葉で表現しているのを耳にしてしまったときはかなりショックを受けた。低カーストの人びとのエンパワーメントを図る地元のＮＧＯの活動に携わっていたジョーギーの男性は、物乞いについて次のように話した。「私は他のジョーギーたちに言っているんだ、一日同じ三〇〇ルピーを稼ぐんだったら、どうして物乞いをす

写真 3　野営地の様子。半円形あるいは三角形の骨組みをした屋根付きの小屋と、風よけに囲われた台所がワンセットで、世帯ごとに分けて作られる。（2014 年、筆者撮影）

写真 4　現在では、写真のような石とセメントで建てられた家に住むジョーギーも増えてきている。（2014 年、筆者撮影）

るんだ、って。物乞いをやめて、日雇いの肉体労働に従事するべきだろうって」。このように、現地ではジョーギーの内部ですら自分たちの「伝統的」生業を恥じたり、放棄する者も多くなってきている。

ここまでの話をまとめると、彼らは定住したことによって近代的な暮らしを手に入れたり、あるいは少なくともそうした暮らしを移動生活時よりも身近に見聞きするようになり、その結果自らの「伝統的」生業に対するネガティブな自己認識を再帰的に獲得しつつあるといえる。このような再帰的な自己認識の萌芽と、それによる「伝統的」生業の放棄は、グローバル資本主義が猛烈な勢いで浸透しつつあるインドの村社会においては、ある意味当然の結果といえるかもしれない。

しかし、物事の実相はそれほど単純で一面的ではない。筆者がジョーギーのところで暮らすようになって見えてきたのは、彼らさえ否定しようとする、移動時代に培われていた呪術性という特質が、定住後のジョーギーたちの生活世界に、定住社会人びととの新たな結節点を紡ぎ出しているということであった。

たとえば、村の外れに暮らすジョーギーのところには、今では頻繁にサソリの毒抜きのお祓いや耳の虫の吸出しを依頼する村人たちが訪れる。その詳細はここでは割愛するが、サソリの毒抜きは男性が、耳の虫の吸出しは女性が専売特許的に従事してきた、ジョーギーたちのあいだで広く伝わる呪術的実践の最たるものである。(写真5、6参照)

こうした呪術的な施術を受けに、村人がわざわざ僻地に暮らすジョーギーのもとを訪れ、敷地内にまで足を踏み入れる。そのことは、村の内部でさえ通常カーストごとに棲み分けがあり、いわゆる高カーストが低カーストの敷地に足を踏み入れたりはしないことを考えれば、通常では到底ありえないことだといえる。とはいえ、依頼者はジョーギーたちが暮らす同じ村の者であり顔なじみの者も多いため、施術中やそれを終えた後には、村の噂話や世間話などのおしゃべりに花が咲くこともある。

他方、市街地近くの巨大なコロニーに暮らすジョーギーたちのもとには、耳の不調を訴える人びとが、街から近いこのコロニーのことを聞きつけて車でやってくることが多い。そこを訪れる依頼者たちは、そのコロニーに暮らすジョーギーとの何の接点も持たないことがほとんどであるため、上述したような和やかな雰囲気はない。依頼者たちは、施術するジョーギーに対して「必ず治るんだろうな?」といった脅し文句や威圧的な態度をとったり、施術が終わると一切の喜捨もせずに（通常、依頼者は施術の後にお礼として数十ルピーの小銭を渡す）用済みとばかりに踵を返そうとすることもしばしばである。

定住した場所の環境によってこうした依頼者の違いはあるものの、なお両者に共通しているのは、ジョーギーたちが望もうと望むまいと、訪れる依頼者を決して拒否しない（できない）という点にある。つまり定住後の生活世界において生まれたこのような呪術性が誘発する新たな状況は、ジョーギー自身の創意によるものであるというより

写真5　タール砂漠地帯は、オブトサソリ（英語名 deathstalker 、学名 Leiurus quinquestriatus）の生息地である。現地ではサソリに刺されることは頻繁に起きることではないが、珍しいことでもない（筆者も一度寝ていた時に刺されたことがある）。当地の民謡にサソリの歌があったり、タトゥーのモチーフとしても人気があるなど、当地の人びとの生活に深く根差した存在である。（20104 年、筆者撮影）

写真6　耳の虫の吸出しに用いられる 20 センチほどの鉄製の棒（ブーングリー）である。中は空洞になっており、これを耳の穴に当てて吸出しをおこなう。とはいえ、現地の人びとは、本当に耳の中に虫が入ってそれを吸出してもらいに来る訳ではなく、何か耳に不調があるときや、病院で診察してもらったのに原因が判明しなかった場合に、呪術的な施術を求めてジョーギーの女性のもとを訪れる。（2015 年、筆者撮影）

はむしろ、村の人びとからの呼びかけに応答する形で現出しているのだといえる。

〈施し物を乞う〉という実践は単なる〈物乞い〉へと成り下がってしまったのか。筆者が調査をする中で浮かんできたこの疑問に、今の段階での答えを与えるとするとどのようなものになるだろうか。ジョーギーたちの物乞いへ対する否定的な語りは、彼らが両義的な異人から一義的な単なる物乞いとなってしまったこと、あるいはそうしたイメージを自ら内面化してしまっているようにさえ感じさせる。しかし、先に見た毒抜きのお祓いや虫の吸出しの事例は、定住社会の人びとが、定住したジョーギーたちに飼いならされた両義性というべきものを見出し、ジョーギーから安定的に呪術的な治療を引き出すという事態を示唆している。

このように考えると、かつて〈物乞い〉に宗教性を与える裏づけともなってきた毒抜きのお祓いや耳の虫の吸出しという「伝統的」生業が、定住後という生活世界の文脈に接合され、彼らに新たな生活世界の場を供する装置となっているといえるのではないだろうか。

ただしその装置は、現地で広く共有されている呪術的世界観があってこそ機能するのだということを付言しておく必要があるだろう。そのことを示す事例を紹介しよう。あるジョーギーの男性が、携帯電話を耳に当てていたので何をしているのか尋ねたところ、自らが唱文する毒抜きの呪文を録音した音声を聞いていたという。筆者が冗談交じりに、自分で聞くためにわざわざ録音したのかと言ったところ、そうではないといって次のような話をしてくれた。彼が県外へ行く用事があり列車に乗っていたところ、彼の暮らす村の住人から子どもの毒抜きのお祓いを依頼された。彼は今自宅におらず列車で県外に向かっていることを伝えたが、それでもなおお祓いをしてほしいと言われたため、電話越しに毒抜きの呪文を唱えたのだという。するとその電話が終わった後に、それを向かいの席で聞いていたムスリムの乗客が感動して自分の携帯にその呪文を録音させてほしいといってきたので、それに応じたついでに音声データを自分の携帯にも送ってもらったのだという。

この事例は多くの示唆に富むものだが、そうした世界観の共存によって可能となる、白とも黒ともいいきれない、文脈に応じて二転三転するようなアドホックな語りが、そのままジョーギーの異人性が生き延びる場所として新たに創出されているのだといえるだろう。

参考文献

Bharucha, Rustom
2003　*Rajasthan an oral history: Conversation with Komal Kothari*, London: Penguin books.

一一章　カンボジアにおける市場経済化と絹織物業
――分業化と農村女性の戦術

朝日由実子

はじめに

「以前『ホール』は、農作業や家事の合間に一日二、三〇センチ織るのが普通だった。今ほど高く売ることはできなかったけれど、もっとゆっくりしていた。でも、今は一日一メートル近くも織る人がいる。私は年をとっているし、そんなに早く織れないけれど。近所の人達のカンカンッという素早い機織りの音を聴くと、焦ってしまう。」（プレイ・ヴェーン州P村、五〇歳代女性の織り手、二〇一〇年三月、筆者インタビュー）

今日、経済自由化を標榜するネオリベラリズムがかつての「第三世界」の隅々にまで急速に浸透している。その大きな契機としては、一九八九年、東西冷戦の象徴であったベルリンの壁が崩壊したことが挙げられる。一九九一年には、それまで東側陣営を率いていたソヴィエト連邦が崩壊した。同国を中心とする社会主義国家圏内でのバーター貿易や技術支援によって支えられてきた旧東側諸国は、「ユートピア」の構築をリードしてきた後ろ盾を失い、その政治・経済体制が大きく変動した。その後、多くの国々は市場経済化への道を歩んでいる。カンボジアも一九八〇年代を通じ、社会主義国として隣国ヴェトナムをはじめ東側諸国の支援を受け歩んできたが、そうした世界的潮流の中で、一九八九年以降市場経済化への舵を切った。社会主義圏の経済的行き詰まりは、「敗北の歴史」のようにも見えるが、カンボジアのようにもとよりそのイデオロギー的体制すらも国民に十分に徹底していなかった状況にあっては、何よりも当座の生きる道の確保が至上命題であった。

その後一九九三年に内戦後初の民主主義的政権が発足して以降、徐々に法整備が進められ、二〇〇〇年代になると、西側諸国からの国際援助や投資が本格化し、経済は急速に発展した。都市を中心とし、人々がより多様な選択肢のある教育や医療、またグローバルな商品などの物質的な豊かさを享受できるようになった。一方で、それと引き換えに都市でも村落でも、現金収入の機会が人々の大きな関心事となっている。他者より一歩先んじたものが多大な利益を得られる可能性があることから、「市場経済」（カンボジア語でセータカイ・プサー）時代の波に乗り遅れまいとする人々の焦燥感が日々見え隠れするようになった。

関根［二〇〇九年］は、ネオリベラリズムが席巻する現代社会において、自由化という名のもとに流動性と再帰性が激化することで、格差の拡大が起きており、主流社会から切り離される人々への危機意識を示している。また、その中でいかに人々が生き抜くかの知恵を、すでに主流社会の縁辺における境界的状況にある人々の生活世界のエスノグラフィーを通じて、学ぶことを提唱している。その際、主流社会における「ホーム」を絶対的な場としない、ヘテロトピア的なストリートに着目する意義があるという。自らの足元のあやうさに気づかず、「ホーム」幻想にとりつかれるよりも、より多面的な様相の中に生きているという実態に迫る必要がある。本章ではこれまでヘテロトピア的要素が先鋭的に立ち現れる場として、ストリートの研究対象として中心的にあつかわれてきた都市ではなく、資本主義世界の縁辺にあるカンボジアの農村を舞台とする。カンボジア社会は一般的に東南アジア諸国のなかでも民族的に均質性が高いとされる。国民の約九割がモン・クメール語族系のクメール人であり、総人口の七割ほどが農村部に居住する農業国である。筆者は、これまで同国の典型像と見られてきたクメール人の稲作社会ではなく、非農業生業である織物業を営む華人系クメール人村落に着目する。彼らはカンボジア農村社会において、ある意味で境界的な場で暮らしてきた人々である。また織物それ自体が、多様な文化間の交流の蓄積を体現するモノでもある。関本［二〇〇二：二三〇―二三二］によれば、布はローカルな生活の必要を満たす自給的産品であり、重要な家産であり、地位のヒエラルキーを表現する差別化のシンボル・基礎的貢納品であり、小地域の伝統を表現すると同時に代表的な長距離交易品として世界をつなぐものである。こうした多面的性格ゆえに、布は諸社会の重層的な構成を写し出す多面的な鏡となる。また、ローカルな伝統染織業は、今日進んでいる社会の分化、情報圏の拡大のさまざまを小さな地域の側から映す鏡であるともいう。

本稿では、カンボジアにおいて二〇〇〇年代以降本格化する市場経済化の中で、ローカルに生きる人々がいかに社会変化に折り合いをつけて生活しているか、絹織物業を生業とする農村女性の生存戦術――分業化――から描くことを目的としている(1)。すなわち、経済発展のなかで消費社会化がすすみ、これまで限られた上流層のみが着用していた「カンボジアの正装」である高級絹絣織物「ホール」の需要が急速に拡大し、それに産地の織り手たちがどのように応じたのか、分業化の契機とその新たな社会関係の創発という視点から検討を行う。

一　市場経済化と高級染織品の需要の高まり

1　内戦からの復興と市場の開放

カンボジアでは、一九五三年、九〇年間におよぶフランス植民地支配から独立した。その後、独立の父であるシハヌーク王子を元首とする王制社会主義体制が敷かれた。ヴェトナム戦争が激化するなかで、一九七〇年に起きた右派のロン・ノル将軍によるクーデターを契機に政治的に混乱し、一九七五年から一九七九年までの民主カンプチア政権（通称ポル・ポト政権）時代を挟み、一九七〇年から一九九〇年代半ばまで約三〇年近く内戦状態にあった。一九七九年に民主カンプチア政権が崩壊したのち、極端な共産主義政策による全土の人的、物的荒廃からの復興が細々と進められたが、同時に一九九〇年代半ばまで地方地域を中心に内戦が続いていた。

一九八九年、カンボジア駐留ヴェトナム軍が撤退し、それまでのように社会主義圏からの支援を受けることが厳しくなったことを契機に憲法を改正し、「私有経済」を認めるようになった。また、一連の法改正により、土地の私的所有と民間企業の設立の自由が確立された。一九九一年、冷戦構造の雪解けを背景に内戦調停のための「パリ和平協定」が締結された。国連による暫定統治を経て、一九九三年に内戦後初の総選挙が実施され、民主主義的な政党政治体制となった。新憲法には、自由主義市場経済への移行が明記された［天川　二〇〇四：一三―一五］。

内戦の終結によって徐々に地方地域の治安が安定化したこと、市場経済化に向けて一九九四年に施行された投資法等の法的整備が進んだことによって、シンガポール、台湾、中国本土などの華僑勢力による外国資本の投資が増加したことで本格化したといわれる。瞬く間に安価な雇用労働力と、カンボジアの開発途上国という地位――最恵国待遇――に目をつけた外国資本が次々と参入し、特に縫製業、製靴業といった軽工業が急速に発達し、主要な輸出品目となった。工場の多くは、首都プノンペン近郊に建設された。またそれまでほとんど無かった西側諸国からの援助も急増し、政権の予算の大部分を支えるようになった。

二〇〇〇年代になると、さらなる外資の導入が本格化し、多種にわたる物資の流入や、収入が増加した人々による消費活動が活発化した。内戦からの「復興」から「開発・発展」への時代を迎える。首都を中心とする都市部では、民間企業が増加し、より高額な現金収入を得る人々が増えた。治安の安定からサービス産業や、援助関連事業――国際援助機関、ＮＧＯなどの現地職員としての採用も増え、高校卒業、大学卒業者の年収が飛躍的に向上し、進学熱が伸びている。こうした人々は、それまでの公務員中心の世界では考えられなかった月額数百ドルから千ドル程度の高額な給与を手にしており、従来からの王族や高級官僚、ビジネスパーソンなどに加えて高級染織の新たな消費の担い手となっていると考えられる。国民全体としても一人当たりのGDPは、急速な経済成長をうけて、二〇〇〇年には二八八ドルであったが、二〇〇六年には五〇六ドルと二倍近く伸びた。

しかし新たな課題として、経済的には、外資系の縫製産業への依存度が高くきわめて不安定な産業構造であること、また政治的には、山田［二〇一一］が指摘するようにフン・セン首相の超長期政権が続き、治安の安定が維持されていると考えられる一方、権威主義的な政権により、自由な発言や政治活動が押さえ込まれている問題が先鋭化した。たとえば、官による大規模な土地の払い下げは、大きな社会問題となっており、各地において安値で土地を買い叩かれた住民と、政府側との紛争問題が日々激化している［小林　二〇一一：九—一〇］。こうして、都市部を中心とする住民の生活水準が上がり、豊かになると同時に、さらなる経済発展を目指して、ネオリベラリズム的な自由経済至上主義がはびこるようにもなっている。人々は明日の糧への可能性も増えたが、競争も激しくなっており、個々人が、自分の生き残りをかけることに一生懸命である。経営学や会計学を学ぶ夜間大学院には、中高年の国家公務員がより良い地位を求めて通う姿も見られる。金銭に余裕のある家庭の子弟は国外留学、外資系企業への就職を目指して英語教育にも熱心である。首都には、英語のみで教育する「インターナショナル・スクール」も数多くある。(2) 経済発展優先の世相において、「足る」を知っていたころの中高年層が嘆く声も聞かれる。特に都市部の大卒の若者は、新たな民間セクターに就職するようになり、その親の世代には考えられなかったようなグローバルで最先端の商品を入手するようになっている。豊かさの享受と、一足でも先んじたものが勝ちを手に入れるという甘い蜜と焦燥感のないまぜの中で若者たちは生きている。

2　消費社会化と高級染織品の需要の拡大

カンボジアの首都プノンペンでは、市場経済化以降、電化製品店に最新のスマートフォンが並び、道路には、トヨタの高級ランドクルーザーが走り並ぶのを見かける。たしかに平均的GDPや収入は増えたものの、こうした高額な商品を購買する資金と意欲はいったいどこからでてくるのか。日本の戦後の高度経済成長期にも似た、焦土からの復興、発展期において、モノが豊かさを実感できるひとつのアイデンティティーの要素になってきたことが考えられる。また、一九七九年の民主カンプチア政権崩壊後に続いたヴェトナム寄りの社会主義政権を恐れ、欧米諸国や日本に難民として渡った親族からの送金も豊かさの一端を支えている。さらに、人々はひとつの職業ではなく、収入を補完するため、できうる様々な商売を組み合わせて生きている人が多い。

こうしたモノが西側諸国から流入するようになると、それを支えるマスメディアも増えていった[(3)]。例えば、情報省に登録されている国内で刊行された雑誌は、二〇〇五年には五八誌であったが、二〇〇七年には九〇誌にまで増加した（二〇〇五年データは、Javis, H., C. Lalonde and L. Nhean［2006］による。二〇〇七年データは情報省への筆者調査による）。ボードリヤール［二〇一五］は、大衆的な消費社会化への分水嶺として商品が一覧できるパノラマ的なカタログ雑誌の流通を挙げている。こうした動きからもボードリヤール［二〇一五］がいうところの生産よりも消費が凌駕し、モノの機能性よりも記号的側面に焦点が当てられ、モノの差異化が進む「消費社会」が出現しつつあるといえる。またカンボジアにおいて、それ以前からあるモノで威信を表す文化（金のネックレスや指輪などの身体装飾品やマホガニー製の家具など）、財産を紙幣での貯蓄だけではなく、モノにしておく経済的慣習なども影響していると考えられる。

こうした威信を表すモノは家電や自動車のみならず、カンボジアの「正統」な伝統を示す高級絹織物も特に女性にとっては、重要な要素である。経済発展下で、結婚式や仏教行事が年々華美化し、その中で正装として着用される高級染織物への注目が高まり[(4)]、二〇〇〇年代以降需要が急増した。筆者［二〇〇八］は、高級染織物の興隆の背景について、カンボジアの首都プノンペンの仕立屋および衣装カタログ雑誌の出版社へのインタビューを通じ、分析した。その結果、消費者間の競合による衣服の差異化のみならず、急増する仕立屋間の競争からも服飾としてのデザインの多様化が進んだことが明らかとなった。また従来、可視化されてこなかったデザインが、二〇〇六年以降発刊が相次いだ衣装カタログ雑誌という媒体によって一覧できることにより、消費者にさらなる刺激を与えることとなっていった。かつては、家財として代々受け継がれてきた絹織物が、より個人の体型にフィットした一代用の商品へと変化していった。

また経済発展は、同時にカンボジアの国民国家としての自信の高揚にもつながっており、二〇〇三年一月には、タイの女優がラジオで「アンコール遺跡は、タイのものである」と発言したという報道を契機に、在カンボジアタイ大使館への暴動が起きた[5]。筆者が二〇〇五年に全国的に放送を行っているTV五[6]の職員にインタビューしたところ、タイ大使館への暴動後のカンボジアメディアの在り方について、政府からの規制は特になかったが、タイのドラマ番組を放映することなどについて自発的な自粛があったという。それまで番組の多くをタイからのプログラムの購入に依存してきたカンボジアの放送業界が、カンボジア独自のドラマや俳優、歌手を採用することでより活性化したとも言われている。TVでは、映画スターや歌手たちが、時折カンボジアの伝統衣装で登場することもあり、また、政府の公式行事の放映にあたっては、公務員が伝統衣装を身にまとっている様子を見ることもある。こうしたメディアにおけるカンボジア文化の再活性化の動きが、全国津々浦々まで浸透していった。

こうして、一九七九年の民主カンプチア政権崩壊以降、復興期には、ある程度文化的に共通性があるタイの伝統的染織物、服飾を先端的な商品として取り入れてきた経緯があったものの［朝日　二〇〇八］、二〇〇三年のタイ大使館の焼き討ち事件や、プレア・ヴィヒア遺跡の帰属問題など、政治的な衝突をめぐり、それまでのややタイ文化に依存してきた体質から独立する意識の覚醒および物的にもその素地ができたことにより、カンボジアにおいてカンボジア産の高級染織品への注目は一気に高まった。また、カンボジアの高級染織は、UNESCOをはじめとする国際援助機関によって、伝統文化の継承、農村女性の雇用創出の手段として注目されるようになった。UNESCOや日本、フランスなどの国際NGOによって、技術指導訓練の機会が提供され、染織技術の向上や、色、文様のバリエーションが広がったことも、若者を含むより多様な年齢層に魅力的な品物として映るようになる契機となった。特にそれまでのホールは、赤、黒、緑などの濃い色を基調としており、金額の高さからも既婚女性に好まれていたが、パステルカラーの明るい色調のホールが生産されるようになって、未婚女性の間でも購買意欲が高まったという。このように、カンボジアの絹織物は、二〇〇〇年代以降の治安の安定による経済発展と都市部の富裕層の増加、マスメディアの発達、ナショナリズムの活性化、国際機関の支援などの複合的な要因を背景に大きく需要を伸ばした。

二　調査地概要とその織物生産

1　カンボジアにおける絹織物生産

カンボジアにおいて、従来手織物業は、綿花栽培および養蚕が盛んであったとされるメコン河沿岸の人口稠密地帯を中心に行われていた。生産単位は基本的に世帯単位であり、主に農家女性の農閑期の副業として、高床式住居の床下に「カイ」と呼ばれる大型の水平織機を置き、生産されてきた［デルヴェール　二〇〇二：二九五―三〇四］。現在では一年を通じて行われるようになり、絹織物を生産する織機だけで全国で約二万台を有する農村を代表する手工業である(7)［Ter Horst 2011］。東南アジアにおけるカンボジアの絹織物業の特徴としては、主な担い手が女性であることという他国との共通性のほかに、生産単位がラオスやインドネシアのように工房化しておらず、世帯単位での生

地図１　カンボジア全土図および調査地域

地図２　プレイヴェーン州北部、調査村周辺図

産を主体とすること、養蚕や染料の生産などがほぼ途絶えていることが挙げられる。一九八〇年代半ば以降は、主にヴェトナム産の絹糸、タイ、ヴェトナム産の化学染料が一般的に使用されている。

歴史的には、フランス植民地期の安い綿布の輸入による打撃による減産や、長らく続いた内戦や民主カンプチア政権期によって生産が寸断された。しかし、民主カンプチア政権崩壊後、いくつかの特に商業生産を行う産地で復興し、現在も手仕事による機織りが続けられている。カンボジアの高級絹染織物には、大きく分けて先染めの緯《たて》絣織のホール、紋織物のチョラバップ、パームオンの三種類がある。現代において総柄文様のホールは、女性の正装

写真1　上座部仏教寺院への参拝
ホールを着用するP村女性

用スカート、男性のジャケットに加工される。無地に金糸、銀糸による総柄文様のチョラバップ、無地もしくは玉虫色の布の裾に金糸、銀糸文様のあるパームオンも主に女性のスカートに加工されるが、チョラバップは、結婚式の花嫁や伝統舞踊の衣装など特殊な機会に用いられる。パームオンは、ホール同様、結婚式や仏教行事などで着用されるが、単色で明るい色が多く、ホール[8]よりも手ごろな値段で買えることもあり、若年層に人気がある[9]。

いずれもかつては、王族を中心に着用されていた絹布であり、その技術的な起源は不明瞭ではあるが、王宮の技術者が故郷に技術を持ち帰り、生産していたのではないかといわれている。産地は主な市場である首都の近郊州が多く、絣織は、タカエウ州北部、プレイ・ヴェーン州とコンポン・チャーム州の州境にまたがる地域の二箇所が主な産地である（地図1、2参照）。一方、紋織りは、首都を取り囲むコンダール州が産地となっている（地図1参照）。筆者は、これらの高級染織物のなかでも、技法の難しさ、種類豊富な文様からカンボジアを代表する絹織物である「ホール」に着目し、タカエウ州に比べアクセスが良くないなどの理由から、これまで研究蓄積の少なかったプレイ・ヴェーン州とコンポン・チャーム州の州境にまたがる地域の中心――プレイ・ヴェーン州北端のシトー・コンダール郡P村にて、二〇〇五年から二〇一〇年にかけて断続的にのべ一四か月にわたり臨地調査を行った。そのうち二〇〇九年、二〇一〇年には一〇〇世帯を対象に世帯調査を実施した。P村は、首都プノンペンから乗り合いのミニバスで五時間ほどの距離にある。

2　多様性を包摂する河川沿いの村々

カンボジア東部に位置し、野菜の一大産地であるコンポン・チャーム州[10]は、雨季になると豊かな緑で包まれる。調査村の位置するプレイ・ヴェーン州北端にあるシトー・コンダール郡は、コンポン・チャーム州南部の州境と接し、その風土は稲作中心のプレイ・ヴェーン州よりも、コンポン・チャーム州に近い。カンボジアの農村には、主な生業に基づいて分類する、「スロック・スラエ」（稲作村）と「スロック・チョムカー」（畑作村）という二類型がある。カンボジアの農村の多くは、スロック・スラエであるが、P村のあるメコン川支流のトーイッ川沿いは、後者のスロック・チョムカーである。川沿いには、竹やぶが生え、曲がりくねった細い川にところどころ橋がかかり、自然堤防上の家々の軒先には花が植えられている。川沿いの地域には、クメール人が治水などの問題からほとんど居住してこなかった。一八世紀末から一九世紀初頭に中国南部から入植した人々が物々交換などの必要により、綿花や胡椒、タバコなどの菜園を、治水工事を施した川沿いの細長い土地に開いた。川沿いには、華人だけではなく、イスラーム教を信仰するチャーム人、ヴェトナム人も居住しており、内陸部にありながら河川を通じて、国際色豊かな文化的環境があった。その美しい景観は、一九五〇年代に各地を調査したフランス人地理学者デルヴェールもカンボジア随一と賞賛している［デルヴェール　二〇〇二：四二一、五八六］。カンボジアでは、古くから河川交通が栄え、都市的なる結節点（市場村―プーム・プサーと呼ばれる）が、その要所にできていった。川沿いの列状村落であるP村をふくむPC行政区は五ヵ村を擁する[11]（表1）。トーイッ川とその南に延びる道路の交差上にあり、P村に隣接するS市場村を物流の結節点として郡内の商業的な中心地となっている。

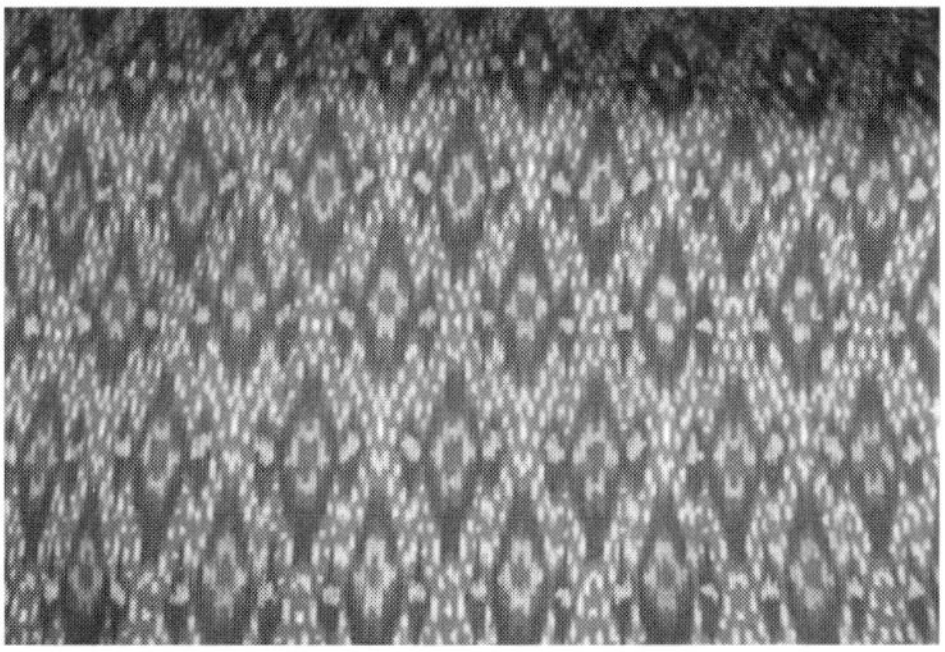
写真2　P村で生産されたホールの文様一例

表1　PC 行政区における人口統計

	村落名	世帯数（世帯）	男性（人）	女性（人）	小計（人）
1	P（調査村）	292	670	811	1,481
2	K	225	419	488	907
3	B	341	807	869	1,676
4	T	334	745	773	1,518
5	S（市場村）	364	842	954	1,796
	合計	1,556	3,483	3,895	7,378

出典 : 2008 年 12 月発行、郡の公式統計資料［Asahi 2010 : 72］

表2　P 村における家屋の屋根の材質

	家屋の軒数		
屋根の材質	調査家屋（2009 年）	P 村内全家屋（2008 年）	全国データ（2006 年）
レンガ（上・中流階層）	70	184（77%）	34.5%
トタン（中流・中流下層）	27	38（16%）	22.3%
ヤシの葉（下層）	3	18（7%）	39.7%
セメント（都市的家屋）	0	0（0%）	3%
コンクリート（都市的家屋）	0	0（0%）	0.5%
合計	100	240（100%）	100%

出典 : 2009 年の筆者調査および、2008 年の P 村公式統計、2006 年の郡の公式統計［Asahi 2010: 73］

川から離れた地域には、広々としたスロック・スラエ（稲作村）が広がっている。

Ｐ村は、国内におけるホールの二大産地の一方の中心地であり、換金作物の畑作と織物業を主要な生業としている。二〇〇八年のＰ村統計簿では、Ｐ村の全世帯の七五・七％が織物業を主な生業として回答している。また、メコン河支流沿いのＰ村は、かつて河川交通の要衝でもあり、州都からの距離はあるものの、河川から離れた周囲の稲作村にはほとんどない商業や理髪業や建築業、修理業、織物業など多業種への就業の機会がある。Ｐ村は、周辺の稲作村に比べると現金収入源が多く、それだけにカンボジアの経済指標のひとつである家屋の屋根の材質からみると、全国的な分布よりも上流・中流層の世帯が多いことが伺える（表2参照）。Ｐ村全体の七七パーセントの家屋が、写真3のような高床式木造住居で、レンガ屋根である。織機（写真4）は奥行き四メートル近くあるため、これを一台、二台と家の床下に置くには、ある程度の家の大きさを必要とする。

高級絹織物生産については、一九八〇年代の社会主義時代を通じて、都市部の富裕層がかなり限定されていたため、絹織物の需要はなかなか拡大せず、生産への意欲は高まらなかった。またP村のなかでもホールの生産者は、経済的に余裕があり、代々技術を保有する二、三割の世帯の住民に限られていた。一九七〇年に勃発した内戦以前も絹織物生産の需要は限られており、畑作などの換金作物栽培が主たる収入であった。絹織物生産自体は、遅くとも現在七〇歳代の女性の母親の代にはすでにあった。ただし、一八六三年から一九五三年までのフランス保護領期下では、綿花の栽培が盛んであり、ホールの需要もまだそれほど多くなかったことから、主に綿の万能布（手ぬぐいのように使用される）であるクロマーを生産していた。そのほか、家庭で必要となる蚊帳やソンポット・クロマウ（黒いスカート）、など自家用も含め、多品種少量生産を行っていた。一九七〇年のクーデター以後、首都を本拠地とする政府軍と反政府勢力との間で内戦が激化し、P村の近くのS市場村（プーム・プサー）にも爆弾が落ちた。そのころから織物の安定的生産は厳しい状態に陥っていた。やがて、一九七五年から一九七九年の民主カンプチア政権期になると、織物の生産は完全に止められ、人々は年齢、性別による労働班に分けられ、農作業やダム作りなどの強制的な作業が朝から晩まで続いた。華美な服装や織物の自由な生産は止められたが、政策的に、村の川沿いにあるコンクリート

写真３　Ｐ村で一般的なレンガ屋根の高床式住居

写真４　高床式家屋の床下でホールを織る女性

作りの建物が、クロム・クロマー・トバーニュ（クロマー織り班）の作業所とされた。この班は、主に農作業の困難な妊娠中の女性が配属され、常時五人程度が働いていたという。

ポル・ポト政権崩壊後、織物生産の復興は資本もなく原材料も手に入りにくく、非常に困難であった。人々は最初、仲買人からクロマー五枚分の綿糸を購入し、五枚織ったうちの二枚分を糸代として仲買人に渡し、三枚分を手元に残し物々交換の財にしていた。やがて一九八〇年代半ばになると、安価なヴェトナムの工場製絹糸が国境貿易により手に入るようになり、絹のサロン（男性の腰巻）が生産されるようになった。その後一九九〇年代になり絹のホールを徐々に生産するようになった。このように主な生産品目は、生産者の資本力および産品の需要の動勢に応じて、より利益を生む商品へと柔軟に変化させてきた。

一九九〇年代までは、多くの世帯で所有する織機は一台であったが、商品の制作の合間に自家用の日用品もつくっていた。やがてホールの需要が増加するようになると、それまでの複数品種の生産をやめ、ホール生産にほぼ一本化するようになった。なお、ホール以外には、絣染めの余り糸を、無地の織物に縞状に織り込んだアンルンと呼ばれる織物が少量つくられている。村内の織物生産世帯は、高齢女性の一人世帯でクロマーを作り続けている一軒を除き、皆ホールを生産している。なぜクロマー生産を続けているのか女性に尋ねると、絹糸を購入する資金がない、とのことであった。しかし、彼女の生産するクロマーの品質の高さは定評があり、村人はこぞって購入している。一般的な綿のクロマーは、S市場村でも販売されているが、織り目の粗いものが多く、贈答用などに使うクロマーには、彼女の製品が人気である。ある意味P村におけるクロマー生産は、彼女の独占市場ともなっている。

織り手による生産品目の選択について、荒神［二〇〇四］は、ホールの生産はクロマーなどに比べ、一枚あたりの利益は大きいが、制作に非常に時間がかかるため[12]、織物生産以外にも余剰資金（農業や公務員などの現金収入）がないと難しいことを指摘している。またP村におけるホールの技術は、内戦前は保持する家庭に秘密裏に伝えられた秘伝の技であったが、民主カンプチア政権期以降は、村内の困窮世帯を織り子として雇用した際に、広く伝わっていった。

3　ホールの生産工程

ホールは、丈が約〇・九メートル、幅二・八メートル程度の絹緯絣織物である。一枚一クバンという単位で数えられる。[13] カンボジアの絹織物の中でもその生産工程が非常に複雑なことで知られる。一見最終段階である経糸《たていと》に杼《ひ》で緯糸《よこいと》を通す「織り」の段階が目立つが、実際にはその準備に多くの時間を要する。家族が多数いる場合は、「織り」以外の多くの作業には、男性を含めて夫や子どもも手伝い、作業はほぼ同時並行的に進められる。

前述の通りホールは先染めの緯絣《よこかすり》である。経糸が黒や紫色などの単色に染められる一方で、緯糸は染色の前に文様に合わせて防染のためにビニール紐などで糸を括る作業が要される。ここでは、糸の準備から織機に糸をセッティングするところまで、以下に経糸と緯糸それぞれの主な作業を見て行くこととする。

〈経糸《たていと》の準備〉（年に二回ほどまとめて行う。複数人を要する大掛かりな作業も伴う）

絹糸を灰汁で煮る↓乾かす↓糸を染める（単色）↓乾かす↓筒に巻く↓経糸を筒から引き出し、整経台にかけて織機の幅に揃える↓経巻具に巻く↓筬に糸を通す↓綜絖の糸を経糸に通す↓経糸を機織機に水平に張る

〈緯糸《よこいと》の準備〉（絣の模様を替えるごとに準備する。個人で行うことができる。）

絹糸を灰汁で煮る↓乾かす↓筒に巻く↓糸を絣枠にかけ、文様に合わせてビニール紐で括る↓糸を染める（赤色）括りを外す。再度別の部分を括る↓糸を染める（黄色）括りを外す↓糸を染める（その他の色）↓棒に巻く↓杼の中に棒を入れる

以上のように、経糸を織機に水平に張り、緯糸を巻いた棒を杼の中にセッティングすれば、後は〈織り〉の作業である。織りは、三本ある踏み木を順番に足で踏んで、綜絖を上げ下げし、経糸に杼（緯糸）を通しては、筬を手前に打ちつけ、布の目地を整えていく。布に張りを持たせるために、米と水で作った糊を刷毛で随時塗っていく。そして販売単位であるクバンの長さまで織ったらはさみで断ち、中間業者の手に渡すまで保管する。織物業以外の収入のある余裕のある家では、良い値で購入してくれる中間業者が見つかるまで何枚か貯めるが、通常の織り手は生活費のためになるべく早く販売したいと考えており、未使用のホールを保管出来る余裕のある家は多くない。

三　村内・村外での分業化——生産の合理化と非合理性のあいだ

1　分業化の過程

前述のとおり、市場経済化の影響で都市部の富裕層が急速に拡大し、特に二〇〇二年以降、結婚式や儀礼で着るためのホールの需要が急増し、価格も高騰する。その結果、P村の織り手の生産意欲は今までに無く高まり、生産力拡大のため、ホールの生産形態に大きく分けて以下の三点のような様々な変化が生じている(14)［朝日　二〇一二］。第一に、市場経済化以前には、同じ織機で必要に応じて自家消費用の織物と商品用織物など多品種の織物が生産されていたが、近年では、効率化のためほぼホールのみの単一品目に生産が特化されるようになったこと。第二に、従来「女性の仕事」とされていたホール生産による収益が、畑作による収益を凌ぐようになったこともあり、若年層を中心に男性の織り手が少しずつ増加し、性別役割分業に変化が生じている。第三に、多くの織り手は、都市化などによる世帯内での労働力不足や、作業時間のさらなる短縮のために、一部の生産工程（「括り」、「緯糸の染色」、「経糸のセッティング」など）を外部委託化する傾向にあり、「ネアック・トバーニュ」（織り手）と呼ばれてきた生産者は、織り手であると同時に、「ムチャハ・カイ」（織機の持ち主、織元）と呼ばれる雇用主へと変化している。また、雇用の範囲は、当初村落内の近隣住民であったが、徐々にその範囲はP村を超え、周辺の稲作村の親族関係にない住民へとも拡大してきている。

生産組織が、時間的、空間的に拡大する中で、それを管理する織元は、自身の一定の効率化の努力に満足しているものの、委託生産者の仕上げ具合を日々憂慮し、精神的には以前より疲れを感じているという声も良く聞かれた。それでも、他人に任せるのは「オッ・トアン」（間に合わない）という焦りがあるのだと言う。増大する需要に応じるだけではなく、絹糸価格の高騰や外部委託の労賃の増加に伴い、より多くつくらねば、以前と同じ利益が上がらなくなっている。こうして、P村では、分業化の過程で空間的に、村落内部に織物生産が集約化されていくというよりも、村落内部の非熟練者の家屋や近隣の村落との間に生産のネットワークが形成され、より分散化する傾向にある。

2　雇用＝被雇用関係

一般的にカンボジアにおける織物業の作業工程の大部分は、同一世帯内で行われている。PC行政区に対するもう一方のホールの二大産地であるタカエウ州の産地（稲作村）では、複雑な作業工程をほぼ分業せず、世帯内で行う。一方、調査村であるPC行政区におけるホール生産は、森本が調査した一九九五年の調査時点で、既に他の地域には見られない分業形態が存在していたとされる［Morimoto 1995: 21］。それだけ、他の産地に比べ、織物業が専業化されている地域であるとの指摘も出来る。P村では、民主カンプチア政権後に全土的に行われた耕作地の分配において、それまでトーイッ川の北側にあるコンポン・チャーム州に所有していた耕作地が分配されず、世帯あたりの農地が矮小化し、畑作による収入が激減したことも、他地域より織物の専業化に向かう動機となったことが伺える。

P村においても、織物生産は基本的には家内労働者によりなされるが、括り、織りなど部分によって他家に依頼する場合がある。家内労働者以外の人を賃金によって雇用することを、「テュオル・ケー」、他人に雇われることを「シー・チュヌオル」と言う。「ムチャハ」（主人）、「ムチャハ・カイ」（織機の持ち主、織元）と呼ばれる雇い主（彼ら自身もほぼ皆、元織り手である）による雇用は、彼らが資金はあるが、人手が足りない場合になされる場合が多い。恒久的な雇用というよりは、どちらかといえば一時的に人手を借りるという意味合いが強い。

当初は一部作業の雇用を、村落内の近隣地域で行っていたが、近年の織物生産の拡大により、徐々に雇用の範囲は、P村から周辺の村外へと拡大してきている。なかでも世帯外労働力を利用する主な作業（染色、括り、織り）のうち、染色は野天の小屋を構える独立した熟練男性の専門的な仕事としてあるが、括り、特に織りに関してはこれまで織物の技術を持っていなかった未熟練者が雇用を機に開始する場合も多く、雇用者が出来栄えについて常に眼を光らせており、雇用者＝被雇用者関係であるという認識が強い。被雇用者の大半は、自分で糸を買うだけの資本のない者や、元々技術を持たない者などである。被雇用者にとって、織物生産による収入は、世帯を支える貴重な現金収入源になっているものの、織元の収入に比べ、安い手間賃に留まっている。しかしながら、資本の無い者にも織物による収入が得られるようになったという点では、機会の増加につながっている。

3　世帯外の労働力を利用する工程と主な担い手

前項で述べたような世帯外の労働力を使う場合には、次のような理由による。すなわち、その作業が世帯内で手に負えないほど、熟練の技を必要とする場合、時間・根気を要する作業である場合、もしくは時間はかかるがもともと染織物業のなかでも、周縁的な作業とみなされ、技術の未発達な児童や隠居した高齢者や男性などが片手間に行っていた作業という、技術の難易度と中心・周縁的作業という元々世帯内で行われていた時の認識の差異があり、外部者に委託する場合にもそうした認識に基づいて、どのような人物に依頼するのかの基準が、ある意味連続的に保たれている。

P村のホール生産において、世帯外労働力を利用する主な五段階の作業と担い手について、作業順に見ていく。第一に、絹糸を染色する前に行う、緯糸を絣の柄に合わせて細いビニール紐で括る（チョーン・キエット）防染の技術は本来難しく、しっかりと紐で括らないと出来上がりの模様がぼやけたり、間違えたりすると時に売り物にならなくなってしまう。ホールの出来栄えを左右する重要な作業であると言える。以前は、世帯内の若年女性が担っていたが、高学歴化や、織機の台数が増えたため、世帯内で作業する余裕がなくなってきている。丁寧さを要する作業ではあるが、チョーン・キエットを世帯外のしかもホールを生産していない村外（稲作村地域）の未熟練の若い女性に任せることが増えている。近年P村の多くの世帯で自転車、バイクなどの移動手段を所有するようになり、二、三〇分離れた村への委託が以前よりも気軽になっていることも一因として挙げられる。

写真５　染色業者の作業小屋

第二に、糸の染色作業（チュルルック・レアック）は、難易度が高く、強い力を要する作業として、内戦以前より専業の男性職人がいた。特に緯糸の染色のなかでも赤色は、ホールの伝統的な基調色であるにもかかわらず、ほかの色に比べてむらがでやすく難しいとされ、布の出来栄えにとっても重要である。現在では、どの色についても化学染料が用いられている。(15)「チアン」（職人）と呼ばれる村内の男性専門業者（染め屋）は、水を多く使用するため、川沿いや井戸のそばに小屋を建て、大きな釜に湯をたき、染色する。その規模は一人事業者のこともあれば、二、三人を雇用して手広く行っていることもある。P村には、全部で五か所の染色業者が存在する。

一方で、染めの難しくない他の色に関しては、自宅で行うことが多い。大量のお湯を沸かし、染め粉を溶いた湯に何度かつけた後、定着させるために何度も板などに糸を打ちつけるため大変力がいる作業で、世帯内でも壮年男性が担う場合が多い。

第三に、染色した絹糸（主に経糸）を伸ばし、糸車で綺麗に筒あるいは棒に巻く作業（カー・ソート）という作業は、一見単調に見えるが、均等な力を加え続ける必要があり、長い時間と根気のいる作業である。ほとんどの世帯で、世帯内に労働力があれば、家内労働力を用いて行う。力は要さないので、高齢者や子どもなどが担う場合が多い。P村の調査世帯中、一軒のみ高齢女性の一人世帯で、カー・ソートの手間賃のみで生計を立てている女性がいた。四日で二万リエル（約五ドル）ほどの収入となり、生存する最低ラインには何とか足りるが、小さい小屋に居住し、かなり厳しい暮らしぶりであった。

第四に、オントーン――経糸を、筒から引き出し、糸を整経台にかけて、織機の幅に揃える――という作業は、単色に染めた糸を筒に巻いたものを、機織機と同じ大きさの台にかけ、織機に糸を張る準備の一段階である。次のクダー・ムーと同様、一年に一、二回しか行わない作業である。一度に一五クバンか三〇クバン分位の経糸をかけてしまう。この作業は非常に複雑で根気を要する。通常、母親と娘の二、三人で行う。もしも人手が足りない場合には、農業における農繁期の無償の労働交換（プロヴァッ・ダイ）のように、近隣の住民に助けを呼ぶ。今度その住民がオントーンする時、手伝うことで金銭は媒介しないことが多い。ごく稀に、オントーンを委託する人もいるが、機織の技術を持った村内もしくは川沿いの近隣村の熟練女性への依頼に限られる。

第五にクダー・ムー（経糸を、経巻具に巻く）は、ホール生産の工程のなかでも、もっとも多人数を要する作業である。クダー・ムーは、オントーンをした後、長い経糸を経巻具と呼ばれる板に巻く作業である。糸の端を一人（たいてい

表 3　ホール生産の世帯内外の分業の事例　(世帯調査番号 100)
世帯調査番号 100 の世帯構成：夫（40 歳）、妻（31 歳）、3 名の息子（13 歳、9 歳、2 歳）の 5 名からなる核家族

主な作業工程	平均的時間 /1 クバン	最低必要人数	世帯内の作業					世帯労働を超えた作業		
			高齢者		壮年		子ども			
			女性（妻の母親）	男性（妻の父親）	女性（妻）	男性（夫）	男子	有給 / 無給	賃金 /1 クバン	従事者
材料の購入	1 時間	1	＼	＼	◎	×	＼			
＜経糸の準備＞										
糸巻き筒に巻く	3 日間	1	＼	＼	＼	＼	＼	有給	20,000 riel	村内の高齢女性
(1) 整経台にかける	1 日	2	◎	＼	◎	×	＼			
(2) 経巻具に巻く	2 ～ 3 時間	6	◎	＼	◎	◎	＼	無給	労働交換	村内の近隣女性
(3) 筬通し	4 時間	2	◎	＼	△	×	＼			
(4) 綜絖の準備	3 日間	2	◎	＼	△	×	＼			
＜緯糸の準備＞										
緯糸の括り	2 日間	1	＼	＼	＼	＼	＼	有給	12,000 riel	C 村の非熟練女性労働者
括りの外し	3 ～ 4 日間	1	＼	＼	◎	◎				
緯糸の染色（赤色）	半日	1	＼	＼	＼	＼	＼	有給	4,000 riel	村内の男性の専業職人
緯糸の染色 (黄色)	2 時間	1	＼	＼	◎	△				
染色 (その他の色)	1 時間	1	＼	＼	◎	×	＼			
糸巻き棒に巻く	2 日間	1	＼	＼	○	○	＼			
＜機織り＞	7 日間	1	＼	＼	◎	×	＼			
仲買人への販売	半日	1	＼	＼	◎	×	＼			

凡例：◎：常時行う
○：時々行う
△：稀に行う
×か斜線：行わない

(備考)
・経糸の準備は、一度に 15 クバンずつ行う。おおよそ半年から 1 年に 1 度行う作業である。
・妻の母親は P 村の隣村に居住し、歩いて娘の家を訪ね、経糸の準備を娘の近隣女性とともに行う。
・P 村では、通常絹糸の染色には力がいるため、成人男性か息子が行う。しかし、この世帯では、夫が土地を所有し農業で忙しく、子どもたちもまだ幼いため、従事できない。

表4　P村におけるホール生産（1クバンあたり）にかかる平均的費用　(2010年)

細目	単位	費用	
		リエル(R)	USドル($)
材料の購入費			
緯糸（絹糸）	0.5kg　(2kgで77$)	84,000	20.00
経糸（絹糸）	0.13kg（2kgで80$)	21,000	5.00
化学染料	3袋（1袋100gで600R）	1,800	0.43
ビニール紐	1クバン	1,000	0.24
小計		107,800	25.67
雇用労働力の賃金			
緯糸の赤色染色	0.5kg (100gで1,000r)	5,000	1.19
緯糸の括り	1クバン	10,000	2.38
緯糸の括り取り	1回4,000R（通常2回必要）	8,000	1.90
経糸のセッティング	1カイ（15クバンで40,000R）	2,667	0.64
経糸をボビンに巻く	1カイ（15クバンで45,000R）	3,000	0.71
コン・キエット（緯糸巻き取り）	1クバン	5,000	1.19
小計		33,667	8.01
費用合計		141,467	33.67

出典：2010年3月の筆者調査　[Asahi 2010：73]　1 USD ＝約4,200リエル　2010年3月時点

男性）が引っ張り、その長い糸の反対の先端を女性達が経巻具（板状のもの）に巻き、三、四人で板の両端を持って巻いていく。その間、糸がからまないよう、さらに二人位の女性が糸のからまりを解いていく。こうしてこの作業には、少なくとも六、七人の人手が必要となる。クダー・ムーをする際には、必ずといって良いほど世帯外の協力が必要である。基本的には、オントーンと同様に近隣住民に頼み無償の労働交換として行う場合が多い。ごく稀に、近隣に織り手がいない場合、周辺の他家から労働交換を依頼されない場合、世帯内に労働力がない場合には、クダー・ムーも村内もしくは川沿いの近隣村の機織の技術を持つ熟練の女性に依頼する場合がある。

以上のように、かつて世帯内でほぼすべての作業を行ってきたホール生産が時間の短縮化や高学歴化や村外への出稼ぎに伴う世帯内労働力の減少、若年織り手が忍耐のいる作業を好まないなどの理由から、世帯外の熟練、非熟練者に委託する作業が増加している。全体的な作業の担い手の事例については、表3を参照されたい。ある核家族世帯において、ホール生産の作業ごとに、世帯内・世帯外のどのような担い手が携わっているかを明らかにしたものである。

ホールを一クバン制作するのにかかる所要時間は年々短縮されているものの、それと引き換えに世帯外へ委託する賃金労働の割合が増している。表4は、二〇一〇年度時点でのP村の標準的なホールを制作するのにかかる材料費と世帯外労働力の賃金コストである。平均的ホールの価格が五〇USドル程度であるから、材料費約二六USドル、賃金コスト八USドルを引くと利益は一六USドル程になる。皮肉なことに、賃金コストの割合が高まるほど、量産しないと利益があがらなくなっていく。そうして生産拡大競争が激化した結果、生産過剰となって二〇〇九年頃にはホールの価格は飽和状態になり、一クバンあたり平均価格七〇USドルをピークに翌年には一〇〜二〇ドル近く大幅に下落した。

4　C村への委託作業

現在、チョーン・キエット（緯糸の括り）作業の主な委託先となっているのが、同じシトー・コンダール郡内にあるC村をはじめとする隣接する三行政区にある稲作村の村々である。C村は、河川沿いのP村から一〇キロ（バイクで二、三〇分）ほど南に真っ直ぐ行った河川から少し距離のある地域で、稲作を中心とするいわゆるスロック・スラエである。郡役所が近く、P村からのアクセスが比較的良いことから、調査世帯で同作業を委託する人の半数近くがC村と取引している。P村の世帯調査における世帯構成員の婚姻状況を見ると、P村とC村との間にほとんど通婚関係は無く、C村への委託は、血縁関係に基づくものではないことが判明した。しかし、一方でチョーン・キエットの委託をする以前より、現金収入機会の乏しかったC村の男女が、P村における畑作や乾季米（C村の稲作は雨期米が主）の農繁期の労働力として、雇用されてきた関係にあり、親族（サインギエ）ではないものの、知り合い関係（ネアック・スコアル・クニア）にある人がいたことが背景としてある［朝日　二〇一二：七三―七五］。

二〇〇九年三月のC村長（五二歳）への筆者インタビューによると、C村は、全四九二世帯の大きな村であるが、

写真6　緯糸の括り作業を行うC村の女性

村民の約八割が華人系の子孫であるP村に比べ、中国人を祖先に持つ人はほとんどおらず、他の河川沿いの村のようにヴェトナム人やチャーム人の世帯も無く、ほぼ全ての世帯がクメール人系という。村民の多くは、一〜二ヘクタールの雨季田を所有する稲作農家であるが、現在一〇代後半以降の若者の多くがプノンペンに出稼ぎに出ていっており、世帯経済は上向きとのことであった。一方で、川沿いの村、特に市場村の近くのP村のような稲作外の生業は無く、織物業のような手工芸の技術もC村には無いとのことであった。C村では民主カンプチア時代以前から、P村など川沿いの織物業が盛んな村の雇われ仕事（シー・チュヌオル）をしており、ホールの賃織りをしている世帯もあったが、今ほど多くは無かった。二〇〇二年、二〇〇三年頃からチョーン・キエットの依頼が急増するようになったという。これは、P村のホールの価格が急上昇した時期と一致している。基本的には、C村内でチョーン・キエットの仕事は、貧しい人か、時間のある女性がしているとのことであった。

C村でチョーン・キエットの請負をしている二名の女性にインタビューしたところ、チョーン・キエットを始める契機として、一名は既に請負をしていた近隣の村人に誘われたから、もう一名は、噂を聞いて自転車でP村の織り手の家々を自分で訪問して売り込んだ——とのことであった。P村の織り手が委託先を探しに来るよりも、むしろC村住民が積極的に請負仕事をP村に探しに来ること、またその時点である程度チョーン・キエットの技術を近隣住民の作業の観察より学んでいることが判明した。

四　生産をめぐるストリート現象

1　労働力の再配置、自由化と非熟練化

本章の冒頭でも述べたように、P村はその場所自体がカンボジアの農村社会において、周辺の稲作村とは異なる生業、異なる技術を持つことによって生き抜いてきた境界的な空間であった。さらに、市場経済化を背景として、織物生産の分業化が加速している。市場経済化がローカルな織物の生産形態に与えた影響のひとつとして、近代的工業化による新たな生産組織の存在の浸透が挙げられる。ネグリとハート〔二〇〇九：一八四〕によれば、一九世紀から二〇世紀にかけて、工場労働は量的には農業のような他の生産形態と比べて依然、少数派にとどまっていたものの、グローバル経済においては主導的な立場を占めていた。すなわち、工業は自らの渦のなかに他の生産形態を引き込むという意味において主導的だという。その結果、農業や工業、さらに社会そのものまでが工業化を余儀なくされる。単にその機械的な営みだけでなく、工業労働が刻む生のリズムとそれが想定する労働日が家族や学校、軍隊をはじめ、すべての社会制度を徐々に変質させていく。このプロセスでもっとも興味を惹かれるのは、特定の具体的な労働形態の多数多様性はそのまま保たれながらも、共通する要素はどんどん増えていく傾向にあるということだと指摘する。

P村では、市場経済化以降急増した首都プノンペン郊外を中心とする外資系縫製産業への工場労働者としての女性の出稼ぎは、ほとんど見られなかった。GAPなどのグローバル企業と関連する縫製産業の直接的経験は、P村住民には大きく影響しなかったが、首都郊外のコンダール州の綿織物業を営む村における筆者の二〇〇五年の調査によれば、経営単位は世帯単位が維持されているものの、綿織物業者の子女が出稼ぎで村を離れるのと入れ替わる

ように、より安価な労働力として、近郊の州からより貧しい出稼ぎの若年女性労働力を導入し、一日一ドル未満で住み込みの職工として雇用するようになっていた。また電動式織機が導入され、就業時間も騒音などに配慮して、工場労働のように村単位で一斉に行うように統制され変化した。村落がさながらミニ工場地帯の様相を呈していた。P村でも、農業労働が暑さを避けるため主に夜明けから午前中に行われるのに対し、家屋の床下で行われる絹織物業は上のからの統制はされていないものの朝七時頃から昼食・昼寝休憩、家事を除いて一七時頃までほぼ毎日行われるようになっている。

P村での織物業の分業化による影響として、担い手の非熟練化が挙げられる。特に従来の世帯内労働力の減少の問題は、織物業の発展による蓄財での進学率の向上が背景としてある。高齢者は通学経験の無い者あるいは、小学校低学年までの在学経験が多く、三〇歳代以降は、小学校から中学校在学経験が大半である。一方で、二〇歳代以下の若者の間では、高校在学経験者が増え、二〇〇〇年代後半には、首都の大学に進学する者も増加していた。P村における就業状況については、P村のあるPC行政区は、多様な農業外生業への就業機会があるとのことであったが、筆者の調査により、実際には、農地の世代間分配によるさらなる狭小化により、男性の収入機会が減少しており、近年開発が進む山間部や国境地域であるコンポート州やパイリン州などの他州に理髪業や修理業を開業したり、出稼ぎに出ている若年男性も少なくないことが明らかになった。またすでに首都プノンペンでは、労働力が飽和状態で同業種間での競争が激化していた。若い男性の中には、リーマンショックによる不況下で首都プノンペンの修理業などでは満足に稼げなくなり、村に戻り絹糸の染色業や機織りをする者もいる。織り手達に子どもへの織物業の継承について尋ねると、P村の伝統として子どもに技術を伝えたいという思いと同時に、機織りは重労働の割に収入が見合わなくなっていると考え、子どもがもし学業が出来るならば進学させて、より安定した収入の多い仕事に就かせることを希望している親が大半であった［朝日　二〇一四］。そのようなこともあって、二〇〇二年、二〇〇三年以降ホールの需要が伸び、生産力の向上への意欲が湧くものの、村内の労働力は、織物業以外の仕事の収入への関心も高まっており、未熟練の村外のより安く雇用できる労働力を効率化のために利用しようという傾向が広がっているものと考えられる。

2 変動を生き抜く人々の戦術とモノに対する意識の多重性

これまで国家の統制を大きく受けることなく、インフォーマルな形態で行われてきたP村の絹織物業は、組織的というよりも、個人と個人との関係で成り立ってきた。カンボジアの村落社会における最小の社会構成の単位としては、「クルオサー」（家族、時に伴侶を意味する）、「サインギエ」（親族）が挙げられる。双系制の出自をとっていることから、よほどの王族や村内の草分け家系でない限りは、垂直的なつながりよりも、通常祖母、祖父などを同じくするいとこやはとこなど同世代ごとの水平的なつながりが強い。さらに、前述したP村とC村とのつながりのように、「ネアック・スコアル・クニア」（知り合い）という関係も、労働力や結婚相手などの紹介において、血縁関係のみならず、よく利用される間柄としてある。

荒神［二〇〇四］は、タカエウ州でのホール生産地域において、生産者と仲買人との関係について質問票調査を行い分析した結果、その関係は長期的で固定化された関係ではなく、血縁関係、地縁関係にこだわらず、より優位の条件の者との取引を優先する比較的流動的関係にあることを指摘した。また仲買人の女性達は、大きな利益を生み出せる可能性があるにもかかわらず、農村企業家として、織り手を一元的に組織化しようとはせず、あくまで「女性の副業」としてリスクを回避している傾向が判明した。

P村でも、生産者は絹糸の購入に仲買人の掛売りを利用しているが、完成した織物を販売する際には、必ずしも掛売りの業者を使用するわけではないことが判明した。一方で、もともとホール生産の技術をもたなかった生産者と織元との関係は、東南アジアの社会関係に広くみられるパトロン・クライアントの二者関係となる場合が多い。それが、織物の雇用＝被雇用関係にとどまらない経済的関係を超えた上下関係になりうることがあるのを忌避するためか、より利益を多く手にするためか、特に同じ村落内での被雇用者の独立志向はとても高い。民主カンプチア時代後に、ホールの技術を織元から伝承した元織子の多くは、かなりの努力をして蓄財し、自前の織機の購入を目指し、実際二〇〇〇年代の好景気の際に、独立したを遂げ自営化した。

たとえば、筆者がP村で寄宿していたA氏（七〇歳代、女性）は、同村出身で、村内でも富裕な世帯であった。トーイッ川沿いの別の村出身の華人系の夫と結婚した。A氏は、内戦前に定期船の機関手をしていた夫の稼ぎがよかったこと、実家より大きな家を建て替えられたことを今でも懐かしそうに語る。腕の良い織り手であったにもかかわらず、八人いる子女は、子どもにはより高収入な仕事をしてほしいとのA氏の希望もあり、すべて村外へと結婚、仕事を機に移出していた。跡を継ぐ者もおらず、高齢の夫婦二人住まいであった。夫婦の生活費は、子女からの送金でまかなわれており、月に一〇〇USドルほどで暮らしている。A氏は誇り高き元織り手であり、P村の織り手の状況も、高い技術者を中心に把握していた。七〇歳代になっても、織物を織りたいが、高齢を理由に家族に止められているのと、夫の足がわるく介助が必要なため、織ることができないことを非常に残念に思っていた。

A氏は、モノにはそれを制作した人の人間性が表れるという。[16] だからこそ、よいホールを購入するには、よい人間性をもつ制作者のモノを買わねばならないと教えられた。首都プノンペンの市場では、ホールは小さく折りたたまれ、特に制作者や産地を示すシールも貼られず、織物販売店の奥の棚に積み重ねられている。織物産地出身の店主であれば、どこの産地かどうか、品質がどれほどよいのかについては懇切教えてくれるが、生産者についての話を販売の際に聞いたことはほぼ無い。筆者が村内でホールをいくつか買い求めたいと思い、調査の都度各家の織物を物色していたところ、A氏に「あそこの家はダメ」、「ここの家ならよい」と指南された。A氏宅の近隣の家の女性が織っていた蝶の文様のデザインが気に入り購入しようとしたが、A氏によれば、かの家は民主カンプチア時代に、A氏が所属した耕作班の班長であり、当時A氏は同じ村人でありながら、労働や食事の割り当て等、散々な目に遭わされた記憶があるので、今でも許せないという。A氏は、決して筆者の織物の購入を邪魔したいのではなく、知識をもっている自分が、何も事情を知らない筆者がだまされないように、よい買い物ができるよう助力したいと語っていた。カンボジアにおいて、人間性についての何よりのほめ言葉が「スマッハ・トロン」（正直者）あり、ひたすら真面目にごまかさずに制作する姿はモノづくりだけではなく、ふだんのその人の生活全体とのかかわりの中でみられている。それは、村内でモノを買うという行為が、単に経済的な自由な取引ではなく、社会関係や威信とも結びついていることによる。例えば筆者は、東西に長いP村の調査のため、自転車を購入しようと考えたが、A氏から新しい自転車を購入する許可が下りなかった。A氏が貸してくれた年代物の自転車で移動していたら、下り坂で転んで怪我をしたが、それでもふだん非常に誠実で非常に親切な女性であるにもかかわらず、A氏の信念は変わらなかった。村の市場や商店に定価はなく、相手との交渉により値段は決まる。外国人である筆者の一時的滞在により、A氏への相場も変動してしまう危険性があったのである。

A氏は自分が最後に織った綿製のクロマーを戸棚の中に大切に保管している。孫が大学を卒業する際の教授へのプレゼントとして、筆者との別れの際など、自分の大事な残り限られた織物を分けてくれる。そうした場合の織物は、たんなる「モノ」を超えて、自己の分身でもあり、貴重な財である。

しかし、一方で村外へと婚出したA氏の娘が、祭りの際に実家に滞在した際には、かつてA氏が「マチャハ・トバーニュ」（織元）として、ホールの製法を指導した近隣の女性（その後、資金を貯めてA氏のもとから独立した）から、A氏の娘が安く買い、自分の居住する村の近隣者に売り歩くとかなり儲けることが出来ると話していた。その女性は、織物を販売することを拒否できず、差し出していた。

A氏に限らずP村の多くの織り手は、ホールというモノを即物的に考えるわけではなく、モノに込められた精神性を意識しつつも、現実の生活の中では次世代に対してはより高収入で、身体的に楽な仕事の選択肢をもたせてやりたいと考えている。ホールには利益を生む商品としての在り方と、織り手の分身としての在り方と両方の側面があり、状況に応じてこれらは使い分けられている。

おわりに　機械化時代の手仕事の合理性と非合理性

これまで、カンボジアにおける市場経済化と絹織物業の分業化についてP村を事例に検討してきた。P村で生産されるホールは、外観はほぼ変わらない「商品」であっても、経済発展に伴いその製法や生産組織が急速に変化していることを明らかにした。ここで今一度、近現代社会に生きる人々にとっての分業化の意味を概観する。一八九三年、産業革命後のフランス社会にあって『社会分業論』を記したデュルケームは、分業は近代以前の社会から存在してきたが、その規模と社会関係の変化において、それ以前とは異なる近代社会の主要な特質であることを指摘した。デュルケームは、それまでのような農民や職人による自給自足的な顔の見える小規模社会から、より専門職化し、相互に依存度が高まる社会のなかで、人間はどのように競争化する社会の中で同胞愛や共同社会への倫理的観念「道徳」を維持していけるのか、社会変化のなかでの人間の存在の在り方を根本的に問うている。但し、デュルケームのいう「分業化」は、士業などの社会への貢献を自認できる、「交換性」が難しい専門的な職業の増加として描かれており、一方にある非熟練業の増加としては想定されていないため、競争といっても「格差」や「周縁化」の問題としては意識されておらず、相互依存の高度化、組織化が倫理性を高めるという発想[17]は、その後の現実を考えると見通しとしては楽観的であると言える［デュルケーム　二〇〇五］。

時代が進み、一九三六年に公開されたチャーリー・チャップリンの映画『モダン・タイムス』（アメリカ合衆国）では、産業革命後のゆきすぎた機械化により、ベルトコンベアーのスピードに合わせて働く人間の悲哀が描かれる。疲れた主人公は、巨大な機械の歯車の中に巻き込まれ、普段自分が担当しているネジを締める動作が固定化され、工場を出た後もしばらく止まらなくなってしまう。工場主たる資本家は利潤をあげるために、食事の時間も無駄だとして不自然な動きをする給食マシーンを開発し、効率性を追求する。極端な合理化が非合理でもあるところが、人々の笑いをさそってきた。

また二〇一三年には、コンピューター化の社会的影響を研究するオックスフォード大学のオズボーン准教授らの調査により、ＩＴ時代からＡＩ時代となり、さらに人間のする仕事は機械化され、数十年後には現在ある仕事のうち多くの種類が機械に置き換えることが可能になるとの衝撃的なレポートが出された。人口減少社会において、ある程度の機械化は、生活水準を維持するために必須のこととして開発されているのであろうが、世界全体を見渡せばそう人口が減少しているわけではなく、むしろよりよい生活を求めて現金を手にしたい人であふれている。二〇一六年に会見したカンボジアの食品加工業を経営する女性の話では、雇用者数を維持するために、むしろ最新機材の導入を控えているという。設備投資費用と労働賃金のバランスの問題は、国により違えど、人間が生き延びるために必要な施策について考えさせられる。

こうして見るに、製造業における分業化の問題は今日にはじまったことではないが、全体像の見えない仕事、社会になるにつれ、人的労働力は熟達の職人からより取替え可能な非熟練労働者としてパーツ化されていく傾向にあること、さらにはその職種自体が無くなる可能性もあることが確認された。雇用労働者の眼前には、パーツ化された作業に当てられた賃金のみが提示され、全体像はそれを統括する資本家によってブラックボックス化され、霧散する。大規模な縫製工場の労働条件の過酷さについては、ＥＵなど輸出先相手国政府や、国際組織によるグローバルな監視の目がはいることもあるが、その下請けの中小の工場や、直接公的な輸出入とかかわりのない村落の手工業には、労働法の適応もほとんど関係がない。もし織物の価格が低水準のままで需要が拡大しなければ、生産者はそこまで生産工程や生産組織を変えようとしなかったかもしれない。また生活水準の向上や、とくに市場経済時代を生き抜くにあたって必要となる子どもたちの学資としての現金収入が必要である。

人は常により効率的な方法を探そうとしてきたと考えられるが、そのような「経済人」的価値観は、必ずしも従前のものではなく、資本主義社会において、また現金経済化においてそうした価値基準がより重要視されるようになってきた。カンボジアの農村は一部地域を除いて小農が多かった上に、民主カンプチア政権時代に土地が強制接収され、その後、世帯人数に応じて土地が分配されたため、政策的にも平準化された。しかし、実際には、村の中でも農業外での現金収入を持つ人と持たない人の格差は大きい。とくに富裕層である織物の仲買人たちは、リスクをおかして資本を蓄積してきた人々である。仲買人になる人の学歴をみると同時代のほかの村人の就学年数よりも長いことが伺え、ある程度の識字や村の外部世界との交渉力をもつことが「勇敢さ」だけではなく、実際に遠方に出かけて生きて帰って蓄財できる能力として求められることがわかる。公的統計上には現れない国境交易は、村内の中の有志が自転車旅団を結成し、タイ国境まで物資を仕入れに行き、その物資を帰路販売して収入を得るというものであった。タイ国境には、ポル・ポト派の残兵の支配地域があり、ゲリラ的に襲撃され、命を落とす人も少なからずいた。この自転車旅団による交易は、調査地のみならず一九八〇年代のカンボジア各地域で見られた現象である。

次に機械化時代の手仕事によるモノそのものの在り方と価値意識を見ていく。高度資本主義社会における価値観では手仕事の「らしさ」は、そのほころびにあると見られることもしばしばである。カンボジアにおいてローカルな人々向けに生産される絹織物は、精錬された工場製の絹糸を用い、織り手たちは文様のズレが生じないよう細心の注意を払って織り目の真っ直ぐな商品を生み出すよう日々鍛錬している。そのためか、筆者が首都の外国人観光客向けの土産物屋でエンジ色の手織りのロウ・シルクのバッグを買い、P村で使っていたときの村の女性の反応は、なぜこのようなボサボサの糸で織り目の美しくない織物製品を購入したのか、という筆者の価値観と一二ドルという価格の高さへの驚きであった。関本［二〇〇〇b：二七七］はインドネシアのバティック生産が機械化する中で、「機械製品の計ったような精密さに対して、手作りの素朴な味わいを良しとする観念が、バティックにもちこまれたことは、これまでになかった。」と新たな価値観が手仕事の世界に持ち込まれてきたことを記している。機械製の製品と手仕事の制作品との皮肉なねじれが起き始めている。これまでの手仕事は完璧さを追求してきたが、機械化時代に入り、あえて人の手が加わった様子を醸し出すことが先進国を中心に求められるようになっている。手仕事によるモノの「アウラ」をどのように捉えるかはそれぞれ生産者、仲買人、販売業者、消費者の段階で異なる。

現代において、限られた資源のなかで人間が生きていくために、「シェアリング・エコノミー」が提唱されているが、「シェアド・ポヴァティ」は決して積極的には歓迎されてはいない。筆者が勤務する大学の受講者四〇名ほどの授業で、車や住居のシェアを利用することについての考えを尋ねたところ、若いころは良いが、外部空間ではなく自分が落ち着ける内部空間の確保のためにも、経済的余力があれば自分のモノとして所有したいとの声が多数であった。すなわち、時代の最先端の論理と同時代の人々の意識が一致するとは限らない。これまでも、「グローヴァル・ヴィレッジ」や「シェアリング・エコノミー」など、より倫理的な意識の高い共同体がその先の社会として描かれてきたが、現実の社会全体としては、それにおいつかず、ある意味多くの人が未だむき出しの欲望や、自己防衛、自己保存のために精一杯に生きている。そうした精一杯の生き方が生業《なりわい》であり、その積み重ねがいびつながらも社会となっている。特に移行期経済化のカンボジアでは、他者との経済的関係をめぐる倫理意識が揺れ動いている。

カンボジアにおいて、国家がその統治を農村社会まで徹底化するようになれば、人々の生活や意識もより変わるであろう。公務員や軍隊歴がない人にとっては恩給も関係なく、自分の生は、自分の生業と家族と信仰によって支えられている。それは、国家的社会保障制度で守られている人からみれば、それは心もとないものであるかもしれないが、ある意味で国家の盛衰や経済変動の大波を何度も経た人々であるからこそ、そうした顔の見えない大規模な社会的制度にできるだけ依存しないで生き延びる方法のほうが、より確かなものとして捉えられている。

しかしこうした顔の見える社会的セーフティネットは近隣の人々の倫理的意識で支えられており、個々人の能力や状況次第である。常に互いの社会関係のうえによっているため、完全なしくみではない。ゆえに時にそれもほころび、そこからも抜け落ちてしまう人もいる。ローカルに生きることは、けっして閉じた空間で生きるわけではなく、むしろ日々顔を合わせる近隣者との関係性に気を使い、経済的取引のみならず、相手の社会状況全般への気配りが必要となる。いっぽうで、エスニシティや村落の生業類型が異なるC村の住民とは、ある意味でほどよい距離感のある「他者」であり、純粋な経済的取引がしやすい間柄でもある。

P村と近隣村との関係を考えるひとつのエピソードとして、A氏をはじめ、P村の住民は他所からの泥棒を恐れていることが挙げられる。P村が、周辺村に比べて絹織物の収入があることで、狙われやすくなっていると考えている。実際、二〇〇九年三月の村外れの寺院で行われた祭りではバイクが数台盗難にあった。カンボジアの農村部で犬を飼う家はそう多くはないが、P村の世帯の大半は防犯対策として犬を飼っており、見知らぬ他者が容易に路地に入ってくるのを防ぐ。また夜半には暑くてもすべての窓（木戸）を完全に閉める。経済的に突出することに対する恐れは、周辺の村落住民に向けられたものだけではなく、村内での問題でもある。A氏は、外国人の筆者が学生であまり経済的余裕はないことをその本人の口から聞いていたが、筆者が外国人価格でP村周辺で買い物をすることを常に恐れていた。A氏にとっては、一時的なものである筆者の滞在により、A氏に対する価格設定まで変化してしまうことを警戒していたのである。村内で代々居住する草分け世帯や、事業の成功者は、村民の誰もが知っており、気前の良さは寺院への寄付（寄付金額は村中にスピーカーでアナウンスされたり、寺院の壁面に名前と金額が記載される）として拠出することが期待される。P村の富裕層は、仏教徒としての務めとして寄付をすすんで行う。直接的に貧困世帯の救済をするよりも、寺院に寄付することで間接的に寺院から物資の再分配が村内の貧困層に行われる。最貧困層が、近隣住民の日雇い仕事を請負うことで発生する経済的・社会的上下関係は、寺院の祭事での食堂（サーラー・チャン）の座席の位置にも表れる。祭りの主催者や多額の寄進者は、祭りを執り仕切る在家の司祭（アチャー）との実務的な話もあることから、僧侶に近い席に座す。一方で、最貧困層の人々は、僧侶から遠く食堂の端に遠慮がちに座していた。地元――ローカルで暮らすことの安心感と居心地の悪さ。それは、相応の対応をつねに求められる最富裕層にも、最貧困層にもあるのではないか。比較的村内でも中間層の次世代が村に残り、富裕層や最貧困層の子世代は、就学や出稼ぎなどのかたちで村をでていく者も多い。

村内で、熟練者以外の住民を賃金労働者として雇用しづらいことの背景には、ふだん曖昧になっている格差が可視化され、経済的関係以外の社会関係にも波及することを双方が忌避することにもあるように伺える。ホール生産における分業の該当作業の性質とその担い手は、依頼者との距離感、村落内、村落外の社会関係を如実に表すものであり、単純に自由な経済活動とは言い切れないものである。しかしながら他方で、C村住民の雇用については比較的ドライで、他の関係に比べ自由な関係である。P村の近隣村を含めた分業化は、単純にP村内の余剰労働力が完全に枯渇したからではない。P村内でのローカルに生きることの気遣いの限界と、そこを突破する異なる者（C村）との気楽な関係が裏面にはある。デュルケームのいう同質的な機械的分業関係は、居心地がよくもあり、閉塞的でもある。P村とC村のような村落ごとの地理的、生業、民族的差異は、ある意味でP村のみで生きることよりも、日々の生活に変化をつけている[18]。織物業の分業化については、P村での極限状況がC村との新たな関係の構築を生み出し、流動的状況をつくりだした。P村住民は、ホールの生産技術に誇りをもちつつも、より幸せに生きられるためには、子孫はその時代に応じた仕事をもつことをよしと考える人が多い。都市部やフロンティア地域への移住者が増え、空き家がぽつりぽつりとあるP村の状況は、他者からみるとさびしくも見えるが、それが生きるための生業であり、人は定住と移住とを繰り返しながら、呼吸するように自由に生きればよいのではないか、と熟練の織り手であったA氏の生き方から教えられた。A氏のホール生産への熱い思いは、自らの子女ではなく、隣家の娘に向けられていた。彼女のホールの販売価格は、その技術の高さから、変動の中でも下がることはなかった。

カンボジアでは従来、内戦による技術継承の断絶を強調する語りが堅調であったが、P村での調査によれば、実際には内戦直後から織物生産を復興させた生産者が多く、生産者はある一定の技術は保持していた。むしろ、市場経済化が加速する中で、織物生産の拡大による生産効率の重視や分業化の中で、一部の高度な技術の保持者を除く若い世代の生産者が「織り」などの一部の技術しか継承しない傾向にあることが明らかとなった。P村の若い女性の中には、最初は「忙しい」ため随時外部委託していた作業が、やがて「複雑で面倒」に感じるなど恒常的にその作業自体が出来なくなる者もでてきた。内戦や民主カンプチア時代の経験――といった外圧に対する生産者の反発は、手織物の技術を維持させてきたが、むしろ市場経済化以降の経済的機会の向上において、生産者が変化に能動的に応じるようになると在来技術の変化がさらに加速していく様子が見られる。

注

（1）東南アジアにおける地域を越えた世界レベルでの経済変動の影響は、今日にはじまったことではない。一五世紀から一七世紀の大航海時代や、帝国主義の植民地時代より大規模な経済的変動は生じており、当時からすでにグローバルな商品であった織物は、多分にその変動の影響を受けてきた［リード　二〇〇二］。またGoody［一九八二］が指摘するように、モノと人間との関係性の歴史から見た場合、モノの生産にまつわる変化は、その材料、文様、生産工程、携わる人々の社会階層、生産組織などがそれぞれ絡み合いつつも、必ずしも同時に変化するわけではない。そのことは何よりもホールの来歴が体現している。ホールは、東南アジア地域の各王宮で舶来品として王族に珍重され、輸入されていた西インド、グジャラート産の「パトラ」と呼ばれた経緯絣織物が、交易の衰退と東南アジア域内での手工業の発展により、域内の各王宮で独自に生産されるようになったモノに由来する。カンボジアでは文様は「パトラ」を模倣しつつも、技法的には、経緯絣が緯絣となり、平織りが三枚綾織りとなった［岩永　二〇〇三］。すなわち、見た目はそれほど変化しなかったが、より簡易な染色方法をとり、一方で文様が綺麗に出るように織りの作業の段階では、より複雑な方法がとられるという独自の発展を遂げた。

（2）インターナショナル・スクールとは、日本では、英語により授業が行われ、主に外国人児童生徒を対象とする教育施設とされているが、カンボジアにおいてその多くは、外国籍の児童ではなく、英語教授法で学びたいカンボジア人子弟を対象としている。

（3）カンボジアでは内戦の影響もあり、識字率が低い状態にあったが、国連をはじめとする援助機関の協力の元、初等教育開発に力を入れた。国連の二〇一五年までのミレニアム開発目標（ＭＤＧｓ）のうちのひとつ――Education for All（万人のための教育）が推進され、初等教育就学率一〇〇パーセントをほぼ達成した。識字率の向上は、マスメディアの急速な発達を支えた。

（4）国内消費者の需要の増加に先駆けて、一九九二年から展開したＵＮＴＡＣ（国連カンボジア暫定統治機構）の二万二千人ほどの国際的で大規模な外国人停戦監視団の駐在により、土産品としての絹織物が売れたブームがあった。またＵＮＴＡＣの駐留を機にドル化経済が進んだ。

（5）タイ大使館襲撃事件とは、天川［二〇〇三］によれば、二〇〇三年一月二九日、在プノンペン・タイ大使館に集まった抗議集会参加者が同大使館の破壊活動に走ったのを皮切りに、同日夜間にかけて、プノンペンでカンボジア人群衆によるタイ資本の銀行、携帯電話会社、ホテル、航空会社等に対する襲撃が広く行われた事件である。この事件の導火線となったのはふたつの噂であった。ひとつは、カンボジアでもよく知られているタイ人女優が「アンコールワットはタイのものだった」という趣旨の発言をした、というものである。この話は一月一八日付『ラスメイ・アンコール』紙が初めて伝えたが、二五日に『コッ・サンタピエップ』紙が掲載し、二七日にはフン・セン首相がラジオ放送でこの発言を非難したために広く知られるようになった。二九日のこの抗議の最中に伝わったのがふたつめの「今日バンコクでカンボジア大使館が襲撃され館員が殺された」という噂である。カンボジアでは、事態の収束を図るべくタイ政府に謝罪し、タイ大使館とタイ企業の損害の補償を表明した。その他、タイ人女優発言を最初に報道した『ラスメイ・アンコール』紙編集長とふたつめの噂の出所とされるＦＭ放送局の経営者を逮捕し追訴した。

（6）カンボジア国内における四大ネットワークのCTN、Bayon TV、TV5及びTVKは全国の主要都市にて視聴が可能である。TV5は、カンボジア国軍（Royal Cambodian Armed Forces）が保有。軍事関係のニュースが多い一方で、エンターテイメント番組も充実している。http://krorma.com/cambodia/tv_radio/［最終アクセス日：二〇一七年三月二九日］

（7）Ter Horst［2011: 18］によれば、カンボジアにおいて絹織物生産に使用される織機は、タカエウ州で一万四八六台、コンダール州で六三六五台、コンポン・チャーム州とプレイ・ヴェーン州（産地が隣接しているため合算されている）で二四六一台存在する。このうち、コンダール州では紋織りが盛んであり、絣織り（代表的なものはホール）が盛んなのが、タカエウ州とコンポン・チャーム州およびプレイ・ヴェーン州の州境にまたがる地域の二箇所である。

参考までに、鉱工業エネルギー省への筆者の調査によれば、二〇〇二年時点で同省が把握していた綿織物・絹織物の織機台数は、主要産地三州で約一万台（タカエウ州：五三三二台、コンダール州：一九八二台、プレイ・ヴェーン州：一四二九台）であった。すなわち、二〇〇二年から約一〇年の間に織機の台数は二倍以上になっていると考えられる。

（8）手工業の変化について著したGoody［1982］が指摘するように「モノ」は、時として見た目は以前と同じでも、その製法や生産工程が異なっている場合があること。またその「モノ」の取引や生産組織についても変化が生じていることがある。ホールの場合も、外観においては内戦以前のものと二〇〇〇年代以降のものを比較すると、色の変化（原色を中心とした色調からパステルカラーや蛍光色を含む多様な色調へ）や文様の変化などはあったものの、ホールそのものとしては、ひとつの布の種類として連続的に認識されている。

（9）現代カンボジアにおける絹織物の文様、用途の詳細については、オーストラリアの美術史家であるGreen［2003］に掲載されている多数の図版を参照されたい。

（10）かつてカンボジアで最も人口が多かったコンポン・チャーム州は、行政管理適切化の名目のもと、二〇一四年に東西に分割され、東はトゥボン・クモム州、西はコンポン・チャーム州となった。

（11）行政区（クム）は、内務省の管轄する末端の行政主体であり、行政区の下にある村（プーム）は、直接的な政府の管理を受けない、いわば自然村である。村長、副村長がおかれ、給与は支払われるが、その収入は少なく名誉職に近い。

（12）織り手の年齢や、文様の複雑さなどによっても異なるが、最終工程の機織りに要する日数として、おおよそ手織りの綿クロマーは、一日に三〜四枚程度、ホールは月に三〜四枚との差がある。一方で収入も二〇一〇年時点で、綿のクロマーは一枚当たり一〇〇〇リエル程度（一USドル＝約四〇〇〇リエル）、ホールは一五ドル程度と異なる。

（13）クバンは、元々は腰布として、一枚布を腰に巻き、前で余った布を折りたたみ、股をくぐらせて背中に押し込め、袴のように身に着けていた際に必要な大きさの布の単位である。この服装を、チョーン・クバンと呼ぶ。男性の正装としては、チョーン・クバンが一般的であるが、女性の正装の多くは、クバンの半分のサイズでできるソンポット（スカート）に加工されて使用されている。クバンの半分のサイズでも購入できるが、基本的に今でも販売単位はクバンであり、購入者が親戚などと半分ずつに折半するなどしている。

（14）これに加え、二〇〇四年にフランスのNGOが導入した新しい緯糸の染織技術は、従来の生産速度を一・二倍ほど早めた。N

GOは、村人の一部に講習を行ったが、当初は技術習得の難しさや、一五USドルほどする木製の機械を購入する必要があるため、実際に新技術を使う人は少なかった。その後、生産量の拡大への意欲に伴い、従来の講習を受けていた人を中心に、新技術を積極的に実施するようになった。その近隣の人びとも見よう見まねでP村全体へと新技術が広まった。一方、新技術で制作した織物への仲買人の評価は割れており、生産者としても特に高い技術を保持する織物生産者ほど新技術を敢えて用いずに、自らの技術の正当性を維持する人も少なからずいる。

(15)　P村では、一世帯のみ、天然染料を用いた染色を行っている世帯がある。他家の染色を請負うことはなく、自家生産用として夫が染めた糸は、妻、娘、息子が二台の織機を使ってホールに織り上げている。

(16)　カンボジア語で「モノ」を表す主な言葉に「ヴァット」と「ロボッホ」がある。どちらかと前者は英語でいうオブジェクトの意味に近く直接的な物や原料、品物を指す。後者は、かつては「食料」を意味したとされ、語源に「ロッホ」(生きる)があるとも言われる。物自体を意味するだけではなく、「〜の」といった所有関係や、所有物という意味もある(坂本　一九九一：三七四、四二〇)。一般的な商品やホールの材料を指す際に、「ヴァット・ロ・オー」(良い品物)など言うが、自分の制作物については、「ロボッホ・クニョム」(私の物)と表現される。

(17)　デュルケームは、分業が相互依存の社会関係を築き、新たな道徳を生むと述べているが、実際には近代社会においてそれがいくつかの要因によって阻害されていると説いている［デュルケーム　二〇〇五］。

(18)　たとえば、カンボジアでは、上座部仏教寺院のプチュムバンの祭(盂蘭盆会)の際にも、普段通う寺院のみならず、他地域——特により寄付の回収が困難な地域の寺院を含む七カ寺以上の近隣村の寺院を参詣することが望ましいとされている。日頃、村を出ることの少ない女性たちにとって、他地域の寺院への参詣は、行楽でもあり、日常とは異なる空間、他者と知り合いになるきっかけをつくっている。

参考文献

［邦文］

朝日由実子

二〇〇八「カンボジアにおける消費社会の到来と高級染織の興隆——衣服としての高級絹絣ホールの変化と衣装カタログ雑誌の誕生」『カンボジアの文化復興』第二一号、八九—一〇六頁、東京：上智大学アジア人材養成研究センター。

二〇一二「カンボジア、メコン河支流沿いにおける絹織物生産と地域社会——スロック・チョムカーとスロック・スラエの関

二〇一四　「カンボジアの絹織物生産における性別役割分業」『社会情報研究』第一二号、四三―五〇頁、岡山：岡山理科大学。
天川直子編
二〇〇一　『カンボジアの復興・開発』千葉：日本貿易振興会・アジア経済研究所。
二〇〇三　「二〇〇二年のカンボジア　政党政治の成熟に向けて」『二〇〇三年　アジア動向年報』千葉：アジア経済研究所、http://d-arch.ide.go.jp/browse/pdf/2002/202/2002202TPC.pdf［最終アクセス日：二〇一七年三月二九日］。
二〇〇四　『カンボジア新時代』千葉：日本貿易振興会・アジア経済研究所。
岩永悦子編
二〇〇三　『カンボジアの染織』福岡：福岡市美術館。
荒神衣美
二〇〇四　「カンボジア農村部絹織物業の市場リンケージ――タカエウ州バティ郡トナオト行政区P村の織子・仲買人関係」天川直子編『カンボジア新時代』二二三―二七三頁、千葉：日本貿易振興会・アジア経済研究所。
小林　知編
二〇一一　『市場経済化以後のカンボジア経済活動の多面的な展開をめぐって』Kyoto working papers on area studies, 第一一五号（G-COE Series 113）京都：京都大学東南アジア研究所。
坂本恭章
一九九一　『カンボジア語辞典』東京：大学書林。
関本照夫
二〇〇〇a　「特集『布と人類学』の狙い」『民族学研究』六五号、三巻、二三〇―二三一頁。
二〇〇〇b　「周縁化される伝統――バティックから見るジャワの近代」『民族学研究』六五号、三巻、二六八―二八四頁。
関根康正編著
二〇〇九　「結章　総括――『ストリートの人類学』という批評的エスノグラフィーの実践と理論」『ストリートの人類学』下巻、大阪：国立民族学博物館調査報告（Senri Ethnological Reports）No.81。
デルヴェール、ジャン／石澤良昭監訳、及川浩吉訳
二〇〇二　『カンボジアの農民――自然・社会・文化』東京：風響社。
デュルケーム、エミール／田原音和訳・解説

二〇〇五　『復刻版　社会分業論』現代社会学大系　第二巻、東京：青木書店。
ネグリ、アントニオ／マイケル・ハート、幾島幸子訳、水嶋一憲・市田良彦監修
二〇〇九　『マルチチュード（上）：〈帝国〉時代の戦争と民主主義』東京：日本放送出版界会。
廣畑伸雄・福代和弘・初鹿野直美
二〇一六　『新・カンボジア経済入門――高度経済成長とグローバル化』東京：日本評論社。
ベンヤミン、ヴァルター／佐々木 基一訳
一九九九　『複製技術時代の芸術』東京：晶文社。
ボードリヤール、ジャン／今村仁司・塚原史訳
二〇一五　『消費社会の神話と構造 新装版』東京：紀伊国屋書店。
山田裕史
二〇一一　「コメント　一九九三年体制下のカンボジアにおける開発と政治」小林　知編『市場経済化以後のカンボジア経済活動の多面的な展開をめぐって』Kyoto working papers on area studies, 第一一五号（G-COE Series 113）京都：京都大学東南アジア研究所。
リード、アンソニー／平野秀秋・田中優子共訳
二〇〇二　『大航海時代の東南アジア〈一〉貿易風の下で』東京：法政大学出版局。

［外国語文献］
Acharya, S., Sedara, K., Sotharith, C., & Yady, M.
2003　*Off-farm and Non-Farm EmPoyment: a Perspective on Job Creation in Cambodia,* Phnom Penh: Cambodia Development Resource Institute in collaboration with the Cambodian Institute for Cooperation and Peace.
Asahi, Y.
2010　"The Traditional Silk Weaving Industry in a Transitional Economy: *Hol* Production in the Prey Veng Province of Cambodia", Sophia Cambodia Studies, *The Journal of Sophia Asian studies,* No.28, pp.49-80.
Dupaigne, B.
2004　"Weaving in Cambodia", *Through the Thread of Time: Southeast Asian Textiles,* Bangkok: River Books, pp.10-25.
Edwards, P.

2001　“Restyling Colonial Cambodia (1860-1954): French Dressing, Indigenous Custom and National Costume”, *Fashion Theory,* Volume 5, Issue 4, pp.389-416.

Frey, C. B. & Osborne, M. A.

2013　*The Future of Employment: How Susceptible are Jobs to Computerisation.* Working Paper, OX: Oxford Martin Programme on Technology and Employment.

Goody, E. N. (Ed.).

1982　*From Craft to Industry: The Ethnography of Proto-Industrial Cloth Production* (No. 10), Cambridge: Cambridge University Press.

Green, G.

2003　*Traditional Textiles of Cambodia: Cultural Threads and Material Heritage,* Bangkok : River Books.

Javis, H. C. Lalonde and L. Nhean

2006　*Publishing in Cambodia* (revised and update edition) , Phnom Penh: Center for Khmer Studies.

Maxwell, R.

2003　*Textiles of Southeast Asia: Tradition, Trade and Transformation,* Hong Kong: PeriPus Publishing.

Morimoto, K.

1995　“Research Report Silk Production and Marketing in Cambodia for UNESCO Cambodia Revival of Traditional Silk Weaving Project”, Phnom Penh: UNESCO.

Ter Horst, J.

2011　*Ikat Weaving and Ethnic Chinese Influences in Cambodia,* Bangkok: White Lotus.

Victor-Pujebet, B. and A. Peyre

2001　“Options for Establishing a Full Production and Marketing Chain for Silk Products in Southern Cambodia, Phase-II”, Phnom Penh: PRASAC.

[統計資料]

National Institute of Statistics, Ministry of Panning, Cambodia

2008　“General Population Census of Cambodia 2008 Final Census Results Figures at a Glance”, Phnom Penh.

2013　“Cambodia Inter-Censual Population Survey 2013 Final Report”, Phnom Penh.

一二章　国境を越えるねずみたちのストリート

——ティモール島の密輸における「和解」と「妥協」

森田良成

はじめに

二〇〇二年、東ティモール民主共和国がインドネシア共和国から独立した。これによりティモール島には、島のほぼ中央を縦断して東西を分かち、ふたつの国家の領土を隔てる国境線が引かれた。このとき島には、もう一本の国境線が引かれた。それは島の西側、すなわちインドネシア側で、北海岸に面した一画を囲んでいる。ここはインドネシア領に周囲を囲まれた、東ティモール領の「飛び地」オエクシ県である[1]（図1参照）。本稿で取り上げるのは、東ティモール領オエクシ県を囲むこの国境で行われる密輸の事例である。

オエクシ県国境地帯は、東ティモールとインドネシアというふたつの国家それぞれにおける、政治的・経済的な周辺の地域同士が接する場所である。インドネシアにおいて西ティモールは、「国内で最も貧しい地域のひとつ」として紹介され、これといって目を引く産業もなく、開発の遅れを指摘され続けている［Ormeling 1956］。また東ティモールにおけるオエクシ県は、ポルトガル植民地時代、インドネシア支配時代、独立後の東ティモール時代といったそれぞれの時代を通して、政治経済的な中心とのアクセスが不便で、注がれる関心も低い周辺地域であり続け

図１　東ティモールにおけるオエクシ県の位置

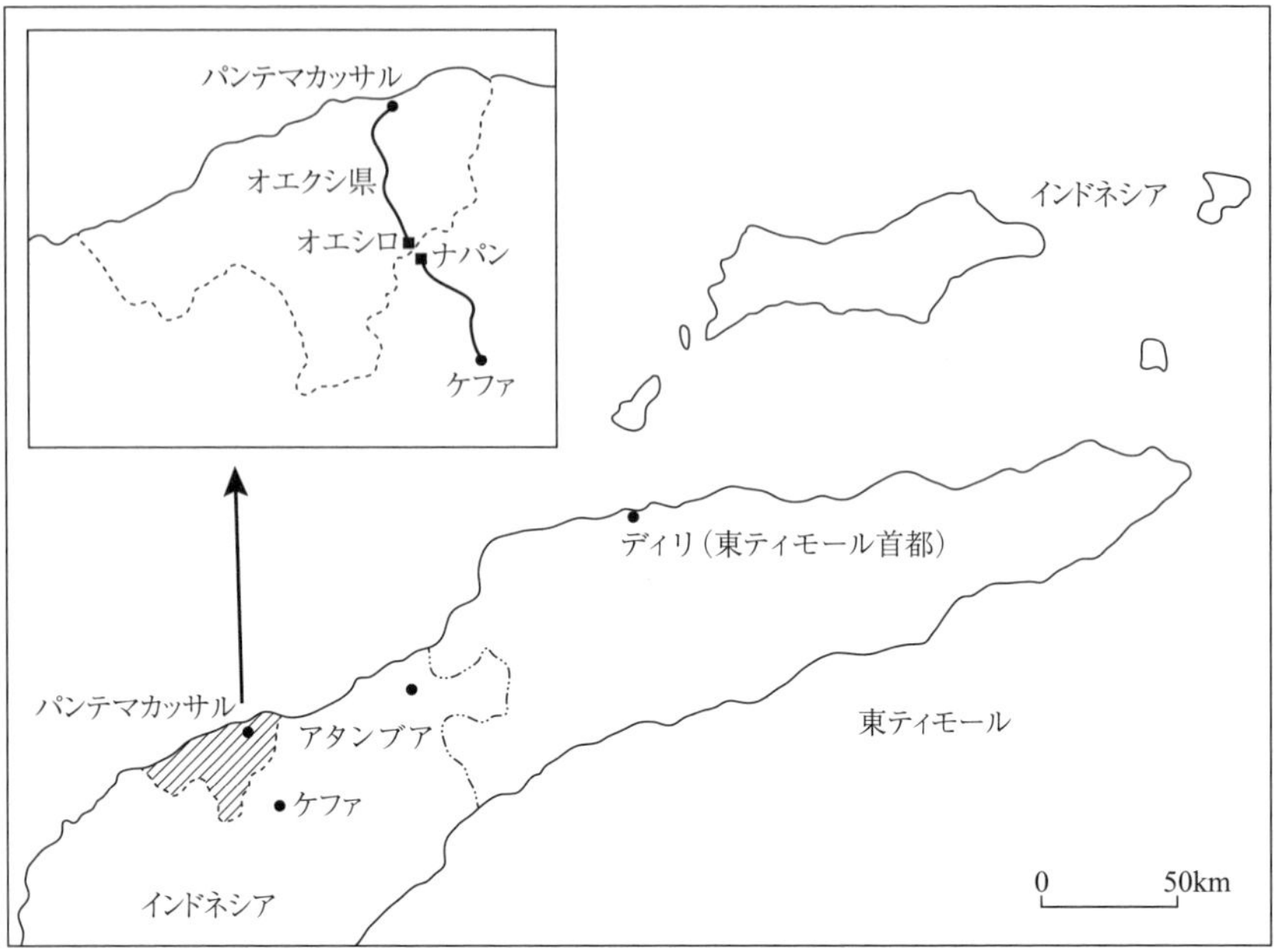

てきた［Gunn 2015; Holthouse and Grenfell 2008; ICG 2010; World Bank 2016］。オエクシは、東ティモール国内ならびに隣国インドネシア領の西ティモールに比べて、最も開発が遅れ、生活水準が最も低いとされる［World Bank 2016: 5］。例えば独立直前の二〇〇一年の統計で、オエクシの識字率は三一パーセントであり、これは当時の東ティモール平均の約半分だった。現在は四三パーセントまで改善されているが、国平均との差はなお大きい。また、東ティモールでは独立後にポルトガル語とテトゥン語が新しい国語となり、普及が推進されてきたが、オエクシでは遅れが際立っていることが指摘されている［Holthouse and Grenfell 2008］。

本稿で取り上げるのは、こうしたオエクシを囲む国境の、インドネシア側にあるナパン村の村人たちが行う密輸の事例である。ここで取り上げるストリートとは、具体的には、新しく国境線が引かれることで可能になった「密輸」のために、村人たちが用いる「抜け道」のことを指している。

この密輸で取引される商品は、武器や薬物といったそれ自体で違法性が高いものではなく、燃料や酒類、化学肥料ほか、一般的な生活物資の数々である。また密輸を行っているのは、ごく一般の村人たちであり、女性や子どもを含む多くの人々が、準備できる資金、商売の才覚、重い荷物を運ぶことのできる体力、国境の向こう側にいる家族や知人とのネットワークといった、それぞれに備わったものを駆使してこれに参加している。[2] 村で密輸は「公然の秘密（rahasia umum）」として日常的に行われている。

本稿では、オエクシを囲む国境線のインドネシア側にあるナパン村において、村人と、国境警備にあたるインドネシア軍兵士との間に起こったある一連の出来事を記述し分析する。国境を通過するための正規の手続きは、東ティモール独立後に整備された。インドネシア領ナパン村を出て東ティモール領オエクシ県内に入るための道の途上には、検問のゲート、軍と警察の詰所、入国管理局のオフィスなどが設けられており、警備と管理が行われている。しかし周辺の地であるがゆえに、それらは規定通りに機能してはいない。国境を警備する兵士や警官は、村人たちによる密輸がどのようなものであるかをかなりのところまで知っており、そのうえでそうした密輸に関与し、また自らでも密輸を行うことで一定の利益を得ている。こうした環境において村人たちは、国境を警備する立場にある彼らとの利害を調整しながら、密輸を行うための秩序を編み出し、維持してきた［森田　二〇一六］。

ナパン村におけるこうした密輸の秩序が、あるとき、ひとつの事件をきっかけに危機的な局面を迎えた。村人と兵士との間に起きたこの衝突は、両者の微妙な関係を不安定化するとともに、国家による国民に対する管理の矛盾と破綻を露わにするものだった。結果として、ある方法によってこの危機には「和解」がもたらされた。こうした過程で、村人たちは国家と兵士について何を語り、いかに行動したのか。村人同士で、あるいは敵対する兵士たちに対して、何を正当なものとして主張し、何を不当なものとして糾弾したのか。本稿では、この出来事の顚末を記述しながら、村人たちのこうした発言と行動、さらにそれらを可能にしたものとしての「和解の儀礼」を分析し、ストリートを生きる知のあり方のひとつを明らかにする。

一　「ねずみの道」ができるまで

1　密輸の人類学

国境を舞台にした文化人類学は、これまでにも国境地帯におけるものや人の非合法あるいは半非合法のフローの複雑さをとらえ、分析してきた。そうした議論において密輸はしばしば、就業や経済活動の機会を提供できない国家に対する抵抗の表現として、あるいは国家権力の行使に限界を突きつける崩壊した経済のあり方として、また商人たちが自由貿易のネオリベラルな論理に挑戦し、それを再解釈しながら利益を追求しようとする経済活動の事例として分析されてきた［Endres 2014］。

こうした先行研究を踏まえたうえで、エンドレスはベトナム北部の中国国境地帯における密輸の経済を論じている［Endres 2014］。オングの「例外状況としてのネオリベラリズム」の議論［オング　二〇一三］を引用しつつ、エンドレスは、ネオリベラリズムの論理への包摂（個人に対して、「起業家」として自らの能力を駆使して経済活動を行い生活を向上させることを求める）と、広義の政治的参加からの排除（教育や経済活動の機会を与えられず、法的な保護も受けられない）とが重なる空間をとらえている。ベトナム北部の中国国境地帯では、一九九〇年代初頭に中国との交易が再開すると、安価な中国製商品を仕入れて国内で売りさばくベトナム人商人の密輸が活発化した。それとともに、国境を管理する役人の買収が日常化していった。商人たちは、賄賂によって役人を買収することを「法を作る」と表現し、賄賂と引き換えに「例外」として密輸の「許可」を役人たちから取り付ける。その行為は、国家を否定し批判するというよりは、国家がもつ権力をむしろ積極的に承認し、その維持に加担するものである［Endres 2014: 622］。

またロイトマンは、アフリカのチャド盆地を舞台とした密輸や強盗といった違法行為の倫理について、本人たちがどのように語るのかを分析している［Roitman 2006］。「まだ捕まっていない者は無罪である」という格言に示されるように、「正当であること」とは、ただ合法的であり、法律の範囲内に収まっていることではない。法律を犯してはいても、実際に「許されて」いるゆえに捕まらずにすみ、それぞれの生活の文脈に照らして「理にかなった」ものである行為は、違法な商取引や富を暴力的に奪うことであっても「正当な行為」として説明される。ここでも国家権力の担い手である警官は、密輸においてただ敵対するだけの存在ではない。

これらの研究が示している密輸という行為は、国家による統治を否定したり、それを破壊したりする行為であるとは限らず、むしろそれを承認し追従することで可能になっているというものである。そこでは、「寛容な警察官」［Roitman 2006: 249-250］や入国管理局に勤める「温情あふれる共犯者」［Endres 2014: 617］たちが、皮肉を込めつつも称えられる。ナパン村で密輸を行う村人たちも、インドネシアという国家が定めた法律とそれに基づく統治、また現地で実際に国境を警備する兵士と警官に抵抗しているわけではない。消極的な表現ではあるが、彼らはむしろ国家に対して「忠誠」を表明する。村人たちのこうした「忠誠」を、兵士や警官が「理解」して密輸を「許可」する。それに対して村人たちは、「彼らが求めているからではなく、自分たちの感謝として」、いくらかの現金、燃料や酒といった密輸の商品の現物を渡している［森田　二〇一六］。

このように密輸という経済活動において、国家による統治は、無視されたり否定されたりしているというよりは、「例外」として正当性を得るために必要とされる。すなわち密輸は、国家に抵抗してそれが存在する意味を否定する反逆者や無法者たちが行っているとは限らず、また「モラル・エコノミー」などの、近代国家との関係が希薄で、市場経済とは異なる論理だけで可能になっているわけでもない。密輸は、異種混淆の者たちからなる一群によって行われるのであり、そこでは国家を代表する立場にある役人や警官、兵士はむしろ必要とされているのである。

2　オエクシ県の歴史と密輸の日常

東ティモール独立とともにオエクシ県国境地帯で活発化した密輸を語るためには、東ティモーにおけるオエクシの歴史を概説する必要がある。(3)

現在の東ティモールの政治、経済、文化に、かつての宗主国ポルトガルは特別な影響を及ぼしている。東ティモールとポルトガルとの関係は、一六世紀にポルトガルがオエクシ県北岸のリファウに到達したことを始まりとしている。リファウはまた、現在のティモール島の東西で広く信仰されているカトリックの伝道の始まりの地とされている。

ポルトガルに続いて、一七世紀にオランダが西ティモールに進出した。オエクシに拠点を置いていたポルトガルは、オランダに押されて、一七六九年にディリ（東ティモールの現首都）に拠点を移した。両者の境界線が引かれ、西ティモールがオランダ領、東ティモールがポルトガル領となった後も、オエクシはポルトガル領であり続けたが、オランダ領に周囲を囲まれた飛び地となった。以降、ポルトガル領時代、インドネシア領時代、東ティモール領時代のいずれにおいても、オエクシは政治や経済の中心地から隔てられた飛び地として、国家による統治と開発の恩恵が届きにくい周辺の地であり続けてきた［Gunn 2015］。一九七五年のインドネシア軍による東ティモール侵攻の際には、オエクシは東ティモールで最初に占領された。一九九九年の住民投票で東ティモール独立が決定し、その後治安が急速に悪化して多国籍軍が介入する事態となったとき、多国籍軍がオエクシに到着したのは東ティモールで最後だった。オエクシは、インドネシアに最初に占領され、最後に解放された地であり、現在においても中心からの政治と経済の影響が十分には及ばない周辺の地なのである。(4)

インドネシア領時代において、オエクシは「東ティモール州」の飛び地だった。当時は、北岸の道路を通り隣の州（東ヌサ・トゥンガラ州、略称NTT州）の領域を横断することで、州都ディリとの行き来ができた。オエクシ県の中心地である海岸の町パンテマカッサルからは、県境で接している隣の州の県庁所在地（NTT州北中央ティモール県）ケファが最もアクセスのよい都市だった。オエクシ県で必要とされる生活物資の多くは、ケファからもたらされた（図1参照）。つまりオエクシにおける人々の生活は、県境・州境である境界線を越えて入ってくる物資によって支えられていた。

こうしたものと人の移動は、一九九九年に東ティモールの独立が決定することで変化を余儀なくされた。県境・州境は、国境に変わった。隣県・隣州の町だったケファは隣国の町となり、ケファからオエクシへの物資の輸送は、隣国への輸出として関税や検疫などの煩雑な手続きを伴うものとなり、品目、量、価格において制限を受けることになった。かつては国内の移動だったオエクシとディリの往来も、いったん隣国インドネシアの領土を通過しなければならなくなった。新しい国境によって、オエクシに関わる物資の輸送と人々の移動は、大きく制限されることとなった。

とはいえ、東ティモール独立によって引かれたこの国境線は、史的偶然によってエスニシティ、文化を分断しているものである。日常の農作業や市場での経済活動、結婚その他の人生儀礼などにおける人とものの移動は、もともとこの境界線とは関係なく行われてきた。そうした移動は現在も続いており、国境付近の住民たちは、国家による正式な許可を得ずに日常的に国境を行き来し、物資を運んでいる。こうした非合法の移動を可能にしているのが、「ねずみの道（jalan tikus）」と呼ばれるルートである[5]［ICG 2010］。週に三回、「認められた」曜日の夜間にだけ、ねずみの道は「開かれ」、燃料や酒類などの物資がオエクシに運ばれる。ねずみが堅固な壁にいつのまにか穴をあけて、人が寝静まった夜に自由に行き来するように、インドネシアと東ティモールの国境を「ねずみ（penikus）[6]たち」が頻繁に行き来している［森田　二〇一六］。

オエクシを囲む国境線上で、ねずみの道を用いた人と物の往来が最も活発だといわれるのが、オエクシ県の中心

図２　東ティモール領オエシロ村とインドネシア領ナパン村の国境、インドネシア側のゲート。

図３　朝、空になったポリタンクを回収して帰る様子。前夜、東ティモール側に燃料を運ぶために使ったもの。

地である北岸の町パンテマカッサルと、そこから最も近いインドネシア側の町ケファを結ぶルートである。このルート上にある国境線では、オエシロ（Oesilo）村（東ティモール側）とナパン（Napan）村（インドネシア側）が接している（図1、図2参照）。独立以来、オエクシでは燃料（ガソリン、軽油、灯油）をはじめとする多くの生活物資の不足が問題となった。東ティモールの他地域からの供給は、陸路はいったんインドネシア領を通過しなければならず、海路も週に二便のフェリーがあるだけで、住民の需要の一部しか満たすことができない。新しい国境は、こうしてオエクシでの生活物資の不足をもたらしたが、同時にそれによって、インドネシア側の村人たちが外貨を稼ぐことを可能にした（図3）。村ではもともと気候や土壌が農業生産に適しておらず、現金収入を得る機会も限られていた。しかし村人たちは、国境の向こう側となったオエクシの人々に、密輸ではあるが物資を売ることで、現金収入を得られるようになったのである。しかもそこで得られる現金は、東ティモール領内で流通している、村人たちが「インドネシアのルピアよりも『強い』」と語るUSドルであった(7)［森田　二〇一六］。

二　ねずみと兵士の衝突

1　事件発生と兵士への批判

ナパン村にある国境の詰所には、国境警備の任務を帯びた通常一五から二〇名のインドネシア軍兵士が配置され、およそ九か月の任期で別の隊に入れ替わる。事件が起きたとき、「まだ学校を出たばかり」という若いY隊長以下、主にジャワ出身の兵士で構成される部隊が駐屯していた。

事件は二〇一六年二月に起きた。この日の早朝、Y隊長がナパン村の三人の男性（三〇代のDと、二〇代のふたり）を捕えた。彼ら三人は前夜の遅くに、ねずみの道を使って一台のバイクをオエクシに密かに運んでいた。Y隊長はそれを察知し、携帯電話で三人を呼び出した。やってきた彼らは、詰所そばの広場で兵士たちに囲まれ、厳しく問い詰められた。兵士たちは彼らを半裸にして水を浴びせ、次々に殴った。三人のうち中心的な役割を果たしていたDは、隙をついて囲みを抜けて、すぐ後ろの崖を駆け上がって逃亡した。残ったふたりは、両手首を紐で縛られたうえ、ふたりの兵士が乗ったバイクに引っ張られて道路を走らされた。バイクはアクセルを派手にふかしながら走り、道路沿いの家々の住民を驚かせた。引っ張られたひとりが転ぶと、バイクもバランスを崩して転倒しそうになった。すると兵士はバイクから下り、ふたりをさらに殴り、蹴った。周りの家々から住民たちが出てきてこれに抗議すると、兵士は暴行をやめて、ふたりを詰所に連れ帰ったという。

この出来事を直接目撃したり、話を聞いたりした村人たちは、兵士の行為を激しく非難した。兵士による制裁が、バイクの密輸という行為ではなく、それを兵士の「許可（ijin）」を得ずに行ったことに向けられたものだということを、村人たちはよくわかっていた。

東ティモールの独立が決まったことで、ナパン村で新しく可能になった密輸は、かつて現金を得る手段が乏しかったこの村で、今や「公然の秘密（rahasia umum）」と言われるまでの日常の風景になっていた。「公然の」と言われる通り、「ねずみの道」の密輸は、直接はそれに関与していない村人や、国境を警備し管理する役目を負った兵士、警官、入国管理官といった者たちにもよく知られていた。とりわけ兵士と警官は、取引される物資の内容と量に応じて「ねずみたち」から現金や品物を受け取り、それと引き換えにその取引を「許可」し、「安全」を保障してきた。こうしたやりとりは、村人たちの間で「コーディネート（kordinasi）」と呼ばれてきた。国境の出現以来、密輸に対して異なる立場から関わりを持ち、それぞれの利益を得ようとする者たちによって、ねずみの道での「安全」な取引の秩序が作られていき、「公然の秘密」として維持されてきたのだった。

今回の事件は、ねずみの道をめぐる「ねずみたち」と兵士たちとの微妙な関係が損なわれたことを意味した。村人のひとりは言った。

「東ティモールが独立してから今まで、軍はねずみの道から利益を得てきた。密輸のコーディネートをする兵士がいなければ、ねずみの道がこうして現在まであり続けることもなかった。今回のことは、コーディネートの支払いの問題であって、それがうまくいかなかったというだけのことだ。

密輸がいけないというが、兵士だって、バイクや自動車を自分たちでオエクシの者に売って、稼いできたのだ。われわれだけでなく彼ら自身が、さんざん同じことをやってきたのだ。」

もともと「ねずみたち」は、国境で勤務する警官(8)と兵士とでは、兵士をより厄介な存在とみなしていた。警官たちは「詰所に座っているだけで、自分たち村人に何かするわけではない」が、兵士たちは「いつも、何かとうるさい」

存在だった。村にはねずみの道が三つあり、そのそれぞれに軍は「詰所（pos）」を設けている。これはもちろん正規の詰所ではなく、近くの民家の軒先に椅子を出しただけのものだ。兵士はここで、通過して運ばれていく品物が事前の「コーディネート」で「許可」したとおりであるかを確認するのである。

三人のうち中心的な役割を果たしたD自身が後に説明したところでは、バイクをオエクシに運ぶことを企てた彼は、いつものようにまず兵士の元に赴いた。Y隊長が、Dの携帯電話に電話をかけて彼を呼び出したことからもわかるように、Y隊長とDはすでに互いを知っており、これ以前にもコーディネートが行われていた。Dは今回のコーディネートのために、一定の金額を提示した。しかしY隊長らはこのとき、バイク一台のコーディネートとして通常よりはるかに高い金額を要求したという。それは、Dが依頼主から手間賃として受け取るはずの金額を越えていた。そこでDは、今回は諦めるとしてその場を立ち去った。しかし後日、Dはねずみの道の「詰所」から見張りが引き上げる深夜を待ったうえで、他のふたりとともにバイクを密かにオエクシに運んだのだった。この「無許可」の取引が兵士たちに露見し、Dたちは呼び出され、捕えられたのだった。

村人たちに言わせれば、兵士らがDたち三人に私的な制裁を加えてよいはずがなかった。密輸という罪を罰するというならば、それを「コーディネート」し、自分たちも違法取引を行っている兵士たちが罰せられないのは筋が通らない。問題が起きたのは、密輸という違法行為それ自体のためではなく、ただこの時「コーディネート」ができなかったからであって、その責任はいたずらに要求をつり上げた兵士側にあるはずだった。

早朝の事件を聞きつけて、大勢の村人たちが国境ゲート前に集まり、軍の詰所の建物を遠巻きにした。彼らは兵士たちを口々に非難した。そうした言葉は、兵士に直接聞かせるものではなかったものの、村人同士の会話において、あたりをはばかることなく堂々と口にされた。

「この土地で戦争は起きていない。今では別々の国に分かれているが、国境のこちら側と向こう側では、言葉も、顔つきも、服装も、慣習（adat）も、すべて同じだ。向こうの住民とはもともと家族だし、関係はとてもよい。

兵士の仕事は国境の治安を守ることであって、彼らはそのためにここにいるはずだ。しかし、ここには戦争は起きていない。戦争のないこの土地で治安を乱しているのは、他ならぬ彼ら自身だ。ここにはもう軍隊は要らない。軍の詰所は廃止にしてしまえ。警察だけを残して、やつらは追い出してしまえ。村に戦争を持ち込むことが、彼らの仕事なのか？われわれ住民を相手に戦争をすることが、彼らの任務なのか？村にわざわざ戦争を持ち込む者は、追い出してしまえ。」

「これは人権問題だ。今はもう、かつてのような『新秩序』の時代（後述）ではない。裸にされたふたりが手首を縛られて、紐の先をY隊長が握っている様子は、携帯電話で写真に撮ってある。もうフェイスブックに載せたから、ジャーナリストが取材に来る。ジャカルタになんて、とっくに知れている。情報は世界中に拡散している。」

「東ティモール独立から一五年近くの間、こんなにひどい事件が起きたことはなかった。これが初めてだ。Yたちジャワ人の兵隊どもは、ここから出ていけ。

これではまるで、彼らによる侵略じゃないか。彼らはわれわれを守るためじゃなく、われわれを苦しめ、侵略するためにやってきたのだ。テロリストを捕まえたときでさえ、紐で縛って引き回すなんてしないはずだ。捕まえたら警察に任せて、手続きを守って取り調べをするのが本当だろう。こうなったら、あいつらも縛って引き回してやれ。あいつらも同じ思いを味わうべきだ。」

村人たちは、「人権問題」「侵略」といった言葉をたびたび用いて、「軍隊は要らない」、「問題を起こすのは軍隊だ」と発言した。こうした発言は、インドネシアで国軍が独立以来保持してきた権力と、インドネシアにおける政治と暴力の根深い問題に踏み込んだものだった。[9] 村人たちは、第二代大統領スハルトによる「新秩序」時代の独裁政治がもはや過去のものとなり、現在が「改革」と「民主化」の新しい時代であることを語った。保障されるべき言論の自由を謳い、それを支え、またそれを行使するための道具として、村人たちの間でもこの数年で急速に普及したソーシャルメディアの役割について言及した。

村人のひとりがさらに語った。

「彼らには信仰がないのか。彼らは神を恐れないのか。これでは六五年のＰＫＩと同じだ。いや、ＰＫＩよりもひどい。」

「六五年のＰＫＩ」とは、「インドネシア共産党（Partai Komunis Indonesia、略称ＰＫＩ）によるクーデター未遂事件」とされる一九六五年の「九月三〇日事件」と、その後のＰＫＩ関係者およびその疑いをかけられた者たちに対して振るわれた、全国規模の容赦のない粛清の暴力を指している。死者は五〇万人、一〇〇万人ともいわれているが、事件の全貌は明らかにされていない。[10] 犠牲になったこれらの人々を、スハルトによる長期政権のプロパガンダは「神を恐れない」「残虐な」「国家転覆をはかった逆賊」とし、あわせてインドネシア国軍を、こうした恐ろしい逆賊ＰＫＩから国家を守った英雄として描いた。このステレオタイプ的な考え方はインドネシアにおいて現在も根強い。こうした語りのロジックを踏まえたうえで、先の村人の発言は、今回の兵士のふるまいをＰＫＩ以上に「神を恐れない」「残虐な」ものだと批判したのだった[11]。

午前中のうちに、事件の報告を受けたナパン村村長、村出身の県会議員、地域警察長官（Kapolres）、地区軍管区副司令官（Wakil Komandan Kodim）らが国境そばの軍の詰所にやってきた。詰所の庭には固定式の日除けの屋根とテーブルセットがあり、彼らはここに集まって協議した。県庁所在地のケファの町からは数名のジャーナリストもやってきた。屋外の開かれた場所での協議なので、村人たちにもその様子は見えるが、話の内容は聞こえなかった。大勢の村人たちが協議の様子を眺め、あれこれ語りあった。

しばらく経って、県会議員の男性が村人たちを向いて立ち上がった。村人たちが説明を聞くために近づくと、議員は口を開いた。彼は、今朝の事件の経緯を振り返ったうえで、午後に改めて村役場にて話し合いの場を設けるとし、この場はいったん解散するようにと言った。彼の発言が終わったとき、村人たちの中からひとりの女性が挙手をし、発言の許しを求めた。三〇代の彼女Mは、よく通る力強い声で言った。

「失礼は承知のうえですが、少しだけ言わせてください。

ひどいことが起きたものです。先ほど、私は兵士のひとりに、なぜこんなことをしたのと尋ねてみました。彼は、『逃げたひとり（Dのこと）を探さなければならず、その間にあとのふたりが逃げたら困るから、縛ったのだ』と説明しました。あえて言わせてもらいますが、こんな説明が通るならば、あなたたち兵士は実に『馬鹿（bodoh）』だということです。あなたたちはこれだけの人数がいながら、たったふたりの若者を見張っておくこともできないのでしょうか。だとすれば、失礼ながら言わせてもらえば、あなたたちは何の仕事もできない『馬鹿』だということです。すぐ隣には、警察の詰所もあります。警官たちにふたりの監視を任せることもできたでしょう。でも、それもしなかった。あなた方は、警察を信用していないということでしょうか。それもまったく、『馬鹿』なことです。

私たち農民は牛を紐で引っ張ります。そのとき牛がなるべく痛がらないように、注意してゆっくり引っ張るものです。牛にさえそうするのに、人間を縛ってバイクで乱暴に引っ張るだなんて、あまりに野蛮な、まったくひどい行為です。こんなことが二度と繰り返されてはいけません。

ただ、私はこう考えます。この問題は、あくまで村の中で解決するべきでしょう。この場所から離れたところで問題にされてしまうと、どうしても話が変わっていってしまうでしょうし、あれこれ勝手なことを言われて、私たち住民は恥をかかされるだけです。だから私たちは、この問題が、この村から他に移されて、私たちの手から離れたところで扱われることを望みません。ぜひ、この村で、われわれで解決しましょう。子どもたちのためにも、われわれがこのような扱いを受けることが二度と起こらないようにしなければいけません。それが今、私たちにとって大事なことなのです。」

Mは、酒と生活用品の密輸によって大きな収入を得ており、村の「ねずみたち」の中でとりわけ活躍が目立つやり手のひとりである。国境出現から数年で道路沿いに立派な商店を新築し、そこにはオエクシ側からやってきた人々が買い物や両替のために頻繁に立ち寄る。このころには商店の道路を挟んだ向かいに、三部屋からなる立派な宿泊施設を新たに建設しているところだった。

Mの弁舌は巧みだった。彼女は、兵士を厳しく批判して多くの村人の心情を代弁すると同時に、この先の問題解決のプロセスについての重要な指針を、みなが集まる前で確認していた。それは、今回の問題を村の外部にいたずらに漏らしたり、外部の公的機関による仲裁や判断を仰いだりはせず、この土地で解決すべきとしたことである。これは、村人と兵士のそれぞれの利害に照らして重要なことだった。なぜならば、この事件をきっかけとして国境管理を「正常化」しなければならないとされ、本来あるべき形での統治がこの村に行き渡ることになるならば、その結果ねずみの道を用いた人と物の往来は不可能になる。そうした形での解決は、村人たちと兵士たちの誰も望んでいなかった[12]。

2　「和解の儀礼」

県会議員は集まった村人たちに対して、いったん解散したうえで、数時間後に場所を村役場に移して「和解の儀礼」を行うと発表した。インドネシア語で「Acara Damai（和解の儀礼）」と呼ばれ、村人たちの民族言語であるダワン語で「Ma'enu（和解する、穏やかなものにする）」、または「Tiun Tua（酒を飲む）」と呼ばれる、慣習（adat）に基づく和解のためのプロセスである。こうした慣習に基づく和解の試みは、独立後の東ティモールの各地で行われ、注目を集めた［Belun & The Asia Foundation 2013; Hicks 2007、辰巳　二〇一四］。東ティモールでは、独立の是非が問われた住民投票前後から、テトゥン語で「Nahe Biti（敷物を広げる）」と呼ばれる和解の儀礼が頻繁に行われるようになった。これは、対立する集団の指導者たちが、過去のわだかまりを捨て去るために武器を置き、広げたひとつの大きな敷物に座り、ともに食事をとることを意味している［辰巳　二〇一四：五〇―五二］。東ティモール独立後に、新政府は「受容真実和解委員会[13]」を設置して、独立派と反独立派の和解への取り組みを本格化した。法律に基づいて裁判によって犯罪を裁くのではなく、分断された住民同士の関係を慣習に従って修復しようとする和解の取り組みは、国外からも注目を集めた。

ナパンの村人たちの説明によれば、「和解の儀礼」は通常であれば、家畜の略奪、暴力事件、姦通、未婚女性の望まない妊娠といった問題が村で起こった場合に行われるものである。そうした問題に警察や裁判所が介入すると、当事者である村人たちがかえって疎外されたり、問題がいたずらに長引いたり、煩雑な手続きのために村から町へ頻繁に出向かなければいけなくなったり、余計な費用が発生したりする。つまり、負担が増えるうえに、問題の解決がかえって遠ざかると考えられることが多い。そこで、こうした問題を地域内部で速やかに収めるために、法律に基づく裁きではなく、関係者が話し合い、慣習に従って和解するために行われるのが「和解の儀礼」である。

午後になって、村役場の庭にある会議場には、事件の直接の関係者、双方の代表および証人が集まり、円に並べたプラスティック製の椅子に着席した。事件直後に逃亡したDも姿を現し、他のふたりと並んで座った。この円の外側を、多くの人々が取り囲んで見守った。県会議員、村長、村役場で書記を務める若い男性といった村人代表の面々が、順番に立ち上がって意見を述べた。

（ナパン村村長）

「あるとき兵士が、バイクに跨ったまま私を呼び止めてこう言った。『お前は誰だ？　どこへ行くつもりだ？』と。いったい、どういうことだ！　本来ならば、尋ねる立場にあるのは私の方だ。『お前たちこそいったい誰なのだ？どこから、何をしにこの村に来たのだ？』この村にやってきた以上、兵士も村のやり方に従わなければならない」

書記の若者も、かなり強い口調で兵士のふるまいを厳しく批判した。その次に立ち上がった県会議員は、村の現状を落ち着いた口調で説明したうえで、議論の具体的な着地点を示した。

（県会議員）

「この村に暮らす者でねずみの道に関わりを持たない者は、全住民の二割、どれだけ多く見積もったところで三割といったところだろう。国境の向こう側と行き来したり、荷運びに雇われてお金を稼いだりして、ねずみの道があることによって、住民のほとんどが何らかの利益を得ている。女性たちも、子どもたちも、村のほとんどの人間が、そうやって生活してきたのだ。

こういう状況だから、問題を完全に解決するには、相当の時間がかかるだろう。今われわれは、まず対立してしまったこの状態から抜け出す道を見つけなければならない。『二度とこのような事件を起こさない』ということをお互いに確認することで、今回はよしとしよう。それ以上のことを相手に求めることは、お互いにするまい。問題を根本的に解決することなど、どうしたってすぐにはできないのだから」

会場の中心には、村人側代表のひとりとしてMの父親もいた。かつて村長を務めたこともある彼の役目は、慣習に精通する者として話のなりゆきを見守り、住民代表のひとりとして発言することだった。

（Mの父親）
「今回の問題を収めるために、犠牲となった二人の若者ひとりにつき、軍は二五〇〇万ルピアを支払わなければならない[14]。あるいは牛または豚を村に提供するべきである。われわれはそれをつぶして、祖先に祈りを捧げよう」

この場で多くを語ったのは村人側を代表する面々であり、彼らは住民の不満を代弁し、許容される範囲を意識しつつも、言えるだけのことを雄弁に語った。兵士側はこうした発言を遮ることなく、黙ってそれを聞き続けた。兵士側の証人として町からやってきた高官のひとりは、神妙な表情を浮かべながらそうした言葉にしきりに大きくうなずき、その言い分を尊重する姿勢を態度で示し続けた[15]。村人代表が一通り発言を終えると、座の中心にはボトルに入った酒とグラスが運ばれ、双方から数名ずつがそれを囲むようにして座った（図4参照）。和解の儀礼がダワン語で「Tiun Tua（酒を飲む）」とも表現されるとおり、この酒が酌み交わされることによって和解の儀礼は完了する。酒が酌み交わされると、集まった人々から大きな拍手が起こった。双方が互いに手を握り合うと、村長は「こうして和解の儀礼を終えた以上は、この件については終わりだ」と宣言し、「ここに集まっている者たちは、たしかに詫びを受け入れた。この先、問題を蒸し返したり、誤った情報を村の外に発信したりしてはならない」と続けた。

　酒を酌み交わしたことで和解の儀礼の手続きは完了したはずだが、ここで憲兵の男性が手にした文書を読み上げた。

図4　「和解の儀礼」の一場面。

（憲兵）

「親密なかたちでの和解（perdamaian secara kekeluargaan）が確かになされた。この件を、双方はこれ以上問題とはしない。慣習に基づく罰則が科せられることもない。和解の儀礼のために、三本のビールと、一本のウィスキー、および五〇万ルピアが提供された。両者とも、相手側にこれ以上のことを強いてはならない」

　憲兵は、読み上げた内容に誤りや不足がないかを集まった者たちに尋ねた。記載された関係者の名前の誤りが指摘されたが、ほかに異議はなかった。Mの父親が「ひとりあたり二五〇〇万ルピア（約三〇万円）」と発言していたのに対して、文書に記載されていたのは「五〇万ルピア（約六千円）」というわずかな金額だったが、これも問題にはならなかった。文書には、密輸に関わったDたち三人と、Y隊長、双方の証人たちが署名し、そのうえで証紙が貼られた。文書がこうして完成すると、双方が再度手を握り合い、写真が撮影された。最後にY隊長が形式的なスピーチを行うと、解散となった。

3　「和解」の後で

翌日は、村役場から少し離れた郡役場で、軍による僻地医療の出張サービスが行われることになっていた。郡役場の庭にはテントが張られ、そこには軍の医療班だけでなく、昨日の「和解の儀礼」には出席しなかった地方軍管区司令官も足を運んでいた。この日、ジャーナリスト六名が改めて村にやってきた。事件が発生したとき、村人のひとりが携帯電話で撮影し、朝のうちにフェイスブックの個人アカウントに掲載した写真には、Y隊長と、半裸にされて手首を縛られた若者ふたりが写っていた。この写真は、事件当日のうちに現地の複数の新聞社のウェブサイトに記事とともに掲載されていた（図5参照）。

ジャーナリストたちは、まず村役場で取材を行おうとした。しかし、「和解の儀礼」では兵士を厳しく批判していた村長や書記は、「もう済んだことだ」という態度で取材には応じず、ジャーナリストたちも強いて何かを聞き出そうとはしなかった。兵士がふたりの若者をバイクで引っ張り暴行する様子を村人が動画で撮影していたというので、彼らはそれを手に入れようとしたものの、実際には既に記事に使われた写真があっただけだった。それから彼らは、医療サービスの現場に赴いて、地方軍管区司令官とY隊長にインタビューを行った。彼らはまず司令官に、軍による僻地医療サービスの意義について型通りの質問をし、司令官はこれに答えた。次に昨日の事件に触れたが、質問もそれに対する回答も、内容は当たり障りのないものだった。Y隊長に対しても、形式的なインタビューが行われただけだった。これが終わると司令官が、「今回のことを騒ぎにはしないように」と言った。司令官の秘書から人数分の白い封筒を差し出されると、ジャーナリストらは笑顔でこれを受け取った。

ジャーナリストたちは県内の出身であり、国境をめぐる村人たちと軍や警察との関係をもともと知っていた。事件当日のうちに写真とともに配信された記事の中には、兵士による密輸への関わりに言及したものもあった。しかし、今回の事件の経緯と核心部分を、部外者である一般の読者が読んで理解できるような内容の記事は、最後まで発表されなかった。こうした報道の姿勢に対して、軍はもちろん、これ以上事件を問題にしないことを既に確認した村人たちからも、批判はなかった。

ただ、村人たちとY隊長ら兵士たちの間で、問題はその後もくすぶり続けた。「和解の儀礼」の翌日から、Y隊長の部隊は国境の警備をこれまでに比べて明らかに強化した。それまで兵士たちは、ねずみの道に独自に設けた「詰所」で、Tシャツと半ズボンにサンダル履きといったくつろいだ姿で椅子に座り、「ねずみたち」が運ぶ品物をときどき確認するだけだった。しかし事件後の兵士たちは、制服に身を包み、ブーツを履き、武器を携帯して、いわば「本来あるべき」姿で国境パトロールを行うようになった。兵士たちは、本来の職務に今更のように忠実になっただけなのかもしれない。だが、両国間で紛争が起こる気配の感じられないこの国境で、そうしたパトロールが必要だとは、村人たちには考えにくいことだった。村人たちは兵士たちの態度の変化を、村人たちに恥をかかされたことへの「報復」の行為とみなした。この「報復」によって、まとまった資本を用いて大量の燃料や酒類を扱う「ねずみたち」だけでなく、オエクシ側で週に一度開かれる定期市に出かけていき、ヤシ酒[16]を仕入れてインドネシア側に持ち帰って売るという小さな商いを細々と行ってきた女性たちも、活動を中止せざるをえなくなった。

Penyelundup Sepeda Motor, Diikat dan Diseret TNI

By Teras NTT · Feb 18, 2016

SHARE

KEFAMENANU, Terasntt.com –Tiga pemuda tersangka penyelundup sepeda motor di perbatasan NKRI – RDTL,Desa Napan, Kecamatan Bikomi Utara Kabupaten Timor Tengah Utara, Nusa Tenggara Timur,
Modestus Siki, Ferdinandus Sasi dan Justinus Eko berhasil ditangkap Komandan Pos Napan, Letda. Arm Milwan Yoga bersama anggotanya saat potroli. Siki sempat melarikan diri, sementara Eko dan Sasi diikat dan dianiaya lalu diseret menggunakan sepeda motor ke rumah Siki untuk menangkapnya sekaligus mengambil barang bukti, Kamis (18/2/2016) pukul 5.00 wita.

図5　事件発生当日（2016年2月18日）、村人が携帯電話で撮影し、地元メディアのウェブサイト（Teras NTT）に掲載された写真。記事の見出しは「バイク密輸犯、インドネシア軍兵士によって縛られ、引きずられる」。

バイク密輸の主犯だったDには、事件の後にもねずみの道を使った仕事を依頼する電話があった。「電話の相手は、ねずみの道を通ってインドネシア側に入りたいから、いつものように国境そばまで迎えに来てくれと言った。俺は、『今は危ないからやめておけ。時期をずらした方がいい。それが無理なら、ナパン村ではなく海岸沿いの別のルートを通った方がいい』と伝えた。いま兵士たちは、俺たちに仕返しをする機会を窺っている。だから俺たちは、彼らにきっかけを与えてしまわないように注意して過ごさなきゃならない。」

衆人の前で堂々たる演説を行ったMは、「こんなふうにまだ対立が長引くならば、私たち住民側は、話し合いの席にもう一度座ってもいいと考えている。しかし兵士たちの態度はまったく逆で、私たちに対して感情的になっている」と言った。Mには、Jという弟がいる。彼は、Mが経営する商店の向かいで自動車修理業を営むとともに、夜にはねずみの道の数人の運び手を指揮し、Mが扱う商品の密輸の現場を仕切ってきた。Jは兵士側の対応について、「彼らはまだわれわれに腹を立てているんだろう。みんなにさんざん文句を言われたから」と語った。しかし、祖霊の名のもとに行われた和解の儀礼を無視する行為は、本来許されるものではない。

「この村で、慣習の力は非常に強い。和解の儀礼は昨日で既に終わった。最後に双方が酒を飲んだのだから、お互いに問題を蒸し返すような行動は、絶対に許されない。もしこれに従わず、決まったことを覆そうとする者があれば、そいつは狂ってしまう。突然走り出して、山の上まで行ってひとりで笑い転げたり、木に話しかけたりするようになるのだ。

兵士たちはいま、決まったことに従わず、われわれに腹を立てて、武装してパトロールをしている。われわれは落ち着いて様子を見ていればいい。たとえ彼らがわれわれを撃とうとしても、武器は鳴らない。争いが二度と起きないように、祖先がわれわれを見ているからだ。」

筆者はまもなくこのときの調査を切り上げて帰国したため、以降の様子を直接確認できなくなった。事件から二週間が過ぎた三月初めに、ナパン村のそばで生まれ育ち、現在は州都の大学に勤めている知人から連絡があった。彼は帰郷した際に、幼いころからつきあいがあるMやJたちと話したという。それによると、兵士と住民たちの関係はこの時点でまだ以前のようには戻らず、ねずみの道は「開かれないまま」だった。彼はさらに、「兵士たちにバイク事故による負傷者が相次いでいる」と語った。彼によれば、これは兵士が慣習に違反したために見舞われた災厄だった。「和解の儀礼」で決められたことに兵士が従わないので、慣習をよく知る年長者たちは慣習家屋に集まり、かつて島の王国間の戦争で活躍した「戦士」の祖霊に祈りをささげた。「戦士」の祖霊の働きによって、兵士たちの間で事故が続いているということだった。

さらに一か月ほどが経つと、ねずみの道の密輸の日常は、以前の状態に戻っていったという。まもなくY隊長の部隊は任期を終えて、新しい隊と交代した。事件から半年後の二〇一六年八月に私が村を再訪すると、DやJたちは、新しくやってきた兵士たちを「前の部隊はどうしようもない奴らだったが、今度のはいい連中だ」として、彼らの「寛容さ」を高く評価し、忙しくねずみの道を行き来していた。

おわりに——「和解」か「妥協」か

「ねずみたち」は、国境という壁に穴を開けて両国の間を頻繁に行き来し、違法な取引を行うことで収入を得てきた。そうした行為の安全と正当性は、「理解ある」兵士たちによって保たれてきた。

事件発生の直後、村人たちの間では兵士と軍を批判する過激な発言が飛び交い、それらの一部は兵士たちに直接ぶつけられた。そうした発言は、村人たちが負っている政治経済的な周辺性の問題と、この土地の日常が抱えてきた矛盾とともに、インドネシアにおける政治と暴力の根深い問題を活写するものだった。それらの発言の鋭さに比べると、「和解の儀礼」による決着は、あまりにあっけない、物足りないものに思われるかもしれない。村人は兵士を厳しく批判していたが、結果としては、そうした批判が大手メディアを味方につけて大きく展開していくこともなく、国家と軍の関係を問題視する民主化運動の言説に村を越えて合流していくこともなかった。村人に暴力をふるった兵士は、裁かれることも、メディアによる批判のキャンペーンにさらされることもなかった。村人たちが軍から引き出した賠償は、数本の酒と、「二五〇〇万ルピア」からはほど遠い「五〇万ルピア」にすぎなかった。こうしてみると、「和解」したというよりは、非力な村人たちが国家や軍隊といった強者に「敗北」した、もしくは「妥協」したようにも見えてしまう。

「和解なのか妥協なのか」という同様の疑問は、東ティモール独立後に各地で行われた和解プログラムによる問題の処理に対しても、国外から起こった。東ティモール新政府は、住民が独立派と親インドネシア派に分かれて起こってしまった深刻な対立を処理するために、伝統的な和解の儀礼の形式に沿った「赦し」を重視する宥和政策をとった。「赦し」こそが「東ティモールの独自の文化」だとして、国際法廷の設置を望まず、加害者への刑罰や賠償支払いも求めないこうした姿勢は、独立とその後の国づくりを支援してきた国際的な市民運動からは批判された。人道的な犯罪に対する厳罰こそが正当であり、新政府の方針は「妥協」なのであって、過去の人権侵害に真摯に向き合えず、インドネシアに対して弱腰になっていることの「言い訳」にすぎないとされた〔辰巳 二〇一四〕。

ヒックスは、東ティモールで住民が求めることと、国連主導の近代化の理念が求めることとの食い違いを分析している。例えば、年齢やジェンダーの違いにとらわれない社会的平等のような理念が、しばしば東ティモールの慣習にそぐわず、国際機関の骨折りにもかかわらず根付かない。これに対してヒックスは、普遍的だとされる価値観や近代的な法体系と、東ティモール各地の「ローカルな法（慣習）」との間で調整が必要であるとし、国際機関は発展のトップダウンモデルを過信せず、それに代わる草の根モデルに頼るべきだとしている〔Hicks 2007〕。また辰巳は、和解の儀礼の評価をめぐる東ティモール政府と国際的な市民運動の対立に対して、「裁きなのか赦しなのかという二者択一的な問題のたて方そのもの」を問題視し、両者の主張の隔たりは、裁きか赦しかといった「結果」ではなく、「和解の儀礼」がもつ「プロセス」を重視することで克服していくべきだとしている〔辰巳 二〇一四：六四―六六〕。

「ねずみたち」の密輸を理解するうえで重要なことは、彼らがそもそも国家に対する抵抗や反逆の意図をもっていなかったということである〔森田 二〇一六〕。彼らは「国家への忠誠」を表明しつつ密輸を行ってきたのであり、いわば国家による承認（兵士による密輸の「許可」、「安全」の保障）を受けてそれを続けてきた。彼らは国家とのこれまでのそうした関係を問題視してはいなかったし、現状を変更して、本来あるべきとされる健全な統治が行き渡ることも最初から求めていなかった。

村人たちが問題にしたのは、兵士が三人の村人に加えた制裁が正当であるか否かであった。和解の儀礼を通して、彼らは兵士に対して言いたいことを一通り発言し、その場に集まった人々の前で兵士による制裁に正当性がなかったことを明らかにし、「同じ問題を二度と繰り返さない」ことを兵士たちに誓約させた。村人たちは、「弱腰」だったわけでも、「妥協」したわけでもなく、十分に本来の目的を達していたのだった。

中央から払われる関心の低さと、本来の形では機能していない統治と、しかしだからこそ違法ではあるが「許可」されて、「安全に」「公然の秘密」として国境を越えることができる状況が、村にはあった。こうした周辺性のゆえに、村人たちは、東ティモール独立前には得られなかった収入を、村にいながら稼ぐことができるようになった。新しい生活を手に入れた彼らは、起きてしまった衝突に対して、権力との真っ向勝負を求めず、問題が大きくなりすぎることは避け、自らの周辺性をちょうどよいところで維持し、密輸を生活の手段として続けていくための日常を保った。彼らのこうした姿は、「同質化作用を発揮する権力システムの縁辺という境界で、人がいかにその内外を出入りしながら生き抜いているのか」［関根　二〇〇四：一二］というストリートの知恵と生活を、ティモール島国境における密輸の場面で体現していた。

「国境での生活とはこういうものさ」「いつまでも続くわけじゃない」と語る村人がいるとおり、インドネシアと東ティモールというふたつの国家の方針と関係次第で、こうした状況は大きく変わりうる。ねずみの道を使った密輸がいつまで可能なのかはわからず、現在の生活はこの先を保証されたものではない。彼らはそれをわかったうえで、日常化した密輸を続けられるところまで続けるだろう。逮捕者をだし、物品を押収され、今回のように誰かが屈辱的な暴力にさらされるかもしれないが、「犠牲を払いつつも何かをつかみだす、ストリートのエッジにおける創発の実践」［関根　二〇一二：一二］を、少なくとも当分は続けていくのではないか。

国境を警備する兵士たちは、この村において国家の権力を体現する存在であり、そうした兵士たちの承認によって、密輸は正当なものとして続けられてきた。しかし、村人に私的な暴力を振るったとき、村人たちにとって兵士たちは国家という後ろ盾を失ったのだった。「和解の儀礼」は、村人たちにとってこれを確認するものだった。結果として問題は適切に処理され、その決定に従わない者たちには、相次ぐ事故という災厄が襲った。国境地帯で暮らす村人たちは、国家の中心との関係において間違いなく周辺に位置づけられ、周辺に生きる者たちとして国家との関係を調整してきた。だが、村は国家とは別なところでは慣習によって統治され、そこでは慣習のもつ力が具体的に発揮されるのだった。兵士たちは国家の後ろ盾という「正当性」を失ったときに、この土地において無防備の身となり、周辺に追いやられた。村人たちが負わされていたはずの周辺性は、このときに裏返り、それから「和解の儀礼」の終わりに至るまで、問題を解決するためのプロセスにおいて中心の位置を常に占めていたのは村人たちだったのである。

注

（1）オエクシの名称表記は現在のところ統一されておらず、Oecussi、Oecusse、Oé-Cusse、Oecussi、Oekusi、Oecussi-Ambenu、Oekusi-Ambenu などが用いられている。オエクシの語源は、この地域の民族言語であるダワン語話者によると「甕の中の水」である。

（2）「ナパン村住民」としているが、これは現時点での描写であり、そこには東ティモール独立前後にオエクシ県からインドネシア側であるナパン村に、親族などを頼って移り住んだ人々が含まれている。こうした人々のすべてを単純に「難民」としてカテゴライズすることが困難であることについては、[辰巳　二〇〇七]などを参照。

（3）東ティモールの歴史、独立に至る経緯については[Durand 2016; Molnar 2011、松野　二〇〇二]を参照。

（4）ただし、オエクシでは二〇一四年から「社会的・経済的な持続的発展を目指すパイロットプロジェクト（Zonas Especiais de Economia Social de Mercado de Timor-Leste、略称ZEESM）」が進行中である。ポルトガルをはじめ海外からの投資を積極的に呼び込みながら、二〇年がかりで「第二のシンガポールの建設」を目指すというプロジェクトにより、オエクシ海岸部では急速に開発が進んでいる。本稿の舞台である国境地帯においても、この国家規模のプロジェクトの進展に伴って、物流と人々の暮らしに何らかの変化が生じることが予想される。ただ、二〇一六年八月の時点で、国境付近を含む山間部の集落では、プロジェクトによる大きな変化は見られなかった。ちなみに東ティモールでは、限りある石油資源に過度に依存したまま大型プロジェクトばかりを優先する財政が批判されており、このプロジェクトをめぐる同様の問題や汚職が国内でも指摘されている。

（5）石川は、ボルネオ島（カリマンタン島）におけるマレーシア-インドネシア間の国境社会とねずみの道の事例を論じている[石川　二〇〇八]。

（6）「penikus」とは、インフォーマントのひとりが使った言葉である。「tikus（ねずみ）」という名詞に、派生語の名詞をつくる接頭辞「pe-」をさらにつけたもので、「ねずみの道を行き来する者たち」を指している。

（7）東ティモールは独立以来、自国通貨を作らずにUSドルを使用する通貨代替を採用している。一ドル未満に限り、独自の単位（センタボ）と硬貨を使用している。

（8）一般の警察官および警察機動隊（Brigade Mobil、略称 Brimob）が配置されている。

（9）インドネシアにおける政治と暴力の関係については、［本名　二〇一三］を参照。
（10）「九月三〇日事件」については［倉沢　二〇一四］を参照。
（11）この一帯の住民たちがカトリックを信仰しているのに対して、このとき駐屯していた兵士たちは主にジャワ出身のイスラム教徒たちだった。
（12）ちなみに、いったんこの場が解散となった後で、Mは、やはり密輸によって財をなしたもうひとりの年配の女性とともに、軍人数人と場所を移してさらに話を続けていた。公の場で兵士たちを罵倒したことのフォローを、Mは忘れなかったはずである。なおもうひとりのこの女性は、独立前はオエクシ側で暮らし、インドネシア側に「難民」として逃れたのち、密輸によって稼いだお金で国境ゲートすぐ手前の土地と家屋を購入して、現在は新築した店舗兼住居で暮らしている。
（13）英語の正式名称は「the Commission for Reception, Truth and Reconciliation in East Timor」。略称ＣＡＶＲが一般的に用いられる。
（14）日本円で約三〇万円。首都ジャカルタでの平均月収が二万数千円とされるので、かなりの額である。
（15）とはいえ彼も、Mの父親が「ひとりあたり二五〇〇万ルピア」と発言した際には、うなずくのをやめた。
（16）オエクシ側の標高の低い地域ではロンタル椰子が生えており、これから作られる酒がインドネシア側の村人たちにも好まれている。

参考文献

Belun & The Asia Foundation
　2013　*Tara Bandu: Its Role and Use in Community Conflict Prevention in Timor-Leste.* The Asia Foundation. (https://asiafoundation.org/resources/pdfs/TaraBanduPolicyBriefENG.pdf)

Durand, Frédéric B.
　2016　*History of Timor-Leste,* Silkworm Books.

Endres, Kirsten W.
　2014　Making Law: Small-Scale Trade and Corrupt Exceptions at the Vietnam-China Border, *American Anthropologist* 116(3): 611-625.

Gunn, Geoffrey C.
　2015　East Timor - Indonesia: Oecusse District, In *Border Disputes: A Global Encyclopedia.* Emmanuel Brunet-Jailly (ed.), pp.175-185, ABC-Clio.

Hicks, David
2007　Community and nation-state in East Timor: A view from the periphery, In *Anthropology Today* 23(1): 13-16.
Holthouse, Kym and Damian Grenfell
2008　*Social and Economic Development in Oecusse, Timor-Leste,* The Globalism Institute.
International Crisis Group (ICG)
2010　Timor-Leste: Oecusse and the Indonesian border, *Policy Briefing: Asia Briefing,* 104: 1-17.
Molnar, Andrea Katalin
2011　*Timor Leste: Politics, History, and Culture,* Routledge.
Ormeling, F. J.
1956　*The Timor Problem.* J. B. Wolters.
Roitman, Janet
2006　The Ethics of Illegality in the Chad Basin. In *Law and Disorder in the Postcolony.* Jean Comaroff and John L. Comaroff (eds.), pp.247-272. The University of Chicago Press.
World Bank
2016　*Democratic Republic of Timor-Leste, Oecusse Economic and Trade potential, Vol.1 Overview of Oecusse today and long term potential,* World Bank. (http://documents.worldbank.org/curated/en/189241468186840509/pdf/ACS18457-v1-WP-P150407-PUBLIC.pdf)
石川　登
二〇〇八　『境界の社会史——国家が所有を宣言するとき』京都：京都大学学術出版会。
オング、アイファ
二〇一三　『《アジア》、例外としての新自由主義』加藤敦典・新ヶ江章友・高原幸子訳、作品社。
倉沢愛子
二〇一四　『9・30世界を震撼させた日』岩波現代全書。
本名　純
二〇一三　『民主化のパラドックス——インドネシアにみるアジア政治の深層』岩波書店。
松野明久

二〇〇二　『東ティモール独立史』早稲田大学出版部。
森田良成
二〇一六　「『ねずみの道』の正当性――ティモール島国境地帯の密輸に見る国家と周辺社会の関係」『白山人類学』一九：二二五―二四八。
辰巳慎太郎
二〇〇七　「略奪婚――ティモール南テトゥン社会における暴力と和解に関する一考察」『文化人類学』七二（一）：四四―六七。
二〇一四　「東ティモールにおける非暴力の思想〈ナヘビティ〉」小田博志・関雄二編『平和の人類学』法律文化社、四九―六九。
関根康正
二〇〇四　「序論〈都市的なるもの〉を問う人類学的視角」『〈都市的なるもの〉の現在――文化人類学的考察』関根康正編、一―三九、東京大学出版会。
二〇一三　「放射能汚染社会におけるストリート人類学」『民博通信』一四二：一四―一五。

転

マイナー・ストリートの創造力——ヘテロトピア・デザインに向かう実践

一三章　下からの創発的連結としての歩道寺院
――インドの路上でネオリベラリズムを生き抜く

関根康正

はじめに

本章の目的は、社会的排除にあっているという人々の現実の描写にある。南インドの大都市チェンナイにおいて、断続的ながらこの二〇年間あまりフィールドワークを続けてきた。そこから徐々に明らかになってきた排除された人々の生活闘争に学ぶためである。フィールドワークという他者との遭遇の醍醐味は、それまでの自分が想像できない事態に出会い、その時にはまず腰を抜かすほど驚くことのなかにある。その経験は、確実に自分の想像力を拡張してくれ、通常の想像の域を超えた人間の底力、人間としての可能世界の深さと広がりに感嘆するのである。社会的に排除されて無産で放り出されてもなお、敢然と生き抜く人間に希望を見出す時である。これほど底堅い普遍的な希望はない。

一九八五年以来ほとんど毎年のように通っている南インドのタミルナードゥ州であるが、特に州都チェンナイ市については、この二〇年余り経年的な変化を見てきた。

最近の訪問の体験から始めよう。二〇一六年三月三日の夜遅く、チェンナイ空港到着。安心なプリペイド・タクシー

写真１　歩道に腰掛ける屑拾いの「貧窮者」

写真２　歩道の隅に座り込む、細った足の「貧窮者」

に乗りこむ。都心のホテルまで片道七〇〇ルピーの定額だ。いつものように運転手と雑談する。四〇代のくらいの彼はチェンナイの西方七〇kmほどにあるカンチープラムの近くの村からの出稼ぎで、この車の所有者から月一万ルピーのサラリーをもらっているそうである（一日五〇〇ルピーくらい稼ぐというから、オーナーはずいぶんと取り分が多い）。六年前からこの出稼ぎ仕事に従い、それまでは村で農業をやっていた。妻と子供二人は今も村にいる。彼は間借り代も節約して仕送りを増やすため、車で寝泊まりをしているという。村では食えなくなってここに来たのだろうが、これだけの情報でも、彼と彼の家族の貧しさが伝わってくるが、この家族の場合はどうにか村の家を拠点に最低限であろうが仕送りで暮らしていることがわかる。この運転手の事例は、現代インドに急増している村と都市を往復する「貧者（the poor）」の群れの一ケースである。

その二日後、チェンナイの大通りを歩いていると、大きな袋を担いだ全身垢まみれの青年が近づいてきて私の前に黙って立った。何をしているの、と私が聞くと、紙屑拾いをしているという。大きな袋はそのためであった。言わずもがなだが、どこに住んでいるのという問いには、歩道で寝ているという。チェンナイの人口の三〇％近くはスラムに住むが、この青年はそこにも居場所がないのだ。彼は私をじっと見て何も食べてないと訴える。私は黙って昼飯代をあげた。この青年は家もなく、日々の飢えをしのぐのもやっとであろう。生き残れるだろうか。彼は貧者でさえもない。州や国の統計にもまともにカウントされない「貧窮者（paupers）」（衣食にも事を欠く、貧窮した貧困者たち）であろう。長くグジャラート州で研究を続けてきたジャン・ブレマン（Jan Breman）は、インドの人口の二五％が、その「貧窮者」の範疇に入ると推定している［Breman 2016］。

このタクシー運転手と紙屑拾いとの差異を見極めることが、重要であり、深刻な事実を私たちに突きつける。この二人の差異に自覚的になると、つまり、まさにブレマンの言う、〈どうにかやっている「貧者（the poor）」〉と〈無産で衣食にも困る「貧窮者（paupers）」〉との差異をはっきり意識すると、国連諸機関やインド政府が示す「貧困線（poverty threshold /poverty line）」というものの虚構性と隠蔽性が明らかになろう。「貧困線」が示されることで、国家の関心は「貧困線」をいかに下げるかに向かい、つまり「貧困線」あたりの「貧者」を減らすことに向かう施策は、貧困線以下の人々の全体を課題対象にしたものにならない。むしろ貧困線以下というくくりで中身はブラックボックス化して、生存限界を漂う「貧窮者」やホームレスなどに届くような施策なしで済ましている。それは、国家の確信犯的隠蔽でありネグレクトであり、ネオリベ経済の棄民傾向を露呈するものである。このような社会的排除の記録簿にも残らない底辺の人々の状況把握に「社会的排除と包摂」理論が対応できるとは到底思えない。以下の記述では、「貧者」と「貧窮者」とは、意識的に区別して表現することにする。この「貧者」と「貧窮者」の区別によって、貧困線という粗い見方を脱して、貧困者内部の深みに向かって正確な認識を進めることを目指すためである。

一　歩道に生きる

先の紙屑拾いの青年は日々歩道に寝ているという。チェンナイの気候が彼の寝袋である。ここでは凍死は起きない。一九九〇年代以降、つまりインドの経済自由化への転換以降、確実に路上に寝る人は増えている。タミルナードゥ州の村から、インドの他州から、隣国から、出稼ぎに出てくる人でチェンナイ市もあふれてきている。そのとき歩道空間が「貧窮者」の受け皿になっている。二〇一一年の統計ではチェンナイ市の狭義のスラム生活者は市の人口の約二九%（一応小屋がある人々）と出ている。しかし、そこにカウントされていない流浪の路上生活者（houseless が約一万七〇〇〇人とカウントされているが、これは流動的である）と市外に追い立てたスラムの人々の還流を加えると、実際の広義のスラム人口はチェンナイ市の人口四六五万人（二〇一一年）の三〇%を超えると推定できる［Dorairaj 2009, Citizen Consumer and Civic Action Group 2015, Johnson 2013, 2011 Census of India］。

この二〇年間、私は大通りの歩道に注目し、その豊かな歩道文化を観察し描写してきた。歩道は、言うまでもなく公共空間であるが、車道ではないから人はそこに留まり活動できる。インドの大都市ではそれが許される（許さざるを得ない）。インドの大都市の歩道も二一世紀に入るころから、つまりこの一五年ほどでだいぶ規制が強まってきてはいるが、日本の都市の歩道のように行政の厳しい管理下にはない。そこに留まり何か活動する人もそれを見る人も特に問題とは思わず寛容である、というよりそれが当たり前のようにふるまっているのは、路上活動や路上生活する者をそこから追い出しても行くところがないこと、行政の方に解決の手立てもないことなどをとうに知っているからである。それがいまのところ大方の市民の自然な共存感覚である。たまに市民意識をかかげてそういう活動や滞留は邪魔だから歩道を開けろという「市民」が出てきたりはするが、それは一般的ではない。歩道上で様々な店が構えられ様々な活動が行われる。衣類・下着売り、スナック屋台、各種ジュースの屋台、ココナツ売り、たばこ・嗜好品の屋台、小物雑貨売り、ライター、鍵、器械部品などの小物売り、靴修理・靴磨き、雑本売り、花輪売りなど……。そして、ストリートで生業をたてるオートリキシャ引きの休憩地（オートスタンド）になり、後で詳述される「歩道寺院」が建ち、さらに歩道を家にする路上生活者の家族たちの日常生活の場になる。その「豊かさ」をよく伝えたいので、別の場所に記したもの［関根　二〇〇四］を少し加筆して再録しておきたい。

チェンナイでの調査助手をしてもらっていたマドラス大学の院生に、「歩道寺院」以外の歩道空間を用いた諸活動にどんなものがあるかを改めて尋ねてみた。彼は、もうチェンナイに住んで長いのだが、以下のような活動を挙げてくれた。花輪売り、朝食・昼食・夕食の屋台、小物売り、ホームレス家族の居所、果物売り、生ジュース売り、古本売り、牛・水牛の飼育と搾乳、公衆トイレの設置、トイレ無しだがトイレ機能を満たす場所、ゴミ集めのジプシーの居場所、政党による政治集会、オートリキシャ・スタンド、茶店、キンマ売り、下水流しやゴミ捨て場、飲料用給水タンク設置、井戸ポンプ設置、配電盤設置、社交場（座っておしゃべり）、壁にさまざまなポスター（映画、政治、カースト団体、商業広告、死亡・結婚・社会問題・新築披露・文化活動などに関する広告、寺院関係宗教行事）、広告看板設置場所（特に映画と商業広告が歩道に脚を立てた大看板を作らせる）など。加えて、面白いことを教えてくれた。最近一〇年くらいのことだが（特にタミルナードゥ南部でより盛んだそうだが）、若者の間で自己宣伝ポスターの作成が流行っていて、そのために印刷会社は最近景気がいいそうである。そういうポスターも歩道沿いの壁に貼られる。

筆者自身、市内各所の歩道状況を今日まで見てきた者として、その雑多な機能の場を提供している模様に驚かされると共に、それゆえに、上からの都市計画の意図をずらして利用、活用されている「ヘテロトピア」［Foucault 1984］的な場として、すなわち権力の空間の縁辺の場所として歩道空間を活写したい気持ちに駆られた。受動の主体性が産み出す「流用 appropriation」の現場を描写しようというのである。この歩道利用一覧記述はまだまだ付加できる。傘直し、ライターオイル詰め替え、靴修理と靴磨き、雑貨小物売り、エロ本隠し売りなどなどと言った具合に。屋根付きのバス停も歩道に作られるが、そこが出店に占拠される場合もある。数少ない公衆トイレが家畜飼育場になっているのも眼にした。舗装が不十分な歩道ではすかさず果実のなる有用樹の植樹が勝手に行われて収穫されるのも見た。オートリキシャの運転手の某氏は、得意げにこれが自分の木だと言って成長を見守っている。商業地区の街路の歩道は出店の列（上の列記では書き尽くせないあらゆる物が扱われるが、安物の衣類を扱う店は非常に多い）が続き、しばしばそれが二列になって車道の方にまで出っ張る形になる。したがって、人が歩く場所は障害物と諸活動の展開する歩道ではなく、一般的に車道の両端ということになる。そこを歩くのが多少危険でももっとも速い。車道にはさすがに障害物がないからまっすぐ歩ける。私自身、車を恐れて最初はなるべく歩道を歩こうとしたが、その不可能性を体験するうちに、だんだん車道の端を地元の人と同じように歩くようになった。歩道が人の歩く場所ではないことは、地元の人には自明の事実のようであり、それを物証的に確認できる光景があった。サーライの車道上に描かれた横断歩道を渡りきると、どういうわけか歩道を守る鉄柵にぶつかって歩道に上がれない。しばらく車道の端を歩いて初めて歩道に入れる場所があったのである（片側のみが歩道に開かれた横断歩道だった）。

以上みてきたようにこの多彩な歩道空間ではあるが、しかし、その中でも、最も異彩を放つのがやはり歩道寺院の存在である。この歩道寺院現象に関して私はすでに多くの場で発表してきた［Sekine 2006a, 2011b、関根二〇〇二・二〇〇四・二〇〇六・二〇〇七・二〇〇九］。歩道上に不法占拠の形で小祠を作り、やがて成長して寺院と言えるまでの発達を遂げる。神の在所ゆえに、行政も撤去が難しく、多くの歩道寺院が生き延びてきた。二〇〇〇年時点での私たちのチェンナイ市全体をカバーした調査では推計で一六〇〇あまりの歩道寺院があることは判明した［関根二〇〇二］。しかも市域全体に万遍なくあるのである。これは、インドの四大都市の中でもチェンナイに特異な現象である。とにかくここチェンナイ市では北インドの三大都市の状況に比して歩道寺院の存在数が桁違いなのである。神のいないところに人間は住めないというタミル人の世界にしてもいかにもユニークな現象である。しかも、私た

写真３　歩道の物売り

写真４　歩道と車道の端に暮らす家族

ちの調査で、この歩道寺院の数が、一九九〇年代以降の経済自由化の下で急増してきた事実を突き止めている。五〇年を超える歴史を言い伝える歩道寺院もあるが、推計では二〇〇〇年時点の三分の一が一九九〇年〜二〇〇〇年のこの一〇年で建設されたことが判明し、これは経済自由化と歩道寺院建設が有意な関係にあることを推定させる。本来ブラーマンの家庭祭祀であるヴィナーヤガ・チャトゥルティ（誕生祭）が、一九九〇年代にチェンナイでの大都市祭礼としてＲＳＳ（「民族義勇団」と訳されるヒンドゥー・ナショナリスト団体）の画策で突然に出現し拡大した模様と、この歩道寺院の増殖とが、まさに時期を同じくして発現していることが分かる［関根　二〇〇六］。この都市祭礼はＲＳＳが上からシナリオを描き大金を投資するというテコ入れで始まったが、その時に同時に草の根の宗教化現象と言ってもいい歩道寺院の急増が起こったのである北インドの大都市では歩道寺院にもＲＳＳがテコ入れしているという報告があるが、チェンナイでも、最近では、ＲＳＳに繋がるタミル地域のヒンドゥー・ムンナニ（Hindu Munnani = Hindu Front）が、歩道寺院にも触手を伸ばしている事例が幾つかはあるがまだそういうケースは限られている。二〇一六年に壊された地方高等裁判所前の通称「ハイコート歩道寺院」がその一例であった。このようなある程度有名になった歩道寺院の撤去は珍しく、ＲＳＳの管理下への反発があったことがうかがえる稀なケースである。こうした宗教をめぐる諸活動はまさにインドのネオリベラリズムの時代に相当する現象なのであり、ネオリベと宗教復興の親和性が感知できる。ヴィナーヤガ・チャトゥルティと歩道寺院は社会のトップとボトムという両端での宗教復興運動の表出なのである。この時期から、反イスラームを標榜してヒンドゥトヴァHindutva（ヒンドゥー性）を主張する「ＲＳＳ家族」（ＲＳＳ・ＶＨＰ・ＢＪＰの三団体の総称）が勢力を急速に拡大し、現在のネオリベラリズムかつヒンドゥー至上主義を標榜するＢＪＰ（インド人民党）のモディ首相率いる中央政権が今日のインドに君臨している。民族ナショナリズムあるいは宗教ナショナリズムとネオリベラリズムは論理的には相反するはずであるが、現実には動員力を求める政治家と市場を拡大する大資本家との癒着を介して政治権力を増しているのである。寺院と政治の密着は、インド社会では誰もが知るオープン・シークレットである。献金による税負担回避と資金洗浄は、大なり小なり寺院の影の部分の社会的役割である。こうした事実は、いくら行使主体がそのことを表向き否定しても疑いようのない事実である。宗教ナショナリズムはもちろんネオリベ経済を標榜する政治的支配中心の動員の手段であることは明確に確認しておきたい。

二　「歩道寺院」の誕生のメカニズム

歩道に陣取る人たちつまり「貧者」や「貧窮者」の人たちの大地に近い目線と路傍の小さな「歩道寺院」の存在とは自然な形で近しい。「歩道寺院」の誕生は、基本的には歩道に生きる人々とともにあったと言っていい。よくある誕生の起源に、街頭に暮らすリキシャ引きが、早朝の仕事始めに道端に祠を作って祈り始めたというものである。人力のリキシャがサイクルリキシャに変わり、そしてオートリキシャへと移って今日に至る。今も、「歩道寺院」はオートリキシャの運転手たちの仕事始めの起点であり、溜まり場、休憩所として「Auto Stand」なる看板が彼らの管理する「歩道寺院」の前に立てられているのを認める。もちろん、「歩道寺院」を造るのは彼らだけに限らないが、ブラーマンなどの社会的に高位カーストとされる人々よりは中位、低位カースト、言い換えれば非ブラーマンが始めることが一般的である（やがて、ブラーマン司祭が雇われたりするが）。この意味でも脱中心化傾向と親和的な実践である。

起源の有り様はその他にもいろいろあるが、基本的にある個人が、それぞれの動機で祠を作る。夢のお告げと占星術師の助言がよくある動機である。夢枕に神が立って、自ら祀るように要請したというのが、よく聞かれる建設動機の一つである。夢見のリアリティを信じるこの社会では、それは突飛でもなんでもない説明である。このように一応動機説明を尋ねてはみるが、でも実は本当のところは分からない。その個人の「真の動機」は誰にも分からない（本人自身の自覚的説明は後付けである可能性も高く、実は本人にも「真の動機」となるとよく分からない場合も少なくないだろう）。動機の一部であり、重要な一部であるが、そこに理由があっても、金儲けのために祠を造ったとは誰も答えない。ここの文化的風土では、余程強欲の者でも金儲けというそれだけの理由では自分の動機をすべて説明し尽くした気にはならないだろうから。ということで、個人の動機説明は何かあるとしても、結局はそのさまざまな表層の動機、欲望を強く支持しているのは、ベルグソンの言う「仮構機能」［前田　二〇〇一：四章］を果たす宗教文化的装置ないし土壌の存在であろう。つまり、それが浅い自覚のレベルでは金儲けという俗的な動機で作られたとしても、できた祠が宗教施設である限り、この宗教の浸透した文化的土壌に接続されて作動し始める。逆に、初めは純粋に宗教的信仰心から作った場合でも、そこに生じた経済効果が所有者の考えに俗なる欲望を後に喚起してしまうこともないとは言えない。ことがらは神をめぐる話であるから、どんなことでも行使可能であり、それを正当化できる。その同じ土壌が、自称グルと名乗る聖者 Godman ［杉本　二〇〇〇：二五〇—二五二］をあまた排出されるこの地のメカニズムでもある。

神と共にあることが人々のハビトゥスになっているから、歩道上の菩提樹、バニヤンなどの大木の根元には、神

写真５　歩道寺院誕生の兆候ないし萌芽状態

写真６　しっかり発達した歩道を半分占拠した歩道寺院

写真７　歩道の９割を占拠した歩道寺院

写真８　チェンナイ市で一番の大きな歩道寺院

意を感じて「歩道寺院」誕生への歩みが始まることもよくある（その兆候は、その大木の根元に梅檀の木を植えることで聖化し始める）。個人の内的意志と社会文化の外的環境の接点で宗教的ハビトゥスが「歩道寺院」というプラクティスを引き出すと言えよう。上述したように二〇〇〇年時点で市内に推計で一六〇〇余あると推計される「歩道寺院」の存在自体が、すでに、「歩道寺院」建設というものが一つのパッケージ化した宗教実践として下層の人々の間で定着、流通し、反復されていることを実証していよう。しかも近年増殖する力を強めていると感じさせるし、事実そうである。この現象は、大規模なハイウェイ建設やそこで展開する都市祭礼ヴィナーヤガ・チャトゥルティの大行列のような、上からの「大きい都市スペクタクル」ではないが、力強く大地から生える雑草のような確かさで起こっている

「小さな都市スペクタクル」と呼んで構わない［参考に、Subbiah 2006, 2015］。

私はここで二層の都市スペクタクルがそれぞれ別々にあると言いたいのではない。「大きい都市スペクタクル」の方を中心に置く厳然とした権力空間の中で、両者が関係づけられていること、その権力の浸透とその縁辺で生じる抵抗、逸脱との関係性、言い換えれば、中心化と脱中心化との微妙な関係性が問題になる。中心化の排除する力が作った周辺を、もってまわって今度は包摂するという二元論では解き明かせない、「小さな都市スペクタクル」としての歩道寺院の活動の独自性、独自の視点を活写しなければならない。それは、大小のスペクタクルの関係性そのものを、中心からの二元論ではなく、脱中心的な視点転換の後にしか見えない現実性として描くことになろう。そこが本章自体の要点でもある。

先のプレ・サーベイに次いで、これまでに地域特性の異なる市内一五か所の地区（区単位ではない）を選定し、総数で一七七の「歩道寺院」に関する詳細に渡るアンケートとインタヴューを実施した［詳しくは、関根　二〇〇二参照］。

まず、今手元にデータのある一七七歩道寺院の祭神の内訳は、ヒンドゥー教の神々であるヴィナーヤガ **Vinayaga** 神（シヴァ系の始まりの神）が約六〇%、シヴァ教の体系に組み込まれる地方女神アンマン（例えば、Muttumariamman）が約三〇%となっていることは、基本的にきわめて重要な事実である。ヴィナーヤガと地方女神を除くと、その他歩道寺院のヒンドゥー神としては、ムルガン **Murugan**（シヴァのもう一人の息子）、ムニースワラ **Muniswar**（シヴァに習合する地方男神）、シヴァ **Siva**、パールヴァティ **Parvathi**（シヴァの妃）、ペルマール **Perumal**（ヴィシュヌ）、クリシュナ **Krishna**（ヴィシュヌの化身）、アンジャネヤール **Anjaneyar**（ハヌマン）などで一〇%弱を占めている。わかることは、歩道寺院の祭神として採用される神の多くは、シヴァ系の人気の神であるヴィナーヤガとムルガンと一人神の地方女神とシヴァに習合される地方男神が一般的である（ヴィナーヤガが突出するのは始まりの神で寺院では最初にお参りする神であり、新しい企てを成功に導く神であるので、朝出がけに祈ると吉祥であることに理由がある）。シヴァ、パールヴァティ、ペルマール、クリシュナなどの主宰神は歩道寺院に祀るには恐れおおい存在のために一般的には見られない。ヴァイシュヌ系の人気の神アンジャネヤールの登場は北インド化の表れで新しい。また、ヴェーランカンニ Velankanni つまりマリアがキリスト教の「歩道寺院」として一七七の内で四か所において祀られている事実も注目できるし、更にイスラーム教ではダルガーそのものやそれを象徴する旗が路傍に、歩道寺院に類比できる宗教施設になっているのも興味深い。各宗教が歩道に繰り出す「小さなスペクタクル」を実践している（この項は、一部修正したが基本的に関根［二〇〇六］からの再録であることをお断りする）。

さて、私自身は多くの歩道寺院の事例データを持っているが、ここではその中から、ボトムアップに独特な歩道空間を構築してきた歩道寺院の特徴と強度を明瞭に示す事例を二例だけ取り出して本章の考察の対象に置きたい。本章にとっては特に事例一が中心的なものになる。

三　事例一――歩道寺院　その一

この二〇年、私は多くの歩道寺院を訪ねたが、その中でも最も衝撃を受けた事例がこの歩道寺院である。ロヤペッタ州立病院という大病院に近い交差点の角に造られた東向きのヨーガ・ムニスワル Yoga Muniswar 神（悪霊の首領 Muni がローカルの神となり、シヴァ神に同定されている）を祀る歩道寺院である。この歩道寺院の正式名称は、Sri Yoga Muniswar Alayam である。この寺院が建つ T. T. K. Road 沿いの歩道は幅が五mを超えるほど広く、不法占拠の歩道を寺院の境内として占有して、少なくとも四世代の時を刻んできた。二〇〇一年に私がこの寺院に遭遇して以来すでに一五年間あまりの間、どうなることかと見守ってきた。

この歩道寺院に遭遇した最初の光景は、私にとってめまいがするほど悲惨なものだった。それはもちろん私の主観的感情でのことであるが。小型ながら立派な歩道寺院のほかには、占拠した歩道空間には青いビニールシートのテントがあるだけだった。そのとき、テントの中では、この寺院を経営する六〇歳くらいの女性Pさんの長男（姿は見えなかったが）がアル中で、今日も飲みすぎて吐いているというのだ。この長男の嫁は二人の娘と一人の息子を残して、「夫のアル中に絶望して」半年ほど前に自殺してしまったという話もそこで聞いた。二〇〇一年八月のことだった。歩道上の青いビニールシート掛けの小屋部分は市当局の圧力で以前より縮小させられたという。寺院の後ろの庇の下に最低限の家財が隠されるように置かれている。ちょうど居合わせたPさんの孫の高校生は学校の教科書をそこに置いている。不法占拠であるとして、行政から歩道からの退去を求められており、それに対して寺院空間であると主張して抵抗し訴訟を起こして闘っているというのだ。「歩道寺院」としてはすでに十分発達して、人々の信仰を集めているこの寺院の存在が闘争の支えであり、武器である。ここチェンナイの文化風土では、人は追い出せても定着してしまった神はなかなか追い出せない。この時は、三世代の拡大家族が、行政の追い立てや貧しさからの悲惨を抱えながらも肩を寄せ合って生きていた。その点では、ハウスレスではあるがホームレスとは言えないという表現も可能だろう。ハウスは空間であるが、ホームは再生産という時間の経過の中で可能になる。ここで見ているホームは、Pさんの再生産力と豊饒性が構築したものである。まるでリンガとヨーニの女性上位の合体を子宮の内部から形象化したシンボルを祭神にするシヴァ教の実践のようである。ホームという世界が誕生して目の前の家族の現実を造っている。

二〇〇一年の時点では、この歩道での路上生活の家族は一〇人であった。内訳は、Pさんの夫は亡くなっていたので、P、Pの長男（妻は死亡）、その長男の娘二人と息子一人、Pの次男Sとその妻、その次男の息子二人と娘一人（もう一人の娘は幼少で死亡）である。Pさんは一〇人の子供を産んだが、六人が小さいうちに亡くなり、息子二人と娘二人の四人が成人して結婚した結果が今述べたような二〇〇一年の家族構成を作った。まさにPさんの産む力による

写真9　Sri Yoga Muniswar 寺院の境内として不法占拠した歩道に暮らす

写真10　二つの大通りの交差点に建つ Sri Yoga Muniswar 寺院

わけである。Pさんはこの寺院を作ったのは父親だという形で父親については語るのだが母親のことは語らない。兄弟姉妹はいないという。母親が早くなったのか、本当に一人っ子なのか、兄弟姉妹は早世してしまったのか、そうしたことはわからない。

それ以来今日まで何度も寺院を守る彼女を訪ね、少しずつ話を聞いていった（最新の訪問は二〇一六年の三月である）。この一五年余りの間に、二〇〇一年には高校生だったPの長男の長女は結婚してもう五歳の男の子を授かってここに住んでいる。三年前（二〇一三年）に会ったとき幸せそうにその子（まだ二歳だったが）を抱っこしていたのが印象深い。次女も結婚して、五か月の赤ちゃんを抱いていた（二〇一六年三月当時）。次女の家族はここではなく市内の別の場所に住んでいる。長女も次女も夫はオートリキシャ運転手を主に生計を立てている。結局、この娘たちの父親つまりPさんの長男はアル中の果てに亡くなったと聞いた。この長男の息子は未婚であるが、遺体搬送の救急車の運転手をしている。アル中で自分の家族に負担をかけた長男の子供たちを守ったのは、PさんとPさんの次男Sである。Sさんは五〇代で今もオートリキシャ運転手を主にいろいろ働いて自分の家族とこの大家族の面倒を見ている、今やこの拡大家族の大黒柱である。Pさんも老齢（七〇代半ば）で病気がち（高血圧で薬を飲んでいる）になってきたので、Sさんが私にとっても中心的なインフォーマントへと変わってきている。Sさんはすでに述べたように四人の子供をもうけたが娘の一人は小さい時に亡くなったので、現在では未婚の成人の息子二人と結婚した娘一人とその子供がSさんの家族である。Sさんはしばしば母親のPさんのいるこの歩道の家に来ているが、自宅はチェンナイ市の南の郊外アダヤールの近くにあって、そこで娘夫婦と同居している。娘の夫は会社員（詳細不明）である。しかし、Sさんの息子二人は、二二歳と二〇歳で、兄は病院で、弟は印刷会社で、それぞれ働いているが、市の中心にあるこの歩道の家に住んでいる。Sさんの子供たちは病院や会社で働いて定収入を得ており、Sさん家族は全体的に経済的安定を少しであるが得ている。ここには、現在、再びSの姉たち二人が住んでいる。二人とも結婚して二〇〇一年時には婚出してここにいなかったが、二人とも夫を亡くし、生活困窮でここに戻ってきた。彼女たちの子供の有無や消息について聞けていない。とにかく今は二人がここに住んでいる事実がある。Sさんの一人の姉は警察署で掃除婦をしてわずかな収入を得ているが、もう一人の姉は今は少しいいが精神を病んで何もできないでいるという。Sさんもオートリキシャの運転手を主に行い、それでは一日にフルに働けば五〇〇ルピーくらいの利益を上げるという（オート所有者に一日に五〇ルピー払い、ガソリン代の自己負担でこの利益である）。こうなると、今この場所に住んでいるのは、P、Pさんの娘二人、Pさんの長男の息子、娘夫婦とその子供、Sさんの二人の息子、ということで、計九人である。二〇〇一年から変わらずここにいる人は五人である。P、Pさんの長男の息子と娘、Sさんの二人の息子である。とはいえ、この人たちは拡大家族としてふたつの別の世帯（Sさん夫婦と娘夫婦の世帯とSさんの亡くなった兄の次女の世帯）と協力し合っている姿がよくわかった。ここには、狭くはタミル文化、広くは南アジア文化の親族関係重視の生活様式という文化的支持基盤がある。さらに、興味深いのはこの家族の中心の仕事がオートリキシャの運転手であることだ。運転さえできればオートを借りればすぐに日銭が稼げる。やがて仲間もできる、人間関係のネットワークができる。ささやかにせよ、経済資本と社会資本を生み出す。社会資本は、仕事の紹介や、婚姻相手の紹介などに働くし、一定のアイデンティティ構築に効果がある。

ここで描いてきたことのポイントは、この歩道寺院とそこでの生活を可能にしている文化ハビトゥスについてである。特に、自分たちもそこに埋め込まれつつかかわっている社会（行政サイドの人々、近隣の商店主たちなどいろいろ）が共有する宗教ハビトゥスと親族関係ハビトゥスが主要な軸になってサバイバルに一定程度成功してきたことである。Pさんの父親が宗教的にニーズが高い場所として踏んでここに歩道寺院を創発したこと、それを娘のPさんが自身の再生産力を最大源使って家族を作った。こうして、半世紀あまりの時間経過の中で歩道寺院ホームが構築され、結局は住所を持った歩道寺院ハウスを産みだしたのである。ネオリベ資本主義以前から始まったこのサバイバルの小さな歴史は、ネオリベの到来で、宗教は不穏に再活性化し、表層の経済も活性化したことで、流用の環境が変化した。それに賢明に懸命に対応対処したPさんはじめ家族たちの努力で、今では自力で「貧窮者」から最下層「貧者」くらいにはなり、明日のパンがない状態からはとにかく脱した。この事例の創発性・創造性は、無から社会の文化ハビトゥスを活用することで有を産出したことにある。しかもその活用は、賢明でなければ決して成功しない。父親の賢さは彼の選んだロケーションである。ロヤペッタ州立病院（西洋近代医学）という大病院の入口の近くという位置設定が、宗教ハビトゥスを引き出す決定的な好条件を準備した。それがなければPさんの再生産力も身を結ばないどころか悲惨を増すだけで不可能であったろう。ネオリベ到来はこの好条件をますます強化し、テナント貸しからミネラルウォーター売りまで、特にこの一〇年でこのホームは急速に発展した。オートリキシャ運転手は決して安定した仕事ではないが、敏感に物価上昇をメーターを使わないので値段交渉の中で反映できるので、力量があれば儲けも多くなる。しかし、ネオリベはチェンナイのような大都市を肥大させるほどに他州も含めた村からの移民の流入を増やしているので、ボトムの仕事も過当競争になるから状況は過酷である。その点で拡大家族によって、一人一人の収入が減っても寄せ集めてどうにか生きることを可能にする。特にわかりやすいのは、配給カードないし家族カード ration card（family card）の発行は世帯ごとになっているので、彼らの場合は三世帯、しかもPさんの二人の娘はかつて婚出していたので別に配給カードをもっている可能性もある（これは確認できていない）。配給カードには以下のような三種がある。

一、全品目（グリーン）カード：米を含む全可能品目の配給
二、砂糖カード：米を除く砂糖などの品目の配給
三、ホワイトカード（ホワイト）：配給品無し

したがって、グリーンの ration card を選べば基本的な食料を行政から支給される。彼らはそれを持っている。生存権の保証である。二〇〇一年にこの寺院に遭遇したときには私は勝手にこう思った。住所もないだろうから、そういう福祉的なカードももっていないだろう、生きていけるのか、とその「悲惨」にショックを受けた。インタビューを重ねるうちにその認識が不正確であったと気づく。先ほど自力で無から有を産んだと述べたが、正確には完全な無ではない。こうした行政の下支えは確かにあって、それをいかに有利に利用して生き延びるかが自力の部分である。Pさんの父親がここに居を構えて以来、出生・死亡証明書 birth & death certificate、配給カード ration card、選挙者カード voter card、鉄道旅券 train passport、運転免許証 driver license 等を取得するために、住所を創出したに相違ないが、いつの時点かは明確にならなかったが、それは歩道寺院が作られ定着した時期以降のある段階で住所の発生があったと考えるのが蓋然的に妥当である。二〇〇一年当時にはPさんの長男の子供たちはこの歩道のホームから学校に通っていた。学校に行くためには、出生証明書が必要であり、その出生届には住所が必要だ。事実として彼らが配給カードなどを取得するために使っている住所がすでにある。初めて住所のことを尋ねたとき、Sさんは通りの名前に歩道寺院名をつければ、それで手紙は届くよと、曖昧な答で終ってしまった。その後に、正確な番号付の住所を教えてもらえることになったが。二〇〇一年のハウスがない見かけとは違って、住所を持つことで、家族と一緒にいるという意味でのホームに生きているだけでなく、すでにホームレスではなかったのだ。

私が観察できた期間（二〇〇一年～二〇一六年）だけであるが、常に工夫してきたことを証明する意味でも、また、この二〇一〇年以降の変化が急であることを明らかにするためにも、経年的に変化してきた様子を見てみよう。最初の頃はもう追い出されてしまって、いないかもしれないという思いで毎年行くたびに見ていた。しかし二〇一〇年ころから、もう撤去はないなと確信し、むしろどう発展していくのか楽しみで見に行くようになった。さて、どんな工夫がなされたのか。

二〇〇一年の状況は、すでに書いたように、表面的には、寺院とビニールシートのテントしかないという光景で殺風景であったが、二〇一六年の姿はそれとはまったく異なり、賑やかな歩道の家になっていた。ただ、その殺風景のときから、その生活基盤にいつも寺院があり続けた。寺院は宗教施設であるが、それは明らかに彼らを支える強力な経済的基盤になっていた。込み合った街角のこの寺院には、明らかに病院への行き帰りの人と思われる人から綺麗に着飾ったお嬢さんたちまで通りがかるいろいろな人がお参りして賽銭を置いていく。日常的に入る賽銭と年祭の時に近隣から集める献金は、寺院が産み出す収入である。寺院をずっと管理してきたPさんの頭の中には常に寺院の年祭のカレンダーが詰まっている。そこが稼ぎ時だからである。祭礼が近づけば近隣の商店に献金を募って回る。そうした献金はもちろん祭礼の挙行、寺院の維持管理に使われるが、それだけでなく生活の糧にもなってきた。寺院は軌道に乗って評判が良くなれば、実際かなりの安定した収入を産むことになるので、大きな財産価値をもつようになる（そのため維持できないことになった場合などは、小さい「歩道寺院」でもそれなりの値段で新しい管理者へと売買されることになる）。こう書いたのは、この歩道寺院が以下に記す経年変化の定常点として常にあることを指摘しておきたかったからである。

時系列的に変化を記してみる。

①占拠した歩道空間の領域を行政の撤去執行から防ぐために、紅白のストライプで壁を塗ることで寺院空間＝聖

写真 11　トタン屋根の小屋が建つ（2011 年）

写真 12　歩道の際にさらに歩道をつける（2011 年）

域であることを明示する。

②様子を見ながら、まずヤシの葉葺きの小屋掛けを作るが、取り壊しを命ぜられ撤去。しかし、また様子を見て再建するというイタチごっこがしばらく続く。

③二〇一〇年代に入ると、トタン屋根の一五㎡ほどの小屋を建てる。これは簡単には撤去できない、しっかりした構造である。これは裁判も行政側があきらめた形で不法占拠を放置している状況と対応する。その後、ヤシの葉葺きの屋根に変わった。これはトタン屋根では丈夫だが室内が暑くなるし、雨音がうるさいので変えた。そのため、今は雨除けに屋根にビニールシートをかけている。

④二〇一一年ころ、コンクリートを仕入れてきて、申しわけ程度だが、八〇㎝くらいの幅の歩道を、不法占拠する歩道の前に少し車道にはみ出す形で付けた。この大胆な試みには、私は非常にびっくりした。その新歩道は二〇一六年の今では幅も一ｍほどになって本当に歩道らしくなり、さらには、本来の歩道と新歩道の間に垣根を一部立てた。そうすることで、今では小屋の建っている本来の歩道部分が家屋敷のようになってきたのである。

⑤この新歩道の設置と拡充と同時に、Ｐさんは小屋と車道の間の二ｍくらいの隙間部分をコーナーショップ的な売店に貸して賃料を取り始めた。この売店はちょうど小屋を車道側から見て隠すような形になるし、そこが本来は歩道であったことを少しでも忘れされる効果がある。この売店も現在ますます拡充発展しているので賃料も上がっている。

⑥二〇一五年には、ミネラルウォーターの販売を本来の歩道の端で始めた。一〇リットル入り容器のミネラルウォーターを二〇ルピーで買い、それを一リットル三ルピーで売る。それで利益が四〇ルピーは出る。暑い気候なので、病院に行く人帰る人、通行人が結構利用している。

⑦二〇一六年には、もうひとつの小さなテナントが寺院の前の部分の歩道の端で、軽食になる雑穀粥とバターミルクを売る商売を始めた。ここからの賃料が入る。

⑧ごく最近のことだが、次の事例二として紹介するボディガード・ムニスワラル Bodyguard Muniswarar 寺院のあまりの繁栄ぶりにヒントを得たのは明らかだが、Sri Yoga Muniswar Alayam という元の名前の前にボディガードを付加したというのである。つまり、今は、Bodyguard Yoga Muniswar が寺院名である。今も寺院そのもの上にかかっている看板名称はもとのままなのであるが。この流用には、さすがに驚いたが、同じムニスワル（ムニスワラルは複数形による丁寧形）が祭神であるから、流用しやすかったのであり、後述の通り、自動車の需要が急増しているので同じ歩道寺院を経営する者として、その市場を利用しない手はないと思ったのであろう。まだ改名が定着しているようには見えないが。

以上述べたような細かい工夫が、歩道寺院を核にした空間においていろいろと様子見をしながら少しずつ行われて、今では、最初二〇〇一年に見た歩道の光景とは、およそ違う様相になった。とはいえ、最近のこのような収入増加という収穫も、再度確認するが、それを成しえる基盤として歩道寺院が存在してきたからである。そうでなければ、とうに追い出されて話は始まらなかった。

この寺院と私のかかわりの中での一つの重要な視点転換の体験があった。それは私にとってのストリート・エッジの発見であった。

まさに、Pさん家族の生活空間の歩道の中へとベンヤミンのいう意味での「敷居」を超える経験であった。この

写真 13　本来の歩道と新しい歩道の間に柵を立てる（2016 年）

写真 14　雑穀粥売りのテナント（2016 年）

写真 15　椰子の葉葺きの小屋（2016 年）

写真 16　中庭のようになった歩道とミネラルウォーター販売（2016 年）

写真 17　柵と新しい歩道（2016 年）

写真 18　コーナーショップ・テナント（2016 年）

敷居は現代資本主義社会のインドというボディの横溢の中でその皮膚に臨界点として現れた現象的場所である。外者には皮膚の異常現象と映る事態である。私がそこに参入しようという決意ができたのは、トタン屋根の小屋が出現してからは、歩道占拠が安定化した感じがしてきたためだったことが私にある意味で安心を呼び起こしたからではないかと自己分析している。二〇一〇年をまわっていた。それまでは、私の中に、人間として、研究者として、そこに足を踏み入れることへの大きな躊躇があり、長い間考えていた。それまでは、だから、その歩道寺院の前の車道の端か、歩道の際に立って、まさに立ち話の形でごく短時間話を聞いていた。別れ際に寺院にお参りして賽銭を置いた。経済的困窮の中で一生を歩道で暮らす人たちに対して自分が直接何をできるわけでもないのに、そういう人たちを自分の研究対象にすることへの罪悪感が払拭できないのだ。だから、通りすがりの人間として外から眺めて、それでわかる範囲で理解するしかないなと半分あきらめてもいた。見始めてから、短い立ち話を除けば一〇年近くそのようにして過ぎた。しかし、やはり見ているだけではわからないことがある、どうしてももう少し詳しく聞いてみたいという思いは募ってきた。歩道生活の外観が落ち着いてきたことに勇気づけられて、ついに、歩道の中に踏み込むことにした。そういう言い方は、普通の巾の狭い歩道のイメージでは奇妙に聞こえるであろうから、ここの歩道は幅が五m以上もあることを言い添えなければならない。そのため、トタン屋根の小屋と歩道寺院の間が、ちょうど中庭のような感じのスペースとなるのである。二〇一三年の経験を書こう。その「中庭」に入り込んで、Pさんに挨拶した。すでに顔みしりであったから、まあ座ってと椅子を出してくれ、御座に座るPさんと初めて落ち着いて座って対面した。周りには次男S、長男の娘とその赤ん坊などが一緒だ。ソフトドリンク（ペプシコーラ）を買ってきてくれた。私は「中庭」の椅子に座って、目線が下がって、風景が歩道の内側からのものに変わった。これが私には衝撃であった。ものすごい雑踏の大通りの際の歩道であることには変わりないのに、なぜか静かなのである。まさに家の中にいる落ち着きが漂うのである。外側からの立ち見の光景と、内側からのこの風景の間にあまりに大きな落差があることに本当に驚いた。あー、ここは生活空間になっているんだ、と感じた。こうして、Pさんの家族に囲まれ、二歳の子が昼寝する中でのインタビューは、私の既成概念を見事に打ち破り、穏やかな空気のなかでゆっくり進んだ。ものすごい騒音の大通りに面しているわけだが、なぜか騒音が遠く感じられる不思議体験であった。

歩道の外部から歩道の内部に入った、それが私にとっての敷居に踏み越む経験であった。この私にとっての敷居は、Pさんにとっては敷居でも何でもない。私がこの寺院の存在を知ってからでも一五年を超える歳月であるが、Pさん自身はここに生まれて七〇年を超える時を刻みながら、家族を生産し、自他の協働の力を繰り込んでこのような生きられる空間を構築してきた。この七～八年の変化が表向きは大きいが、そのことが起こるために長い歳月の経験蓄積があってのことにちがいない。それが不法占拠の空間を我が家にするというPさんの敷居を超える経験であったに相違ない。こうした敷居を超える記号過程には、往路だけから、往路と復路を並走させる事態に入る折り返し地点があるはずであり、この場合であれば、行政が追放をあきらめた時点であろう。それが二〇一〇年ころに起こった。そこから急激に歩道空間は家屋敷のようになっていく。往路が自力で開拓する過程とすれば、なぜか自他の協働が自然に増殖していく段階が復路なのである。

すなわち、ある現実があっても、それが一体なんであるかは、それぞれの主体によって異なる。すなわち、生きるための課題になる敷居が異なるのであって、社会中心からの視点を客観的真実のように固定的な分析概念に用いることが、どれほど生きられている実態とかけ離れていて、学問的に乱暴なものであるか、もう想像できよう。こうして、「排除と包摂」二元論といったような社会空間管理側のトップダウンな政治行政言語を研究者として無批判に分析概念として用いるならば、御用学者のそしりを免れないであろう。なぜなら、現実に生きている人々の主体的な生の機微に全く寄り添うことがないからである。それを学者の行う自立した研究と認めることは不可能である。

もう明らかである。生きる主体から見たそれぞれのその時々の敷居の発見と乗り越えこそが重要なのである。それこそが、それぞれの主体にとっての新たな世界を拓く創発であり、生きているということである。私たちは、それぞれにひたすら生きるために、それぞれの視点からの敷居をまたぐ。意識的あるいは無意識的に敷居を超える経験を積み重ねていく。

私にとってPさんの歩道の家に飛び込むことがそのときの敷居であった。そこで思わぬ歓待を受け、インタビューさせてもらい、それを終えてそこを去る私は、予想しなかった変容を遂げた。困窮の中での人間の歪みを勝手に思い描いてしまっていた私は、彼らの普通さに驚きの安堵を感じたし、自分の想像力の貧困に嫌というほど気づかされた。歩道で一生を過ごすためのストリートワイズのしたたかさとともにマナーとホスピタリティを失わない人間がここにいる（その近傍にあるアル中と精神病も人間的であることの別の現れである）。今度はいつ来るかとも聞かれる。アーディ月（八月頃）にまた来ますよと答えた。そのときまでには、この歩道はもはやそこを超える前の私が抱いた敷居ではなくなっていた。私は変容したのである。

この事例の重要性を改めてまとめると、ほぼ完全に無産の「貧窮者」にあった者が、この半世紀以上の時間経過の中で、後半はネオリベラリズムの進行下で、すでに人々の間に共有されてその地にある宗教ハビトゥスを中心にした文化ハビトゥスを巧みに活用・流用することで、そして、その上で家族を作るという自前の悲喜こもごもの再生産力を用いることで、地域のつながりと親族のつながりの網の目（小さな社会資本）のうちに社会的連結を創発しつつ、そこから利得を産みだし、自力でぎりぎり「貧者」にまでのし上がったところにある。もちろん闘いは終わらないし、予断は許さないのだが。そのことがどうにかうまくいったのは、もう一度言うと、第一に、歩道寺院のロケーションの卓抜さとその宗教性による不法占拠の正当化、それを前面に出して数々の厳しい試練を乗り越えて結果的に歩道のホーム化を勝ち取ったこと（ちなみに、この都心であるから彼らの占拠している空間の広さ七〇㎡は地価一クロールに匹敵する、もちろん売買できるわけではないが）。第二に、そうした闘争の主体を、多産によって増殖したこと。凍死はしない環境にも依存しているが、Pさんは子供たちとともに作りあげてきた拡大家族の協力によってサバイバルしてきたのである。これは、神を中軸にして、近隣地域と家族・親族による小さなしかし下からの確かな社会的結束の創発に相違ない。

四　事例二――歩道寺院　その二

二つ目の事例ボディガード・ムニスワラル Bodyguard Muniswarar 寺院に移る。この後に述べるように、同じ歩道寺院でありながら、かなり対照的な性格を示すので、事例一の独特の位置を際立たせるために紹介する。共通性と差異を見てもらうことで、一口に歩道寺院と言っても、それぞれの状況文脈で多様に展開する様子を見てもらいたいからである。

その歩道寺院は、チェンナイ市の北部に位置し、市の中枢機能が集中しているところで、チェンナイ中央駅に向かうパッラヴァン・サーライ Pallavan Sarai という名の、トラックがよくとおる大通りの歩道に位置する。メトロポリタン交通公社 Metropolitan Transport Cooperation Limited（元は中央政府の陸軍基地施設）の敷地の正門の際に造られている。事例一が知る人ぞ知るといった、近隣に溶け込んだもの、病院通いの人たちの間では有名なものとすると、事例二のこの歩道寺院は、チェンナイ全体、そしてさらに広域に知れわたっていて、すでに信者の大きな後背地を有する。トラック、普通車、バイクなど車購入した際には、ここでお祓いしてもらい安全祈願をすると交通事故など不幸が起きないという霊験への信仰が定着しているのだ。

事例一の歩道寺院はその横に管理する人たちが住むという寺院の生産機能と生活の場が一体化しているのが特徴

である。これに対して、事例二は歩道寺院の存在、その機能が突出した生活より生産に傾いたケースを提供している。この寺院のように管理者が寺院の横に住まないケースの方が一般的であるが、この寺院の固有の特徴は地域信者集団の共同管理である点で、この点は個人管理、個人所有が多い中では一般的ではない。この事例二は自動車のお祓いの霊験に専門化する形で、驚くべき発展ぶりを示す歩道寺院なのである。そしてその発展がまた深くネオリベ資本主義のインドでの展開に相即して加速しているのである。先取り的に、二つの事例の対照表を作ってみるとこうなろう。この対照が、数ある事例の中で絞り込まれてこの二事例を取り上げる理由にもなっている。事例二についてては順に説明していく。

事例一：管理者は一家族で寺院の横に住んで寺院経営、州立病院の門の近く、病気平癒＋全般信仰、非ブラーマンの家族がプージャー（礼拝）、歩道寺院からの収入は限定的、多様な細かい周辺化された他者をつなぐヘテロトピア的ヘテロトピアの傾向

事例二：管理者は地域集団で運営委員会で組織的に寺院経営、メトロポリタン交通公社（以前は中央政府陸軍）の入口の横、交通安全に特化した信仰＋全般信仰、雇われたブラーマン司祭がプージャー、歩道寺院からの収入でビジネスが成立、ネオリベで急速に進む車社会化というメイン・ストリームで発展するユートピア的ヘテロトピアの傾向

それはオートバイや自動車やトラックの普及がチェンナイにおいても、ニューデリーやムンバイからは遅れをとるものの、この二〇年右肩上がりで増えており、特にこの一〇年はより高い伸びを示す。ここに紹介する歩道寺院は、

トラックにせよ、自動車にせよ、オートバイにせよ、新車を購入した人が事故車にならないように交通安全のお守りを求めて訪れ、お祓いをしてもらうのである。このための霊験ありと、完全に評判は定着し、チェンナイを超えて遠くからも人がやってくるそうである。この寺院の道沿いには、お祓いを待つたくさんの車両が列をなしている状態だ。特に週末は長蛇の列ができる。二〇一二年三月の新聞 **The Times of India** はこの一〇年でタミルナードゥ州の自動車保有者が倍増したと伝えている [Sivakumar 2012]。二〇一〇年代半ばで、いまだチェンナイではオートバイが多く、自動車はまだ保有率が一五％程度で今後の伸び代が大きい（国際エネルギー機関〈IEA〉は報告書「世界エネルギー展望〈WEO〉二〇一六」で、インド全体で二〇四〇年までに八・八倍の伸び率が期待できるとしている）ので、この寺院はインドのネオリベ的経済成長が続く限り、ますます隆盛に向かうことは間違いがないだろう。

この歩道寺院の主神は、ボディガード・ムニスワラルである。歩道を完全に占拠して小屋掛けされているが、ご本尊の祠は実に小さいものである。小さき神に大きな信仰が発生している様である。その横にシヴァ系の独立女神が祭られている。どのようにこの歩道に位置することになったのかを、ここで雇われて働く従業員一人が次のように説明してくれた。今は歩道に位置するムニスワラル神は、もともとは中央政府の陸軍の敷地の中に一三〇年位前からあった。現在の交通公社の正門を入ったすぐ右手の菩提樹の下にあった、そこにあったときはパール・ムニスワラル（ミルク・ムニスワラル）と言われていたが、近隣の人が多く敷地内に入ってきてお参りするので陸軍サイドは困って、その神を外に出して正門向って左手の歩道上の今の位置に移動することで信者たちと決着したという。その交渉の過程で、この寺院の運営委員会に陸軍のメンバーも加わることが了承された。この妥協的な決着は、この地の神の取り扱いには慎重な文化ハビトゥスに基づくものであるが、同時に陸軍のお墨付きをもらったも同然であり、歩道寺院が今日まで存続し繁栄する基礎を与えるものになった。すなわち、公道の歩道を民間寺院がいわば占拠しても半ば公的に中央機関が許諾した形になったのであるから、州や市による歩道からの撤去は難しいことにな

写真 19　広く歩道を占拠するボディガード・ムニスワラル寺院

写真 20　メトロポリタン交通公社ゲート前

写真 21　ボディガード・ムニスワラル寺院正面

写真 22　ボディガード・ムニスワラル寺院主神殿

写真 23　お祓いの儀礼用品、毛髪の魔除けが重要

写真 24　新車のお祓いの儀礼

り、永続が保証される度合いが高まったということである。しかも、四〇年ほど前に起こったこの移動で歩道に出てきたムニスワラルは、交通安全の祈願の霊験を有名ならしめて、特にオートバイや自動車やトラックを買った人が、この小さな歩道寺院にお祓いを求めて押し寄せているのである。この歩道寺院の看板にはタミル語で Paatikaato Muniswarar と英語で Bodyguard Muniswarar と併記されている。明らかに植民地時代の英語支配の中で、今のパッラヴァン・サーライ Pallavan Sarai は、ボディガード・ロード Bodyguard Road と呼ばれていた。現在の交通公社のところでインド陸軍のトラックの木製車体ボディーフレームを作っていたために、その前の大通りがそう呼ばれていたという。その通りの名前が取られて、ボディガード・ムニスワラル Bodyguard Muniswarar が誕生したのだ。その後は言葉のメタファーの作用と流用によって、その名称に誘われて、人々がお参りをはじめ、やがて新車をお祓いして車の安全を守る霊験あらたかな神として、市中のあるいはそれを超えた地域の人々から信仰を集める、極めて繁盛した歩道寺院になっていった。この寺院の現在の運営委員会は、ブラーマン司祭からスタッフまで入れて三五人の従業員を雇っているという。新車の前でココナツを割りレモンを切りドライバーと車とをお祓いして、魔除けの毛髪や呪物を新車の前に取り付ける。こういう境界的事象に対応するのは正統ヒンドゥー教の大神ではなく、土着の香りを残した庶民ヒンドゥー教を担う両義的な神がふさわしい。ムニスワラルはシヴァに習合されてはいるが、本来はムニ Muni という悪霊の大将が神格化したタミル地域での地域神できわめてパワフルな両義的な神であり、それゆえに信奉すれば大きな恩恵をもたらすと考えられている。供物に煙草があるもそうしたローカル性、両義性の現れである。もともとは血の供犠を受けていたのであるが、それは抑圧されブラーマン化している。この独特の力が特にここでは自動車に乗る者の護衛ボディーガードの権能の強さとして評判を呼んでいる。とりわけ責任の重い仕事を担う大型車やトラックは必ずここでお祓いを受けるという。この神の横に祭られているローカル女神は主神の移動後に後に据えられたものであるということで、信者層を広げるために女性信者へのアピールが目指された。

メトノミーがメタファーへ、メタファーがメトノミーに、意識的に無意識的に変換されながらミクロ空間は発展していく模様が確認できる。「……に因んで」の持つ転換力の創発を見る。陸軍のトラックのボディフレームを作っていた場所があった。それに因んで、その前の大通りはボディガード・ロードと呼ばれた。ここにすでに一つの思考のジャンプがあり、ボディフレームがボディーガードに転じている。ボディフレームは車を守り乗っている人を守るからボディーガードである。そのボディガード・ロードの歩道に位置することになったパール・ムニスワラルは名前を変えて、ボディガード・ムニスワラルとなった。そこでこのムニスワラル神の両義的力がボディガードとなってトラックや自動車など乗り物一般を護衛するものとして喧伝されるようになった。両義的な神の移設と陸軍の関与の文脈と、ボディフレーム製作とボディガード・ロードという道路名の文脈とが、この大通りの歩道で出会い、そこに創発的な意味をまとった歩道寺院が誕生したという具合である。幾重にもメトノミーとメタファーが連なっている。この現象は、この場所のトポスにも確かに支えられている。この場所の通奏低音は陸軍というforceとguardの意味合いを合わせ持った空間性であろう。というのは、ボディガードという形容詞の伝搬力は陸軍の存在に支えられている証拠に、近くにはこのヒンドゥー歩道寺院だけでなく、ムスリムのためにはボディガード・パッリヴァーサムBodyguard Pallivasam（モスク）がある。またクリスチャン向けにもボディガードの教会がある。陸軍の隊員にはいろいろな宗教の信仰者がいるから、均等な対応の結果であるようだ（インドのセキュラリズム）。国を守る、自分を守る、双方が、関係者のイメージの中で結合するのであろう。そういうイメージ連合が共通基盤になっているのである。ブリコラージュはこのような関係者を下支えするイメージ共有がないとうまくはいかないのだろう。こうして幾つもの文脈の結合と連鎖がそれまで無かったものを生じさせるのである。歩道寺院の神には、地域的な両義的な小さき神が多い。ブラーマニズム的な大きな神はその主体性が強いので、他者の文脈を受け入れにくいが、それに比して、小さき神はその意味での主体性が無に近い分融通無碍に他者の文脈と結合して創発的な力を産みだ

写真25　アンガーラ・パラメースワリ寺院

写真26　呪物として毛髪を売り始めたアンガーラ・パラメースワリ寺院

せる。小さき神の繁栄はそこにこそ由来する。下からエネルギーがわいてくる。自他を繋ぐ力としての宗教の核心の真骨頂がむしろこういう小さき神で見えやすいのである。新たな関係づけを得ることが、何かを生み出す元手であり過程である。それはまさにパースの言う意味での記号過程と同じである。

いずれにせよ、こうした創発の積み重ね、記号過程の積み重ねによって生み出された言説は、ボディガード・ムニスワラル神の霊験としてヒンドゥー社会の宗教ハビトゥスに到達して独り歩きを始める。今日も、そしてこれからも多くの新車がこの歩道寺院の前で列をなして待つことになるだろう。

このように、一つの歩道寺院（法的には不法占拠の聖地）が発達して多くの信者を集めれば、そこに大量の仕事が生まれ、この寺院のように三五人という信じられない数の人間の職場になる。さらには大通りの向かいには、これまた両義的なパワフルなアンガーラ・パラメースワリ Ankaala Parameeswari という独立女神（地方女神のドゥルガーという大女神への習合形態）の歩道寺院が三〇年前頃に作られ、ボディガード・ムニスワラル寺院に来た信者はついでにその女神にお参りすることになり、その寺院もまた盛況である。もちろん、女神目当てに来て、ボディガード・ムニスワラルにも参るという人もいよう。アンガーラ・パラメースワリ歩道寺院の方はすでに五四周年であると主張している。もともとの村の神の一つだった可能性が高いからいつの時点から数えるかによって変わる年数である。ボディガード・ムニスワラル側の関係者の意見も入れると、歩道に据えられたのは、三〇年くらい前なのだろうという予想が妥当である。最近では、道路の反対側のこの女神の方の売店にも新車の前に着ける呪物としての毛髪などが売られているのは、おこぼれに預かっているわけであるが、それはまた参拝者側の庶民信仰の緩さをも物語っていよう。

事例一の中で触れたが、いまここに述べてきたようにこの地のボディガード・ムニスワラルの霊験とその繁盛ぶりはチェンナイでは誰もが知るほどに有名になってきている。その影響に違いないが、事例一のロヤペッタのヨーガ・ムニスワル歩道寺院を管理するPさんの次男S（ヒンドゥーの神を祀るSさんの名前が実にクリスチャン名であることはまた興味深いが）は、二〇一六年のインタビューで自分たちの歩道寺院をボディガード・ムニスワルだと答えた。ここにもおこぼれを預かる歩道寺院がある。機を見るに敏というのであろうか、ムニスワル（ムニスワラル）神の寺院の形容詞はこうして変転してきたのではないかと予想された。この事例二自体でも、もとはパール・ムニスワラルで、それは牛のミルクを流して祈る蟻塚とそこに棲むコブラへのローカルな信仰を思わせる名称であったが、移動で形容詞は新しい文脈を生きるために取り換えられてしまった。興味深いことである。

結び

本章では、創発という概念は、パース記号学の中心的推論であるアブダクション abduction の意味で用いていることを改めて明確にする。一応ここでは emergence を創発と訳出する議論から距離をとっておく。とはいえ、両者には共通の質的方向性があることは確かであるが、動態的創造というだけでなく。アブダクションでは主体の自己変容と「下からの自発性」に注目する動態的創造であることを強調したい。しかしながら、安富歩が emergence をめぐって書いたことは、共有できるものであるし、ここでの排除と包摂二元論のような中心化理論を批判的に検討し貨幣的価値のみに偏した残忍で最悪なユートピア思想ネオリベラリズムを批判する本章の目的とも合致するので、参考に引用させてもらう。

安富はこうまとめる。「生命が生き延びるための暗黙の力の発揮を「創発」と呼ぶ。この創発が実現されることにより価値が生まれる。有効な経済活動の本質は、創発を呼び起こすために必要なものを、必要な場所に届けることである。この「もの」には情報が含まれる。一方、市場というシステムは、人々が納得する水準に貨幣的価値＝価格を定める。この水準に従って利益の出る活動が促進されることで、間接的に創発的価値の生成を助長するのが市場の機能である。ところが、創発的価値と貨幣的価値とは常に乖離する。この乖離を乗り越えて、創発的価値と貨幣的価値とを結びつけること、つまり、意味があって利益の出る仕事を見出して実現するのが企業の使命である。創発的価値と貨幣的価値との乖離は、社会を崩壊に導く危険性を帯びており、この乖離をいかに小さくするかが、経済制度や政策の目的であるはずだが、財政は往々にして放漫となり、この乖離を拡大してしまう。」［安富二〇一〇］。その通りである。創発的価値に立ち返る岐路に私たちは立っている。そこに向けて本章も本書も書かれている。再度言うが、私はここで、パースの記号過程におけるアブダクションという創発に託して議論している。

ネオリベラリズムが跋扈し、無用な流動と不安をあおられる現代社会に人々は、上位階層にいようが下位階層にいようが押しなべて、この液状化状況に対処して生きなければならない。不安の増大は、必ず安易に捏造された仮想的敵の排斥という右翼的な様々な次元のナショナリズムをもって搾取される。事実そういう現象が世界各国で起きている。しかし、それがすべてではない。上からのそうした社会分断的な扇動に影響されてしまうことも事実であるが、けしてそれがすべてではない。なぜそう言えるか。それはそうした上からの扇動に乗っているだけでは衣食住を賄えない人々がいるからである。インドの社会的底辺の人々は、物量作戦で来るヒンドゥー至上主義集団RSSに思想信条よりも生活のためにすり寄ることがよくある。それでもそれだけで生活が成り立つかというとそうふうにはならないから、どうしても自力の生活構築が求められる。ＲＳＳは、自らの勢力をのばすために「排除と包摂」二元論を巧みに使う。排除状況をメディアも最大限に用いて意図的に作り出しておいては、次に包摂の手を差し伸べるから自分たちの政党ＢＪＰに投票しろ、異教徒には改宗しろ、再改宗しろと迫るのである。そこまで露骨でなくとも現実の政党政治による代表制の「民主主義」国家は、同じような傾向を持つ。そのような包摂的救済策に貧民はもちろんすがりつくが、それだけで間に合うはずがない。自前の努力なしには底辺の人々は生きていけない。「貧窮者」となれば誰も顧ない、救済の手もとどかない。だから死ぬまでは、身体と心が動くうちは、乞食をし、紙くずを拾う。そこにはとてつもない矛盾がある。そもそもネオリベ資本主義が「貧窮者」を生み出す構造を推進しているのだから、そういう資本主義を推進する政府が言う包摂がいかに欺瞞的なものであり、腰が引けているか、容易に想像できるだろう。このように排除と包摂二元論は、トップダウンだが真に福祉国家的なスタンスからものから、矛盾解消のどころか矛盾を広げることを実際には画策している本気ではない隠れ蓑の包摂策まで、多様に流用されてしまうという決定的な弱点を持っている。それは、排除の論理に基づくことになるユートピア的思考に基づく施策の陥穽と言っておきたい。そこに属する排除と包摂二元論には生身の人間がそれぞれの具体的な文脈においてコミットメントをして現実構築しているという事実が理論に欠けているがゆえにそうなるのである。

それでは、どのように思考の方向転換を図ったらいいのか。排除的思考は、実はミクロな現実生活の実態を正確に言い当てていないことを知るべきなのである。現実を知ることが肝要だ。現実を知るとは何か。生活者という主体が直面し含みこまれている述語的世界、言い換えれば具体的に生きられている文脈を知ることである。何にコミットメントしているかである。

そのために、本章では事例一を中心にしながら、二つの歩道寺院の事例を描写してきた。普通に都市を見る目では、どちらも小さな祠であるから、歩道の一角の取るに足らない些末な周辺現象に見えるだろうが、そうした歩道寺院の現象にも生活／親族的からビジネス／組織的まで、創発的価値寄りから貨幣的価値寄りまで、振幅があることを示せたと思う。とは言え、両者ともに、自己の資産を投資して自力で生きてきたというより、様々な環境の偶然を文脈にして他力を組み込む創発の連鎖で構築されていることでは共通している。そこに、排除と包摂二元論を乗り越えるために学ぶべき貴重な、別種の思考様式が認められる。それは他者が次々組み込まれるという意味でヘテロトピア的思考である。ところが、それは気づいてみれば当たり前に誰しもがしていることなのだが、自己裁量力のある有産階層の人々には先取り計画ができるというユートピア思考の幻想の前で見えにくくなっている事態なのである。その意味で、無産の人々のサバイバルの日常というのは、中産階層市民の中ではある意味で抑圧されている思考を目撃できる機会を提供している。それを素直に自らの抑圧を解放するための教師であると認める人は稀で、大方の市民は心外なものを見せられたとその存在をむしろ嫌悪し敵視することになる。ホルクハイマーとアドルノが言ったとおりである。

それが敵ではなくまさに自分であると学べるならば、広々とした世界が見えてくる。人が生きるという事態の実相に接近できる。それは一言で言うならば、歩道寺院をめぐる生活実践が、まさにパースが説いた連続主義(synechism)という教えを体現していることを知るからである。その原理になる理論構造は、一次性、二次性、三次性あるいは表意体の根底、対象、解釈項によって構成されるアブダクションを中心にした推論を通じた記号過程として把握できる（二〇章参照）。そこでは、根底が対象と解釈項を見出す時間こそ恩寵であり、財産である。なぜなら、その時間経過の中で創発 abduction が起こるからである。新しいことが生まれる出来事の時間であり、他者を繰り込んで自己変容を経験する生きられた時である。人はしばしばそのことが生きることそのものだということを忘れ、既存のカテゴリーに自分を割りあてて、それが自分であると固定化してよしとする。そのような自己規定は、生きることとは真逆の生きるための呼吸を止める行為である。それは自分を息苦しくするだけでなく、他者を別カテゴリーに異なるものとして排除するという閉塞性によって社会全体を息苦しくし貧しくすることなのである。生身の実際の私たち人間は、そのようなスタティックなアイデンティティを生きているのではない。それは実態とずれた幻の観念の所産であって、現実にはアイデンティフィケーションという根底が対象とつながり新たな解釈項を産みだす「自己が他者になる」動詞的様態を生きている。それはある意味で当たり前のことを言っている。生きてるということは呼吸しているということであるからだ。順番は明らかだ。まず吐いて、それから吸うのである。説明的にいえば、自己を出し切って、その限界から吸うことつまり他者を繰り込むことが自ら始まる。自己管理のユートピア的文脈（往路）が途切れた限界で、新たな他者とつながる文脈が到来し、それを繰り込む協働を通じて創発が起き始める（復路）。このような時間をかけた創発の積み重ね、他者を取り込む自己変容の積み重ねることは、自己が常にヘテロ化しながら自己が変容・成長していくことである。このような生き方を、私はヘテロトピア的デザインの生と呼んでいる。前もって計画できない生の生々しいそして生き生きした在り方である。自己が自力で計画して何かを成すことは資産がある者しかできない。無産の者は、自己ができることの限界がすぐに来てしまうので、後は他者に身を開き、それと出会って生かす以外に道はない。他者の力を受容して自己の生存に生かす以外に道がないということである。その際に、無産でも有産でも共通して持っている基盤的資産がある。それが広義の文化である。文化的ハビトゥスである。それを媒介項にしながら、創発的に他者を取り込んでいく（もちろん今日では異文化の中に置かれた無産の人々もいるが、それでも人間が他の人間を人間と認める限りの人間文化の共有性があろうから、正確には基盤的資産が皆無とは言えない）。

二つの歩道寺院をめぐる活動の事例を見てきた。第一は大病院の近く、つまり病に寄り添う歩道寺院であり、第二は交通安全という不測の事故に寄り添う歩道寺院であった。とはいえ、歩道寺院は公空間の不法占拠である。法令順守が正しいと思い込む市民意識からは不法行為と糾弾されそこからの追放が望まれる。訴訟も起こされる。そういう排除に晒された人たちが生きる場を、そこでの行為をなぞるように見てきた。特に事例一は並大抵の風当たりではない状況を一家族だけで切り抜けてきた。そういう場所に生きるということは、上からの包摂の施策をただ待っているわけではもちろんない。何もしなければ何も起こらない。生きていけない。だから、歩道寺院をまず作った。どうにかそれは守れそうな見通しが立った。そこで、それを拠点に住所を作って上からの包摂施策を利用する道を開く。それでも暮らしは不十分であるから、それらも含めて、オートドライバーのような無産の者が取りつきやすい仕事などで補ってきた。いずれにせよ、世の中の潮流を観ながら、どういう信仰需要があるかを見極めて歩道寺院を強化してきた。こうして、どうにかやっていく世界を自前で構築しているのである。それは細かく知れば知るほど見事な、大胆で細やかなブリコラージュである。この現実実態は、すっぽりと排除と包摂の二元論での弱者対策、貧困対策では抜けている。誰が生きる主体なのかという当たり前の問い、人が生きるという現実にはコミットメントという主体的（能動的という意味ではない）実践が常に働いているという当然の事実認識が、そういう上からの平均的に薄められた空中飛行的な理論からすっぽりと抜けているのである。

参考文献

新　茂之
　二〇一一『パース「プラグマティズム」の研究――関係と進化と立論のカテゴリー論的整序の試み』晃洋書房。
有馬道子
　二〇〇一『パースの思想――記号論と認知言語学』岩波書店。
伊藤邦武
　一九八五『パースのプラグマティズム――可謬主義的知識論の展開』勁草書房。
　二〇〇六『パースの宇宙論』岩波書店。
　二〇一六『プラグマティズム入門』ちくま新書。
岩田慶治

一九八二『創造人類学入門――知の折り返し地点』小学館。
一九八八『自分からの自由』講談社現代新書。
ウイリアム・H・デイヴィス
一九九〇『パースの認識論』赤木昭夫訳、産業図書。
ヴィンフリート・メニングハウス
二〇〇〇『敷居学　ベンヤミンの神話のパサージュ』伊藤秀一訳、現代思潮新社。
上田閑照編
一九九六『西田哲学への問い』岩波書店。
上山春平責任編集
一九六八「パース論文集」上山春平・山下正男訳『世界の名著四八　パース・ジェイムズ・デューイ』中央公論社。
内田種臣編訳
一九八六『パース著作集二　記号学』勁草書房。
岡田雅勝
一九九八『パース』清水書院。
柄谷行人
二〇一〇『トランスクリティーク――カントとマルクス』岩波現代文庫。
川喜田二郎
一九六七『発想法――創造性開発のために』中公新書。
ギブソン、J・J
一九八六『生態学的視覚論――ヒトの知覚世界を探る』古崎敬訳、サイエンス社。
二〇〇四『直接知覚論の根拠――ギブソン心理学論集』エドワード・リード、レベッカ・ジョーンズ共編、勁草書房。
二〇一一『生態学的知覚システム――感性をとらえなおす』東京大学出版会。
二〇一一『視覚ワールドの知覚』東山篤規・竹澤智美訳、新曜社。
小林康夫・石田英敬・松浦寿輝共編
二〇〇六『フーコー・コレクション　全六巻　別巻一』ちくま学芸文庫。
佐伯啓思

二〇一四　『西田幾太郎――無私の思想と日本人論』新潮新書。
佐々木正人
一九九四　『アフォーダンス』岩波書店。
シービオク、T・A
一九八五　『自然と文化の記号論』池上嘉彦訳、勁草書房。
ジョゼフ・ブレント
二〇〇四　『パースの生涯』有馬道子訳、新書館。
杉本良男
二〇〇〇　「インドの聖者と政治――社会学・人類学的考察」島岩・坂田貞二編『聖者たちのインド』二四六―二六四頁、春秋社。
関根康正
二〇〇二　「『宗教空間』としての歩道空間――チェンナイ市一九九九年～二〇〇一年の『歩道寺院』の盛衰から見える宗教景観」関根康正編『南アジア地域における経済自由化と『宗教空間』の変容に関する人類学的研究――生活宗教に探る「宗教対立」解消の方途』（一九九九～二〇〇一年度科学研究費補助金基盤研究（A）（二）研究成果報告書）、日本女子大一一一―一三八頁。
二〇〇四ａ　「ケガレから都市の歩道へ、あるいは、現代人類学事始め――『〈都市的なるもの〉の現在――文化人類学的考察』刊行を編んだ後で」『ＵＰ』三八四号、一四―一九頁。
二〇〇四ｂ　「都市のヘテロトポロジー――南インド・チェンナイ（マドラス）市の歩道空間から」関根康正編『〈都市的なるもの〉の現在――文化人類学的考察』東京大学出版会、四七二―五一二頁。
二〇〇六　『宗教紛争と差別の人類学』世界思想社。
二〇〇七　「ストリートという縁辺で人類学する――『ストリートの人類学』の提唱」『民博通信』一一六号（特集・ストリートの人類学　関根康正責任編集）。
二〇〇八　「『ストリートの人類学』という構想」『都市文化理論の構築に向けて』大阪市立大学都市文化研究センター編、清文堂。
二〇〇九　「パッケージ化と脱パッケージ化との間での生きる場の創造、あるいは『組み換えのローカリティ』」関根康正編著『ストリートの人類学・下巻』（ＳＥＲ八一）大阪：国立民族学博物館。
二〇一二　「発想法（ＫＪ法）と人類学的フィールドワーク」『悠然の探検――フィールドサイエンスの思潮と可能性』川喜田二郎記念編集委員会編、清水弘文堂書房、三三一―三三〇頁。

関根康正編
二〇〇四『〈都市的なるもの〉の現在』東京大学出版会。
二〇〇九『ストリートの人類学』上巻、下巻、国立民族学博物館。
近森高明
二〇〇七『ベンヤミンの迷宮都市――都市のモダニティと陶酔経験』世界思想社。
ディーリー、ジョン
一九九八『記号学の基礎理論』大熊昭信訳、法政大学出版局。
ドゥルーズ、ジル／フェリクス・ガタリ
一九九四『千のプラトー――資本主義と分裂症』宇野邦一ほか訳、河出書房新社。
西田幾多郎
一九七〇『日本の名著　西田幾多郎』上山春平編集、中央公論社。
パース、S・チャールズ
一九八五〜一九八九『パース著作集』全三冊、米盛裕二・内田種臣・遠藤弘共訳、勁草書房。
二〇〇一『連続性の哲学』伊藤邦武訳、岩波書店。
バーンシュタイン、R・J編
一九七八『パースの世界』岡田雅勝訳、木鐸社。
平山　洋
一九九七『西田哲学の再構築』ミネルヴァ書房。
フーコー、ミッシェル
一九九八〜二〇〇二『ミシェル・フーコー思考集成　全一〇巻』筑摩書房。
ベンヤミン、ヴァルター
一九九三『パサージュ論』全五巻、今村仁司・三島憲一他訳、岩波書店（Walter Benjamin, 1982. Das Passagen-Werk）
一九九五〜二〇一四『ベンヤミン・コレクション』一〜七、ちくま学芸文庫。
一九九七「歴史の概念について」『ベンヤミン・コレクション一』ちくま学芸文庫。
安冨　歩
二〇一〇『経済学の船出――創発の海へ』エヌティティ出版。

山口裕之
二〇〇三　『ベンヤミンのアレゴリー的思考』人文書院。
米盛裕二
一九八一　『パースの記号学』勁草書房。
二〇〇七　『アブダクション――仮説と発見の論理』勁草書房。
リンギス、アルフォンソ
二〇一五　『変形する身体』小林徹訳、水声社。

Ananthamurthy, U. R.
2016　*Hindutva or Hind Swaraj,* Harper Collins India. Sivakumar, B., 2012,

Appadurai, Arjun
1996　*Modernity at Large: Cultural Dimensions of Globalization,* Minneapolis: University of Minnesota Press

Augé, Marc
2009　*Non-Places: An Introduction to Supermodernity,* translated by John Howe, London: Verso.

Breman, Jan
2016　“Only Gandhi wrote about paupers” (G. Sampath’s interview article with Jan Breman), *The Hindu,* February 21, 2016.

Brent, Joseph
1998　*Charles Sanders Peirce: A Life.* Revised and enlarged edition, Bloomington: Indiana University Press.

Bunsha, Dionne
2006　*Scarred: experiments with violence in Gujarat,* New Delhi : Penguin Books.

Burks, Arthur W. ed.
1958　Collected Papers of Charles Sanders Peirce, vols. 7 & 8. Cambridge: Harvard University Press.

Daniel, E. Valentine
1984　*Fluid Signs: Being a Person the Tamil Way,* Berkeley: University of California Press.

Dasgupta, Sudeep
2006　Gods in the Sacred Marketplace: Hindu Nationalism and the Return of the Aura in the Public Sphere, in Birgit Meyer and Annelies Moors eds., *Religion, Media and the Public Sphere,* Indianpolis: Indiana University Press.

Dorairaj, S.
2009 On the Margins, *Frontline,* Volume 26 - Issue 10.

Dwyer Rachel
2006 The Saffron Screen? Hindu Nationalism and the Hindi Film, in Birgit Meyer and Annelies Moors eds., *Religion, Media and the Public Sphere,* Indianpolis: Indiana University Press.

Engineer, Asghar Ali; Dalwai, Shama.; Mhatre, Sandhya
2002 *Sowing hate and reaping violence: the case of Gujarat communal carnage,* Mumbai: Centre for Study of Society and Secularism.

Foucault, Michel
1984 Of Other Spaces: Utopias and Heterotopias, *Architecture /Mouvement/ Continuité* October, Translated by Jay Miskowiec (based on the Lecture "Des Espace Autres," March 1967) pp.46-49.

Gibson, J.J.
1977 The Theory of Affordances (pp. 67-82). In R. Shaw & J. Bransford (eds.). *Perceiving, Acting, and Knowing: Toward an Ecological Psychology.* Hillsdale, NJ: Lawrence Erlbaum.

Hartshorne, Charles and Paul Weiss eds.
1931-1935 *Collected Papers of Charles Sanders Peirce,* vols. 1-6. Cambridge: Harvard University Press.

Lingis, Alphonso
2005 *Body Transformations: Evolutions and Atavisms in Culture* London: Routledge.

Marks, Robert B.
2007 *The Origins of the Modern World: A Global and Ecological Narrative from the Fifteenth to the Twenty-first Century,* second edition, London: rowman & Littlefield Publishers.

Menninghaus, Winfried
1986 *Schwellenkunde. Walter Benjamins Passage des Mythos.* Frankfurt am Main: Suhrkamp.

Moore, E., and Robin, R.S., eds.
1964 *Studies in the Philosophy of C.S. Peirce,* Second Series, MA: University of Massachusetts Press, Amherst.

Nesbitt, Eleanor
2006 "Issues in Locating Hindus' Sacred Space" . *Contemporary South Asia* 15 (2).

Peirce Edition Project ed.
1982 *Writings of Charles S. Peirce: A Chronological Edition,* Bloomington & Indianapolis:Indiana University Press.
1992-1998 *The Essential Peirce: Selected Philosophical Writings,* 2 vols., Bloomington & Indianapolis:Indiana University Press.

Sekine, Yasumasa
2006a "Contemporary Popular Remaking of Hindu Traditional Knowledge: Beyond Globalisation and the Invention of Packaged Knowledge", in Christian Daniels ed. *Remaking Traditional Knowledge: Knowledge as a Resource,* Research Institute for Languages and Cultures of Asia and Africa, Tokyo University of Foreign Studies, pp.163-193
2006b "Sacralisation of the Urban Footpath, with Special Reference to Pavement Shrines in Chennai City, South India", *Temenos: Nordic Journal of Comparative Religion,* Vol.42 No.2,pp79-92 Suomen Uskontotieteellinen Seura [Finnish Society for the Study of Religion]
2011b *From Community to Commonality,* Monika Saltzbrunn, Seijyo university.
2012 "Transnationality, Hope and 'Recombinant Locality': Knowledge as Capital and Resource" *South Asia Research* 32(1), pp.1-20

Shani, Ornit
2007 *Communalism, caste and Hindu nationalism : the violence in Gujarat,* Cambridge : Cambridge University Press, 2007.

Subbiah, Shanmugam Pillai.
2006 Religious Expressions of Urban Poor on Pavements and Religious Continuity of Overseas Indians: Some Observations from Chennai, India and San Francisco, USA in Christian Daniels ed. *Remaking Traditional Knowledge: Knowledge as a Resource,* Research Institute for Languages and Cultures of Asia and Africa, Tokyo University of Foreign Studies, pp.75-
2015 Location of Temples: Exploring the Ecology of Place and Space, *Minpaku Athropology Newslette,* No.41

Visvanathan, Shiv
2016 "'Straydom' is perhaps the metaphor for democracy: where there is vulnerability there is solidarity", *The Hindu,* March 30, 2016

Wood, Martin
2010 Annakūt/Govardhan Pūjā: Identity and Pilgrimage in the Gujarātī Hindu Diaspora, *DISKUS* Vol. 11.

Citizen consumer and civic Action Group, Slums and Informal Settlements. Retrieved May 10, 2016
https://www.cag.org.in/our-work/slums-and-informal-settlements

Johnson, Kay (22 March 2013). "Census: 1 in 6 India city residents lives in slums". Retrieved May 10, 2016 https://www.bostonglobe.com/news/world/2013/03/22/census-india-city-residents-lives-slums/F5TiBTI4Pw6JE12a91npeP/story.html

2011 Census of India. Retrieved May 8 2016
http://www.censusindia.gov.in/

The New York Times, August 19, 2015, "Timeline of the Riots in Modi's Gujarat". Retrieved June 3, 2016
http://www.nytimes.com/interactive/2014/04/06/world/asia/modi-gujarat-riots-timeline.html

一四章　ハノイ民衆ストリートの文化組成力とアフリカ受容
——ベトナム都市民衆の慣習からの生活自揚と多元的文化創発

和崎春日

一　要素の多意味を生み出す力動を自揚性と呼ぶ——異要素をまとめる統御律ではない

1　関根康正の創発性——無から有を生み出す俗民の創意工夫は聖に通じる

関根康正のストリート文化創造論の力は、文化の「創発性」というキーワードにあると考えている。そして、この文化の創発は、閉じ込められた周辺をあちらの世界がある境界と読み替えることによって、一つの可能性の芽生えを生じさせるものである。(1) それは、とりもなおさず、一つの世界が実は二つ、またはそれ以上の世界へと開かれていることに繋がっていく。それは、日常としては「やりくり」していく、積極的であることが可能なときは、その希望へと実践していくことを意味し、そのことによって、文化の創発が顕現している。私は、宗教学で顕現と訳される、聖なる力の顕在化ヒエロファニー hierophany のせり揚がる力に注目する。無意識の奥底にある沈殿から「何やかや」がせり揚がって生み出される。巨額のお金や資本に依拠して作るのではなく、ときに無いものから知恵や習俗性ある沈殿から有をつくるとき、それは創造や捏造や発明や発見を引き連れている。人々が自らの限られた資源から工面して困難を突破するとき、それがどんな俗なる日常の些細なことでも、その力が湧揚する方向性から顕現は出現している。その瑣末な営みは、尊い。この、俗からも聖なる力が生まれ出るとするところが、今までの宗教学による「顕現」とは、違う。都市民衆がもつその力の方向性は、後述するが、記号論に重ねて解し、語要素を繋ぎ合わせる統辞論ではなく、語そのものの中から、無意識下にある無尽の語海底から選ぶパラディグム paradigm の「せり揚げ」として発現する。ここに文化の自揚がある、と私は規定する。関根の「文化の創発性」に、私は文化の自揚性というタームで共振のレゾナンスを示したい。

そのことは、ベンジャミンの都市論からも、重ねて理解できる。関根康正は、意識的にベンジャミンの二重の隠蔽を取り上げる。(2) 発展のなかで社会の下層に沈みマージンに追い遣られた敗れし者は、社会権威の力に、抑圧を物理的にも尊厳的にも受けながら、社会の中枢や明るい表面から隠される。その管理のあり方は、管理されていないかのように中心や勝者に演出されて隠される。だが、希望はなくはない。よく見れば、ストリート日常には、それを無意識にも暴くことにもなり、「そり返し」ていく契機と小さくてもその実践がある。そのプラクシス praxis は、管理をかわしながら進むので、その道筋を逆用して「そり返す」。または「かわし返す」。その都市現象に、手段と実践の「せり揚げ」自揚と文化の創発が顕現している。二重の隠蔽にどこか穴が開いて生きおおせが垣間見える。よく見れば、都市ストリートでは、毎日のようにこの行為の不断の連続がある。

2　提案、発想、仮説の多産性

関根康正が川喜田二郎のＫＪ法を生み出した科学方法論をめぐって、高く評価しているポイントがある。(3) そこに関根の文化創発性の鍵がある、と解する。それは、川喜田のいう三方法のあり方の評価である。川喜田は、西洋文明の基礎をなすアリストテレス以来の科学哲学に大きな追加解釈を加えたといってよい。ヨーロッパの古典哲学では、abduction と deduction と induction という三方法の科学哲学がある。この後者二者の deduction と induction は、ヨーロッパ科学哲学で大いに発展し、日本でも演繹法と帰納法という訳語ができるまで定着した。だが、ヨーロッパ哲学も abduction の深化はさほど見せてはいない。川喜田は、この立ち止まる abduction に、諸事実をまとめあげて多様に仮説化して発想するという論理を道筋化した。(4)

ここで、現場からせり揚げる論理化は、発想法も帰納法も変わらない。大きな違いは、帰納法では、一つの仮説の妥当性が検証されて結ばれるが、発想法は自由で多様な組み合わせや「いい加減にやってみる」複数の試行によって仮説が多様に結び出される点である。関根康正は、これを文化の「創発性」と呼ぶ。これが、日本の、アフリカの、ハノイの都市民衆の日常生活の「やりくり」とつながってくる。

3　ベトナム・ハノイ都市を支える民衆揚力――ヨーロッパ「市民」概念を超えて

アフリカやハノイの都市民衆の生活工夫は、ヨーロッパ都市のゲマインデやシティズンのような歴史性とは異なる歴史性と、また異なる、この身体と精神が生きる具体的磁場 place-ness を持っている。そこでの社会状況は、政治的弾圧や上からのコントロールを議論からの覚醒に触発された「市民」的共同性を結んで対抗し、またかわして、自治的な主体が獲得されていくヨーロッパ都市民のあり方とは、共通性を含むものの、経済や社会のあり方やそこでの都市民衆の知恵の発動の仕方や共同のあり方、上下の接面での抗いと自分たちの言い分の留保の仕方や様態が異なる。むしろ、ハノイやアフリカに見られる共助や人々の機縁共同のつくり方は、ヨーロッパ以上に、厳しい経済状況や絶対的貧困や困窮に、ほぼいつも見舞われるなかで、無いものから手段を作り出していく、民衆の独自共援のあり方を示して、大きな創造性を有している。関根が注目する、揺るがぬ生きる具体地を定めようとする第四世界の混沌地底からの plural modernity の折衝的顕現であり、この接面に関根の呼ぶ文化の創発性が生成される。(5) 資本主義の発展した北側社会でさえ、災害時などの緊急時には、この力が徹底して問われる。それは、南側社会の創意工夫から学ぶべき性質のものである。

したがって、それは、ハーバーマスが唱えた、親密性の対を成す「公共性」では捉えきれない大衆的、庶民的な有象無象の社会生成を含んでいる。ハーバーマスの公共性は、「市民社会」的知を基礎としており、新聞情報や討論とそこからの政治闘争の場アリーナと言ったヨーロッパ的市民社会のシチズンシップによる市民の政治参加が想定されている。[6] その討論の場となるサロンでは、ティやカフェが提供され、これを伴って市民的権利の獲得が図られたのだった。そのティやカフェは、アッサム南アジアやバンメトート・ベトナムやキリマンジャロ・アフリカの植民地支配がもたらしたものだ。[7] これを基盤に市民社会は成立した。これには限界がある、という認識が、地球上の同等性からは要る。アフリカの知や東南アジアの庶民と都市に根付く知を拾い上げていったほうが、より広い都市現代性を掬い上げられるだろう。

ハーバーマスの「公共性」は、「市民的公共性」である。ハノイやアフリカ都市の生活日常から見れば、「大衆的公共性」が求められる。もっと下層、中下層、中層を包み込んだ「時としていい加減でも良い」集まり概念や機縁概念が求められる。無意識だけれど手元に多くの人々と共有して持っているから、困窮時にそこから拾い出す方途になりうる。祖先も支え自らも支えイニシャチブをもつ知識経験の海の中からせり揚げる。思いもよらない新しい組み合わせでも、「慣習や伝統」という自らの「知識の海」には、伝統風に添って解釈し説明できる軸や枠がまず存在する。また、それがなくても、二段三段ひねれば、比喩や「ゴマカシ」やメタ言語化や接合を繰り返せば、すぐに伝統と新奇は結びつく。継承を見せて発明する。それが可能な手段方法とも言えるし、都市庶民は逆にこれしか持っていない。発想法や創発性は、無資源・少資源からの自揚創生なのである。一から多を生むしかない。「あーでもあり、こーでもあり」という「鵺ヌエ」のような多面的な可変生成が力となる。東南アジア都市民衆の知恵は、弁別性への居心地わるさとその慣習的溶解と、市民合理性の乗り越えを行っている。モダン現代は、多元的に世界で、

ハノイにもアフリカにも、上権下民の折衝の進行形で現象する。(8)

ここで言う自揚の「自」は、ヨーロッパ都市なら市民「主体」というところを、その歴史性とは異なるアジア的「主体」性発揮を示すために、「主体」というタームの変わりに「自」を使っている。自らの知の沈殿から自らの時代社会状況把握により自ら選んで自らの理由づけと意味づけで発する。もうひとつの「自」の理由は、記号学的な力と意識の運動方向を指し示すものからである。後述する（次節4）。

市民性に関連して、モダニティにも触れておく。ベトナムの多くの都市社会の店舗経営のあり方には、注目が要る。今まで注目されて来なかったが、首都ハノイの商店街の各店舗の経営主体は、ほぼ全員が女性である。どの商業街もそうである。男は多く情報収集にぶらぶらしているだけだ。都市経済で女性が働き女性が経営する。下働きから従業員労働から経営者まで、主として働きお金を稼ぎ握っているのは、まず女性である。男性は手伝い労働が多い。たとえば、ハンホム通りの商店街のほぼ全店舗がそうである。「女性の主体性」を模索しているヨーロッパ現代以後のポスト性を、東南アジア都市がすでに備えモダン現代の一つの形態を発現させている、ということである。この観点から、アフリカの女性労働や「男女平等」のあり方も、再分析が必要だろう。課題である。現代性は地球上で多様な様態で形を結んでいる。本章ではこれを上下の力とイニシャチブ折衝の観点から考察していくことになる。

4　ソシュール構造言語学の syntagm と paradigm――関根康正の「文化の創発性」を paradigm の「自揚性」で共鳴させる

枠組みやフレームワークのように統合的な「印象」を抱かせる「パラダイム」という日本で流通している訳語と考え方は、パラディグム paradigm 本来の動態性へと捉えなおさなければならない。本来 paradigm の力、つまりパラディグマティックな作用は、統語的な構造化の対にある変動、可動、随時性、可変、メタモルフ化、変身性、多様性、多意味、自在性、を強く包含する動きである。[9] 統御律の syntagm が異なる言語要素を主語―動詞―目的語のように統合して一貫性を作っていくのに対し、paradigm は奥底に溜まった泉から上に、選択性を伴って「あれや、これや」とせり揚げる揺れのある動態である。自主選択を伴うせり揚げの運動性をここに意識して捉え直し、私は自揚性と呼んでいる。自揚する想像の力が、習慣や伝統と称する民衆の沈殿知識には宿っている。自ら選んで揚げる。押し付けられずに手前味噌が作れる。一単語がホッタラカシにされて、次の文章が始まり、それも途中のまま完結せず、また次の文が現れて閉じる、など普段の発話では頻繁にある。それが日常生活である。一つの要素があれにも、これにも、それにも、どれにもなる。統語律によって組み合わせや意味を狭められない、自由性、選択性、恣意性、錬金性がある。

二　タヒエン通りの民衆自揚性――ベトナム首都における管理圧力と異国との接点

1　ハノイにマックは一軒も受け入れられないが、コーヒーはちょっと憧れ

ベトナムの首都ハノイのタヒエン通りは、都市民衆の創発が読み取れる作動の地である。私も、アフリカ都市の生活動態研究から比較をアジアに図って、二〇〇八年以来、ハノイにかなりの頻度でフィールドワークに訪れ、ハノイ民衆街の生活性に慣れてきた。[10] 首都ハノイ旧市街ではどの通りも、公安のミニ・トラックが取り締まりによく回ってくる。ハンホム通りも、タヒエン通りも、イエンタイ通りもそうである。タヒエン通りは、ベトナムのドイモイ経済開放以後の大きな変化に、最も早く外国との接点で対応して街の生活を変え意味づけてきたストリートである。ビアホイと呼ばれるビアホールとみやげ物店が並び、バックパッカー向けの安宿も多い、外国人との接点がハノイで最も大きい磁場の一つである。首都ハノイで観光化が最も進んだ地の一つでもある。だが、ここは、「金持ち」

観光の象徴である日航ホテルやヒルトン、ロッテホテルなど大ホテルとは物理的にも文化的にもかけ離れた民衆街である。小規模が連続する商業街である（写真1）。

タヒエン通りは、ハノイ民衆社会が、外国人と接しその先にある心理的、物理的に最も遠いアフリカ人との接点も「当たり前」として咀嚼しているトポスである。このタヒエン街の生活戦略に注目する。また最も遠いアフリカの頻繁な日常化はまだ見られないが、中下層、下層の都市民衆がストリートで作り出す生活工夫を、同じ旧市街のハンホム通りから比較して、見つめる。ここでの路上の茶屋での人々の動態を観察する。諸外国のガイドブックにビールを飲ませる通りとして紹介された観光ストリートにも、民衆の日常商業はある。それをコーヒー店での人の動態から考察してみよう。

写真1　タヒエン通り—道を埋め尽くす人びとの交流

2　ベトナムにおけるアフリカ・プレゼンスの顕在化

ベトナム民衆社会で「チャウフィー」と総称され、意識としても最も遠かったアフリカが、様々なパイプを通じて、ハノイ民衆生活の中に見え隠れし始めてきている。その分、アフリカ認識用語が、その国がどこにあるか判別できない「チャウフィー」から、より個別的な一カ国の名前「ニジェリア」に変わってきている。これも実は、総称であり、一番多人数来入して見かけるナイジェリア人を代表と定め、アフリカ人を総称して「ニジェリア」人と呼んでいる。そうしたアフリカ人が都市ハノイで最も行きやすいところ、一番見かけやすいところが、気さくな歓楽の飲み屋街タヒエン通りである。

3　ハノイ遷都一〇〇〇年の都市観光の整備と管理

ベトナムでは、特に首都ハノイでは、ドイモイの社会開放が進んだとはいえ、国家政策の重要分野では、トップダウンの施策が有無を言わさず降りてくる。ハノイ遷都一〇〇〇年を迎えた二〇一〇年前後には、観光開発や資本化を進展させる政策が促進されてきた。社会主義時代に放置され民衆が営んでいた宗教信仰の実践の寺や祠で、朽ちかけたり民衆管理が手薄だと政府が判断した寺社は、一挙に撤収され新品の「伝統寺社」へと模様替えされた。その後の管理も、町衆ではなく、政府自身か政府の肝いり末端役人が常駐する形で、トップダウン管理と経済発展を確実なものにしようとした。こうした時、都市民衆が何をどのようにどこまで営めるのか、が問われている。(11)

4　コーヒー出店の民衆創発性

観光化がハノイで最も進んだタヒエン地区といえども、民衆商売の生活工夫が読み取れる。それを、私のエクステンシブなフィールドワークに依拠するものの、インテンシブな都市調査からベトナム初のハノイ都市人類学の研究を世に問うた長坂康代の報告を参考に解き明かしたい。(12)コーヒーとは、フランスに植民地化されたベトナムは、切ってもきれない関係を持つ。その有名な産地バンメトートに近く、植民地化フランス様式や後のアメリカ支配が浸透したホーチミン市や南部ベトナムでは、上層ベトナム人にコーヒー嗜好飲食が浸透しているところもある。ハノイでも、ハイランド・コーヒーといった大きなコーヒー豆販売やコーヒーショップ・チェーンが出している店もある。その展開も二〇〇〇年以降のことである。一九九八年当時ハノイでは、映画「インドシナ」の撮影でフランスの有名女優カトリーヌ・ドヌーブが飲みに来た旧市街キンド・カフェ（一九八六年〜）と、カトリック大聖堂前のモカ・カフェの二軒くらいしかなかった。あとは大ホテルでコーヒーを飲むしかなかった。今日では、小奇麗で外国人を客対象としたコーヒー店も多い。

だが、私がここで注目するのは、コーヒー店といっても、ガラス張りで空調の効いた店ではない。タヒエン通りの店のように、民衆が奥の自分の家や店舗から路上に急ごしらえで出っ張って、低い簡易イスを三〇も並べ、隣の他店舗前にもせり出して創る即製のコーヒー店である。店を出し開くも急遽しまうも即時性ある店である。場所も時間も何とでもなる。公安が取り締まりに来るとわかれば、ぱっとたたんでしまう。偶発性がある。朝六時からコーヒーを出し昼頃に閉店していた。現在は、店様態を多元化し夜一〇時くらいまで延長している。若者や観光客など新たな客層を睨んでの時間延長である。時間空間に自由度がある。

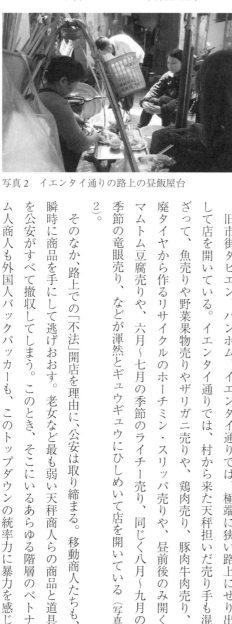

5　イエンタイ通りの民衆自揚——管理の下のタヒエンをふくむ旧市街の自由

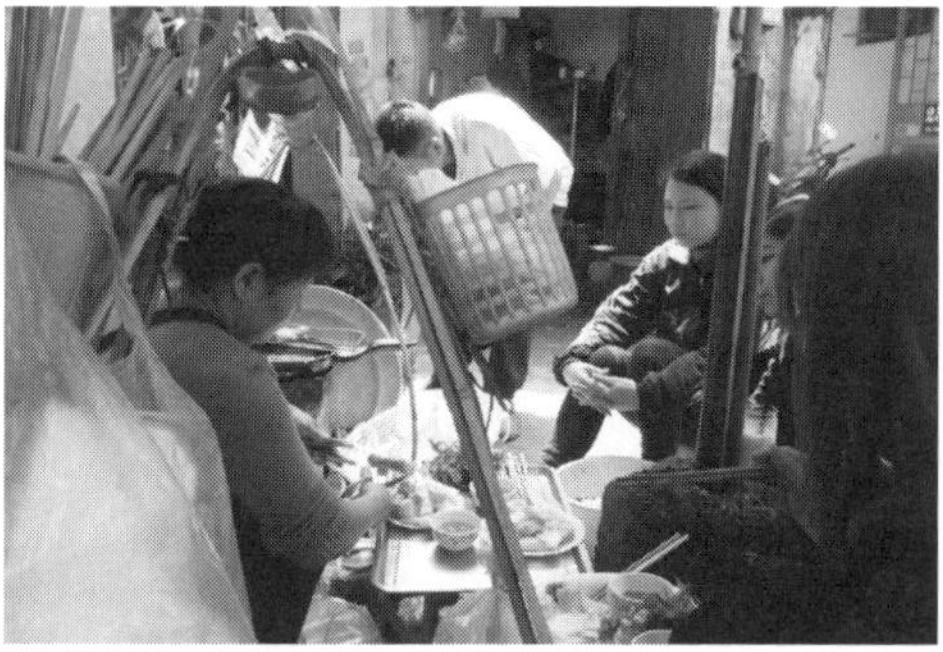
写真２　イエンタイ通りの路上の昼飯屋台

旧市街タヒエン、ハンホム、イエンタイ通りでは、極端に狭い路上にせり出して店を開いている。イエンタイ通りでは、村から来た天秤担いだ売り手も混ざって、魚売りや野菜果物売りやザリガニ売りや、鶏肉売り、豚肉牛肉売り、廃タイヤから作るリサイクルのホーチミン・スリッパ売りや、昼前後のみ開くマムトム豆腐売りや、六月～七月の季節のライチー売り、同じく八月～九月の季節の竜眼売り、などが渾然とギュウギュウにひしめいて店を開いている（写真２）。

そのなか、路上での「不法」開店を理由に、公安は取り締まる。移動商人たちも、瞬時に商品を手にして逃げおおす。老女など最も弱い天秤商人らの商品と道具を公安がすべて撤収してしまう。このとき、そこにいるあらゆる階層のベトナム人商人も外国人バックパッカーも、このトップダウンの統率力に暴力を感じ

写真3　パリのシャトー・ルージュ・アフリカ人街の路上店

写真4　パリ騎馬警察によるアフリカ人街の路上管理

眉をひそめる。取り締まりが伝わると、アッと言う間に、賑わいの通りは静かな固定店舗だけになる。共有と共感のストリートが根底に芽生える。

このハノイ都市民衆の移動商業の知は、比較考察を重ねているモニカ・ザルツブルン Monika Salzburnn のパリ民族誌に呼応している。パリのアフリカ人街とイエンタイ通り・タヒエン通り・ハンホム通りとが、民衆力の通底性として結ばれる（写真3、4）。

ザルツブルン Salzburnn は、巨大都市パリのジェントリフィケーションによって世界都市への変貌の圧力が街の歴史性を剥奪していくなか、都市祝祭の実施を通して、それまでの民族・宗教を超える、文化多様性を一つのものとするコモン社会性 commonality が生みだされ、そこの居所を所属 belonging とする交流生成の力が生じることを論じている。[13] 固定店舗のハノイ住民も、村からの出稼ぎ移動商業者も、一品の天秤棒商人も、観光旅行者さえも巻き込んだ、異なる背景属性 belongings による共感の社会コモン性の顕現が、タヒエン通りにも認められる。これを詳しく見る。

三　タヒエン・コーヒー路上店の文化の自揚創発

タヒエン通りには、タトゥーを彫る店もある。怪しいマッサージの店もある。ビール片手に踊るディスコもある。サウナと称する店もある。ヨーロッパ由来の歓楽の装置が数多く見られる。画廊で西洋風の絵も売っている。そこで似顔絵も描いてくれる。プロパガンダという土産物店には、B29をベトコンが打ち落とすデザインのタンブラーも売っている。ホーチミン像もベトナム戦争の勇士ボー・グエン・ザップ将軍像も外国人の眼から相対化され観光経済に乗る。ここでは逸脱が許される。日本食、韓国料理、ロシア料理、ケバブなどの外国料理の店もある。アフリカ人もやってくる。イスラームのハラールを謳う店も出てきた。だが、ベトナム由来のフォーやミー麺を食べさせる、小さいが昔から地元の人が好む店もある。ここにある寺院の前では、いつもベトナム民族音楽の演奏がかなでられる。ベトナム人も外国人も見ている。これで「伝統食」かと疑う鶏肉フライを出す「ベトナム風」料理店もある。つまり、ここには、ハノイ都市の民衆の日常的商業から、観光客としてのアフリカを含む外国人相手に特化した商売まで、連続的にある。朝昼の商売と夕方からの商売を変える店も出てきた。ベトナム日常と外国非日常が連続的に併存している。ハノイ民衆の生活商業がここに見られる。それを路上に出したコーヒー店での人々の動態から見てみよう。

ハノイ民衆にとって、コーヒーには、少し憧れがある。かつて手の出なかった飲み物である。路上で飲む茶と比べ約一〇倍の値がするコーヒーは、ガラス張りのより高いコーヒー店でなく路上コーヒー店であっても、一般庶民からすれば、物理的にも心理的にも手が出なかった。ごく稀に行ったことはあった。それが頻度高く飲みに来ることができるようになってきた中下層民衆が多い。路上コーヒー店は、下層庶民生活と成り上がりかけの中上層発展

写真５　タヒエン路上コーヒー店（長坂康代氏提供）

経済との掛け渡しのように、ドイモイ都市発展と村からの出稼ぎとの両方が見える場である。都市ハノイへの出稼ぎ民は、まずこのコーヒーを飲みに来ない。村から出てきて判子彫りを生業とし、観光化にのって日本人や西洋人の好む個人名入りの判子を、国花ハスやタンロン竜伝説などベトナム風のデザインを混ぜて、その場で彫り揚げる職人がいる。弟子が路上コーヒー店で飲むのは、年に数回以下である。親方は、それなりの収益と「地位」意識をもって、コーヒー店に出かける。読まないが格好としての新聞も買う。そうした下層職人から中層の経済階層に入りかけたことを証する象徴的な意味合いも、コーヒー飲食は持っている。

１　タヒエン通りの路上コーヒー店の利用客の民衆文化

二〇〇九年九月五日の朝五時四九分〜六時五八分に、タヒエン路上コーヒー店の利用客は、一〜二分おきにやってくる[14]。この一時間一〇分足らずの間に、四九人の客が訪れた。ここにやってくる交通手段の内訳は、次のようである。ハンホム通りなど旧市街の路上茶屋だと、オートバイで駆けつける客は稀である。まず歩いてくる。同じストリート地域社会の構成員か近隣の顔見知りが多い。一方、タヒエンのコーヒー店ではオートバイで来た客が一八人、自転車で来た客が四人、歩きで来た客が一六人、近隣店舗から水、コップ、ミネラルウォーター、氷、茶などを運び出入りした店員が九人であった。タヒエン通りのコーヒー店には、五分の二がオートバイで来ている。半分の来客は、同じストリートにはない。歩きと自転車で来る者計二〇人で、半分は、強い近隣社会性を有している（写真５）。

早朝で仕事前の一口である。年齢四〇代五〇代の人が多く、コーヒーを毎日飲める一定の経済力を持つ年齢層である。高校生が来たこともあるが、二〇代〜八〇代の年齢幅である。この高校生は後で大人と合流した。茶屋だと高校生が数多く朝の登校前に飲みに来る。コーヒー一杯で茶一杯の約一〇倍の値段である。男性三四人、女性一五人の内訳である。仕事前のコーヒーだと考えると、外の仕事に出て行く女性が三分の一もいる。ベトナム社会では、女性の経済的自律性は大きい。ただ、朝の女性客には、市場帰りで食材を抱えた人も数人いる。近くにある首都ハノイのシンボル、ハンキエム湖での健康体操が流行で、中産階級の証となるバドミントンのラケットや体操服の人もいる。男性は仕事姿のポロシャツなど開襟シャツの人が多い。昼ごろの女性客だと、カンカン帽などファッションを見せに来ている人もいる。滞留時間は、一〇分〜二〇分が多い。客が話す話題では、階層性を示すカメラや携帯電話やSMSを持ち込んで、二人三人で品定めをしている情景がよく見られる（写真6）。

コーヒー店といっても、朝はオコワを持ち込んで食べる人が多い。移動オコワ屋が売りに来る。近くの通りでも買える。それが、ハノイ都市民衆の朝の典型的な食事風景である。コーヒー店でもそれが実践される。コーヒーの後は、お茶でシメる。ハノイ民衆にとってお茶は欠かせない。このコーヒー店でもお茶を注文すれば、向かいの路上茶屋から持ってくる。外国人が多く見られるタヒエン通りといえ、朝の街の実践は、ベトナム主体である。店主も店員も英語を解さない。この時間、客は全員がベトナム人である。

写真6　タヒエン・コーヒー店で新規機器を自慢しあう（長坂康代氏提供）

新聞持参者はここではそう多くない。ハンコ屋のリュックは徒弟時代は持たず親方になった今は読まないが持参する。観光客、外国人はたまに見かける。ハノイ民衆性が強い。上層カフェやごく一部の中上層カフェのように英語が通じるわけではない。ベトナム語版メニューだけか英語版があるかも、外国人来客や経済階層弁別の指標となる。このタヒエン路上コーヒー店にはメニューはない。コーヒー店といえども、ベトナム主体なのである。フランスによるベトナム植民地化の象徴的産物コーヒーと言う外来物を、ハノイ都市民衆は土着化して自分流に飼いならしている。この土着化は、都市ハノイのどの通りにも遍在するお茶の文化創造を倣ったものだ。自分の習俗の基底からせり揚げた自揚の力の実践である。これを後述する。

高校生と大人の合流のように、待ち合わせは多い。四〇代女性と老齢七〇代女性が待ち合わせ、介護の場に送っていった。新製品の商売の情報交換に待ち合わす。タヒエン・コーヒー店は、朝の都市日常を反映し、まず生活性、民衆性があり、これを基底に外国文化につながり、より上位階層とのつながりや背伸びが、ミメーシスを伴って希求され実践されている。その生活性ある多様なコーヒー店の活用方法を見てみよう。

2　タヒエン路上コーヒー店の多面活用──多様な職業の結集、移動による限定されない商業空間の創発、多品種売買コミュニケート空間となるストリート

タヒエン路上コーヒー店には移動商人が立ち寄る（写真7）。隣街に公安が来てるといった情報交換もなされる。卵売りが客に呼び止められる。野菜売りを店主が呼び止め購入した。氷売りは、コーヒー店の商売道具である氷を持ってくる。コーヒー店に五袋、向かいの茶屋に一袋売っていった。みかん売り、宝くじ売り、配達、バナナ・ドラゴンフルーツ・ライチ売りも来る。靴磨きも、花売り、物乞いもやってくる。モノは小さな手押し車や天秤棒で運び売る。パン売り、ほうき売り、チャイン・レモン売り、にんにく売り、と多様な商売がコーヒー店に集結してくる。肉売りも呼び止められ購入された。食材も手に入る。とうもろこし売りも引止められ購入された。

バイク・タクシーのセーオムはタヒエン・コーヒー店に客を運んでも、コーヒーは高いから飲まない。向かいの

店で茶を飲む。路上コーヒー店のコーヒー一万六〇〇〇ドン（八〇円）は手が出ないが、路上茶屋の茶二〇〇〇〜三〇〇〇ドン（一〇〜一五円）は飲める。茶を飲んで待機していれば、コーヒー客が乗ってくれる。多職業の結節コーヒー店に運搬まで絡まる。焼きとうもろこしをコーヒーとともに食べる。客も店主も呼び止め購入する。朝だと、天秤おかゆ屋を呼び止めてコーヒー店で朝ご飯を食べる。朝食ソイ売りからオコワも買って食べる。コーヒー屋に行けば、伝統食が食べられる。コーヒー店に来れる中層だと、無理すれば中下層でも、朝ごはんオコワ五〇〇〇ドンからフォー三万五〇〇〇ドンへと発展して、毎日食せる人はそれなりに多い。フォーを他店で食べ、外来文化の香りするタヒエン通りコーヒー店にやって来てコーヒーを飲み、それでは収まらずお茶に帰着し飲んで締める。昼時には、天秤bun麺売りを呼び止めコーヒー店で食べる。

写真７　路上茶屋、路上コーヒー店で商売する移動物売り

ブオイ（ザボン）の皮売など、多様なおやつや果物もコーヒー店で手に入る。生活雑貨も売りに来る。客は、歯磨き、タオル、くし、キャンディなどを売るリヤカー雑貨屋からランニング・シャツを買った。小物売り、パン売りも来る。コーヒー店は、生活局面を広範に満たす雑貨屋と化す。コーヒー店に多様な職業が結集する。移動商人によっても、地域商店によっても、生活ネットワークが張られる。向かいの自転車やタイヤ修理屋から、店員がコーヒーを飲みに来る。ここで修理を頼まれ向かいの地域商店で直し届けに来る。向かいの茶屋がポットを持ってくる。近隣住民客は茶屋ポットで茶を持ち帰り、また持ってくる。多店舗の店員がコーヒー店を基軸に交叉する。結節性から近隣社会が生成される。向かいのチェ果実ポンチ屋から配達がある。隣のCD／DVD店も朝八時五四分から開店と、コーヒー店の開店に連動している。

マイコップを持ち込む近隣客もいる。コーヒーを歩いて持ち帰る。コーヒーを飲みつつ隣の音楽商品を見に行きまた飲みに帰ってくる。

コーヒー店を結節に多様な交流生成が生まれる。一つの店一つの機能ではない。「あーでもあり、こーでもある」を創発している。商業的コミュニティが生成される。タヒエン通りの民衆の日常資源の底海から、多様な交叉が当たり前のように実践される。タヒエン・コーヒー店では、販売商品の目的と範囲を超えて、行動や貸し借りや挨拶の交線が多様に交叉し合っている。コーヒー店をめぐる、ヌエのような可変結節の行動蓄積が、都市ハノイの路上商業力となって顕現している。向かいのお茶屋から茶が運ばれ、通りで境界が取り払われる。通りが一つとなって協業が実践される。パンク修理・空気入れの向かいの店の商売が、店員の出入りによってコーヒー店に持ち込まれる。向かいの茶屋店員が、出入り自由でコーヒー店で商売もする。チェ屋もフルーツポンチのチェを売りに入るし、向かいでチェを注文してこのカフェで食す。チェ屋もコーヒー店も、商売の区分を超え渾然となる。境界漠然化の力、コーヒー店と茶屋と修理屋を区分しない認識が通りのなかから自揚して作動し、あんたの店は私の店、私の店はあんたの店、といった自己商店のストリート拡張を生み出している。情報も空間も領域も人も労力も、相互侵犯して共有しあい、茶屋店員がコーヒーを運び、コーヒー店員が茶を持って来る。商品も相互侵犯して地域の商品へと共有化される。全体として、街の商売、ストリートの商業が生成される。ストリート文化が創発される。

3　茶屋の多機能性・多産性を知の源泉としてコーヒー店を創発——自揚性のメタ展開

ハノイ旧市街にはどの通りにも民衆の手による路上茶屋が出ている。首都ハノイを茶飲の日常性が広く稠密に覆っている（図1）。一国の首都ハノイにおいてマックは一軒も出店できない。この茶の高密度と都市充満性は、比喩的に言えば「米帝資本」マックに「抗する」文化になっている。結果として入れさせない構造性をもつ。上記のコーヒー店の多機能、多職業化するヌエ性は、都市の下層民や中下層民が頻繁に利用して飲みに来る路上茶屋の知識経験を、コーヒーへと、社会階層の中層・中上層へと、より上に拡大展開したものである。さらに庶民的な商売であるストリート茶屋の多職業性をハンホム通りの路上茶屋に見てみると、次のようになる。

ここには、多様な職業が集まる。ハンホム通りが塗料ストリートとして有名なことから、通り茶屋にはまず塗料店関係者が大勢来る。街っ子である家族従業員も村からの出稼ぎ従業員も来る。絵画販売店の店主や木工品販売の関係者もやってくる。ストリート商売仲間である。祭事具販売の関係者や散髪屋も来る。塗料関係でいえば、家族従業員、雇われ従業員のほかにも、買い手の店に買った塗料を運ぶオートバイ運搬チョーハンやオートバイタクシーのセーオムたちが、特に通りの端にある路上茶屋あたりで休息を取り、雑談や情報交換をしながらお呼びを待っている。路上のお茶屋で待機している。店の知人も来る。多量の塗料を買う客は、トラック運搬車を手配してやってくる。そのトラック搬入者も茶を飲みにくる。ホテル従業員や土産物屋従業員も来る。地方からの卸売業者、買い物客も来る。公安も飲みに来る。朝学校に行く前の高校性もお茶を飲みに来て喋っている。今、経済成長でどこも建築、改築、塗装作業が多く行われている。近くの現場作業員がお茶を飲みに来る。町のごみ収集清掃員も清掃のついでに茶を飲んでいく。行商人、通りすがり、道尋ね、など有象無象の人々が茶屋で結ばれる。情報を交換する。

図１（長坂康代原図作成）ハノイ市街に稠密に分布する路上茶屋—マックはこの中に侵入できない

茶屋で新たな買い物をする。モノのおすそ分けをする。雑談の開始や途中で、どこから来たか、年はいくつか、兄弟姉妹は何人か等、人物チェックをしストリートの共同認知への登竜門とする。

通りの地域社会からすれば、この街へのイニシエーション機能を茶屋の問答が持つことになる。行商が茶を飲みに立ち寄る。コーヒー店でもあったように、茶屋の客が行商を呼び止めて買う。そこで他の客がその商品を買う。茶屋にタバコやロットくじを買いに来る人もいる。行商では、野菜売り、練炭売り、果実売り、ティッシュ、トイレット・ペーパーなどの紙売り、宝くじ売り、太鼓売り、と多様である。そうした多様な商品の売買と交流が茶屋で起こるのである。茶屋は多様な出会いの生み出しを行っている。

このように、閉じて冷房の効いたガラス張りのコーヒー店などではなく、都市民衆がストリートで開くコーヒー店での生活動態は、茶屋生活動態をモデルにしたものである。二〇〇〇ドンの茶ではなく一万六〇〇〇ドンのコーヒーという八倍の出費を払い、フランスや外国文化への憧れとちょっとした階層上昇の格好付けを伴いつつ、旧市街通りのどの通りにもある、奥の民家からちょっと通りに出て開店する、マックが一軒も開店できないほどの浸透力をもつ都市ハノイに基層的な茶屋文化の民衆知識ノウハウの延長線上に、その拡大敷衍版としてコーヒー店文化が展開していることがわかる。この西洋式コーヒーの店のあり方も都市民衆の生活文化に引き付けられている。ここに、自分たちの生活地平にある様式の源泉から選びとり浮かび揚がらせている、都市民衆の多創的なパラディグマティックな自揚文化が認められる。手造りコーヒー店が生み出されている。

四　アフリカ人の堂々たる登場——フットボール界でのアフリカ人の活躍

1　ベトナムとアフリカのスポーツ交流

ベトナム社会の外国への開放は、一九八六年のドイモイ以来、速度を増してきた。異文化の極地のようなアフリカも徐々に民衆の視野に入ってくるようになってきた。ハノイ界隈でもアフリカ人を見かけるようになったが、その象徴的で端的な例が、スポーツ界にある。ベトナム・スポーツの国際交流では、二〇〇六年の国会で七四の条項が整備され、「一〇〇％」全面的に国際交流を促進していくことが謳われた。スポーツ分野でいうと、アフリカではアルジェリアとの交流が、盛んである。毎年、アルジェリアからベトナム空手ボビナムの選手がやってきて交流試合を続けている。ベトナムからアルジェリアに派遣もする。同じ旧フランス植民地からの独立国という共通の歴史をもつ。ベトナム・サッカー連盟とアルジェリア・サッカー連盟は、五年間の協力協定を結んだ。毎年、両国のスポーツ・リーダーやコーチ、選手を派遣し合い、共同トレーニングをおこなっている。二〇一〇年広州アジア大会の開催時に、ベトナム・チームは気候が似ているアルジェリアでトレーニング・キャンプを張って交流試合もおこなっている。

2　アフリカを積極的に受け容れるベトナム・サッカー界――アフリカ人選手の台頭

アフリカ人サッカー選手の数多い出現は、チャウフィーと呼んでアフリカに漠とした印象しかもたなかった認識不足から脱して、背後にいる多くのアフリカ人の存在とアフリカ情報をベトナム社会全体に、知らしめることになった。その働きは大きい。ベトナム・サッカーリーグ V League にアフリカ人選手がますます参入してきている。V League では二〇〇三年から外国人選手が活躍している。二〇〇六年に国際化の流れを意識し、スポーツ省が正式に整備した。現在は、基本的に三人までの外国人選手を登録できる。国際化推進のために各チームに二人分の採用まで援助金が整備された。当初は、ブラジル、アルゼンチンの南米サッカー強豪国からの選手が活躍していた。それでも、二〇〇三年と二〇〇四年の得点王は、ともにナムディン・チームのナイジェリア人選手、Emeka Achilefu と Amaobi Uzowulu の二選手に変わっていった。二〇〇五年～二〇一一年まで、また南米イニシャチブとなったが、二〇一二年は、ナイジェリアのティモシー・アニェンベが、二〇一三年は、ナイジェリアのサムソン・カヨデと

写真8　ナイジェリアから来た得点王サムソン選手

アルゼンチンのマロンクレが両者得点王になった。二〇一四年は、サムソン・カヨデがベトナム国籍を取得し、ホアン・ブー・サムソンというベトナム名を冠して得点王に輝いた。二〇一五年八月一六日のハノイ Hanoi T and T とビンズオン Becamex Binh Duong の試合を調査した。両チームのアフリカ人選手が活躍し（写真8）、日本人の岡部拓人国際審判員が主審として笛を吹いている。多くのファンが、試合後競技場出入り口で、最も注目を浴びるアフリカ人サムソンを渇望して待ち受ける。こうしたことからも、ベトナムにおける日越アフリカ関係をふくむ国際交流の進展をともなうアフリカ受容が読み取れる。

3　活躍するアフリカ人選手のライフ・ヒストリー――アフリカ実像の前面化

ベトナムにやってきて得点王争いをするほどの活躍アフリカ人選手のこれまでの経歴は、どのようなのか。二人の優れたアフリカ人サッカー選手の経歴を見てみよう。

パティヨ Patiyo Tambwe は、いつも得点王争いに顔を出すコンゴ民主共和国出身のフォワード、ストライカーである。一九八四年生まれで現在三一歳と油の乗ったフットボーラーである。旧国名ザイール（現在のコンゴ民主共和国）の Beni 生まれで、身長一八三cmの屈強な身体をしており、ひとなつっこい人柄で人気がある。ハノイの試合後やオフ・シーズンに、ベトナム人の仲間と一緒に、首都ハノイでビア・ホイ（ビア・ホールから派生語）が集中する娯楽外タヒエン通りに、フットボールスターなのに奢ることなく気軽に現れた（写真9）。

二〇〇五―二〇〇六年は、コンゴ民主共和国のゴマ州のチーム Virunga Goma でプレイしていた。海外トルコのクラブで活躍したあと、ここでヨーロッパへ評判が伝わり、二〇一一―二〇一二年の二年間、ベルギーの一部スーパーリーグの、首都ブルッセルにあるBrussel F. C.でプレイした。ベルギーとコンゴ民主共和国の関係は、植民地時代以来、旧宗主国と植民地の関係にある。今日でもコンゴから見れば、ベルギーは、ヨーロッパのなかでまず憧れて目指す、情報ネットワークが最も深い出稼ぎ関係地である。

二〇一三年に、ベトナムに来訪し、ベトナム北部、首都ハノイの南に位置する一部リーグタインホア Thanh Hoa F. C.でプレイした。二〇一四年は、二部リーグのVissai Ninh Binh F.C.でプレイした。セメント建機会社Vissaiがチームのスポンサーである。ベトナム北部ハイフォン港から南の小さな町Ninh Binhにある。二〇一四年下半期は、同じ二部リーグで、南部ホーチミン市近くアンザン An Giang のクラブに変わった。二〇一五年は、ベトナム中部ダナン近くのクアンナム・チーム QNK Quang Nam F. C. で活躍している。二二試合に出て一六点を挙げている。二〇〇六年には、海外での活躍が目を引き、母国コンゴ民主共和国のナショナル・チームのメンバーに選出されている。優秀なサッカー選手・パティヨのサッカー人生も一筋縄でない。必死の生活の連続が読み取れる。コンゴ民主共和国→トルコ→ベルギー→ベトナム二部ビサイ→ベトナム二部アンザン→ベトナム一部クアンナムと、めまぐるしい地球規模の生き抜きを実践している。コンゴの小さな地方街から出発して、弛まぬ生活実践を重ね、ベトナムにたどり着いたことが判る。

写真9　コンゴ民主共和国から来たパティヨ選手（於・タヒエン通り）

ホアン・ブー・サムソン Hoang Vu Samson は、ナイジェリア生まれ、元々の名前は、サムソン・カヨデ・オラレイェ Samson Kayode Olaleye である。一九八八年生まれ、現在二七歳のフォワード、身長一八二㎝のストライカーである。ベトナムでは、出身地をナイジェリア最大都市ラゴスとしているが、少年—青年期はナイジェリア北部ハウサ語圏の街カッツィーナで育った。ナイジェリアは、多数の民族構成でなるものの、三大民族により、北部のハウサ人、南西部のヨルバ人、南東部のイボ人に大別される。民族語の母語イボ語と育った地のハウサ語を話す。

二〇〇七年、ベトナム北部の二部リーグのタン・クアンニンに入り、二〇得点をあげて注目された。二〇〇九年、一部 **V League** に昇格した南部ベトナムのドンタップでプレイし、四三得点をあげ二〇一一年までこのチームで活躍した。ベトナムでの活躍が認められ、二〇一一年にスペインのアトレチコ・マドリードと契約しヨーロッパ進出を果たした。アトレチコ・マドリードのEU圏外選手数との関係で、ポルトガルのスポルティング・ブラガに期限付き移籍した。だが、アトレチコ・マドリード契約成立前に、既にベトナムのハノイ・チーム **Hanoi T and T** との契約有効が判明した。ハノイ側は、二〇〇万ドルの違約金の支払いを条件に移籍を認めたが、サムソン側は **Hanoi T and T** 入りを選択した。二〇一二年には、一四得点をあげてVリーグ二位に貢献し、Vカップも準優勝した。二〇一三年では、チームの同僚マロンクレと共に最高ゴール数一四得点をあげて得点王に輝き、ハノイのVリーグ優勝にも貢献した。二〇一四年も二三得点をあげて二年連続得点王に輝いた。二〇一三年にはベトナム国籍を取得し、ホアン・ブーというベトナム名を得て、ホアン・ブー・サムソン **Hoang Vu Samson** 名で活躍している。選手の個人史でみても、アフリカ—ベトナム関係の深まりが判る。ナイジェリアの地方街でハウサ主流文化のなかのマイノリティ・イボ民族として育ち、多くのナイジェリア人にはイボの顔を見せるが、私にはハウサの顔をする。二つの文化道具、イボとハウサを使い分ける。ナイジェリア地方都市から一八歳でベトナムに来た。覚悟がわかる。ナイジェリア地方都市→ベトナム二部タン・クアンニン→ベトナム一部ドンタップ→スペイン→ポルトガル→ハノイと、地球規模の移動を果たす。アフリカの青年が、生活意志をもって、アジアに食い込んでいる姿がある。鵺（ヌエ）のような、生きていく為なら何にでも変身していく多元的な生成力は、アフリカの地域慣習でハウサ・イボの二元生活に慣れているように、自らのアフリカ習慣の生活狡知からせり揚げて、当たり前のように、ベトナム人になったものである。

こうしたアフリカ人サッカー選手のベトナム国籍の取得は、サムソンだけではない。二〇一五年六月二八日ハノイ対カントーの試合をフィールド調査した。ベトナム社会でのアフリカ像の増大という観点で言えば、カントーの許容三人枠の外国人選手は、全員アフリカ人選手である。背番号九〇番の攻撃的な右ミッドフィルダーのウセニと、背番号九番のワシウである。ともにナイジェリアの大都市イバダン出身で、ナイジェリアの三大民族でいえばヨルバ人である。ウセニは、名前の通りモスレムだが、ベトナム社会がモスレムを受け入れる基盤も整ってきている。ハノイ市街には、イスラーム寺院モスクが立ち、ラマザーン断食も戒律通りの実行が観察された。

このカントー・チームCLB Bong Da Can Thoのなかに、もう一人ベトナムに帰化したアフリカ人選手がいる。背番号六八番のグエン・ロジャースNguyen Rogersである（写真10）。グエンは、典型的なベトナム名である。ロジャースは、ケニア西部地域出身でルヒヤ人である。二〇一二年にベトナム国籍を得た。だが、アフリカ人社会の生活日常や世界感覚からすれば、国籍や所属は、限定選択的に一つ選ぶだけではなく、国の法制で一つ選ばせるとしても、戦略的に重ね持っていて一向に差支えない、複数もっていたい、という感覚が強い。国籍は、まさに所持品belongingsである。私の在日アフリカ人動態調査でも、アフリカに結婚した家庭があっても、日本女性とまず「ためらいなく」結婚する。また、アフリカ以外の国籍を獲得したとしても、アフリカ国籍を放棄しないでいる。ヨーロッパと日本の間であっても、民衆が二重に生きようとする戦略は変わらない。アフリカだけでなくこうした民衆の自然で当然な生活論理や越境感覚からすれば、

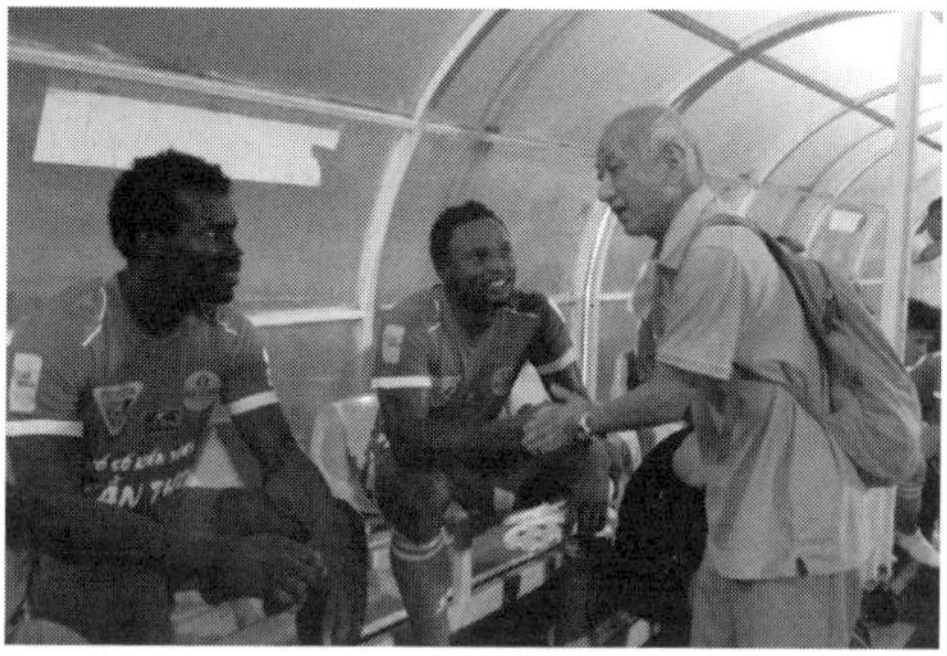

写真10　カントー・チーム所属のケニア出身とナイジェリア出身のアフリカ人選手

アフリカ母国に家庭があっても、ベトナムでの結婚やベトナム国籍取得は、増加されこそすれ、一方と他方の板挟みになる性質をもたない。一対一の意味限定性を乗り越える多元性の自揚創発力である。「あーでもあり、こーでもある」を実践する。ベトナム国籍の取得へとまっすぐに進む。カントー・チームのグエン・ロジャースは、ベトナム国籍を取得したが、ケニア国籍のままでいる同じルヒヤ人の配偶者は、国境を越えてウガンダの首都カンパラにいる。アフリカ家族こぞって鵺（ヌエ）のような越境を実践して複数論理を生きる。こうしたアフリカ人の地元にある生活戦略をパラディグマティックな発想力をもって自揚させ国際の摺合せの接面で創発させているのである。アフリカ民衆の、一つが複数を生む多元性の生活戦略である。

4　V League 一四チームにおけるアフリカ人選手——アフリカ・プレゼンスの増大

スタジアムで試合観戦すると、アフリカ人選手のプレイへの歓声が大きい。ベトナム民衆社会にも徐々に「アフリカ」が強く根づいてきていることが判る。

今年度（二〇一五年九月現在）の V League 一四チームの外国人選手の内訳を見てみよう（表1参照）。この時点での、成績上位から列記している。表では、ベトナム・サッカーリーグ一部リーグ一四チーム（一二位ダナン・チームは未調査）、選手登録数、そのなかのベトナム人選手数、外国人選手の国籍の順に表示している。外国人選手の一チーム内の許容数は、三名までである。一三位のカントー・チームは、上述したように、表には旧年度のブラジル、クロアチアしか記述していないが、現在の外国人三人は全員アフリカ人である。すると、タインホアだけにアフリカ人選手が見えないだけで、後は全チームでアフリカ人選手が活躍している。外国人三選手全員がアフリカ人というチームも三チームある。このように、アフリカ人選手がよりベトナム・サッカー社会に溶け込んできていることがわかる。

表1　ベトナム・プロサッカーリーグの構成

1	Becamex Binh Duong	30	27	Vietnam	Nigeria Senegal Uganda
2	Than Quang Ninh	27	25	Vietnam	Uganda（Brasil） 〈2014 Nigeria Nigeria〉
3	Thanh Hoa	26	24	Vietnam	（Brasil Holland）
4	Hai Phong	31	29	Vietnam	Zimbabwe（Brasil） 〈（2014Jamaica Jamaica）〉
5	Dong Tam Long An	25	23	Vietnam	Mali（Portugal）
6	Song Lam Nghe An	29	27	Vietnam	Cameroun（Brasil Romania） 〈2014 Ghana（Holland）〉
7	Sanna Khanh Hoa VBN	30	28	Vietnam	Nigeria（Brazil)
8	Hanoi T & T	26	22	Vietnam	Nigeria（Trinidad Tobago, Trinidad Tobago, Argentina）
9	Dong Thap	25	23	Vietnam	Nigeria Nigeria
10	Hoang Ann Gia Lai	28	25	Vietnam	Nigeria Nigeria Nigeria
11	QNK Quang Nam	26	24	Vietnam	Congo（Kinshasa）Uganda 〈2014 Uganda（Brasil Brasil）〉
13	XSKT Can Tho	26	24	Vietnam	（Brasil Croatia）
14	Dong Nai	30	28	Vietnam	Cameroun Nigeria

（和崎春日作成　2015 年 5 月 22 日現在）

次に、二〇一〇年の動きの中で、アフリカ人選手がベトナム・プロサッカー・リーグにどれだけ入り込み活躍してきたかを、検証しよう（表2）。

アフリカからの出身国で見ると、総計で最も多いのがナイジェリアである。ナイジェリア人の世界各地への展開は、凄まじい。とくに、ビアフラ内戦を経験して、ハウサ、ヨルバ、イボの三大民族のなかで、もともと商人で、独立を「阻止された」イボ人の海外展開は、他の二民族に比して、大きな勢いをもつ。日本でも約二〇〇〇人と在日アフリカ人の一位はナイジェリア人であり、その大半がイボ人である。イボ人居住地域を細分化してアナンブラ州人会、イモ州人会など、州レベルの在日民族結社が組織されているほどである。[15] 在日アフリカ人第二位は、二〇〇〇人弱のガーナである。この一位二位ともに、**V League** での傾向と一致している。

二〇〇六年では、一位ナイジェリア二三名、二位ウガンダ一三名、三位ガーナ八名と多い。あとシエラレオーネ四名、カメルーン、南ア、ケニア、ジンバブエが三名と続く。表2の **Nam Phi** は、ベトナム語の南アである。ルワンダとモザンビークが二名、リベリア、ブルンジ、ザンビア、トーゴ、コンゴ、

表2　ベトナム・プロサッカー・リーグ登録クラブ在籍アフリカ人選手名簿
（2006-2015、ベトナム・スポーツ省提供）

TT	Quoc tich	Nam									
		2006	2007	2008	2009	2010	2011	2012	2013	2014	2015
1	Nigeria	23	22	32	20	17	30	24	18	15	4
2	Uganda	13	6	3	4	5	9	7	8	3	1
3	Ghana	8	8	5	7	11	5	10	6	5	1
4	Cameroon	3	4	4	9	5	4	5	1	3	
5	Sierra Leone	4	6	2	1	1	1	1			
6	Nam Phi	3	1	2	2	1		1	2	1	
7	Kenya	3	1	1	1	2	2	2	1		
8	Zimbabwe	3	1	1				1	1		
9	Rwanda	2	2			1	1	1	2	1	1
10	Mali					1	1	1	2	1	1
11	Liberia	1		2	1		1			1	
12	Burundi	1	1							1	
13	Zambia	1	1					1		1	
14	Mozambique	2									
15	Togo	1	2				3	2	2	1	
16	Congo	1	3	2	1	1	2	6	1	2	
17	Jamaica	1					2	1	1	3	1
18	Cote d'Lvoire		3	4				1			
19	Senegal				2		1	1	1	1	1
20	Tanzania					1	2	1	1	1	
21	Angola							1			
22	Ethiopia							1			
23	Namibia							3			
24	Trinidad & Tobago								2	2	2
25	Gambia							1			
26	Malawi							1	1	1	
	Tong so	70	61	58	48	45	63	72	48	42	11

が一名である。総体として、アフリカ五四カ国のうち約半数の二四カ国から、広く東西南北アフリカ全てからベトナムに来ている。英語圏ばかりではない。フランス語圏、ポルトガル語圏、イタリア語圏からも、アフリカ人を受け容れている。ベトナム語の障壁をものともせず、アフリカ人はベトナムに進入している。アフリカとベトナムの交流は広く厚い。

一般にチェーン・マイグレーションと呼ばれるように、サッカー仲間関係によっても評判や成功例が共有され、同じ国・地域のサッカー類縁者がやって来る。カメルーン人選手の国境を跨ぐ動きで後述するが、生活を営み希求する普通のアフリカ民衆からすれば、リッチな中国はもちろんだが、ベトナムへの進入は、闖入の意味を超えてすでに一般的な魅力と実利の対象になっている。

五　タヒエン通りでの文化創造とアフリカ人の頻繁な出現の同時生成
――チャウフィー、ニジェリアを包摂するハノイ都市民衆

タヒエン通りには、飲み屋はもちろん、タトゥー店、マッサージ店、ディスコ、サウナ店など、ヨーロッパ由来の歓楽の装置が数多く見られる。ベトナム産の西洋画も売っている。似顔絵という非日常体験も可能だ。B29の撃墜もベトナム戦争の勇士ボー・グエン・ザップ将軍像も、ケバブもイスラームのハラール料理も、「ソ連」製ロケット・マークの中古時計店も、同列に並ぶ。タヒエン通りには、どこかはみ出し動態の店、逸脱領域の商売が多く認められる。ハノイの他のどの街より、異国文化が混在するタヒエン通りでこそ、アフリカ人は目立たない。当たり前の外国人と化せる。あからさまな差別の言葉を受けることも少なく、珍奇を見つめる視線を浴びせられることもさほどない。こころが平安でいられる。稼ぎの無いアフリカ人大学生のアルバイトが可能となる。目立つ有徴化したアフリカ性を逆手にキャンペーンガールとして活かせる。彼女に丁寧にアフリカのどの国出身かを尋ねると、ガーナと答えた。今度私がガーナ・アカン語で挨拶すると、彼女は私とハノイFPT大学で会ったと言った。私たちは再会を祝したのだ。ガーナ女性と私が相互親愛の記念写真を撮ることを見たベトナム人青年たちは、彼女との写真を熱く希求して殺到した。

アフリカを正体不明のチャウフィーと呼んで遠ざけていた数年前から、国名ニジェリアという実在呼称でアドレスする今日、ベトナム社会のアフリカ受容はまちがいなく増加、深化している。アフリカ文化の受け皿の尖兵となり、

写真11　ハノイ市大学に在学するアフリカ人学生

多価値混在と異文化交渉のフロンティアとなるのが、タヒエン通りである。

ハノイで新設のFPT大学は、まだ卒業生を出していない三年目である。FPT大学に、ハンホム通りで働く村からの出稼ぎ婦人の娘が、親族のお金をかき集めて入学できた。思いもよらなかった大学入学が、出稼ぎ労働者にも借金や工面等で手が届く時代になった。情報化やソフト・エンジニアリングに特化したカリキュラムは、グローバル時代を捉えていると判断できた。この広報に納得したのは、アフリカ留学生たちも同じだ。出稼ぎの彼女は、朝八時から夕五時までハンホム通り塗料店で働き、帰宅して就寝、二時に起床して、三時からロンビエン中央市場の天秤運搬労働者として働く。朝六時まで運搬労働をして、朝八時にまた塗料店で働く。働き尽くめである。これが、ベトナムの都市―村落関係である。今少しお金がたまり、道具が天秤からリヤカーに変わった。経済上昇を果たした彼女の娘さんが同僚学生に「ニジェリア人」が多くいる、という。真偽を確かめるべく、ハノイ市郊外FPTキャンパスをフィールドワークした。

FPT大学構内やハノイ市内で多くのアフリカ人FPT学生に出会う（写真11）。ガーナからはアシャンティ人やガー人が来ている。アシャンティ人学生は男女二人である。この一人がタヒエン通りでビール宣伝アルバイトをしていた女子学生G. A.である。ナイジェリアもイボ人やヨルバ人、イスラームのハウサ人学生も二人と多彩だ。ヨルバ人はナイジェリア一位の大都市ラゴスから来ている。モスレム・ヨルバ人もいる。イボ人は多く、アナンブラ州とイモ州、日本でも珍しいエボニ州からもいる。イボランドの南にいるエド人も来ている。カメルーン人では、中西部バンガンテ市出身のバミレケ人がいる。北部イスラーム地域のンガウンデレ出身者もいる。南のカメルーン

図２　タヒエンで受容されるアフリカ人
―ハノイ旧市街タヒエン・ストリート街へのアフリカ人の結集

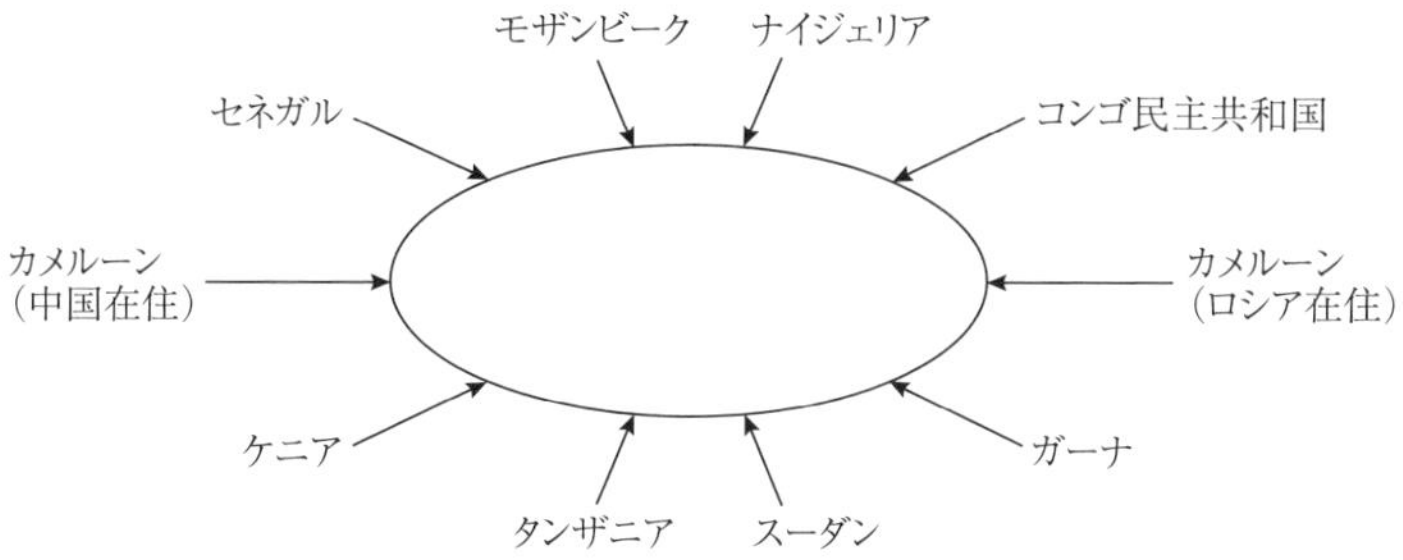

一位の大都市ドアラからの学生もいる。スーダン、セネガル、南アフリカ、ザンビア、ケニア、ウガンダと多くのアフリカ人学生がすでにハノイに住んでいる。

郊外寮だがサッカー試合がある日や週末になるとハノイ市街地にしょっちゅうやって来て見かける。ＦＰＴ外国人学生には、アフリカ人、タイ人、インド人、韓国人、日本人、スペイン人、ドイツ人などがいるが、量的にもアフリカ人のプレゼンスは大きい。学業も、アフリカ人学生は優秀である。学費にかけたお金の生活の中での比重も違うし、年齢もアフリカ人学生は大学卒業年齢で入学してきている人が多い。成熟している。背後にいる家族への責任感や真剣度が違う。重点科目の英語などは、ベトナム人新入生がappleを「エップル」などと発音練習しているなか、生活の中で二〇年三〇年と英語でコミュニケートしてきたアフリカ人学生の英語力は、出来上がって「優」である。成績もいいから評判もおのずと上がる。ベトナム語の理解もアフリカ人は早い。アフリカで普通に多言語使用に慣れているからだ。アフリカ人は基本的に三つか四つ言語を喋るポリグロットである。そのアフリカ人の言語能力の一端を垣間見るだけでも、負のアフリカ認識は正の認識にかわっていく。こうして、量的にも質的にも、一歩ずつ、ベトナム社会でのアフリカ認知と受容が、驚きと反発とズレとその修正を伴いつつ前進している。

タヒエン通りで会い交流したアフリカ人は、ＦＰＴ学生ばかりではない。

国籍もケニア人、コンゴ民主共和国人、スーダン人、モザンビーク人、カメルーン人、ナイジェリア人などと多様である（図2）。

貿易・通商が多い。公務員や国立大学学生もいる。モザンビーク人は、友人のスペイン人とオートバイで二人乗りして現れた。友人のベトナム人と飲む。ベトナムのアフリカ受容は、多様なところで多様に進んでいる。スーダン人は貿易を行いつつ、イスラームの一セクトの布教にハノイに来ている。在北京のタンザニア大使館からハノイに来ている一等書記官と行政アタッシェもいる。書記官は、タンザニアでは第二の都市アルーシャの出身である。文化アタッシェも担当していた書記官は、スワヒリ語の辞書がベトナムで出版されるほど、アフリカ受容と相互交流が前進することを希求した。同じスワヒリ語文化圏からケニア航空がハノイ直行便を飛ばすようになった。ケニア観光のパンフレットも道々の旅行代理店の店頭に置かれている。首都の象徴ホアンキエム湖を歩くケニア観光者からスワヒリ語が漏れ聞こえる時代になった。上述のように、ケニア人選手もV Leagueで活躍している。

得点王を競うコンゴ民主共和国出身のパティヨ選手がタヒエン通りを訪れたことは述べた。サッカー選手が娯楽に来るということでは、中国プロサッカーリーグで活躍するカメルーン人選手三人が、タヒエン通りに現れた（写真12）。三人は中国の上海、青島、重慶のチームからやってきた。カメルーン出身でベトナム・リーグのサッカー同僚に会うためである。ベトナム―中国―カメルーンという国際環境で、かれらは情報交換して生きている。アフリカ人が生き延びていくための必然的な方途である。一人は、カメルーン南部の首都ヤウンデの下町ロンカックの出身である。あと三人は、バンガンテ、バフサンのバミレケ人二人と、西南部のドアラ人である。みなフランス語圏出身者である。サッカーの技一つで世界を跨ぐ。一人は、カメルーン・サッカーリーグのチャンのチームにも所属している。サッカーリーグ開催時期のズレを利用して、カメルーンでも中国でも稼ぐ。またそうしないと生きていけない。アフリカ民衆も必死のアジア進入を実践している。アフリカ側の必死の生活戦略と、ベトナム・ストリート民衆社会の必死の生活戦略が、ここに交叉して現在の世界規模相互交流を成立させている。

写真12　タヒエン通りに集う中国プロ・リーグのカメルーン人選手

タヒエン通りには、国際ビジネスのナイジェリア・イボ人も現れる。スポーツ・ジムを経営する彼は、ホーチミン市に拠点を置きつつ、アメリカのテキサス・ヒューストンに支社をもち、出張のハノイのタヒエン通りに現れた。普通のアフリカ人が、ナイジェリアから出発し地球の多面移動を果たしタヒエン・ストリートに帰着している。タヒエン通りには庶民的な貿易商売のカメルーン人も現れる。カメルーン人三人に会った。一人はバティエ出身のバミレケ人、もう一人は首都ヤウンデ近くのベティ人の青年である。私のカメルーン生活が長いことがわかると、タヒエン通りの奥へその親方へと導いていった。サッカー選手が、カメルーンから中国、中国からハノイ・タヒエンという道筋を通っているように、資本家ではない一般アフリカ人の通商も世界を跨ぐ。この通商ボスは、カメルーンからまずUAEアブダビに渡り、そこで自動車ビジネスを成功させ、ここでのネットワークからモスクワに渡った。そして今、国策の継続からキューバやアンゴラからのベトナム国立大学への留学生が多いことからも判るように、旧社会主義国ネットワークが今日でも資本主義化された様態に進化変身し、依然強い通商ネットワークとして機能している。このネットワークに乗って、モスクワ在住カメルーン人貿易商は、ハノイに機械や電化製品の貿易商売にやってきた。カメルーン→UAE→ロシア→ハノイという地球規模の世界跨ぎが、金持ちではない中層出身の普通のカメルーン人に実践されている。ハノイ民衆によるコーヒー店出店もカメルーン民衆によるこの世界跨ぎも、**praxis** の実践である。タヒエン通りは、そのベトナムの、アフリカの世界跨ぎが交わる結節点なのである。これは、国策でもトップダウンの意思決定でも、観光化政策による指導でもなんでもない、ハノイ都市民衆の機を見て敏な、タヒエンの磁場ある歴史性と慣習を活かした街変貌の創発力と自揚力によるものである。ハノイ民衆街の根っこと世界が多様に結びつく。ローカルは、自らの土壌で、堂々と、世界のむすびつきを実現できる。

コーヒー店の民衆下層―中層の接続と、飲んだくれ猥雑界隈の中層―上層―異国―埒外の接続は、タヒエン通りの全体のストリート力として連続している。したがって、それは、ハノイの都市民衆の日常と遊離せずつながっている。タヒエン通りにある、路上コーヒー店は、通りの異なる店や職業をつなぎ、通りの中と外をつなぎ、ハノイの下層、中下層、中層をつなぎ、地域社会の人々をつなぐ社会形成を果たしながら、外国文化との具体的な見聞きを現実の日常へと包摂していく。そして、昼の観光による異類包摂と夜の心身解放による逸脱包摂の諸店舗がタヒエンのなかに繋がる。ストリートは、外国文化に恐れのない憧れをもつ若者も交えて、それまで非日常だった異国と接触し交わりにくる中下層・中層と上層とをつなぎ、かれらとその先にあるアフリカを含んだ異国文化とをつなぎ交流させる。タヒエン通りの装置群が、遷移的に連続して、その逸脱や放埒や外国文化やアフリカを日常化させていく。それが、タヒエン通りの異質包摂と文化の自揚創発の力である。

このように、タヒエン通りは、猥雑と逸脱を許容してそれを日常範疇に入れ込んでいく力がある。アフリカもその動きのなかにいる。タヒエン通りは、逸脱を逸脱のままに放置しておもしろがるのではなく、その周辺的事項さえ奇異でもなんでもなく当たり前として扱い、その放埒やアフリカと同類のハズレ事象を生活日常の範疇に軌道化していく力をもつ。全体として、下層から中層を繋ぐ装置と、中層から中上層や異国文化を繋ぐ装置とが連続して、通り全体の許容・受容の思潮として深く根づき、その民衆慣習の海から多様な結びつきが想起され今を生きる現実の力に結んでいる。人々は結びつく。社会は生成される。その源泉力は、かれら都市民衆の足元にある。ここに、ストリートがもつ文化の創発性と自揚性が発動している。

全体としてのハノイ都市民衆の生活動態としてみれば、外国との、その先にある最も遠いチャウフィー（アフリカ）との社会包摂を含めて、都市民衆の文化創造性と意味の創発性、文化社会の自揚性を実現しているものといえる。民衆想像のパラディグマティックな自創性と体制管理のシンタグマティックな他与性が拮抗するなかで、規律性強い旧社会主義体制の首都ハノイのトップダウンの意味の収斂力動が働いてくるなか、また、巨大マーケットや近代的モールの資本集中が商店街の横で進行しているなか、発想しなおして、継続の中でも、意味そのものを変え、機能を変え、用途を変え、組み合わせを変え応用していく力が、タヒエン通りのようなハノイ都市民衆にはある、ということを私たちは学びとるのである。

[付記]アフリカ人選手をはじめ固有名が特定できる写真については、すべてその掲載許可を得ていることを、ここに付記します。また、この研究は、ＪＳＰＳ科研費ＪＰ16Ｋ０３２３７番の助成を受けたものです。

注

（1）本書の二〇章を参照のこと。。

（2）Benjamin, Walter, Theses on the Philosophy of History, Illuminations, in Hanna Arendt (trad.by Harry Zohn, New York:) Schocken,pp.253-264. 1969.

Sekine, Yasumasa, Toward "Anthropology of the Street"-Street Phenomena in the Era of Reflexive Modernization, in From Community to Commonality, ed.by Monika Salzbrunn and Yasumasa Sekine, Center for Global Studies, Seijo University, pp.5-44, 2011

（3）関根康正「発想法（ＫＪ法）と人類学的フィールドワーク」『融然の探検――フィールドサイエンスの思潮と可能性』川喜田二郎記念編集委員会編、清水弘文堂、三二一―三三〇頁、二〇一二年。

（4）川喜田二郎『発想法』中公新書、一九六七年。

（5）Jacobs, Jane, 1969, "The Economy of Cities", New York; Random House, Sekine,Yasumasa, 2011,'Introduction' "From Community to Commonality" Center for Global Studies, Seijou University,pp.1-4.

（6）フレイザー、ナンシー「公共圏の再考――既存の民主主義批判のために」『ハーバーマスの公共圏』グレイグ・キャルホーン編、山本啓・新田滋訳、未来社、一九九九年。

（7）松田素二『抵抗する都市――ナイロビ移民の世界から』岩波書店、一九九九年。松田は、この本の中で「近代市民社会が勝ち取った様々な権利や思想が、アフリカ蔑視と搾取の支障と同根であったことがよくわかる」（同書、四一―四二頁）と述べている。

（8）Silva, Filipe Carreira da and Monica Brito Vieira, 2009,Plural Modernity: Changing Modern Institutional Forms–Discipline and Nation State,"Social Analysis"53(2), PP.60-79.

（9）ケルナー、E・F・K『ソシュールの言語論――その淵源と展開』山中桂一訳、大修館書店、一九八二年。

（10）四〇年間カメルーン都市社会の研究を行ってきた筆者のアフリカ研究は、カメルーン・バムン都市を対象化したものから、アフリカからの移動を探求する、越境的な動態的な「在日アフリカ人の生活動態研究」へと展開してきた（「中古自動車業を生きる滞日アフリカ人の生活動態」『地域研究』Vol. 9, No. 1、京都大学地域研究総合情報センター、昭和堂、二六〇―二七八頁、二〇〇九年、他）。

ベトナム調査は、毎回短期ではあるものの、二〇〇八年の第一回調査以来、二八回を数える。ハノイ市街地の土地勘ができてきたことに随伴し、論考も二つ発表するまでになってきた。和崎春日「建造物・陳列物の展示性をめぐる比較博物館学的調査――ベトナム、フランス、カメルーン」『中部大学民族資料博物館調査研究報告』平成二三年度、一―一三頁、二〇一二年。和崎春日「東南アジア在住アフリカ人の生活動態――ベトナム・スポーツ界におけるアフリカ人の活動」『貿易風』Vol. 11、中部大学国際関係学部論集、三七―五二頁、二〇一六年。

（11）ハノイ旧市街の各ストリートに、その通りの開拓の始祖たちが出身地の神々を祀って子孫を守る街の祠堂がある。宗教性をもつ通りの社会的集会所であり、それを亭という。の規模が大きくなりデンとなるとより集会以上に宗教施設性が大きくなる。政府は、観光化を目指して、この亭とデンを整備したい。そこで改築を「勝手に」行い、ハンホム通りのハビ亭がハビデンとなったことで、委員会が検査尋問にきた。「これは亭ですかデンですか」と委員会が尋ねるとハンホム通りの民衆側は「これは亭でもデンでもあります」と意味の確定を避け、「あーでも、こーでもある」という多元性でかわそうとしている。この民衆の逸らしの戦略をめぐって長坂が詳細に論じている（長坂康代「ベトナムの首都ハノイにおける宗教行政と民衆活動」『ククロス』国際コミュニケーション論集第六号、四五―五九頁、二〇〇九年）。

（12）長坂康代「経済解放後の都市ハノイにおける茶生活資源とコーヒー観光資源」『アサヒ食文化研究』二〇〇九年版、九一―一一〇頁、二〇〇九年。長坂康代「路上茶屋からみたベトナム都市民衆のコミュニティ形成」『食生活研究』Vol. 30、九―一二頁、二〇一〇年）。

（13）Salzburnn, Monika, Multiple Belongings in Urban Neighborhood-How Festive Events Create Community, in "From Community to Commonality" ed.by Monika Salzbrunn and Yasumasa Sekine, Center for Global Studies, Seijo University, pp.45-80, 2011. ザルツブルンの主張に合う筆者の論考として、和崎春日「民族交流都市・大須の自他融合——滞日アフリカ人から若者・芸能者まで」『貿易風』Vol. 6、中部大学国際関係学部論集、九七—一一六頁、二〇一一年。

（14）大橋健一代表・科研共同研究会「ベトナムの移動の都市人類学」（基盤C、二〇一六年四月八日、於・中部大学）にて、長坂康代・口頭発表「ハノイ旧市街の路上コーヒー店の民衆文化」の資料による。

（15）和崎春日「在日・在中アフリカ人の生活戦略とホスト社会の受容性」愛知大学短期大学部『研究論集』第三六号、五九—八〇頁、二〇一三年。ここで在日イボ・アナンブラ州人会の集会行動を論じている。

参考文献

川喜田二郎
　一九六七　『発想法』中公新書。
関根康正
　二〇一二　「発想法（ＫＪ法）と人類学的フィールドワーク」『融然の探検——フィールドサイエンスの思潮と可能性』川喜田二郎記念編集委員会編、三二一—三三〇頁、清水弘文堂。
長坂康代
　二〇〇九　「経済解放後の都市ハノイにおける茶生活資源とコーヒー観光資源」『アサヒ食文化研究』二〇〇九年版、九一—一一〇頁。
　二〇〇九　「ベトナムの首都ハノイにおける宗教行政と民衆活動」『ククロス』国際コミュニケーション論集第六号、四五—五九頁。
　二〇一〇　「路上茶屋からみたベトナム都市民衆のコミュニティ形成」『食生活研究』Vol. 30、九—二二頁。
松田素二
　一九九九　『抵抗する都市——ナイロビ移民の世界から』岩波書店。
和崎春日
　二〇〇九　「中古自動車業を生きる滞日アフリカ人の生活動態」『地域研究』Vol. 9No. 1、京都大学地域研究総合情報センター、二六〇—二七八頁、昭和堂。

二〇一一　「民族交流都市・大須の自他融合――滞日アフリカ人から若者・芸能者まで」『貿易風』Vol. 6、中部大学国際関係学部論集、九七―一一六頁。
二〇一二　「建造物・陳列物の展示性をめぐる比較博物館学的調査――ベトナム、フランス、カメルーン」『中部大学民族資料博物館調査研究報告』平成二三年度、一―一三頁。
二〇一三　「在日・在中アフリカ人の生活戦略とホスト社会の受容性」愛知大学短期大学部『研究論集』第三六号、五九―八〇頁。
二〇一六　「東南アジア在住アフリカ人の生活動態――ベトナム・スポーツ界におけるアフリカ人の活動」『貿易風』Vol. 11、中部大学国際関係学部論集、三七―五二頁。

ケルナー、E・F・K
一九八二　『ソシュールの言語論――その淵源と展開』山中桂一訳、大修館書店。

フレイザー、ナンシー
一九九九　「公共圏の再考――既存の民主主義批判のために」『ハーバーマスの公共圏』グレイグ・キャルホーン編、山本啓・新田滋訳、未来社。

Benjamin, Walter
1969　Theses on the Philosophy of History, Illuminations, in Hanna Arendt (trad.by Harry Zohn, New York:) Schocken,pp.253-264.

Jacobs, Jane
1969　“The Economy of Cities”, New York; Random House,

Salzburnn, Monika
2011　Multiple Belongings in Urban Neighborhood-How Festive Events Create Community, in ”From Community to Commonality” ed. by Monika Salzbrunn and Yasumasa Sekine, Center for Global Studies, Seijo University, pp.45-80.

Sekine, Yasumasa
2011　‘Introduction’ “From Community to Commonality” Center for Global Studies, Seijou University,pp.1-4.
2011　Toward “Anthropology of the Street”-Street Phenomena in the Era of Reflexive Modernization, in From Community to Commonality, ed.by Monika Salzbrunn and Yasumasa Sekine, Center for Global Studies, Seijo University, pp.5-44.

Silva, Filipe
2009　Carreira da and Monica Brito Vieira, Plural Modernity: Changing Modern Institutional Forms–Discipline and Nation State, “Social Analysis” 53 (2), PP. 60-79.

一五章　ストリート言語から国民形成の鍵へ
――ケニアのシェン語の生成と展開

小馬　徹

はじめに

ケニアの独立（一九六三年末）前後の時期、首都ナイロビで、（東アフリカの海岸地域の伝統的なリンガ・フランカである）スワヒリ語のピジン的な内陸方言を主たる母体（donor）とし、英語からはごく初歩的な文法と数多くの語彙を、またケニアの若干の民族語からも幾らかの語彙を随時取り込んで、新たな都市混成言語が徐々に形成されつつあった。スワヒリ語で「ストリート（ないしは街区）の言語」（*lugha ya mtaa*）と呼ばれたこの新しい混成言語は、やがて次第にシェン語（*Sheng*）という固有名詞で知られるようになる。当初シェン語は、民衆的で安価な乗合自動車（*matatu*）の客引き、運転手、車掌である若者たちが操る脱法的な使途をもつ隠語だとして蔑視され、またストリート・チルドレンの言葉と揶揄されもした。しかし、その後半世紀程の内に、ナイロビに住むアフリカ人庶民の言語コミュニケーションのために不可欠な手段として根づき、確実に発展を遂げた。ことに一九九〇年代からは、ナイロビのみならず、全国の若者たちに圧倒的に支持される若者言葉へと急速に育って行った。

さらに、待望の新憲法公布（二〇一〇年八月）後の新生ケニアにおいて、シェン語は、初期の隠語的な性格は勿論、若者言葉としての次元をも超えて広範な認知を受けるようになり、今や国民統合の言語面での鍵へと離陸しようとする間際にまで成長したとさえ言えるだろう。

本稿は、シェン語のそうした逞しい成長の歴史過程を概述すると共に、それを基盤としてシェン語の今日的な社会的意義を考究し、さらには、近い将来の発展を見通そうとするものである。

一　シェン語発展の可能性と限界

さて筆者は、これまで折りに触れ、シェン語がケニアの国民統合に徐々に建設的な役割を果たしつつある諸現象に光を当て、かなり長期的な見通しに立って、積極的な意味と将来の可能性を見出そうとする論考を幾本か発表してきた。先ず本節では、敢えてそれらの論考の要点を総合したうえでさらに敷衍し、本稿が展開する議論の一応の地均しを試みておきたい。

1　新しい都市混成言語の可能性

ケニア人の言う「コスモポリタンな」、つまり多民族的な構成をもつ都市、ことに首都ナイロビでは、シェン語は庶民の日々の暮らしに欠かせない生活言語にまで成長している。そして、FM放送、選挙や商品拡販のキャンペーン、TV劇の「ケニア化」等に関して、なかでも若者をターゲットとする諸々の脈絡では特に、圧倒的な威力を発揮して存在感を示してきた。こうした歴史的な事実を踏まえて、都市の若者の間でシェン語が今や第一言語（つまり、思考時に頭の中で働き、内話として聞こえている言語）となっている現実を直視するべきなのである。

スワヒリ語や諸々の民族語との間に生じる用法・意味・語感の微妙なずれを逆手に取って、「倒置」（inversion）や

「截断」（truncation）等の「言葉遊び」の手法で機知や諧謔を実現し得るシェン語の可転性＝多能性（versatility）は、新鮮な刺激の源泉として庶民の言語生活に活気と柔軟性を付与している。それは、ケニアで使われている諸言語やその方言の間の差異を融解し、国民統合に大きく資する可能性をも内包するものである。世界屈指の高い出生率を背景に勃興し、若年人口の圧倒的な数的優位の下に爆発的に拡大し続けている、ケニアの新興諸都市の成長を背景とするシェン語の生命力は、何時の間にか、若々しく快活な（口語的）「国民文学」の基盤を形成しつつあるとさえ言えるのではないだろうか。

ところで、アフリカ文学には一つの古典的なアポリアがあり、それを巡る極めて深刻な葛藤と感情的な対立が蟠り続けてきたことを指摘しておきたい。そのアポリアとは、飽くまでも作家の母語を用いて「血の通った」文学を建設するべきか、それとも汎用性のある英語で敢えて書いて一般性を確保し、それが達成する文学性に宿る力（普遍性）によって、英語と英語の背後にある西欧思想のヘゲモニーを打破するべきか、というものである。この二律背反的なアポリアが示唆しているアフリカ文学の「不可能性」が、ナイジェリアのアチェベやショインカとケニアのグギ等、アフリカを代表する作家たちを長年懊悩させると共に、彼等の仲を引き裂いて鋭く対立させ、「アフリカの作家」としての連帯を大きく妨げてきたのだ。

しかし、その半世紀を超える歴史のゆえに、ケニアの都市部の若者世代にとって既に第一言語になっているシェン語には、このジレンマを超克出来る可能性が（少なくともケニア国民というレヴェルでは、つまり多民族的な差異の彼岸に）見え始めていると思われる。

2　エリートたちの対応とその変化

筆者は、ケニアで行った最初の人類学的参与観察調査（一九七九年七月〜一九八〇年三月）を皮切りに今日まで、ケニアへ調査に赴く度ごとに、ケニアの文学者や言語学者、人類学者、歴史学者等の専門的な研究者のみならず、政府関係者たちとも率直にシェン語の可能性に関する議論を積み重ねてきた。当初、まるで鼻も引っかけて貰えない風情だった筆者のシェン語の将来性に対する肯定的で積極的な主張も、一九九〇年代に入ると、それなりの反応が返ってくるようになった。しかしながら、それは一貫して否定的なものであった。彼らは、シェン語が英語とスワヒリ語の教育に及ぼす破壊的な作用を強調し、（特に都市部での）国家試験におけるその両科目の成績の累進的な劣化の原因がシェン語の流行と蔓延にあると力説した。これが、その後もずっと彼らの一般的な反応であったし、専門的な見解でもあった。

ただし近年、一面では彼らの主張のあり方に重大な変化が見られるようになった。シェン語は、旧憲法による言語の地位規定、つまり国家語、公用語、土着語（公認された四二の民族の言語）、外国語という四つの範疇のいずれにも属さず、従来は「存在しない言語」、いや「存在すべからざる言語」という扱いを一方的に押しつけられてきた。だが、シェン語は実際に「存在する」どころか、先述のごとく、「隠然たる」という以上に大きな存在感を確立してしまった。今や、その存在を黙殺し、隠蔽することは、到底現実的ではなくなった。それならば、いっそシェン語も一つの言語として認めたうえで、シェン語とスワヒリ語・英語をきちんと区別し使いわける意識を徹底させるように指導をするのが得策となろう。だから彼らは、教育の媒介言語である英語・スワヒリ語と、その埒外にあるシェン語の時間的・空間的棲み分けを日常的に徹底させるという現実的な教育政策を推奨し始めたのである。

ただし、彼らがシェン語を全面的に受け入れ、一つのまともな言語として認定したわけではない。彼らの否認に共通するもう一つのきわめて確信的な論点は、シェン語にはいかなる標準化のメカニズムも一切存在せず、それゆえに真っ当な言語への発展の道筋は鎖されているというものだ。この主張は一応具体的・論理的であり、確かに容易に論駁し難い一面を持っている。

とは言え、この正統的な判断の根拠さえも再考を迫られるような事象が、ごく最近、相呼応するかのような形で実際に散見されるようになってきている。本稿は、主たる着眼点をまさにこの「二〇一〇年新憲法時代」的な諸事象の相関と連動の相に置いて把握し、シェン語の近い将来を肯定的で積極的な視角からあらためて「再考」しようとするものである。

二　政治の中のシェン語

特記に値するそうした諸事象の中でも、庶民的で現実的な立場からシェン語を鼓舞し、シェン語肯定派のケニア人がそれを一つの画期と見なした目覚ましい出来事が、昨二〇一五年半ばにあった。それは、米国の現役の大統領バラック・オバマ（当時）がケニアをついに公式訪問し、その時に真先にシェン語を口にしてケニアへの親愛の情と敬意を表そうとしたという事実である［小馬　二〇一六］。

1　「最初のケニア人米国大統領」オバマのシェン語

二〇一五年七月二四日の金曜日の午後、オバマ大統領を乗せた専用機 Air Force One が、ケニアの首都ナイロビのジョモ・ケニャッタ国際空港に降り立った。この訪問の場面でケニア人たちがあっと驚き、また痛く傷付きもしたのは、その水も漏らさぬ厳戒体制からケニア側が完全に排除された事実だった。彼らが屈辱を噛みしめていたこの日の夕方、オバマは長旅の疲れも見せずに晩餐会を開いて、ケニア人親族たちをもてなし、和やかに歓談した。

オバマの実父（故バラック・オバマ・シニア）は、南西ケニアの民族ルオ人の一員で、米国留学中に、やがてオバマの母親となる白人女性人類学者と知り合って結婚した。ケニアには既に（ルオ人の）別の妻がいたが、一夫多妻制の伝統を生きていた彼に良心の呵責はなかっただろう。

大統領就任直後、オバマが長く間を置かずに父祖の土地ケニアを訪れるだろうという期待が、当初きわめて高かった。だが、現実はすっかり期待を裏切った。それゆえ、二期目の任期終盤になってからのオバマの訪問には、ケニアでは元々些かの失望感が伴った。ただ彼は、ケニアを公式訪問した最初の現役米国大統領という「勲章」だけはせめても担保して、ケニア人の慰撫に努めたのだ。

一方、彼の出生地がハワイだというのは偽りで、実際はケニアのルオ人の土地だったという有力な証拠があり、ケニア訪問時、米国のネットやソーシャル・メディアでは、「最初のケニア人米国大統領」という辛辣で苦いコメントが盛んに飛び交っていた。

熱烈歓迎の最中にも澱むケニア側の何処か微妙に重苦しい空気を、翌二五日（土）にナイロビ市内で開催された「グローバル起業サミット」の開会式典でのオバマの挨拶戦略が、跡形もなく一気に吹き飛ばしてしまった。それは、快刀乱麻の、誠に見事な政治劇だった〔小馬　二〇一六〕。

オバマは、ほぼ開口一番、“*Jambo?*...*Niaje wasee?*...*Hawayuni?*”と、矢継ぎ早に現地ケニアの言語による挨拶を繰り出した。それを耳にした会衆は棒を呑み込んだかのごとく一瞬押し黙ったが、その驚きの風情は忽ち氷解して一斉の興奮と熱狂へと一気に取って代わられ、万雷の拍手と歓声がホールを響もし続けて暫し鳴り止まなかった。

“*Jambo?*”はスワヒリ語の口語的挨拶の常套句で、今では世界的にもかなりよく知られている。その語感は、「お達者？」に近い。続く“*Niaje?*”は、シェン語で最も一般的な挨拶表現である。なお、シェン語の他の挨拶言葉としては、“*Sasa?*”（今は〔どう〕？）や“*Vipi?*”（どうだい？）も多用される。一方、相手は“*Poa*”（“Cool”）と返答する。

ところで、“*Hawayuni?*”は全く耳慣れない表現だ。英語の挨拶である“How are you ?”に、海岸スワヒリ語（海岸部に住む「スワヒリ人」の母語）の複数人称接尾辞である“*-ni*”を付けて（オバマが）創った、シェン語風の新しい表現（の積もり）だろうか。会場の人々を暫し沈黙させた戸惑いの原因の一端が、恐らくはここにあったと思う。

その沈黙に続く破顔一笑と熱狂の謂われは、もちろん、*"Niaje wasee?"* の方にこそあった。*"wasee"*（*sg. msee*）の語源は、スワヒリ語で「大人、老人」を意味する *"wazee"*（*sg. mzee*）なのだが、語意はぞんざいな「てめえら、あんたら」へとややずれていて、*"Niaje wasee?"* の語感は、英口語の **"Hi guys !"** にかなり良く通じ合うものになる。

シェン語は、一九九一年末に実現したケニアの電波の自由化の下で蔟生したFM放送局が、若者たちの関心を引こうとして重用した。その結果全国に波及し、クールさがうけて若者の心を忽ちの内に鷲掴みにしてしまった。（次節で詳しく述べるように）それに先立ってケニアの政治家たちも若者の歓心を買おうと、選挙時にシェン語を援用し、まんまと成功していた。

二〇一五年夏のケニア訪問では、オバマもその歴史に学んで、前者の足跡に従ったのだと推定できる。だが、その唐突さは青天の霹靂のごとく受け留められた。一方、ケニアのシェン語普及団体は、シェン語が世界の認知を勝ち得たのだと痛く喜んで、俄に色めき立ったものだった。

2　政治・報道の自由化とシェン語の効用

さて、前項で軽く触れたように、一九八〇年代末から一九九〇年代初頭にかけて、複数政党制への復帰を求める政治運動で大同団結したケニアの統一野党の政治家たちは、若者の支持を得ようと、シェン語表現に固有の「可転性＝多能性」（versatility）の絶大な効果に戦略的に訴えて成果を収めた。本項では、先に見たオバマの画期的なパフォーマンスの下地となったと思われる一九九〇年代の政治シーンをシェン語勃興の原点と見て、簡単に振り返ってみたい。

シェン語が一九九〇年代半ばから放送媒体として急激に台頭した背景には、ケニアにおける政治の自由化運動とそれに呼応する電波自由化の戦いがあった。長らく続いてきたＫＡＮＵ（Kenya African National Union、ケニア・アフリカ人連合）の一党独裁体制を複数政党制に改めようとする、野党ＦＯＲＤ（Forum of Reinstallation of Democracy）の政治運動が盛んになり、一九八九年から一九九〇年代初めにいわば沸騰する。この時に、Ｖサイン（より正確には、二本指の腹を相手に向ける示威サイン）が、その運動の象徴として盛んに用いられたのである［小馬　二〇〇五ｃ］。

一九九〇年から一九九一年末、この運動が大きな盛り上がりを見せた。一九九〇年七月七日、ナイロビの下町の一角、カムクンジの露店群が警察の急襲を受けて破壊され、それに果敢に抗議した露天商たち数人が警官隊に射殺されるという、痛ましい事件が起きた。これに憤激した庶民が市内数カ所のストリートで決起して警察に反撃を加えると、混乱に乗じた略奪騒ぎが方々で起き、それらの地点はほとんど暴動状態（「サバサバ蜂起」）に陥った。

翌一九九一年年の七月七日にも、ナイロビ市内で前年に類する激しい騒乱が再び起きた。この由々しい事態を受けて、援助国（欧米日の先進国）側が一致団結し、援助の前提条件としての複数政党制再導入の決断をケニア政府に強行に迫った。その結果、一九九一年末にケニア憲法が一部改正され、ついに長年続いてきた一党制に終止符が打たれたのだった。

ＦＯＲＤ運動では、Ｖサインの突き出した二本指は、いうまでもなく一（単独政党制）ではないこと、つまり二以上の複数（政党制）を明快に象徴していた。

このＦＯＲＤ運動を成功に導く前段階には、新聞・雑誌から電波放送へと波及した報道の自由拡大運動の成果があったのだが、その先陣としてモイ政権の不正を果敢に暴き続けた恐れ知らずの放送局が、シティズン・ラジオ局だった［小馬　二〇一二：二〇七］。同局のキャッチ・フレーズが、シェン語による *"Citizen Tosha!"*（「シティズン局で決まり！」）である。そしてまた、ＦＯＲＤ運動でも（英語の invincible に相当する）*"unbwogable"* というルオ語・英語由来のシェン語が汎用され、若者世代を超えて絶大な人気を博した。

さらに、二〇〇二年の総選挙では、ＦＯＲＤ運動を土台として新たに結成された統一野党であるＮＡＲＣ（National

Alliance of Rainbow Coalition）が、*"Citizen Tosha!"* に倣って *"Kibaki Tosha!"*（「キバキで決まり！」）を掲げて統一候補ムワイ・キバキを盛り立てて、二四年間に亘るダニエル・アラップ・モイ長期政権をついに打倒したのである。

三　シェン語とスラムと若者と

この節では、前章で述べたケニアの政治シーンにほぼ重なる時期に若者たちの心に一層深くシェン語を浸透させた、もう一つ別のシェン語発展の軌跡を確認しておきたい。

1　シェン語と反エイズ・キャンペーン

二〇世紀から今世紀への曲がり角のケニアでは、新聞、雑誌、ラジオ、テレビ等、マスメディアのどれかで、しかも幾度となく反エイズ・禁欲キャンペーンに出食わさない日はなかった。国の強い危機感を反映したその一大キャンペーンのシンボルマークとなったのが、Vサインの右側に *"chill"* の語を添えた、当時のケニア独特のVサインである［小馬　二〇〇五c］。

ケニアが、いわば国家の将来を真剣に憂慮して展開した反エイズ・キャンペーンが、公用語の英語でも国家語のスワヒリ語でもなく、標準的な文法や正書法さえ存在しないストリート言語で繰り広げられた事実は、刮目に値する「事件」だった。そこで、シェン語という混成言語に宿る（と政府が判断した）澎湃たる生命力の秘密、即ち非文字的な言語に特有の、人心を一気に掴み取る旺盛な活力を（この独特のVサインを焦点に）少し立ち入って考察してみよう。

さて、当該のキャンペーン（便宜的に「*ku-chill* 計画」と呼ぼう）は、国際機関の援助を受けてケニア政府が大々的に展開したもので、新聞紙上では二〇〇四年一〇月、テレビでは二〇〇五年一月から組織的に開始されている。

二〇〇四年版のその新聞広告ポスターの意匠は、若者たちの群れの最前列にいる男女二人が片手と両手でVサインを作っているもので、最上辺には、① *"Sex?Hapna, tume-chill."*、最下辺には、② **"We don't follow the crowd."** と、③ *"Ni poa ku chill"* のキャッチ・コピー、ならびに運動のシンボルである「*chill* 付きVサイン」が描かれている。この②と③は、各々純然たる英語とシェン語の文だ。また①は、「英語―スワヒリ語―スワヒリ語―シェン語」という内部構成によるシェン語の文である。①は、「セックス？　まさか、僕らはクールになったんだ」、③は「クールでいてこそ素敵だ」と訳せるだろう。

二〇〇五年には、男一人と女二人の中学生がスクールバスの窓から身を乗り出して、各々片手でVサインを作っている意匠の新版が登場した。文字表記は、①では否定詞がスワヒリ語から英語に、②では文全体が、**"We won't be taken for a ride."**（「車で連れ出されて殺されなぞしない」）に置き換えられている。このポスターの意匠は、学校、殊に寄宿制の学校がとかく性的放縦の温床になりがちな実情を仄めかしていて、巧みであろう。

一方、テレビではニュース番組の直前か途中に、同じモチーフの動画を放映していた。その動画は、色々な学校の生徒がエイズと禁欲に関する問い掛けを受ける場面が最初にあり、それから②→①→③の順番で音声が流れる、という趣向になっていた。

次に、「*ku-chill* 計画」の言語媒体として（英語やスワヒリ語ではなく）シェン語が敢えて選ばれたのは、キャンペーンのターゲットが何よりも学童・生徒世代であり、ほぼシェン語が彼らの第一言語であったからだという前提で、もう少し検討を加えてみよう。

さて、同じ反エイズ・キャンペーンでも、無料のHIV感染血液検査と感染後のケアの普及を目指す団体VCT（Voluntary Counseling and Testing Centres）が実施したもの（便宜上「*chamukeni* 計画」と呼ぼう）は、既婚者層が主な対象である。

ところが、そのポスターの惹句もまた、まさにシェン語の単語が鍵になっていたのである。そのキャッチ・コピーは、(a)“*Onyesha mapenzi yako*”(スワヒリ語：あなたの愛を示そう)、(b)"My husband knows I'm HIV positive and we're still together."(英語)、(c)“*Chamukeni pamoja*”(シェン語＋スワヒリ語：〔夫婦で〕一緒に開明〔＝受検〕しよう)である。

ここで特に強い印象を与える語が“*chamuka*”(の二人称複数を示す“*-ni*”という接尾辞が付いた語形“*chamukeni*”)である。これは純粋なシェン語で、元々は伝統を脱して近代的な暮らしに移行(開明)することを意味した。だが現在では、ＨＩＶ検査を受けることがこの語の第一義となり、巧い代替語のない固有の表現として重用されている。

同様の事情は、上の二つのキャンペーンが対象とした二つの世代の中間に位置する、大学生たちの団体が始めたキャンペーンにも見出せる。例えば、ナイロビ大学生がＨＩＶ／ＡＩＤｓの蔓延を阻むべく、世人の啓蒙を目的にＩＣＬ(I Choose Life)グループを二〇〇四年後半に結成した。彼らは、国際援助団体であるＵＳＡＩＤとＦＨＩ(Family Health International)の後援を得て、二〇〇五年四月初めに首都ナイロビのメイン・キャンパスで文化祭を開催した。その宣伝用ポスターとメンバーが着用したＴシャツには、“*Tia zii ni kazii*”というキャッチ・コピーが大書された。“*zii*”は英語のＺ(zee)の借用、“*tia*”はスワヒリ語の他動詞「入れる」、“*Tia zii*”は全体で「断る」を意味するシェン語。一方、“*ni kazii*”は、上記「*ku-chill* 計画」のキャッチ・コピーの一部“*ku chill*”に対応する表現で、「クールになる(クールである)」、つまり「(性的に)禁欲する」を意味している。この“*kazii*”は、“*Tia zii*”と韻を踏むように、同じく英語のＺからＩＣＬグループが新たに造語したシェン語の動詞である——なお“*ku-*”は、スワヒリ語、ならびにシェン語の不定詞。

以上から、一九八〇年代半ばまではストリート・チルドレンの言葉として卑しめられ、早晩姿を消すと高を括られてきたシェン語が、世紀の曲がり角に到ると、少年から壮年前期までの世代で、しかもエリートの間でも、広く第一言語化している事情が窺えよう。

なお、「*ku-chill* 計画」のシンボル・マークである「*chill* 付きVサイン」は、FORDが採用したVサイン（より正確には、二本指の腹を相手に向ける示威サイン）の伝統を継承したものだ。FORD運動では、先述のとおり、Vサインの突き出した二本指は単一ではなく複数（の政党）を象徴していた。それゆえ、「*chill* 付きVサイン」には、FORD運動の精神である、社会の自由を守る覇気と誇りが込められていたとされている。

さて、ケニア政府は、若者の心を鷲掴みにする表現手段としてシェン語を反エイズ・キャンペーンの媒介言語に選んだ。眉を顰める世の親たちを尻目に、敢えて性の問題を国民の茶の間に持ち込んだのだ。国家の将来を深く憂慮した政府の、止むに止まれぬ英断だった。この企ては、英語やスワヒリ語では、恐らく不可能だったと思われる。なぜなら、当時年長世代がタブー視していたＨＩＶ／ＡＩＤｓが公用語・国民語で公然と取り上げられることには、強い抵抗感があったからである。他方、若者の隠語という出自を持つシェン語は、反社会的な事象を様々なニュアンスで表現するには、まさに打って付けだった。

とはいえ、親たちにはさらに別の困惑もあった。それは、連日連夜ＦＭやテレビで放送され、新聞の大紙面にも登場するこのキャンペーンのシェン語が、幼い子の耳にも直に曝されることである。ただしこの事実は、親たちの語学教育や性教育上の心配とは裏腹に、このストリート言語が、（旧世代には宿命的なものに思えた）民族アイデンティティの長年の深刻な対立を乗り超えて、若い世代がケニア国民としてのアイデンティティを形成する素地を用意し得ることを、図らずも示唆するものでもあったと見るべきである。

2　スラムの若者のためのシェン語放送局

一九九〇年代半ば以来のシェン語のきっかけを作ったのが、二〇〇四年一一月末のＹ-ＦＭ局の開局である。この新しいラジオ局は、従来の狭い地区を聴取域とするＦＭ局とは異なり、桁違いに強力な電波で放送した。ケニア国境を超えた領域にまで電波を送って、ウガンダ東部やタンザニア北部での受信も可能にしたのだ。それと共に、若者世代にターゲットを絞り込んで、番組やＣＭの一部をシェン語で放送するという画期ももたらした。

Ｙ-ＦＭの頭文字Ｙが何に由来するのか、公式にも非公式にも、同局は一切触れていない。しかし、人々は youth の頭文字のＹを暗示するものだと信じて疑わなかった。いずれにせよ、Ｙ-ＦＭの成功を間の辺りにした他局は、間もなく若者を重視する同局の先見の明を認め、その営業方針に追随する姿勢をはっきりと見せるようになった。

さらに、二〇〇五年初めにケニアの二大日刊英字新聞である『ネーション』紙と『スタンダード』紙が、シェン語の惹句を掲げ、乗用車などの豪華な商品を抽選で獲得しようと嘔う販売拡大キャンペーンを始めて覇を競った。前者のキャンペーンは *"Maisha ni poa"*（人生は素敵だ）、後者は **"One thao"**（一千シリング〔が二週間ごとに百人に当たる〕）と銘打たれていた。これもまた、シェン語事情の潮流の変化の兆候と言えるものであった。

その当時、シェン語の惹句は既にナイロビ市街の到る所に溢れていた。大きな交差点には、「スワヒリ語―スワヒリ語―シェン語―シェン語―スワヒリ語―英語」の内部構成を持つ *"Palipo na Kraudi mob, kuna firestone."*、つまり **"Where is a big crowd, there is Firestone."** のシェン語訳の大看板が掲げられた。また、小さなスーパーである Ukwala の買い物袋にも、「スワヒリ語―英語―スワヒリ語、スワヒリ語」の連結態で構成され、*"Bob for bob, utamumua Mob."*（ちょっとづつ〔お得〕、買えるよもっと）と、上手に韻を踏んだ惹句が刷られている、等々という風に。

Ｙ-ＦＭの開設からほぼ四年後、一層ラディカルにシェン語を表看板として掲げる別のＦＭラジオ局が、試験的には二〇〇七年一二月、公式には二〇〇八年一月にナイロビで操業を開始して、人々の耳目を一気に奪い去った。それが、八九・五ＭＨｚの周波数で放送するコミュニティー・ラジオ局、ゲットー・ラジオ（通称ゲットーＦＭ）で、ナイロビ市内とその郊外ならどこでもクリアに聴取できた。

同局は、ナイロビ郊外各地に広がるスラム街やゲットー地区の若者を真っ直ぐにターゲットに据え、その生活実態の全てを一切隠すことも、また毫も臆することもなく隅々まで取り上げて番組化した。例えば、ドラッグ、犯罪、職探しの困難、女子の早婚、児童労働等の、一般に年長世代にはタブー視され、敬遠されがちな話題を積極的に焦点とする特集も組み、堅実な善後策を示して聴取者に問いかけ、論じ合う姿勢を採ったのである。

アフリカの現代音楽を広く紹介して推奨するのも、シェン語でニュースを伝えるのも、ほぼゲットーFMだけだ。暫く前までストリート・チルドレンとして暮らしていた、二〇歳代初めのジョセフ・カンゲゼのような飛びきり若いシェン語ヒップホップ・ミュージシャン等を度々ゲスト話者として招き、スラム住民の生の声を聞く。また、音楽や放送分野に才能がある若者を放送を通じて訓練し、鼓舞もする。だから、携帯やソーシャル・メディアを通じて、聴取者から日々夥しい数の生の声がライブで寄せられる。また、フォロワー一〇万人以上と言われる、ケニア国内最大のフェースブックの頁を持つのも同局なのである。

このユニークなラジオ局は、開局後すぐにナイロビの若者たちから熱狂的な支持を得たばかりでなく、程なく、放送業界でも最良の放送局の一つという評価を得、広範に認知されるようになった。今やナイロビの若年層が最もよく聴取するラジオ局として、庶民の間できわめて人気が高い。実際ゲットーFMは、シェン語による旗艦放送局の地位を確立した。

同局は、こうした背景から、「公式シェン語局」(the official Sheng station)、「若者の声」(voice of the youth)、「都市音楽の拠り所」(the home of urban music)というキャッチ・フレーズを堂々と自社名に冠して憚らない。なにしろ、元々、ケニアのスラムや「ゲットー」のライフ・スタイルとそれを支える固有の文化に照明を当て、その住民である若者たちの生活の水準やスタイルの向上のために、諸々の現実的な提案と援助をしようとする意図から同局が設立されたという経緯がある。事実、同局は、経営資金も善意の個人からの募金と広告料収入の双方で確保される、半営利的な企業体なのである。

もっとも、ゲットーFMは、シェン語の他に、英語とスワヒリ語も加えた、多言語で放送している。ただし、今やシェン語を第一言語として育った若い世代が急増しているナイロビでは、シェン語こそがこの町の実際のリンガ・フランカであって、同局の存在意義の支柱は断然シェン語放送だから、「公式シェン語局」の自称も決して誇張や偽りではない。

3　シェン語発展の背景としてのスラムの歴史

前節までに見たようなシェン語の発展の経過を一層深く理解するためには、その背景をなすナイロビの町の建設、ならびにその首都としての速やかな発展、さらにはそれと不可分に結び付いた郊外のスラムの爆発的な形成史を、簡単にではあれ、概観しておく必要がある。

ナイロビは、環インド洋交易で古くから栄えた港町モンバサと、内陸部の大湖、ヴィクトリア湖の北岸に位置するブガンダ王国を結ぶ、ウガンダ鉄道の中間地点に建設された。その起源は、一八九九年六月、鉄道建設のための野営地と資材置場が、牛と山羊・羊を飼う遊牧民族、マサイ人の広大な放牧地の真っ只中に設置されたことにある。その後、同年八月までには、ウガンダ鉄道本部と英国東アフリカ属領のウカンバ州行政府が（モンバサに程近い）マチャコスの町からナイロビに移された。ただし、この時に想定されていた将来人口は、僅か二〇万であり、現在の実際の人口の約一五分の一強に過ぎない。後述のごとく、この二つの数字の懸隔の巨大さにこそ、スラムの急激な膨張とシェン語の今の隆盛の秘密が隠されている。

ウガンダ鉄道は、一九世紀半ばから沸騰した欧米の探検熱とミッショナリーの布教熱、および英国の植民地政策推進の複合的な所産だ。当時、ナイル川源流発見競争に血道をあげる探検家たちが東アフリカ内陸部へと北と東から我先に殺到し、ヴィクトリア湖などの巨大な湖を次々と「発見」する。東アフリカの内陸部は、古くから東西の文明圏に開かれていた海岸部とは対照的に、この時代もまだ未知の「暗黒大陸」の内奥の地であった。

探検家が発見したのは、ナイル源流や巨大な湖沼、万年雪を頂くキリマンジャロ山やケニア山等の赤道直下の高峰だけではなかった。一八六二年、グラントとスピークは、由緒が古く、良く整った官僚機構を持つブガンダ王国がヴィクトリア湖岸にあるという報告をもたらして、欧米を驚かせた。

さらに、スタンレーによる同様の報告が続き、キリスト教の布教を求める彼の新聞記事に呼応して、一八七〇年代に各国諸教派のミッショナリーが陸続とブガンダ王国に到来した。一八九四年、英国は、ブガンダとその周辺地域を保護領（ウガンダ）にする。ブガンダでは、首長層が英国植民地政府の援助の下に結束して土地制度の近代化（私有化）を断行し、隣接するニョロ王国やトロ王国に対して優位な立場を確立した。英国は専らブガンダを交渉相手とし、この事実が、その後のウガンダの国家的発展の方向を大きく支配することになる。

当時、ウガンダの住民はキリスト教の布教を熱心に求めた。そこで、福音伝導と結びついた反奴隷貿易運動が高まりを見せていた、当時の英国政府は、一八九五年、ついに世論に押し切られてウガンダ鉄道の建設を決定する。そして、一九〇〇年、英国はブガンダ王国とブガンダ協定を結び、ブガンダはそのウガンダの優越する一州となった。この時期に鉄路は、インド洋岸のモンバサ（ケニヤ）を起点とし、ウガンダを目指して西へと延びて行き、一九〇二年、ヴィクトリア湖北東岸の「花の港」ポートフローレンス（現在のケニアのキスム）に達した。

現在のケニアの地は、このように、英国がウガンダに寄せた布教の熱情の副産物として植民地化されたとも言える。ただし、ウガンダ鉄道の建設に必要な五五〇万ポンドの国庫負担は議会の激しい追求を招いた。その結果英国政府は、採算重視の事業へと政策転換し、赤道直下でも冷涼な（当時の）東ウガンダの高原への白人入植者を募集した。それに先立って王領地条例を制定し、「原住民が専有する」以外の全土を王領地と定めてその売買を許可したうえで、一九〇二年、ウガンダ東部を東アフリカ（ケニア）保護領に編入したのである。

こうして、いわゆる白人入植者たちの楽園「ホワイトハイランズ」が、ウガンダ鉄道沿いのケニア西部地域に創られる。一方、沿線に住む諸民族はかなり高い比率で土地を奪われ、狭い原住民保留地へと押し込められた。なお、ナクルから分岐して直接ウガンダ（エンテベ駅）に達する本線が完成するのは、ずっと遅れて、一九二四年のことであった。

こうしてウガンダ鉄道が到達する以前のナイロビの町は、マサイ語で *"enkare nairobi"* とか *"ewaso nairobi"*、つまり「冷たい水場」と呼ばれる低湿地帯で、豊かな水と草を求めるマサイ人が牛群を追って頻々と訪れた。その無住の湿地帯に築かれたナイロビは、純粋に植民地支配に起源を持つ都市であり、且つ独立への移行期に都市としての輪郭と行政形態の基盤を確立したアフリカの典型的な植民都市であって、その原型を今も留めている。

例えば、初期の発展段階で行われた都市空間の人種差別的な地域割りが、いまだに残っている。即ち、地味の肥えた火山性の赤土地帯であるウガンダ鉄道の西側と北側の山手地区には白人が住んだが、ここは今も白人や上層のアフリカ人富豪の街区のままである。

同鉄道の東側と南側は、一段低くて水はけの悪い、玄武岩由来の黒い草原土壌の湿地帯だった。ナイロビとケニアの開発を推し進める植民地政府には、鉄道建設の労働と末端の行政サーヴィスの必要上、それらを担わせる非白人たち（アフリカ人と、ウガンダ鉄道建設のための労働者として呼び寄せられてインド西部からやって来た人々）を短期契約で、マラリアが猖獗してゴミの回収などの行政サービスも行き届かない、この低湿地帯へ呼び入れたのである。

だが、それも暫く後に停止され、一九二二年制定の「浮浪者条令」でアフリカ人の移動が厳しく統制された。それが一九四〇年頃まで続く。すると、アフリカ人はナイロビの都心の南西部に位置する標高の低いキベラ（キブラ）地域に大挙して流れ込んで、一斉に間借り人となる。ここに、この地区がその後アフリカ最大規模のスラムの一つにまで急激に拡大し続けた端緒がある。キベラ地区は、英国小銃隊（King's African Rifles, ＫＡＲ）として英国軍に忠誠を尽くした、いわゆる「ヌビア兵」に限って特典として贈られた例外的な土地であり、その特典のゆえに、借家人としてのケニア人労働者の一大受け皿となり得たのであった。

その後、アフリカ人労働者はやはり低湿地帯に設定された「居住エステート」(residencial estate)に住むことを許される。なお、その個々の居住エステートも、さらには個々の建物も、周囲を城壁の如く聳え立つコンクリート壁で囲い込まれていた。しかも、治安問題が生じる度に、その障壁は益々高く、頑丈になって行った。ナイロビは、現在もこうした植民地的都市構造の遺制を根強く残す。『スタンダード』紙の記事"Nairobi designed like a jail"(二〇一六年八月一八日)は、ケニアの或る都市プランナーが「ナイロビは都市というよりも(その基礎構造のゆえに)まるで監獄だ」と言っているとさえ書いた。

このよう歴史的な背景の下、ナイロビの多数の居住エステートに流れ込んできたケニア各地の諸農耕民族出身の労働者は、ピジン的な内陸スワヒリ語(upcountry Swahili)の片言を操り、時には民族語も援用して、言語コードを頻りに切り換えつつ、どうにか意思疎通を図らざるをえなかった。

一般に、シェン語の淵源は(二五の居住エステートに分かれる)イーストランズ地区のカヨレ・エステートにあるとされてきた。だが、今日ナイロビの各地区、各居住エステート毎にシェン語の狭く地域的な方言が見られるのは、上に述べたようなナイロビの植民地遺制である、牢獄を思わせる分断的な都市構造に起因する。だから、各々の「地域方言」には「同時独立発生」的な要因があったという見方も、簡単には捨て切れないだろう。

いずれにせよ、現在ではそうしたスラムや「ゲットー」住まいの人口が、ナイロビ市の人口の優に過半を占めるのであり、ナイロビ市民とは誰よりも先ずその彼らのことであって、シェン語こそがナイロビの実際のリンガ・フランカだという事実は、誠に重いのである。

四　シェン語の標準化の不可能性と可能性

既に第一節第2項で触れたように、ケニアの研究者、知識人、政府関係者たちは、一般に、（現実との妥協の技法の専門家である政治家たちとは対照的なのだが）シェン語の発展に対して否定的・抑圧的な態度を一貫して採ってきた。そして、その理論的な最大の根拠は、標準化のための制度的なメカニズムが不在であることに求められたのである。

この第四節では、社会的な現実それ自体がそうした主張を打ち返そうとしている実際の様相が現に存在することを指摘し、それに付随するシェン語の社会的な意味を考察したい。

1　標準化の前駆的な試み

第三節第1項を受けて、ゲットーＦＭが、シェン語を創造的に展開させると同時に、一面ではシェン語を標準化する役割も果してきた両義的な事実を、ここで紹介したい。

というのも、同局の朝の時間帯の番組の一つに、「あんたのスラングを刷新しな」（"Update Your Slang"）があるからだ。この番組では、ナイロビ市内のそこここから最新のシェン語表現を拾い集めてきては、その用法を解説している。だが、これは決して自家撞着や矛盾には当たらない。出所の違う新旧のシェン語が競い合い、目まぐるしく交代もする状況は、こうした標準化的な作用に媒介される時、各語の意味をずらしつつも重ね合わせ、堆積させて次々に層を成し、ニュアンスと厚みに富む範例（paradigm）を形成して行くことになるからだ。

ゲットーＦＭの努力は貴重だが、シェン語の標準化には、やはりプリント・メディアの役割がさらに大きな比重を持つことにならざるを得ない。しかしながら、ケニア政府はシェン語は存在しない、或いは存在してはならないという言語政策を一貫して採り続けてきた。だから、この面ではいかなる役割も貢献も果さず、むしろ中心的な役割を担ったのは、『ネーション』各紙（『日刊ネーション』、『土曜ネーション』、『日曜ネーション』）と『スタンダード』の二大日刊英字紙だった。両紙に連日折り込まれ、「マガジン」と称される各種の折り込み紙（pull-out）、中でも色刷りの漫画を多用するゴシップやポップ音楽記事専門のものには、一九九〇年代半ば以降頻繁に、且つふんだんにシェン語が使われるようになった。

『スタンダード』紙の毎週金曜日の折り込み紙である『パルス・マガジン』には、作家のスミッタ・スミットゥン（別名トニー・モチャマ）が、毎週、シェン語で綴る「シーン・アット」という、（挿絵の諸々の漫画を含めて）一頁大の愉快な読み物が載り、長年人気を博してきた。彼が使うシェン語は、下町言葉である主流のシェン語に対抗して、上流階級の住むウエストランヅの若者たちが創り出したエンシュ（*Engsh*）という、英語を主たる母体（donor）とする特殊なシェン語の方言である。それでも、スミッタ・スミットゥンは、毎年彼が創り出したシェン語表現をその年の最後の回に総覧して各語を解説してきた。それゆえに、彼のこの連載記事は、それなりにシェン語の標準化に貢献してきたと言えよう。

また、日曜日の『スタンダード』紙の付録の一つに、『トゥインクル』という児童向けのマガジンがあり、「キキとカキのムチョンゴマノズ」（"Kiki Kaki in *Mchongomanoz*"）という、好評の漫画入りの言葉遊びのコーナーが、創刊以来連載され続けている。"*ngomano*"とは、東アフリカ各地の諸民族が古くから行ってきた「口喧嘩」（verbal duel）を意味するスワヒリ語の単語で、それに由来する"mchongomano"に英語の複数名詞化の接尾辞"-s"に由来する名詞複数接尾辞"-z"を付けてシェン語化した名詞である。「キキとカキの」のムチョンゴマノズは、一貫して田舎を小馬鹿にし、笑い物の種にする趣向のものである。そして、この *Mchongomanoz* こそが、シェン語の都市の若者言葉としての性格とその表現上の特徴を、端的に、しかも典型的に示しているのである。つまり、この言語の何よりの特質は、都市住民の徹底した田舎嫌いにある。

なお、数年前から「キキとカキのムチョンゴマノズ」には、「このコーナーの言い回し（lingo）は娯楽のためのものです。決して学校では使わないこと！」という、作者キッダの注意書きが添えられるようになった。政府の圧力が端なくも顔を覗かせているのだ。ただし、皮肉にもこの事実そのものが、このコーナーやシェン語の人気強さを逆説的に裏書きしているとも言える。そして、その長年の連載が、非公式にではあれ、児童の間でのシェン語の語彙や「正書法」の標準化に些かなりとも資してきたはずである。

もう一つ挙げておくべきは、『クワニ』（*Kwani?*）というケニアで唯一の総合文芸雑誌が、やはり一九九〇年代半ばにナイロビで創刊され、シェン語による作品の掲載に努めてきたという事実である［小馬　二〇〇九a：一六四］。同誌は、その後も、毎年一、二冊程のペースで不定期に刊行され続けている。ただし、発行部数が極めて少なく、取り扱う書店もナイロビ中心部の一、二に限られる。また、最近ではシェン語の作品も僅かになってしまった。

2　児童向けシェン語雑誌の登場

第三節第1項では、若者たちをターゲットとする反ＨＩＶ／ＡＩＤｓキャンペーンのための言語メディアとしてシェン語が採用され、その事実がシェン語の普及を大いに助長したことを報告した。実は、若者たちの福祉向上のためにシェン語が善用されている例が、他にもまだ存在している。

毎月最初の『土曜ネーション』紙は、『シュジャーズ』（“*Shujaaz*”）という全頁カラー刷りの（タブロイド版の半分大の）美しいコミック小雑誌（無料）を折り込んで売り出される。“*shujaa*”は、形容詞なら「勇敢な」、名詞なら「英雄」を表すスワヒリ語の単語である。同誌は、その名詞複数形であるスワヒリ語“*mashujaa*”とは差異化したシェン語の“*shujaaz*”という複数形——この“*-z*”の用法は“*mchongomanoz*”と同じ——をタイトルとして選んでいる。

ただし、同紙を講読しない者も、ケニア国内全域のマーケットに数多く展開しているM-pesa（エムペサ）代理店で手軽に無料で入手できる。なおM-pesaとは、ケニアの（そして東アフリカ最大で、その一円に展開している）携帯電話会社サファリコムが開発した、世界中で最も効率的で且つ手数料が安価だとされる、モバイル・マネーとその運用システムのことである。

『シュジャーズ』は、東アフリカの若者たちのエンパワーメントを目刺して、彼らの暮らしやライフ・スタイルを改善する目的で、二〇一〇年二月、ケニアで創刊された。

その内容は、娯楽と教育の均衡を取りつつ、ＦＭラジオの番組、ソーシャル・メディア、インターネットとも連携を図って編成されている。市民感覚や寛容の精神の養成を鍵概念として、一九歳の主人公Boyie、ＤＪＢ、サッカー好きのCharie Pele、*mchongomano*の女王Malkia等の物語が色とりどりに語られ、若者たちを勇気づける。何よりの特徴は、誌面全体でシェン語が一貫して使われている事実だ。なお、或る匿名の民放局のＤＪが同雑誌の資金提供者だと言われている。

実は、『シュジャーズ』よりも一層低年齢の児童をターゲットとする、シェン語による月刊コミック誌、『パスカ』（"*Pasuka*"）が、ナイロビのNdoto World Comics社の手で創刊された。同誌は、カラーと白黒の頁の割合を半々にしている。幾つかの部分に別れるものの、ベラ・キロンゾ（Bella Kilonzo）・プロダクションが全てを制作する。『パスカ』には、ベルゾ（Belzo）、リズィキ（Riziki）、ベルキ（Belki）、チョルワ（Chorwa）、マーズ・マーサイ（Mars Maasai）等の登場人物が毎号現れ、本の紹介、ＴＶ番組、映画の案内等々、家庭的な娯楽に関する巾の広い話題を提供している。その主たるターゲットが、十代の若者、特に小学生であることは、一読して明白だ。

"*Pasuka*"は、破裂する（burst）の意味を持つスワヒリ語だが、同誌のタイトルとなることで、『破顔一笑』（burst into laughter）という意味のシェン語の単語に変成した。なお、以下のように、主な登場人物がケニアの主要民族の幾つかに因む名前を持つ点が誠に興味深い。

Belzo は（ケニアで第五の人口を持つ）カンバ人男性に多い名であり、プロダクション主の名前でもある Kilonzo の異版でもある。Riziki はスワヒリ語の名前で、インド洋岸の諸民族の男性の間に多く見られる。Chorwa は、（ケニアで第三の人口を持つ）カレンジン人の言語で「友達」を意味する単語だ。そして、Mars Maasai の造語法が面白い。東アフリカで最も有名な牧畜民であるマーサイ人（マサイ人）は、「マー」（*maa*）と「言う」（*sai*）ことで相手に呼び掛けて会話を始めるので、マーサイを自称とする民族である。だから、Mars Maasai は「マーマーと何時も呼びかけるマーサイ人」程の意味で、マーサイ人性を強調した名前なのだ。

以上に名を挙げた諸民族は、皆「田舎者」として *mchongomano* で笑い物の対象になってきた。ところが、『パスカ』はその彼らを敢えて主人公に選んでいて、ここにシェン語の社会的な機能の新たな発展があるように感じる。従来田舎者としてナイロビで蔑まれてきた人々を、今やナイロビの主人公として全うに遇しようという空気が強く感じ取れるからである。つまり、彼らの名前群は、ケニアの人々が言う「コスモポリタンな」構成を持っていると言えるのだ。

Belki だけは類推が難しい。だが、上の文脈を勘案すれば、それがケニアの大統領（ギクユ人のウフル・ケニヤッタ）と副大統領（カレンジン人のウイリアム・ルート）等を訴追して近年長きに亘ってケニア政府を苛み続けてきた、国際刑事裁判所（ICC）の所在地の住民、つまり「ベルギーの人」（Belgian）の意ではないかと、想像を逞しくしたくなる。かくも「コスモポリタン」な命名なのだと考えてみたい。

3　シェン語辞典の可能性と不可能性

シェン語の標準化には、しかし、何といってもシェン語辞書の存在が欠かせまい。ケニアのエリートたちが無視を決め込んでいるものの、実際には、既に二種類の「シェン語＝英語辞典」が刊行されている。

シェン語辞典と銘打った最初の物は、ナイロビのジンセン出版（Ginseng Publisher）の手で一九九〇年代初頭に刊行された『シェン語辞典』である。筆者の手元にある第二版（Moga, Jacho and Dan Fee 1993）は小型の手帳大で、三六頁に二百余りの単語を載せ、ほぼ一対一で英単語を対応させただけの、いたって簡略な語彙集に過ぎない。同「辞書」は、その後毎回多少は増補しつつ版を重ねた。第五版（二〇〇四）は四〇頁になり、若干の挿絵と慣用句も付け加わっている。

第二の、そして言語の専門家が編んだ最初のシェン語辞典は、ナイロビのケニヤッタ大学のスワヒリ語教員であるイレリ・ムバーブとキパンデ・ンズングが、タンザニアのダルエスサラーム大学のスワヒリ語研究所（*Tassi ya Uchunguzi wa Kiswahili*, TUKI）から出版した『シェン語＝スワヒリ語辞典——東アフリカの地下言語を読み解く』［Mbaabu & Nzunga 2003b］である。同書には、「シェン語の主要な性格——スワヒリ語と英語に及ぼす衝撃」［Mbaabu & Nzunga 2003a］と題する、一四頁の解題が付されていて便利だが、本体（辞典部分）は三九頁と手薄で、収載語数も千数百に過ぎない。各項目の説明もジンセン出版の辞書とほぼ変わらず、極めて簡単なものに終始する。

シェン語のように、まだ急激な形成と変化の過程を辿り続けているストリート言語の辞書を作るには、周知の通り、標準化に関する自家撞着的な問題が最も困難な形で付き纏うことになる。辞書の内容は絶えずコーパスによって出し抜かれて日々陳腐化して行くことになるからで、その辞書が曲形にも生命力を保つためには、不断の増補・改訂が欠かせない。そこで登場してきたのがネット上の辞書なのだが、残念ながらそれらはまだずぶの素人の手になるものに限られており、ジンセン社版に比べてもずっと貧弱で、無論ＴＵＫＩ版のような専門性も一貫性も備えてはいない。

シェン語の標準化の達成には、ケニアのエリート層の一層寛容でリベラルな理解と、より包括的で組織だった支援が得られなければならないだろう。

4　最高裁長官が愛するシェン語メール

実は、シェン語の標準化について、バラック・オバマ米大統領が断行したシェン語によるケニア国民への挨拶以上にもっと力強く、またずっと実際的な応援の言葉を発し続ける大物がケニアに現れて、二〇一六年以来、人々の耳目を引きつけている。そして、彼の言動を支持または非難する種々の論評が、新聞紙上やソーシャル・メディアを盛んに賑わしている。その珍しくも開明的な大御所とは、二〇一〇年に公布されたケニアの新憲法によって創設された最高裁判所の初代長官となり、七五歳の定年を一年前倒しにして本年（二〇一六年）六月に退官した、ドクター・ウィリー・ムトゥンガ、その人である。

最高裁長官ムトゥンガは、退官の意志を表明した前後、個人としてツィッターで盛んに若者たちに向かって呼びかけ始めた。しかも、ケニアの現在の二つの公用語である英語でもスワヒリ語でもなく、ストリート言語でしかないシェン語でツィートするのである。大胆な改革派として知られる彼のその目論見は、一般市民には縁遠く、とかく敬遠されがちな法や裁判を何とか庶民にも馴染み易いものにして、臆することなく利用して貰うことにあると言う。

彼を批判する数々の声は、最高裁長官のような卓越した存在は国民全体のロールモデルであり、国民の英語やスワヒリ語の能力を高めるという国家的な重責を負うとし、学校教師に到るまでの従来の諸権威の失墜を招くと嘆く。だが、ムトゥンガは少しも怯まず、ナイロビの人口の優に過半を占めるスラム住まいの人々、ならびに同じくその6割を超える若者たちの目の高さにまで自らすすんで下りてきて、彼らと同じ言葉で意思疎通を図ろうと努めているのである。

ムトゥンガのツイッター上のキャッチ・フレーズは、「若者に霊感を与え、より良い明日を作り出そう」である。貧しい若者たちの驚きと感激は大きく、刺激され鼓舞されたムトゥンガのフォロワーたちは、彼を前例のない庶民第一主義のヒーローとして喜び迎えた。

ムトゥンガは、ソーシャル・メディアに寄せたシェン語の退任の辞で、次のように述べた。「人々は、闘い続ける限りは退職には当たらないのだと言います。私もそう信じているのです。私はあなた方の全てと共にあり、退職した最高裁長官の資格であなた方に仕え続けます。あなた方と来るべき世代のために、私が最高裁長官としてどう司法を導いたのか、その物語を書く積もりです」。そして、そのシェン語文の掉尾で、「まだシェン語の生徒である私には言葉が足りません。英語とスワヒリ語で締め括らせて下さい」と書いている。

確かに、ムトゥンガのシェン語は、最も旧式なものである。しかし、彼はシェン語に親しみ、心からの喜びと解放を感じているように思われる。例えば、二〇一六年五月七日、古いビルが倒壊して三五名の死者を出した、ナイロビのフルマ地区の事故現場を弔問に訪れた後、彼はシェン語でこう書いた。彼の鋭い言語感覚が窺えるそのシェン語文を、先ず次に引用してみたい。*"Huruma imetanda mtaani Huruma na kwa wenye huruma wawaonyeshe huruma kwa kuwaani wakazi wa Huruma."*

これを自由訳してみよう。「同情心（*huruma*）に満ち溢れるフルマ（*Huruma*）のストリート（街区）よ、（同情）心ある人々よ、フルマのストリートの人々に心（同情）を寄せよかし」。原文は、早口言葉にも似るが、むしろどこか詩的な空気を湛えていると感じる。シェン語を心から愛し、誰にも易しいその庶民の言葉で訴えかけている姿勢が、よく伝わってくると思う。

ここで一つ注記すれば、ムトゥンガはカンバ人である。ギクユ人を主体として植民地政府と戦ったマウマウ闘争には、ギクユ人と近縁で、且つ隣接地域に住むカンバ人も数多く参加していた。ムトゥンガは、マウマウ闘争の英雄であるデダン・キマズィに感化を受けたと言われている。その彼の想いが、ケニアの貧しい若者たちや、彼らの生活の言葉であるシェン語を重視しようとする彼の一貫した振る舞いに、恐らく反映しているであろう。

5　シェン語化されたカンバ語の登場

前項を本節の第2項と重ね合わせてみると、シェン語の最新の展開状況に関して、偶然を超えた一つの共通の要因を見出すことができそうだ。それは、ムトゥンガのみならず、児童向けのコミック誌『パスカ』を制作するプロダクションの主宰者キロンゾ（Kilonzo）も、やはり共にカンバ人であることだ。だがカンバ人は、『パスカ』の主要な登場人物の出自となる他の部族（民族）と共に、ナイロビの住民からシェン語（殊に *mchongomano*）で田舎者として嘲弄され続けてきた対象部族の一つなのである。では、今や二人の都会人たるカンバ人が一体なぜシェン語に親しい感情を持ちえるのだろうか。

恐らく、その背景を成すのは、カンバ語に「シェン語化されたカンバ語」なるものが生まれているという昨今の事情であるだろう。その名前からカンバ人であることが分かるキオコが、ごく最近の論文で、「シェン語化されたカンバ語」（shengnized Kamba）について、カンバ人の土地の中心地であるマチャコスの例を取り上げて、かなり具体的に論じている［Kioko 2015］。今詳しく検討する紙数はないが、簡単にその事情に触れておきたい。

シェン語の「民族的なレジスター（言語形態）」である「シェン語化されたカンバ語」は、シェン語の文法構造をそっくりそのまま取り入れているのではない。それはシェン語が操作に用いている戦略を採用して、シェン語自体がそうするようにスワヒリ語や英語由来の単語を用いるのに加えて、ナイロビのシェン語の諸々の変異態（地域方言）に由来する語もまた直接的に組み込んでいる。この仕組みがシェン語と酷似する以上、「シェン語化されたカンバ語」もまた、シェン語の一つの異版と見る視点が可能になる［Kioko 2015: 142］。これはマチャコスで観察された事例だが、ナイロビ（や他の大きな町）のシェン語が、シェン語化された民族語を通じて地方の住民の母語に浸透して行く過程一般、つまり言語の都市・地方間の循環的な動態を考えるうえで、重要な理論的な示唆を与えてくれるのだ［Kioko

2015: 143]。

この点を考える際に重要なのは、次の指摘である。英語とスワヒリ語のどちらも解さないカンバ語の話者は、仲間内の無意識的な使用に繰り返し曝されると、シェン語由来の語句を何の疑いもなくカンバ語そのものとして解するだろう。これと同じ仕方で、英語もスワヒリ語も主要な母体（donor）であると気付くことなく、幼児は第一言語としてシェン語を学ぶのである［Kioko 2015: 145］。

キオコは、略略このようにシェン語の第一言語化とカンバ語のシェン語化の仕組みの同一の構造を解明している。確かに、カンバ人の伝統的な居住地域は比較的ナイロビに近く、またナイロビで最大の人口を誇るギクユ人の土地に隣接もしている。それゆえに、ナイロビとカンバの土地の日常的な交流は、カレンジン人やマーサイ人を初めとする他の地方に住む民族に比べると、遙かに密である。しかしながら、その社会、文化、経済的な交流とそれが言語の変成過程に及ぼす影響は、論理的に同形性が高いと言えるのだ。ここにこそ、ムトゥンガやキロンゾたちが、シェン語の標準化を現代ケニア、とりわけ「ポスト二〇一〇年新憲法時代」のケニアの喫緊の政策課題だと考える根拠があるのだと察せられる。

おわりに

最後にムトゥンガが二〇一六年五月七日にフルマ地区を訪ねた際に、その住民と会食した後に書いたツィートを引用して、本稿を閉じたい。*“Ukibonda sembe na mboga ikiwa na maraia uko mbele tu sana! Imagine nikiretire tuanzishe ka chuo ka Sheng* ☺ *Lol.”*

（自由訳：皆さんと食事を共にして、あなた方がずっと進んでいると判りましたよ。私が退職したら、シェン語学校を建てるべきだと思いませんか。愛を込めて)。

ムトゥンガが、まだ英気を存分に残しながら一年も早く退職したのは、一体何故だったのだろうか。或いは、ここに示唆されているように、シェン語学校を近い将来本当に設立し、その効用としてシェン語をある程度標準化することに努め、スラムの若者たちに明るい未来の展望を約束するためなのかも知れない。

参考文献

Abudlaziz, M. H. and Ken Osinde

1997　"Sheng and Engsh: Development of Mixed Codes among the Urban Youth in Kenya", *International Journal of Sociology of Language,* 125:43-63.

Alego-Oloo

1987　"Why Local Languages Are Important", *Standard,* October 14.

Amidu, Assibi Apatewon

1995a　"Kiswahili: People, Language, Literatute and Lingua Franca", *Nordic Journal of African Studies,* 4(1):104-125.

1995b　"Kiswahili, a Continental Language: How Possible Is It? (Part I)", *Nordic Journal of African Studies,* 4(2):50-72.

1996　"Kiswahili, a Continental Language: How Possible Is It? (Part II)", *Nordic Journal of African Studies,* 5(1):84-106.

オジェ、マルク

二〇〇二　『同時代世界の人類学』森山工訳、藤原書店。

Gicheru, C. & Gachuhi, R.

1984　"Sheng: New Urban Language Baffles Parents, *Daily Nation,* March 14.

Iraki, X.

2002　"Benefits of Progressing from the EAC to Swahili Republic", *People Daily,* September 23.

Kariku, Patriku

2001　"Kiswahili Is Exciting When Hosts Are Not Showing Off", *Daily Nation,* August 16.

Khalid, Abdullah

1978　*The Liberation of Swahili from European Appropriation*, Nairobi: Kenya Literature Bureau.

King'ei, Geoffery K. & Paul M. Musau
2002　*Utata wa Kiswahili Sanifu (toleo la kwanza)*, Nairobi: Didaxis.

Kioko, Eric M.
2015　"Regional Varieties and 'Ethnic' Register of Sheng", in Nassenstein N. Andrea Hollington (eds.) *Youth Language Practice in Africa and Beyond*, Berlin/Boston:Walter de Gruyter, pp.119-147.

Kioni, Kinya
2002　" 'Sheng' Takes Its Toll on Performance of Languages", Kenya Times, March 26.

小馬　徹
一九七八　「E. N. Hussein *"Wakati Ukuta"* の形式的側面に見られる伝統的特性」『一橋研究』二（四）：一四〇―一五五頁。
一九七九　「『象（テンボ）は鼻が長い』か?――スワヒリ語の総主論序説」『一橋研究』四（三）：一一五―一三一頁。
一九八〇　「『象は鼻が長い』構文の提題性をめぐって――スワヒリ語の総主論ノート」、『一橋研究』五（二）：一四五―一五四頁。
二〇〇二　「国家と民族――多文化の中の自他意識」江渕一公・松園万亀雄編『改訂文化人類学――文化的実践知の探究』放送大学教育振興会、一〇〇―一一三頁。
二〇〇四ａ　「ケニアの勃興する都市混合言語、シェン語」、『年報　人類文化研究のための非文字資料の体系化』神奈川大学二一世紀プログラム「人類文化研究のための非文字資料の体系化」研究推進委員会、二：一二五―一三五頁。
二〇〇四ｂ　「ma が差した話――スワヒリ語のレッスン」『言語』三三（八）：四―五頁。
二〇〇五ａ　「ケニアの勃興する都市混合言語、シェン語――仲間語から国民的アイデンティティ・マーカへ」『年報　人類文化研究のための非文字資料の体系化』神奈川大学二一世紀ＣＯＥプログラム推進委員会、二：一―一一頁。
二〇〇五ｂ　「グローバル化の中のシェン語」、梶茂樹・石井溥編『アジア・アフリカにおける多言語状況と生活文化の動態』東京外国語大学アジア・アフリカ言語文化研究所、八七―一一四頁。
二〇〇五ｃ　「Sex ? Hapana, tumechil――『非文字』の混合言語、シェン語のＶサイン」『非文字資料研究』神奈川大学二一世紀プログラム「人類文化研究のための非文字資料の体系化」研究推進委員会、九：一〇―一三頁。
二〇〇五ｄ　「小さな田舎町という場の論理から見た民族と国家」松園万亀雄編『東アフリカにおけるグローバル化過程と国民形成に関する地域民族誌的研究』国立民族学博物館、三九―五八頁。
二〇〇八ａ　「ケニア『二〇〇七年一二月総選挙後危機』におけるエスノ・ナショナリズム自由化の波及」中林伸浩編『東部お

よび南部アフリカにおける自由化とエスノナショナリズムの波及』神奈川大学人間科学部、三三―七七頁。

二〇〇八b　「『盗まれた若者革命』とエスノ・ナショナリズム――ケニア『二〇〇七年総選挙』の深層」『神奈川大学評論』六一：二一―一四頁。

二〇〇九a　「隠語からプロパガンダ言語へ――シェン語のストリート性とその発展的変成」関根康正編『ストリートの人類学』上巻、国立民族学博物館、三四九―三八三頁。

二〇〇九b　「宣伝広告から『国民文学』へ――ケニアの新混成言語シェン語の力」神奈川大学日本常民文化研究所編『歴史と民俗』平凡社、二五：一二三―一七一頁。

二〇一一　「TV劇のケニア化とシェン語――ストリート言語による国民文学の新たな可能性」神奈川大学日本常民文化研究所編『歴史と民族』平凡社、二七：二二五―二四七頁。

二〇一二　「放送、新聞、メディア――政治と報道の自由への戦いのなかの「国家と民族」」津田みわ・松田素二編『ケニアを知るための55章』明石書店、二〇五―二〇九頁。

二〇一三　「スワヒリ語による国民国家建設と植民地近代性論――その可能性と不可能性をめぐって」永野善子編『植民地近代性の国際比較――アジア・アフリカ・ラテンアメリカの歴史経験』御茶の水書房、二四七―二七八頁。

二〇一六　「オバマもすなる「シェン語の挨拶」考――語感と語源への誘い」『ＮＥＷＳ ＬＥＴＴＥＲ』神奈川大学言語センター、第四一号、一―二頁。

Lieberg, Ali A.

1994　"Language Colonialism and Development, And the Case of Kiswahili as the Official Language", *Standard on Sunday,* December 30.

Mazurui, Ali & Mazurui, Alamin

1998　*The Tower of Babel – Language & Governance in the African Experience,* Chicago: University of Chicago Press.

1999　*Political Culture of Language - Swahili, Society and the State,* New York: Institute of Global Culture Studies, State University of New York at Bringhamton.

Mbaabu, Ireri and Kipande Nzunga

2003a　"Sheng – Its Major Characteristics and Impact on Standard Kiswahili and English" –Introduction to the *Sheng-English Dictionary (vide infra).*

2003b　*Sheng-English Dictionary: Deciphering East Africa's Underworld Language,* Taasisi ya Uchunguzi wa Kiswahili, Chuo Kikuu cha Dar es Salaam.

宮本正興
一九九一　『ことば・文学・アフリカ世界』大阪外国語大学アフリカ研究室。
二〇〇九　『スワヒリ文学の風土――東アフリカ海岸地方の言語文化誌』第三書館。

Moga, Jacko
1994 "Sheng Language", *Radar,* 1: 3-17.
1995a "Chokora", *Sheng,* 1: 4-6, 10-11, 13-14, 17-20.
1995b "Chokora", *Sheng,* 2: 4-6, 10-12, 14 ,21, 23.
1995c "Sheng", *Sheng,* 2: 11-16, 21-23.

Moga, Jacko & Dan Fee (eds.)
1995 (1993) *Sheng Dictionary,* 2nd ed., Nairobi: Ginseng Publishers.
2000 *Sheng Dictionary,* 4th ed. (Magazine ed.), Nairobi: Ginseng Publishers.
2004 *Sheng Dictionary,* 5th ed., Nairobi: Ginseng Publishers.

Mukama, R. J.
1991 "Recent Development in the Language and Prospects for the Futute", in Hansen H. B.　M. Twaddle (eds.) *Changing Uganda,* London: James Currey, pp. 334-350.

Mungu, Joe
2001 "For Ngugi, the Centre Does Move", *Daily Nation,* March 17.

Mwansoko, H. J. M.
2003 "Swahili in Academic Writing", *Nordic Journal of African Studies,* 12(3): 265-276.

Myama, Geoggrey M.
1988 " 'Sheng' Could Develop into a Faster Novel Language", *The Sandard,* January 14.

Ngithi, M. E.
2002 "The Influence of Sheng among the Kenyan Youth on Standard English" (submitted in partial fulfullment of the requirement for the degree of bachelor of arts), Department of Linguistics and African Languages, University of Nairobi.

Njogu, Kimani
2001 "Why We Must Elevate the Role of Kiswahili", *East African Standard,* August 10.

Ochien, Philip

2004　"English as a Spear the Enemy", *Sunday Nation,* September 29.

Oduke, Charles

1988　"Sheng's Very Special Role", *Daily Nation,* February 4.

Ogech, Nathan Oyori

2003　"On Language Rights in Kenya", *Nordic Journal of African Studies,* 12(3): 277-295.

Richard, Harrison

1984　"Choosing the Right Kind of Kiswahili for Kenya", *Daily Nation,* January 6.

Rodwell, Edward

2001　"When Kiswahili Was Still Young", *East African Standard,* March 21.

Rono, R. K.

2001　"We Have No Respect for Kiswahili", *Kenya Times,* March 7.

Roy-Campbell, Z. M.

1995　"Does Medium of Instruction Really Matter? –The Language Question in Africa: Tanzanian Experience", *Utafiti (New Series),* 2(1-2): 22-39.

Ruo, Kimani

1984　"Kiswahli Role Is Underscored", *Daily Nation,* September 13.

Shinagawa, Daisuke

2006　"Particularities of Sheng in Written Texts", *Journal of Studies for the Integrated Text Science* (Graduate School of Letters, Nagoya University), 4(1): 119-137.

2007　"Notes on the morphosyntactic bias of verbal constituents in Sheng texts", In: *HERSETEC: Journal of Hermeneutic Study and Education of Textual Configuration,* Graduate School of Letters, Nagoya University, Vol. 1, No. 1, pp.153-171.

品川大輔

二〇〇九　「言語的多様性とアイデンティティ、エスニシティ、そしてナショナリティ――ケニアの言語動態」梶茂樹・砂野幸稔編著『アフリカのことばと社会――多言語状況を生きるということ』三元社。

二〇一三　「アフリカの言語動態および都市言語に関する研究の動向――日本のアフリカニストの業績を中心に」『香川大学経済

論叢』第八六号第二号、二三五—二四六頁。

Ssekamwa, J. C. & Lugumba, S. M. E.
A History of Education in East Africa, Kampala: Fountain Publishers.

Sserwanda, G.
1993 "V-P Raps Swahili, Kisekkan on Swahili Language", *The New Vision*, March 17.

wa Goro, Kamau
1994 "Writers and the Cultural Conflict", *The People*, Febrary 27- March 5.

Wandeto, J.
1994 "He Vowed Never to Speak Swahili", *Sunday Times*, January 30.

一六章　ネオリベラリズムとカナダ・イヌイットの社会変化

岸上伸啓

はじめに

現在、米国など欧米諸国を中心に世界を席巻している経済政策とその背後にある思想は、ネオリベラリズムと呼ばれている。ネオリベラリズムとは、国家によるサービスをできる限り縮小させ、経済活動の規制を大幅に緩和させる市場重視の経済活動や思想をさす。現在、ネオリベラリズムと経済のグローバル化は分かちがたく一体化し、さまざまな社会・経済現象を生み出している。

ネオリベラリズムは、一九九〇年代からグローバル化の進展と複雑に絡み合いながら世界各地の隅々へと浸透し、顕在化していった。その過程で、いくつかの国家は周辺地域で生活を営む先住民への福祉・経済政策を削減させたため、甚大なる影響を及ぼし、破壊的ともいえる社会変化を生み出すこともあった。

その一方で、世界各地の先住民の中にはネオリベラリズムに抗する動きをとり、生活変容を体験しながらも新たな生き方を創造しようと試みた人びともいた。そのひとつの事例が、カナダ極北地域に住む先住民イヌイットである。

本稿の目的は、ネオリベラリズムを背景とした政治・経済のグローバル化がイヌイット社会に引き起こした諸変化を紹介した上で、イヌイット自身がどのように彼らの生活を再組織化してきたかを検討することである。

一　ネオリベラリズムの浸透とイヌイット社会の変化

カナダは資本主義国家でありながら社会・経済的弱者に対して社会的支援の手を差し伸べる政策を実施してきた国家である。一九八〇年代にはカナダ経済は低迷期を迎え、国家財政も赤字に陥ったが、一九九〇年代のクレティエン政権下において財政再建に成功し、現在ではG７（Group of Seven）の中では国家財政が比較的安定した最優良国である［外務省　二〇一〇、内閣府　二〇一〇］。しかし、カナダはネオリベラリズム政策が実施された結果、国内において経済問題を抱えている。

D・レーガンやM・サッチャーの経済政策の影響を受け、カナダでは一九八〇年代からネオリベラリズムを経済政策として受け入れ、自由貿易の促進、私有化・民営化の促進、減税、社会サービスの削減などを実施してきた。とくに一九八九年一月に発効したアメリカとの自由貿易協定は、カナダに一定の経済的な恩恵をもたらしたものの、その一方で過度のアメリカへの経済的依存を引き起こした。また、外貨をかせぐ輸出産品も農産物や水産物から石油など天然資源の輸出が主流になった［Stanford 2014］。このため、リーマンショックなど金融危機がアメリカで発生するたびに、また、原油価格が変動するたびに、カナダ経済は大きな影響を受け、多数の失業者などを生み出した。さらに海外移民の受け入れ促進政策が、非移民の国民の失業者数を増加させる遠因ともなった。

その一方、カナダ政府は政府財政支出の削減のために、公務員の大幅削減、国営企業の民営化、社会サービスの外局化と予算削減、社会保障制度予算の削減、失業保険給付率の引き下げおよび失業保険受給期間の短縮化を実施した［東京三菱銀行　一九九七］。

この結果、国内の周辺社会で生きている社会的弱者である先住民や低所得者層の生活に悪影響が出て、一握りの経済的勝者と大多数の経済的弱者との間で貧富の格差が急激に拡大しつつある。

カナダ極北地域のイヌイットは一九五〇年代から一九六〇年代にかけて各地の拠点となる集落で定住を開始し、外部経済や国家の影響を強く受け始め、急激な社会変化を体験した。それでもある程度、自分自身の生活をコントロールし、社会経済問題を抱えつつも、イヌイットとしての生活や社会関係は再生産されてきた［岸上一九九六］。しかし、この状況を覆すような事態が一九八〇年代に発生した。その典型的な例が、欧州共同体（European Communities、以下ECと略称）のアザラシ毛皮の輸出入禁止によってヨーロッパにおける毛皮市場が崩壊し、イヌイットがアザラシの毛皮を売り現金収入を得ることができなくなったこと［Wenzel 1991］や、極北地域で生まれ育ったイヌイットが社会・経済問題や住宅不足などさまざまな理由で、カナダ南部の都市へと移住を始めたことであった［岸上　一九九九］。

次に一九八〇年代以降におけるカナダ極北地域とカナダ南部地域の都市部でのイヌイットの生活について概略を述べる。

私が現地調査を開始した一九八〇年代半ばのイヌイットの生活は、村の中での賃金労働や年金、各種の生活補助金に依存しながらも、狩猟・漁労や分配など生業活動を続けることに生活の中心があった。一九六〇年代から一九八〇年代初頭までイヌイットはワモンアザラシやアゴヒゲアザラシを狩猟し、その肉と脂肪を食料としつつ、毛皮を現地の生活協同組合やカナダ南部の毛皮会社に販売し現金収入を得ていた。その現金収入を使ってガソリンやライフル銃の銃弾、漁網など狩猟・漁労活動に必要な物資を購入し、その活動を続けていた。

しかし、ヨーロッパにおいて動物愛護運動が盛んになると、一九八三年にECはタテゴトアザラシとズキンアザラシの毛皮の輸入を禁止した。さらに一九八九年にはアザラシ毛皮の無期限のボイコット（不売買）を決定した。これはヨーロッパにおけるアザラシ毛皮市場の崩壊を意味した。イヌイットはこのあおりを受けてアザラシ毛皮の販売からの現金収入源を失ってしまった。また、ガソリンや銃弾を満足に購入できなくなったイヌイットのハンターは、狩猟・漁労に出かける頻度が低下し、それにより各村の中に持ち込まれるカントリーフードの量も減少した。これは各村において食料不足という事態を招いた。彼らは以前よりも多くの食料品を村の生活共同組合などの店舗で購入せざるを得なくなった。このため、彼らは、賃金労働による収入にますます依存せざるを得なくなった。

しかし、カナダ極北地域では現金収入を得る場や機会が限られており、市場経済の中でイヌイットが生活を営むことはますます困難になった。この経済状況と連動して、多くのイヌイットが生きがいを感じることが難しくなり、家庭内暴力、飲酒、麻薬、青少年の自殺などの社会問題が頻発するようになった。

このような極北地域の生活状況の悪化や住宅不足が原因となって若い女性を中心に多数のイヌイットが、小さなコミュニティを離れ、大きな極北の町村やカナダ南部の都市に移住するようになった。二〇一六年のカナダ国勢調査によるとイヌイットの総人口（約六万五千人）のうち約二七パーセントに相当する約一万七七〇〇人が生まれ故郷を離れ、カナダ南部に移り住んでいる。この三〇年あまりの間に年々、都市在住イヌイットの人口は増加し続けており、その大半は、移住先のカナダ南部においても飲酒や麻薬、失業や貧困などの社会・経済問題に直面し続けている。

一九八〇年代以降のカナダ・イヌイットは、極北地域に住むにせよ、カナダ南部の都市地域に住むにせよ、深刻な社会・経済問題をかかえており、新たな生き方を模索せざるを得なくなった。

二　極北地域における捕鯨の復活

カナダ極北地域のコミュニティの人口規模は、グリスフィヨルドの約一五〇人からイカルイトの約六七〇〇人までさまざまである。そこでの生活は村内での賃金労働や年金・家族手当の受給により現金を手に入れ、生活や狩猟・漁労活動に必要な食料品や物資を購入しつつ、仕事の合間や週末・長期休暇などの休日に狩猟・漁労活動を行うことが多い。現在のイヌイット社会は一〇〇年前とは異なり、現金経済の基盤の上で狩猟・漁労活動を行なっている。必然的に各村内で現金収入がもっとも多い者がもっとも頻繁に狩猟・漁労活動を行うことができ、その活動内容も余暇・娯楽的な側面が強くなってきた［スチュアート　一九九六］。

彼らは暖房や水洗トイレ、温水シャワー・バス付の家屋に住み、テレビや洗濯機、乾燥機などの家電やスノーモービルやエンジン付ボート、四輪駆動バギー車などの移動手段を利用しており、生活面でもほかのカナダ人と大差がなくなりつつある。また、各コミュニティは、隣のコミュニティから数百キロメートル離れている場合が大半で、地理的に孤立した閉鎖空間である。そこでは家庭内暴力や性的暴行、飲酒や麻薬の問題、若者の自殺が顕在化しており、大きな問題となっている。

以上のような状況の中で、彼らが続けてきた活動のひとつは狩猟・漁労活動であり、その産物を家族や近隣の人びとと分配しあうことであった。

ところで、そのような状況の中でカナダ・イヌイットは一九九〇年代後半に五〇年以上もの中断を経て、カナダ政府の合意のもとホッキョククジラ猟（以下、捕鯨と略称）を再開させた。その捕鯨は半世紀以上も前のものとは、いくつかの点で大きく異なっていた［岸上　二〇一三：七―九］。

第一に、イヌイットは捕鯨を五〇年以上にわたり中断してきたため、捕獲道具、捕獲の準備と実施、捕獲したクジラの曳航や解体、分配、保存処理に関する知識や技術が現代のハンターにほとんど継承されていなかった。このため、北西準州のイヌヴィアルイットは米国アラスカの捕鯨民イヌピアットから、ヌナヴト準州のイヌイットはイヌヴィアルイットやグリーンランドのカラーヒット（イヌイット）、ノルウェーの捕鯨者から、ヌナヴィク地域のイヌイットはヌナヴト準州のイヌイットから捕鯨の方法や解体の技術を学び、実施するしかなかった。また、クジラや捕鯨に関係する世界観や知識も口頭で受け継がれてきたものの［Laugrand and Oosten 2013］、断片的なものであった。したがって、カナダ・イヌイットによるホッキョククジラ猟の再開は、伝統技術や実践が復活したというよりも、「新たな伝統の創出」に近いものであった。

第二に、ホッキョククジラの肉や脂皮を食料として捉えた場合、その味が現代のカナダ・イヌイットの口に合わないという問題があった。シロイルカやイッカクと比べ、ホッキョククジラの皮部は厚く、脂皮や肉の食感も異なるため、捕鯨復活後も多くのイヌイットが積極的に食べることはなかった。ホッキョククジラの脂皮や肉は現在のイヌイットの生存にとって必ずしも不可欠な食料だとはいえない。

第三に、不慣れゆえに捕獲したクジラを迅速に解体することができなかったため、鯨肉や内臓を腐らせてしまう事態がたびたび発生した。また、地域内の村々への運搬手段や各村での冷凍保存設備が不十分であったため、確保した鯨肉や脂皮を他の村々に迅速に輸送し、適切に保管することが困難であった。

第四に、一回の捕鯨を実施するためには、巨額の資金が必要となったことである。カナダ政府が承認する生業活動としてのイヌイットの捕鯨とは、捕獲したクジラの部位を地域内で食料として消費することを前提としており、金銭を介した鯨肉などの売買は禁止されている。一方、イヌイットも分配という彼らの伝統的な慣習に従っており、鯨肉などを無償で分配したり、贈与したりすることを当たり前と考えている。したがって、イヌイットの捕鯨者は、鯨肉などを他の人びとに販売し、現金を稼ぐことはほとんどない。彼らの捕鯨活動は自らが調達する資金を利用して実施し、産物は家族や親族、他の村人と分配して消費するのが原則である。

カナダ極北地域におけるホッキョククジラ猟は多くの場合、八月下旬頃に船外機付きのカヌーやモーターボートを利用して海上で行なわれるが、狩猟道具やキャンプ用具、ガソリンなど燃料、狩猟中の食料を調達する必要がある。

たとえば、二〇一〇年のリパルスベイ村の捕鯨では一五万カナダ・ドルもの経費がかかった。また、多額の費用がかかるため、イヌヴィアルイットは一九九六年を最後に、ホッキョククジラ猟を行なっていないし、ヌナヴィク地域では二〇一二年から二〇一五年の毎夏に予定されていたホッキョククジラを対象とする捕鯨はすべてキャンセルすることになった。

第五に、イヌイットによる捕鯨が国際社会や国内からの批判にさらされていることである。欧米人も一〇世紀前後から商業目的でクジラを捕っていたが、おもに鯨油やひげを利用し、その肉や脂皮を食用とすることはほとんどなかった。彼らは、クジラ資源が枯渇し、かつ一九世紀後半から石油が利用されるようになると徐々に商業捕鯨から撤退していった。そして一九七二年のストックホルムで開催された人間環境会議において米国政府が鯨類の保護を主張し、捕鯨の一時停止（モラトリアム）を提案した。この提案は捕鯨国によって受け入れられなかったが、一九八二年の国際捕鯨委員会（ＩＷＣ）における一三種の大型鯨類の商業捕鯨の一時停止（モラトリアム）の決定につながった。その後も捕鯨をやめた欧米諸国の多くは、世界自然保護基金（ＷＷＦ）やグリーンピースなどの国際環境団体や国際動物福祉基金などの動物福祉団体とともに商業捕鯨に反対した。この反対運動は、基本的には商業捕鯨に対してであり、先住民族の生業捕鯨［浜口　二〇一六］に対してではなかったが、それらのＮＧＯ団体が「クジラやイルカを殺すことは悪いことである」や「クジラやイルカは食料ではない」という言説をマス・メディアによって流布し［河島　二〇一二］、国際社会の世論を動かし始めると、その批判は先住民族の生業捕鯨にも向けられるようになった。最近の動向として、すべての捕鯨に反対する動物福祉団体が増加している［石井・真田　二〇一五：七九―八六］。

では、なぜあえてカナダ・イヌイットは捕鯨を復活させたのか。この復活において重要な役割を果たしたのは、幼少期にクジラの肉を口にしたことがあった村々の古老たちの意見であった。彼らは、クジラの狩猟活動に従事し、たとえたった一切れであっても伝統食であるクジラの肉や脂皮を口にしたいとの思いが強かった。これはイヌイットであることの実感の実現である。そのような思いを聞き及んだイヌイットのリーダーやハンターたちも、クジラを捕り、その肉や脂皮を分ち合って食べることによって、自分たちがイヌイットであることを実感し、そのアイデンティティを確認し、維持することができると考えるようになった。また、イヌイットのリーダーたちは、捕鯨を彼らの先住権のひとつであると認識しており、その実施は彼らの権利の実現であると考えていた。このような思いによって捕鯨が復活されたのである。

グローバル化が進む現代社会に住むイヌイットにとって、弱まりつつある彼らと大地や海とのつながり、ほかの人びとや動物とのつながり、そして今は亡き祖先とのつながりを保ちつつ、生きることはイヌイットとしての生き方にとってきわめて重要なことである［大村　二〇一四］。それらのつながりを保ちつつ生きることは、自らのアイデンティティの維持と確認につながる。すなわち、捕鯨とその成果である鯨肉などを分かち合い、ともに食べることは、上記の社会的つながりを実現し、確認し、維持する象徴的な手段のひとつである［岸上　二〇一二、二〇一四］。このため、現在の社会的脈絡では、一見、生存のために不可欠というわけではないのにもかかわらず、金銭的にも負担が大きく現金経済の上では非生産的である捕鯨を再開したのであった。それはきわめて彼らの生き方やアイデンティティの根幹にかかわる象徴的な社会的実践の復活であった。

筆者は、イヌイットがイヌイットである生き方を望む限りはこの捕鯨を続けるだろうと考えている。しかし、現金収入源の乏しい現代のイヌイット社会において、捕鯨がどの程度まで持続可能かどうかについては、実施に巨額の資金を必要とするため予測することができない。

三　都市地域における生活困窮者の助け合い

一九七〇年代以降にカナダ極北地方で起きた大きな変化は、北ケベック・ジェイムズ湾協定（一九七五）やヌナヴト協定（一九九三）などカナダ政府と極北地域に住むイヌイットとの間で土地権に関する協定が締結され、それに基づいた新たな生活が模索され始めたことと、人口が急激に増加する一方、多数のイヌイットが故地を離れ、カナダ南部地域の都市で生活を営むようになったことである。

すでに指摘したように、二〇一六年のカナダの国勢調査によれば、イヌイットの四人に一人以上がカナダ南部地域に居住している。カナダの主要都市でイヌイット人口が多いのは、エドモントン（一一一五人）、モントリオール（九七五人）、オタワ・ガティノウ（一二八〇人）、トロント（六九〇人）ほかである。ここでは、モントリオール在住のイヌイットの生活について紹介する［Kishigami 2015］。

筆者は一九九六年からモントリオール在住のイヌイットの生活について調査を実施してきたが、極北地域からのイヌイットの流入は年々、増加傾向にある。モントリオール在住イヌイットの大半は、おもにケベック州ヌナヴィク地域とヌナヴト準州の出身者であり、女性が過半数を占めている。

彼らが故地を離れ、モントリオールに移動した理由は、故地のプッシュ要因と都市のプル要因に大別できる。前者は、極北の村における現金収入を得るための職が少ないこと、住宅不足、物価高などの他、自殺や性的暴力事件の頻発や飲酒・麻薬問題の拡大があげられる。後者は、就職機会や教育・医療の充実、住宅環境のよさ、自由の享受などがあげられる。これらの要因が複合的に作用した結果、多くのイヌイットが生まれ育った故地を離れ、カナダ南部に移住したと考えられる。

では、極北地域からの移住者はどこに誰と住み、何をしているだろうか。移住者の中には家族や夫婦の者もいるが、大半は単独で移動してくる者である。その多くがモントリオールにすでに来住している家族や親族、友人の所にとりあえず、寄宿する人が多い。しかし、多くのイヌイットは、言葉の壁や教育程度に問題があり、モントリオールにおいて就職することは難しく、社会福祉に依存したり、ホームレス化したりする。彼らは、モントリオールのダウンタウンで集住区を形成することなく、分散して経済的に苦しい生活を送っている。一方、高等教育を受け、先住民団体や政府関連の職についているイヌイットは、郊外に住み、ほかの中流階層のカナダ人と同じような生活を送っている。都市在住イヌイットの間の貧富の格差は故地におけるよりも大きい。また、裕福なイヌイットと貧しいイヌイットとの自発的な接触はあまり多くない。

モントリオールにおいて、職や住居を持たないイヌイットが、生きていけるのは、さまざまな慈善事業施設や生活支援の施設が存在しているからである。職についていないイヌイットの多くは、モントリオール先住民友好センターや女性専用救済支援センター「シェドリ」などを月曜日から金曜日までほぼ毎日訪れ、そこで朝食をとり、インターネットやテレビを利用したり、新聞・雑誌を読んだり、ほかのイヌイットと話をして過ごす。また、教会が運営するいくつかのシェルターに行けば、昼食や夕食にありつくこともできる。夏の観光シーズンには街角に座り込み、通行人を相手に物乞いすることもある。住居のないイヌイットは夏には公園など野外で過ごすこともあるが、寒い時期には知人宅に一時的に寄宿したり、多様なシェルターを渡り歩いたりして、夜を過ごすことが多い。なかには、生活に困っており、生きるか死ぬかの状況にあるにもかかわらず、現金を手にすると、酒や麻薬の購入に使ってしまうイヌイットも多い。

モントリオールにおける無職やホームレスのイヌイットの生活は経済的安定性に欠け、悲惨である。にもかかわらず、彼らは故地に帰ろうとしないし、帰っても、すぐにモントリオールに戻ってきてしまう。彼ら自身は、モントリオールでの生活が厳しく、孤独であることを十分に分かっている一方、故地に比べるとより自由を満喫できると考えている。

この状況を大きく変えたのは、貧困にあえぐ同胞の都市イヌイットの生活を支援するためのイヌイットの有職者によるボランティア活動であった。一九九〇年代後半にモントリオール在住のあるイヌイット（当時、ヌナヴィック・イヌイットの政治・経済団体「マキヴィク」に在職）が、極北地域の様々な村々から来住したイヌイットの多くがきわめて深刻な社会・経済問題に直面していることを知り、都市イヌイットの生活向上のためのボランティア活動を組織し、実施することを提案した。具体的には、毎月、最初の土曜日に郊外の教会の集会場を借りて、食事会とゲーム会をマキヴィクやヌナヴィック地域の村々の村役場、ボランティアの人びとから支援を得て、実施することであった。先住民団体マキヴィクが集会場の借料など必要経費を支出し、モントリオールで食材などの物資を運ぶ車の無償貸与を行なった。また、ヌナヴィク地域のハンターが捕獲した肉や魚を無償で提供し、村役場を介してイヌイット航空社がそれらを北の村からモントリオールまで無料で輸送してくれた。イヌイットのボランティアが食事会やゲーム会の準備や実施、後始末を担当した。

一九九九年一一月から開始されたこの食事・ゲーム会は、モントリオールでは入手することが困難なカントリーフードを食べることができるとともに、いつもは会うことができない人びとに会うことができるため、無職や低所得、ホームレスのイヌイットにとっては大変に貴重な場となった。少ない時で一〇〇人あまり、クリスマスなど特別な時には四〇〇人以上も集まることがあった。この月例会は、都市在住イヌイットにとって情報交換や知り合う機会となり、その後、二〇〇〇年三月のモントリオールイヌイット協会の設立に至った［岸上　二〇〇六］。

ところが、協会のリーダーシップと運営方針をめぐって会員間で内紛が発生し、二〇〇五年四月以降、食事会は不定期にしか開催されなくなった。しかし、都市イヌイットの生活状況を憂慮したイヌイットの政治経済団体マキヴィクやモントリオール市、ケベック州政府、カナダ政府先住民・北方省イヌイット局は、人類学者（筆者）の調査協力を得て、都市在住イヌイットの生活実態を把握した。その結果をもとに、二〇一〇年前後よりマキヴィクや公官庁主導で多くの都市在住イヌイットや慈善団体を巻き込みながらホームレス対策や工芸制作振興、職業訓練など様々なプログラムを実施し始めた。このような状況のもと、ホームレスや無職の状態から脱し、経済的に自立するイヌイットの人びとが増加しつつある。

また、フェイスブックや携帯電話の利用が二〇〇〇年代に入り、急速に普及したことによって、これまで社会的に相互に孤立していた都市在住イヌイットが北極地域や他の都市に住む家族や親族、友人に頻繁に連絡を取ることができるようになった。このため、遠く離れた場所に住むイヌイット間の社会関係が維持され、活性化された。都市在住イヌイットは、カリブー（野生トナカイ）の肉やホッキョクイワナなどのカントリーフードが食べたくなれば、モントリオール先住民友好センターに行き、PCを利用してフェイスブックや電子メールで極北地域に住む家族や親族、友人に連絡を取り、モントリオール空港まで送ってもらうことや、モントリオールに来るイヌイットに頼み、空港まで持参してきてもらうことができるようになった。また、病気の治療や他の用事でモントリオールにやってくる出身村のイヌイットに関する情報を得ることができ、宿舎やホテルなどに会いに行くことが容易になった。最近では、プリペイド式の携帯電話で頻繁に様々な場所にいる人びとに連絡を取るようなった。このように新たな通信手段を利用することによって、都市在住イヌイット間の社会関係や、一度は弱体化した都市在住イヌイットと故地などに住むイヌイットとの間の社会関係が活性化し、維持されるようになった。この社会関係は都市在住イヌイットが経済的に困った時に相互扶助の役割を果たすセイフティネットの機能を果たすこともある。

四　イヌイット的な生き方の実現

本稿では、カナダ極北部のヌナヴィク地域とカナダ南部のモントリオールのイヌイットの生活状況と社会的実践を紹介した。カナダ極北地域では地球の温暖化の影響を強く受け、イヌイットにとって深刻な問題となっているが、筆者は環境的な脅威よりもネオリベラリズム政策の実施に起因する経済的・社会的な脅威の方が深刻であると考える。

イヌイット社会全体がカナダ社会の中で下流階層に組み込まれている一方で、イヌイット社会内の経済格差が拡大しつつある。経済の自由化とグローバル化は、弱者の社会・経済的地位をさらに低下させている。しかし、このような状況の中でイヌイットは集団としても個人としても決して受動的な立場に甘んじているのではなく、新たな生き方を模索しているといえる。

ヌナヴィック地域では、一部のイヌイットはモントリオールなどカナダ南部の都市地域に移住したが、大多数は故地で生活を営んでいる。ヌナヴィク地域の人びとは、北西準州やヌナヴト準州のイヌイットよりも一〇年ぐらい遅れて二〇〇八年にホッキョククジラ猟を復活させた。この大規模共同狩猟の復活は、生きて行くために不可欠な食料の確保というよりも、先住民の権利として伝統的な狩猟活動を復活させることや、共同捕獲したクジラの肉をコミュニティ内やヌナヴィク地域全体で分配し、食べることが、重要であるという意味合いを強く持っている［岸上　二〇一三］。これはイヌイット的な生き方を具現化し、自らのイヌイットとしてのアイデンティティを確認する活動であると考える。

一方、一般に都市在住イヌイットの出身地や生き方は多様であるものの、多くの人びとがアイデンティティ喪失の危機やホームレス、経済問題、飲酒・麻薬問題などに直面している［Kishigami 2015, Morris 2016, Terpstra 2015］。近年では、当事者のみならず、イヌイット団体や行政組織、慈善事業団体と協力しながら問題の解決を試みている。とくに、多様な民族と文化が共存する都市の中で、イヌイットとしての生き方を続けることはきわめて難しく、自らのアイデンティティの喪失の危機に陥っているといっても過言ではない。不定期ながらモントリオール在住のイヌイットが集い、カントリーフードやゲーム、母語で会話を楽しみ、情報を交換する場をもつことによって、みずからのアイデンティティを確認し続けている。また、フェイスブックや電子メール、携帯電話の利用によって、直接、会わなくても関係を保つことができるようになった。

カナダの極北地域と南部地域においてネオリベラリズム政策の実施は、これまでのイヌイットの生活に社会・経済的困難をもたらし、大きな変容を迫るものである反面、両地域において、彼らは新たな状況のもと新たなイヌイット的な生き方を創造しつつ、イヌイットとしてのアイデンティティと社会関係を維持・確認しつつ生活を営んでいる。

おわりに

本稿ではカナダのヌナヴィック地域とモントリオール地域のイヌイットを事例として、ネオリベラリズム政策が引き起こした諸変化を紹介した上で、イヌイット自身が彼らの生活をどのように再組織化してきたかを検討した。その結果、極北地域のイヌイットはネオリベラリズムとは真逆の性質を持つ生業捕鯨を復活させていた。一方、カナダ南部地域のイヌイットは多様なアクターと協働したり、グローバル化した通信手段を活用したりすることによって、家族や友人との社会関係を維持し、アイデンティティを確認してきたことが判明した。ネオリベラリズムが浸透している現代社会においてイヌイットは受動的であらざるをえない一方で、能動的に多様なイヌイット的な生き方を模索しているといえよう。

［謝辞］本研究は、平成二八年度科学研究費補助金・基盤研究（A）「グローバル化時代の捕鯨文化に関する人類学的研究―伝統継承と反捕鯨運動の葛藤―」（代表者：岸上伸啓、課題番号一五H〇二六一七）の成果の一部である。草稿に対し、国立民族学博物館外来研究員の中村真里絵さんからコメントを頂戴した。記して感謝の微意を表したい。

参考文献

和文（五〇音順）

石井敦、真田康弘
　二〇一五『クジラコンプレックス　捕鯨裁判の勝者はだれか』東京：東京書籍。

大村敬一
　二〇一四『カナダ・イヌイトの民族誌 日常的実践のダイナミクス』大阪：大阪大学出版会。

外務省
　二〇一〇「カナダ経済と日加経済関係」http://www.mofa.go.jp/mofaj/area/canada/keizai.html（二〇一六年一〇月一八日閲覧）

河島基弘
　二〇一一『神聖なる海獣――なぜ鯨が西洋で特別扱いされるのか』京都：ナカニシヤ出版。

岸上伸啓
　一九九六「カナダ極北地域における社会変化の特質において」スチュアートヘンリ編『採集狩猟民の現在――生業文化の変容と再生』一三一―五二、東京：言叢社。
　一九九九「カナダにおける都市在住イヌイットの社会・経済状況――モントリオール地区の調査報告を中心に」『国立民族学博物館研究報告』二四巻二号、二〇五―二四五。
　二〇〇六「都市イヌイットのコミュニティ形成運動――人類学的実践の限界と可能性」『文化人類学』第七〇巻四号、五〇五―五七二頁。
　二〇一二「アメリカ・アラスカにおける先住民生存捕鯨について」岸上伸啓編『捕鯨の文化人類学』六四―八二、東京：成山堂書店。
二〇一三　「カナダ・イヌイットのホッキョククジラ猟と先住権」『カナダ研究年報』三三号、一―一六。
二〇一四　『クジラとともに生きる――アラスカ先住民の現在』京都：臨川書店。
スチュアートヘンリ
一九九六　「現在の採集狩猟民にとっての生業活動の意義」スチュアートヘンリ編『採集狩猟民の現在――生業文化の変容と再生』一二五―一五四、東京：言叢社。
東京三菱銀行
一九九七　「カナダの財政改革」『東京三菱レビュー』七号、一―九。http://www.bk.mufg.jp/mkdata¬_j/rev97_7.htm（二〇一六年一〇月一八日閲覧）
内閣府
二〇一〇　「第二章第四節四　カナダ」『世界経済の潮流〈二〇一〇年下半期世界経済報告　財政再建の成功と失敗――過去の教訓と未来への展望〉』東京：内閣府政策統括官室。http://www5.cao.go.jp/j-j/sekai_chouryuu/sa10-02/s2-10-2-4/s...（二〇一六年一〇月一八日閲覧）
浜口　尚
二〇一六　『先住民生存捕鯨の文化人類学的研究　国際捕鯨委員会の議論とカリブ海ベクウェイ島の事例を中心に』東京：岩田書院。

欧文
Kishigami, Nobuhiro
2015　Low-income and Homeless Inuit in Montreal, Canada: Report of a 2012 Research. *Bulletin of the National Museum of Ethnology.* 39(4): 575-624.
Laugrand, Frédéric B. and Jarich G. Oosten
2013　“We’re Back with Our Ancestors”: Inuit Bowhead Whaling in the Canadian Eastern Arctic. *Anthropos*. 108: 431-443.
Morris, Marika
2016　A Statistical Portrait of Inuit with a Focus on Increasing Urbanization: Implications for Policy and Further. *Aboriginal Policy Studies.* 5(2): 4-31.

Stanford, Jim

2014 Canada's Transformation under Neoliberalism. *Canadian Dimension.* https://canadiandimension.com/articles/view/cacadas（二〇一六年一〇月一八日閲覧）

Terpstra, Tekke K.

2015 *Inuit outside the Arctic: Migration, Identity and Perceptions.* Groningen: the Arctic Centre of the University of Groningen in the Netherlands.

Wenzel. George

1991 *Animal Rights, Human Rights: Ecology, Economy and Identity in the Canadian Arctic.* Toronto and Buffalo: University of Toronto Press.

一七章　生まれ育った地域で生きる
——清原正臣氏による東日本大震災の記録にみえる日々の関わり

村松彰子

一　日誌の紹介

本論文では、東日本大震災の起きた二〇一一年（平成二三年）三月一一日より同年一〇月五日までのあいだ宮城県気仙沼市波路上《はじかみ》岩井崎(1)にある琴平神社の宮司・清原正臣氏（昭和二〇年生）により記された、大学ノート三冊にわたる日誌と二〇一二年二月から断続的に行なっている気仙沼での聞き取りを資料としている。

日誌のうち、主に扱うのは五月までの「避難所」生活の部分である。住まいを流されたゆえ急に始まった人びとの避難所生活は、一時的であれ、しかたなしに自分の住まいの外で暮らすという意味で「ホームレス」生活の出現だった。明日をも知れない不安定さにさいなまれる暮らしである点でも、ホームレスやストリート・エッジでの生活に近いものとなる。もちろん避難所では行政による支援と保護があり、医療支援や多くのボランティアも活躍していて見捨てられてはいないが、そこはいわば「公共化されたストリート」であった。そこでの人びとは、公平さと公共性によって囲い込まれ、「支援を待ち、与え続けられる無力な被災者」と扱われることでしだいに諦念にも似た感覚を持ったという。

しかし、東日本大震災は周知のとおり大規模なもので、それら囲い込まれたストリートとしての避難所以外にも、その囲いの外に多くの自然発生的な避難所があったことも知られている。なかには周囲に気づかれず「見捨てられた」といえるような、十分に支援の手が届かなかった場もあったが、その一方で、囲い込みの外に自ら留まった避難所もあった。本論文で扱う、清原氏の日誌によって記録された避難所は、そのような避難所のひとつである。そこで人びとが何を基盤にして日々の暮らしを協働で創発していったのかを示すことは、ストリート人類学にとっても意味があるといえるだろう。

日誌の表紙には、「平成二三年三月一一日（金）東北・関東大地震　東日本大震災（M九・〇）震度七、巨大津波一〇m以上の記録　清原正臣」とある。少し長くなるが、まずは大震災当日の岩井崎での様子を引用しよう。

平成二三年三月一一日（金）一日目、午後二時四六分頃大地震（M九・〇）五分位続く

岩井崎の人達、神社、会館に避難。午後三時一〇分頃津波来しゅう。大島の方の沿岸より、堤防を越えて来る。見る見る間水位上昇、下のH氏宅の前に浸入、海の方を見ると更に巨大な波が、どんどん山のようになって押し寄せてくる。私は下の本宅の車に孫二人をのせ、あわてて、妻と四人で車に乗り、神社前にくる。すぐ波は、神社の参道に浸入、車の下に入って来たので、あわてて孫二人を妻と二人で抱きかかえ、神社の階段をのぼり、孫をおく。波は階段下まで来て引き返す。私はようすを見に神社の前の手洗い場に行く、波はお伊勢浜の方を押し寄せてきたのと大島側の浜を押し寄せた波が岩崎会館前でぶつかり、お伊勢浜よりの波が強く大島側へと引いていった。会館は床下まで水をかぶる。私の家の本宅は一階部分が波に破壊され散乱、妻の軽自動車も流され、壊れる。神社の下、前、西側の住宅はほとんど流され姿なし、波は西の方より（お伊勢浜）よりの津波の勢いが強く岩井崎の神社の前の方を乗り越え、各家を押し流す。第二波の津波を恐れたが小さかったので、神

社までは上がらず。西側にある水産試験場の方まで、上がる。巨大津波は岩井崎にあるプロムナード（三階の二階部分まで上がる）破壊し、内田地区方面へ。

大地震とそれから約三〇分後の大津波による逼迫した状況が窺える。実は、三月一九日に「今までの記録を今日より始めたので、若干、日にちが、前後しているかもしれないが、毎日夢中ですごしているので書くことが出来なかった」とあるように三月一一日から一八日までは後日まとめられたものだ。日誌は上記の引用部分「①状況」に始まり、「②岩井崎で流されなくなった家／残った家」[2]、「③行へ不明者」、「④避難所生活として津波の被害をまぬかれたH氏宅へ三六名、民宿Sへ三二名の避難者」の氏名一覧と詳細な記述が続く。

あらためて、日誌の書き手である清原正臣氏について簡単になるが紹介したい。清原氏は、昭和二〇年生でその生家は、寛永一二年（一六三五年）に始まり、震災前は氏子が四五〇軒あった（震災後は一七四軒）という琴平神社の宮司を代々務める家系の長男としてうまれている。関東の国立大学へ進学して気仙沼を離れたが、卒業後は地元へ戻り複数の小学校で教鞭をとりながら生まれ育った地域で家族とともに暮らしてきた。父親が亡くなった昭和六二年（一九八七年）以降、神職も本格的につとめており、宮司として地域の歴史や風習にも詳しい。したがって気仙沼に暮らす人びととの交流も幅広く、地域のまとめ役の一人であることが窺える。[3]このように、清原氏のもとへは多くの人と情報が集まる基盤がもともとあった。

二　「避難所」としての特徴

岩井崎へつながる車道はもともと二本あり、どちらも海抜数メートルしかない海際を通る。そのひとつの波路上漁港方面の道は岩井橋が落ちてガレキが引っかかって不通となり、もうひとつの気仙沼向洋高校方面の道も、大津波で多くの家屋などが流されてきて通れなくなっていた。かろうじて、民宿Sや琴平神社周辺は海抜一一メートル程あって大津波の難を逃れた。そうして岩井崎に取り残されたのは、付近の住民のほか海辺にあったK水産や水産試験場など近隣で働いていた人びとだった。震災時に正確に何人がいたのかわからないが、いくつかの資料をみると少なくとも八〇名はいたようだ。(4)

震災翌日の夕方には、はやくも地元階上地区の消防団数名が岩井崎を訪れている。住民のHさん（女性）によれば、余震が続くなかガレキや泥で足元がひどく悪かったのに、下半身ずぶぬれになりながら安否を確かめに来てくれたという。翌々日三月一三日になると、清原氏の次男嫁が避難していた階上中学校から徒歩で岩井崎へ辿りついている。(5)また、近くのK水産の従業員たち（多くは中国人女性だった）も、翌々日までに向洋高校側からガレキをかき分けて出て行った。三月一四日には落ちた岩井橋に脚立を渡したとの記録があり、震災後二日で、人びとが岩井崎と外部のあいだを行き来していたことがわかる。しかし、住民たちの多くは、また津波がくるのでは思ってもなお自宅やその周辺を離れずに過ごした。(6)

市役所の職員も、彼ら自身が被災者でありながらフル回転していた。大きな避難所には市役所の職員が少しずつ常駐して運営にあたったが、それでも職員の数は避難所の数に足りず、自然発生的にできた避難所にまで職員を回す余裕はなかった。岩井崎の避難所もそのひとつだった。そこでは大きく二か所に人びとがあつまった。ひとつは民宿Sであり、もうひとつは漁業を中心にしながら田畑で農作物も作っていたH氏宅が急ごしらえの避難所となった。そこではのちに、公的に避難所として認めてもらい救援物資を得られれば職員の常駐は必要ないということが話し合われた。それが行政側に認められ、意図せずに「役所の職員は常駐しないが、救援物資の支援をうけられる公的な避難所」としての状況がうまれた。

ここで注目すべきことは、この避難所は外部からはひとくくりに「岩井崎高台」とよばれていたが、実際には大小四か所にわかれたものだったということだ。すでに述べたように、避難所の機能は、民宿SとH氏宅を中心としていた。どちらも多くの人びとを広間や客室や母屋以外の作業場などに気持ちよく受け入れてくれ、津波の直後からずっと食事の用意を行なっていたからである。歩いて行き来できる両家が表向きにはひとつの避難所として機能していたのは、もともと近所の家同士、人同士のつながりがあり、お互いの事情を知った顔ぶれのなかで皆ができることを協力しあったからだろう。[7] さらに「岩井崎高台」の避難所には、二軒（T氏宅とY氏宅）のいわゆる「在宅被災者」が含まれていたことにも注目したい。清原氏自身も自宅は津波を受けて住める状態ではなく、神社境内にある御札販売所（社務所とは別棟）でもう一人の近所の避難者と当初は寝泊りしていた。あとでも触れるように、多くの指定避難所では、自宅を失った被災者となんとか自宅に住み続けることのできた「在宅被災者」とのあいだに線が引かれ、指定避難所の避難者のみが支援対象とされるという事態が起きていた。けれども、市の職員の常駐しない自然発生的な避難所である「岩井崎高台」では、自宅に住み続けていた人や避難所には寝泊りしていなかった人たちもともに被災者として数えられ、ともに協力して日々を切り抜けていたのである。

ここで、岩井崎における民宿SとH氏宅での住民たちによる炊き出しの様子をみてみよう。三月一二日の日誌には「避難してきた人びとがもくもくと仕事をし、みんなで協力している姿にただ頭が下がる」とある。主に女性は炊事、男性は火の番や燃料となる木材の調達、片付け等それぞれに役割を持っていた。そもそも水道が止まっていても飲料水の用意と料理ができたのは、民宿SやH氏宅に残していた井戸や雨水タンクの存在が大きい。さらに民宿や農業をしているような家では、日頃から食料の備蓄をしていた。田んぼのある家の多くは玄米を貯蔵しており、一か月間程度の主食は何とかなるという見込みがあった。[8] くわえて流されず残った食料をみなで持ちより、津波で流れついたものを拾って食べたという。実際、大津波はさまざまなものを流してきた。冷凍庫からカチンカチンに凍ったマグロが流れてきたのを拾ってさばいて刺身にして食べたり、缶詰を拾ったり、米の袋を拾ったりしたほか、停電のため、冷凍や冷蔵していたものが傷んでしまう前にと「凍結していた肉や魚も炊き出しでふるまわれた」[10]。寒かったので暖をとったり、食事の用意をしたりと毎日大量に必要だった木材も、津波で流されてきたガレキや家の柱など周囲にあるものを拾い出して乾かしてから燃料とした[9]。ガレキの山から、使えるもの／食べられるものを「採集」して何とか生き延びたのである。

この避難所で食事作りに携わっていたHさん（女性）の言葉をかりれば、「生きていくためにはその場しのぎで何でも食べた」が「食事ができないという不安はなかった」[11]。ただ、朝食の用意と片付けをしたら、またすぐ昼食の準備といったように一日中食事作りをしていたため、炊き立てご飯で大量のおにぎりを握る手は真っ赤になってしまったという。女性たちの多くは食事作りに追われたがそれでも、あとから他の避難所の話をきいてみると、震災当日や翌日は冷たくなったおにぎりひとつを家族で分けて食べたとか、一週間くらいは食べるものに困ったとか、いざ物資が届き始めたらパンとおにぎりばかりだったとか、ひどい場合には賞味期限がきれていたといった周囲の状況に比べて、岩井崎のように、漁業のあいまに自給用の田んぼや畑をしていた家とその近辺に自然発生的にできた小さな避難所では、手間がかかって大変だったとはいっても自分たちで食事の用意ができて「かえって他所より、あったかくて美味しいものを食べていた」のだった。このように岩井崎では、民宿SとH氏宅を中心避難生活は営まれ、みながご飯に集まる両家はいってみれば「岩井崎の食事処」でもあった。清原氏の日誌からは、温かいものを食べながら互いにその日の報告をしたり、燃料探しやガレキの移動などの協同作業の段取りを話し合ったり、岩井崎から出かける予定などをみなに伝えておくといったような連絡の場でもあったことが窺える。

地方自治体が防災計画であらかじめ指定していた避難所（指定避難所）では、震災直後から「家を失なった人＝救援物資を受け取れる被災者」という意識があったという[12]。岩井崎のような小さな「避難所」では、個別の事情をお互いに知っていたためだろうが、そのような一般化はなされず、互いに協力しあって毎日をしのいでいたようだ。そうした小さな避難所の多くは、ガレキをよけて道路が確保され車の交通が可能になると、行政側の指示もあって大きな指定避難所に人びとが移ってなくなっていくことになる。

三　救援物資の配布の仕方

救援物資は、拠点となる集積所へ運ばれたあとそれぞれの避難所へ配送される。津波によってガレキがあって通れない道も多く、救援物資の集積所から各避難所への配送には早くても二～三日かかったという。早く救援物資を届けようと運送業者が市の集積所へ配送しても、そこから避難所までがうまく配送されなかったことも知られている。配達を担当する人たちがどの道が通れるのか、誰がどこでどれだけのモノを必要としているのかわからなかったためだが、気仙沼市では民間の宅配業者の協力も受けて、津波を受けなかった指定避難所への配送が始められた。

岩井崎を含む階上地区では、国道四五号線より山側にある市立階上中学校が地域の大きな避難所となっていた。階上中学校の避難所を担当していた市役所職員のMさんによると、震災当日の夕方、市役所職員は被害状況の把握や避難所運営のために避難所に数人ずつ振り分けられることになり、Mさんは自分で申し出て地元の階上中学校へ向かったという[13]。その日一緒だった職員は四名いて中学校に到着したのは夜の八時過ぎだったが、すでに中学校の先生たちが中心となって多くの避難者を地域ごとにある程度まとめ、体育館や教室に振り分けが済んでいる状況だった。物資に関しては、学校近くのＪＡの売店（南三陸農業協同組合階上支店）の判断があり、震災当日に店内にあった物資がすべて階上中学校に運ばれていて、震災から二日ほどはそれらと、おにぎりなど近隣からの差し入れや持ち寄ったものをわけあってしのいだ。

一方、岩井崎では、三月一三日には、自衛隊のヘリが近くの駐車場におりたので自治会長S氏と清原氏が対応し、岩井崎の状況と必要なものを問われている。[14] 三月一六日までには、階上中学校に避難していた地区の消防団がたびたび脚立をかけただけの仮の岩井橋を渡って人力で救援物資を運び込んでいた。三月二一日の日誌には、昼過ぎに「市職員二人（T君、M君）がきて、今後の生活をどうするかなど話し合った。基本的にはこれからの生活で、食料は大丈夫かということであった。約一か月はもつようだとの答えであった。岩井崎、孤島になっているので、中学校に来てほしいような気持ちもあったようだ。定期的に食料、水は運べないので、状況をみて大丈夫と判断したようだ。要望は、ガソリンが欲しいと話した」とある。実際、四月四日に岩井橋が開通し車が通れるようになるまでは、避難所の中学校から岩井崎へ救援物資を運ぶのは容易なことではなかった。[15] 余震が収まらない中でいつ津波が来るかもしれなかったので、救援物資を運ぶために地域の消防団や市役所の人命に何かあっては困るという思いが行政の側にはあり、その後も何度か市役所側が階上中学校の避難所へ移るよう説得にきたという。しかし、岩井崎の人たちはその大きな避難所へ移ることをやんわりと、その都度拒んでいる。中学校には避難者も多く、知り合いを訪ねても一人ずつが膝を伸ばせないようなスペースしかない所もあることを知っていたので、そこへあとから入っていくことは憚られたこともひとつの理由だった。最初は陸の孤島となって「意図せず」職員のいない避難所になったのだが、その時点ではもとの暮らしの場を離れず、岩井崎の小さな避難所に留まることを意識的に選択しているといえよう。

こうして、岩井崎の小さな避難所は、それまで暮らしてきた場で自らが運営するやり方が続いた。前の自治会長が岩井崎から避難した後を任されていた清原氏は、新年度の四月になって引き続きその役割を担うことになった。物資の配布による文句がでないようできるだけ平等を心がけたという。救援物資は、代表者が正式の避難所である階上中学校に受け取りに行くのだが、申請した避難者数分が渡される。ただし、実際に配布する時は戸数ごとに配るので、それぞれの家族分に分ける必要がある。岩井崎では、物資の分配が平等に行なわれていることが誰にもわかるよう、決まった時間に全戸を呼んで一斉に配布するという工夫をしていた。三月二五日に人が通れるよう岩井橋が仮設されたあと、さらに工事が進んで車の通行ができるようになった四月四日以降になると、避難所にも動きが出てくる。清原氏も四月六日から自炊を始め避難所で食事をとらなくなった。四月九日頃より自衛隊の給水車が一日二回岩井崎まで来るようになり、井戸に頼ることも減っている。その頃から自分たちで階上中学校まで救援物資を受け取りに行ったが、片道車で一〇分弱とはいえ中学校まで必ず出かける時間をとられるほか、[16]平等な配布には細やかな気配りが必要とされたので負担も大きかった。

ただし、清原氏のいう「平等」は行政のいう公平さと異なるものだった。各戸の家族構成やその状況を知っていると、たんなる頭割りには終わらないことがあるからである。「余ったものの配布には気を使《ママ》」ったという清原氏は、たとえば電池のような災害時の必需品が余った場合、通常の救援物資と別に保管しておき、誰かが困っている様子の時に個々に配ったという。それほどに各家の様子に気を配っていたということである。ほかにも、日誌には毎日のように清原氏が岩井崎の在宅避難者（T氏宅、Y氏宅）と、主な避難所となっていた家（避難所である民宿S、H氏宅）をまわっては、お茶を飲んだり話をしたりしている。両避難所では食事をとるため日に何度か顔を出すので、在宅避難者のもとへ意識的に訪れているようだ。三月二四日のH氏宅での朝食後「その足でTさん宅とYさん宅へ寄って様子を見て来た。Yさんの祖母が新聞でもみたいというので、民宿Sさんの所に来ていると思うのでそこから一部いただいて来なさいと言って来た」。三月二八日には「Yさん宅とTさん宅を訪問し、様子を見に行った。みな元気そうでよかった。……夕食は六時ごろだった。みんなで今日の出来事等を話しながら食べた」といった具合である。清原氏は、このように近所の様子を見に行っては、親戚や知人から自分に届けられた野菜をおすそわけしたり、ろうそくが足りないと聞けば分けたりと個々の事情にできる範囲で応じている。[17]そうしたやりとりは日頃の付き合いが基盤となっているのだが、それらのの対応を含めて「平等」だと清原氏はいう。これは行政に一般的に求められる公平さとは異なる、個々の家やその人その人への配慮のみえる行ないといえるだろう。

そして、階上中学校で受け取った救援物資を一斉に各戸へ配布する場は、普段は二手に分かれて食事をしている岩井崎高台避難所全体のこと話し合ったりする場ともなっていた。たとえば五月一六日、一八日には「いつまで救援物資をもらうか」を集まった人で話し合っているが、五月一七日の「午後三時頃電気が通じた」ことや、五月一八日に「午後より水道の水が出る」とあるように、道路が通り、少しずつライフラインが整っていくと支援を受けるのではなく自分たちで何とかしていこうとする動きがあった。最終的な話し合いの結果、五月二二日には救援物資の縮小を行政側へ報告し、被災している二五名分のみ継続としているが、それも六月一一日には打ち切って「岩井崎は自立するため救援物資はもういらない」と申し出ている。

また、救援物資に関してもうひとつ重要だと考えられるのは、それが情報交換の場でもあったという点である。交通網と流通網が整うと、全国からさまざまな物資が届くようになった。多い時には一日に二度、階上中学校での救援物資の受け取りと岩井崎での分配があった。階上中学校には最大で二千名もが避難していたが、清原氏は地域の知り合いも多く、顔があえば近況を報告しあっている。中学校には市役所職員も居て行政からの新しい情報を受け取ることもできたし、岩井崎での住民の近況報告や要望（「波に削られた海岸沿いの道路が危ないので早く直してほしい」など）を伝える窓口ともなっていた。このように、避難所を運営するにあたって自治会長らは、毎日の救援物資の行政からの受け取り・岩井崎での分配自体を重要な仕事として行なっていたが、それは同時に、階上地区全体の情報交換の場ともなっていたことにも注意したい。

四　日頃の付き合いを基に

三陸では、一生のうちに何度も津波にあう人も少なくない。清原氏は、ここ数十年で家がずいぶんと増え、海岸が埋め立てられて防潮堤もできて海岸線が変わり、気仙沼の景観もまた大きく変わったという。高校生のころ、気仙沼には現在よりも多くの田んぼや畑があって、漁業を中心としながらも自給用の田畑を持つ家も多かった。ところが、時代とともにその景観が変わる。「結局は、子どもの頃に田んぼや海の埋め立て地だったところへ建った家の多くが、今回の大津波にあってしまった。いま残る古い家はどこに津波が入るか考えて（建てられて）いた」という。つまり、この五〇年程前まで田んぼや畑として使っても、家を建てるのに適さない場所と考えられていたような所に人が家を建てて住むようになっていたということである。さらに、清原氏は、「明治二九年の大津波で、岩井崎からほど近い波路上明戸は全戸が壊滅して死者も多く出たので、大津波が折り返した家に『折戸』と屋号をつけて、それより低い所にあった八四戸を高台集団移転させた」と津波にまつわる歴史を教えてくれた。そして、「明戸のM家一族はまた一族みんなが同じ場所に住んで津波にあって死んでは困ると、二～三軒ずつ数か所に分けて所々に移り住んだ。なぜ一軒ずつではないかというとそれでは寂しいから、近くで助け合えるように」といった話を、かつてのM本家の当主（昭和初期生まれ、故人）から直接聞いていた。日頃の付き合いは、まずは親戚づきあいがあって、しだいに周囲の人びとへ広げていくということだろうか。清原氏は、そうして現在も残る一五軒ほどのM家の人びとに今回の大津波のあと改めてこのことを伝え、親戚とのつき合いも大事にしたりするよう話したという。

M家の工夫は、「津波被害を受けた沿岸部はリスクが高いので人は住んではならない」と決めつけて沿岸部から高台移転させ、海にはコンクリートを敷き詰め高い防潮堤を作ってリスクを下げようという、東日本大震災以降の行政のやり方とは根本的に異なっている。一律、海のそばに住んでいけないというのではない。この辺りでは、海のそばでも昔から人が住んできたところもあれば住むのを避けてきたところもあり、そこから学べるのは、その土地もともとのつくり（地形）や水の流れや過去の津波のありように逆らわず、そちらに人があわせて暮らす住まい方があるということではないだろうか。

また、この地域では、例年一月一〇日前後に地区ごとに分かれて行なわれる厄祓いの「春祈禱」や、琴平神社の四月と一〇月の例大祭などがあり、それらのあとにはみなで集まっての直会もある。琴平神社の氏子は、震災前は四五〇軒（震災後は一七四軒）あったので、全戸が集まらなくても、地域の人びとが定期的に顔をあわせる機会となっている。ここで人びとが神社を大事にして、地域の多くの家に神棚があるのは、主要な生業が漁業で海での仕事ではいつ何があるかわからないことと関係しているかもしれないと清原氏はいう。のちに仮設住宅ができたあとでも、簡易の神棚が配布されたほど大事にされている。

日頃の付き合いといえば、隣近所だけでなく親戚とのつきあいもある。このあたりでは仏壇のある家に挨拶にいったり来たりする「正月礼」や「盆礼」と呼ばれる習わしがある。自分の兄弟や伴侶の実家やその兄弟などはもちろん、祖父母の実家との付き合いやオジ・オバのところへも手土産を持って挨拶に行くのである。正月礼ではその家の神棚に挨拶し、盆礼では仏壇に挨拶するものだという。清原氏は長男として子どもの頃から親と一緒にこうした挨拶周りをし、親戚たちの住む家の場所や屋号やどのようなつながりであるか、親戚の顔や名前などを覚えるだけでなく、同様に相手に覚えてもらう機会でもあった。震災後の避難生活中も、清原氏は次男宅に歩いて通いながら、その前後には祖母の実家とその分家に必ず回って行ってお茶をしている。そして、こうした付き合いは毎回のように物資をおすそわけしたり、わけてもらったりしながら培われてきた。

清原氏とこの地域に暮らす人びととの関わりにおいて、長年の教員生活の先々での子供たちやその親たちとの付き合いもあるが、より関わるのは、琴平神社の宮司としての暮らしであろう。日誌をみても、震災以降も四月一一日のプレハブ建設のための地鎮祭の依頼を始めに、震災後に購入した車の交通安全の祈禱、安産の祈禱やうまれた子どもの名付けに関する相談、神道式での葬式にいたるまで、さまざまな場面で地域の氏子の人びとは清原氏のもとに訪れている。

以上のように、生まれ育った地域や家を通した、必要に応じて手を貸したり、物をやりとりしたり、あるいはただ様子を見に行きお茶をするというつき合いは、避難所生活のあいだ、普段にまして頻繁な交流になっていった。これもまた、大きな避難所では受動的に救援を受ける被災者となりがちだったことをみると、生まれ育った地域において自分たちで運営する、規模の小さな避難所の特徴といえるかもしれない。つまり、たんに日頃のつき合いの濃さが基盤となってそのまま生活における協働と相互扶助を生み出すというよりは、相互扶助による創発のために、過去にあった関係を通じて頻繁な交流が生じているといえるのかもしれない。

さらに日誌には、しばらくつき合いのなかった人から久しぶりの連絡と助けがあり感謝するという記述が再三見られ、清原氏は礼状を添えて丁寧に魚や菓子などのお返しをしている。日頃からのつき合いや過去におけるつながりを基盤としつつ、それは閉鎖的でも排他的でもなく、外部にもつながっていくのである。(18)

以上のように、清原氏を通して「公共性から外れた避難所」での生活の創発的再建の一端をみてきた。一般的にいって、公共的なシステムから外れることは見捨てられるという面もあるけれども、自分たちで何とかするという自治・協働・創発性もそこには生まれていた。それまでのつき合いの基盤である生まれ育った家や地域に留まりたいという思いがあればこそ、自分たちの意志で、行政の管理下にあった大規模避難所の外にいることを岩井崎の人びとは選んだといえるだろう。しかし、それはまた、大きな社会のシステムに依存していた日頃の生活には見られなかったようなつき合いや協働や自治を作り出していたのである。それが地域にとってどのような意味をもたらすのかは、今後も時間をかけて追う必要があるだろう。

注

（1）岩井崎はかつて波路上《はじかみ》村の六部落の一つだった。その後、長磯村、最知村、岩月村と波路上村が明治五年に合併して階上《はしかみ》村となり、昭和二九年には気仙沼市に合併されている。

（2）もとは六六戸あった岩井崎で流失した建物は五六軒、残った建物は一五軒が数えられている。○○民宿（鉄骨の民宿部分二階は残る）、□□××宅（二棟失う）等細かく記録されている。

（3）父親や祖父も学校教員であり、宮司を務めていたと。代々、地域のまとめ役を担ってきた家柄である。

（4）東日本大震災・福島原発事故避難所支援サイトNever Give Up Japanによれば、避難所名は岩井崎高台、避難人数は八〇名とある。また二〇一一年六月六日の河北新報によれば、民宿Ｓでは震災当日の夜、五〇名ほどが身を寄せて過ごしたとある。

（5）近くに暮らす孫を二人預かっていたので、母親が無理をして会いにきたのだ。

（6）外出先から自宅のあった岩井崎へ戻って来てここで避難者となった人もいる。壊れた家や空き家を物色する不審者の話が流れたこともあり、遠くへ避難せずに近くで家財や家を守りたいという気持ちもあったという。Ｗさんによれば、不審者情報のあと岩井崎高台の避難所では「単独行動は禁止、二人組以上で行動する」ということになった。

（7）両避難所では、お互いに作ったおかずを交換したりもしていた。岩井崎には新興住宅地はない。したがって、新しくできる家もすでにある家の別家（分家）であることが基本だった。

（8）Ｈ氏の息子は車の整備士で、納屋にしまわれていた昔の手動の精米機を使えるように調整してくれたため精米できるようになった。

（9）気仙沼では冷凍保存を「凍結する」といい、「新しいうち凍結しておいたらいつでも食べられるよ」などという。

（10）電気がとまり冷凍庫等の食材の保存には限りがあった。Ｈ氏宅では発電機を使って二台の冷蔵庫にたまに電源をいれて冷気をできるだけ保っていた。寒い時期ではあったが、こうした気配りが集団食中毒を起こさずに炊き出しを続ける工夫となっていた。

（11）同様の状況は、気仙沼大島での避難所においても聞き取ることができた。ありあわせでカマドをつくって火をおこして炊き出しをしたり、断水したので山から水をひいて風呂を沸かしたりと、電気・ガス・水道の用意を「自前で何とかしていた世代」の活躍があった。

（12）ある行政関係者は、「実のところ家が残っている人までとても生活に困って救援物資が必要だという認識は、市役所の側にも当初はなかったと思う」と打ち明けてくれた。被災者のあいだでも、家を失ったもの＝被災者、家が残ったもの＝被災者ではないという区分がみられて家のある者は支援対象外だと扱われたり、申し出自体を遠慮したりした人も多かったようだ。Kさん（女性）は、「やっと地震がおさまって、いのちは助かったし家も残りはしたけれど、……寒いし、食べるものにも限りがあった。どうにもならなくて食べ物を求めて避難所に行ったら、家が残っているなら『被災者ではないから』と食べ物を分けてもらうこともできなかった。……結局は、近所の人が声をかけてくれて『食べるのある？　水ある？』って。『遠くの親戚より近くの他人』ていうでしょう、ほんとうにあれ」と話してくれた。

（13）地元であれば地理にも道路にも詳しいし、避難している住民も見知った顔が多いと考えたためだという。

（14）三月一九日に区長が階上中学校の避難所に移ることになり、代わりは清原氏が引き継ぐことになった。

（15）四月七日には、向洋高校側の道路も修復されてこれで車が通れる道は二本に戻った。車で外部と行き来できるようになって、ガソリンも少しずつ手に入るようになるにつれ、人びとの行動範囲も広がっている。

（16）岩井崎では、四月一八日より救援物資の受け取りは交代制としている。それまでは基本的に清原氏が受け取りと配布を担当していた。

（17）三月一三日に「米をH氏宅の方に五kg位持っていく」、三月一四日に「今日も、社務所にあった米野菜等をH宅へ持っていく」、四月一一日には「ホウレンソウをいっぱいいただいた。各戸にわけてやった」とあり、自宅の備蓄も個人的に支援を受けた物資も、清原氏はあちこちにおすそわけしている。

（18）むしろ、物資という面では量的に多く集まる指定避難所のほうが、物資を囲い込んだり、エゴイスティックな行動が見られたりすることも考えさせられる。

引用文献

『東日本大震災・福島原発事故避難所支援サイト Never Give Up Japan』「岩井崎高台」http://311.jfpro.jp/detail.php?place_id=040886（二〇一六年九月一日閲覧）。

『河北新報』二〇一一年六月六日「津波免れ、避難者の『家』に気仙沼・岩井崎の高台の民宿」。

一八章　災害ユートピアが終わるとき
――ストリートを〈コモン〉にするということ

小田　亮

はじめに

レベッカ・ソルニットの『災害ユートピア』は、人類学者のあいだではあまり評判がよくないようだ（個人的にこの本を「嫌いだ」と言った災害人類学者もいる）。ソルニットの本で提示されている「災害ユートピア」という概念を最も明確に批判しているのは、竹沢尚一郎だろう。竹沢は、「自発的に生じた『災害ユートピア』が、いつまでつづき、それが生じるところと生じないところの違いは何に由来するのかという肝心な点を、その観念は説明することができない」〔竹沢　二〇一三：一六五〕と述べ、「この観念は学問的というよりジャーナリスティックに構成されているので、（そうした違いがなぜ生じたのかという説明が）できないでいる」〔竹沢　二〇一三：一六五〕と批判する。

しかし、「災害ユートピア」という言葉は、レベッカ・ソルニットの本によって有名になったものの、ソルニットが作った言葉ではなく、もともとアメリカの災害研究では以前から使われていた「学問的な」言葉だ。日本でも、北原糸子が、一九八三年に出した『安政大地震と民衆』という本（現在は『地震の社会史』と改題されて講談社学術文庫として刊行されている）のなかで、アメリカの災害研究で使われている用語として「ディザスター・ユートピア」という語を紹介している[1]。

つまり、この「災害ユートピア」という概念がジャーナリスティックに構成されているから、自発的な災害ユートピアが、「いつまでつづき、それが生じるところと生じないところの違いは何に由来するのか」を説明できないというわけではない。アメリカの災害社会学での発見は、災害の時には秩序が崩壊し、人びとはパニックに陥り、略奪も横行するという一般的通念に反して、利他的行動と相互扶助が普遍的に見られるという事実であった。むしろそれはジャーナリスティックに構成されていた「災害パニック」という概念を批判した、学問的な実証にもとづいて提案された概念だったのである[2]。

したがって、説明すべきは、「災害ユートピア」がなぜ終わっていくのか、あるいは生じなかったところではなぜそうだったのかということにある。それに対するソルニットの答えは、秩序回復や復旧のためという名のもとに、エリートや支配者層が介入してくるからであり、あるいは彼らが「エリート・パニック」を起こして、相互扶助をしようとする人びとを暴力的に排除してしまうからだというものである。その主張もまた、アメリカの災害社会学の成果を採り入れながら行なっているのだが、それは竹沢が言うように「住民の意思と自発性に任せておけば『災害ユートピア』が出現し、エリート管理者があらわれるとその出現が阻害されるという」、「民衆は善だが支配者は悪だとする粗雑なアナーキズム」［竹沢　二〇一三：一六五］のように聞こえるかもしれない。しかし、それは表面的なストーリーであって、ソルニットの「ストーリーをつくるストーリー[3]」はそこにはない。それは、「システム」と「システムに依存しない基底的な人間性（＝相互扶助社会）」とのせめぎ合いというところにあるのだ。システムそれ自体が「悪」なのではない。福祉社会のシステムは利他的であり、その基本は慈善にある。しかし、ソルニットは、たとえシステムが福祉のために最大限に働く「善」としてあっても、相互扶助や直接的民主主義という基底的人間性を損なうと主張しているのである。

ソルニットの議論があいまいであるとすれば、それは、竹沢の言うように災害ユートピアがなぜ生じたり生じなかったりすることがあるのかをうまく説明できないというより、そもそも基底的な人間性が現代社会ではなぜ隠されてしまうのかという問題についての考察が十分になされていないからだろう。本論文では、その問題を考えたいと思う。

一　アクチュアリティと真正性の水準

ソルニットの、エリート対民衆という二元論的な図式にみえる表面的ストーリーの根源にある「ストーリーをつくるストーリー」を、システムとシステムに依存しない基底的な人間性＝相互扶助社会とのせめぎ合いだと言い表わしたが、ソルニット自身は「システム」という語を使っているわけではない。ここでの「システム」という語は、哲学者ハーバーマスの「システムによる生活世界の植民地化」〔ハーバーマス　一九八七〕という言い回しから採っている。「生活世界」という用語はフッサールから来ており、ハーバーマスのいう「生活世界」と「システム」の対立は、前者が対話というコミュニケーション的行為によって成立しているのに対して、後者はあたかも対話的なコミュニケーション的行為から独り立ちして、それなしに作用するような市場経済機構や国家行政機構を指している。あらゆる社会はシステムとしてもあるが、システムの基底には生活世界における対話的なコミュニケーション的行為があるというのが、ハーバーマスの社会の二層性の捉え方である。しかし、近代社会においては、それらのシステムは、一般化され物象化された媒体（資本や法といったメディア）を通して生活世界に侵入している。その結果、例えばお金で人を雇うといった、そのつどの直接的・対面的な対話による合意なしに他の人間を支配・操作する戦略的行為が可能となる。つまり、一般化された媒体の物象化を通してシステムに依存することで、他の人びととの対話的なコミュニケーションは切断され、無用のものとされていくのである。

ソルニットの議論であいまいだった、つねにあるはずの「基底的な人間性」としての相互扶助と直接的民主主義がなぜ見えないものになってしまうのかという問いへの答えが、このようなシステムによる生活世界の植民地化というわけである。では、生活世界の防御と脱植民地化はどのように可能なのだろうか。後で見るようにハーバーマスの答えは不十分だと思われる。

その点について考察するにあたり、チェコ生まれの小説家ミラン・クンデラの「評判の悪いセルバンテスの遺産」という講演へと迂回することにしたい。クンデラは、この講演の冒頭で、一九三五年に哲学者フッサールが行なった講演「ヨーロッパ諸学問の危機と超越論的現象学」について触れている。クンデラによれば、フッサールはその講演で、ヨーロッパ諸学問が直面している危機は、ガリレイやデカルト以降、諸学問が「世界を技術・数学的探求のたんなる一対象に還元して、その地平から人生の具体的世界、彼の言葉では『生活世界』を排除した」［クンデラ 二〇一六：一一―一二］ことによるものだと述べた。つまり、諸科学が「人生の具体的世界（生活世界）」を排除したのは、世界を数量化できる対象に還元するためであり、それによって諸学問は飛躍的に発展したが、それによって、人間は「様々に専門化された領域のトンネルに押しやられ、知識が増えれば増えるほど、世界の全体もじぶん自身も見失って」いき、「その結果、フッサールの弟子のハイデガーが『存在忘却』という、美しく、ほとんど魔術的な言い回しで呼んだものの中に沈みこむことになった」［クンデラ 二〇一六：一二］と、クンデラは言う。

ハイデガーのいう「存在忘却」とは、本来、代替不可能な存在であるはずの人間（現存在・実存）が「誰でもない人／誰でもいい人」のように代替可能なものとなってしまうこと、いいかえれば、「単独性」を忘れてしまうことを指している。つまり、数量化されて捉えられた世界、あるいは同じことだが、世界の外に足場を作って（それが客観性を保証するのだが）、そこから世界を俯瞰するようにして捉えられた世界からは、個々人の具体的な「生活」や「単独性」は排除されて忘れられてしまう。フッサールやハイデガーは、そのような、自分だけが世界の外に出ていてそこから世界を数学的な対象に還元して全体を俯瞰することで得られる客観性をまやかしだとして批判したのである。

ところで、クンデラはなにもフッサールや現象学の話をするために、フッサールの講演のエピソードを持ちだしたわけではなかった。クンデラは、フッサールやハイデガーがガリレイやデカルトの創りだした近代を断罪しているが、この二人の現象学者は、ヨーロッパの近代を確立したもうひとりの者を忘れているという。すなわち、セルバンテスである。セルバンテスに始まる小説は、近代の端緒から「人間の具体的な生活を吟味し、これを『存在忘却』から保護して、『生活世界』に絶え間なく照明をあてることになった」〔クンデラ　二〇一六：一四〕。

クンデラにとって、小説が「存在忘却」から護るべきものは「生活世界」における「個人のかけがえのない単独性」という大いなる幻想である。しかし、現代社会では、「残念ながら、小説もまた、世界の意味だけでなく作品の意味をも還元する還元の白蟻にさいなまれ」、「ますますメディアの掌中に握られ、地球の歴史の統合を代行するこのメディアが還元の過程を増幅し、誘導」している。メディアは、「最大多数に、みんなに、人類全体に受け容れられるような同じ単純化と紋切り型を全世界に配給する」〔クンデラ　二〇一六：三二〕。つまり、小説も、ハーバーマスのいう「生活世界の植民地化」を免れていないというわけだ。しかし、クンデラは、それでも、小説の精神は複雑性と連続性の精神であり、単純な分割や代替可能なカテゴリーや紋切り型の言葉に抗して「存在」に、すなわち単独性に固執しつづけなければならないと示唆している。

科学や学問が「単独性」を見失なってしまうのは、技術的・数学的な対象に世界を還元してしまい、そのように数量化できる客観的な世界だけを意味のある「リアリティ」と捉えるからである。そのリアリティは、メディアが提供する「最大多数に、みんなに、人類全体に受け容れられるような同じ単純化と紋切り型」によって公共的なものになる。精神医学者の木村敏は、ともに現実と訳すことのできるアクチュアリティとリアリティとを区別して、つぎのように言っている。「そのラテン語の語源をたどると、リアリティのほうは『もの、事物』を意味するresから来ているし、アクチュアリティのほうは『行為、行動』を意味するactioに由来している」［木村　二〇〇〇：一三］と述べ、「同じように『現実』といっても、リアリティが現実を構成する事物の存在に関して、これを認識し確認する立場から言われているのに対して、アクチュアリティは現実に向かってはたらきかける行為のはたらきそのものに関して言われることになる」［木村　二〇〇〇：一三］と言っている。また、別のところでは、アクチュアリティは「現在ただいまの時点で途絶えることなく進行している活動中の現実、対象的な認識によっては捉えることができず、それに関与している人が自分自身のアクティヴな行動によって対処する以外ないような現実を指している」［木村　一九九四：二九］が、「科学はこのアクチュアリティを扱うすべを知らない」［木村　一九九四：三〇］と言う。

木村は、この二つの現実の二義性はそのまま「生命」の二義性でもあると言う。リアリティとして捉えられた生命は、「受胎から死亡までの一定期間、この生物体に観察される生物学的活動の標識」［木村　一九九四：一三六］にすぎないが、アクチュアリティとしての生命は、「そもそも何らかの標識を媒介にして公共的に表示したり、それによって他人と共有したりすることの不可能な、絶対的な単独性の感覚」［木村　一九九四：一三六］であり、しかしこの「単独性の感覚」は、「私ひとりの孤独な生命の感覚として閉塞しているわけではな」く、「私はむしろこのアクチュアルな生命感をチャンネルとして、原理的には無限に多くの他者たち、あるいは生きとし生けるものすべてとのあいだに開かれた連帯感を感じとっている」［木村　一九九四：一三七］というような普遍的な連帯性へと開かれたものだと述べている。

生命と生活としての生は、数量化できず、技術的・数学的対象に還元できないゆえに「公共性」を持ちえず、科学や学問のとらえるリアリティから排除されるしかない。現代社会のシステムの基盤となっているのは、そのようなリアリティであり、そうした世界像は科学や学問だけではなく、学問の公共性やメディアを通して現代のわれわれの日常生活にまで浸透している。ハーバーマスが「システムによる生活世界の植民地化」と呼んだ事態はそのようなことだったはずである。つまり、学問や芸術の公共性は、むしろ生活世界におけるアクチュアリティと単独性を排除するのである。

ハーバーマスが、ハイデガーの言う（単独性としての）「存在」を批判して、それが「対話（ダイアローグ）」的にとらえられておらず、主体の自己反省という孤独な自我の「モノローグ」的な形態としてとらえられているために、存在へのノスタルジーに陥っていると批判しているのは正しいだろう。単独性や代替不可能性はまさに対話的にとらえるべきものだからである。しかし、ハーバーマスは「対話（ダイアローグ）」を妥当性要求のための合理性という枠内に閉じ込めてしまう。つまり、ハーバーマスにとって、コミュニケーション的行為は、討論によってみんなが受け入れられる妥当性のある合意に達するという合理的行為に限定されている。それは、誰でもない人／誰でもいい人として共有するリアリティを構成するためのものでしかない。そのリアリティは、木村のいうように、メディアが提供する「みんなに、人類全体に受け容れられるような同じ単純化と紋切り型」によって公共的になるのであり、それが公共的なものになったところで、生活世界の脱植民地化にはならないだろう。生活世界の植民地化の最も重大な帰結は、「生きとし生けるものすべてとのあいだに開かれた連帯感」としてのアクチュアリティを喪失することにあるのだから。その意味では、それを「存在忘却」として、すなわち単独性やアクチュアリティの喪失として定式化したハイデガーのほうが問題に肉薄しているといえよう（それをモノローグ的にとらえたという誤りを犯していたが）。

単独性の感覚としてのアクチュアリティと誰でもないひとに開かれたリアリティの区別は、生活世界の植民地化の問題点を明確にするのに役にたつ。しかし、それは社会のあり方の問題としてとらえられているわけではない。それを生活世界の脱植民地化という社会のあり方の問題へとつなげるために欠かせないのが、私見によればレヴィ

＝ストロースの提唱した「真正性の水準」という社会の様態の区別である。

レヴィ＝ストロースがはじめてこの「真正性の水準」という視点を提唱したのは、一九五四年に発表された「社会科学における人類学の位置および人類学の教育が提起する諸問題」という論文（『構造人類学』に所収）であったが、その後も一九六一年に出版されたジョルジュ・シャルボニエとの対話や、一九八六年の日本での講演でも繰り返し言及している。「真正性の水準」とは、「五〇〇〇人の人間は、五〇〇〇人と同じやり方では一つの社会を構成することはできない」という、シンプルだが根源的な二つの社会様態の区別である。レヴィ＝ストロースは、五〇〇〇人の人間がつくる社会を「真正な社会（ほんものの社会）」、五〇〇〇〇人のそれを「非真正な社会（まがいものの社会）」と呼び、その二つの社会の様態の区別こそが、将来おそらく、人類学から社会科学へのもっとも重要な貢献となるだろうと指摘する。一九五四年の論文で、レヴィ＝ストロースは、つぎのように言っている。

われわれの他人との関係は、折にふれての、断片的なもの以外、もはや、あの包括的な経験、つまり、一人の人間が他の一人によって具体的に理解されるということにもとづいてはいない。われわれの人間関係は、かなりの部分、書かれた資料を通しての間接的な再構成にもとづいている。われわれが過去に結びあわされるのは、もはや、物語り師、司祭、賢者、故老などの人々との生きた接触を意味する口頭伝承によるのではなく、図書館につまった本によるのであり、それらの本を通して、鑑識力が骨折ってその著者の表情を再現するのである。現在の面では、われわれは、同時代人たちの圧倒的な大部分と、あらゆる種類の媒介——書類、行政機構——によって連絡しているのであるが、これらの媒介は、多分、途方もなくわれわれの接触を拡大してはいるが、しかし同時に、われわれの接触に、まがいものの性格を付与しているのである。このまがいものの性格は、市民ともろもろの権力とのあいだの関係の特徴にさえなっているのである。［レヴィ＝ストロース　一九七二：四〇七この区別は、他の人びととの対面的なコミュニケーションによる小規模な「真正な社会」と、近代社会を典型とする、より後になって出現した、文字や法や貨幣といったメディアに媒介された間接的なコミュニケーションによる大規模な「非真正な社会」の区別であるが、レヴィ＝ストロースは、「まがいもの（非真正なもの）」だからいけないとか、そのようなものをなくすべきと言っているわけではもちろんない。その二つの体験は異なったものであり、関係もまた大きく異なっているのであり、それを混同してはいけないと言っているに過ぎない。つまり、その点では、ハーバーマスによる「システム」と「生活世界」という社会の二層性と変わらない。異なっているのは、ハーバーマスがコミュニケーション的行為を（メディアによるものも含めてすべて）生活世界のほうに含めてしまったのに対して、レヴィ＝ストロースは、コミュニケーション的行為そのものを「真正性の水準」によって区別しなければならないとしている点である。

では、そのような「真正な社会」は、規模の大きくなった近代社会や都市では失なわれてしまったのだろうか。そうだとすれば、この区別は現代社会におけるシステム批判には役に立たないものとなろう。しかし、レヴィ＝ストロースは、そうではないと言う。

確かに、近代社会も、すみからすみまでまがいものだというわけではない。人類学的調査の接合点を注意して眺めるならば、むしろ反対に、近代的社会の研究にしだいにつよく関心をもつことによって、人類学は、近代社会に「真正の面」を認知し、それをとり出そうと努めてきたことが確かめられるのである。このことが、民族学者が、ある村、ある企業、または大都市の「近隣関係」（アングロ・サクソンが「ネイバーフッド」と呼んでいるもの）

を調査するとき、民族学者として馴染深い場に自分がいることを彼に気づかせるのは、そこではすべての人たちがすべての人を知っているか、そうでないまでもほぼそれに近い、ということなのである。［レヴィ＝ストロース　一九七二：四〇八―四〇九］

レヴィ＝ストロースは、一九五〇年代にすでになされていた都市での人類学的調査においては、人類学者は、五〇〇人の村で行なっていたような古典的な調査法を変更する必要はまったくなかったという。なぜならそのような都市においても、職場や「近隣関係」に真正な社会を見出すことができたからであるとする。

レヴィ＝ストロースは、真正な社会では、「あの包括的な経験、つまり、一人の人間が他の一人によって具体的に理解される」が、一定の規模を超えた非真正な社会では、そのような包括的な理解は不可能になり、人は、メディアや文字資料を介して、イデオロギー的な立場や、民族・階級・ジェンダーといった単純なカテゴリー（属性）に還元されて把握されるようになるという。いいかえれば、真正な社会では、一人ひとりの人柄や行動はけっして、階級や職業や世代といった比較可能で代替可能な属性や属性の束に還元されないがゆえに、代替不可能な「単独性」をもっているのに対して、非真正な社会においては、人は一般化された属性（カテゴリー）に還元され、代替可能なものとなるのである。

小さな真正な社会でも、もちろん代替可能な「役割」や「属性」がないと成り立たない。けれども、包括的にかつ具体的に知っている者同士の直接的な関係からなる真正な社会では、個人は代替可能な役割や属性に還元する必要がない。つまり、真正な社会では、役割の連関という代替可能な関係は、代替不可能な関係と「重なり合って」いるために、代替不可能な関係にとって代わることがないのである。そのために、真正な社会では、法や貨幣といった一般化されたメディアに媒介された代替可能な関係と数量化された価値によって成立する「システム」が、現代社会のようにあたかも自立的なシステムとして独り立ちすることはできないのだ。

二　災害ユートピアと〈コモン〉としての共産主義

ここで、災害ユートピアの問題にもどろう。ソルニットの主張は、災害は通常の秩序や日常の役割を停止させるが、そこに現われるのは非常時の例外的な人間や人間関係ではなく、むしろ基底的な人間性・人間関係なのだというものであった。つまり、災害が支配的なシステムに亀裂をいれて停止させることによって、相互扶助という基底的な人間性が現われるのであり、それが「災害ユートピア」だという。つまり、災害社会学が明らかにしたことは、災害によって現われる基底的な人間性とは、ホッブスの言うような「万人の万人に対する戦い」やル・ボンの言うような「盲目的な群集心理」などではなく、アナーキストのクロポトキンの言う相互扶助や直接民主主義だと、ソルニットは言うのである。

ソルニットのいう基底的な人間性は、ソルニットとアクティヴィスト仲間でもあるアナーキスト人類学者のデヴィッド・グレーバーの言う、「基底的な共産主義」という概念と重なっている。グレーバーはつぎのように言う。

「実践の表象」をではなく「実践」を見るならば、「各人は能力に応じて働き、必要に応じて受け取る」という原理にもとづいて、お互いの財産やエネルギーを使いあう関係、私があなたにものを頼む権利の限界は、あなたが将来私に頼むかもしれないことの限界だけだという関係――これはあらゆるところにあるのです。もしあなたと私が、お互いに必要な時に助け合うだろうという想定にもとづいて、いちいちどれだけ私があなたに贈与し、あなたはどれだけ贈与したか計量しない関係を持つならば、それは共産主義的関係である。……もしわれわれがモースにちなんで、共産主義を全体的機構として見ないならば、共産主義はどこにでもある。エクソンやシティバンクといった巨大会社の内部でさえ、人びとはほとんどの時間、共産主義的に労働しているのです。共通の任務を前にした時、人は仲間に「そのスパナを取ってくれ」と頼まれた際、「代わりに何をしてくれる?」と言わないものでしょう。みなそれぞれの能力に応じて他人の必要に答えているのです。実践の論理においては、何かを達成しようとするならば、共産主義者のようにふるまわねばならないのです。〔グレーバー二〇〇九：五二―五三〕

つまり、グレーバーの議論を敷衍すれば、災害ユートピアは、このようなどこにでもある基底的な共産主義的関係（資本主義の論理を寄せ付けない関係性）が、システムを規定する資本主義の論理が停止したために、目立つ形で表面に現われたにすぎないのである。その意味では、それが現われること自体に何の不思議もない。災害の時には、貨幣や法など一般化された媒体は生活世界で何の役にも立たなくなり、それによる物象化も消えてしまうからである。

さらにグレーバーの議論は、災害時に限らず、日常的な生活においても、そのような共産主義的関係はいくらでも見られるものだとしている点で重要である。しかし、グレーバーのいう基底的な共産主義的関係が「各人は能力に応じて働き、必要に応じて受け取る」という原理にもとづいて、「お互いに必要な時に助け合うだろうという想定にもとづいて、いちいちどれだけ私があなたに贈与し、あなたはどれだけ贈与したか計量しない関係」であり、終わることを想定していない関係であるとしたら、それはたしかにどこにでも見られる関係であるが、同時に、それが真正な社会にしか見られない関係であるということを忘れないようにしなければならない。たしかに「エクソンやシティバンクといった巨大会社の内部でさえ、人びとはほとんどの時間、共産主義的に」協働しているのだが、それは、エクソンやシティバンクといった巨大会社の内部にも真正な社会が点在しているということなのである。

つまり、災害ユートピアは真正な社会の水準においてのみ現われるのである。

今回の東日本大震災についての評論では、災害ユートピアを単なる利他主義的行動と捉えて、義援金の寄附や慈善運動をも「災害ユートピア」の出現とする使い方が一般的に見られた。しかし、この用い方は、この概念の可能性を損なっていよう。そういった利他的関係は、メディアに媒介された非真正な社会関係であり、真正な社会においてのみ現われる災害ユートピアとは別のものである。ソルニットが示しているのは、災害ユートピアがシステムにもとづく福祉や行政やメディアを介した慈善に取って代わられるとき、それは終焉を迎えるというものであった。つまり、非真正な社会に絡めとられたとき、災害ユートピアは終わるのである。それは、あたかも自立しているかのような「システム」が復旧すると、一般化された媒体の物象化によって、システムに依存しない相互扶助関係を分断し、その基底的人間性が不必要であるかのように見せるからである。

ソルニットは、一九〇六年のサンフランシスコ大地震の直後に、主婦であるホルスハウザーがミッション地区で始めたスープキッチンを例にしながら、それと、行政などによる組織的な災害管理におけるスープキッチンとの違いを次のように記述している。

あらゆるものがひっくり返り、貨幣がほとんど意味をもたなくなった地震直後には、市民は間に合わせのもので急場をしのぎ、多くのものを無料で分け与えあったが、やがてそれらは、効率的ではあっても喜びはめったに得られない組織的な災害管理に場を譲ることになった。市民による気軽な無料キッチンは、多くがチケットの提示を要求するスープキッチンに取って代わられた。当局は人々が二度食べたり、割り当て分以上を手に入れたりすることを非常に恐れていた。つまり、そういったことを阻止するのが、新方式の第一の目的だったのだ。［ソルニット　二〇一〇：七五］

しかし、ミッション地区では無料キッチンが組織化されることに抵抗し、それを逃れた。ソルニットは、「市民が自分たちで食事を用意することと、チケットや役人を巻き込むシステムによる配給を受けることとの違いは、独立と依存の違いであり、互助と慈善の違いである」と言い、慈善におけるように、「与える者と求める者は二つの異なるグループとなり、受け取る権利があることをまず証明しろと要求する者から食べ物を与えられることには、喜びも連帯も生まれない」と述べる。

一方通行の慈善とははっきり異なり、相互扶助では、参加者全員がケアの行為の中で与える側と受け取る側の両方であることが人々を団結させる。そういった意味で、これは互酬性であり、互いの要求を満たし合い、互いの富を分け合うよう協力する人々のネットワークだ。地震に引き裂かれたサンフランシスコで、ミッション地区の住民が自分たちの共同キッチンが公共機関のそれに取って代わられるのを拒否したとき、彼らは互助が慈善に取って代わられるのを拒絶していたのだ。慈善のもとでは、住民たちはすべてを分け合う共同体ではなく、何も与えるものがない困窮した人々であると定義される。［ソルニット　二〇一〇：一二四］

慈善と相互扶助は行為そのものにさほど違いはなく、ともに利他主義的な善意から生まれる行為である。けれども、その違いは決定的である。前者は与える者と与えられる者という非対称的な関係によって「無力な被災者」を作り出してしまうのである。

ソルニットは、災害ユートピアが一時的なものであることを認めている。(4) ソルニットは、エリートや支配者層が災害ユートピアの持続するのを恐れて阻止するのだということを示唆している。しかし、それは、エリートや支配者層が本質的に邪悪だからではなく、彼らが、自立的なシステムを前提とした、数量化された世界の捉え方しかできなくなっているからである。

われわれが現地調査を行なった宮城県気仙沼市の被災地でも、いくつかの災害ユートピアと呼べるような自然発生的な相互扶助の出現が確認できた。そして、それと同時にそのような相互扶助が見られなかった避難所があったことも事実だ。ただ、震災直後の外部からの支援の手が届く前に、被災者たちが自分たちのあいだの相互扶助で難局を乗り越えていたことは、東日本大震災のときだけではなく、神戸・淡路大震災のときも、研究者によって確認されていると言ってよいだろう。けれども、それはやがて外部からの支援や公的な援助――ソルニットのいう「慈善」――に取って代られていく。その過程は、公的な避難所、そして仮設住宅へと移るにつれて明確なものになっていき、そうなると、人々は支援を待ち、援助を受ける無力な被災者となっていくのである。

もちろん、その段階になっても、人々は自分たちのあいだの相互扶助・共助で問題を解決しようとするが、そのとき立ちはだかるのが、行政システムによる「公正さ」と「公共性」である。[5] このような「公正さ（正義）」ないしは「公共性」が、人々のあいだの相互扶助による自律性を消し去ってしまう。公共化されないアクチュアリティが忘れ去られ、比較可能な数量化されたリアリティだけが現実だとされてしまうのである。

誰でも万人に受け容れられるために数量化された世界において終焉を迎える災害ユートピア、すなわちグレーバーのいう基底的な共産主義的関係は、ネグリとハートのいう〈コモン＝共〉（における相互扶助）と言い換えることができよう［ネグリ／ハート　二〇一二］。ネグリとハートは、〈コモン〉は「私たちの周りのいたるところにあるにもかかわらず、今日の支配的なイデオロギー（すべてのモノを所有物とみなし、私有物か公有物かのどちらかに分割してしまうイデオロギー）に目を曇らされているため、きわめて見えにくい」［ネグリ／ハート　二〇一二：一五］ものになっていると言う。そして、「この数十年というもの、世界中の国々では新自由主義的政策をとる政府によって〈共〉の民営化

＝私有化が進んでおり、情報やアイディア、さらには動植物の種にいたる文化的生産物までもが私有財産になっている。私たちは多くの人びとと声をあわせ、そうした民営化＝私有化に反対する。だが標準的な見方によれば、私的なものに代わるのは唯一、公的なものだとされる。それは国家やその他の行政機関による管理運営と規制を意味しており、まるで〈共〉は不適切ないしはすでに絶滅したもの」〔ネグリ／ハート 二〇一二：一五〕とみなされており、「これまでの長い囲い込み（エンクロージャー）のプロセスを通じて、地球の表面はほぼ一〇〇％が公的財産か私有財産かのいずれかに分割され、たとえばアメリカ大陸全体の先住民の文明や中世ヨーロッパに存在していた共有地制は、ことごとく破壊されてしまった。それでもなお、この世界の事物の大半は人びとに共有されている。すべての人がそれを利用できるし、その発展は人びとの活発な参加によって行なわれてきた。たとえば言語は情動や身ぶりと同様、大部分は共有物である。もし実際に言語が私的または公的所有物になったとすれば――つまり単語やフレーズ、発話のかなりの部分が私的所有や公的権威に従属させられたとすれば――言語のもつ表現や創造、コミュニケーションの力は失われてしまう」〔ネグリ／ハート 二〇一二：一五―一六〕と述べている。

このように、ネグリとハートによれば、〈コモン〉は、公でも私でもないものであり、その中間にあるものでもなく、公私の区分とは別の水準にあるものである。そして、重要なのは、ネグリとハートは、〈コモン〉は、単独性（＝特異性）同士の相互作用によってつくられるということを再三強調している点である。つまり、〈コモン〉は単独性同士のあいだにしか生まれないのである。〈コモン〉としての相互扶助こそが、災害ユートピアにおいて現われる基底的な共産主義だとする立場からは、そのような共産主義的関係がローカルな単独性どうしの関係であり、真正な社会においてのみ現われるものと捉えることが重要なのである。

三　自然発生的な「避難所」と創発性

システムとせめぎ合う単独性同士の関係である〈コモン〉の例として、気仙沼で聞いた二つの自然発生的な「避難所」の話を紹介したいと思う。いいかえれば、災害ユートピアの例としてというより、〈コモン〉の創発的な現われとしての避難所を取り上げたい。

事例として挙げるのは、一つは本書所収の論文で村松彰子が描いている階上地区の「岩井崎高台」の避難所であり、もう一つは、本吉地区のO社という縫製会社の本社（工場・事務所）が避難所になった事例である。この二つの避難所は、公式に認められながらも、結果的に市役所職員が常駐・介入しない形で維持された避難所という共通点をもつ。しかし、食糧事情や集まった人びとの元々の関係という点では対照的である。

岩井崎高台の避難所は、途中の橋が落ちたり瓦礫で道路が通行不能になったりして、孤立した岬に取り残された人びとがかろうじて残った四軒の家で、家を流された人びとも集まって避難生活をしていたという避難所である。震災の翌日までは近くの水産会社の事業所で働いていた中国人女性を含む従業員たちも避難していたが、彼らが立ち去った後は、「岩井崎高台」の避難所にいるのは、もともと岩井崎に住んできた顔見知りだけとなり、家を流されたり浸水したりした人びとは、民宿をしていた家と養殖漁業をしていて大きな作業場のある民家の二軒に分かれて寝泊りし、食事は自宅で寝泊りできた人たちも含めて二軒のどちらかで一緒に炊事をして食べるという避難生活が始まった。ここでは、公式の避難所と違って、家が流されたか残っているかという区別をせずに、同じく被災者だという扱いをしていた(6)。

道路が寸断されて救援物資はほとんど届かなくても、食糧は十分にあった。民宿や各家の冷蔵庫には冷凍された魚や肉があり、ほとんどの家が自家用の農業をしていたので、津波で流されても数十人の避難者が一か月食べられる分は残っていた。しまわれていた昔の手動の精米機を使えるようにしたので、玄米で貯蔵してあった米を精米することもできた。水も井戸や雨水タンクが残っていて、そこから確保できた。炊事や暖をとるための燃料は、プロパンガスのボンベや瓦礫の中から木材を拾い集めた。缶詰なども拾うことができたという。歩ける範囲にあるものはなんでも集めて使った。炊事の係りや燃料を採集する係りなど、役割分担も食事のときに決めていた。ブリコラージュと採集生活で、大きな指定避難所よりもはるかに豊かな食事をとることができたのである。

四月四日に道路が復旧して車が通れるようになると、救援物資や水が届くようになった。衣服の配給がありがたかったという。そのころから、市役所の職員から、指定避難所に移るようにと何回となく勧告されたが、岩井崎の人たちは断わっている。その理由の一つは、指定避難所の中学校にはすでに二〇〇〇人近くの避難者がいて、十分な私的空間も確保できない状態であることを知っていたためだった。行政がそのようなところに移すときに口にするのは住民の安全性の確保ということであるが、その安全性は、人びとが何もしないで（何かをするスペースもない）、ただ物資が公平に配られるのを待っているだけの無力な被災者となって管理されることと交換して与えられるものだった。つまり、自分たちの生活世界の隷属化とのバーターなのである。

岩井崎の人びとは、「慈善」というシステムに依存することへの移行を拒否して、相互扶助とブリコラージュによる、地域という自分たちの生活世界を維持した。もちろん、相互扶助やブリコラージュは、やがて電気や水道といったインフラが復旧し、流通などの市場システムが機能し始めたときに、井戸を使うことをやめ、燃料を採集することもなくなり、食料を持ち寄って共同で炊事し食事をすることもやめて、食べ物を店で買って各自で食事をするようになることで終わっていく。

しかし、それはただ終焉しただけなのだろうか。それとも、それは何かの「敷居」[7]を越えて、生活世界の脱植民地化という方向へ向けた創発性をもたらすものだという可能性はあるのだろうか。ソルニットは、メキシコシティー大地震を例に、災害ユートピアの出現が、システムが復旧してそれが終焉したあとでも静かな社会改革につながることを示して、その創発性を評価していた。今回の東日本大震災に関しては、明らかな惨事便乗資本主義（ショック・ドクトリン）も見られ、ネオリベラリズムによるシステムの再構築と生活世界の防御とのせめぎ合いのゆくえはまだわからない。ここでは、それを考える材料だけ提示してみたい。

ブリコラージュと相互扶助による災害ユートピアの創発性に関して、それを否定する議論として、そのような相互扶助はもともとその地域に共同体的関係が残っているところにしか生まれないという議論がある。たとえば、辻竜平は、中越地震を例にして、被災後に流出人口があった集落の集団協働に関する再調整について、うまくいった集落とうまくいかなかった集落があることを指摘し、うまくいくのは、被災の前から集落に「おらが村」という意識によるまとまりがあったからであり、もともとそれがなかったところはうまくいかないという「身も蓋のない」議論をしている［辻　二〇一一：一六］。これは、協働への積極的参加を相互扶助的な絆と捉えれば、冒頭で触れた、「『災害ユートピア』が生じるところと生じないところの違いは何に由来するのか」という竹沢の問いに、ソルニットとは違った一つの答えを出しているものだと言える。(8) そして、この答えは、災害ユートピアの創発性も「基底的な人間性」も否定するものとなっている。その前提には、共同体が閉鎖的で全人格的な関係からなる前近代的なものだという、伝統的な社会学の共同体論があるように思われる。

しかし、もともとの地域の共同体的絆がそのまま相互扶助となったようにみえる岩井崎高台の避難所の事例においても、創発性が見られる。村松も指摘しているように、「歩き回れる範囲」としての「地域」について、明らかに以前とは違う意味合いが生まれてきている。ひとつは、「地域」の縮小と濃密化である。道路が分断され、自動車での移動が不自由になった分、人びとは頻繁に歩いて相互訪問し、モノや情報のやり取りをしていた。それは地域で完結していた過去の生活の再現のようにも見えるが、歩き回れる範囲という「地域」に依存して生活することがもたらす意味は過去には自覚できなかったものだ。それと同時に、「地域」の拡大・重ね合わせということも起こっている。ほとんどコミュニケーションがなかった親戚や同窓生や知り合いからの支援とそれへの返礼がなされ、その関係が持続しているのである。それは、自動車で街中まで買い物に行くとかメディアなどの媒体を通した拡大とは違って、システムではなく、生活世界における拡大である。それは、濃密になった「歩き回れる範囲」としての「地域」での関係に重ね合わされていくのである。

そのような創発性は、もう一つの避難所である本吉地区のO社では、より顕著に現われているといえる。(9) O社の工場と事務所は、海の見える海抜四〇メートルほどの高台にある。震災・津波当日の夜には、下の海岸近くの地域から一五〇人くらいの人たちが避難してきたので、工場と事務所を避難者たちに開放したという。食糧の備蓄はほとんどなかったが、海岸沿いの国道を走っていたコンビニと飲料メーカーのトラックが避難していて、その運転手たちがトラックに積載していた食料と飲料を提供してくれた。それでも、その後の食糧などを確保するために、市に正式の避難所にしてくれと申し出たが、職員を派遣する余裕がないと断られた。そこで一週間もしないうちに社長（七〇代、女性）が仙台の県庁にいる知り合いのところまで陳情に行き、避難所として指定してもらい、水や食料などの救援物資が届くようになったという（市の職員は派遣されないままだった）。こうして、七月二四日に閉所するまで、二九世帯一一八人が避難生活をする避難所が自分たちの手で運営された。

避難所となった工場・事務所は、二〇〇八年に海岸付近の国道沿いから移転したものだった。けれども、海岸付近から避難所に避難した人びとは漁師が多く、震災までは交流があったわけではない。また同時に、高台の周辺住民ともまだ新しい関係だった。しかし、避難所となったO社の社長のリーダーシップのもと、震災三日後には、炊事係や医療係など、すべての人に何らかの役割を与えて、みんなで運営を分担したという。また、ここでも家を流された被災者と家の残った高台の住民たちとの区別をせず、食糧や水などの救援物資が届いたときには旗を掲げて周辺住民に知らせた。このような自主的な運営は、市の職員がいなくて行政の介入のない避難所だから可能になったことだったといえよう。

このＯ社の避難所は、岩井崎高台の避難所とは違って、もともと地域共同体としての絆が強かったわけではない。海岸部の漁師たちと高台の住民たちのあいだにはそのような共同体的関係はなかった。その相互扶助の関係は創発されたものなのである。それは、その後の地域の関係をも変えるものだった。そのひとつの表われが、避難所の生活の中で漁師たちがいろいろ共同で決めて協力しているうちに、共同で船を購入して共同で漁・販売をするという協業化をスタートさせたことである。三陸に限らず、個別漁獲量割当制度のない日本の漁師たちは早い者勝ちの競争になっているために、協業化は見られなかった。[10]つまり、避難所の相互扶助がその後にも影響したのである。

このＯ社の避難所で新しい共同体的関係（グレーバーなら共産主義的関係と呼ぶだろう）が作られた背景には、Ｏ社という会社の職場が真正な社会だったことがあるかもしれない。もともと家族的な職場であり、従業員も七割の人たちがもどって四月四日には工場の操業を再開したという。電気がまだ復旧していなかったが操業再開に向けて発電機を手に入れた。ガソリンが不足しているなか、発電機の運搬に困って相談していたら、避難していた漁師の人たちが自分たちのトラックで運んでくれたという。職場という真正な社会の関係が、避難所という場へと重なり合わさって、新たな真正な関係が生まれたのである。これも、この避難所が「何もしない無力で受動的な被災者」を作り出していなかったことの証だろう。

このように、二つの避難所の例から、災害ユートピアという相互扶助はもともとその地域に共同体的関係が残っているところにしか生まれないというわけではなく、もともとの関係に異なる関係が積み重ねられて「重ね描き」されるという創発性がみられるということが言えるだろう。[11]そのとき、重要なのがもともとそこにあった、そしてどこにでもみられる真正な社会であり、基底的な共産主義的関係であった。それは、そのような共同体的関係が前近代の残存であり、その閉鎖的な全人格的関係が災害ユートピアを規定するという見方とはまったく異なるものである。

非真正な社会に包摂された現代社会にも、近隣関係や職場などに真正な社会がつくられていると、レヴィ＝ストロースは言っていた。都市では、ひとは部分的＝役割的な（partial）関係を結んでいるとされる。それはいつでも切断できる関係である。しかし、非真正な社会にあっても人は真正な社会を点在する島のようにつくるという事実には、非真正な社会においても、人は部分的な自己だけで生きられるわけではなく、包括的な自己として理解してくれる人間関係を必要としているということの現われではないだろうか。ただし、それは都市と村の違いを等閑視していいということではない。都市においても包括的な人間関係がつくられるということを認めても、都市では、部分的な人間関係を、分離・秘匿によって維持することができる、すなわち「部分的な人間関係」と「包括的な人間関係」とを分離させることができるのに対して、村ではそれが困難だという違いは残るからである。

けれども、その違いは、非真正な社会としての大都市において人は「部分的な自己」としてあり、真正な社会としての村落共同体においては「包括的な自己」としてある、ということではない。真正な社会においても、「父親」や「長老」といった役割分化があり、人は「部分的＝役割的自己」として存在する。その一つ一つの関係は「部分的な関係」であり、そこでの自己は役割連関の関係性に規定された「部分的な自己」である。その意味では、村という地域共同体での関係は、社会学や政治学でいわれるような共同体における「全人格的関係」とは似て非なるものだ。つまり、真正な社会においては、多数の「部分的な自己」をもつ一人の人間は、一つ一つの役割やそれらの総和に還元されるのではなく、「包括的に」理解されるということである。その包括性によってはじめて個の単独性が把握されるのであり、世界がアクチュアリティとして理解されるようになるのだ。そのことを、群馬県の山村の上野村に暮らす哲学者の内山節が提示している「多層的共同体」〔内山　二〇一五〕という用語を用いながら明らかにしておこう。

内山は、ムラという共同体のなかにさまざまな小さな共同体が併存しているし、またムラという共同体が集まって共同体を作っていることもあるという状態を多層的共同体と呼んでいる。まず地域共同体も大小の共同体が積み重なっている。いくつかの集落が自然村を作り、そういった村がいくつも一緒になって行政単位としての村を作っている。そしてつぎに、このように多層的な地域共同体のなかに、地域共同体ではないさまざまな共同体が併存している。自然村としてのムラには、たとえば林業者の共同体や農業協同組合といった生業ごとの共同体、寺の檀家や神社の氏子、そして講やＮＰＯなどの任意の団体も小さな共同体として併存している。それは、小さな共同体が大きな共同体に部分として統合されているような階層構造（ツリー構造）をなしているわけではない。そのような階層構造では、小さな地域共同体は大きな共同体に一元的に帰属することになるが、多層的共同体での積み重なりは、一つの共同体が複数の大きな共同体に帰属したり、大きな共同体からはみ出したりしている。

家や親族集団や年齢組織、あるいは組合や講やＮＰＯなどのムラの中のさまざまな小さな共同体は、最初から共同体としてあるのではない。それらは、家や親族集団を除けば、共同体というよりアソシエーションである。けれども、内山は、それらは、ムラの中では共同体化するという。内山は、都市のＮＰＯのような任意グループと村の任意グループとの違いを次のように言っている。


私は東京でもＮＰＯ組織を含むいくつかのグループに加わっているが、都市のグループと村のグループでは、グループのあり方が大きく違う。都市のグループはテーマで集まっている。あるテーマをもって行動する組織としてつくられている。この点では村のグループも同じである。ところが次の点が違う。都市ではそのテーマや目的に賛同する人が集まり、そのテーマや目的以外のことには関与しない。だから誰がどこに勤めているとか、どんなポジションにいるとか、家族構成がどうなっているとか、ましてや収入がどうなっているかなどということは、全く関心外である。……ところが村のグループは同じようにテーマで集まっていても、たちまち共同体化してしまう。もともと家族構成ぐらいはみんな知っているし、仕事も何かも聞かなくても知っている。それがわかっていれば、収入がどれくらいかも、ごく当たり前に想像がつく。他人の収入など誰も関心はないのだけれど、おおよそくらいは考えるまでもなくわかってしまうのである。〔内山　二〇一五：八八〕

そして、「都市のグループは匿名性の高い地域につくられている」ので、「活動していても、グループに加わっていない人たちは、多くの場合その活動に関心はない」ので、「活動から抜ける人がいても、また活動自体が行き詰り、分解してしまったとしても、それはメンバーだけの問題にすぎない」。つまり、それはいつでも止められることを前提としている。それに対して、「村での活動は村の人たち全員に知られている」。「知っているから、必要なら声をかけてくれれば協力するという村人もたくさんいる」。そういう社会で活動していると、「メンバーが抜けることも、グループが解散することも」避けたいというようになるという。解散はそのグループだけの問題ではなくなっているからだ。「だから村の活動は、ある程度継続することを、避けることのできない目的にすえることになる」し、「村という大きな共同体のなかで活動している以上、任意のグループであったとしても、公的性格を帯びていく」と、内山は言う。「だから継続させるにはどうしたらよいかを、メンバーたちは当たり前のように考える。それが継続のための助け合いを生む。お互いに無理させないようにという配慮もおこなわれる。みんなの仕事がうまくいくようにという気持ちももつし、もしも必要なときは仕事の応援をしてもよいくらいの気持ちもメンバーはもっている。

継続させるためには、支え合い、守り合わなければいけないという思いを、自然のこととしているのが村である」〔内山 二〇一五：八九〕。「その結果、村の任意グループもまた、ひとつの共同体をつくるようになる」のである。

社会学などでは、村などの共同体のなかの人間関係は「全人格的関係」であるのに対して、市民社会やアソシエーションでの関係は部分的＝役割的（パーシャル）な関係だとされてきた。「都市ではそのテーマや目的に賛同する人が集まり、そのテーマや目的以外のことには関与しない」というように、都市の任意グループのメンバーは他のメンバーに対して、「部分的な自己」しか表わさないような関係を保っている。Aという人は、あるグループのBという人に対して、そのグループの活動に関する部分＝役割（パート）しか見せずに関係をつくる。

しかし、村のアソシエーションでも、そこでの関係は「部分的＝役割的」だということができる。ただ、村では、ほとんどの人が顔見知りか、あるいは顔見知りの顔見知りになっている。たとえば、AとBが属している任意グループ（アソシエーション）では、そのグループの活動に関する部分＝役割によって関係をつくっている。AはCといっしょに属している別のグループではまた違う役割＝部分によって関係をつくる。けれども、村では、Bはそのグループの活動以外でAが何をしているか知っている。また、AとBは消防団といった別のグループでも一緒のメンバーであるということもふつうに起こる。そして、BとCもまた顔見知りである場合が多い。AとBは最初から全人格的な関係をつくっているわけではない。しかし、そのグループでの部分的＝役割的関係以外の関係も持たざるをえない。部分的な自己だけを見せて他の部分は見せないということができないのである。結果として、AとBの関係は、さまざまな役割的＝部分的関係を多層的に積み重ねたものとなる。それが、レヴィ＝ストロースのいう、真正な社会での包括的な人間理解である。そのような多層的関係は切られることを想定していない関係となる。一つの部分的な関係を切っても他の部分的関係ではつながっているからである。このように、真正な社会としての村では、異なる部分的＝役割的な関係が幾重にも積み重なって、その結果、持続的で包括的関係となっているのだ。それが、内山の言う、任意グループ（アソシエーション）なのに共同体化するということなのである。

それについて、人類学者の猪瀬浩平の著書『むらと原発――窪川原発計画をもみ消した四万十の人びと』〔猪瀬二〇一五〕から印象深い例を取り上げてみよう。窪川の村では、原発計画が外からやってきたために、長いあいだ原発推進派と原発反対派との間で選挙などでの争いが続いていた。マスコミでは村を二分する闘争などと表現されていたが、しかし、実際には村が分裂していたわけではないと猪瀬は言う。原発推進の活動と原発反対の運動という活動においては、それぞれのメンバーのあいだで確かに争いはあるが、しかし、村の中では他の活動の関係もあり、たとえば推進派のDと反対派のEとの関係においても、そこに他の活動の関係が積み重なって多層的な関係になっているので、村は分裂しないというわけである。たとえば、窪川の村では、原発計画について人々が争って対立している最中にそれと並行して、農地の圃場整備などの農村開発整備を、協議会を立ち上げて行なっている。農地の整備は全員の同意を必要とするが、原発問題では激しく対立していても、農地整備では互いに同意しているのである。

この例は、村という共同体が「全人格的関係」からできているのではなく、部分的＝役割的な関係の多層的なネットワークとして存在するということを示している。全人格的関係であれば、原発計画に対する推進、反対で対立すれば、完全に分裂するはずであり、マスコミや社会学者は、そのように記述してきた。親族をも引き裂いた原発計画というわけである。しかし、推進派というネットワークも反対派というネットワークも、原発計画に関する活動という限りでの部分的な関係であり、圃場整備に必要な同意をつくるネットワークも部分的な関係のネットワークである。推進か反対かにかかわらず、そこに積み重なるようにネットワークができるのである。

部分的・役割的関係としてみれば背反するような関係が積み重なっていくことが可能なのは、レヴィ＝ストロースのいう、真正な社会に特徴的な「包括的」な人間理解が基盤にあるからだといえる。重要なのは、この包括的な人間関係と、全人格的な関係とは異なるということだ。村という地域共同体が多層的共同体であるというのは、そこに部分的・役割的な自己（部分的な関係）がないからではなく、部分的なそれぞれの異なる関係が、真正な社会における「包括的な人間の把握」によって多層的に積み重なっているからなのである。いいかえれば、部分的なずれを許さない全人格的な関係からなる共同体があらかじめあるのではなく、多層的なネットワークのそれぞれのネットワークが、ずれを含んでいる包括的な人間関係を基盤として共同体化して、結果的に多層的な共同体となっているのである。そのような多層的なネットワークをなす共同体においては、異なる関係が異なったまま重なり合っていて、けっして一元的な帰属を求めるものにはなっていない。つまり、真正な社会においては、個々人が「おおざっぱに、包括的に」理解されていることによって、それぞれのネットワークが共同体化し、多層的共同体をつくるということなのである。(12)

このことが重要なのは、都市においてもそのような多層的共同体をつくることが可能だということを表しているからである。都市では、真正な社会での包括的な関係と、非真正な社会での部分的＝役割的関係とが切断されている。しかし、それは、包括的な関係から部分的＝役割的関係へという一直線的な進化図式のようなものではないということである。村にも部分的＝役割的関係はあり、都市にも包括的な関係はある（それは非真正な社会になったようにみえる現代社会でも真正な社会がつくられているということと同じである）。そして、システムによって切断されているが、包括的な関係を基盤として部分的＝役割的な関係のネットワークをそこに重ねていくことは、そのためにシステムを壊す必要もなく容易にできることである（被災地で実際に行なっているように）。そのように都市に創発された（あるいは都市につながる多層的ネットワークによる）多層的共同体でも、終結することを想定していない共産主義的関係＝相互扶助関係が維持されうるだろう。

おわりに

最後に、以上の考察が、関根康正の提唱する「ストリート人類学」にどのように関連してくるかを述べたい。震災では、被災者はシステムの外に放り出される。そして、いわゆる「被災弱者」はずっとそのままに置かれてしまう。いや、被災弱者と呼ばれる人たちだけではなく、例えば小さな自発的避難所やいわゆる「自宅被災者」たちのように、被災して食料も欠乏しているのに救援物資の食糧をもらえずに見捨てられた人たちもいた。[13] いわば、ホームから追い出されてストリートに放置された人びとの状況は、関根のいう「ネオリベラリズムのストリート化」に似ている。そこでは、見捨てられた貧者やホームレスがストリートエッジ（路頭）をさまよう姿が見られるが、その明日をも知れない不安定という特徴は、ホーム（家）で暮らす人たちの大多数のそれと変わらないと言う。そして、ストリート人類学がストリートエッジの貧者に注目するのは、ネオリベ的自己空間（巨大なホーム）の外部に放り出されても、そこで人間はまた生活を営む力を有しているからであり、他者を受容しながらの創発的な実践を見せてくれるからだという。そして、それを関根は「根源的ストリート化」と呼んでいる［関根　本書序章］。

そのようなネオリベ的ストリート化は、システムによる生活世界の植民地化の最終局面だと言えるかもしれない。ハーバーマスが分析した社会国家（福祉国家）における生活世界の植民地化は、いわば安定と安全とのバーターによって、生活者から「何もしない無力な（しかし権力があると思いこまされている）消費者」としてホームに押し込めていくプロセスとしてあった。しかし、ネオリベ的空間では安定も安心も保証しなくなる。「明日をも知らない不安定」とは、明日が、これまでと同じような数量化され空間化された線状の目盛りによって測られる時間であり続けているのに予測できなくなるという事態である。それは、被災地において大きな指定避難所で過ごしていた「無力な被災者」

の姿と重なる。

ここで紹介した自然発生的な避難所は、そのようなホーム化＝施設化された避難所を拒否していた。それは、ソルニットの言う、人びとを無力な被災者とする「慈善」の拒否であった。そして、その外で、相互扶助のネットワークを、他者の受容によって重ね合わせて、多層的共同体を作り上げていく実践は、関根の言う「根源的ストリート化」と重なるだろう。ネオリベ的ストリート化がシステムによる生活世界の植民地化の最終局面だというのは、それが、脱植民地化の契機となる根源的ストリート化を促すからである。それは、いいかえれば、ホームとストリートとの分断を越えて、関係を重ね合わせることで再びつなぎ合わせて、ストリートを〈コモン〉化することでもある。そこにこそ、希望があるのだろう。

注

（1）北原の紹介は次のようになっている。災害時には「通常の社会関係が断たれ、人々は一種の無階級状態にあって、利他主義に基づいて行動し、ある種の充足感のある状態が一時的に出現するというものである。これは、ディザスター（災害）・ユートピアとか、ディザスター・パラダイスなどと逆説的に表現されるところの、災害によって作られた夢想郷であり、人々は災害の衝撃が去ったのちにも一種のノスタルジックな感慨をもってこれを想いだすというものである」［北原　二〇〇〇：三一―三二］。

（2）竹沢は、ソルニットが出典を明らかにしていないので、自分の主張に沿ってデータを捜査しているのではないかという疑いがあると述べているが、それは竹沢がソルニットの原著に当たらずに、注を省略した日本語訳版しか見ていないからである。

（3）「ストーリーをつくるストーリー」という言葉は鶴見俊輔から借りたものである［鶴見　二〇〇八：五八〇］。

（4）「災害ユートピア」が一時的なものだという印象を与える理由の一つは、ソルニット自身が、災害ユートピアとヴィクター・ターナーのいうコミュニタスとの類似性に言及しているからかもしれない。ターナーは、純粋で自然発生的なコミュニタスは、ただちに「構造」に席を譲ることを強調し、コミュニタスが本質的に一時的なものだとしていた。

ターナーは、コミュニタスを「自然発生的コミュニタス（実存的コミュニタス）」と「規範的コミュニタス」と「イデオロギー的コミュニタス」の三つに分け、「自然発生的なコミュニタス」を「反構造」としてのコミュニタスの純粋な形とし、「規範的コムニタスもイデオロギー的コムニタスもともに、すでに構造の領域内にある。そして、構造や法への〝後退であり失墜〟と多くの人たちがみるものを被ることが、歴史上にあらわれたすべての自然発生的コムニタスの運命である」［ターナー　一九七六：一八三］と述べて、規範的コミュニタスとイデオロギー的コミュニタスは、「構造」の内部にすでに取り込まれた、堕落したものと捉えるのである。

ターナーは、コミュニタスの発見の意義を、「社会」は「社会構造」だけからなるのではないという発見だと述べているが、その意義を自分で過少評価してしまっているようにみえる。社会には、社会構造だけではなくコミュニタスが必要だということは、社会にはつねに社会構造もコミュニタスも同時に存在するということを意味するのではないのだろうか。じつはターナーも、その二つが併存することによって社会が再活性化されて維持されるという見解を示していた。「産業化以前の社会の宗教では、この状態［自然発生的コミュニタスにおける恍惚状態］は、多種多様な構造上の役割遂行の場により一層完全に関わるようになるという目的のための手段とみなされた。そこには、恐らく、より大いなる英知が存在するのであろう」とターナーは言う。そして、「英知とは、時と場所の与えられた状況のもとで、構造とコムニタスの適切な関係をつねに見出し、いずれかの様式が最高のときにそれを受け入れ、他の様式も棄てることをせず、そして、その一方の力が現在使われているときにもそれに執着しないことである」［ターナー　一九七六：一九二─一九三］と述べていた。

つまり、産業社会以前の「英知」とは、「構造とコミュニタスの適切な関係をつねに見出」すことにあり、それらを併存させ、交流させ、もう一度社会を創発させることだということを認めていたのである。そして、そのことは、サンフランシスコ地震のときのミッション地区の住民たちが、組織的な管理に移ることを拒否したように、産業社会以降も不可能というわけではない。

ターナーはまた、聖フランチェスコが、自分の始めた運動が聖フランチェスコ修道会という組織になり、構造化され、構造としての規範的コミュニタスに席を譲ったあとで、修道会の管理から引退して、晩年を小さなサークルの仲間たちと一緒に庵で過ごしたというエピソードを紹介している。ターナーは、「いま、私はここでただ、聖フランチェスコの原初の自由な仲間たちの集まり──規範的コムニタスが実存的コムニタスからほとんど離れていない集団──は、もし、組織化されていなかったとしたら、複雑な政治の世界では存続することができなかったであろう、ということを指摘しておきたい」［ターナー　一九七六：二一〇─二一一］というが、このエピソードが重要なのは、小さなサークルにおいては、コミュニタスは持続可能だということを示しているからである。つまり、レヴィ＝ストロースが真正な社会と呼んでいる小さな社会では（非真正な社会に包摂された以降も）、実存的コミュニタスと規範的コミュニタスとがほとんど離れておらず、それらの併存という形で持続可能なのだ。

真正な社会では「構造とコミュニタスの適切な関係」を保つことができるのに対して、法や貨幣や書類といったメディアの媒介なしには成り立たない大規模な非真正な社会では、構造とコミュニタスは分割され、構造は「システム」として自立しているかのように物象化されてしまう。ターナーが実存的コミュニタスを「純粋化」したのは、近代社会以降の非真正な社会における「分割」と「物象化」をなぞっただけなのだ。

（5）行政の笑うに笑えぬ「公平さ」の問題点は、救援物資の「公平な配分」とそれに合わない救援物資の拒否に端的に表われている。大原悦子は、『フードバンクという挑戦』のなかで、東日本大震災の際、二〇〇人の避難所にフードバンクが一五〇人分の食料をもっていくと、「全員にいきわたらないから」と拒否されたという話を紹介している［大原　二〇一三：一〇八］。また、『女性セブン』二〇一一年四月一四日号には、震災直後から、仙台市や福島・いわき市、宮城・南三陸町、石巻市などで主に女性用品を救援物資として送り届けるという支援をしている女性社長のA子さんが「いずれの場所でも、〝行政の壁〟を感じた」という話として、「一〇〇個の物資を持っていっても、その避難所に一〇一人の人がいたら受け取ってもらえない。それは、ひとつのポテトチップスを三人で分け合っているような避難所でもそう。行政は公平が前提なんです」という話を紹介している。

（6）行政のほうでは、避難所にいることができるのは家が流されて住めなくなった被災者であるという認識だったようで、自宅に住める人たちは、避難所にくる救援物資をもらえないということが起きていた。この差別の意識は被災者たちにも浸透していたらしく、大きな避難所では、家を流された避難者たちが、救援物資の配布の際に、「あの人、家があるのに救援物資を取りに来ている」という噂をしていたということも聞いた。たしかに救援物資は避難所に避難している人数分を目安にして配給していたが、このような差別の意識もまた、行政のシステムによる「公平さ」が、人びとを分断している例といえる。

ちなみに、この意識は、二〇一六年の熊本地震でも続いていたようで、高瀬あきは、「みなし避難所」になった団地で支援物資が配給されるとき、配給所では、団地の住民かどうか部屋番号をチェックして、団地の外の被災者を排除していたと報告している［高瀬・高瀬　二〇一六］。

（7）この「敷居」という語は、関根が本書でベンヤミンから借用している語として用いている。

（8）辻が被災地の各集落について、いつから調査をしているのかは不明だが、うまくいっていない集落がもともと他人任せにする人が多かった集落だということが事後的にさかのぼって意味づけられたものだという疑念を解消するためには被災以前から当該集落の調査をしていることが必要だろう。また、集落の協働の再調整に、被災後の避難所での経験が影響している可能性も排除できない。

（9）O社の避難所の話は、二〇一五年八月二四日と二〇一六年八月一八日の二度、常務のO氏（四〇代、男性）にお聞きした。

（10）気仙沼の他の地域でも、船を共同購入して協業してどうやって分配するんだ、うまくいくわけがないという漁師の声を聞いた。

（11）その意味では、災害ユートピアは、フーコーのいう意味での「ユートピア」ではなく、「ヘテロピア」なのである［本書の関根論文を参照］。

（12）そのことは、「包括的な」人間理解が、その人のもつすべての役割的＝部分的自己のすべてを知っていて、それを総和してなされるのではない、ということも意味している。それは分けて（そしてその分けたそれぞれを総和して）理解するのではなく、分けることなく理解するという意味で「包括的」なのであり、そこに多くの人には知られていない部分的自己が秘匿されていてもかまわない。家族であってもそのような秘密の部分的自己はふつうにあるだろう。なお、ここでの「多層的ネットワーク」論は、未刊行の拙稿［小田　n.d.］（メーリングリストで配布）で展開している。

（13）O社常務のO氏は、社長とともに避難所指定の陳情に県庁を訪ねたとき、救援物資の配達要員が不足していることを知り、一日三回の救援物資を運ぶ運転手のボランティアとなった。そこで知ったのは、同じ地域の避難所でももともと指定避難所だった大規模な避難所と自然発生的な避難所では、救援物資の量や情報量に大きな格差があることだった。ある大規模な避難所は物資が届きすぎて一人当たり一日七食分の支援があった（ボランティアの食事に転用した）のに対して、そこから車で三分の保育園の避難所では外部に避難者がいることが知られておらず、食糧も届いていなかった。地元の人であるO氏は、勝手に（？）配達する量を調整をしたけれども、同じボランティアでも委託された宅配業者の運転手たちは、指示された避難所に指示された量を運ぶしかなかったという。

参考文献

猪瀬浩平
　二〇一五『むらと原発――窪川原発計画をもみ消した四万十の人びと』農山漁村文化協会。

内山　節
　二〇一五『増補　共同体の基礎理論』農山漁村文化協会。

小田　亮
　二〇一四「アクチュアル人類学宣言！――対称性の恢復のために」『社会人類学年報』第四〇巻、一―二九頁。
　n.d.「多層的ネットワークとしての『地域』」（未刊行）。

北原糸子
　二〇〇〇『地震の社会史――安政大地震と民衆』講談社。

木村　敏

一九九四　『心の病理を考える』岩波書店（岩波新書）。
二〇〇〇　『偶然性の精神病理』岩波書店（岩波現代文庫版）。
グレーバー、デヴィッド
二〇〇九　『資本主義後の世界のために――新しいアナーキズムの視座』高祖岩三郎訳編、以文社。
クンデラ、ミラン
二〇一六　『小説の技法』西永良成訳、岩波書店（岩波文庫）。
ソルニット、レベッカ
二〇一〇　『災害ユートピア――なぜそのとき特別な共同体が立ち上がるのか』高月園子訳、亜紀書房。
高瀬あき・高瀬ゆき
二〇一六　『熊本地震被災レポート』フォレスト出版（電子図書）。
竹沢尚一郎
二〇一三　『被災後を生きる――吉里吉里・大槌・釜石奮闘記』中央公論新社。
ターナー、ヴィクター
一九七六　『儀礼の過程』冨倉光雄訳、思索社。
辻　竜平
二〇一一　『中越地震被災地研究からの提言』ハーベスト社。
鶴見俊輔
二〇〇八　『期待と回想――語り下ろし伝』朝日新聞社（朝日文庫）。
ネグリ、アントニオ／マイケル・ハート
二〇一二　『コモンウェルス　上』水嶋一憲監訳、幾島幸子ほか訳、NHK出版。
ハーバーマス、ユルゲン
一九八七　『コミュニケーション的行為の理論　下』丸山高司ほか訳、未来社。
レヴィ＝ストロース、クロード
一九七二　『構造人類学』荒川幾男ほか訳、みすず書房。
二〇〇五　『レヴィ＝ストロース講義――現代世界と人類学』川田順造・渡辺公三訳、平凡社（平凡社ライブラリー）。

結

ストリート人類学の要諦——「ネオリベ・ストリート化」から「根源的ストリート化」へ

一九章　ヘテロトピアと近傍
——ストリート人類学の転回をめぐって

西垣　有

はじめに

ストリート人類学が探求する「ローカリティの創出」とはどのようなものだろうか。関根康正は「ヘテロトピア・デザイン」というストリート人類学に独自のローカリティの創出の仕方を提唱する。本稿ではまず、時間軸をさかのぼりながら、ストリート人類学がなぜ、どのようにローカリティの創出に関わるのかについて検討するとともに、その道程において出現するひとつの「転回」ないしは「折り返し」に焦点をあてたい。

一　ヘテロトピア

「ヘテロトピア」とは何か。関根がヘテロトピアについて最初に言及したのは、論集『〈都市的なるもの〉の現在』においてであった［関根二〇〇四a、二〇〇四b］。この論集で関根は、差異が明瞭でなくなりつつある現代世界において、どのように差異を穿つかという問題意識の下で、差異性や他者性が出現する場所としてのヘテロトピアに注目した。

そもそもヘテロトピアとはミシェル・フーコーがユートピアと区別して導入した概念である〔フーコー 二〇〇二、二〇一三〕。実現されていない自己の鏡の中のイマージュであるユートピアに対し、ヘテロトピアとはそのような鏡の向こうに映る像ではなく、ユートピアとは鏡をはさんだ（この世における）対照物である。ユートピアが世界に位置をもたないのに対し、ヘテロトピアはこの世に位置をもちながらにして、あらゆる場所の外部を具現する。墓地、庭園、図書館、美術館、定期市、モーテル、売春宿、監獄、植民地、船などがフーコーによってヘテロトピアの例として挙げられている。ヘテロトピアが境界的な場所として働くことによって私たちは異他的なるものと出会うことが可能となる。

関根はこのフーコーのヘテロトピア概念を二つの局面へと接続する。第一の局面は一九七〇年代に展開されたアンリ・ルフェーブルの都市論を援用した〈都市的なるもの〉をめぐる議論である。関根はルフェーブルが工業化と都市化を区別し、工業化の帰結としての「工業都市」の先に、まだ十分には姿を現してはいない「都市社会」（工業化とは区別される都市化を全うした社会）を構想したことに注目する。〈都市的なるもの〉とは、このいまだ実現していない「都市社会」の実現へと差し向けられた都市化の動きそのもののことである。ルフェーブルはそれを〈生きられたもの〉あるいは、「生活世界」と呼び、工業都市のイゾトピー（同域）に対してヘテロトピー（異域）として位置づけた。

関根はルフェーブルの議論に学びつつ、現代都市の不安を、外部性の喪失、差異のなさ、都市の〈都市的なるもの〉の喪失として捉え、人類学的に都市を描くことを「同質化作用を発揮する権力システムの縁辺という境界で人がいかにその内外を出入りしながら生き抜いているのかを具体的に記述すること」〔関根二〇〇四a：一二〕として位置づけなおす。〈都市的なるもの〉の追求、すなわちヘテロトピアの復権がここでの課題となる。

しかし、冷戦構造の崩壊した一九九〇年代以降この状況は変化する。関根は一九九〇年代以降、資本、労働力、情報が「集積」する都市から「流動」する都市へと変化する「都市のフロー化」がおこったことに注目し、「絶対的なここ」を剝奪する流動性と「絶対的なここ」を目指す場所性との関係性をめぐって、マルク・オジェの「非‐場」と「場」の議論を援用する〔関根二〇〇四b：四七七〕。オジェは近代化が過剰となるスーパーモダニティにおいて、インターチェンジや空港のような、個と個が孤立したまま交通する非‐場が露出してくるといい、非‐場とフーコーのヘテロトピアの近接性を説く。関根はここに他者性や差異に開かれた非‐場においていかに場を紡ぎだすかという〈都市的なるもの〉の第二の局面をみる。非‐場を介して場を求める「非‐場の場」の構築こそが第二の局面での課題である。

二　ドゥルーズ的転回

『ストリートの人類学』〔関根　二〇〇九〕は以上のような〈都市的なるもの〉の第二の局面の延長線上に展開される。第一の局面が問題として消失したわけではないものの、第二の局面が思考の最前線に位置づけられることになる。第一の局面が「ストリートへ！」というスローガンによってまとめられるとするならば、第二の局面は「ストリートから」の思考である。

関根はここで、「差異を穿つ」という課題をより明確に掘り下げようとする。その際、差異に「デリダ的差異」と「ドゥルーズ的差異」という区別が導入されることが注目される〔関根　二〇〇九〕。二つの差異を幾分図式的にまとめてみると以下のようになる。

生と死、この世とあの世、われわれと他者として現れるような差異を例に考えてみよう。生にとっての死、この世にとってのあの世、われわれにとっての他者が絶対的な否定性、あるいはわれわれに到達不可能な外部として設定され、そのような外部を経由してはじめてわれわれの生きる内部が成立するような時、関根は両者の差異をデリダ的差異と呼ぶ。

例えば、主流社会をホームとする住人と、そのような社会空間の縁辺（ストリート）に生きる他者（例えばホームレス）とを対置した場合、ホームはそれのみで自律的に存在するのではなくストリートとの差異において成立する。ホームは常に外の介入にさらされているが、ホーム住人はそのことに常に自覚的であるわけではない。ホームの住人は偶然の他者との出会いによって自己の在り方を転換する。このような差異がデリダ的差異である。

それに対して、生と死、自己と他者を貫通するような、より大きな「滔々たる生の流れ」における差異を関根はドゥルーズ的差異と呼ぶ。ここでは死や他者やストリートが外部として特権化されることはない［関根　二〇〇九：五四四―五四六］。「滔々たる生の流れ」としてのストリートにおいては生と死、自己と他者、ホーム住人とホームレスとは連続的であり、そこには相対的な差異しかない。

デリダ的差異がホームの側から「ストリートへ！」という志向性をもつのに対し、ドゥルーズ的差異はストリートの側から、ストリートにおいて横溢する差異をつかみ取ろうとする。『〈都市的なるもの〉の現在』においては、いわば「ストリートへ！」と「ストリートから」の往還が問題となっていたのに対し、ここでは「ストリートから」の思考が前面化する。

三　近傍

以上のような「ドゥルーズ的転回」をふまえることで、本稿の課題はより明確になる。もし私たちがホームとストリートをたんに往還しているのではなく、ストリートから出発し、そこで生きているのだとすれば、私たちはそこでどのように私たちの場所をつくり出しているのだろうか？「ローカリティの創出」が問題となるのはこの地点においてである。

ローカリティの創出をめぐる議論においてアルジュン・アパデュライによるローカリティと近傍（neighborhood）との区別は示唆的である［Appadurai 1996］。

アパデュライによると、ローカリティとは、①社会的直接性の感覚、②相互行為のテクノロジー、③コンテクストの相対性の間のつながりの系列によって構成される「現象学的な質」である。それに対して近傍とは、そのようなローカリティが一つの次元ないし価値として生産される「場」としての実際の社会的形式、状況づけられた共同体ないし生活世界であり、自らの社会的再生産へ向かう現実性（actuality）と潜在能力（potential）とを特徴とする。近傍の生産、再生産のみによってローカリティが生産されるわけではなく、特定の「現象学的な質」がこの近傍に宿る時、その「質」が主体（主語）ないしカテゴリーとしてのローカリティの述語となることで、ローカリティが生産される［Appadurai 1996: 178-179］。

例えば、人類学がこれまで通過儀礼と呼んで来たような命名や剃髪、隔離などの多くの儀式はローカリティの身体への刻印（inscription）のための社会的技術であるとみなすことができるとアパデュライは言う［Appadurai 1996: 179］。通過儀礼によって、親族や近隣など状況づけられた共同体（近傍）に所属する行為者がローカルな主体として生産される。

ストリート人類学の観点からすると、ここでのアパデュライの議論のポイントは、ローカリティの生産に際して、近傍がローカルな主体の生産を可能とするためのコンテクストとして働くだけではなく、そもそもローカルな主体の生産の前提となるべき近傍の生産においても、先行する別の近傍がコンテクストとして働いているという点にある。

近傍が近傍であるためにはすでに生産された別の近傍から引き出されなければならない。多くの場合、森林や未開地、海洋や砂漠、湿地や河川など生態学的な記号によって標される境界が、生態学的で社会的かつ宇宙論的な地勢とみなされ、近傍の生産のコンテクストとして働く［Appadurai 1996: 182-183］。ここでは近傍とローカリティという非対称な関係ではなく、近傍と近傍の連鎖そのものが問題となっている。

しかし、アパデュライにとっての問題はあくまで、近傍とローカリティの相互構成であり、その歴史的かつ弁証法的な関係である［Appadurai 1996: 181］。近傍と近傍の関係はいわばそのための露払いに過ぎない。

ドゥルーズ的転回を経由したストリートの人類学にとって、ローカリティの創出の探求は、「反弁証法的思考」［関根 二〇〇九：五四六］に基づくものであり、それは近傍の生産の連鎖がかならずしもローカルな主体の生産へと収束しない広がりのなかで試みられる。この時、近傍のもつ潜在的可能性をいかに現実化するかが新たに問題となる。近傍の連鎖の内部におけるローカリティの創出は、近傍の生産からローカルな主体の生産への弁証法的な回帰でもなければ、滔々たる生の流れにおいて場が非-場へと溶解していくことでもないはずである。

ここで手がかりとしたいのは『千のプラトー』における生成変化（*devenir*）をめぐるドゥルーズとガタリの議論とそこでの近傍の位置づけである。

生成変化とは何だろうか。ドゥルーズとガタリはまず動物への生成変化について論じている。例えば狼によって育てられた「狼少年」の場合を見てみよう。子供が「現実に」狼になったわけではない。相似が認められるわけでもない。かといって象徴レベルの隠喩があるわけでもない［ドゥルーズ／ガタリ 二〇一〇a：二三五］。ドゥルーズとガタリはシェレールとオッカンゲムによる説明を参照しながら、次のように説明する。

これに対してシェレールとオッカンゲムは、無規定、ないしは不確定性の客観的ゾーンという考え方を援用する。「共通部分をもつもの、あるいは識別不可能なもの」があって、それが一つの近傍をなすので、「動物と人間を分かつ境界はどこを通るのか明言しえなくなる」というのだ。…（中略）…子供の世界には、大人にいたる発達とは無関係なまま、異種の生成変化を実現し、「それと同時点に位置する異種の可能性」を開く余地が残されているかのようだ。しかもそうした生成変化は退行ではなく、「身体それ自体のなかで無媒介に生きられた非人間性」をあらわす創造的な〈逆行〉であり、そこでは「プログラムされた身体をはずれたところで」反自然の婚礼がとりおこなわれるのだ。人間が現実に動物になれるのではないとしても、動物への生成変化は現実である［ドゥルーズ／ガタリ　二〇一〇a：二三六］。

ここで近傍は「共通部分をもつもの、あるいは識別不可能なもの」とされる。近傍を経由することで、人間と動物の境界は不分明になる。そしてそれによって、「同時点に位置する異種の可能性」を開く余地が残される。ここで重要なのは、子供であるということと動物であるということが同時点であるということである。近傍という不確定性の領域がこのような同時性を可能にしている。

私たちが言語を用いる以上、自覚的であろうと無自覚であろうと、上記のような近傍の記述をローカリティの記述に置き換えて固定してしまいがちである。近傍をローカリティに置き換えることなく記述するのはどのようにして可能となるのだろうか？

科学が新しくある一つの場を発見するたびに、場の観念が形式や対象の観念よりもはるかに重要性をもつ場合には、まずそれは引力の場や重力モデルに矛盾することはないにしても、これらに還元されないことが明らかになるのが常であった。そうした場は「それ以上の何か」つまり余剰を積極的に示すのであり、こうした余剰または偏移のなかに位置づけられたのであった。……平滑空間はまさしく最小偏移の空間である――それゆえ平滑空間の等質性は無限に接近する点同士の間にしか存在しないのであり、近傍同士の接合は特定の道筋とは無関係に行われる。それはユークリッド的条里空間のように視覚的な空間であるよりも、むしろ触覚的な手による接触の空間、微細な接触行為の空間なのだ。平滑空間は運河も水路も持たない一つの場、非等質な空間であって、非常に特殊な型の多様体、非計量的で中心をもたないリゾーム的多様体、空間を「数える」ことなく空間を占める多様体、それを「探検する」には「その上を進んでいく以外にはない」ような多様体に一致するのである〔ドゥルーズ／ガタリ　二〇一〇b：五〇―五二〕。

それを「探検する」には「その上を進んでいく以外にはない」ような多様体。通過することで問題自体も、私たち自身も変わってしまうような領域。このような通過的な知のあり方こそがストリート的知（ストリート・ウィズダム）の一面をあらわしている。

ドゥルーズ的転回という観点から、ストリートの知（ストリート・ウィズダム）というものを考える場合、それを何か私たち自身とは区別された客観的に歴史の中に地層のように堆積するものとして想定することもできなければ、また逆に歴史や社会の動きとは区別されたものとして私たちだけでつくり出すような知的創造性として想定することもできないことになるだろう。

『哲学とは何か?』においてドゥルーズとガタリは、概念の創出について取りあげている。ドゥルーズとガタリにとって概念とは単純なものではなく、概念自体が一つの多様体であるという〔ドゥルーズ／ガタリ　二〇一二：二九〕。そして、ここでも彼らのいう「近傍」が、概念を理解する上で重要な働きをする。

……概念に固有な性格は、合成諸要素を概念のなかで互いに不可分なものとしているという点にある。〈区別がある、異質である、けれども互いに不可分である〉というのが、合成的諸要素の身分規定である。言い換えるならば、概念の共立性、すなわち概念の内部-共立性を定義するものである。ということは、区別される合成要素のそれぞれは、ある部分的重なり合い、ある近傍ゾーン、あるいは他の合成要素とのある不可識別閾を示しているということだ。……合成要素は区別されていながらも、しかし何かが、一方の合成要素から他方の合成要素へ移行する――二つの合成要素のあいだの決定不可能な何かが。aにもbにも同様に属するひとつの領域abが存在し、そこにおいて、aとbとが識別不可能なものに「生成する」、ということだ。概念の内的な共立性を定義するのは、まさに、そのようなゾーン、閾、あるいは生成であり、そのような相互不可分性である［ドゥルーズ／ガタリ　二〇一二：三七］。

ここでの近傍とは、他なるものとの共立性を可能とする不可識別の領域である。このような近傍によってはじめて概念的思考が可能となる。

概念のなかの諸関係は内包にも外延にもかかわらず、ただ順序づけだけに関わるのであり、概念の合成的諸要素は、定数でも変数でもなく、むしろ自分たちの近傍に即して順序づけられた純然たる変化＝変奏なのである。それらの合成要素はプロセスに従ったものであり、モジュール状のものである。一羽の鳥の概念は、その属や種のなかにではなく、その色々な姿勢の、いくつもの色の、様々な囀りの合成のなかに、すなわち共感覚よりも共知であるような、何か識別不可能なもののなかにある。一つの概念は、一つのヘテロゲネシス、すなわち近傍ゾーンを介したおのれの合成諸要素の順序づけである［ドゥルーズ／ガタリ二〇一二：三八-三九］。

このように近傍につつまれた概念的思考は、本稿の立場からすればストリート的な知であると言えよう。ドゥルーズとガタリは概念と形像（フィギュール）を区別して次のように言う。

（内在平面において――西垣注）存在するのは形象における投影ではなく、概念における連結である。それゆえ、概念自身があらゆる指示を放棄して、結びつきと連結のみを、すなわち、おのれの共立性を構成する、結びつきと連結のみを保持するのである。概念の規則は、内的な近傍であろうと、外的な近傍であろうと、とにかく近傍でしかない。概念の内的な近傍あるいは共立性は、不可識別のゾーンのなかでの概念の合成諸要素の連結によって保障される。概念の外的な近傍つまり外部-共立性は、一方の概念の合成諸要素が飽和するときに、その一方の概念から他方の概念に通じる橋によって保障される。したがって概念創造を意味するのは、こういうことになる――互いに切り離しえない内的な合成諸要素を、閉じるまでつまり飽和するまで連結し、こうしてさらに合成要素をひとつ付け加えたり引き去ったりすれば、もはや概念自体が変化せざるをえないということ――他の諸連結がその本性を変化させてしまうように、概念をもう一つの概念に連結するということ。概念の多義性は、もっぱら、近傍に依拠している（ひとつの概念は複数の近傍をもつことが可能である）［ドゥルーズ＋ガタリ 二〇一二：一五六―一五七］。

概念の設定は、内的近傍と外的近傍の区別を可能にする。しかし両者の区分けはあくまで暫定的なものであり、未決定である。概念は多義的なものであり、それは近傍ゾーンを動いて行く。内的近傍と外的近傍の連鎖は連続的であり、私たちが通常「内と外」という対比において前提とするような非対称性が、ここでは瓦解している。内側にも外側にも広がる近傍の連鎖の中を概念的思考が滑走するのである。

以上のようにアパデュライの言うような近傍とローカリティの弁証法と、ドゥルーズ的転回を経たストリート的知（ストリート・ウィズダム）とでは、問題の位相が異なっている。

ただし、それはアパデュライの問いが間違っているだとか不完全であるということを意味しているわけではない。ただ、ここでのアパデュライの問いがエスニシティやその帰属、および感情の構造など（アパデュライの用語で言えば「エスノスケープ」に関わるもの）であり、また、その担い手となるローカルな主体がいかにして成立するのかを問うものであり、そのため弁証法的な往復を導入する必要があったのに対し、ストリート人類学は、必ずしもエスニシティや帰属に関わるものではなく、近傍がローカリティへと収束していく局面に特化したものではない、ということである。むしろ、ドゥルーズ的転回を経たストリート人類学は、近傍がローカルな主体化へと収束する手前の広がりを、必ずしも主体化へつながるわけではない潜在性の空間として、明るみに出そうとしている。アパデュライがたどったような弁証法的な線は多くの線のうちのひとつであり、弁証法的な折り返しは多くの折り返しのうちの一つである。ただ主体化以外の多くの線を近傍においてたどって行くためには私たちの思考自体をストリート的なものへと組み替える必要があるのである。そうでなければ言語の限界のぎりぎりにおいて、そこに張り巡らされている多くの線をたどり、また組み換えようとするストリート的な知の努力は、言語の限界を突破して突き進む神秘主義的ないしは思弁的な、無謀な努力と取り違えられてしまうだろう。

四　道

以上に述べてきたような、ドゥルーズ的転回を経ることによって、人類学者の実際の調査はどのようなものになるだろうか。最後に一つ小さな事例を挙げておこう。

人類学者・岩田慶治はその晩年に京都の吉田山から哲学の道へと毎朝散歩をするのが日課であった。散歩の途中、岩田は樹木や魚など大小の他者たちに出会い、それを契機として広大な宇宙へと旅を広げていく。病気をしてからの岩田にとって、この散歩は若い頃のフィールドワークに替わるような、その小さな代替物であったかもしれない。あるいは、いつもフィールドワークにおいてやってきたことを今ここでできないだろうかというような境地だったであろうか。

印象的な例を一つ挙げよう。岩田は彼の小さな散歩の折り返し地点として、疏水のほとりにある大豊神社のところで折り返し、帰途につく［岩田　一九九六：五七］。岩田はこの神社の入り口にあるムクノキに注目する。

……疏水をわたって神社の参道に入る、その入り口のところにムクノキがあって、巨樹とは言えないまでも大木でとてもよいかたちをしている。よいかたちというのは東山おろしの風に吹かれて枝々が西に向かい、樹が全体としてその方向に傾いているのである。樹の全体が曲がっているといったらよいだろうか。私はその曲がった木、全ての枝葉が傾きながら安定と調和を失うことがないその木の姿が好きで、いつもその前に立ち、その前の石に座ってしばらく眺めている［岩田　一九九六：六〇］。

しかし、そのムクノキに会いに行くという目的が、いつのまにか自分自身に出会うことへと転調されていく。

毎朝、木に会いに行く。それが目的なのだが、そこにいたる途中にもハッとして立ち止まり、これはと思って考えこんでしまう光景がある。朝ごとに出会う風景。それもやれミツマタの花が咲きはじめた、山茶花の花が咲いていたというのではなく、わたしという存在に突きあたり、わたしの存在をゆるがすような、誕生したばかりの風景、あるいはまだ誕生していない風景の気配、芽生え、あるいは出会いの驚きに突きあたることがある。

……見知らぬ異邦人に出会って、あなたは誰でしたかと問いを発した瞬間に、実はそれが自分自身だったと納得するような驚き。驚天動地の驚きというより、鏡を見たらそこに妖怪変化が映っていて、「やあ、とうとう出会ったね。ずいぶん待っていたよ」と言われたような驚きなのである〔岩田　一九九六：六一〕。

フーコーならばヘテロトピアと呼ぶような自己と他者が交錯する鏡の経験。岩田は「いつもは脳のなかで構築され、外界のなかの位置づけられる写しとしての自分だけに対面していた」のに対し、「今度はそれらを捨て去って裸の自分の顔、それを見たい」と言う。木に会うために散歩に出た往路の岩田はこのように自己を探している。しかし、外界において他者たちと区別された写しとしての自己ではなく、裸の自己にたどり着くことで、自己と他者たちの交錯は乱反射し、岩田の散歩にさらなる転調が生じていく。折り返し地点のムクノキの記述を見てみよう。

東山から吹きおりた風が、いつもこういうふうに流れていく。だから木の枝が風のかたちに自分をととのえる。この木のかたちはそのまま風のかたちなのである。もちろん風といったって凪一般ではない。この山麓の、この場所を吹く風の姿。それがそのまま木の姿なのだ。……木と風とは質がちがうかもしれない。しかし、かたちのうえではちがわない。木は風である。

……（中略）……

緑の葉が木をおおっている。よく鬱蒼と茂っているなどというが、その一枚一枚の葉を鏡と見てもよい。そうすると無数の葉、いや無数の鏡が天にむかって木をおおっている。木を荘厳にしているといってもよい。鏡の集合としての木。

鏡は光だと考えるなら、光の塊としての木。キラキラした光の木［岩田　一九九六：七九—八二］。

木を通して岩田は風や光とほとんど一つになっている。鏡の経験もはや自己と他者が向いあっているというよりは、多くの他者たちが互いを映しあっているかのような様相である。

分類する、分析するというのがあらゆる科学的操作の出発点になっているようであるが、そのひとつ前に出会っているものがある。全体である。部分でなくて宇宙の全体。

石つぶてのように小鳥が飛んできて小枝にとまった。椿の山からパラ、パラ、パラ、パラと落ちてくるようであった。

小鳥は風景のなかのわたしという画面のなかにとびこんできた。小鳥はわたしと〈とき〉〈ところ〉を同じくしようとした。そのとき、小鳥はわたしになり、わたしは小鳥になった［岩田　一九九六：一一二—一一三］。

ドゥルーズであれば平滑空間における近傍と近傍の連結のなかで起こる生成変化（人間から動物への生成変化）として描くような自己と他者たちとの同時的な在り方を岩田はここで描いている。

かつて内堀基光は、このような岩田の人類学を（岩田自身の言葉ではない）「存在論」と呼び、認識論的、方法論的、ないしは倫理的な角度から自己の主観性をあつかう他の人類学者とは一線を画するものとして評価しているが、今にして思えば慧眼だったと言えるだろう［内堀　一九八五］。

おわりに――あるいは、折り返し地点

本稿では『〈都市的なるもの〉の現在』を起点として、ストリート人類学の足跡を――「ストリートへ」から、「ストリートから」への重心の変化として――たどってきた。

しかし、最後に注意しなければならない点として、その重心移動が、容易に「何々から何々への移動」としてスローガン的にまとめあげることを拒むような性質を持っているということをつけ加えておきたい。

すでに『〈都市的なるもの〉の現在』において、後にストリート人類学で展開されるような、ドゥルーズの平滑空間〔関根　二〇〇四a〕や、脱領土化と再領土化〔小田　二〇〇四〕などの問題系が出揃っていた。つまり、ストリート人類学が深化する中で、何か新たな問いが付け加わったという言い方は正確ではない。ただ、「ストリートへ／ストリートから」という問いにおける折り返し地点の通過の仕方が変わったのである。

換言すれば、「ストリートへ」という（かつての）問いの先に出たとき、問いの立て方そのものが「ストリートから」という仕方に組み替えられ、その結果、問いの範囲が多層的に拡張され、そのような新たな探求の領野が「ストリート」と名づけられたと言ってもよい。折り返し地点を通過することで問いそのものが生成変化したのである。何かを通過するということにおいて、私たちは無傷ではいられないのだから。

参考文献

Appadurai, Arjun
1996　Modernity at large: cultural dimensions of globalization. University of Minnesota Press.

アパデュライ、A
一九九六　『さまよえる近代――グローバル化の文化研究』門田健一訳、平凡社。
岩田慶治
一九八五　『〈わたし〉とは何だろう』講談社現代新書。
内堀基光
一九八五　「解説」岩田慶治『カミの人類学――不思議の場所をめぐって』講談社文庫。
小田　亮
二〇〇四　「都市と記憶（喪失）について」関根康正編『〈都市的なるもの〉の現在――文化人類学的考察』四二二―四四四頁、東京大学出版会。
関根康正
二〇〇四a　「序論〈都市的なるもの〉を問う人類学的視点」『〈都市的なるもの〉の現在――文化人類学的考察』関根康正編、一―三九頁、東京大学出版会。
二〇〇四b　「都市のヘテロトポロジー――南インド・チェンナイ（マドラス）市の歩道空間から」関根康正編『〈都市的なるもの〉の現在――文化人類学的考察』四七二―五一二頁、東京大学出版会。
二〇〇九　「総括『ストリートの人類学』という批評的エスノグラフィーの実践と理論」関根康正編『ストリートの人類学』下巻、国立民族学博物館調査報告八一：五一九―五六〇頁。
二〇一二　「ストリート人類学の第二ラウンド」民博通信一三六：一二一―一二三頁。
ドゥルーズ、G／F・ガタリ
二〇一〇a　『千のプラトー：資本主義と分裂症（中）』（河出文庫）宇野邦一他訳、河出書房新社。
二〇一〇b　『千のプラトー：資本主義と分裂症（下）』（河出文庫）宇野邦一他訳、河出書房新社。
二〇一二　『哲学とは何か』（河出文庫）財津理訳、河出書房新社。
フーコー、M
二〇〇二　「他者の場所――混在郷について」小林康夫他編『ミシェル・フーコー思考集成X　一九八四―八八　倫理／道徳／啓蒙』二七六―二八八頁、筑摩書房。
二〇一三　「ヘテロトピア」佐藤嘉幸訳『ユートピア的身体／ヘテロトピア』三三―五三頁、水声社。

二〇章　ヘテロトピア・デザインの実践
——ロンドンにおける南アジア系移民によるサナータン・ヒンドゥー寺院建設活動という創発的記号過程をめぐって

関根康正

序論

1　はじめに

一九世紀のアメリカを生きたかの有名なチャールズ・サンダース・パースは、当時の数学、物理学、論理学の先端を踏破した知識の上に紡ぎ出す独創的な反デカルト的な記号学によって、人間の世界を三つのカテゴリーのサインからなる記号過程で表現し尽くそうとした。パースは、記号学を、いろいろな記号についての準必然的なあるいは形式的な理論の別名であるという抽象化的な観察［パース　一九八六：一―二］とパースが呼ぶ人間の能力を、普通の人々は完全に認めているものだが哲学者たちはほとんど認めないと述べ、科学哲学の否定ではなく、狭い意味の実証科学に閉塞することから数学的推理と同じ観察科学へと拡張することを主張する。その記号学の目的は、「ただ単に実働的世界で事実であることだけでなく当然そうでなければならないことを発見することである」［パース　一九八六：二］と述べられる。この観点が、事実に認識記述だけに留まらない、実践理論の礎になるような、私自身が求める社会科学の知の在り方として重要な点である。

ソシュールの専門家前田英樹は、ソシュールとパースとを比較する論文の中で、上記のややわかりにくいパースの記号学の意図を、次のように噛み砕いてくれている。管見の限りでは、最も的確にして簡潔なパースの記号学の説明を供していると思われ、引用させていただく。「彼の記号学は、彼の「現象学」を前提にしている。これは逆に言えば、彼の「現象学」は、彼の「記号学」なしでは決して展開されえないということである。パースの認識論が「直感」の否定から出発していることは、よく知られている。が、否定されるこの「直感」の反対物は、純粋知性による思弁や観察ではない。ここでは直感は、むしろ経験に対立させられる。経験の内容は、生の行動にあり、他のものにはないだろう。この行動の本質を見たとき、知覚の意味がはっきりと知られる。知覚とは、世界の中に無数の「記号」を読むことである」〔前田　二〇〇六：一〇八―一〇九〕。これは、直感と知性とを対立させる主客二元論という近代ヨーロッパの認識哲学という障害を突破するために、認識と呼ばれるものを生の有用な行動という知覚と推理の連続する経験として把握する現象学、すなわち連続主義を唱えたことで有名なパースの記号学を説いているのである。「生きるとは、記号の解読に成功して生きることを意味する。……あらゆる生き物の知覚が、そうした（記号の）解読である」〔同上：一〇九〕。そして前田は的確に重要な指摘をする。このパースの連続主義記号学が示していることは、「経験の中では記号の働きが大変重要だ、というようなことではない。経験そのものが、記号の表意作用に基づく「推論」の連鎖だということである」〔同上：一〇九〕。経験そのものがこの後に述べる一次性、二次性、三次性という三つのカテゴリーのかかわりの現動化による創発 abduction の連鎖なのだと述べている。

第一のカテゴリー：あるものがそれ自身で存在することは現象の一次性、潜在的で前個体的な未確定な運動しか含まない、「情態の性質」と呼ばれる

第二のカテゴリー：二つのものの衝突にかかわっている、作用と反作用、刺激と反応などは、現象の二次性、あるものが個体化し、経験化し、現実化するのはこのカテゴリーである。

	一次性 記号 （Sign or Representament） 記号それ自体の在り方	二次性 対象 （Object） その対象との関係における記号	三次性 解釈内容 （Interpretant） その解釈内容との関係における記号
一次性	①　性質記号 （qualisign）	④　類似記号 （icon）	⑦　名　辞 （rheme）
二次性	②　個別記号 （sinsign）	⑤　指標記号 （index）	⑧　命　題 （dicisign）
三次性	③　法則記号 （legisign）	⑥　象徴記号 （symbol）	⑨　論　証 （argument）

第三のカテゴリー：二つのものの関係づけにかかわっている、たとえば二人の人間が出会いがしらのぶつかる二次性から進んで、例えば商談を始めて〈商品〉を挟んで〈売り手〉と〈買い手〉に立場を占めるようになると、これは現象の第三次性に属すことになる。何かを何かの記号として解釈する過程は皆第三次性に属す。

そして前田はほかの記号論と異なる重要なパースの記号学の特徴を次のように示す。「パースの記号学は、単に現象の第三次性にぞくするものの理論化ではない。なぜなら、記号が在ることは、世界の存在全体に関わっており、経験に現れるものの「三つのカテゴリー」すべてにまたがっているからである」パースの記号学は、記号の認識論ではなく、記号の巨大な存在論に向けて基礎を準備している。その土台が、上の表の九種の記号分類である。米盛裕二の『パースの記号学』よりこの表を引用する［米盛　一九八一：二二七］。これは、パース記号学理解の基本図である。まったく同じものを、E. Valentine Daniel が、『Fluid Signs』の中で用いている［Daniel 1984: 30］。一次性、二次性、三次性のマトリックスであるが、前田は、横軸の記号を見る「観点」のカテゴリーとし、縦軸を「在り方」のカテゴリーとすることで巧みに説明している。

「三つの観点からの記号分類が、またそれぞれに、現象の三つのカテゴリーに従った三分法を取る。……しかし、これら九種類にわたる記号分類は、それだけでは現実の記号を具体的に規定するものではない。現実の記号は、これら三つの観点の複合としてしか機能しない。……パースはこうした結合の十通りの型を示し、……この一〇通りの記号分類は、第二次性と第三次性とのカテゴリーが持つ「退化形式」にしたがって、さらに六六通りのクラスに分けられている。」［前田　二〇〇六：一一一、cf. パース　一九八六：一一―二九］「ソシュールは、言語学には言語現象に固有の存在論が要ると考えた。パースは、言語を含むすべての記号についての存在論が、現象学の展開に不可欠だと考えた。それは、彼の現象学が立っている独特のプラグマティズムに因ると言える。生き物の行動は、その一切が多様を極める記号過程として成り立つ。パースの記号分類は。そのままこうした記号過程のすべての可能態を規定する原理になっている」［同上：一一二］。このことが、パースの記号学における現象学の受け取り方であることをよく示している。

ここで、パースの連続主義の根本的な記号過程の原理になっているアブダクションを含む推論過程を取り出すために、一次、二次、三次の三つの観点としての記号の定義に再度立ち返っておきたい。一次性の記号（Sign あるいは Representament）：記号それ自体の在り方おける記号、二次性の対象（Object）：その対象との関係における記号、三次性の解釈内容（Interpretant）：その解釈内容との関係における記号の三つの観点であるが、有馬道子の説明の仕方では、順に（一）イコン性（類像性）：イメージ、ダイアグラム、メタファー、（二）インデクス性（指標性）：コンテクスト、メトノミー、（三）シンボル性（象徴性）：法則性、習慣性、となる［有馬　二〇〇六］。さらに有馬は、パースによる定義のポイントを紹介する。すなわち「第一は他の何もよらずにそれだけで存在する、すなわち在るという考えである。第二は他の何かに反応して、すなわち他の何かとの関係にあるという考えである。第三は、第一と第二を関係づける媒介という考えである。……他とつながるのではなくそれ自体としての事物のはじまりには第一の考えが含まれ、事物の目的には第二が含まれ、それらを媒介する過程には第三が含まれる。……感情は第一、反応は第二、一般的概念は第三すなわち媒介である……」［cf. パース　一九八六：六―三二］第一のイコンという感情を伴う基層から第三のシンボルという概念の表層へと階層化されている。ここで引用している有馬道子の論考は「言語とパース記号論」（同上）と題するもので、そこにおいて、ソシュールはコードを破壊する創造的な解釈であるアナグラムの研究で立ち止まり沈黙に入ったことと、それに対してパースの記号学が、「経験によって知る」日常言語を形式的規則のコードから成っているブール的な代数から慎重に区別していたために、「コンテクスト」を取り込んだ創造的な「解釈」が可能であったという理論的射程でアナグラム問題も突破していたことを論じ、同時に明らかにする。これこそが、パース記号学の核心への接近である。有馬の解説は続く。「パース記号論を特徴づけているアブダクションという推論は、コンテクストに大きく依存する仮説的で創造的な推論である。アブダクションは、何か不確かなあるいは驚くべき事例に出くわしたとき、コンテクストから判断してそのような事例を説明するのに最適であろうと思われる規則を見つけること、すなわちコンテクストに適合するような仮説をつくることである。そしてここでいうコンテクストにはその場の状況のみならず社会文化的な要因や解釈者の持ち合わせている知識や無意識そして自然の一部としての人間が立つ根源的なコンテクストである本能も含まれている。……晩年になってパースが論理学は倫理学に基づき、倫理学は美学に基づくとして、解釈のための知識の根底に美学を位置づけた……（中略）……この推論は常に可謬性にさらされている。そこでより蓋然性の高いアブダクションのためには、コンテクストと事例（テクスト）との関係についてのより多くの情報の中からより適切な情報を見出す必要がある（帰納と演繹も用いて）。しかしこのようにコンテクストと共振するアブダクションによってはじめて変化し続ける状況に見合う解釈が新陳代謝的に生み出され続け、それが社会に共有されることによって常識という基本的なコードが生み出され続けることになる。パースはアブダクションのことをレトロダクションと呼ぶことを特に好んだが、それはレトロとは「後ろへ」いうことであって、不確かな事例を前にしてそのまま前進するのではなく、いったんそこから「後退して」、どのような規則に従えばそのような事例にたどり着けるかということを「模索する」ことに特徴のある推論だからではないだろうか。」〔同上：九八―九九〕そして、有馬は最後に、次のように言い抜いている。「パースのアブダクションの真に興味深い点は、日常生活において用いられる情報というコンテクスト参照度の無限の柔軟性とその中での連想の自由度にある。」〔同上：九九〕

引用が長くなってしまったが、それはこうした有馬の指摘が本章の企てであるパース記号学の生活世界への応用実験にとっては、力強い後押しの内容であるためである。美学をも基底に持ったパース記号学は未踏の生活世界の構築に立ち向かう人々の生の実践の道行きをまさに支える理論的射程を持っていると確信できる。

三つの審級を持ったカテゴリーの記号の動的関係を難解なパースの原文で再確認しておこう。「もとの記号が作り出すその記号のことを私は、始めの記号の解釈項と呼ぶことにする。記号がその対象の代わりをするのは、すべての観点においてではなくて、ある種の観念との関係においてであり、この観念を表意体の根底と呼んだことがある。（略）どの表意体もこのように三つのもの、つまり根底、対象および解釈項と結びついているということから、記号学という科学は三つの分野を持つことになる。」〔パース　一九八六：二一―二三〕。根底、対象、解釈項にそれぞれ対応する理論文法、本来の論理学、純粋修辞学という分野であるとする。ここに、出くわした事例という根底に解釈項が創発的に付与される過程でのコンテクストとのレトロスペクティブな模索が対象を必要にすることが、まことに動態的に描写されている。

以上述べてきたことが、パースによるプラグマティズムの誕生と言われる事態である（本人はプラグマティシズムと述べて、くくられることを拒んでいた）。その膨大な綿密仕事には圧倒されるばかりであるが、とにかく、その原理になる理論構造は、一次性、二次性、三次性あるいは表意体の根底、対象、解釈項によって構成されるアブダクションを中心にした推論を通じた創造的な記号過程として把握できる。

こうして、パースの記号学では、その都度に生み出される媒介としての解釈項によって根底と対象がある仕方で結びつくという、レトロスペクティブな創発過程として構想される。そのある時点の記号過程が無前提から始まるのではないことにパースは強く注意を促す〔パース　一九八六：六〕。『パース著作集二・記号学』の訳者内田種臣は、訳者解説〔内田　一九八六〕の中で、探求の理論としてのパースの記号学について言及し、その主題は、実在の真な表現は知性の共同体においてどのように作り出されるかという問題だという。「私の心の動きは多かれ少なかれ規則性、体系性、一般性、習慣化されたところがある」すなわち「私の動きには多少とも理にかなったように行動しようという傾向がある」。どういうことか。記号過程における表意体と解釈項がそれぞれに対象を巡ってある期待・予想をもって登場する、言い換えれば、「記号はその解釈項を同じ対象にかかわらせる力を持っていなければならない」。それによって、可能な解釈項の集合のようなものがあるわけだが、それは規則（習慣法則）に制約されている。そして、この予想がしばしば外れるようになると、この規則は修正されることになるだろう。これが経験から学習するということであり、探求である。「このような予想をパースは「直接的解釈項」と呼び、実際に作り出される解釈項を「力動的解釈項」と呼ぶ。こうした探求のプロセスの結果到達する最終的論証が「最終的解釈項」ということになる。パース自身は冒頭でこんな表現をして探求の連続が記号学の必然であることを述べる。「その記号とその説明が一緒になるとまた別の記号を作り上げ、その説明は一つの記号であるから、それはたぶん追加の説明を必要とし、この追加の説明はすでに拡張されている記号と一緒になってさらに大きな記号を作り上げることになるだろう」〔パース　一九八六：五〕。ここに述べられていることは、有馬の指摘と重なるものであり、解釈項の模索探求のレトロスペクティブな力動性が伝わってくる。

野口良平〔野口　二〇〇四〕は、要領よく以下のようにパースの記号学の時代性を位置付けており、パースとカントの問題と方法論にある種の共有性があることを示唆していて重要である。本章の考察段階に深くかかわるので紹介しておきたい。

「パースが生きていたのは、科学的世界像と宗教的世界像の相克葛藤が深刻化していた時代である。パースの記号論の構想の根本にあったのは、この二つの異質な世界像が、本来はどのような関係において成立しているといえるのか、という問いにほかならなかった。この問いの解決を、科学と反科学、制度と反制度のような二元論に求めるのではなく、二項間の相関関係の明確化、という仕方で行おうとしたところに、パースの記号論の可能性が示されているといってよい。（中略）このような形而上学の問いは、もともとは客観世界（世界の本質）を理解することへの欲求から生じたものである。しかし、人間には、そもそも客観世界を認識する能力がない。人間にできるのは、世界がみずからの感官に現われ出る仕方（＝現象世界）を把握することだけである。客観世界を認識できるものがあるとすれば、それは神である。神のみに認識できる客観世界を、カントは「物自体」とよぶ。人間の理性は、「物自体」を認識することはできないが、同時に不完全なものから完全なものを思い描かずにはいられないような本性をもっている。そこから、①現象世界の法則や構造の認識、②「物自体」を意欲し、思い描くこと、という二つの異なる活動領域が想定され、悟性（経験科学）、理性がそれぞれを分担する、とされる。このカントの分析は、人間が、閉ざされた状況に拘束されている面（有限性）と、それゆえにこそ状況の外側を思い描かずにはいられない面（無限性）という、二重の様式において存在していることを示そうとしたものである。二元論的世界構成を人間存在の二重性に基礎をおくものとして再解釈する視野が、この分析からは開けてくることになる。言語（記号）の二重性も、カントのアンチノミーの議論を援用するならば、人間存在のそれに由来するものとして理解することができるように思われる。

二重の様式において存在する人間が、二重の様式において現れる世界と関わろうとするときに用いられるのが、言語（記号）である。パースの「記号論」は、言語（記号）の成立条件の記述の試みにほかならない。パースの議論の輪郭をできるだけシンプルな形で取り出してみることにする。目の前に事象A（雲）がある。このAは、それを見る人の心中で別の事象B（雨）と結びつけられる。このとき、AはBの広義における「記号（sign）」であるという。見る人がそこで行っているのは、AをBに結びつけることによって、自分自身の中にある効果C（たとえば、傘を用意する習慣）を作り出すことである。パースは、このような場合におけるAを（狭義における）「記号（sign）」、Bを「対象（object）」、Cを「解釈項（interpretant）」とそれぞれよんでいる。」［野口　二〇〇四：四八―四九］

この徹底的に非弁証法的な連続主義（synechism）は、生の哲学の思考の系譜と深く相通じている。ここはもちろんパースそのものを論じ続ける場ではないし、もちろんプラグマティズムおよびネオ・プラグマティズム一般を論じる場でもない。その意味では素人の私が出る幕などない。そうではなく、難解な原著と専門家の解説書を参考にしながら、パースの記号学の原理に学び、それを生かす場である。正確な理解の方向性をつかんでいるか不安がないわけではないが、そうであっても、つまりパース記号学の初歩的な理解であっても、それはそれで十分すぎるほど示唆に富むものであるからである（ここでのパースへの関心の特化は、ジェームス、ローティ、クワイン、パトナムらのその後のプラグマティズムをめぐる理論的葛藤を無視することでは全くない）。ストリート人類学のための思考のためにパースの記号学の実効性を実験してみたいのである。それによって、ストリート人類学とは何かということも浮かび上がってくるはずだ。そういう手応えを私自身は十分に感じているし、現実理解のために実験をしてみたいのである。

＊

本章では、英国ロンドンに根を下ろして生活する南アジア系移民の生活空間の構築にとって重要な宗教空間の建設をめぐる実践を、グローバル化という地球大のハイウェイの産みだしたストリート現象の一つと見立てて描写する。英国による南アジア植民地化は、それ自体グローバル化であったわけであるが、後述するように主として第二次大戦後であるが、その還流として南アジア地域からの人の移動が英国に向って起こった。この四半世紀にはネオリベラリズム的（以降、ネオリベ的）なグローバル化の展開が新たにまた南アジアから人を呼び込んでいる。戦後しばらくは出稼ぎ型の単身移民であったが、一九六〇年代の英国の入管法の緊縮化に伴って伴侶や家族の呼び寄せに変化し、それが定着型移民への移行を促進させた。この定着への変化はまた宗教空間の必要を必然化させ、一九六〇年代半ばまでには多くの信仰グループが自生的に生まれた。元宗主国という異国の地ではマイノリティ（二〇〇一年統計では英国の人口の約四％に当る二三三万人の British Asian と呼ばれる南アジア系移民がいるが、その内ヒンドゥー教徒は英国人口の約一％の五六万人となっている）である彼らが自らの宗教実践を行える空間を確保することは、多文化主義を標榜する英国とはいえ、そのメジャーな社会文化潮流の中ではマイナーな現象に違いない。その社会文化的エッジにおいてここで扱うヒンドゥー教寺院建設に連なる信仰の場の確保が始まった（当初は個人の住宅が使用されていた）。こうした宗教空間創発の実践、すなわち記号過程が始まって今日までにすでに五〇年あまりが経ったことになる。ここで報告する私自身がロンドンでフィールドワークを行ってきたヒンドゥー寺院建設の事例は、その内の最近二〇年ほどの様子を伝聞も含めて明らかにするものである。あらかじめ断っておきたいのは、これがまず、英国の南アジア系移民のヒンドゥー寺院建設という活動について議論し始めるための仮止めのストリート・エッジのとらえ方であるが、それは本章の終わりに向けて、ストリート・エッジの意味がより深く検討され、再定義されることになる。

英国、とくにロンドンでの、南アジア移民社会の生活空間の模様を宗教空間の構築という現象を中心にしながら、この一〇年余にわたるフィールドワークを通じて探究してきた。それによって、いわゆる British Asians のヒンドゥー教徒と行政上くくられている人々の内情が見えてきた。南インドのチェナイ市では歩道寺院活動を手がかりに都市下層民の生活実態に迫ってみたが（一三章参照）、そのように宗教活動というヒンドゥー教徒にとっての遍在現象からアプローチする手法がロンドンにおいても通用するようである。ヒンドゥー寺院とそれをめぐる活動は一つ一つは点なのだが、その点は移民社会に遍在しており、そのグローバルな移民社会ストリートの上に位置しその移民社会の内実生活を物語っている。宗教空間の構築そのものが大小さまざまなストリート（フロー）が交差して織りなされた複雑な再帰的な結節現象であることが分かるとと同時に、そのことがまさに移民生活のジグザクとした創発的実践の姿でもあることが次第に明らかになってきた。

ネオリベ的グローバル化の下で現出しているグローバル・ハイウエイ上のこのようなストリート・エッジ現象には、異国の地での宗教文化を通じたローカリティの創発が認められる。言語・地域・宗教が一体化したいわばエスニックな宗教が、新天地に適応する形でブリコラージュ的に再創造される過程が見られる。そこにはエスニック・アイデンティティの連続と不連続のダイナミズムが表現されている。その意味で、宗教空間の構築実践が定着移民社会全体の形を映し出す一つの枢要な全体的社会的事実であることが見て取れる。すなわち、そのことは、インド発のヒンドゥー・ナショナリスト集団ＲＳＳが英国にも上陸して力を拡大している事実はあるものの、そうした近代主義的宗教ナショナリズムの影響とだけで説明がつくものではなく、定着移民の人々の間にある宗教空間構築の欲求はもう少し深いニーズに支持されていると、本章の探究から言える。むしろ、話は逆で、現代の政治的な宗教ナショナリズムは移民生活者の深いニーズに巧みに乗っかって拡大しているのである。その深いところの宗教への欲求、いうなればその深いところのアイデンティフィケーションの欲求とは、むしろ宗教ナショナリズムのような浅い「主語」の固定化や強調による排他性とは真逆になる贈与の精神（「主語の死」）に貫かれた「述語化」という動態の中で主語を生成し続けるという深みを示すものである。それは、主語の死において他者を巻き込み新たな共在の生を獲得するという、まさにここで私が提唱することになる「根源的ストリート化」（詳細は後述）への欲求なのではないだろうか。異国の地でのマイノリティの渾身の寺院建設に、ストリート化のネオリベ的表層と根源的深層とを読み取り、人間が未踏の未来にかけて生きる現実の先端を、たとえて言うと異種格闘技（一つの道の内部で精錬する純化ではなく種々の異なる道をぶつけ合う雑種化）から格闘技そのものの底を貫く奥義を目撃（体感）する実験的試合＝試し合い（前田日明 vs 荒俣宏 https://www.youtube.com/watch?v=dp62GUTnLSE、二〇一六年四月一〇日閲覧）という動態として、ストリートファイトの原点に返るようにして解明してみようというのである。

2　南アジア系移民の英国への移民史

British Asians という言葉は南アジア人を先祖に持つ英国民あるいは英国に自身で来た南アジア系の移民のことを指す。二〇一一年と二〇〇一年の UK Census（英国国勢調査）では、British Asian と呼ばれる中国系（東アジア人）を除くアジア系移民すなわち南アジア系は、ファジーな部分を含むが、それぞれ三九四万人と二三三万人で英国人口の六・三%と約四%であった。その内訳は、Indian：一四五万一八六二人と一〇五万三四一一人、Pakistani：一一七万四九八三人と七四万七二八五人、Bangladeshi：四五万一五二九人と二八万三〇六三人、Other Asian（non-Chinese）八六万一八一五人と二四万七六六四人であった。この一〇年間で、一六一万人（内、インド系四〇万人、パーキスターン系四三万人、バングラデシュ系一七万人、その他六一万人）の増加である。二〇〇一年での British Indians 約一〇五万人のうちの宗教的分類は Hindu 四五%、Sikh 二九%、Muslim 一三%であった。また、Pakistan と Bangladesh 起源の人々が南アジア系 Muslims の内の九二%を占めている。指摘しておくべきは、British Asians の地域的起源はかなり限定されていることである。British Pakistanis はその多くがパーキスターン管轄化のカシミール、特に the Mirpur 地域からである。その他は、パンジャーブ州と北西辺境州の都市や村から、あるいは一部は Karachi から来ている。British Bangladeshis の場合はその大方がバングラデシュの Sylhet 地方から来ている。British Asians としては多数派を占める British Indians では、Punjab 州と Gujarat 州の出身者が圧倒的多数であるが、後述するように東アフリカを経由するという植民地間の移民経験を経た結果として英国に到達した人々である。南アジア系移民の数の中に、新たな集団がスリランカから加わった。一九八三年からの国内民族紛争によるスリランカ・タミルの移民が一九八〇年代半ばから特に急増した。その結果、ニューカマーとしての南インド・タミルとともに、南インドの文化的フレーバーが英国に入り込むことになった。というのも、前者の長い移民史を背景に持つ北インドからの移民よりも、数は少ないが新参の民族紛争ディアスポラとしてのスリランカ・タミル人には急速な生活空間とアイデンティティの確立の緊急度が強くあり、それが活発な宗教活動に現れて存在感を示しているからである（cf. [Knott 1997, 2000]）。

ここで南アジア系の人々の英国への移民史を、植民地時代以降に限って簡単に振り返っておこう。東インド会社がインド人を水兵 lascars として雇い（一六六〇年の航海法では、非英国人の雇用は東インド会社の乗組員の四分の一までに制限されていた）、その人々がロンドンに留まった。一八一三年までに約一万人の水兵がいたとの報告がある［Fisher 2006］。また、富裕な英国人家庭に現地で女中 ayahs、子守 nanny として雇われ、雇い主が祖国英国に帰るときにともに英国に渡った人もいる。そのほかにも、一七世紀の終わり以降の記録などで雇われインド人の英国での存在が確認できる。一九世紀末から二〇世紀初めにかけては、西洋教育の重要性から渡英する者、また西洋を訪ねるインド人宗教家 guru などが出てくる。

しかしながら、主たる移民の流入は、第二次世界大戦後の直後および一九五〇年代、一九六〇年代に、宗主国としての英国が設定した Commonwealth の枠組みの中で起こった。この移民の流れは、南アジアからの直接来た人々と東アフリカ経由での人々の二種の人々からなっていた。また、カリブ海地域からも黒人だけでなく南アジア系移民の流入があった。流入はその後も続いていくが、こうした戦後移民史は七つの局面に区別できよう。

⑴第二次大戦直後の労働力不足を補うために主としてパーキスターンから労働者を移入させた。ここに、インドの鉄道要員として働いていたアングロ・インディアンも加わった。

(2)一九五〇年代〜一九六〇年代には、インドのパンジャーブやパーキスターンから労働者としての移民が流入し、バーミンガム、レスター、コヴェントリーなどのあるミッドランドの鋳物工場や、ヒースロー空港などで働くことになった。

(3)(2)とほぼ同時期だが、一九四八年に新設されたＮＨＳ（National Health Service）のために、インド亜大陸から医療スタッフを募った。そうしたのは、英国植民地下インドの医療教育を通じて英国水準が移植されたはずだという前提があってのことである。

(4)次は、二波からなる。第一波は、コモンウェルス移民法一九六二〈The Commonwealth Immigrants Act 1962〉の施行あたりからこのコモンウェルス移民法の締めつけが明言された一九六八年までの間に植民地から独立したアフリカからの通常移民の流入である。第二波は、移民法一九七一〈Immigration Act 1971〉ですでに通常移民は大幅に制限されていたが、ウガンダのアミン大統領の南アジア系市民への国外退去命令に端を発した一九七二〜三年にかけての難民の流入である。ウガンダを中心に東アフリカから追放され英国に緊急避難してきた人々を英国は難民として例外的に受け入れ衣食住を提供したのであった。この二つの波で大量の南アジア系移民が流入することになったが、その中心はグジャラートからのダブル・マイグレーションの人々である。特に第二派の人たちは東アフリカで商人として成功して資産を蓄積していたが、突然の追放でその財産は移動できなかったものの、その商才とノウハウで難民状態から二〇年も経たない間に経済的上昇を果たした。小さな雑貨店tabacconist（ストリート・コーナーショップ）の経営に入り込んで、それを起点に急速に経済上昇を果たしたという神話的な言説はすべての人には妥当しないとしても、結果的に第二派の東アフリカ経由の移民がその後南アジア移民社会でのイニシアティブをとることになる。

(5)その後の一九七〇年代初頭以降の南アジア系移民数の増加は、すでに法的にはThe Commonwealth Immigrants

Act 1962とImmigration Act 1971によって新規の移民流入はより厳しく制限されるようになっていたものの、夫婦・家族の呼び寄せだけは許されたので、単身男性移民から家族移民へと変化したことが増加の主たる理由である（東アフリカからの移民難民は、その多くがはじめから家族でやってきていたが）。さらには、相対的に出生率の高い南アジア系移民は二世、三世へとその人口を増やしていった結果でもある。

(6)一九八〇年代になると、新たなスリランカ・タミル移民が母国の民族紛争を逃れて流入してきた。

(7)一九九〇年代のネオリベ・グローバリゼーションの波に乗って、南インドを含む南アジア全域から、法的規制の枠内で高等教育のための学生としてや専門職や技術者として、緩やかな移民の流入があった。

参考に、現在までの南アジア系移民の歴史と地理が概観できる重要な本に、Judish M. Brownの著したGlobal South Asians: Introducing the Modern Diaspora（2006, Cambridge University Press）があることを紹介しておきたい。それに従うと、南アジア系移民の主たる集住地は、北からリーズ、ブラッドフォード、マンチェスター、レスター、バーミンガム、コヴェントリー、ルトン、ロンドンなどとなっている。

3　ロンドンにおける南アジア系移民の分布

ここからは、私が調査の中心対象にしてきたロンドン在住の南アジア系移民に話を絞っていく。上記のような英国への移民史は、ロンドンでの南アジア系の人たちの居住地の一定の住み分けにも反映している。

その一、移民史の局面(1)と(2)にかかわるのが、ロンドンの中心部から少し東側（中心から直近の再開発地区に相当する）に位置するWhitechapel、Brick Lane、Kings Crossに集住するベンガル系の東パーキスターン、後のバングラデッシュからの移民である。一九七〇年代に工場労働者からレストラン経営へと自立した人々の成功のせいもあって、米と魚介カレーのベンガル料理が食べられるレストランなどベンガル文化の香りが漂う下町的な繁華街が形成されることになった。今では、ロンドンの観光名所にもなっている。そこはまたマイノリティー差別を経験した移民文化とグラフィティなどのカウンターカルチャーないしサブカルチャーとが交差して独特の魅力を発する地区を形成している。

その二、これは移民史局面の⑵に対応するもので、ロンドン西部郊外にあるHeathrow Airportの近く、つまりSouthall、Heston & Hayes、Greenfordにシク教徒の人々を中心に大きな南アジア系集住地域が存在している。その中心は、パンジャーブ出身者である。半世紀を超える歴史をすでに刻んでいる。

その三、これも移民史局面の⑵にほぼ対応するもので、戦後から一九七〇年代にかけてロンドン南部のTooting、北東部郊外のIlford、Seven Kings、Forest Gateには、パーキスターン人の集中が認められる。二〇一六年五月一六日にロンドン市長に選ばれたSadiq KhanはTootingに生まれ育ったパーキスターン系英国人である。祖父が戦後すぐに渡英、両親は一九六〇年代末に移民としてロンドンに来た。

その四、局面⑷に相当するもので、ロンドン北西部郊外に位置するWembley、Alpertonといった地区を有するBrent地域には、グジャラート系インド人を中心にした南アジア系移民の集住が認められる。東アフリカ経由で英国に到達したダブル・マイグレーションの人々で英国の南アジア系移民社会の中心を形成している。経済的上昇が顕著でグジャラート資本と呼ばれて英国経済の一角占めるまでに至っている。二世、三世は高等教育を受け社会上昇を果たしているケースが多くみられる。

その五、局面⑹のスリランカ・タミルは一九八三年の民族紛争以降の移民であるが、ロンドン北部、北西部、南部などにほかの南アジア系の移民居住地域に重なるように散在するがそれぞれの場所で一定の集住を示している。その一つにTootingがあるが、移民一世から寺院建設に熱心で、それが彼らの存在を視覚的にしている。ニューカマーであるアイデンティティ不安から彼らは相対的に旧い移民よりも宗教空間の獲得と母国の政情不安もあって信仰行為に情熱を傾ける強い動機を持っている。このスリランカ・タミルのロンドン到来は、それまでの南アジア系移民がインド亜大陸の北部出身者に偏っていた状況に、局面(7)での南インドからニューカマーとともに新たな南インド的というよりもタミル的なフレーバーをもたらすことになった。

ちなみに、ロンドンの自治区の中で南アジア系移民の割合が相対的に高く三割前後を占める上位七自治区は以下のようであり、北西部と東部に集中している様子がうかがえる。%表示は南アジア系移民人口が自治体の人口に占める割合である。

ロンドン北西部：Brent 二七・七%、Ealing 二四・五%、Harrow 二九・七%、Hounslow 二四・七%
ロンドン東部：Tower Hamlets 三六・六%、Newham 三二・五%、Redbridge 二五・〇%

このような背景的知識も踏まえて、私が特に注目して続けてきたのは以下に示すロンドンの四箇所と英国ミッドランドの諸都市である。中でも（1）のフィールドがこれまで最も反復的に調査してきた中心的なフィールドワークの場所である。

（1）ロンドン北西部郊外　ブレント自治区アルパートン地区 Ealing Road イーリング・ロード
（グジャラート出自のヒンドゥー教徒、イスラーム教徒集住と、スリランカ・タミルを含むその他の南アジア系移民）
（2）ロンドン西部郊外　Southall サウゾール
（パンジャーブ出自のシク教徒集住と、その他の南アジア系移民）
（3）ロンドン南部郊外　Tooting 地区
（パーキスターン系の集住と、スリランカタミル移民など）

写真1　スーパーマーケット

写真2　サリー・ショップ

（4）ロンドン東部郊外　East Ham 地区
（南アジア系全般が住む地域であるが、南インド・タミル系のヒンドゥー教の寺院が集中）

（5）ミッドランド（リバプール、マンチェスター、バーミンガム、レスター、コヴェントリーなどの工業都市）

本章では、（1）のフィールドワークの成果を中心にして議論していきたい。

4　ロンドン北西部郊外ブレント自治区アルパートン地区
——イーリング・ロードを中心に

私が調査を開始したこの十数年の間に、この地区も相当な変化に晒されているが、とはいえ、この地区の中心構成メンバーはグジャラート系住民であることは変わらない。ここでの調査の主要な目的としては、移民を取り巻くグローバリゼーション状況の中で彼らのグジャラート人であるという出自すなわち彼らのローカリティが、英国人としてロンドンに生きる現在のアイデンティティにおいてどのように再創造されているのか、その複雑な経緯を明らかにすることにある。そのことを特に宗教空間に焦点を当てることで考えてみたい。

（1）イーリング・ロード Ealing Road 概観

以下に幾つかのストリートスナップを示しつつ、イーリング・ロードの概観を紹介したい。この地域の最寄り駅は地下鉄の Wembley Central である。地下鉄

写真3　2006年撮影。この地区で主要な客層になるグジャラート系をターゲットにした非常に安いランチセットである。店で食べれば£3、テイクアウェイで£2.50。この値段設定は物価上昇と過当競争との間の産物。1980年代の安い物価のロンドンの状況は今では過去のこと。2016年では物価はさらに高くなっていることを付け加える。

写真4　スリランカ・タミルの移民の存在を知らしめるレストランの看板

の駅前を西に五〇メートルほど行ったところにある交差点を左手に曲がると、南に向かうイーリング・ロードで一気にリトル・インディア的な雰囲気の商店街が始まる。真ん中で少し途切れるが三〇〇メートルほどの街並みであるが、民族的に同類ないし近親の者たちが行きかい、集うこのストリートは、南アジア系の住民にはホーム的雰囲気を身体的に味わえ安心を感じられる貴重な場であるに違いないし、そういう空間を異国の地に生み出してきたのだ。ショッピングに来て立ち話をしている女性たちの様子を見ていると、その想いを強くする。また、時々現れるオープンカーで大音量の音楽と空ふかしをしながらわざわざ商店街を通り抜ける粋がった南アジア系の若者を見るとき、文化共有の安心感があるからこそ、英国生まれの二世三世にとっても自己顕示の場になり得るのかな、などという想いも浮かんでくる。

その道に沿って両側に並ぶ商店の内容から、この近くに住めば南アジア的な生活が不自由なくできることが見て取れる。

まず食では、グジャラート料理を含めた北インド料理のレストラン、人気のある南インド料理レストラン、両方出すレストランがある（いずれもヴェジタリアンである場合が多い）。南インド料理の担い手が、南インド諸州からの移民ばかりでなく、スリランカ・タミルであったり、マレーシア・タミルであったりする

写真7　Tulsi とともに早くからある vegetarian レストランである。北インド料理中心である。2010 年代に入って休業している。

写真8　2008 年前後にオープンした南インド料理を前面に出したカジュアルレストラン（英国での開業は 2003 年）。ケータリングに対応しているチェーン店である。ファストフード店的な雰囲気がある。店名になっている Chennai Dosa は、南インド料理の一つの象徴で米粉から作るお好み焼きのような人気メニュー dosa からとっている。家庭で作る dosa と大きな鉄板で焼く店の dosa とは異なる。開店当時は、大変な混み具合の人気店であった。こうして Ealing Road のレストラン競争も年々過熱してきている。だが、この店は 2013 年ころ撤退した。

写真5　2006 年撮影。店名の tulsi とは Visnu 神の象徴とされる樹木で、よく家庭の庭に植えられている。興味深いのは、看板の下部の左に GUJARATI/SOUTH INDIAN、右手に NORTH INDIAN/CHINESE と記してあることで、マルチ対応になっている。実際に入り食事をしたが、北インドに属するグジャラート人の料理人が南インド料理も学んで両方出しているという。Ealing Road のレストランが菜食に傾くのは、ロンドン中心部などの英国人を対象にしたインド料理店が non-vegetarian にも対応していることとコントラストをなす。リトル・インディア的なここでは、インドの食事の階層性が働くのであろう。菜食の方が世間体がいいのであり、ハイソ（high society）なのである。

写真6　2013 年撮影。Tulsi は、インドで人気のヴェジタリアンレストラン・チェーン Saravana Bhavan によって引き継がれた。

ことも見逃せない。また南アジア的なスウィーツの店も街には欠かせない。

食の風景から見えてくるのは、トランスナショナルなグローバル化の状況下で、南アジア地域内部の地域差を融合するトランスローカルな動きをみとめることは興味深い。一種の混淆と創発の実践が起きているのである。二〇〇六年のフィールドノートからこの模様を再録する。

フィールドノート(1)：インド料理特に北インド料理は長くロンドンに定着している。中華料理とともにテイクアウトするものとしてもロンドン生活の一部を構成してきた。南アジア系の人々の経営するタバコニストも小さなコンビニとしてロンドンに住む者にはなくてはならないものだ。これらはロンドンのどこでも見られる光景だが、ここイーリング・ロードについては、北インド料理から南インド料理まで二〇〇〇年代に入るとレストランの数が増えている。特に南インド料理の進出が顕著である。これはスリランカ・タミルの貢献が大きいと思われる。南イン

写真 9　サリー・ショップのディスプレイ

写真 10　サリー・ショップ

写真 11　ジュエリー・ショップ

写真12　ストリート・コーナー・ショップ

ド料理の店と言っても、メニューはインド料理全般を幅広く扱っている。北インド系のレストランでもしばしば南インド料理を取り込んできている。菜食料理にしている場合が多いのは、そうすれば誰でもが入れることとヘルシー志向との両方から現代では歓迎されるものだからである。

フィールドノート(2)：最近進出した店はファストフード的な販売方法、店構えを採用しているところも出てきた。近年オープンしたTamilini Restaurantにて話を聞いてみたが、マレーシアから来たオーナーのタミル人はまだ若く、電気工学を大学で勉強しながらこの店の経営もしているという闊達な人物である。彼はすでにマレーシアの大学の学部卒であるがここロンドンで再度大学に入り直している。この若い経営者の妻も大学で勉強中であるという。この店のメニューはスリランカ料理、南インド料理、ムスリム料理、などに対応している。南インド的特長を出すと同時に、幅広い客層を受け入れるためのキャッチコピーとして"truly Asian"を使っている。この数年のイーリング・ロードだけでもレストランの数が増えているのは、特に週末の家族での外食が増えていることにも対応していよう。

衣装の面では、何軒もの男女婚礼用の正装がディスプレイされるサリー店が人目を引き、幾つものゴールドジュエリーの店が街並みに煌びやかさを加えてくれる。最も生活感を感じさせるのは野菜・果物・香辛料・穀物などを扱うスーパーマーケットの活気であり、送金業、格安テレフォンカードなどを扱う店、格安航空券を扱う店の存在は定着しきらない出稼ぎ移民の存在を想起させる。タバコニストと呼ばれるコーナーショップには、しばしば近隣住民の地域言語系統を推察させる新聞が置いてある。グジャラート語の新聞が一番多いがタミル語の新聞を扱うと

写真13　2006年撮影。Ealing Roadにある葬儀屋。「あらゆる宗教のご家族に対応します」という文言が印象的。インタビューしたがイギリス人の経営であった。

写真14　2015年撮影。その後10年近く経って、より強く多文化に適応していることが窓に張られた掲示の追加でわかる。

ころもあり、このグジャラート定着地域に後でスリランカ・タミルが住み始めたことを示す（近年は南インドのタミル人やケーララ人の住民も見られる）。タバコニストは情報交換の場でもある。掲示板があり、部屋の賃貸、様々なアルバイト仕事、〇〇売ります、などがグジャラート語を筆頭にいろいろな言語で書かれ貼られている、また、様々なイベント（祭礼行事、音楽コンサート、グルの説法など）のポスターも貼られている。言語と音楽は、大きな誘因力があり、近年は各人のＰＣでダウンロードするので減っているが、映画と音楽のＤＶＤ・ＣＤ（以前はヴィデオが中心だったが）を扱う店は依然重要である。学習塾、英語塾の宣伝も移民の子弟の英国への適応と社会上昇への意志をすぐに想像させる。占いの店もある。銀行・医者・歯医者・学校・法律事務所などは英国の従来からある施設利用ではあるが、その担い手自体が変化してきているのも事実である。つまり医者、歯医者、弁護士が南アジア系移民のプロフェッショナルであったりすることは稀ではない。住宅は英国式に適応（流用）して生活している。

　コミュニティ施設と宗教空間に話を移す前に、街並みで目を引いた二点を記しておきたい。一つは、道沿いの英国人が営む葬儀屋Asian Funeral Directorsが「あらゆる宗教に対応」とディスプレイしていることである。つまりキリスト教徒はもちろんヒンドゥーにもムスリムにもシクにも対応するのである。

二つ目は、イーリング・ロードに一軒あった英国のパブがこの一五年間で大きく変わって、結局町並みから消滅したことである。もともとはイギリス人経営のパブが、いつからかは定かでないが二〇〇八年まではグジャラート人が経営を引き継いでグジャラート人のたまり場になっていた。その後このパブは閉鎖解体され、道路を挟んで斜め向かいの普通の店構えのパブに移転していた。そこも数年で閉鎖してパブは消えた。イーリング・ロードの街並みからアルコールが追放されたのである（Wenbly Central 駅の近くの別のストリートにはパブが数軒あるが）。この意味は小さくない。消滅は二〇一〇年くらいに起こった。私はこの変化を実際に観察したので、感慨深い。一言でいえば、町が浄化したのだ。あるいは倫理化（ヘルシー化・菜食化も含め）した。このことは次に記する宗教空間の充実と併行した現象で見逃せないことであるが、この現象はより端的にインドのグジャラート州が禁酒州で有名なことと必ずや何らかの形で連動しているに違いない。二〇一〇年あたりでなぜその連動がこの地で顕在化したのか、その答えとしてグローバル化の中のローカル化のねじれ現象としての一種の外形的なサンスクリット化ではないかと見ている。

写真15 Ealing Road のパブ“The Chequers”がまだ開店していた2007年に撮影。中に入れば、グジャラート・パブといった様相だった。Ealing Road のリトル・インディア化は明白である。今はもうないパブの外観の貴重な一枚である。

写真16・17 2007年に撮影：“The Chequers”の内部のカウンター席、中には British Asian のインド系女性がバーテンをしている。客はほぼ100％ British Asian であった。男性がほとんどだが、若い女性も来ることがある。店内は広いので、若者たちの占める席と、中高年の寄り合い的な場所とは別々になっている。

（2）コミュニティ・センターの活動

イーリング・ロードの商店街の中間地点に、ブレント・インド協会 Brent Indian Association の Community Resource Centre というコミュニティ・センターが立派なレンガ作りで建っている。二〇〇六年ころにこの場所に新築された。私がこの地域の調査を始めた二〇〇四年の時は、まだ計画はあったが建築前で近くの商店の二階に小さな協会の事務所を設けていた。その時はまだ一九九〇年代からインドで流行り始めた Vastu Vidya（インド風水）の英国移民への影響を調査していた時で、その件で事務所を訪ねた。事務長はこれから建てるセンターの設計図面を見せつつ、この北東の北向き玄関はよくないことを、訪れた Vastu consultant から聞かされたと話していた。そのとき、私は図面が変更される可能性があるなと感じたが、実際に造られた建物を見て、直していないことに気付いた。その後二〇〇七年、今の場所に建てられたブレント・インド協会の新ビルにも訪ねて協会役員の方に話をする機会を持っ

写真 18　Brent Indian Association のコミュニティ・センター。向かって右手が北である。

写真 19　常設店の前の歩道にはみ出している露天の出店、インドのストリートを思い出させる。しかし、よく見るとインドとは異なる。私有地の範囲でおさまっており、公路の歩道には出ていない。

写真 20　新参の移民はこうした軒先商売から徐々に蓄財し、店を構えていく。

た。彼は一九八〇年代の半ばにグジャラートから来た人だが、ここを訪ねてくるニューカマーの面倒をみているという。話の中で三年前の Vastu の話が出てきた。この建物について、玄関の位置と向きがまずいと同じ話が繰り返された。それが気になると言うのだ。彼は Vastu を信じていると言い、建て替え前の古い建物では東側の真ん中に入り口がついていて、そのころの協会はもっと盛んだったのに、ここに移ってから協会の活動が下り坂であると言うのだ。多くの人がこの玄関の位置のせいであると考えているというのであった。現在でもこれだけ多くの人が気にしているのなら、部分改築しないのかと聞いたが、彼の返事はあいまいであった。その時はこれ以上詮索することもできなかった。しかし、その後の調査でわかってきたが、協会のこのころの不活発には一つの明確な理由があって、それは後述の新しい寺院建設過程での募金がらみの問題でグジャラート移民社会内部の人間関係の確執が影響していた。それを知ると、逆に、この役員の愚痴にも近い言葉も難しい事態を表現し生き抜くひとつの言い訳的な文脈化であるとも解せる。とはいえ、客観的には十分に立派な協会事務所兼集会所であり、彼らの結束は一応保たれている。協会はグジャラート人が中心であるが、利用する人はグジャラート人には限られない、南アジア系の人たちへ開かれている。特に英国に着いて間もない人などはまずここに来て、諸々の手続き、住居、就職などについていろいろ情報を得ている。ここは情報センター、言語・文化活動、生活扶助、社会的交流の場に使われる場所である。貧しいニューカマーもここから援助を受けながら、小さな商いや店員などから徐々に身を立てていく。

（3）宗教空間について

イーリング・ロードには、モスク一つ、ヒンドゥー寺院三つ、キリスト教会三つがある。駅から南に下っていくとすぐに南アジア系のムスリムが礼拝する堂々たるモスク Central Mosque Wembley が姿を現す。集会場も敷設されている。二〇一〇年ころにその部分が一度火事で焼失し、その後再建された。

写真21　2014年撮影。Ealing Roadにあるモスク。

写真22　モスクに隣接するスリランカ・タミルのシヴァ（イーラパティースワラル）寺院。

そのモスクのすぐ隣に、スリランカ・タミルがホールを内部改装して一九九九年に創建したシヴァ（イーラパティースワラ）寺院がある。リースで借りており、賽銭や献金で賄っているという。道路側に入り口があるホールの形状の制約で、通常東向きが鉄則の神像シヴァ・リンガは西向きである。内部の祭神は南インドのシヴァ系寺院と同じであり、ヴィシュヌ系のハヌマン神も祭られる。このことは現在の南インドで起きている祭神の北インド化までも正確に反映している。しかし配置には制約で変則がいくつか見られる。司祭は三人雇われていて入れ替わることが多いが、二人がタミルナードゥから一人はスリランカのジャフナから来ている。掲示はすべてタミル語である。二〇一二年には入口に南インド型寺院形式の門塔（ゴープラム）の写真が貼ってあって、信者のスリランカ・タミルや南インド・タミルの人たちの故郷の寺院形式へのこだわりを見せていたが、事実だけ述べると、二〇一四年にはそれが外されていた。この寺院運営委員会の会計担当委員はLTTE（タミル国解放の虎）の英国支部から寺院管理権を求める強い圧力があると語っている。この小さな寺院をめぐってもグローバルネットワークに乗った民族対立問題を突きつけられている。そのことへの対処もあってか、この地のローカルを生きることの戦術から、このスリランカ・タミル寺院はタミルであるよりもこのブレント市区のヒンドゥーであることに少なくとも表向きは参入することで地域紛争に引き戻されまいと対抗している模様がこの寺院のfacebookからもうかがえる。そこでは、後述

写真 23　シルディ・サイババ寺院

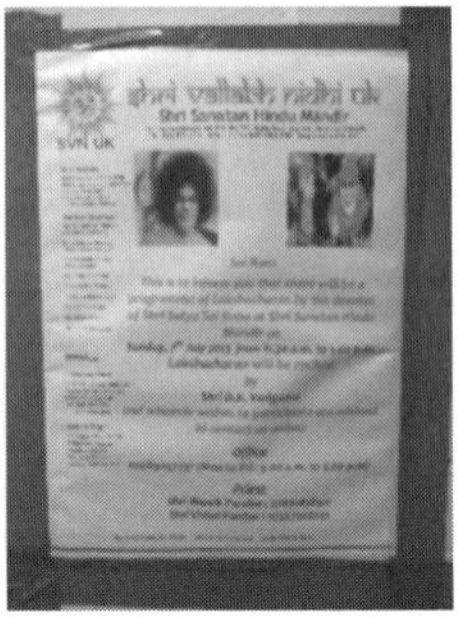
写真 24　シルディ・サイババ寺院内の掲示

の二つの北インド出自のヒンドゥー教寺院と一体化を演出して、驚いたことにfacebook のプロフィール画像でも、本章の主たる対象になるグジャラート人中心の壮麗な寺院の写真まで借用している。いわば、地理的メトノミーによる流用である。

このシヴァ寺院の向かいに、Shri Shirdi Saibaba 寺院が北向きに建っている。Shirdi Saibaba とは、インドのマハラーシュトラ州の村シルディ Shirdi に住んでいた神の化身あるいはスーフィー大聖者の意味であり、現代インド社会では全国的に圧倒的な信仰を勝ち得ているし、移民の間にもその信仰は定着している。同じサイババでも二〇世紀にプッタパルティに現れたサイババは自身がシルディ・サイババの生まれ変わりとして喧伝して信仰を広めた。二〇世紀のサイババには生臭い話が多く中間層にそして海外に信者が多いが、他方で反感を持つインド人も少なくない。しかしながら、両者は今ではしばしば結び付けられて信仰されるが、本家シルディ・サイババの清廉なイメージはヒンドゥー教の庶民的な開かれた側面を示すものとして広汎な支持を集めている。またイスラーム教徒の間でもスーフィー聖者として崇拝する信者が少なからずいる。司祭は赤い僧衣をまとって儀礼を行っている。今は小さなホールであるが、新しい寺院を建造予定である。現在予定の半分ほどの献金が集まっているが、二〇一六年の一〇月を新たな期限に据えてさらなる募金を得て新しい寺院建設に向かう。

ここまで見てきたイーリング・ロードの商店街が終わるところに、突如壮麗なライムストーンでできた大寺院が出現して目を驚かせる。道路に面して東向きに堂々と建つサナータン・ヒンドゥー寺院 Shree Sanatan Hindu Mandir である。現在の光景は二〇年に及ぶ建設工事を経て二〇一〇年五月に完成を見たものである。私が最初に調査を開始した二〇〇七年当時の光景はしたがって工事後半の時期のものであった。その時はまだ完成前であったので、建築中の大寺院の背後にある非常に大きなホールを内部だけ改装して寺院として使っていた。このサナータン・ヒンドゥー寺院が本章の中心対象であるので、項を改めて詳述する。

最後に見るのは、三つのキリスト教会である。一つ目は、サナータン・ヒンドゥー寺院の目前に向かい合わせの形で位置する Alparton Baptist Church がある。一七世紀に英国国教会から分離したプロテスタントの原理主義的セクトであるので、表看板は英語の表記のみで妥協的な雰囲気はないが、毎月の第一土曜の午後に Asian Fellowship という集会の時間を設けていること、キリストの下では一つであるから国や民族を問わずあらゆる人々を歓迎と書かれている。これは、英国の多文化主義的国家政策の法律的義務に対応していると思われる。

写真25　シュリー・サナータン・ヒンデゥー寺院（Wembley）

二つ目は、商店街の中間地点にある Wembley Gospel Hall である。文字通りには、教会というよりもゴスペル集会場である。ここでは meeting が行われるのであって、service とは言わない。一〇〇年の歴史があるという。そこは、グジャラート系のクリスチャンの積極的参加も認められる。毎週日曜の午前一一時から集会があるが、他に、月曜か、水曜かの午後八時から Gujarati Bible study が行われているし、月の第二土曜日の四時半からは Hindi Gospel meeting を行う。ホールの表にも英語とグジャラート語で meeting への誘いが書かれている。今見たようにグジャラート語とヒンディー語の関係が微妙で

写真 26　バプティスト教会

写真 27　バプティスト教会の掲示板

写真 28　ゴスペル・ホール

写真 29　ゴスペル・ホールの掲示板

写真 30　メソディスト教会

写真31　Ealing Road にて。道端でのハレー・クリシュナ教団への勧誘活動。

写真32　ロンドン大学SOASにて、ほぼ毎日ヴェジタリアン・カリーの昼食を配布するハレー・クリシュナ教団の信仰実践、とてもヘルシーで味がいい。

ある。ヒンディー語で間口を広げているのであるが、こういう現象も国家政策の影響下にあることが予想できる。

三つ目はEaling Road Methodist 教会である。一八世紀に英国教会から分離したプロテスタントの一派であるメソディスト教会は、規則正しい生活方法（メソッド）を推奨した。教会の表示からは日曜礼拝とあるのみで、特にAsianに特化した礼拝については不明である。

最後に、ISKCON = the International Society for Krishna Consciousness（クリシュナ覚醒国際協会）、いわゆるハレークリシュナ・ミッションに触れておきたい。イーリング・ロードの歩道で布教活動をしている写真を一枚示しておきたい。

ISKCONは、一六世紀の改革ヴィシュヌ教としてのクリシュナへのバクティを説くChaitanya Mahaprabhu の興したGaudiya Vaishnavism のクリシュナ教に属するA. C. Bhaktivedanta Swami Srila Prabhupada が西洋への布教の意志をもって一九六五年九月ニューヨークに降り立ったところから始まった。そこから一九七七年一一月に八一歳で亡くなるまでにはアメリカ人の信者とともにISKCONを設立し、世界中に一〇〇以上の拠点を構築した。（このような外形的なISKCONの急激な展開を書いてみて、不思議の感にとらわれるのだが、本当にこの聖者だけの力なのだろうかと。）一九七三年にロンドン郊外のWatford 市の近くのBorehamwood にBhaktivedanta Manor を、ISCKON の世界拠点として設置した。そのことは、ビートルズのインド伝統思想への傾倒、特にジョージ・ハリソンがISCKON活動に共鳴しBorehamwoodの広大な敷地を献納したために可能になった。このクリシュナ信仰の大拠点の設置は英国の中に初めて目に見える形でヒンドゥー教の存在が認知された点で画期的な出来事であった。特に、当時はまだ自分たちの寺院を持てずにいた英国のヒンドゥー教徒にとっては、とりあえずは重要な信仰の場ができたことになる。とりわけクリシュナ信仰が重要なものとして定着しているグジャラート系の移民にとっては、親近性があった。そこではクリシュナ信仰系の祭礼が盛大に祝われるので、その際に多くのグジャラート系移民がそこに集まるのである。それはまたISCKON側も意識的にHindu Diasporaの取込みに努めた。そのための注目すべき一つの努力がある。それは、祭礼をオープンにしたり、インドからの聖者の講話を催したりすることに加えて、その教義においても教祖Srila Prabhupadaの説教に特化する形を脱して、チャイタニヤ派の教え（Śrī Caitanya Caritāmṛta）に加えてBhagavad Gītāなどまでのインドのクリシュナ教さらにはヴィシュヌ教への原点回帰を行うことで南アジア系のヒンドゥー教徒の参入を推進しようとしていることである。その効果もあってか、今日までには、最初の欧米人中心の信者構成のなかに徐々にヒンドゥー移民の二、三世などが入り込んできている。Caitanya Mahāprabhu と Srila Prabhupada とをより強く結ぶことで正統性と間口拡大を強化しているのである（cf. [Knott 1993]）。この教団は、このように、教祖としてのPrabhupadaという不動のグルが中心の教団であるが、同じくグル中心のスワミナラヤン信仰（後述）との差異は、グルのあり方が後者では生きているグルを中心にしている点にある。

本論

Shri Vallabh Nidh, UK のヒンドゥー寺院建設活動――Shree Nathji Sanatan Hindu Mandir, Laytonstone 建設から Shree

Sanatan Hindu Mandir, Wembley 建設への創発的記号過程

1　"Desh Pardesh（海外に創るホーム）"の現在――グジャラート（インド）、東アフリカ、そしてロンドン

本章の中心的な検討対象は、グジャラート系ヒンドゥー主導の宗教グループである。特に一六世紀に始まる改革ヒンドゥー教ヴァッラバ派 Vallabhacharya（プシュティマルグ Pushtimarg）の流れ（後述）を中心におく英国での宗教法人 Shree Vallabh Nidhi, UK の保有する二つの寺院をめぐる活動を取り上げる。東ロンドンの Laytonstone にある Shree Nathji Sanatan Hindu Mandir と、そこから発展して新築された北西ロンドン Wembley の Shree Sanatan Hindu Mandir である。これらをなぜここで中心的に議論するのかという対象設定の理由は行論が進む中で明らかになろう。

上記の寺院の位置づけを理解するために、二つの背景的知識を説明しておきたい。（一）インドのグジャラート地域のヒンドゥー教とスワミナラヤン信仰、（二）グジャラートとヒンドゥー右翼RSS、についてである。

（1）インドのグジャラート地域のヒンドゥー教とスワミナラヤン信仰

二〇〇一年では人口五〇〇〇万人余りであるグジャラートには、ヒンドゥー教徒（八九・一%）、イスラーム教徒（九・一%）、ジャイナ教徒（一・〇%）、キリスト教徒（〇・五%）、シク教徒（〇・一%）がいる。二〇一一年では、ヒンドゥー教徒（八八・六%）、イスラーム教徒（九・七%）、ジャイナ教徒（一・〇%）、キリスト教徒（〇・五%）、シク教徒（〇・一%）、仏教徒（〇・一%）、その他（〇・一%）となっている。確かにヒンドゥー教徒が圧倒的に多いが、その中身はグジャラートの歴史を反映した sect と caste が交差した複雑な内容である。グジャラートのヒンドゥー教徒は、数ではヴィシュヌ教徒 Vaishnavites（バニア・カースト〈Banias〉が中心的信者で聖地 Dwarka が重要）が多いが、少数でもブラーマンが支持するシヴァ教徒 Shaivites（The Somnath Temple が重要拠点）は強力な信仰を集め、女神崇拝のシャークタ派 Shaktas

（ないしDevi Bhaktas）も広汎な支持を得ている（代表的にはAmbajiの女神信仰がある）。その意味で正統的なヒンドゥー・パンテオンの信奉者である。ヴィシュヌ教信者が中心を占めるが、そのことはシヴァ派やシャークタ派などと排他関係にあるというわけではない。グジャラートのヴィシュヌ教徒はラーマ神を焦点化する特徴を持っているが、そのような前近代の信仰風土では「生まれ」で信仰が決まる伝統ヒンドゥー教の世界に生きていたことになる。一四世紀からのムスリムの支配下で、ヒンドゥーからムスリムへの集団改宗によってヒンドゥーの数を減らすが、そうした拮抗の中で南インドから起こったバクティ運動によるヒンドゥー教の刷新運動かつ大衆化運動が北インドにも定着していった。その主たる五つのセクトはShankaracharya、Ramanujacharya、Madhavacharya、Nimbarkacharya、Vallabhacharyaである。八世紀シャンカラの唱導した不二一元論アドヴァイタを乗り越えていく実践がこれらのバクティ運動であった。この論文では重要になるJagadguru Shrimad Vallabhacharya Mahaprabhujiによって創始されたヴァッラバ派（Vallabhacharyaあるいは Pushtimarg）では、純粋不二一元論シュッダ・アドヴァイタというブラフマンの存在をクリシュナとし、それを唯一的なものとしてあらゆる現象はその現れとし、その実在も肯定的に認める。このPushtimargaの道でのバクティによって通常の魂は神に祝福される信仰の魂を獲得できるとする。一六世紀このVallabh派がグジャラートを含む北西インドで広く支持された。Shri-Nathaji（Mathuraの近くのGovardhana山の麓でVallabhaが発見したとされる黒色Shri-Nathaji像）をクリシュナの直接顕現としてHaveli（館）で祀るクリシュナ教の誕生である。

この一六世紀の改革ヒンドゥー教のクリシャナ信仰としてのヴァッラバ派（Vallabhacharya）セクトの登場（年齢・カースト・ジェンダーなどの規制を超える平等主義、バクティと献金、svarupとhaveli、各家庭でのsevaの重要性）と、その土壌からさらに、一八世紀からの英国植民地支配下でのクリシュナに等置されるスワミナラヤンへの信仰セクトの創始などがあって、近代のネオ・ヒンドゥー教は、宗派への入信を促進するという信徒拡大へと傾くセクトが出てきて今日に至っている。

クリシュナに等しい究極存在 Narayana の顕現としての Swaminarayan を主神にした寺院によって特徴づけられるのが、このスワミナヤン信仰である。Sahajanand Swami（一七八一―一八三〇）によって新興のヒンドゥー教団 the Swaminarayan Sampraday が創始された。女性の地位や貧者の救済、カースト階層の否定、モクシャの重要性（禁欲主義 ascetism）の強調、動物供犠の禁止、禁欲者 sadhu と在家者との明確な区別、寺院空間の重要性、Narayan=Krishna を主神にするがスマールタの神々も崇拝してよいという開放性（サナータン寺院的傾向）、信仰バイブルの創作などなどの平等主義とサンスクリット化というある種矛盾を孕んだまま当時の時代状況に合わせた新機軸を打ち出した（その矛盾は今日もそのままで、そのずれの間の微妙な妥協が実は巧みな仕掛けとして作動している）。

創唱者はサマーディ（即身成仏）に入る直前に（一八二五年）に継承母体の組織化のために、二つの指導座 Gadi を用意した。一つは Ahmedabad を拠点にした Nar Narayan Dev Gadi であり、もう一つは Vadtal を拠点にする Laxmi Narayan Dev Gadi である。それぞれに兄弟の子供をそのリーダー（在家ながら霊的権威 acharya）として据えた。家族の血筋系統の中で霊的権威の継承を考えたためであった。この霊的権威の在家者 acharya による行政支配と禁欲僧 sadhu の尊重との区分がその後のセクト分裂の種を孕んでいた。はたして、創唱者の死後しばらくすると、継承争いから複数のセクトが本家から分かれて分派していった。分派していった重要な一つが、Swaminarayan の下で覚者と認められた Gunatitanand Swami を Aksharbrahm の顕現であり Swaminarayan の精神的継承者として信じる Bochasanwasi Shri Akshar Purushottam Swaminarayan Sanstha（BAPS）である。すなわち、Gunatitanand Swami を正統な継承者とする信仰の下に、在家の Acharya を認めず、禁欲僧 Shastri Maharaj（Shastri Yagnapurushdas）に率いられて Vadtal Gadi から一九〇六年に分派した。現在は禁欲僧 Pramukh Swami が宗教的権威と行政的権威を兼ね備えて組織を統括的にリードしている。こうして、sadhu の側の acharya への謀反によって、Sahajanand Swami が意図した acharya の下で二つの権威を区別するという体制は否定され、結果的にそこでは sadhu 集団の離反という形で構造的矛盾は無くなることになった。その矛盾の解消がその後のＢＡＰＳの安定的発展の基礎になったと言える。もう一つは、同じくSahajanand Swamiが認めた覚者Gopalanand Swamiを正統な継承者とするSwaminarayan Gadi Sansthan, Maninagarが一九四〇年代に新たに創設された。こうした分派からさらに分裂が続き、一九六〇年代にはthe Gunatit Samaj と Yogi Divine Society、一九八七年にはthe Swaminarayan Mandir Vasna Sanstha（ＳＭＶＳ）などが生まれ、今日に至る。それぞれがSwaminarayan信仰を掲げて米国、英国を筆頭に世界展開をしている（多く見積もる場合、世界中で五〇〇万人の信者数がいるとする者もいるが正確な数字はわからない）。こういうことを踏まえて、この信仰の専門家であるRaymond Williamsは、その分派系統の主要なものを、Swaminarayann自身が創設した二つのGadiと新たなGadiを作った第三勢力との大きく三つにカテゴリー化している［Williams 2001: 51］。一つ目はNar Narayan Dev Gadi（Ahmedabad）とそこに近い分派Junagadh templeとSwaminarayan gurukulsであり、二つ目がLaxmi Narayan Dev Gadi（Vadtal）とそこに近い分派Bhuj temple and trustとMuli temple and trustであり、そして三つ目の第三勢力が新興の分派でSwaminarayan Gadi（Maninagar）、ＢＡＰＳ＝Akshar Purushottam Sanstha（Bochasan）、Yogi Divine Society（Vidyanagar and Sokhda）があげられている。これらの三つのカテゴリーのそれぞれが世界展開に努めている。この第三勢力の中のＢＡＰＳのグローバル展開は特に目覚ましいものであるが、こうした第三勢力のグローバル化に遅れまいと、一つ目はInternational Swaminarayan Satsang Organisation（ＩＳＳＯ）を結成して"the Original"をうたい、二つ目はShree Swaminarayan Agnya Upasana Satsang Mandal（ＩＳＳＭ）を組織して"authentic"を標榜している。両組織とも米国や英国に拠点をすでに作っている。

Rachel Dwyerによれば、多数派のヴィシュヌ派の多くはラーマ神（ヴィシュヌの化身）を崇拝するが、その中で特に一六世紀からのクリシュナ神を重視するヴァラバ派と一九世紀初めからのスワミナラヤンとの二つの新興セクトが少数派でも社会文化的影響力が甚大であるとされている。その理由はどちらも、富裕な商人の強いニーズに支えられて活発化したからである。富裕商人たちは蓄積した貨幣的富をローカル社会での社会的地位上昇に変換するサンスクリット化の機会を提供する信仰場として、これらの新興クリシュナ信仰を利用したのである。信仰集団側からすれば、富裕層の信者を急速に取り込むことに成功し、大きな支持基盤に築いたのであった［Dwyer1994: 171］。Dwyer は、スワミナラヤン信仰、特にBAPSセクトは、金の亡者という世俗の極みを一挙に篤信者に変えるこのマジック装置をより巧妙に洗練させて、海外でビジネスに成功した在外グジャラート人社会の人々にアピールし、一挙にグローバル化に成功したという。

スワミナラヤン信仰は富裕商人ないしは富裕ビジネスマンの間に強い支持を広げたので、社会的にはグジャラートでも海外でも信者数以上の存在感がある。その成功理由のその一は、教義の近代への適応としての明示的言語化による簡潔化にある。すなわち、良き道 moksha と悪き道 maan の二項対立のわかりやすい教義が聖（宗教儀礼）と俗（政治経済）とを包括的に結びつける共同体の倫理的原理として共有され、世俗の一般信者は受動的な主体のままで禁欲僧に依存することで信仰上は能動的に行動していることになる聖俗連結の仕掛けがうまく働いていること［Barot 1972］、同じことの別の言い方で、スタティックな宗教よりも信仰実践共同体とでも訳せるような Sampraday という柔軟な集団概念が、宗教にも世俗にもまた近代にも反近代にも本質化できない行為遂行的なものであること［Kim 2010］、である。俗の個人の信仰行為が集団的な信仰実践の中に埋め込まれるように、区分化と曖昧化を両用しているのである。つまり、近代化状況の中にいる普通の人々がその信仰に参入し持続することが容易であるようにできているのである。その一とも連動しているが、成功理由その二は、家庭祭祀よりも寺院という場を信仰の中心において一般信者の信仰行為の負担を軽減し世俗的日常に自由度を与えたことであり、そのために、開祖 Sahajanand Swami 以来、寺院建設を宗教実践として重視し信仰共同体としての Sampraday を明示的に空間化する活動［Kim 2010］を実践し継続してきた。

ＢＡＰＳについて言うと、確かに、視覚的に明確な外形の宗教的禁欲性 ascentisim の強調や寺院の場の重視によって、中身の大多数を占める在家信者の儀礼行為の負担を減らし、日常的俗性に自由度を生み出すという現実適応性（妥協性）の高さがその妙なのである。その巧妙さの原理は、宗教組織（聖）と行政組織（俗）の二元性を横並びではなく、女性との接触厳禁の禁欲僧 sadhus と女性との接触可能な一般信者 satsangis とを縦に上下関係にして、そのトップである Gunatitanand Swami の継承者すなわち禁欲も俗世も超越した覚者の指導下に一元的統括したことにある。その仕掛けによって、一般信者は僧に従属依存しておけばよいので、かえって身軽な信仰になる。

実はＢＡＰＳの拡大のもう一つの大きな要因がある。このＢＡＰＳは大きな政治勢力であるＲＳＳと近い関係にあるとされ［Kim 2010］、ＮＲＩを含む海外在住グジャラート系移民へのＲＳＳの浸透戦略に乗る形で世界展開できたためであるとみなせる。他の分派が RSS と全く無縁ということも考えにくいが、ＲＳＳにとってもプレゼンス力の高いＢＡＰＳにテコ入れすることにメリットがあったのであろう。そして、今までのところＢＡＰＳを総帥する Pramukh Swami Maharaj がそれを見事にマネージメントしていると見える。英国王室とも密接な関係を築いていると言われる。

海外在住の富裕層に浸透した上記の変革原理は、もちろんグジャラート社会で起こったことの拡大版である。この原理はグジャラート固有の近代への対応のブリコラージュ現象であるので、ここでそのことに少し触れておきたい。

西欧近代の視点からの反サティーなどのヒンドゥー慣習に否定的な英国植民地政府の下で、スワミナラヤン教団はヒンドゥー教の改革（?:）を自己言及性の高い組織構造と言語で訴えて植民地政府に認知させ、同時に世俗信者の支持を取り付けたのであった。ラーマ神信仰の文化伝統の上に、その過程はすでに述べたように二段階のクリシュナ信仰の改革（?:）を通じて達成されたわけである。この過程とは、結局大きくは近代への適応の歴史であり、

写真33・34　Willesden（西北ロンドン）に位置するNarNarayan Dev Kadiのスワミナラヤン寺院Shree Swaminaryan Temple。寺院内部では男女隔離が見られる。祭壇に向かって右手が男性、左手が女性のいるべき場所になっている。

近代システムの支配イデオロギーを巧みに取り込みながら伝統宗教のエッセンスを内外に発信できるように簡潔に整え、異言語、異文化、異宗教の間で暮らすバクタにも受け入れやすくしていったことである（二つのバイブル the Shikshapatri と the Vachanamrut を作成）。簡潔化と言ってもその巧妙さは、すでに述べたように、Sampraday という独特の曖昧さを持った概念（宗教であり共同体でありミッションでもあるような聖と俗の一体化した集合概念）で信仰集団を束ねてきたことにある。特に分派したＢＡＰＳにおいて加速的にそのことが進んだ。ここでの巧みさというのは、この簡潔さと解釈の曖昧さとの組み合わせのことで、そうすることで分けつつなんでもつなげる仕掛けとなるのである。この簡潔な外形にあいまいな中身を詰めるというコンパクト化は、一九九〇年代以降に言われたヒンドゥー教のパッケージ化、さらにはバッゲージ化（バックでもてるパッケージ化）と言われる現象の先取りであったために、トランスナショナルな二〇世紀の末以降に、俄然その有効性が発揮され急成長したのである。パッケージ一つで、さらにバッケージ一つで、宗教を脱文脈的にどこにでも持っていけることの先鞭を付けていたＢＡＰＳのような前衛的セクトに牽引されながらスワミナラヤン信仰は、私の概念である「勝利するローカリティ」（支配システムに取り込まれ繁栄する次元のローカリティ［関根　二〇〇九ａ］）として爆発的に浸透していった。現在世界全体で五〇〇万人を超える信者がいると言われ、グジャラートでは四五〇〇万人を数えるヒンドゥーの内の、

写真35　東ロンドンにある the Shree Kutch Satsang Swaminarayan Temple。ここでも寺院内の男女隔離の衝立が見られる。スワミナラヤン寺院が皆そうしているわけではない。

四〇〇万人を超える信者がスワミナラヤン信仰に従っていると推計されている［Williams 2001, Williams and Yogi 2016］。海外在住の Oversea Indian やNRIの強力な支持を受けて教勢を拡大し、その力を再び還流させてインド内部でも存在を強めている［Kim 2010］。資金流入は大きな力であるが、これまでのインドでのフィールドワークの経験から政治・経済・宗教の深い関係を知っているので、グジャラートのスワミナラヤン寺院への海外からの献金には Tax heaven 的性格がみてとれると私には思われるのだが。

二つの伝統的 Gadi やその分派も含めて、スワミナラヤン信仰は、いずれも寺院という拠点空間と自己言及性の高い教義を有していたために、海外へ移民した人々にはアイデンティティのよりどころにしやすかったことから、上に見たとおり急速にグローバルな拡大をすることになった。それを加速度的に可能にしたのが、寺院ネットワークと経済（ビジネス）ネットワークの重複性による資本の蓄積とその投下である。後者を可能にしたのは、収入の一〇％から二〇％の献金を信者に義務付けたことが（信者はその通り払わないとしてもなにがしか献金するので）、スワミナラヤン信仰の経済基盤を強化し、さらなる寺院建設を可能にしてきた。結節としての寺院とそのグローバルネットワークは、信者の資本家にとって社会関係資本の拡大と構築の場として重きが置かれることになった。そのような仕掛けがグローバルな爆発的な教勢拡大を促し、もはや多中心というべき国家を超えるネットワークを構築した。

自己言及性が高いパッケージ化の効果、iphone にも届くようなデジタル化、ネオリベ経済価値を取り込む適応性などによって、ＢＡＰＳはこの現代グローバル化において最も典型的な「勝利するローカリティ」の事例となり得た。しかし、この論考の文脈においてこの事例の持つ意味を考察するとき、考えるべき問題はここからである。この事例が示す勝利の側から見れば、同心円的に三つの周辺が見えてくる。(1)急速なＢＡＰＳのグローバル化に対して相対的に遅れをとる他のスワミナラヤン・諸セクト、(2)一六世紀に改革の先鞭をつけながらスワミナラヤン信仰の現代的適応にはやや遅れを取っているヴァッラバ派セクト、(3)さらには一五世紀までのローカルなグジャラートのヴィシュヌ派信仰やシヴァ派、そして女神信仰。ここでは(3)として最周辺に置かれているが、これこそが、本来は布教型宗教ではないヒンドゥー教を体現してきたものであり、自己言及性が低くあいまいな裾野をもったままに地域で長く人々を支えてきた、ヒンドゥー教の本道なのであったが。

ならば、次のように問いかけることは、支配的価値からの表象ではなく「生きられている現実」に寄り添うためには重要である。すなわち、グローバル・ストリートの現代価値からは周辺化させられるが、それぞれのストリート・エッジは、そのエッジにあるという現実文脈を繰り込む内在的視点をもってどのようにこの二一世紀の初頭を生き抜いているのか、つまり相対的には「敗北するローカリティ」（グローバリズムに基づく支配システムの光の中で敗れ去り隠されたり消されたりした次元のローカリティ、［関根　二〇〇九ａ］）の側に位置する宗教様態はどのようになっているのか、問うということである。これは、私としては以前より長らく考えている〈「周辺」を「境界」に読み替える〉という理論的・方法論的・行為遂行的な問いかけと同形である［関根　二〇〇六］。ストリート人類学の構想のなかで主対象になるストリート・エッジ現象の記述検討という本書の重要なテーマがここに存在している。その問いをめぐって、本章は一つの確実な事例を提供したい。

以上述べてきたような、グジャラートのヒンドゥー教をめぐる宗教事情と、そのグローバル展開の結果が、このロンドンに色濃く映し出されている。単に反映しているだけでなく、英国現地のそれぞれの地域での様々な文脈の中で時間的に変化しながら新たな創発実践が行われているのである。このようなグジャラートからロンドンまで（しかも東アフリカを経由しながら）続く宗教的実践の創発の足取りは、パース記号学とそのプラグマティズムがその分析に有効であり、フィールドワークを踏まえて実験してみたのが本章である。

ロンドンのヒンドゥー教徒の宗教空間構築運動を考えるときに、グジャラートではヒンドゥー教徒の中でスワミナラヤン信者は一割程度であるが、二〇世紀末以降のグローバリゼーションにのったネットワーク的な教勢拡大に伴って英国移民社会のあいだでのその存在感は信者の数以上に大きい。その存在が目立つからには、人・物・金・情報を動員する資金と政治がそこに投入されてきたに相違ない。Weller［2007］によれば、二〇〇〇年代半ばで英国には七〇〇を超えるヒンドゥー宗教団体があるとされるが、その中でグローバル化への傾きの強度からすると、その目立ち方の先頭が一九九〇年代からは目に見えてＢＡＰＳである。とはいえ、英国で最初に建立された寺院は、ヴァッラバ派セクトが一九七〇年代前半にレスター Leicester に造った Shree Hindu Temple and Community Centre である。ロンドンでは、グジャラートの Kutch を起源にし、東アフリカを経由してロンドンに至った Maninagar Shree Swaminarayan Gadi Sansthan の人々の結集が最も早く一九六〇年代の終わりから Hendon に信仰の場（寺院ではない）を持っていたという。一九七〇年代半ば以降になると、ヴァッラバ派セクトとスワミナラヤン諸セクトがそれぞれにグジャラートの各セクトの本部寺院と連絡しながら住戸や代替施設での集会を持ち寺院建設を模索し始めていた。こうした七〇年代までの助走期を過ぎて八〇年代になると、移民・難民も定着と経済的安定が進み、信仰空間への欲求水準が上がってきて、使われなくなった教会やシナゴーグなどを改修した寺院では飽き足らず、新築の本格的な寺院建立に向かうことになる。一九八〇年代の後半になると、このような移民内部からのプッシュ要因とグジャラートと世界をつなぐネットワークからの働きかけというプル要因が相乗効果を持ち始めた。そのことを最大限に利用してロンドンにスペクタキュラーな寺院を実現したのがＢＡＰＳであった。一九九五年にＢＡＰＳがロンドン北西部郊外のニースデン Neasden の工場跡地の広大な敷地に総大理石の壮麗な BAPS Shri Swaminarayan Mandir（ヒンドゥー一般に開かれた信仰空間としての寺院）と外装内装が木造である Haveli（セクトの信者のための集会ホール）とのワンセットの宗教施設を建立した［Williams 2001: 220］。それはグジャラートにもないような豪華なものであった。

一六世紀のヴァッラバ派セクトの開設という改革で Mandir（寺院）と Haveli（館）の組み合わせが創造されたが、そこでは Mandir は神像のムールティ murti が置かれたヒンドゥー一般に開かれた場所であるが、ヴァッラバ派信者に限定された、クリシュナ神の直接顕現の物証スヴァルップ svarup が置かれる館 Haveli こそが重要であった。そこには Shri Nathaji の svarup が祀られ、クリシュナ神そのものであるとされる［Dwyer 1994: 173］。それ以来この Haveli がセクト信者には重要で、スワミナラヤン信仰においてもその基本的な考えが継承されてこのような寺院複合になっている。とにかく、ロンドンの西北郊外にグジャラートの改革ヒンドゥー教の伝統空間が再現的に創建されたのである。当時で総工費一六〇〇万ポンドと言われる。この巨大寺院建設は、ヒンドゥー教徒を超えてインパクトを与えた。インドについて知らない大方のイギリス人にはこれがヒンドゥー教であると理解された面がある。聖地観光のスポットとしてまた多文化主義政策の実践場として脚光を浴びることになった。

写真36　ロンドン北西部郊外のニースデンにある BAPS Shri Swaminarayan Mandir（寺院）と Haveli（館）。

このＢＡＰＳの大寺院建立は、他のスワミナヤン・セクトに対して、またヴァッラバ派セクトに対しても大きな意味とインパクトを与えた。それぞれのセクトの立場からロンドンでの自らのプレゼンスをめぐって競争意識を強く産んだのである。事実、ニースデンのスケールまでは行かなくても、各セクトがなるべく大きな寺院を建立しようという競争を開始したことは確かである。スワミナラヤン・セクトの中で第三勢力の一角を占めるSwaminarayan Gadi, Maninagarは遅ればせながら二〇〇八年にHendonに近接するKingsburyに土地を購入し、二〇一四年に豪華なShree Swaminarayan Mandir（Shree Muktajeevan Swamibapa Complex）を開いた。本家筋のNarNarayan Dev Kadiは、ロンドンだけでも大規模なWillesdenを筆頭に、Harrow, StanmoreなどにShree Swaminaryan Templeを有している。また、スワミナヤン信仰のむしろ母体であったヴァッラバ派セクトは、英国での寺院建立では先鞭をつけたが、ロンドンでは比較的地味な形の信仰生活を送っていた。しかし、このセクトでもロンドンでの大寺院建立の機運が高まり、その活動を活発化させた。紆余曲折を経て、ついに二〇一〇年にはニースデンに並び立つような豪奢な大寺院をWembleyに完成させ、建設活動を成就した。注目すべきは、同じ郊外でもその立地は通常の英国風の住宅街の中でニースデンのような孤立感のない場所に建てられたことは、彼らの社会上昇と適応にともなう交渉力の強度と多文化主義の成果を感じさせるものである。実は、この寺院が私のフィールドワークの対象であり、本章での思考実験の場である。

以上から、ひとまずは、ロンドンのヒンドゥー教の信仰模様の主要局面は、その担い手の中心がグジャラート系であることから、次のようになる。グジャラート系の人々には、ヴィシュヌ派信仰（ラーマ信仰）を中心にシヴァ派信仰や女神信仰も取り込んだ基層の宗教文化ハビトゥスが身体化されており、その上でクリシュナ神を焦点化する新旧の改革ヒンドゥー教の二つ（ヴァッラバ派セクトとスワミナラヤン系の諸セクト）がロンドンのヒンドゥー教の中心部を形成している。グジャラート系移民社会でイニシアティブをとっているのが東アフリカ経由のダブル・マイグレーションの人々であり、そのために基層的宗教文化よりもパッケージ化の強い改革ヒンドゥー教が優勢であることが理解できる。

グジャラートという地域性とクリシュナ信仰とが密接しながら、東アフリカ移民経験を経てもなお持続してきたことは、それがゆえに、グローバルなこの時代にも生き抜ける強い適応力を有していることの証明になっている。

その宗教空間の持続的創発の結果が、英国生まれの二世、三世以降の世代の異国での宗教文化環境の重要な一部を提供している。彼ら彼女らもまた英国の地においてインド、東アフリカ、イギリスという現代がつくる三角ネットワークを新たな文脈で内在的に生きることになる。それがこの地域性が強く反映した独特なヒンドゥー教を核にしたグジャラート宗教文化として、これからの世代のアイデンティティ構築に何某かを供与し続けるのである。

補足しておきたいのは、ロンドンにも南インドやスリランカ・タミルの流入によって、タミル地域やケーララ地域の宗教文化が存在感を増している点である。特に、一九八〇年代後半からのスリランカ・タミルのヒンドゥー教徒の集中的流入と活発な宗教空間の希求があって、故郷のムルガン信仰、アイヤッパン信仰、地域女神信仰などがロンドンの地で直接的に再現されている。スリランカ・タミルは後発のために、彼らの固有の寺院空間を持つと同時に、グジャラート系や南インド系の宗教空間にも参加がみられる。これについての詳しい報告は別の場所で行いたい。

（２）　グジャラート系英国移民とヒンドゥー至上主義集団（ＲＳＳ、ＶＨＰ、ＢＪＰ）

ロンドンはニューヨークとともにネオリベラリズム的経済の中心として、異様な発展を遂げている。二一世紀のグローバル資本主義経済の不安定性が、ロンドンを魅力的な資本投下と金融中心の地に変えてきている。リーマンショック後、イタリア、ギリシャの富裕層が、アラブの春以降中東及び北アフリカ富裕層が、さらに英国連邦のインド、香港、シンガポール等の英連邦の富裕層が、政治的混乱のブラジル・アルゼンチン・トルコの富裕層が、またロシアや東欧の富裕層が、ウクライナ問題以降さらなるウクライナとロシアの富裕層のロンドン避難が続く。ＥＵ諸国、ロシア、インド、アラブ、中国を筆頭に外国の超富裕層がロンドンの中心部の不動産を買い占めているのである。このようなネオリベラリズムのグローバル化のなかで英国の文化多元主義は好意的に受け止められ、世界各国の超富裕層がロンドンの金融と不動産に資本投下するので、その中心性がますます強化されてきており、貧しい移民にとってもチャンスの場所として認識され急速に押し寄せることとなった（ここでは、二〇一六年Brexitを認める国民投票以前の英国を想定して書いていることを断りたい）。つまり、自国が不安定で自国内で金余りの富裕層と自国内で生きられない貧民という格差の両極の二種類の移民がロンドンに集まっているのである。まさに多様な移民を抱え込んだグローバル都市としてロンドンは富裕と貧困の二重化でできている都市になっている。二一世紀に入って不動産高騰が続伸しているので、たまたま都心に不動産を持っていた下層の者が小金持ちになったりしている現象もあり、その基本的な二重化が見えにくくなっている面も多少あろうが。ごく一部の者に幸運を産むこのような状況は決して健全な経済のトリクルダウンではなく、ギャンブル経済のおこぼれにすぎない。急激な不動産高騰は英国社会の社会的・文化的なインフラを壊し、負の影響が増している。たとえば、高値で不動産が売れるので、都心の個人経営パブが減って、パブのチェーン店化が生じている。普通の中間層ではもはやロンドンにまともな家は持てない。家を持とうとすると遠い郊外になり通勤時間が負担になる。シェンゲン・ヴィザには参加していない英国でもEUには加盟しているがゆえにその壁を越えて底辺移民が入り込んでくる（Brexitの一因もここにあるわけであるが、さすがに英国政府も困って、国民投票の前の段階の二〇一六年四月には、定住を求める非ヨーロッパ人移民に対して下限の年収三万五〇〇〇ポンドをクリアすることという条件を決めて、それができない移民は帰国させられることになった）。

このように、今日のロンドンは繁栄と悲惨が折り重なっている。貧困移民の問題は、二〇世紀後半に英国に流入しすでに定着した南アジア系、東アジア系、カリブ系、アラブ系などの移民の層にさらに覆い重なるように二一世紀に入って二つの新たな変化で悪化している。一つ目は二〇〇〇年代のEUの拡大に伴って特に中欧・東欧からの移民が押し寄せたこと。二つ目は米英が主導した戦争のリアクションとしての中東や北アフリカなどからの戦争難民（イラク、リビア、アフガニスタン、シリアなど）の受け入れ問題の発生である。この新たな波の移民問題は、EUの圧力と英国人の国民感情との間で社会問題になっている。これは、単に移民の数がさらに増えるというだけの問題ではなく、そうした難民はムスリムであるということが、二〇〇〇年代の暴動とテロを再想起させ英国人特に英国白人には脅威を覚える人も出てきている。穏健に英国民として働いている国内ムスリム英国人（アラブ系と南アジア系が多い）と、ＩＳ（イスラム国）という不可思議な存在の過激イメージを加託潜在させられる中東ムスリムとが、確かな根拠もなしに結び付けられて、**Britishness**（あるいはEnglishness）と**Christianity**を掲げた英国白人右翼とムスリム英国人の間で誠に不幸な緊張が高まっている。そのことが波及して、移民三世、四世になる**British Asians**（南アジア系英国人）の中のムスリム住民への風当たりも強くなっている。それは、ＩＳ登場が欧米主導の戦争経済推進と共犯関係にあること、難民やテロの発生がそうした共犯関係の結果としてあることを正確に見ることなく、そのグローバルパワーの見え透いた「文明の衝突」言説に安易に乗ってしまう英国白人も増えてきていることを意味している。その中には、目の前に存在が見えるムスリムに対して排他的行動をとる者も出てくるわけである。事実、最近でもバングラデッシュ系ムスリムの集住する東ロンドンのモスク前で、十字架を持った英国白人が示威行動に及んだ。こうして、不安に駆られての安易なアイデンティティ感情から、宗教的表象が前景化した形の政治的行動が引き起こされ、それがニュースになり、人々の意識にフィードバックし負の影響を与えている。

同じ回路で、この世界の流動化からくる不安を元手にした安易な宗教表象の政治的利用は、ロンドンのヒンドゥー教徒の間にも実は生起してきている。中東ムスリムの英国への越境イメージは、この地のヒンドゥー教徒にも対抗的に宗教を意識化させるであろうが、そこには英国白人とは違った文脈が下地にある。インドでは、経済自由化以降に特にアヨーディヤ事件を起点に激化したヒンドゥーとムスリムの対立という宗教を利用した政治がもう四半世紀も続いているという文脈である。それを扇動して政治的権力を得てきたヒンドゥー・ナショナリスト集団であるＲＳＳ（the Rashtriya Swayamsevak Sangh 民族奉仕団：一九二五年に**K. R. B. Hedgewar**が英領からのインド独立運動として**Nagpur**で創始したが反イスラームに転じた組織）の立場からすれば、英国の現在のイスラムフォビアという文脈は彼らの追い風になる。

インドではＲＳＳ（慈善）、ＶＨＰ（宗教）、ＢＪＰ（政治）の三竦みの「ＲＳＳ家族：Sanga Parivar」は、その宗教担当部門の世界ヒンドゥー会議 Vishwa Hindu Parishad（ＶＨＰ）を通じてスワミナラヤン信仰セクト、特にその分派であるＢＡＰＳと強い連絡をもってきたことは疑いない［Dwyer 1994: 185, Kim 2010］。このＶＨＰとＢＡＰＳは歩調をともにすることでグローバル展開に成功し、世界でも最も富裕な宗教団体になっている（いずれも献金徴収にきわめて熱心である）。ＶＨＰのグローバル展開にとって、ネオリベラリズムと矛盾しない宗教の仕掛けを巧みに作り上げたＢＡＰＳは非常に都合がいいものである。英国ではＶＨＰ（ＵＫ）として一九七二年から活動し、英国でのヒンドゥー教団体の代表であると、英国政府から認知されているとホームページで主張しているが、文字通りには鵜呑みできないとしても、ヒンドゥー教徒を束ねる見えやすいプラットフォームを提供していることで英国政府も認知しやすいし、背後でのロビー活動もあって英国政府への影響力は確かに小さくない。ＶＨＰ（ＵＫ）関係のいくつかの website が見つかるが、その中の一つで、二〇一五年一一月イスラーム過激派の仕業とされる（？）パリ爆破事件に反応して、在英国のフランス大使宛に数日後に送ったお悔やみのメッセージが掲載されている。その対応と内容から上述した二つの文脈（英国を含むヨーロッパのイスラムフォビアとインドでの従来からの反イスラーム）が接続されている証拠を見ることになる。また、一九六八年からＲＳＳの英国での出張所に当たるヒンドゥー奉仕団体 Hindu Swayamsevak Sangh（ＨＳＳ）という慈善団体がＵＫには設立され、近年ますます活動を活発化させている［ウェブサイト http://hssuk.org/、フェイスブック https://www.facebook.com/hssuk］。このＨＳＳも募金を集めインドに送っていると言われ、シク、ムスリム、クリスチャンからのこの団体の禁止を英国政府に訴えた告発行動もみられる。インドのＲＳＳ家族自体が海外在住の経済的に成功した人々からの資金集めに成功して成り立っていることを、この告発は明らかにしている。

要するに、こういう事態が進むのは、このような宗教、経済ネットワーク構築が、南アジア系ヒンドゥーの海外でのアイデンティティ不安に応えるとともに、社会的経済的地位をも上昇させる機能があって信者にとっては一挙両得だからある。その中心アクターがVHPとBAPSであった。グローバルな宗教がらみのヒンドゥー資本、特にグジャラート資本はこうして作られ、世界各国で経済政策に影響を与えるほどに成長した（英国で実際起こっているように、最も端的な行為は政権政党に献金すること）。

また、記憶しておくべきは、グジャラートはインドの中でもRSS家族の主導するコミュナリズム（宗教対立）問題が激しいところであることだ。たとえば、The New York Times, August 19, 2015 の記事 "Timeline of the Riots in Modi's Gujarat" で概観できるし、多くのイスラーム教徒に犠牲を出したこのグジャラート暴動を分析する多くの書籍が公刊されている［Bunsha 2006, Engineer 2002, Shani 2007, Yagnik 2005, Spodek 2010 など］。現在のナレンドラ・モディ中央政権は、RSSに連なる右翼的なインド人民党 Bharatiya Janata Party（BJP）政権なのである。モディはグジャラートの州首相として州の経済発展に成功して、その勢いで中央政権を制覇した、ネオリベラリズム経済を推進するヒンドゥー至上主義者である。グジャラート暴動の首謀者と見なされるモディは二〇一二年まで英国入国禁止だったが、なんと二〇一五年一一月にはインドの首相として英国国会でスピーチし、さらには九万人収容の Wembley Stadium で在英のグジャラート出自の人々を中心としたヒンドゥーが集結して大集会を開くに至った。スタジアムは満席で歓呼に揺れたという。しかしそのスタジアムの外では、モディをヒットラーになぞらえての強力なプロテストのデモも渦巻いていたのでもあるが。この動員力はなんであるのか、それは間違いなくRSS勢力が英国の地に深く影響力を持つ状況がすでにあることの証明であり、その筋からの周到な準備が行われたのである（cf.［Knott 2009a］）。

グジャラートが生み出した新興ヒンドゥー教スワミナラヤン信仰（特にBAPS）とBJPによるネオリベラリズ

ム的政治経済とは、零落した姿とはいえ、現代の「プロテスタンティズムと資本主義」として理解できる面がある。しかしながら資本主義の草創期とはちがって、この復古的な宗教とネオリベ政治経済のハニームーン関係は、二一世紀においては表層の栄華で痛みを忘れる資本主義の末期症状ないしは終焉の足音ともにあるのではないか。ロンドンの中心部には、ロシア人石油長者レオナルド・ブラバトニクやインド国籍のNRIである鉄鋼王ラクシュミー・ミッタルなどのスーパーリッチが豪邸を構え、後者は、ブレア政権時代にはネオリベ推進、戦争経済推進であった労働党に、巨額献金をしたことで有名である。一般のネイティブな英国民から見た場合こうした現象は何かおかしいのではないか。英国白人がメジャーで移民系はマイノリティという旧来の構図は、もはや通用しない。白人であるとか英国人であるとか移民であるとかいったことはそのままでは意味をなさず、ネオリベ経済に乗って成功した一部のスーパーリッチのほかはメインストリームを歩ける者は数少なく、大多数は社会のエッジに吹き溜まってきているのである。しかもこのエッジは重層的になっている。スーパーリッチの周辺、リッチの周辺、プアーの周辺という形で、プアーの周辺は白人、移民を問わず文字通りストリート・エッジにうずくまっている。このような現代のエッジの重層性は、前項で指摘したグジャラートのヒンドゥー教事情における勝利と敗北の重層性ともある程度重なる。

2　大規模新寺院 Shree Sanatan Hindu Mandir, Wembley の建設とその後

（1）　始まりの場所――Sri-Nathaji Sanatan Hindu Mandir, Leytonstone

すでに述べたように、これから議論するヒンドゥー寺院は、一六世紀グジャラート改革ヒンドゥー教ヴァッラバ派 Vallabhacharya（Pushtimarg）の流れからロンドンの地で生まれた宗教法人ＳＶＮ・ＵＫ（Shree Vallabh Nadhi, UK）の管理下にある。ＳＶＮ・ＵＫは、一九七八年にヴァッラバ派の教義を基本に置きながらも Sanatan Hinduism（植民地か

らの独立運動の中で諸セクトを包含するように再発明された開かれたヒンドゥー教）の宗教思想の下に、ヒンドゥー文化とイギリス文化の橋渡しとヒンドゥーの宗教的福祉の向上を目標に掲げて正式に生まれた。その代表者はグジャラートのブラーマンでヴァッラバ派の道に心酔していた者であったとのことで、宗教法人の名前はこのようになったが、最初からそのセクトだけの団体を目指したのではなく、そうしたいくつもの宗派 Acharya の大元に貫かれているサナータンの信仰を志向するものだったという。そうした経緯は、すぐこの後に述べられる寺院の中の二つの空間区分に表明されているところである。

この宗教法人結成と Laytonstone 寺院建設のきっかけは一九七四年にあった。ISKCON が主催する儀式のために招いた Shri Krishnashankar Shastrji が、そこに参加していた、後に法人の創始者に成る人たち（東アフリカ経由移民が中心）に対して、自分たちの寺院を建設してはどうかと示唆したというのだ。このエピソードは、クリシュナを信仰するヴァッラバ派の人々がまだ自分たちの寺院がないときに、同じクリシュナ信仰の ISKCON に親近感を持って接触を持っていた証拠にもなっている。

現在、この法人は Sri-Nathaji Sanatan Hindu Mandir、Laytonstone と Shree Sanatan Hindu Mandir, Wembley の二つを有しているが、まずは一九八〇年に東ロンドンの Laytonstone に、キリスト教会跡を改修してラーマ神を主神にすえたサナータン寺院（Mandir）を開いた。数年後に Shri-Nathaji のための館（Haveli）を付加した。Mandir の主神はラーマ神であるが、それは Ram Darbar の形（Ram、その妃 Sita、ラーマ神を崇拝する弟 Lakshman、完璧なラーマ神信奉者の忠臣 Hanuman のセット）で中央に祀られる。

次いで、向かって右手にドゥルガ女神、左手にシヴァとパールヴァティが祭られており、ここまでだけでも、向かって祭壇中央にヴィシュヌ派、左手にシヴァ派、右手にシャークタ派のそろったグジャラートの宗教風土を反映している。そして、ヴィシュヌ派はラーマ神を筆頭に置いていることがわかる。このサナータンの空間には正面祭壇か

写真 37　Laytonstone 寺院の正面外観

写真 38　Laytonstone 寺院の内部の正面祭壇

写真 39　Ram Darbar

写真 40　シヴァとパールヴァティ

写真 41　サナータン寺院内の手前部分に据えられたシヴァ・リンガ

写真 42　Jararam Bapa

写真 43　Jagadamba

らは離れて手前部分にシヴァ・リンガが据えられている。正面祭壇に近いところの右手にハヌマン、左手にガネーシュが配される。左手側面に一九世紀を生きたグジャラートのラーマ信仰の篤い聖者 Jararam Bapa、額縁の絵だけであるが全インドで崇拝される聖者 Shirdi Sai Baba、そして北西インドで信仰される女神 Jagadamba が祀られている。興味深いことだが、この寺院の web 上での神像紹介ではグジャラート以外に出自をもつ神と聖者は、省かれている。

以上がだれにでも開放された Sanatan 寺院としての Sita Ram Mandir であるが、これに続いて数年後に直接権限のクリシュナ神の館 Haveli である Sri-nathaji Temple が増築された。この部分は、web での説明の導入部では haveli と言わず temple とし、説明文が進む中で haveli という言葉が現れる。Haveli としての Shri-nathaji Temple こそ、このヴァッラバ派をより明確に特徴づけるものであり、この haveli がクリシュナの直接顕現としての Shri-nathaji すなわち svarup を祀る場所すなわち幼子としてのクリシュナの住まう館なのである。Haveli にいるべき Shri-nathaji の由来は、元々ラージャスターンのウダイプールの近くの寺院町 Nathdwara にクリシュナの七歳の姿で祀られている神であり、それが伝搬したものである。この Haveli こそ、サナータンではなくヴァッラバ派の信者を想定した場所である。司祭もプージャ puja を行う Sanatan 寺院の司祭とは別でヴァッラバ派固有の Shri-nathaji に対するセーヴァ seva（敏感な幼子を面倒見るような儀礼形式）のできる特別な司祭が担当している。Haveli の司祭はサナータン寺院司祭よりも高い浄性が求められ、一般人に接触したりしたままでは儀礼はできない。サナータン寺院も Haveli も司祭はグジャラートから三年ヴィザで来ている。この svarup は、Mathura の近くの Govardhana 山の麓で開祖 Vallabha が発見した黒色 Shri-Nathaji 像である（と見立てられる）。像の近くに妃の Rada 像とブランコが見える。その像の発見の逸話とクリシュナ神話にかかわる Govardhan の岩（Govardhana sila）であるクリシュナの自然形とされる Girirāj が Shri-Nathaji 像に向かって左側の壁際に据えらている。Haveli にあたる寺院の中にさらに小さい寺院を作って隔離的に祀られていることに Shri-Nathaji の取り扱いの難しさ、その浄性への配慮が示される。

写真 44　Shri-Nathaji

写真 45　Haveli の中の隔離された祭壇

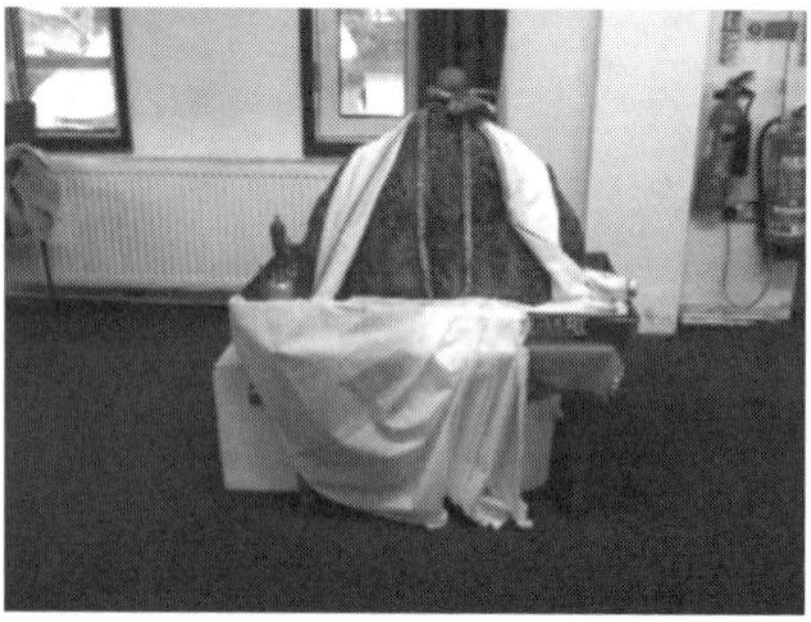
写真 46　クリシュナの自然形 Giriraj

写真 47　Shri-Nathaji の左側に祀られるクリシュナ画像

まず、この Laytonstone の寺院建立には、二六万ポンドがかけられたという。寺院建設の計画の「始まりのときには貯金が一三万ポンドあったので、新たに献金を募って二六万ポンドを賄った」という話を聞いた。建設からすでに三五年以上経つわけだが、すでに地域に定着して近年ではサナータン寺院の名のとおり、キリスト教会などとともに近隣交流会（Near Neighbors Programme）に参加している。

この最初の拠点 Laytonstone での活動を基盤にして、次なる展開として本格的な寺院の建設が模索されはじめた。やがて西北ロンドンの Brent 地区に新たな寺院建設用地を見つけるために行政と折衝を開始し、寺院建設計画構想の許可を一九八七年には取り付けた。そこで、一九九九年一二月を完成時期に設定し七五〇万ポンドを目標に献金による建設資金の積立を開始した。一九九二年にはブレント自治区より寺院建設用地として Ealing Road 沿いの二・四エーカー（＝九七〇〇㎡）の土地を購入し、寺院建設は実行段階に入った。その年から現在新寺院が建っているところに自治区のトレーニングセンターがあったのでそこを寺院として仮に利用し始めた。次の正式に建築許可が下りた段階では、工事開始によりトレーニングセンターの取り壊しが必要なため寺院機能を敷地の奥にあるホールに移した。このホールを内部改修で流用した寺院を以下で旧寺院と呼ぶことにする。つまり建設されるべき寺院＝新寺院の実際の建設開始は一九九六年ころであった。それから、紆余曲折が有り、当初の予定一九九九年を大幅に遅れて二〇一〇年五月にようやく新寺院の完成披露が行われた。建設に一四年余りの歳月を要したことになる。二〇〇〇年代半ばからここでの私のフィールドワークが始まったので、そのデータに基づき、今はもはや見られない旧寺院の様子から新寺院の建設過程、そして完成後の影響についてここでは論じていく。

（2）　旧寺院——旧 Shree Sanatan Hindu Mandir, Wembley

Wembley に新寺院を建設中は、敷地の裏手のホールを仮の寺院にした。これをここでは旧寺院と呼ぶ。その旧寺院の内部の様子を説明しておきたい。今はもう見られない姿である。移行期間であったために改装は最低限で簡素な雰囲気であるが、信仰の場である重みは感じられる。

入り口で履物を脱いで、中に入ると二部屋に分かれていることに気付く。奥の部屋が Ram Darbar を正面中央に、左手にラーダ・クリシュナ、右手に Shri-Nathaji とそれをはさんで左右にクリシュナとヴァッラバ師が祀られていて、それによってグジャラートのヴァッラバ派であることは一目瞭然である。Shri-Nathaji を祀る Haveli は造られていない。正面中心に Ram Darbar を置くことでヴィシュヌ教信者一般に、さらにはヒンドゥー教徒一般に開いているサナータン寺院であることが明らかになっている。入り口に近い手前の部屋にはシヴァ・リンガを中心にカイラーサ山をジオラマ風に設置してシヴァ派系統の神々が配されて、ヒンドゥー・パンテオン全体がカバーされている。両方の

写真 48・49　建設中の新寺院の裏手に位置する旧寺院

部屋を合わせて、汎インド的なつまりサナータン的な寺院空間が作られていたのである。ただ、手前の部屋の一角にグジャラート人には特別に大事な聖者Jalaramが祀られていて、両方の空間からグジャラート的であることが見て取れる。

この二つの部屋からなる旧寺院の配置は、通常の寺院形態としては変則的に見える。しかし、必ずしもそうではないことが、新寺院と比較することで判明した。というのは、この旧寺院の神配置の内容は、すぐこの後に記述される新寺院のものとほぼ同形であるからである。すなわち、旧寺院の手前の部屋のシヴァ・リンガが、新寺院では、本殿の左手前に別の小寺院として建設されてそこに祀られる形で、空間分割をやはり維持している。ヴィシュヌ教とシヴァ教との二重化という意味だけでなく、現実的理由として、シヴァ・リンガはアビシェーカ（灌頂儀礼）を行うので汚れやすくにおいが残ったりするので本殿とは別にしているという。したがって、ヴァッラバ派本来のHaveliをもったLaytonstone寺院構成に見られるセクト的なローカリティの強さからのある種の離陸あるいは妥協によって、サナータン的により開かれた面を前に押し出したのが、Wembleyの旧寺院、新寺院であると考えられる。その代わり、Shri-Nathajiも、svarupではなくmurtiのように祭壇右手に置かれることになった。まさにその証拠になるが、ここの司祭は三人（男性司祭二人、女性司祭一人）ですべてSanatanのやり方の礼拝を行う司祭であり、ヴァッラバ派であるわけではない。男性司祭はヴィザ三年間で、グジャラートからやってくるので、順次交替していく。女性司祭はシヴァ神の担当として雇われ

写真50　旧寺院の奥の部屋：Ram Darbarを正面中央に、左手にラーダ・クリシュナ、右手にShri-Nathajiとそれをはさんで左右にクリシュナとヴァッラバ師が祀られる。

写真51　旧寺院の手前の部屋：シヴァ・リンガを中心にした祭壇

たロンドン在住のブラーマン（シヴァを信奉するTrivedi Mewada Brahminに属する）である。しかしそれができるのも、Laytonstone寺院というヴァッラバ教徒にとってオーセンティクなものがしっかり実在するがゆえに、その土台の上に、それとは異なる現実適応型のサナータン中心の寺院を作る余地が生まれたと思われる。

この東ロンドンと西北ロンドンの二つの寺院のバランスで、閉じる内へのニーズと開く外へのニーズを担保しているとみられる。言うなれば、ヴァッラバ派信者には、Laytonstone寺院は本来型で、Wembley寺院は適応発展型と見えているだろう。後者によって、ヴィシュヌ派信者を、さらにシヴァ派信者をも含め、広く個別宗派セクトAcharyaを超えて受け入れているということである。法人名と実態はこのように大きくずれを含み込んでいることがわかる。寄付金集めにはもちろん間口を広げることが大事である。

二〇〇九年八月この手前のシヴァ寺院の部屋で二人の男性参拝者に話を聞けた。一人はパンジャーブ出身で、彼の父親が外交官で世界各地を転々としてきたが、各地のインターナショナルスクールで勉強し大学教育はロンドンで受け、そのままここでＮＨＳ（National Health Service）に勤めている。もう一人は、一一年前（二〇〇九年時点で）にムンバイ（ボンベイ）から来たというグジャラート人であった。二人はこの寺院で知り合って友人になったという。この人たちによると、寺院に熱心に来るのは、インドから来て日の浅い人たちが多く、ロンドンで生まれ育った人はあまり来ないという。言うなれば新参者のアイデンティティ不安の受け皿になっている面を認めている。また、私の観察では一〇代、二〇代の若い人も家族でまたは一人でお参りに来ているケースも少なからず見受けられた事実も記しておく。というのは、上記の移民としての英国在住の長短による相違という視点と、いわゆる新しい宗教ナショナリズム（インドでのRSS主導のコミュナリズム）に惹きつけられる若い層の宗教への接近という問題との複雑な交差があるのであろう（事実、すでに述べたRSSの若者層への働きかけは、ロンドンの様々なヒンドゥー教組織の中に入り込んで強まっている、とりわけスワミナラヤン・セクトを媒介しながら強い介入が実行されてきている）。

（3）新寺院――新 Shree Sanatan Hindu Mandir, Wembley

新寺院は二〇一〇年五月に完成披露を見たが、それには計画開始から二五年、建設期間だけで一四年の歳月を要した。この新サナータン寺院の建設と完成、そしてその後、という長い実践過程は、すでにその発端から話をしてきているが、これからの行論において明確になってくるところの、〈敷居としての「ストリート・エッジ」におけるローカリティの創発〉という問題を考える格好の場所となる。

すでに述べたように、ロンドンでは、BAPSの建立したニースデンの白亜の寺院が、ヒンドゥー寺院として格別有名である。聖地観光や異文化教育の場としても英国の中で成功している。スワミナラヤン信仰という一九世紀初頭に形を成した新興ヒンドゥー教の、そのまたサブセクトであるBAPSが、対外的にヒンドゥー教を代表しようとしているのである。スワミナラヤン信仰は、早くにヴィベーカナンダがヒンドゥー教とは認めがたいと難じていた新興勢力であったことは重要で、事実インドでの突出はRSSとの連絡が強まるまでは、グジャラート地域の新興ヒンドゥー教にとどまっていたし、今でもインドでは地域的な新興ヒンドゥー教とみなされている。ところが、

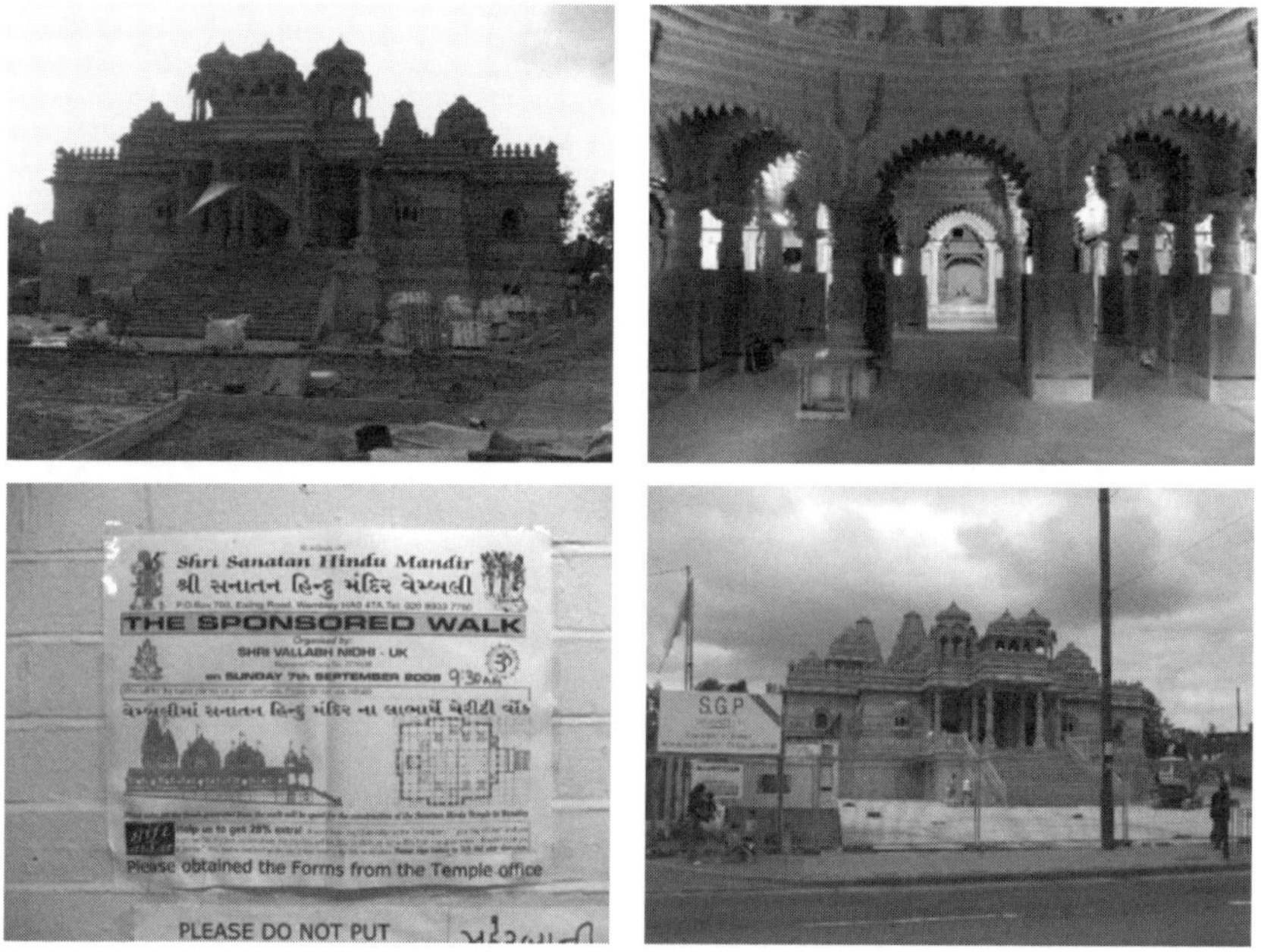

写真 52・53・54・55　2008 年の撮影で、完成披露の約 1 年半前の寺院内外の様子及び計画図面である。右下のみ 2009 年の撮影で、写真中に見える看板の SGP とは、グジャラート系移民の経営する建設会社の名前である。

ヒンドゥー教の内実に無知な海外では、とりわけこの一サブセクトが、この二〇世紀末からのネオリベラリズム的グローバリゼーションの波に乗って、施設と情報と慈善に巨大な投資を行い、欧米を中心とした海外でディアスポラの支持を集める形で大勢力になったわけである。

　このような先行する趨勢の中で、この新サナータン寺院が企画され建立されたのである。外観からは敷地の小ささとライムストーン造りであることでニースデンに劣るかのように見えるが、一旦寺院の中に入ればニースデンに拮抗するどころか伽藍が二つの内部の寺院構造の規模と壮麗さにおいては明らかにニースデンを上回っている。しかもこの大事業の主体がスワミナラヤン・セクトではなく、むしろそのセクトを歴史的には産み出すことになった母体であったヴァッラバ派であることが非常に興味深い。しかも、二〇〇〇年代に入って、寺院の大規模化とリニューアル化が各派で目白押しであるが、このウェンブリーの新寺院を超えるものは存在していない。この新寺院の建立は南アジア系ヒンドゥーの英国移民史の中でもエポック・メイキングなのであるが、その真価がいまだ読み解かれていない。それを解明することが本章をものした意図である。

まずは新寺院の内容、その建設過程での問題などを記述した後で、パースの記号学などを参照しながら分析を試みていきたい。

①完成披露

まずは完成披露時の BBC Asian Network のニュース記事（Monday, 31 May 2010、BBC Asian Network 誌上の Catrin Nye 記者執筆）を翻訳し写真とともに再録したい。その時の英国中心メディアの取り上げ方、その中で寺院当事者による外部に対する自己言及の仕方、その両方が垣間見えるからである。

【BBCニュース記事】

一六〇〇万ポンドの新ヒンドゥー寺院がウェンブリーにオープン——the Shree Sanatan Hindu Mandir への旅

一四年間にわたる建設期間を経て、ウェンブリーに最新の圧倒的なランドマークが完成披露された。それは、総工費一六〇〇万ポンドの、緩やかにあらゆる宗教に開かれたとの意味を持つ Shree Sanatan Hindu Mandir（寺院）である。この寺院は、たいていの建物がそうであるような鉄骨構造ではなく、ヒンドゥーの古典籍に則った古代技術を駆使して建てられた。その工法は数千年前に遡るもので、世界的に有名なカンボジアのアンコールワットの建造に使われたものである。寺院の構成要素の多くはインドのグジャラート州の Sola という小さな町でライムストーンに手彫されたものである。それらが英国に送られてこの現場で組み立てられた。寺院内に祀られる四一柱の大理石の神像もインドで彫刻された。世界の有名な霊的指導者や他宗教の神々も内部の柱に彫刻されている。

写真56・57　Ajay Jobanputra, governor of Hindu charity SVN・UKと高さ約20メートルの新寺院とその内部。（BBC Asian Networkの記事より）

寺院完成披露の儀礼の一部として、Pran Prathisthaと呼ばれる儀礼（訳者注：魂入れの儀礼あるいは開眼式）が、神像に神性を入れ込むために行われた。その後に格別に重要な完成披露の儀式が、献金者、スポンサー、地域の重鎮などが招かれて執り行われた。このサナータン寺院の建設資金を提供した宗教慈善団体Shri Vallabh Nidhi, UK（SVN・UK）の行政長のAjay Jobanputra氏からは、この寺院がすべてのヒンドゥー教徒の信仰の場になることを、そして他宗教の人々も来てくださることを歓迎したいという挨拶があった。そして、世界は一つの「大きな家族」であるということが次のように強調された。「マザーテレサ、グル・ナーナク、ミーラーバーイー、スワミナラヤンなど多くの他宗教の有名な霊的指導者や神々の形がこの寺院では彫り込まれている」、「それは、あらゆる宗教への敬意、愛、共感を重視し表現し、それによってこの寺院を活性化し普遍化している」、「この寺院に込められたメッセージは、ヒンドゥー教徒が言うVasudev Kutumbakam、つまり〈世界は一つの大きな家族〉ということである」。

また、この寺院の筆頭司祭であるRaj Pandit Sharma博士は、このように説明する。「この新しい寺院は建造物としては一見は突出しているが、この周りの日常的な地域社会と調和していきます」、「この寺院によってこの地区の魅力が増すことになるでしょう」、「Ealing Roadにはすでにモスクやキリスト教会があります。そこにさらに高くそびえるヒンドゥー寺院が加わって離れた場所からも見えるのはある意味ユニークなものでしょう」、「私としては誰でもこの寺院に来てもらい安らぎ得る場所にしてもらいたい」、「忙しい賑やかなロンドンの中にあって平和な聖域のような場所になるでしょう」。宗教行事に関しては、ヒンドゥー教の伝統に沿った新しい寺院での礼拝がある。ディワリやナヴァラトリなどの家庭祭祀に合わせた行事だけでなく、Jalaram Jayanti（聖者 Jalarambapa の誕生祭）や Janmasthami（Krishna 神の誕生祭）のような、ヒンドゥーの聖者や神々を祝う毎年恒例の宗教行事も行なわれる。

Jobanputra 氏は、この寺院にはロンドン中から、さらにもっと遠くの人たちも来てくださることを期待しているとこう語る。「平日は四〇〇〜五〇〇人、週末はその二倍くらいの人たちが来ていると思われます」、「英国の他の地域からヨーロッパからの訪問客を待っています」、「私たちはすでにスペイン、ポルトガル、スイスからの訪問希望をもらっています」。

新寺院の完成披露の場には、ロンドンという地域社会の最重鎮として当時のロンドン市長のボリス・ジョンソンにも招待状が出された（別の機会の来訪になったが）。このBBCの記事は、建設コストの大きさや寺院の構造や威容を語る記者の描写の後には、この寺院がだれにでも開かれたサナータンの精神に貫かれた寺院であり、他宗教や英国社会と調和的なものであることが繰り返し強調されて語られる。全体的に一般的で外交的な言説に彩られているが、興味深いのは宗教行事の説明のところである。司祭は、恒例の年中行事を語るときにその事例の出し方において非常に素直に、グジャラートの地域性（Jalaram Jayanti）、そしてヴァッラバ派のクリシュナ中心信仰（Janmasthami）を表現している。外向けのサナータンの強調とこの司祭にみる内面の信仰のギャップは、外に見える Mandir と内に秘められた Haveli にあるべき Shri-Nathaji（Krishna の直接顕現）という二重性が、非常に前者に妥協した形になってはいるが実は温存されていることを想像させる。そう考えると、Shree Sanatan Hindu Mandir、Wembley という名前の持つ含みが理解できる。この寺院が二〇一〇年に英国ロンドンの地に披露された現実の文脈とそれへの地域文化を基盤に持つ当事者たちの対応とが立体的に見えてくる。地域出自を大らかに隠し持つ普遍への矛盾的統合体である。その意味でも、もう一度宗教慈善団体としてのSVN・UKの目的を参照しておきたい。この記事の後でより理解が進むと思われる。

(1) Vallabha の教えに則ったヒンドゥー教の発展させることと、そのために寺院を提供し維持し公衆の宗教的礼拝や宗教的慈善目的を果たすこと
(2)公衆をヒンドゥー的および英国的な文化の中で教育すること
(3)貧困、病気、苦悩から解放すること
(4)ヒンドゥー教徒の宗教的福祉を促進し、そのための指導や助言を供すること

ここに、ヴァッラバ派である特殊性とヒンドゥー教の一般性とを、さらにヒンドゥーであることの特殊性と英国人であることの一般性とを、ふたつながらにつないだ形で綱領が書かれていることが、あらためて確認できる。

② Mandir の主神と神々

完成披露約一年半前に工事中の寺院内部を見学させてもらった。まだもちろん神像は据えられていないが、その威容さに圧倒された。完成後の寺院内部は輝くばかりの壮麗さである。その重厚な美しい神聖空間に外者の私でさえも心動かされた。大理石の像に吹き込まれた神々は信仰対象の次元を超えて美をもって外者にも訴えるものがある。心が洗われ、きれいになるという感覚を体験できる。その神々に囲まれた寺院空間はそこに立ちまた座すると き心地よい安らぎを与えてくれる。司祭の言ったこともまんざら外交辞令でもないと感じるときである。

さて、いかなる神々が祀られているのか、簡略に紹介する。寺院内部は撮影禁止であるが、Web サイトにはイベント時の内部写真や神像の写真だけは掲載されている。二〇〇九年時点であったが、その時はまだ使用中の旧寺

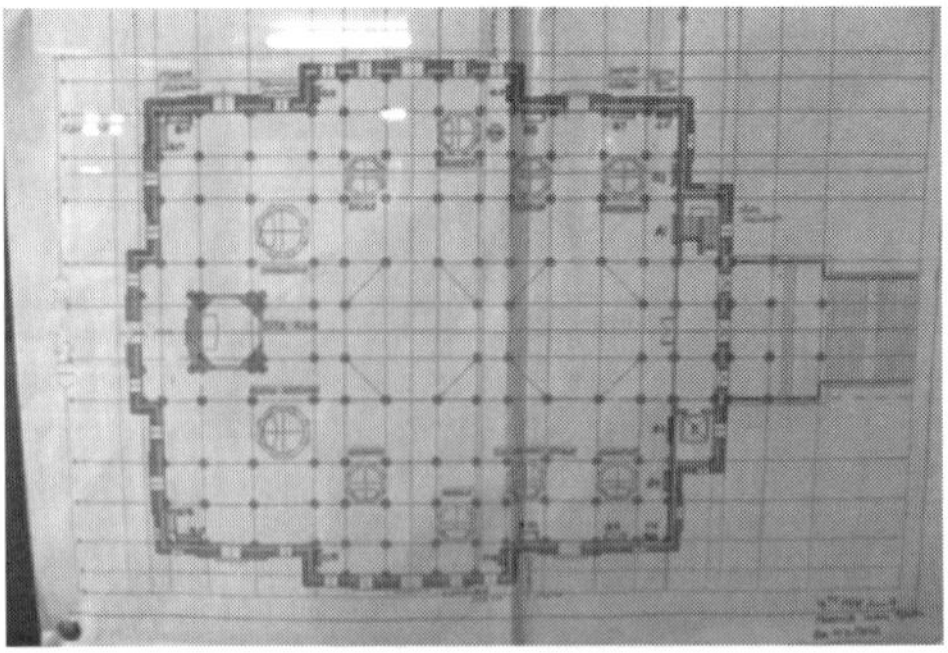

写真58　2009年段階の本堂内の神々の配置図で図面、右側が東、つまりこの寺院は東向きに建っている。

院の掲示板に、新寺院に祭られる予定になっている神像や聖人の写真が掲載されていたので、それを私が写した写真を一部利用する。

寺院内には二九神（聖者も含む）が祀られている。一一の主要な神 murti が寺院型で祀られて、一八の神の像ないし画像が両側面に配置される。まず一一の murti を示す。正面中央の主神（東向き）は三柱一体の Ram Darbar（左から Rakshman、Rama、Sita）の三神像である。向かって左手にやはり東向きに Radha Krishna、向かって右手に Shri-nathaji が祀られている。

この配置は非常に意味がある。寺院の真正面中央にラーマ神を祀ることでグジャラートを含む北西インドを中心に根強いヴィシュヌ派とくにラーマ神信仰という広がりのある信仰世界で基本的なサナータンのアンブレラを体現確保する。その傘の下の最高位にラーマから見て右手（ラーマに向かって左手）にクリシュナを配し、左手（ラーマに向かって右手）に Shri-Nathaji を置く形で、ヴァッラバ派信仰の表（誰もがアクセスできる外面）と裏（正式の信者のみがアクセスできる内面）のツートップを正面の左右に据えて、信者のクリシュナ・バクティを広くまた深く受け止める形になっている。このような二次元の奥行きが正面の神配置に示されている。これは、オリジナルの Vallava 派の信仰空間からすると、そのセクトの特殊性や排他性を減ずるという英国での妥協であるが、それはすでに旧寺院の時から行われているブリコラージュである。すでに述べたように、本格的な信者には Laytonstone 寺院の Haveli があることで担保されている妥協でもある。

正面奥の主神に向かって左側面に北向きに祀られている神々は、奥から手前に、以下のようである。

Simandar swami ＝L1〈Mahavi：ジャイナ教の最後の二四代目の Tirthankara、下の図像 Simandhar swamiji は現代

に生きるTirthankaraとして完全な解脱の境地を示すものであることで、同じ位置を占める神像となる。〉

Amba Mataji ＝Ｌ２〈Ambaji：グジャラートのAmbajiに祀られるもっとも崇敬を集めるDrugaに集合される強力な地方女神、邪悪なものから人間を守る道徳と正義を体現する女神。〉

Sahajanand Swami ＝Ｌ３〈Swaminarayan 信仰の教祖〉

写真59　寺院正面左手のRadha Krishna

写真60　寺院正面中央のRam Darbar

写真61　寺院正面右手のShri-Nathaji

Ganeshji ＝Ｌ４〈寺院の入り口のすぐ左手に祀られるganapat、寺院礼拝の際に最初に祈る神として、時計回りに行う礼拝の最初の位置にある、物事の始まりの神。この神にまず祈ってから何かことを始めればうまくいくと信じられている。〉

また、奥の主神に向かって右側には、奥から手前に、次のようになる。

南向きのTirupati Bajaji ＝Ｒ１〈BalajiすなわちVenkateswaraのことでヴィシュヌ神である〉

東向きのSiv/Parivar ＝Ｒ２〈最初の図面では南を向いていたSivaとParvati（Mahadeviの慈悲の側面）は、破壊の神がほかの神に向かい合うことはよくないと東向きに変えて寺院を構えたという。また、その前にSiva Lingaが置かれる形に図面ではなっているが、実際にはない。その代わりにこの大寺院の外にシヴァ寺院が作られSiva Lingaはそこに祀られる。〉

南向きのJalaram Bapa ＝Ｒ３〈グジャラート生まれのラーマ神への深い信仰者であった一九世紀の聖者Jalaram。〉

南向きのHanumanji ＝Ｒ４〈ラーマ神の崇拝者でラーマーヤナ物語の軍神、

写真 62　L1

写真 63　L2

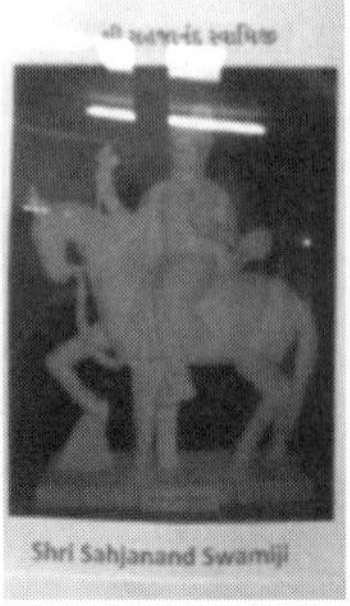

写真 64　L3

写真 65　L4

掲示板には図像がなかったので他所からの引用であるが、寺院入り口を入って右手すぐに祀られる。〉

　このような両側に並ぶ小寺院について少し解釈を施してみる。向かって左側からは、ジャイナ教への配慮（左側壁にもPadmavati Matajiが祀られる）、右側にはシヴァ教への配慮が認められる。それによって、グジャラートでもしっかり根付いていることと、この配慮によって自らのヴィシュヌ教を含めて地域を超えてヒンドゥー教徒全体を取り込めることの両方を満たせる。正面の主宰神は東を向いて祀られているが、側面に置かれた神々の中でこのSiva/Parvatiのみが東向きでその部分だけシヴァ寺院のような趣を呈している。これについては調査中に一つのエピソードを聞いた。上記の旧寺院に掲載されていた寺院内部図面ではすでに直っているが、最初の図面ではSiva/Parvatiは南向きであった。計画段階でVastu（インド風水）の専門家がSiva/Parvatiの向きについて、パワフルな神同士が向き合うことはよくない、ここでは左側のAmba Matajiと視線がぶつかりあうのはよくないという示唆から、向きを東に変えたというのである。その向きの変更によって、ヴィシュヌ系のこの寺院の空間の中にシヴァ寺院空間が入れ子構造に現出することになった。これは非常に巧みな融合である。本寺院の外の左手前にはシヴァ・リンガを祀るシヴァ寺院が独立に建てられているので、全体としてシヴァ教徒もこの寺院での礼拝に十分満足できることになる。もう一つの配慮は、左側の列にスワミナヤン神を配していることでヴァッラバ派の基盤から生まれた新興ヒン

写真 66　R1

写真 67　R2

写真 68　R2

写真 69　R3

写真 70　R4

ドゥー教も取り込む形になっていることは、配慮であると同時に傘下に置く意味が表現されており巧みである。その他の神々あるいは聖者は、グジャラートの地域性を明確に主張している。

　次に、寺院の入り口から入って左側の壁沿いに嵌め込まれる形で並んでいる九柱の神々を、手前から奥へと示す。

Shri Laxmi Narayan　ＷＬ１（ヴィシュヌ神の妃ラクシュミー）

Sarasvati　ＷＬ２（サラスヴァティ川の化身、学問と芸術の女神）

Vishwakarmaji　ＷＬ３（Brahma の息子、職人や建築家を司る神）

Gayatri Mataji　ＷＬ４（Brahma の妻）＊

Khodiyar Mataji　ＷＬ５（願いを直ちにかなえる女神）＊

Limbach Bhavani Maa　ＷＬ６（Gujarat 的な Mahadevi の恐ろしい側面を表す女神）

Jhulelal　ＷＬ７（グジャラートに有名な寺院を有する Varuna の化身とされる Sindhu 地域の神）

Padmavati Mataji　ＷＬ８（Jainism の二三代 Tirthankara の護衛女神）

Navgrah　ＷＬ９（九曜）

　また、寺院の入り口から入って右側の壁沿いに並んでいる九柱の神々を手前から奥へは次のようである。

Balkrishna　ＷＲ１（基層のクリシュナ信仰を表現する幼子のクリシュナ）

Krishna-Arjun　ＷＲ２（マハーバーラタにおけるバーラタ戦争のクリシュナとアルジュナ）

Satya Saibaba　ＷＲ３（Shirdi Saibaba の生まれ変わりと主張するが、賛否両論を抱えた聖者

写真 71　本寺院の外の左手前に建てられているシヴァ・リンガを祀るシヴァ寺院。

である、中間層・富裕層に人気がある）

Shirdi Saibaba　ＷＲ４（一九一八年没のイスラーム教徒からもヒンドゥー教徒からも崇敬されるスーフィー聖者、今日全インドで篤い崇拝を受ける）＊

Dattatreya　ＷＲ５（Trimurti の化身とされる、セクトにより解釈は異なるが、ここでの文脈ではヴィシュヌの化身の面が強いであろう）＊

Ganga　ＷＲ６（ガンジス川の化身の女神）

Yamuna　ＷＲ７（グジャラートで強く信仰されるヤムナー川の化身の女神）

Mahaprabhuji　ＷＲ８（Vallabhacharya）＊

Ranchod Raiji　ＷＲ９（グジャラートの聖地 Dakor に祀られるクリシュナ）

（注記：これら十八神のうち、以下に掲示板に写真があったものだけを示すが、それらにはアステリスクを付けてみたが、それは信者たちの掲示のための写真選択に働いた何がしかの重要視の現れではないかと思われる。Shri Mahaprabhuji は Vallabhachrya なので当然の選択である、また Dattatreya は Vishnu の化身とすればかかわりが深い。このように見ると、地方女神 Khodiyar Mata の存在への注目が興味深い。）

壁面に祀られている神々に関しては、左右ともに、寺院の入り口に近い方からヒンドゥー・パンテオンにおいて一般的に崇拝されている神々が両側共に祀られている。そして、奥に向かってグジャラートの地域的な神、さらに Yamuna のようなヴァッラバ派であることを主張する神が祀られている。ここにも手前と奥の差異、あるいは表と裏との二重性が見て取れる。また、左側には女神が多く、ヒンドゥー教のシャークタ派的要素が濃厚であることがわかるし、右側では古層からのクリシュナ信仰の強調、またスーフィー聖者というイスラームへの開放性、ヒンドゥー民衆に人気の神々にも配慮されている。

写真 72　WR5

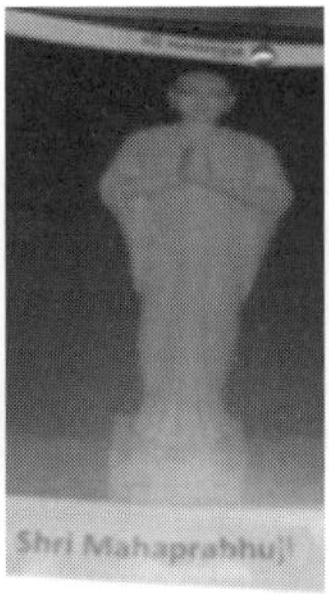

写真 73　WR8

写真 74　WR4

写真 75　WL5

写真 76　WL4

最後になるが、この寺院をサナータンとして宗教の差異を超えて開くために、本堂の柱には東西を問わずインドにかかわる聖人が彫られて敬意を表されている。ブッダ（仏教の開祖であるが、ヒンドゥー教ではヴィシュヌの化身にも位置付けらた）、グル・ナーナク（シク教の教祖）、ミーラーバーイー（一五世紀クリシュナ信仰のバクタとして生きた北インドの王女）、カビール（ヒンドゥーもイスラームも超越した地を這うような平等主義を説いた聖者）、Scots-Irish 聖女（一八九五年より Vivekananda の弟子になり出家して Bhagini (Sister) Nivedita と呼ばれた）、マザーテレサなど。ここに仏教、シク教、キリスト教、そしてカビールを通じてわずかにイスラーム教にも道を開くという配慮あるいは仕掛けが認められる。

③建設過程の紆余曲折と内紛

一四年間に及ぶ建設過程は、筆舌に尽くしがたい辛苦の過程であった。完成にこぎつけた現会長 Narendra 氏は、それを「many problems」と表現していた。問題は常に個人のプライヴァシーがかかわるし、セクトとしての威信もあるので、簡単にその many problems を外部者に語るわけはない。だから、その問題の一端に触れえるだけであるが、具体的な資料があるのでそこからかなり確度の高い想像は可能である。

問題にかかわる一つの資料がある。ロンドン生まれの Rajesh Patel が二〇〇六年から始めたオンラインマガジン Hindu Voice UK（二〇〇七年一二月刊行）に「英

写真 77　Hindu Voice UK（2007 年 12 月）掲載写真による建設中のサナータン・ヒンドゥー寺院

国最大の寺院計画の修羅場／大混乱（shamble of planned 'largest temple in Britain'）」と題するこの建設中の寺院についての記事が掲載された。Hindu Voice UK 自体は Hindu Nationalist 的な傾向をもつとされるが、ここでは彼らのコメント（省略）に現れているスタンスは脇に置いて、このリーク記事のような記事内容に関しては比較的客観的に書かれていると思えるので、記事全文を再録する。

> 英国最大規模のヒンドゥー寺院建設プロジェクトが、建設資金の不足、詐欺の訴えなどで厳しい確執に晒されており、予定された完成時期は遅れに遅れることになっている。このサナータン寺院の建設は多年にわたって行われてきた。寺院は Wembley の Ealing Road 沿いにあるが、その地域の管轄であるブレント自治区による建設許可は二〇年前の一九八七年に下りている。最初の完成予定時期は一九九九年に設定され、建設予算も七五〇万ポンドと見積もられて、その指針にしたがって英国のヒンドゥー教徒を広く対象として献金を募ってきた。年を経るにつれて当初の予算は釣り上げられてきたものの、ヒンドゥー教徒の支持者たちは寛大な気前良さを保ってきた。このような更なる献金集めをしていたのにもかかわらず、このプロジェクトは相変わらず資金不足を理由に進まなかった。その上に、建設労働者への賃金の支払いが不十分なこと、建設現場の基本的な健康と安全の基準確保も無視されてきたことなどに関して、問題視され始めてきた。これは、SVN・UKの元総務委員たちをはじめとしてこの建設プロジェクトにかかわってきた多数の人々に大きな難題を突き付けるものであり、一体全体、何が起きているんだ、という疑問の声が上がることになった。しかし、プロジェクトを率いる総務会議長 Dr Harish

Rughaniはこうした問いかけを無視する態度をとり続けたことで、無視された総務委員の間の不満は、強いフラストレーションに変わってきた。議長代行が独裁的な態度をとり続けること、インドで石彫を行うなどの建設の様々な局面でいろいろな管理上のミスを犯してきたこと、自由に意見を言いあえる会議を定期的に持たないこと、このプロジェクトが一体どうなっているのかの説明もないこと、完成にこぎつけるには何が必要なのかといった透明性を求める総務委員の要求にも全く応じないことなどなどが批判されていた。Dr Rughaniはタージマハルは一日して成らずと言うばかりだった。総務委員たちの不服申し立てについて、むしろ彼らを非難して「嫉妬からくる不満」に過ぎないとした。プロジェクトを完了するための資金に関しては、「もちろん、我々はまだお金を必要としています。この英国には百万人のヒンドゥー教徒がいるのだから、それぞれの人にどんなことでもできることをして貢献してほしいと私は呼びかける」と述べた。寺院建設の繰り返される遅延とそのプロジェクトをめぐる不祥事があってから、多くの献金者が失望してしまい、その現れとして献金額はこの過去二年間で大幅に減少した。さらに、地域レベルや国レベルのメディアも、このようなサナータン寺院の情けない窮状を扇情的な物語にしたてて報道して、ますます献金しようとする者に幻滅を与えることになった。

文中のDr Harish Rughaniとは第二代の寺院管理総務会議長であり、その急死で、二〇〇八年七月に第三代目議長としてNarendra Thakrar氏（これ以降はNTと表記）が選出され就任した。これ以降はNTが中心になって献金集め、そして銀行との関係、建設会社との関係などの問題に対処していくことになった。二〇〇八年一一月にアップデートされた寺院管理総務会関係者に送られたEmail文書（A４に五枚の長文で、「厳密に親展」と書かれている）がネット上に流出していて、私はそれを取得した（コピーはブックされていたのでPC画面写真を撮って保存した）。そこには、上のHindu Voiceの記事内容と同じ混乱が、個人名があげられて具体的に生々しく書かれている。三代目議長NT（議長

写真78　2008年8月撮影、完成まであと二年という段階での旧寺院内の掲示版に献金集めのイベントのお知らせが貼られていた。

になる前は総務委員であった）もそこに深くコミットしているとして批判されている。寺院建設のための献金会計の不透明性及びそれを使う建設過程の不透明性が中心的な告発内容で、Dr Rughani を筆頭にしたクロイドン・グループと名指される者たちが最も強い非難対象になっている。そのグループの仕掛ける様々な不当行為（ヴァッラバ派系の主席パトロンの恣意的な任命、いろいろな嘘の情報、たとえば、Mandir を建設するのに Haveli を作るかのように言うなどで誘導した献金集め）が記されている。こうした不当行為は、パティダール（Patidar）・カースト内部の対立（クロイドン・グループもこの告発者も同じパティダールである）、パティダール・カーストとロハーラ（Lohana）・カーストとの伝統的な対立、ヴァッラバ派内の Indira Betiji 信奉者と Dwarkershji 信奉者との対立などを幾重にも組み合わせて利用していると告発者は分析する。献金の領収方法への懐疑、献金の不明金の告発が綴られ、完成のために献金額を上げ続ける執行部に対しての強い不信が表明されている。クロイドン・グループに対しての不信に比べると、NT現議長への批判は一定の留保がついていた。つまり、彼の下でとにかく寺院建設が完了したという事実と、二〇一六年現在も議長職を続けていることは、彼への信認がこの寺院支持者の間でそれなりに保たれている証と思われる。

Hindu Voice 記事の書かれた二〇〇七年からさらに三年をかけて、この告発メールからは一年半余りで、このような最悪の時期をともかく乗り越えて、現議長のリーダーシップの下で完成披露までこぎつけたわけである。ここに書かれているように、当初予定の建設資金を超える募金は事実集まった。Hindu Voice だけでなく、旧寺院の掲示板に貼ってあったGG2.net:GARAVI GUJARAT という英米を拠点にしたグジャラート系の人々のネットワーク新聞記事二〇〇九年六月一五日付も、当初の七五〇万ポンドは一五〇〇万ポンドへと建設資金が増えていることを伝えている。またそこには、人々の献金を管理し建設資金に充てているＳＶＮ・ＵＫが常に建設資金の不足を唱え寄付金を増額してきたことへの疑問が出て、第三機関の慈善行為調査委員会へ訴えられたが、その結果は経理上の問題はないという結論であった旨が書かれている。

しかし、完成披露の前に旧寺院を訪ねて、関係者に話を聞いた時に、最終的には二五〇〇万ポンドの建設費がかかるかもしれないという話も出ていた。しかし最終的にはすでに記事に見たとおり一六〇〇万ポンドで決着したようである。募金の追加、追加で資金を集めてきたが、ついに募金では賄えないことが明らかになり、建設途中で銀行から五五〇万ポンドのローンを組んで調達し完成にこぎつけることになった。先のHindu Voiceの記事に書かれていたように、献金意欲の低下は、このことからも十分に想像できる。多くの内部批判の中で、次節のインタビュー内容で紹介するように、ＮＴが議長の座を二〇〇八年七月に引き継ぐこととなり、そのリーダーシップの下で建設

写真79・80・81　2015年撮影。上の3枚は2010年5月完成披露から5年後の新寺院の正面写真。

会社との建設費の値切り交渉や、銀行からの優遇的な条件でのローンなど経費面でのやりくりが行われて、ようやく前に進み始めた。この最後の難関を乗り切る努力によって、このヒンドゥー大寺院は、負債を負ったままではあるが、とにかく完成に辿り着いたのであった。外者の私にもその威容を誇る外観、そしてとりわけ内部の豪華さには圧倒されるし、いろいろな批判があったとはいえ、この聖なる空間に包まれる幸福は信仰なき者にも伝わってくる。議長は、自分の個人的気持ちではこんなに豪華な大寺院を作ることはないと思うが、こうしてできてみて、やはりとても嬉しいことだと述べていた。実際にこの寺院の中に入って空間経験をすると、このような議長の言葉もよく理解できる。

この寺院建設で大事なことの中心に、シルパ・シャーストラ（古代から伝わる建築書）に則った本物の寺院建築であるということがある。そのためにグジャラートでの設計と寺院パーツの制作や彫刻が職人村 **Sola** を作って実行された。ラージャスターンの石をその村に運んで、完成したパーツをロンドンに輸送して組み立てた。本物性を求めたのである。

最終的な募金方法は、寺院での広報・掲示、ローカル新聞での広報などの一般的なやり方に加えて、ひとりひとりを訪ね説得して献金をお願いするというもので、この寺院はそうした関係者の地道な努力の結晶でできあがったのである。献金の出し方にはいろいろな形があるが、もっとも誇らしい献金の仕方の一つに、寺院の内部に据えられる一一のテンプル型で祀られる主要な神像を寄付することがある。私が二〇〇九年夏に寺院の内部を案内してもらったときに一緒に入った女性は、**Swaminarayan** 神像の作成代金を献金した家族の奥さんだそうで、それがすえられる場所を案内されて確認していた。話ではこの家族は一九九五年に神像の代金の献金をしたそうで、この種の献金において先陣を切った家族だそうである。しかし問題が起こった。工事が遅れたために値上がりして、一九九五年にしてもらった寄付額では賄いきれないという問題なども発生していくのであった。こうしたことからも募金活動の紆余曲折が窺い知れてくるのである。

④完成へ、そして完成後：寺院管理総務会議長NTへのインタビューを中心に

二〇一〇年五月末、完成披露のために、盛大な三日間にわたる儀礼プラン・プラシュタ Pran Pratishtha が行われた。これは神像 murti にエナジーを注入して神にすることである。神の眼が開く、まさに開眼式にあたる。一五〇〇人を収容できるテントが張られ、関係者、スポンサー、地域のVIPが招待され来賓としてそのお披露目に立ち会った。そのための記念の落成記念案内書が作成され建設過程における三代に渡る総務会をはじめとして関係者の労をねぎらう記録が残された。その冒頭で、Laytonstone 寺院の時から長く関与し、新寺院建設の示唆を与え続けた、インドの Mathura（UP州）から招かれている Vallabhnidhi 基金の sadhu Param Pujya Dadaji（Shree Giriraj Ji Maharaj Daan Ghati Temple に属する）にまず敬意が表される。その後に、この案内書が果たすべき目的のこの寺院の権威づけの意味で、英国在住のグジャラート系の人々にとってのキーパーソンとなるセレブリティからの祝辞が続くことになる。そのトップは、当時はまだグジャラートの州首相であったナレンドラ・モディの祝辞とチャールズ皇太子招待に対する近衛師団からの返事となっている。その次に、ヴァッラバ派を継承する二人の尊師 Goswami Shri Dwarkeshlalji Maharaj と Pujya Shri Devprasadji Maharaj からのグジャラート語での祝辞が載せられている。ここから、社会的な権威付けと宗教的な権威付けとの両方を読み取れる。前者の目的では、完成披露以降も毎年五月開眼の記念日やディワリなど年祭の折に英国の著名人を招待することも継続的に行われている。ロンドン市長の招待、大司教の招待など。またヴァッラバ派としてのこの寺院の宗教的権威の面では案内書でも明白であるが、機会を見ては尊師 Maharaj の講話会も催している。案内書から読み取れるもうひとつの興味深い事柄は、お祝い広告からの情報である。グジャラート系の人々の英国における多様な分野での経済社会的成功の証がみてとれるし、信者による広告内容でこの寺院を

支える信者の宗教傾向とその多様性がわかってくる。また、東アフリカの会社のお祝い広告もあることも目を引く。

現議長NTは二〇〇八年からすでに八年間その職を務めている。その間に断続的にではあるが、旧寺院にある議長執務室で私のインタビューを受けてくれた。また何度かはメールで返答をもらったこともある。その要点をここに紹介していくことで、完成までの足どりと、完成後の変化などを記してみたい。

すでに述べたように、現在の寺院管理総務会は第三代目である。NT氏は第二代目から総務会委員であったが、上述したような問題の最悪の時期に、第二代目の議長が死去したために、三か月の空白の後に第三代目の議長に選任された。二〇〇八年七月のことであった。その時までにはすでに銀行ローンが組んであったので利子の支払いが重圧になっていた。深刻な金銭問題を抱えて、当時の総務会は支持者からの信頼も失い、したがって献金は集まらなくなっていたために支払いもままならない状態に陥っていた。寺院建設は七割まで行ったところで完全にストップしてしまった。従来は話し合いで決めていた議長のポストであるが、このどん底の状態においてを選挙で決めることになって、NT氏が選ばれたのだった。仕切り直しの第三代議長は、まず利子の支払い猶予について銀行と交渉に入った。ようやく、とにかく六か月間待つということを取り付けた。それでも支払いが出来なければ辞職覚悟していた。改めて献金集めに専心し始めた。その結果、六か月後に八〇万ポンドを利子として支払うことができた。また、グジャラート系の人が社長をしている担当の建設会社とは、完成までにかかるコストに関して値下げ交渉を行って、寺院完成をサポートする気持ちに訴えてどうにか二〇〇万ポンドを下げてもらうことに成功した。さらに、銀行とも、完成した暁には、献金などで収入も安定するだろうから一五年ローンに組み直すことも約束してもらった。ここでポイントになるのは、建設会社の社長がグジャラート系であるということ、銀行の内部でもグジャラート系の人が影響力を持っていたこと、また議長自身がロンドンで会社の立ち上げに成功したビジネスに長けた人物であったことなどである。つまり、こうしたことはグジャラート系の人々の英国での経済的・社会的上昇があって

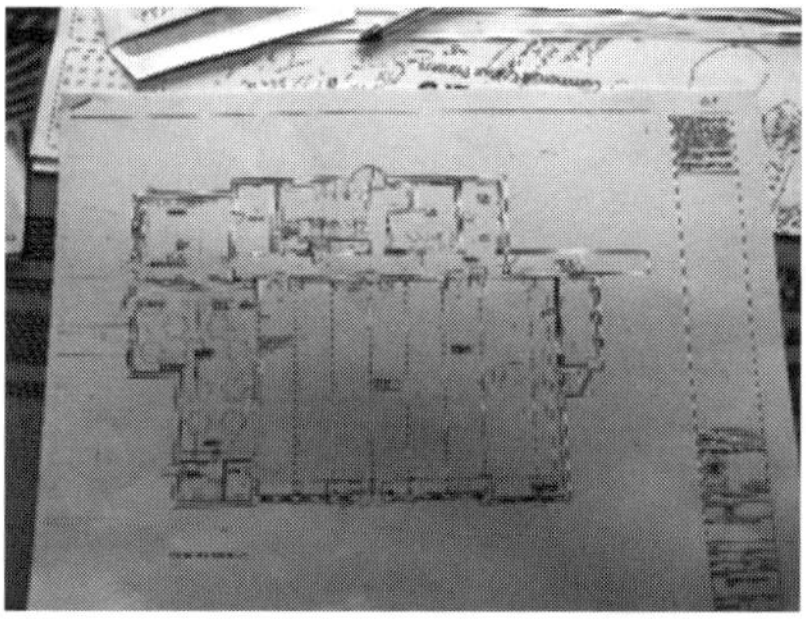

写真84　コミュニティ・ホール1階図面

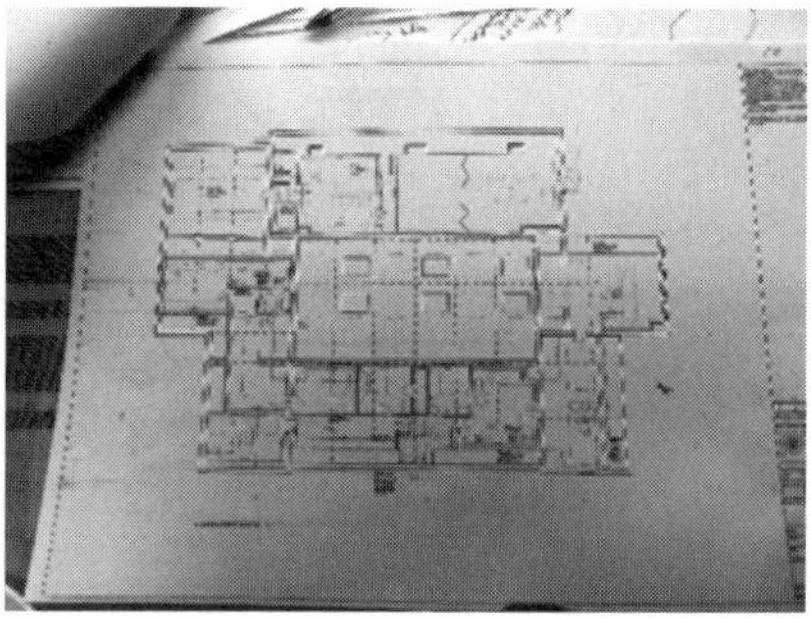

写真85　コミュニティ・ホール2階図面

可能になる話である。このようにして現議長率いる第三代目総務会は難局を乗り切り、二〇一〇年の完成へと導いた。完成後も同じ総務会メンバーで信任されており、目下ローンの返済を後代に残さないように完済に向けて努力している。現在は年に利子分プラス一〇万ポンドの返済をしているが、コミュニティ・ホールが新しく完成したらそれを貸したりして収入を上げ、年に利子分プラス二〇万ポンドを返済したいと話す。

現在の次の直近の課題としては、旧寺院に使っていた場所をコミュニティ・ホールに改装することである。これには建設費用が一一〇万ポンドかかるがすでにその六割は献金で準備できている。一階と二階の図面を議長から見せてもらった。一階に大きな多目的ホール、食堂、キッチン、トイレ、二階は事務室、会議室、司祭用居住スペースおよびゲストルームとなっている。このホールの完成で一応建設プロジェクトはすべて完了する。このホールが完成すれば、結婚式、宗教講話、バジャンなどに利用する。また儀礼・祭礼の後に食事も提供できるようにもなる。この華麗な大寺院とホール施設でコミュニティのまとまりを強めていくことができる、それはこれからはじまることであると議長は述べる。さらにやるべきことが二つあると述べる。寺院に人が多く集まるときに道路交通の邪魔にならないように駐車スペースを整備すること、寺院の外側が汚れてきているので洗ってきれいにしコーティングすること。これで施設的なことは本当にすべて完了する。

二〇一〇年五月の完成以降、その存在がメディアなどを通じて広まるにつれて、

写真86　ホーリー祭の祝火（ホーリー・ジャラーナー）

はたして、非常に多くの人が寺院を訪れるようになっている。以下はＮＴの私宛の私信メールでのその様子説明である。「インド、アメリカ、ヨーロッパ、アフリカ、香港など世界中から人々が寺院にやってくる。来た人々は皆、素晴らしいと言い、寺院の建築とその手彫りの彫刻に感嘆していく。若い世代と寺院の関係は非常に良好で、一度来た人は必ずまた来たいと感激して述べる。彼ら彼女らも、手掘りの綿密な彫刻のすばらしさとその意味を知って喜んでいる。あなたもご存じのように、サナータンの意味はどのようなヒンドゥー教徒もこの寺院に来ることができますし、宗教の異なる人々も来て寺院建設完了を喜んでくれています。私たちはすべての他の寺院とよい関係を結んでいます。あなたのおっしゃるスワミナラヤン寺院ともよい関係です」。ここでの表現は外交的な文書表現であるが、完成披露から完成後五年間以上を観察している私にはおおむね素直に受け入れられる内容である（cf. 宗教への空間的アプローチとしては、［Knott 2009b］は重要）。

　議長は、自分はヴィシュヌ教徒であると私に向かって自己規定する一方で、話を聞いていると議長の考えは明らかにクリシュナ教徒としてのヴィシュヌ教であることがわかる。興味深いことは、議長の長男（移民二世）がＩＳＣＫＯＮの篤い信奉者で、議長自身もその影響でＩＳＣＫＯＮのパトロンになっているというのだ。SVN-UK の寺院の基本にヴァッラバ派 Vallabhacharya があるとしたら、面白いことに議長において、同じ一六世紀の改革ヴィシュヌ教としてのクリシュナへのバクティを説く Chaitanya Mahaprabhu の興した Gaudiya Vaishnavism のクリシュナ教とが合流するわけである（そのクリシュナ教の胎動は例えば Ramanuja のように一一、一二世紀に遡るが）。というのは、ＩＳＣＫＯＮの創始者 Prabhupada はこの Gaudiya Vaishnavism に属するからである。このセクトでは、クリシュナをヴィシュヌの化身に位置付けるのではなく、最高存在とみなすところが特徴で、その見方からサナータンを語っていることが理解できる。そうではあれ、God is one but has many forms の理解が、自由に行われる場になっているところが、サナータンという信仰概念の奥深さ（融通無碍さ）である。この点は結論部分で展開される重要なポイントとかかわる。

スワミナラヤン信仰との差異化にかかわると思って、議長にＲＳＳとの関係を尋ねてみた。スワミナヤン信仰とＲＳＳとの間に見られるような明らかな連絡というものについては否定したが、ＲＳＳについては好意的な評価を与えていた。海外在住インド人やインド起源の人々が共有しているムスリムからの圧迫に対する防衛意識、すなわち自分たちを守ってくれるのは誰かというときにコングレスには頼めないＢＪＰ（ＲＳＳ）の方が頼もしく見えるのであるとする。

最後に、ＮＴ氏のプロフィールを簡潔に示しておきたい。彼の生き様は、人間が生きるとはどういうことなのかについて、その琴線に触れているところがある。

ＮＴ氏はアフリカ東南部の現在のマラウイ共和国であるニヤサランドに一九四五年に生まれ、幼少時に両親と死別し、弟とともに孤児となってしまい、孤児院、寄宿舎で育った。日本の中卒と高卒の間にあたる Grade 10 を終了し、一五歳から働き始めた。その後結婚して、二人の息子に恵まれた。二八歳になった時、子供の教育環境を考えて意を決して英国のロンドンに家族で移住した。一九七四年のことである。弟の方はマラウイに残った。ロンドンに来た当初は別の一家族と一階と二階でシェアして住み、次に家をローンで買った。当時はまだ安く一万五〇〇〇ポンドだった。渡英四年後に英国国籍を取得した。ロンドンに来てからは、船舶会社の事務員から始め、管理職に出世して、それから独立した（マラウイの公用語が英語であることから、言語的な障壁が全くないのは大きなアドバンテージであった）。三一歳で模造ジュエリーの会社を起業して成功し、経済的基盤ができた。その後は土産物などの卸し商店を営む会社を長年経営してきた。経済的成功者であることは、オックフォードストリートに近いショッピングの中心地であるCarnaby Streetに店を構えていることでわかる。自慢ではなく、事実としてグジャラート人は会計の勉強をしなくてもそういう才能が備わっていると語っていた。このNT氏個人の一代でのこの成功ぶりとともにグジャラート系資本の英国経済に占める大きさを見れば、その個人的才能はもちろんであるが、その民族的な商業文化の下地の上にそれがあると納得せざるを得ない。東アフリカから連なる社会関係資本も役立っていることであろう。事実、英国でもNational Congress of Gujarati Organisers UKのようなアンブレラ組織のみならず、地域（グジャラートでの地域、英国での地域、東・中央アフリカの地域など）やグジャラートのカースト毎（Patidar、Lohana、Baniyasなど）やグジャラートの宗教ごとに分かれた大小さまざまな組織があり、グジャラートの相互扶助的ユニティは重層的に組織化され非常に強い。ちなみにNT氏はLohanaに属する。NT氏は経済的成功だけではなく、氏の当初の目的である子供の教育ということを見事に果たし、マラウイで生まれた彼の二人の息子は、英国教育の最高峰を踏破し、長男が内科医でGPをしているし、二男はロンドン大学LSEでMBAをとり会社を継いでいる。二人ともロンドン生まれのグジャラート系の人と結婚し子供をもうけている。この孫たちは移民三代目にして英国社会のエリート家庭の子女ということである。そして、会社引退後は、この寺院に報酬なしで献身的な努力を払い、難局を乗り切り見事に新寺院の建設をやり遂げた。

人生であるから、私に語らないいろいろなことがあったに違いないが、そのライフストーリーの骨格はまことに見事な人生である。すでに記したがNT氏の長男はISKCONの敬虔な信者で、NT氏自身も影響を受けISKCONのパトロンになったというのである。若いころは肉を食べたが、今では全くの菜食主義者であるという。彼の小さい時からのモットーは自立であったという。そしてその通り他人の世話をしても他人には頼らない人生を構築してきた。そのことを自負している。そうでなければ、あの寺院建設における進退窮まる二〇〇八年の危機の事態は乗り越えられなかったであろう。そうであるから、「クリシュナが働いた」と最後の段階を担当した建設会社の社長に言わしめた力の渦が彼の自立の周りに起こったのであろう。NT氏は何年にもわたって少しずつ行われた氏へのインタビューを通じてその生きざまにおいて私に強いインパクトを与えることになった。二〇一三年の私のフィールドノートにはそのインパクトがこう記されている。

「彼の劇的に見える人生展開も、その都度の転機には出会いと慎重な選択があったこと。その機を感じ、つかみ、ものにする高い能力を有していることが分かる。彼の話、話しぶりから、運命とそれを生きる人間の絡み合いの機微がビンビンと伝わってくる。偶然の出会いの中で慎重な態度をもった適切な判断が、運命を展開させ個人の能力は磨かれ開花していく。運命はダイナミックに肯定される。人生に根拠なき奇跡はない。適切な判断と着実な努力が結果的に奇跡にも見える人生を造形する。よくよく見れば根拠ある奇跡的展開になっている。日常は奇跡ではない。前世の因果でもない。しかし、その地味な日常の思考と態度が奇跡と呼んでもおかしくないほどの人生の展開を見せるのだ。彼が六七歳、私は六三歳。この年齢でのフィールドワークやインタビューは、他流試合みたいなものである。私自身の人生が質問を通じて表現され、それが試される挑戦である。だから、フィールドワークとは単なる情報集めではない。生身の人間の生に取り組む（それはまた死に取り組む）気合いを直接感じる道場である。その気合いを表現しなおすのが民族誌であろう。困難な仕事に違いない。」

後半部分はさておき、ここで記しておきたいのは、氏は自立だけを知っているのではないということである。孤独と自立の向こう側の自他が交流する世界を作り生きてきた。深い自立とサナータンが交差するところで生きているのではないだろうか。

二〇一〇年に新寺院完成から何度も何度も新寺院の内部に足を踏み入れ、その円形の天蓋を二つ連ねた美しい空間の下に座してしばし瞑想したこともある。このような空間体験は、何々教徒であることはある意味関係のない至高空間のもたらしてくれる快い安らぎである。それを私は私なりのサナータンとしての「クリシュナの場」の感受であると思っている。近似的な経験としては、ムスリムでもない私が美しいモスクの円形の大空間で寝転がるのが好きで非常に安らぐということがある（最近は簡単にはさせてくれないということがある）。カトリックの大聖堂でもいいかもしれない。サンクト・サンクトラムあるいは至高聖所は天に導く円形ドームである。矩形や直線は世俗のもので、それとは神々の在所は明確に区別される。インドの古典建築書シルパ・シャーストラの基本の教えである。新寺院ではその建築空間の中で美しい多様な神々に囲まれ慈悲に包み込まれる。稀代の芸術家荒川修作は絵画では人間を包み込めない、人間が参与できないと言って建築へと移行して天命反転の仕事を展開した。このサナータン寺院の荘厳な空間は、荒川作品のように床を凸凹にはしていないが、様々な差異を差異のまま受け入れて、自省自浄して天命を反転させていく意味で、まさに参与する「建築」である。自立・自律をモットーにする議長は言った、ここはグル中心の寺院ではないと。ここが重要なのであるが、自分自身が自分のグルへと成長していく自己教育という気づきと転換の場である。スワミナラヤン信仰と違ってグル中心でないから、男女が隔離されることもなく自由度が高く、現代人には受け入れやすいであろう。献金という贈与そして多くのボランティアの献身（利己的動機があるとしても利他的行為になっている）によって実現した開かれた協働性の空間である。人が集い、出会い、安らぐ場は、この地域の人々に後戻りしない大きな生の拠点を生み出した。これからここで様々なことが起こりながら、後代の担い手の心にも届いていくことだろう。二〇一五年寺院の入り口のところに小さい土産物屋が新しく出店した。そこで、神像図と神像を買っていたレスター Leicester から来たという三〇代女性と少し話をした。自分のための神像と友人に一枚三〇ポンドの金色の神像図を買ったという。ロンドンには Siva Yog のために一週間いるので、ついでにここにも足を運んだそうだ。レスターは、いいところですよ。時間がゆっくりで人が優しいと言う。こうして移民都市レスターとロンドンがまた結ばれる機縁をこの寺院が作っている。その土産物売り場で働く二九歳の青年は五年前にアーメダバードから来て、今、経営学の修士課程で勉強しているそうだ。暇な時にはここに来てボランティアをしている。アーメダバードでは家族と一緒で何も不自由なかったが、ロンドンに来てからはなんでも自分でしなければならず自立心が育ったが、寂しいし時間があるとこの寺院に来るんだと述べる。こういうささやかな事例が示すように、新寺院という場は、数えたらきりがない様々な個人を引き寄せ出会わせ、日々何かを生み出していくのであろう。外に開かれたつながりの結節点ができた。それは、それぞれの人の今日の時代に即応したネットワーク的な「私のスペース」（ド・セルトーの意味での）構築に資する一つの大きなランドマークとして機能していくに相違ない。

結論――実験的考察

1　偶然的連結としての当事者性――述語性と再帰性とパースの記号学

社会集団やそれを構成する個人にとって環境としての時代と場所とは緩急あれども常に変転していく。「生きている」人間は、基本的にブリコルールであり、アーティストであり、デザイナーである。それはギブソンの言う意味で人間がア・プリオリなモダリティをもって環境にアフォードしてしまう限り、本人がそう自覚するか否かとは別の突き抜けた事実である。ブリコラージュ、アート、デザインは比喩的表現でも何でもなく人が生きることそのもののことである。人が生きるとは、先だって自己があっての自己表現ではない。人間は環境に働きかけて生きる、それと同時に環境は人間に働きかけ人間の生を変える、そういうダブル・コンティンジェントな動的な関係性そのものを生きているものと、まずは描写できる。

環境の中身は、人間にとっては、歴史的に蓄積された経済資源（もの）、社会資源（ひと）、文化資源（ことば）となろう（基本的にはピエール・ブルデューの三つの資本に倣うが、資本と資本化以前まで含めるために資源とした［関根　二〇〇七ａ］）。

文化資源において、特にその中の宗教信仰資源においては、一神教であろうが多神教であろうがさらにはアニミズムであろうが、超越的存在という信仰を支持する絶対的基底が認められる。それを特権的魂と呼ぶこともできよう。歴史的実在か否かを問う必要はない。キリスト、アッラー、ブッダ、シヴァ、ヴィシュヌ（ラーマ）などが、それぞれの宗教の基底に置かれたのである。本稿の文脈ではVallabh派以降のクリシュナがそれである。信仰者でないものがこのような宗教資源を扱うことは信仰がない者にはできないであろうか。そうであるからといって思考を止めれば、本稿の考察は何も深まらない。私がここでとる方法は、ポスト・セキュラー時代のそれである。宗教に信仰をもって接近するのではなく、宗教に哲学をもって迫るのである。しかしながら、ここで私が先生とするのはカントであるという、迂回を経て行われる。人間が「感性」では（直接的には）認識できない超越的で絶対的な存在を、「理性」の出所として「物自体」という概念を措定することで哲学的思考の射程に入れたのである［石川　一九九五］。カント哲学においては、人間はこの意味の「感性」と「理性」で世界を経験している。「理性」で超越的存在すなわち神に届こうとしたのである。コペルニクス的転回をもってした近代的認識論である。ところで、もう一人の先生は、カント主義者でありかつカントの徹底した批判者であるチャールズ・S・パースである。とにかくパースとカントは深くつながっている。このことを簡潔に伝えている、パースの専門家である石田正人の二〇一一年に行われた東京大学での講演会「表象のざわめき――C・S・パース草稿群との対話」の岩崎正太による要約から引用しておきたい［岩崎　二〇一二］。

「カントの『純粋理性批判』を毎日二時間ずつ三年以上も精読を行なったという逸話もあるように、パースの記号論は、カントを発端としている。カントは、人間の認識は単に外部にある対象を受け入れるという従来の哲学の常識に対して、人間は物自体を直接認識することはできず、かわりに人間の認識が表象を構成するという、人間の認識における超越論的な制約をもとにした認識論を展開しました。このカントの近代的認識論にたいして、パースは、媒介者としての記号を強調し、表象の自立を提示する。カントのいうとおり、主観は対象（＝カント的な物自体）を取り入れることはできないため、対象が認識者の心を直接に触発して観念や反応を生じさせるのではない。が、このときパースによれば、かわりに記号が対象についての一定の観念を伝達したり、反応を生じさせたりしているという。つまり、記号が、対象と自己意識的な思考〈コギト〉との媒介者となっているというのである。パースは、カントの Vorstellung は主観の認識能力へと引きずり込まれすぎているとし、表象に媒介者としての存在性格を与えることで、表象そのものを主観から自立させ、人間的主観に限られない記号のより広い概念を提示する。

主観の超越論的な制約から解放されることによって、表象は自立したものとなる。表象の自己組織化作用が表象空間を構成し自己意識的な思考〈コギト〉を触発しているのであって、その逆ではない。そのとき、世界は、所有格「私の」を持たぬ表象の世界となる。それは、夥しい記号（の働き）にあふれ、表象それ自体がざわめく世界である。そのような世界において、表象を構成するものとしての特権性を剥奪された人間は、表象から問いかけられ、表象のざわめきに立ち会う「付録」となる。この意味において、パースの記号論は、〈出来事〉の思想といえるだろう。」

さらにここでのもう一人の先生は、西田幾多郎である。後述するように、西洋的な文脈での近代的認識論としてのカント哲学すなわち道徳法則の出所つまり「自由意志」の根拠としての「物自体」、その複雑な「コペルニクス的転回」に響きあいながらも、さらにそれを東洋的に転回させた西田幾多郎の「純粋経験」あるいは「絶対無の場所」の思索である。

人間主体とその環境とのダブルコンティンジェンシー、とりわけ宗教空間という文化資源はどのように描かれ探求されるべきであろうか。その描出と探求の視点と方法を、カントに学び、西田に学び、パースに学びたい。そのために少し断りを入れておきたい。プラグマティズムおよびネオ・プラグマティズムのパース、ジェイムズ、デューイ、クワイン、ローティ、ブランダム、ヴィトゲンシュタイン、セラーズ、パトナム、さらにティエルスラン、マクベス、ハーク、ミサック、ロールズ、マクダウェル、プライスなどが登場する詳細な論争は重要だがここでのテーマではない。ただ、パトナムの「自然的実在論」がとても気になることだけ述べておきたい。私の中で、相対主義が卓越したときに甦るある種の素朴実在論への誘惑が消えないからである。主体と対象とをどちらに寄り過ぎずに記号が媒介する出来事に注目するプラグマティズムであれば、パトナムの言っていることはパース記号学の正当な継承であると見えるのである。

今、私の目的は現代世界でグローバルとローカルの時間と空間の布置の中におかれた生活者の生き様を問うことである。地球は、ヤーコプ・フォン・ユクスキュル的にそれぞれ多様な認識の環世界（Umwelt）として現れるとしても、ここでは人間にとっての環世界を問題にしているという限定をしておく。そのような環世界が一応「客観的に」存在することから始める。その地球表面には大陸と島嶼と海があり、そこに人類の足跡が刻まれ、人間にとっての時間・空間の歴史が堆積し、「近代」以降は国家という制度が構築され、国境があって、そこを越境すると国際移民になるという現実は、現在を生きる人類にとっての所与の「客観」環境と措定してここでは議論していく。それが、カントの言う人間の認識（悟性と理性）を通じて現れる現象界と「物自体」の出所となろう。そういう概念上の区切りの措定は、もちろん現象学運動に向かうカントやパースにおいては、無化する方向に向かう。

カントの『純粋理性批判』は、Christopher Want［二〇一二］や柄谷行人［二〇一〇］によれば、形而上学がすでにヒュームなどによって貶められたところで書かれた書物であり、単なる形而上学批判ではなく、形而上学の意義の継承と正当な生産的批判を目指したもので、その内容はむしろポストモダン的な仕事であるという。私がここで唐突に見える形でカントを持ち出すのは、二つの意味においてである。一つの意味は、主体の認識生成の仕方におけるモダリテ（作用形式）が人間にはすでにア・プリオリに備わっているという議論が「主体」と「環境」の区別できない関係論（還流的なつながり）に論拠を与えることにあり、そしてもう一つの意味は、本稿が超越論的存在としての宗教空間をポスト・セキュラーな時代に論じていることに鑑み、その考察に決定的に重要な方法的示唆があることからである。カントは物自体というテーゼによって、この二つの意味で超越論的存在を明確に射程に入れて、モダリティをすでに有する人間の認識が雑多な経験を統合する形で対象を作り出すことを喝破して、その「コペルニクス的転回」によって人間には不可知にも見える「宗教」の居場所を適正にとらえ返そうとした点が、脱魔術的な狭い近代的思考を超えてポスト近代的視点に届いているのである。

私のカントへの出会い方は、パース記号学そしてプラグマティズムに関心が向く中でカントの重要性が強く意識されたという順番であった。そこから、カントとマルクスを交差させてコミュニズムの生産的継承を目指す議論を展開する柄谷行人の『トランスクリティーク』〔柄谷　二〇一〇〕を読み直して、腑に落ちたのである。そこで、柄谷ははっきりとカントにおける宗教と道徳の適正な位置づけの試みを取り上げている（例えば、序文一三頁）。

他方で、私は以前から西田哲学、特にその述語論と無の場所論を重視してきた。「純粋経験を唯一の実在としてすべてを説明してみたい」という西田の問題意識は、カントの議論への強い共感を示す。西田の哲学に、東洋思想や仏教の文化・文明的モダリティがあるに相違ないが、新カント派の経験一元論的な立場やベルグソンらの直感主義の立場からも影響を受けていよう。しかし、何より純粋経験や無の場所を、むしろ相対論と実在論の間で思索するカントに立ち返って考えている。そのあたりの経緯を木村美子の論文「西田幾多郎の場所論とカントの「物自体」――西田の『反省的判断の対象界』」が明らかにしてくれている。少し長いが正確を期すために、木村論文から一部省略しながら引用させていただく。

「……知識は主観の先天的形式に依って構成せられたもので、我々が一般妥当的な真理を認めねばならぬのは、我々は此形式を離れて考えることが出来ない故であるという所謂批評的〔批判的〕真理の考えを明らかにした点にある」〔三―二六一、〔 〕内論者〕と。このことはカント自身も「われわれは直観の雑多を統一したとき、対象を認識する……と述べているように、対象とは雑多な経験の統一ということにすぎない。従来の認識論においてのように「我々の認識はすべて対象に従って規定される」のではなく、「対象が我々の認識に従って規定せられなければならない」というカントの考え方の転回は、所謂 コペルニクス的転回と呼ばれるものである。その結果カントにおいては、われわれの認識は現象のみに限られ物自体に及ばないとされた。そしてカントの哲学は現象界と物自体の世界、即ち、感性界と叡智界との間の超えることのできない 裂け目〔Kluft〕に撞着することになる。それでは、物自体を現象界の背後にあって知識の原因となるべきものとして考えることはできるのだろうか。しかしそれは矛盾である。何故なら、因果律は われわれの経験界を構成する範疇にすぎないのだから思惟以前に因果関係を考えることはできないのである。そうであれば、認識対象としては不可知である物自体はどのように考えればよいのだろうか。……これに対して西田は「カントの物自体を知覚の根柢に考えられねばならぬ超越的対象の意味に解するならば、それは排除すべきではなく、却って認識構成に欠くべからざるものでなければならぬ」〔三―四九三〕、という。西田にとって物自体は「認識の対象であってしかも超越的なもののことである」。対象認識の根柢に超越の場を考えることによって真の経験が成り立つ、という意味において、物自体の世界が重視されているのである。……このように西田はカントの物自体をわれわれの認識できない知識以前である直接経験、即ち「純粋経験」の一種と見倣している。このことから西田の哲学は、カントの認識論の立場を守りつつ、さらに批判的に発展させていると考えられる。そしてさらに述べている。「物自体の世界というのは、私の立場からいえば、我々の自己そのものの存在の場所、我々の自己そのものの直接なる、自己自身を形成する歴史的世界なのである。右の如くにして私はカント哲学を私の場所的論理の中に包容し得ると思う〔一〇―三〇八〕。」〔木村二〇一〇：一五―一六〕

ここに学んで結論を先取りすれば、西田は、先天的形式を宿した認識にしたがって対象が構成されるというところに述語が主語に見えるものを含みこみ、新たな主語を生み出す動態を見ているのであり、カント哲学の物自体という超越的存在に規定された英知界に、述語化の果てに行き着く西田の絶対無の場所を見たのである。再度、木村論文から部分的に省略しながら、それでも少々長いが引用する。

「一般的に、われわれの認識は判断という働きにおいて成立している。そして判断とは特殊なるものを一般的なるものの中に包摂するという関係である。包摂するというのは特殊なるものを主語として、これについて一般的なるものを述語するということである。西田においては、特殊なるものとしての主語が一般的なるものとしての述語に包まれるということは、逆にいえば、一般的なるものが自己を限定した結果が特殊であるということになる。換言すれば、それは一般的なるものが特殊なるものへと分化発展する過程を意味している。すべて論理的理解は一般的な或るものの内面的発展であり、一種の創造的作用をいうのである。……反省的判断力は、普遍が与えられずに、ただ特殊なもののみが与えられている場合に、この特殊に対する普遍を求めていく判断力を指す。この場合の普遍的なものが、そのつどの「合目的性」にほかならない。」〔木村　二〇一〇：一六〕

（中略：このカントの反省的判断とその都度合目的性に関しては、西田が生産的に乗り越える批判をしているが、ここでは省く。）

「述語一般が無となるとは、いかなることであろうか。判断が成立するには、その根柢に統一作用としての何らかの一般者がなければならない。この一般者の性質に従って種々の概念的知識が成立するのである。そしてこの一般者は三層に区別される。先ずは判断的一般者、次いで自覚的一般者、最後に叡智的一般者である。そして、判断的一般者による自己限定として自然界を、自覚的一般者による自己限定として意識界を、叡智的一般者による自己限定として超越的な叡智界を考える。主語と述語との間にある包摂関係を、その述語面をどこまでも述語の方へと押しやると最終的には、述語面においてもはや他のどのような一般概念によっても規定されることのない、「超越的述語面」に到達する。そして、この「超越的述語面」を西田は真の実在と考え、プラトンのティマイオスの語に倣って「無の場所」と名づけるのである。「何処までも判断知識の背後に見られねばならない述語面という如きものが、私の所謂場所であって、それはカント学者の認識主観に相当するものといってよい。カントの主観の統一は、主語の方向に客観性を求める判断的意識の統一である。対する西田の「超越的述語面」はカントの意識現象の統一をも包むあらゆる意識を成立させる「場所」なのである。「場所」という考えの根本は先ず、「すべて有るものは何かに於いてある」ということである。そうでなければ「有る」と「無い」の区別ができない。「場所」にも種々の階層があり、「有の場所」としての物理的空間を「意識の野」としての「無の場所」が包み、さらにそれを一層深く拡い意識の極致である直観としての「真の無の場所」即ち、「絶対無の場所」が包むと言うように、「場所」は重層的に考えられている。カントの規定的判断における自然界も、反省的判断における自由意志の対象界としての合目的的世界、また文化的、歴史的世界も、さらに、自由意志を超越した直観的把握による叡智的世界、即ち、芸術的世界、道徳的世界も実はこの「真の意識」としての「絶対無の場所」において成り立っているということができる。西田は主客に分かれる以前、即ち、概念的知識以前に与えられた純粋経験をカントの物自体と考えるのである。「純粋経験」は、あらゆる知識成立の根底としての「意識の野」、即ち、無限なる創造力の根源である「絶対無の場所」と考えることができる。」〔木村　二〇一〇：二四―二五〕

まず、カントの反省的判断が西田の主語の述語化に通じている。そしてそれは無の場所に向かっている。私としては、この無に深化する述語化がもたらす創造的作用の場所の出来事が、パースの出来事の記号学すなわちイコン→インデックス→シンボルというアブダクティヴな記号過程に相応するものと、さらに考え、その西田とパースの両者を用いることで、人間が生きるダブル・コンティンジェントな動態的な現実をより深みと広がりをもって描写できると考えている。西田の思想の魅力はその空間性であり、パースの記号学の魅力はその時間性である。その両者を統合的に用いることで、私たち人間の生の現実が、主体と環境の両方においてア・プリオリな受動性を抱えながらそれがゆえに創造的であるという「時間空間上における偶然的帰結」としての生をより適切に表現できるのである。それはプラグマティズムが格闘している科学的実在でも内在的実在でも表現できないパトナムに自然的実在と言わしめたことがらに近接しているだろう。その帰結において、アルフォンソ・リンギスの巧みな描写が思い出される美や真理の閃光を享受し、人生は変転していく〔リンギス　二〇一五〕。

ここからは、西田の述語化を含みこんだものとしてパースの記号過程を前面に出して考察してみたい。イコンは発見されるものであり、始まりである。仮説発想的なフィールドワーク論で言えば、問題意識の設定である。この始まりである、主語の仮設と言ってもよい。パースのイコン→インデックス→シンボルという記号過程は、川喜田二郎の野外科学の定式に基礎を与えている。川喜田は、氏の提唱するW型問題解決過程の思考と現場を往復する前半のVの部分で、思考レベルの問題提起（イコン）→現場レベルでのフィールドワーク（インデックス）→思考レベルの仮説の発想（シンボル）という展開を示すが、これはまさにパースの記号過程と対応する。カント的には対象が認識を通じて構成される、西田的には主語が述語に包摂される創造過程である。パースの記号学において、イコンは模倣であり感情という現前であり、インデックスは現実の中での何かとの関係であり、シンボルは概念という媒介的な約束性すなわち解釈である。重要なことは、シンボルは概念として構築された瞬間からイコンへと移行するということである。これはまさに西田の古い主語が述語化によって新たな主語を構成された瞬間に次の述語化が待っているのと同じである。カントで言えば判断や概念の高次化であろう。パースの記号学は難解である。原著の英語版と日本語訳そして解説書のいくつかを往復してみての実体験である。難解であるが骨格は明確である一次性、二次性、三次性のマトリックスで世界を記述しつくそうとしたのである。転倒した言い方になるが、その意味で結果としてのパトナムの自然的存在論に親和的である。端的に超越的存在は語られないが、その科学主義的様相は記号過程の反復によって世界を構築していく方法においてカントを想起させる。

一般論から、ロンドンの事例に立ち返ろう。一九七〇年ころに、第一の移住地東アフリカから再度英国に移民したグジャラート系の人々の中で、その移民第一世代の中で、一九八〇年代になって機が熟してきたあるとき、「私たちは（も）自分たちの寺院を作りたい」という機運が高まり合意がなされた。そのとき、彼ら彼女らの中で内的要因と外的要因が入り組んで高まり、感情という現前をみたのである。イコンの本質は言葉以上の想いである。そこにはすでにモダリティが作動しているが、意志と自覚の始動が刻まれた。敷居が発見される端緒に着いた。それでは、それはいかなる敷居、いかなるストリート・エッジであったであろうか。

2　ストリート・エッジ／敷居の発見——新サナータン寺院建設という記号過程

人間一人の人生をとっても数々のストリート・エッジ／敷居に遭遇する。ましてあるコミュニティを対象に想定したときその構成メンバーの主体の複数性を考えると、数えきれない敷居が想定できることは言うまでもない。しかしながらここでは、紆余曲折を経た新サナータン寺院の建設過程を焦点化することで、それを支えた、東アフリカ経由のグジャラート系の人たち（法的に英国人）を中心にしたコミュニティにおいて、いかなる共同的な敷居が立ち現れたかを考えてみたい。それによって、ストリート人類学の勘所、すなわち、当事者性の自覚とその視点からの敷居の発見と、そこでのヘテロトピア・デザイン（後述）の協働的創発がつかめるはずである。

念のために記すが、この創発過程の考察は無時間性のなかで行われるのではない。ネオリベラリズムというグローバリズムが急速に世界に蔓延する時代において考察されている。その激しい流動の時代の中を生き抜く人々の生き様の内に、結果として「人が生きるとはどういうことか」という、ある種の普遍的次元の考察が結晶化してくることになるであろう。

敷居を探す。そのために主体・環境相互作用の中で起こった建設過程の描写を記号過程として整理・分析しなければならない。そのイメージはというと、量的形態としては螺旋階段を上っていくものであり、と同時に、質的深化としては螺旋階段を降りていくものでもある。なぜ螺旋かというと、イコン1はインデックス1を経てシンボル1に到達する、するとそれが一階梯アップしたイコン2になるからである。そしてそれはインデックス2を経てシンボル2に到達するという具合である。円を描くように戻ってくるが一階梯アップしているから螺旋である。この螺旋自体はより大きな螺旋の旋回線の一部になっている。そうであるから、何を記述するかは無際限な選択肢があり、ひとえに何を問題として描きたいのかという問題設定にかかっている。それによってミクロにもマクロにもなる。分析の目的に応じた拡大鏡でピントを合わせる必要がある。本論の場合は、扱う集団の大きさを基準にすれば大まかに言って、ミクロとマクロの中間点であろう場所にピントを合わせることになる。それは、主として東アフリカ経由のグジャラート系移民集団のうちのヒンドゥー教徒の宗教空間をめぐる動向において、その螺旋構造を考察する。

先に、「イコンは模倣であり感情という現前であり、インデックスは現実の中での何かとの関係であり、シンボルは概念という媒介的な約束性すなわち解釈である。重要なことは、シンボルは概念として構築された瞬間からイコンへと移行するということである」と記した。この説明を繰り返すことはできないので、これ以降は、イコンは現前、インデックスは文脈、シンボルは概念として記号過程を表現したい。

前節までに述べてきたとおり、ここでの宗教空間の構築という検討対象に鑑みて三つの時期に区分できよう。

第一ステージ：一九七〇年代から一九七八年のSVN-UKの結成を経て一九八〇年のLaytonstone寺院完成（寺院機能は一九八〇年～現在）までの約一〇年間

第二ステージ：一九八〇年のLaytonstone寺院完成から一九九二年のWembleyの仮寺院設置（寺院機能は一九九二年～一九九六年）を経て一九九六年旧寺院への移行（寺院機能は一九九六年～二〇一〇年）までの一六年間

第三ステージ：一九九六年の旧寺院移行から二〇一〇年のWembleyの新寺院完成（寺院機能は二〇一〇年～現在）までの一四年間

このように、今日実現している新寺院の獲得までの過程は、まさに、ホップ・ステップ・ジャンプといった三段跳びに例えられる。これが、二〇一〇年までの三二年間のサナータン・ヒンドゥー寺院の建設過程である。もし多目的Hallの完成まで数えると四〇年近い歳月が流れる。その記号過程を追ってみると、もちろん追いきれないほど幾つもの感情の現前と複雑多様な文脈が交差した結果の偶然的連結としての概念形成の過程が、積み重なり編み上げられて今日を迎えていると慨嘆せざるをえない。

ホップ（第一ステージ）・ステップ（第二ステージ）・ジャンプ（第三ステージ）の全体で、本格的な寺院が当該移民社会に実現したというひとつの記号過程の達成すなわち創発と見ることができるが、その内部には入れ子構造的に、各ステージがそれぞれに一つの記号過程ユニットを内包させている。つまり、下段の三つの螺旋が上段の一つの大きな螺旋を構成するのである。

ロンドン在住の主として東アフリカ経由のグジャラート系移民のヒンドゥー教徒集団を主体に置くという限定を加えた後も、幾つもの（数え方によっては切りがない数の）文脈が働いていることがわかる。そのいくつかを数え上げてみよう。(1)一九六〇年代、七〇年代からの英国社会にDiasporaとして生きはじめたこと、しかもその経験は移民世代によって異なっていること、(2)一九八〇年代以降、特にその後半から一段とヨーロッパ内外からの投資と移民で拡大変化するグローバル都市ロンドンに定住していること、(3)キリスト教が文化のバックボーンになっている社会の中にいること、(4)出身地を同じくするイスラーム教徒移民とも共生共存すること、(5)戦争経済の中でイスラームが政治化されて真偽不明のままその攻撃性が政治やメディアの言説に引っ張られながら強調されている状況にあること、(6)このようなイスラムフォビア言説は西洋キリスト教世界からも、またRSSのようなヒンドゥー至上主義からも自己正当化を行うための格好の対立項に仕立てられていること、(7)一口にグジャラート系ヒンドゥー教徒といってもセクト・カースト・地域による差異に基づく凝集性がロンドンでも基本のところで機能していること、(8)グジャラートに発して今やグローバル展開をする幾つもの分派を持ったスワミナヤン信仰の教勢が強いこと、中でもBAPSの教勢が飛び抜けていること、(9)ロンドン郊外の町Watfordに世界の本部拠点を置くISKONは一九六〇年代のヒッピーの時代から存在し、ロンドン周辺のヴィシュヌ派の移民たちにとって自分たちの寺院のない初期段階では信仰の受け皿になってきたこと。

こうした数々の文脈の綾のなかで、第一ステージの記号過程は次のようになる。移民の初期段階には、まずは、意識としてのローカリティ locality（これはアッパドゥライの言う意味である）を構成するカースト、出身地域、宗派などの小区分による集合性、および住区の近接なども機能してロンドンの地での結集性が形成されてきた。そういう形で、これもアッパドゥライの言う意味での何某かの近隣／近傍 neighbourhood がそれなりにできていったであろう。そしてそういう具体化された場での経験を踏まえて新たなローカリティが育っていったと考えられる。そのような基盤が醸成されていたところに一九七四年のＩＳＣＫＯＮでの集会がきっかけとなって寺院希求の強い想いの現前を見た。自発的な感情と意志が集合的に顕在化したのだ。そうなるための背景的条件が整ってきたが故である。独身男性が減って家族居住が増えてくることで女性の宗教性というヒンドゥー文化的文脈が作用を始めたこと。ロンドンにおける定着化が進むことで経済的な安定性と社会上昇が増大したこと。生活がロンドンに適応し安定してきた文脈があって、カースト・地域・セクトなどの核をもったローカリティを反映したアイデンティティの表現欲求が感情として表出したに相違ない。そこから、第一代目の議長になる Ramanbhai Jashbhai Patel 氏が中心点になって一九七八年の Shree Vallabh Nadhi, UK（SVN-UK）が結成され、その二年後には Laytonstone 寺院（一九八〇年～現在）という宗教空間がまさに実現した。これが創発の結果として形象化したシンボル・概念でありその時点での一つの高みの定点を獲得した。この過程が、三段跳び記号過程で言えば最初のホップの段階のひとまとまりの記号過程ということになる。ホップのシンボルは、次の記号過程であるステップ段階のイコンになる。始めから寺院建設過程を宗教的に指導してきたのが、Vallabha 派の Shri Krishnashankar Shastriji であったし、ジャンプ段階の記号過程の開始にも関与した。同師は、グル中心ではないサナータン寺院を緩やかにしかし確かに支えてきた。女性司祭は Shastriji について高名な最高位の Guru ではないという言い方をしており、印象的であった。それは逆に言えば、グル中心のスワミナラヤン信仰との差異化という点で、サナータン寺院の面目を保つ発言であるし事実なのであろう。ことの始まりも、Shastriji の示唆もあってという言い方で伝わっている。グル主導ではなく、あくまでも人々がそれを契機にして踏み出すという自発性が担保されている。

次にステップ段階の第二ステージの記号過程を描く。ここでの始まりのイコンは、記した通り Sri-Nathaji の住まわれる Haveli を有した Laytonstone 寺院の完成というホップ段階が創発したシンボルであった。自分が献金し教会を改修してロンドンの中に唯一無二の自分たちの寺院が完成しその場所に身を置く体験は、頭の中にだけあった物語としての固有のローカリティを外在化・現実化した場（近傍）で肯定承認されるアイデンティティ構築を達成した自然な喜びがあったに相違ない。そうした共感の場所はより広がりのある人々を呼び寄せて新たな出会いを引き起こす。しかもこの寺院は Mandir と Haveli の二重構造のゆえに閉じかつ開く奥行きがある。そういう寺院を核にした人々の交流の蓄積が次なる感情を集合的に生み出すことになるのは容易に想像ができる。この深いアイデンティティを味わえる場を自分たちの協働で獲得したことからくる余裕と自信が、人々に更なる意欲を育てる。主体の環境への働きかけの力、すなわちデザインすることへの意欲が大きく強くなったのである。東ロンドンの Laytonstone 寺院と地理的にバランスするようにグジャラート系の人々が集住している西北ロンドンにもう一つの寺院が欲しいと構想し始めた。しかも、一九八〇年代後半になると、更に一九九〇年代になると宗教の再活性化がグローバルに世界各地で同時並行的に起きる。グローバル化が移民を世界中で増加させ、その宗教の再活性化の流れ、つまり宗教によって自己の安全感覚を満たそうとする動きにより拍車がかかり強度を高めていった。端的に言えば、移民社会での寺院建設競争の様相が出てくる。この新たな社会環境の文脈は間違いなくこの寺院に集う人々に影響を与え意欲は余計に高まる。寺院が欲しいというだけではなく、異宗教、異セクトに競争できるようなるべく立派な寺院を作らなければ意味がないと考え始める。間違いなく最も大きな刺激は、西北ロンドンのニースデンに一九九五年に建立された広壮華麗なＢＡＰＳスワミナラヤン寺院（BAPS Shri Swaminarayan Mandir）の出現である。それは英国のみならずヨーロッパにまで衝撃を与え、あたかもヒンドゥー教の代表であるかのように英国政府の多文化教育政策を巻き込んで華々しく活動を開始した。他のスワミナラヤン信仰のサブセクトはもちろん競争意識を刺激されたし、今議論している Vallabha 派のサナータン寺院の新たな構想にもきわめて大きな刺激を与えた。そういうことがなければ、あれだけ豪華な新寺院は企画デザインされなかったであろう。ここに十分な感情という現前が共有されることになった。新たなステージつまり記号過程の開始である。このステップ段階はまさにステップであり、次のジャンプ段階のための前段過程であり途中経過でもあるので記号過程を分節しにくいうらみがあるが、ここではあえてその区分を切り出す。

この第二ステージの記号過程の始まりの現前は、Laytonstone 寺院が生まれて数年のうちにつまり一九八〇年代半ばには起こっていた。ホップ段階のシンボルが新たなイコンになったのである。ニースデンのＢＡＰＳの寺院建設は先行して一九七〇年代から企画されていて一九八〇年代の初めに三一万ポンドで敷地を購入、すぐに建設に入り総工費は一六〇〇万ポンドであったという［Williams 2001: 220］。それが新寺院建設のモデルになっていたことは疑いない。Wembley の新寺院の完成は当初は一九九九年を予定して献金を開始した。土地購入から建設完了までの期間は、ニースデンの場合が四年に対し、Wembley の新寺院が一四年であった。その遅れの差は、いくつかの内部的問題もあったが、三代目のＮＴ議長も指摘していたように基本的には資金集金力の差異であった。富裕層をインド国内外で信者にするスワミナラヤン系は、特にＢＡＰＳは、そのグローバルネットワークを生かした抜群の集金力を発揮したのだ。とにかく新寺院建設に向けて具体的なアクションが開始されて、ブレント市の許可も得て一九九二年には寺院建設用地として土地を購入し、そこに最初の旧寺院を既存の建物の内部改装だけで仮設した。一九九六年に新寺院の建設工事が開始されてからは仮設寺院をたたんで、裏手のホールを改装して移った。つまり、ここで「旧寺院」と呼ぶ信仰場に引き継がれた。この旧寺院もまた新寺院完成までの経過措置ではあるが、結局一五年近い歳月の間 Wembley 寺院としてコミュニティに貴重な場を提供してきた。これがこの旧寺院の設置をもって一区切りする理由でもあり、ここまでをステップ段階と考えたい。一九八〇年から一九九六年までである。関係者は、適当な用地を探してまわって Wembley の土地を見つけて一九九二年に購入した。このサーチングの過程が複数の文脈をつなぐ形で新寺院建設の工事スタートの重要な準備期間、すなわち企画の具体化、設計と交渉、用地取得、旧寺院開設などを実行した期間であった。結局 Ealing Road のリトル・インディア的な街並みの終わる地点に決まった。南北に走る Ealing Road の西側の土地で東向きの寺院を作るのには好立地である、しかも西に向かってなだらかに上がっていく傾斜地であるから寺院を作った時の見栄えは非常に良いものになる。用地選定には Vastu（インド風水）コンサルタントも関与した。この寺院立地は、Wembley Central 駅から始まるリトル・インディア的街並みが丁度門前町のような形になっている。興味深いことに、寺院完成後はその存在によって実際にも門前町的に再構成が徐々に進んできたのである。駅に近い方がさびれて寺院に近い方がむしろ賑やかに新規開店も増えている。パブやバーは一切なくなる。すなわち、この通りは立派なモスクとキリスト教会とともに豪華なヒンドゥー寺院が加わって、以前より一層宗教性を感じる街になってきている。このヒンドゥー大寺院とその門前町風な街並みとによって、グジャラート系を中心に南アジア系の人々の集住生活圏であることが明示されている。考えてみれば、スワミナラヤン信仰は富裕層の支えがあって、資金量が豊富なために、メディアを駆使して自己宣伝活動や社会活動を展開しているので、実際以上に大きな存在に見えるが、グジャラート州ではその信者数は拡大した後でも人口の一〇％程度である。逆に言えば、依然としてほとんどのグジャラート人は一八世紀以前からの伝統的なヒンドゥー教徒もしくはヴァッラバ派なのであるから、このロンドンにおいても、サナータン寺院の方が在英ヒンドゥー教徒の大部分を支持基盤としてもっているのである。その点で集住地域の近くに用地候補を選択することは自然であり、受け入れの素地も広いのである。事実、ニーステンのＢＡＰＳの寺院が住宅地から離れた工場跡地に立地しているのとは対照的に、Wembleyのサナータン寺院は英国の典型的な郊外住宅の内部に溶け込んで立地している。

NT議長が話していた通り、新寺院建設用地の近隣住民（南アジア系も白人系もいる）から特段のクレームなどはなかったし、今も別にないという。直接的に最も重要な文脈は、ブレント市への建設申請と許可の獲得と、設計者集団の形成であった。前者は無事に一九八〇年代後半に準備を終わり正式な建設許可が下りた。こうした要請には、市としては英国の政策で行政の義務になっている多文化共生プログラムの実績になるもので断る理由はないのである。次に設計者の選定と依頼が重要であった。英国からは英国の現代の建築基準法を熟知した建築家を、グジャラートからはヒンドゥー寺院建築の専門家を、すなわち、西洋近代型建築家とシルパ・シャーストラの専門家とが設計者として協働することになった。両者の間のすり合わせは簡単ではなかったというが。もう一つは新寺院の神殿構成の創発であるが、その点は旧寺院の改装においてLaytonstone寺院よりもMandirとHaveliの二重構造をあいまいにし、サナータンの側面を前面に展開した内容にすでに変えていたことがベースになった。旧寺院への移行・完成は一見地味であり単なる経過措置のように見えるが、今見てきたように、そこには重要な神殿内容の創発がすでにあって、新寺院の原型が生まれてじっくりと定着したという意味では達成であった。第二ステージは新寺院の原型的基本を熟成させた期間であり、サナータンの文脈を安定的に媒介するシンボル・概念の獲得であったと言える。

第三ステージに入る。旧寺院移行からの後の一四年間が難渋な、しかし大飛躍のジャンプ段階の記号過程であった。ジャンプ・ステージ段階の記号過程の現前は、旧寺院の熟成をもって新寺院完成への（ニースデンBAPS寺院を超えるような達成のための）情熱である。ステップ段階の後半からそうであるが、英国の地への移民から一世代（二〇〜三〇年）が過ぎ社会的経済的安定化が進んできていた。この時期の最重要課題は言うまでもなく、ステップ段階で開始された献金集めを目標額にむかって加速することであった。ちなみに、Ramanbhai Jashbhai Patel氏（RP氏）は二〇〇四年まで第一代目議長を務めたので、彼のリードの下で、ホップ、ステップ、そしてジャンプの過程の半分以上進められたことになる。その後二〇〇四年から二〇〇八年までの第二代目議長 Dr. Harishbhai Meghji Rughani（HR氏）の下で新寺院は七割の完成を見た。もう後戻りはあり得ない。二〇〇八年はまさに危機的な年であった。二〇〇〇年代半ばになると献金運用の不透明性が問題になり献金が集まらなくなっていく中、資金不足で建設も想うように進まなくなる。そのために銀行に借金をして建設資金をつなぐような状況に陥った。その中で二〇〇八年HR氏の逝去で議長が空席になる、また同じ年にRP氏も逝去。そのような最悪の状況の中でNT氏に第三代議長の座が託された。そして、NT氏は余人をもっては代えがたいリーダーシップを発揮し、最大のピンチを乗り越えて、ついに二〇一〇年の完成に導いた。ここでの中心的問題の文脈は、寺院管理総務会の信頼の失墜と、建設を継続できないかもしれないという経済的危機であり、この大困難をどうするかであった。それを乗り切るために、第三代議長NT氏率いる新たな総務会がいかに奮闘したか、人々がいかにそれに応え協力したかなどが、このステージの記号過程として、寺院の現実化への渇望と解決への文脈化において展開した。会社経営に一代で成功したNT氏の人間力と経営力に基づくリーダーシップの下でこの信用と経済の危機を切り抜けたのであった。あの時点で議長を進んで引受ける人はいなかったので、互選で彼は選ばれた。NT氏は次男に社長の座を譲っていた。そうでなければ、引き受けられなかったろう。選ばれた後は、二つのこと、⑴ローンを組んでいる銀行と最終段階の工事担当建設会社と粘り強い交渉、⑵管理総務会の信用回復と献金の依頼、に献身的に時間を割いた。ローン返済の猶予と建設コストの減額を引き出し、献金集めは単に呼びかけるだけではなくひとりひとりに会って窮状を説明し依頼した。またその時にすでに旧寺院が祭礼や導師の講話などで人々の集合場所として機能していたことは大きな場の力であった。人々は旧寺院に来るたびに、七、八割がた出来上がっている未完成新寺院を横に見ながら敷地の奥に向かうのであった。この意味で、新寺院建設現場の背後に位置する旧寺院は新寺院完成への渇望のイコンとして働いたことは疑いない。旧寺院にいるのは新寺院を完成させるためだったと思い返し、大方完成に近づいており、未完成ながら威容を誇るその外観に心動かされ、完成の願望が共有されたであろう。いろいろ問題はあったが、まさに一肌脱いでいるＮＴ氏を中心にした今度の管理総務会のイニシアティヴは本気のようだ。そう思ったであろう。

ＮＴ氏は、あるとき私にエゴイズムは人間にとって一番の敵だと話していたことが思い出される。ついに硬直していた事態は動き始め、ＮＴ氏議長就任から約一年半で完成披露を迎えたのである。新寺院は、その規模においては相当に大きいがライムストーンのために派手ではないし、周囲の住宅との違和感もそれほど感じられない。完成後に寺院の内部に入ったとき、大理石の多用されたその豪華さに私自身感動を覚えたし、神像が本当に美しく麗しい。外見より中身という造作である。これは、外観が圧倒的で相対的に内部はそれほどのスケール感はないニースデンとは逆である。ということは、寺院建設に献金を出し貢献した人たちは、この内観を見て、寄付は無駄ではなかったと深く感じ入ったことであろう。自分の命を超えて存続する素晴らしい空間が生まれたことに立ち会っているのである。ジャンプのステージ段階の現前・文脈・概念の記号過程が完了したのである。

以上でホップ・ステップ・ジャンプの全過程を記号過程の三回の反復として描きだした。新寺院はメディアを通じて報道され、英国ロンドンにおけるヒンドゥー教プレゼンスのもう一つの大きなシンボルが立ち上がったことが周知されていった。ＩＳＣＫＯＮのクリシュナ信仰でもなく、スワミナラヤンでもなく、ラーマとしてのクリシュナを回路にサナータンを大きく掲げた聖空間が立ち上がった。もう一つのそして極めて興味深い解釈・概念が達成提示されたのである。それがいかなることの達成であるのか、それを最後に吟味したい。

3　ヘテロトピア・デザインの実践——「クリシュナの場」の構築

ホップ・ステップ・ジャンプという三つの記号過程を内側に有する一つの大きな創発の記号過程が完了して、この新寺院という大シンボルが生成した。そして、この大シンボルも確立した瞬間から、次なるより深く広い新たな環境・文脈に大イコンとして参入し始める。新寺院の華麗な聖空間は、そのイコン・現前としての物質性、空間性において、非常にインパクトがある。イコンはいわば現前という空間の力であるが、それはすぐに文脈という時間の力の中に含みこまれていく。先に書いたとおり、モスクでもカトリック大聖堂でもよい。その荘厳な聖空間のインパクトには、信者（または非信者）と神とを垂直的につなぐという共通性があって、それは民族、文化、宗教、セクトなどの水平的区分の世俗的な垣根を超える迫力がある。世俗を超える聖空間の垂直性とここに書いているとき、次のことをすぐに想起している。フーコーが明確に述べたように、近代化によってもたらされる均質空間化は確かに起こっているがその動きが作り出すサイト（指定空間）は、にもかかわらずそう簡単に完全な意味で非神聖化しない［フーコー　一九九八～二〇〇二］。ロンドンの南アジア系移民社会において立ち上がった二〇一〇年完成のこの新サナータン寺院を眼前にするとき、そういうフーコーのヘテロトピア論の一節が蘇ってくるのだ。人間に生死がある限り完全な均質空間化という非神聖化は正確に言えば起こらないだろう。その意味で、ヘテロトピア・デザインとは生死を含みこむ垂直的な深みを持った「空間」（ド・セルトーの言い方に倣えば、並列的な配置の「場所」ではなく、「人間学的空間」としての「空間」）を創出する実践である［ド・セルトー　一九八七］。

サナータン寺院の聖空間の内部に舞い戻ろう。そこに立つと、あるいは座ると、教義・教説の言葉の間接性や媒介性とは違って、建築空間の「力」と「美」をもって直接的に神の働きが迫ってくるのである。その「美」の力がそこを訪れた人たちを包み、それぞれのその都度の文脈において、新たなつながり、新たな創発へと導くのだろうと確信する。こうして、記号過程は終わることなく続いていくのである。

そういう至高の「場所」は、人間として生きる上で本当に大事な何かを、煩瑣な世俗日常で見失いがちなものを、知識や言葉の回路ではなく、たぶん「からだ」を通じて、より多くの宗教的素人たちに喚起してくれるのである。その至高空間での身体感覚に浸りこめば、あるいは没すれば、「からだ」が聖空間と同調して調整され開拓されて、「こころ」は開かれ安らぎ、宇宙的「たましい」の呼びかけに共振していく。ここでの「からだ」「こころ」「たましい」の用法は、言うまでもなく岩田慶治のそれである〔岩田　一九九六〕。岩田慶治は、脳を信じないと、繰り返し述べていた。そういうことを盛んに書いていた時期があった（脳学者などがもてはやされ始めた頃か、あるいは脳死や死生学をめぐる議論などが盛んになり始めた時期であった）。言いたいことは、脳そのものがどうのこうのというよりも、脳が働いた知識や知能が勝った人間思考を使うのではない、無知の知の底力の方をこそ信じられるのではないかと問題提起していたのである。無脳であることの深みで、有脳状態では自己を限界づけてしまっている「からだ」と「こころ」を超えるのである。しかし、この限界づけられてしまっているかに見える「有」としての「からだ」と「こころ」は、実はこういう聖空間体験で私自身実感するのだが、そういう「有」であるがゆえにもたらされる葛藤とその克服という人間の生の経験（「からだ」と「こころ」の現象）があって初めて、有なる自己の放棄を通じて「無」に向かう、そしてさらに「空」に向かう自己変容のダイナミズム（運動）を作り出せる。有脳の限界性を通じた無脳化への逆転の道行きである。その逆転があるので岩田慶治は〈知の折り返し地点〉ということを言った。往路と復路が知の道行きにはあるはずだというのである。有か無への転換である。岩田の思考に道元が影響を与えていることは本人が認めるところだが、その内容は、ヴァッラバ派の純粋不二一元論にきわめて近いものと私には思われる。岩田の新アニミズム論と自由を目指すフィールドワーク論とをかけ合わせてその思考を理解すると、それは、世俗を肯定し、純粋個我を認め、無明を人生の生死の道行きとみて歓喜（共に自由になって遊ぶ）としての解脱を求める可能性を凡人に認めた Vallabharcharya のバクティ・ヨーガの道と、非常によく重なるのである。世俗の自己が有としてあるから、それを投げ出すこともできるわけで、そうであるからバクタにもなれるし、自己を深めることもできる。これは、ヒンドゥー教的とか仏教的といった特殊文化的な人間理解の話をしているのではない。より広く敷衍できる議論であると考えている。歴史的には西洋近代化の枢要な現象として登場した近代プロテスタンティズムであるが、この新たなキリスト教が従来のカトリシズムが前提にしていた有の問題を、ある意味で頭ごなしに否定した面がないだろうか。有の問題とは、たとえば、自己の富を教会に投じることつまり無に向かう自己犠牲の表現で死後の救済を祈ったことや、カトリック教会を特徴づける装飾的な建築空間装置といったことなどが持つ人間的真実についてである。そういう物質に頼る人間の信仰は無意味であると一蹴できるだろうか。荘厳（しょうごん：サンスクリット語のヴィユーハ vyūha に由来する仏教用語）とは、仏教では仏像や仏堂を美しくおごそかに飾ることで、人々の信心を喚起することになる。「信は荘厳より」である。形式が内容を作るのである。同じことがヒンドゥー教でも言えるであろう。至高空間の形は、「からだ」と「こころ」という人間の形に感応して内面深くに入り込んでくる。荘厳という問題はそれほど簡単ではない。そこには人間存在にとって立ち止まって考えるべき深みのある問題が横たわっている。無のための有という、「からだ」と「こころ」を持つ人間存在の現実的動態を認めないと、理性知でたましいと向き合う高踏で狭隘な信仰実践しか残されない。それでは多くの人の人生がなかなか肯定されないという深刻な問題を生じるであろう。それが、プロテスタンティズム的な自力アプローチはその頭でっかちな傾向によって、西洋近代思想のルサンチマンを深めてきたと言われるゆえんである。その思想史上の問題が示唆することは、所与として与えられている、限定された「からだ」と「こころ」を有するという人間的事実と、それを超え出て超越的存在につながる「たましい」への接近、すなわち信仰実践との適切な関係が必ずや検討されなければならないということである。それゆえに、ヒンドゥー教史に穿たれた教義論争がヨーガ学派、サーンキヤ学派、ヴェーダーンタ学派などをたどりながら活発に展開し続いてきたのである。

こういう普遍的な人間的問題に触れている基本課題であるが、最初の Shri-Nathaji Sanatan Hindu Mandir、Leytonstone にも立ち返りつつ、Wembley の新寺院の完成によって、何が達成され、何が生じようとしているかを結論として確かめておきたい。

先取りして言うと、そのキーワードは「クリシュナの場」である。ＮＴ議長の話をもう一度思い出そう。まず彼は自分のことをヴィシュヌ教徒だとする。しかし、そのヒンドゥー教理解を聞くと、明らかにトリムルティがクリシュナの下に統括される、ブラフマンとしてのクリシュナ一元論（Vallabha 派以降の純粋不二一元論の遺産を汲んでいる）である(1)。

議長の場合にはパトロンになっているＩＳＣＫＯＮの解釈がかなり直接的に自分の信仰解釈における自己言及の仕方に影響を与えているようにも思われる。ＩＳＣＫＯＮの創始者である故 Prabhupada は、ベンガル中心にチャイタニヤ Chaitanya Mahaprabhu の興した Gaudiya Vaishnavism に出自をもつからである。そこでは、クリシュナをヴィシュヌの化身に位置付けるのではなく、最高存在とみなすところが特徴で、それは Vallabha 派とも共通するので、両方の流れが議長において合流して、至高存在クリシュナの下にサナータンを語っていることが理解できる。この事実の興味深さは、ＳＶＮ・ＵＫの寺院の基本に Vallabhacharya があるので、同じ一六世紀の別の改革ヴィシュヌ教としてのクリシュナへのバクティを説いたチャイタニヤによる Gaudiya Vaishnavism のクリシュナ教のアメリカ経由の展開とが現代ロンドンでいみじくも邂逅しているわけである。どちらもインドに発するが、一方は東アフリカを経由、他方はアメリカ経由ののちに再度英国で出会っている姿である。これは議長個人の信仰告白であるが、特殊なケースを示すものではない。そのような穏やかな邂逅を経たクリシュナ教が新サナータン寺院において実現しているのであろう。要するに、ラーマヌジャ Ramanuja を筆頭に一一、一二世紀から始まった北インドのヴィシュヌ教バクティズムからの生まれた様々なクリシュナ信仰の一つの Vallabha の教えが基礎になって、植民地インドで再定義されたサナータン・ダルマを取り入れた近代形で、現代英国の地に適応したのが Wembley 寺院であるということである。解釈のずれを多少なりとも持った人々が、しかしながらサナータン・ダルマという枠組みの下でクリシュナ信仰を共通項にして共生し、力を合わせている状況を目撃している。このような歴史的にも複雑な邂逅と創発の重層として観察しなければならない姿がそこにある。そうであるから、God is one but has many forms という Vallabha 派の純粋不二一元論に発するクリシュナ中心のサナータン理解によって、Vallabha 派の世俗的自己の肯定とサナータンの開放性とが足し算されて非常に柔軟な奥行きと間口の広さをもった宗教空間が実現することになったのである。それをここで「クリシュナの場」と呼ぶことにしたい。

　このサナータン寺院におけるクリシュナは、バクタの信仰対象の神という見えやすい静態的側面を指すだけにとどまらず、むしろより重要なこととしてある「特異な場所」（フーコー的にはヘテロトピアの意味での特異な指定空間であろうが、以下では単にこの意味を込めて場所と呼ぶ）を指す動的な言葉と言えそうである。その場所は、議長の言葉を借りれば、空間が持つバイブレーションによってバクタ（バクティを実践する信者）を生産する、すなわち信心薄き者でさえ自己が他者になってバクタへと自発的に変容していくという垂直的な深さをもった動態的な信仰の場所なのだということである。まさにクリシュナがその場所を保証して働くところの、見えにくいが確かな宇宙場なのである。訪れた人の「たましい」が、ラーマヌジャの教えの言い方に従えば、自己限定を飛び出し宇宙の振動と共振するという魂ふりの経験が起こる場所である。Vallabha 派の言い方であれば、「純粋 suddha 個我」が有する自存力 aisvarya がクリシュナ帰依の他力によって無明の「輪廻 samsarin 個我」を「解脱 mukta 個我」に変える恩寵に預かるということであろう。ヴェーダーンタ学派のジュニャーナ・ヨーガ（知識の道）的に、正しい知識とブラーマン司祭の puja によって彼岸においてクリシュナとの合体を望み見るのではなく、自己の身を挺し投げ出す表現としての seva の実践（pushtimarga）を通じて、上記の個我の三層を生きぬくバクティ・ヨーガ（信愛の道）に従うのである。その結果、解脱ではなく、クリシュナの下で遊ぶ歓喜 anannda が、Vallabha の説くように「クリシュナの場」で起きるのである。知識を離れた無脳論的な次元において、寺院という至高の聖空間に自己を投げ出すのである。そういう至高空間が、ここでの文脈では「クリシュナの場」なのである。その意味で、サナータンとしてのクリシュナ信仰は、「クリシュナの神」

信仰から「クリシュナの場」信仰に転換することで、むしろ知識少なき大衆の信仰としての本来のバクティズムに回帰しているし、新しい現代の文脈において再バクティ化を進めているように見える。このような広く開かれたMandirの「クリシュナの場」は、単なる信仰開放の物理的空間ではなく、宗教的教派的根拠を基礎核に持っている。すなわち、その核の教義的実体装置は、イニシエーション儀礼をVallabhaの血統グルから正式に受けた者だけに参加が許される、外部には閉じたLaytonstone寺院のHaveliである。その場所で、直接顕現のクリシュナとしてのShri-Nathajiを一方的な献身の精神で世話するsevaをし続けるという、特別な司祭の指導下で信仰共同体の信愛実践があり、それが実質的に働くクリシュナを保証している。サナータン寺院のMandirにはそうした血統グルは直接的にはかかわらないし、Shri-NathajiのためのVallabha派の司祭もいない。pujaをするサナータン司祭がいるだけである。それでも、報酬を求めることなく贈与的であること、自己放棄であること、というsevaの精神は「クリシュナの場」で貫かれている。クリシュナ・バクティの精神である。信者の生活そのものがsevaであれば、Haveliでのsevaは原型的モデルとしてあればいいのである。困難を極めた新寺院建設の達成が、このsevaの精神の実践共同体の存在、あるいはその構築の確証となったことで、「クリシュナの場」に信頼できる近傍（neighbourhood）の支持を持った本物性が加わったこともまた確かである。様々な宗教行為の中で究極的には証Shabda［Bhatt 1979: 31］だけが大事だと言ったVallabhaの教義に沿うものである。

見てきた通り、確かにLaytonstoneとWembleyの二つの寺院は、ヴァッラバ派つまりPushtimargaのクリシュナ信仰が明らかに核になっている。前者では顕在的に、後者では潜在的に。SVN-UKが標榜するクリシュナ信仰は、サナータン・ダルマの下でグジャラート的なものから西洋的なものまで、ローカル的なものからグローバル的なものまで、大きな幅ないし奥行きをもって、宗教、民族の相違を超えて人々におおらかに開かれている。核のところにPushtimargaのエソテリックなShri-Nathajiのフォルムのクリシュナが据えられて、そこを根本にしながらも、それは後景に退かせて（新寺院では特に）誰をも受け入れるように、可能な限り多くの神々と聖人を寺院に取り込んでサナータンとしての「クリシュナの場」が創造された。私がこのフィールドワークから見出したことはこの点である。Shri-Nathaji 信仰が、あるいはクリシュナ信仰が現代ロンドンに単に継承されたのではなく、ここロンドンでの新たな多様な文脈を生き抜いてきた達成として「クリシュナの場」が創発されたということである。

さて、この Shri-Nathaji Sanatan Hindu 寺院の新寺院という形での創発を、ロンドンの他のヒンドゥー教セクトの活動との連関の中に位置づけることで、その創発的な特徴をより明確にしてみたい。それによって、フーコーのヘテロトピア概念に依拠しながら、私が長い時間かけて考察してきたヘテロトピア・デザインと呼ぶべきものの見事な実例を提供してくれていることを知ることになるのである。

サナータン・ダルマ（直訳は「永遠の法」）という言葉は、英国植民地下でのヒンドゥー再興運動の中で古典籍から発掘されたもので、マハトマ・ガンディーの使用で一般化した。そこでは、独立への気運の中で外来語としてのヒンドゥー教という言葉を避けてサナータン・ダルマという言葉を用いたのである。英国植民地下で興ったアーリヤ・サマージのような「西洋的かつヴェーダ的」（この奇妙なブレンドが、いわゆるシュリニヴァースが提唱した「サンスクリット化」という不思議な概念と、その内容がよく一致する）な社会政治的宗教運動のなかで、サナータン概念は多様の統一を可能にする統合概念として再定義されたわけだ。それを知れば、現代ロンドンに創発されたクリシュナ中心のサナータン寺院は、その意味で、コロニアルとアンチ・コロニアルの文脈でできたこの概念の、現代の移民社会的文脈の中で再採用、再創造されたということがわかる。

そのことを明確に理解するために、Laytostone の Shri-Nathaji Sanatan Hindu 寺院が現代ロンドンのヒンドゥー教諸セクトの中でどのような位置を占めるのか、どのような特徴を有するのかを、図1によって確かめてみたい。この図は、あくまでもグジャラートとロンドンをつなぐ範囲での議論をカバーするものであり、それ以上ではないこと

図1　現代ロンドンのサナータン寺院（Shri-Nathaji）Sanatan Hindu Mandir の位置づけ

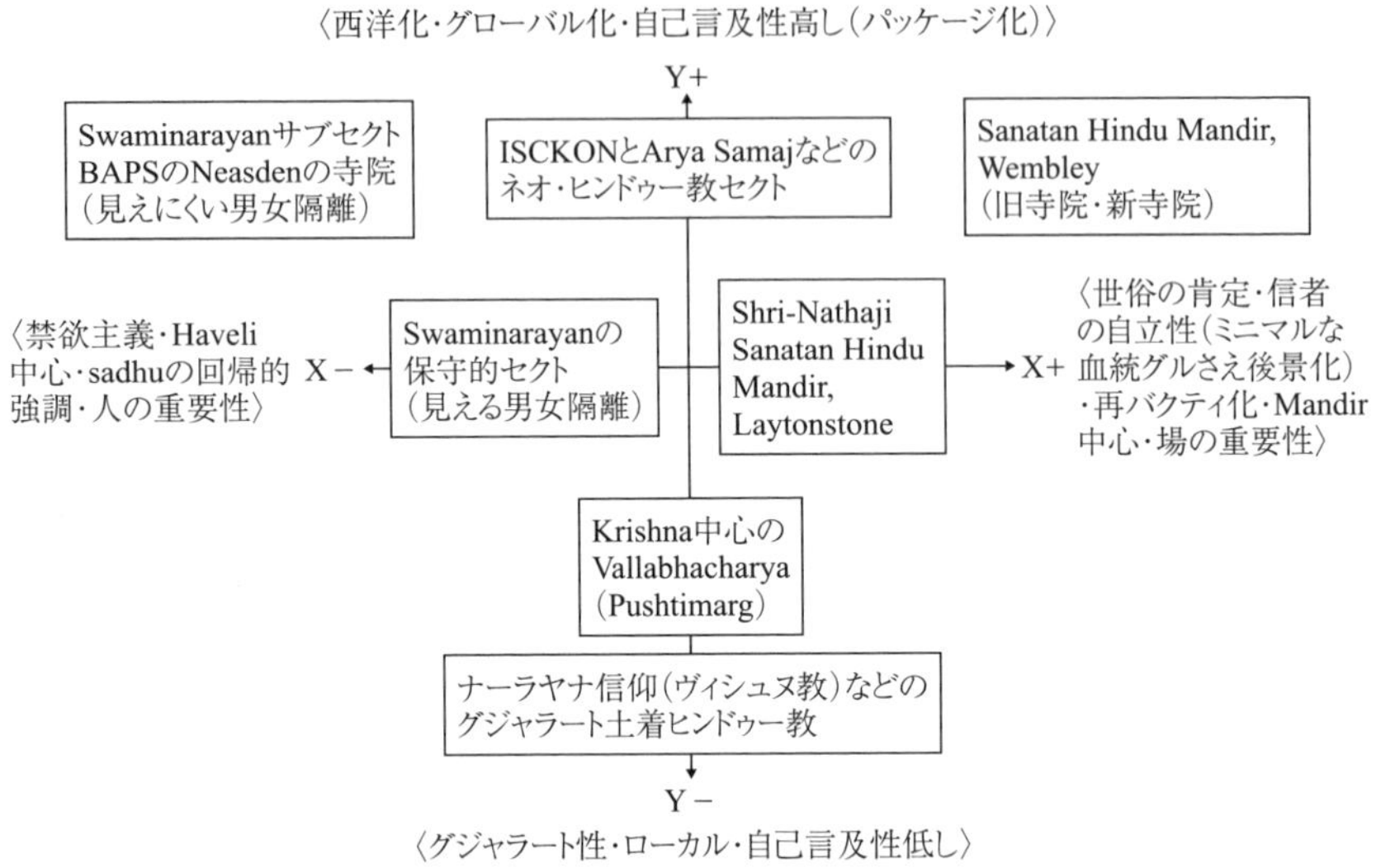

を断っておきたい。

また更に、現代ロンドン社会でヒンドゥー教を代表するような勢いを持ってきたスワミナラヤン信仰の諸サブセクトの寺院、中でもグローバルに隆盛を誇るその一つのサブセクトのBAPSのスワミナラヤン寺院（ニースデン）と、本稿が中心に論じてきたSVN・UKのクリシュナ信仰のサナータン寺院との差異あるいは対照を整理してみたものが表1である。

解説：この図を作成することによって、一九九〇年代以降のロンドンの多文化状況に適応した二つの対照的な寺院を理解するために、説得的に配置できる。それは、一方にBAPSのNeasdenのMandirとHaveliがあり、他方にShri-Nathaji Sanatan Hindu Mandirの二寺院、Laytonstone寺院とWembley寺院というHaveliの顕在と潜在のセットという奥行きの対照も伴っている。どちらもY＋で西洋に適応しているが、その差異は、X－とX＋にある。簡単に言えば、人（sadhu）中心か場中心かという対照である。もう一点はある意味で共通した創発であるが、西洋に適応するためにどちらもセクトの教義的核

表 1　〈BAPS Swaminarayan Sanstha-UK & Europe の Shri Swaminarayan Mandir（Neasden）〉と〈SVN・UK の Shri-Nathaji Sanatan Hindu Mandir（Wembley と Laytonstone）〉との比較表

BAPS：	SVN-UK：
1995 年完成で先行した存在	2010 年完成で遅れた存在
郊外の孤立的場所	郊外の住宅地の中
ユートピア的空間による適応	ヘテロトピア的空間による適応
大敷地の大規模寺院	小さめの敷地の大規模寺院
大理石（外壁）	ライムストーン（外壁）
Mandir と Haveli	Mandir（Laytonstone に小さな Haveli）
寺院外観重視（1 天蓋の Mandir 内部）	寺院内部空間重視（2 天蓋の Mandir 内部）
売店充実	売店の萌芽段階
大規模観光化	観光化は未知
英国でのヒンドゥー教教育の実践	ヒンドゥー教教育はコミュニティ内中心
禁欲主義中心	世俗の肯定
Haveli 中心	Mandir 中心
禁欲僧 sadhu の回帰的強調	信者の自立性（後景化する血統グル）
見えやすい人の重要性	見えにくい場の重要性
聖書を保有し自己言及性高し	導きの書はあるが自己言及性低し
信者は能動的受動性	信者は受動的能動性
社会的再帰性重視傾向	自己再帰性重視傾向
バクティズムの固定化	バクティズムのバクティ化

心のところを隠しているということである。ただし、そのやり方が異なる。前者は外観の豪華なMandirを前景化して、Haveliは建築的価値を語ることで、教義の中身のグル中心で男女隔離についてはあまり語らないようにして後景化する。後者では、豪華なWembley寺院で代表しているが、簡素なLaytonstone寺院のHaveliつまりShri-Nathaji寺院の存在が奥に確かにあり重要であるが、目立たない形になっている。

一九世紀後半のインドには、反植民地支配からくる自立志向に後押しされたヒンドゥー教復興運動の波が生じた。上で述べたように、ひとつはAriya Samajiを筆頭にしたthe SamajsやSantpanthsなどの改革ヒンドゥー教の動きであるが、そうした教派とは違った立場として、北インドにおいては従来からのヒンドゥー教宗派がSanatani identityの下にreligious denominationとして包括されることになった（そこに南インドの事情との差異がある）。そしてガンディー、タゴールなどによって明確にSanatana Dharmaという Hindu教を超える「永遠の法」の用法が始められ、ヒンドゥー教を一地方宗教から世界を包括する法という世界宗教の次元に引き上げようとした。汎神論的一神教［徳永 一九八九］と規定できるヒンドゥー教のロジック〈一つが多様、多様だが一つ〉を基礎にして、それを拡大解釈してサナータンの新たな多即一という融和の用法がそこで確立した。それが再び二〇世紀の末から二一世紀の初頭のこのグローバル都市ロンドンの多宗教・多文化状況の中で、その融和性を言語化できるサナータンという言葉が有用性を持ってリバイバルしているのである。それは多宗教の環境下で暮らす人々にとって極めて現実的な要請と合致する。ある宗派の作った寺院でもSanatanと名乗ればヒンドゥー教内部の宗派の別を超えて人々を招き入れられる可能性に開けるからである。そのために、欧米の移民社会においてこの語が寺院名に多く採用されている。コロニアル・インドで、古典籍での「宇宙の秩序」すなわち「永遠性」が読み替え的に創発された言葉の用法で、ポストコロニアル状況のグローバル化で再創発されたとも言えよう。ここロンドンに生きる議長も強調する。サナータンとはすべての人に開かれているということを意味するると。ムスリムがこの寺院に来ることは少ないけれど、どの宗教の人も受け入れるとしている。英国のキリスト教社会とその中に生きるヒンドゥー教徒との間を架橋したいというのである。

さらに、議長はこのサナータン寺院の特徴として、スワミナラヤン信仰やISCKONなどは禁欲僧のグル中心（前者は生きているグル信仰、後者は開祖へのグル信仰）であるが、自分たちのSVN-UKはそうではないことを何度も強調した。この指摘の意味は、上の図1のX軸や表1での対照においても明らかになった点で、スワミナラヤン信仰とSVN・UKとの間で極めて鋭く対照をなすことが重要である。前者は禁欲僧sadhuの宗教的権威が不可欠で（そのために数々の分派も起こったのだが）、後者では在家の血統グルがヴァッラバ派という宗教場の維持者となっている。

議長は続ける。ここに来る人たちを見ていると、人々はこのサナータン寺院に来て自分で自分を変えていることがわかると、話す。それはどういうことか。そして非常に興味深い指摘をした。このように立派な寺院空間ができたおかげで、そこに惹きつけられてとにかく繰り返し来るようになる人たちがいて、そのうちにその人は変わってくるのである。宗教的な空間経験によって生活態度や考え方が変わってくる。そういう若者をすでに何人も見ている言うのだ。そしてさらに、こう話した。「結局のところ、東洋思想は正しいと思うが西洋はそれを理解しない。自分のためならこういう豪華な寺院はいらないが、これらは皆、次世代の若い人たちのためである。彼らの中に道に迷い、ドラッグや酒やディスコに耽溺してしまう者たちがいるが、そういう若者にここに来て安らぎを得てほしい。人生の道しるべを見つけてほしい」。私の言葉で言いかえると、議長はこういっているのだと解釈できる。Guruという目に見える神人を模範にして生きる能動的受動性ではなく、むしろ世界の根源であるクリシュナを、Shri-NathajiやRam Darbarを中心した多様なヒンドゥー・パンテオンの神々や聖人に囲まれて存在するこの寺院空間の中心で感じてほしい、つまり、この場の力を頭と心を無にして体感してほしい、そのような、いわば受動的能動性が自立的な自己変容を引き起こす。そのことが実際に起きるのを信じられる証Shabdaを議長は見ていると、まさに証言するのである。ここでは、グルへの導きへの傾倒を通じたクリシュナへの接近という方法ではなく、そうではなく、議長は個々人の寺院の内部での身体的な直接体験の意義を言っている。それは場の力動（ヴァイブレーション、共鳴振動）という初期感覚から始まる。これは非常に新鮮な物言いであり、私にはとても響くものがあった。「クリシュナの場」の出現の模様が語りだされているからである。議長は東洋思想にも言及した。ここに深い関連がある。スワミナラヤン信仰における禁欲のsadhuをグルとして重視するクリシュナ信仰は、Vallabha派を土台にしながら一九世紀英国植民地下で分岐した新興ヒンドゥー教の教派である。その意味で近代西洋思想の影響を強く被っている。少々粗い言い方になるが、思考の中心が無でありさらに空である東洋思想は、議長が英国での生活実感から述べたとおり、「グル中心」のスワミナラヤンやＩＳＣＫＯＮにではなく、明らかにサナータン寺院の「クリシュナの場」の方に親和性が高い。東洋思想の方が、わかりにくくとも正しいと、議長は言うのだ。このサナータンのやり方は、真のところでは必ずしも容易ではないかもしれないが、「宗教、民族を超えたすべての人々のための場」

というわかりやすい言葉に誘われて、まずは人々にとにかく来てもらい空間体験をしてもらうことが大事だ。そのことは、徐々にではあるが拡がり浸透してきている。豊富な資金で組織、物、情報に資本投下するスワミナラヤン信仰ほどに華々しくはないけれど、このもう一つの壮麗な寺院は着実に違ったベクトルの道を、この西欧で歩み始めている。

ここで、議長の指摘する東洋思想の重要性を受けて、私なりの若干の展開をして本章の議論をまとめたい。系譜的には、バクチティズムを唱導した **Ramanuja** に発する限定不二一元論の更なるバクティ化と言える **Vallbha** の純粋不二一元論に、このサナータン・ヒンドゥー教の思想の核心がある。それは、二元論 **Dvaita** でも不二一元論 **Advaita** でもない、最もわかりにくく語りにくい第三の道、中庸の道である。それは、実は語るものではなく、実践の中で明かされるしかない道なのである。そのような道は、奇しくも西洋の一八世紀の哲学思想に革新をもたらしたカントや、そのカントを高く評価しながらもそれを超えんとした孤高の哲学者西田幾太郎の思考・思想と無縁ではないと思われる。このヴァッラバの教義を基礎に置いたサナータン思想は、我田引水かもしれないが、一九世紀末から二〇世紀前半において東洋哲学の身体思考をもちながら東西の哲学の精髄の知の上に構築せんとした西田哲学にどこか深いところで通じている気がしてならない。**Vallbha** の純粋不二一元論が目指す道はまさにバクティの真骨頂を示すものであり、バクティの意志をもって無脳的次元に近づけば、有脳からくる限定性や閉鎖性を離れ、どこにも偏ることない自由な宇宙の戯れの境地（アーナンダ）が訪れるというのである。クリシュナとの直接対面と自己放棄の実践が、清浄個我 **shuddha jiva** を解脱個我 **mukta jiva** へと昇華解放するのである。それは認識の深化を問う知の道とは異なる、バクティという実践の道である。クリシュナの化身とも言われるほどの **Vallabha** のような宗教的天才と無知な大衆庶民が隣接して生きる不思議の場所が「クリシュナの場」である。**Vallabha** はスワミナラヤンのように自らをクリシュナに成り代わる存在として神格化して崇拝対象に据えるような、わかりやすいが傲慢なことはしなかった（後代の信者の間には神格化の動きがなかったわけではないが）。信者自身の自己放棄を説くVallabhaがそのようにするわけもない。このようにヴァッラバ派の思想と繋げれば、一見すると多文化状況への表層的な対応の手練手管にも見えてしまうサナータンであるが、その言説には思いもよらないほどの深みが隠されていることが分かってきた。

孤児から成長してロンドンで成功した実業家であり、あのとてつもなく困難であった二〇〇八年の寺院建設の危機を見事に乗り切ったNT議長は、私に彼自身の座右の銘であるという「自立というモットー」と「エゴイズムの戒め」を語ってくれた。この議長の普通の言葉で語られた個人的倫理を聞いても、始めのうちは特に私の心に留まりはしなかった。しかし、議長の行動と実践をその言葉に重ねられるようになった後では、その倫理の言葉の深さをしみじみと味わっている。自立は孤立のことではない、依存心という他者へのもたれかかりがエゴイズムにつながることの深い戒めなのである。自己の自立は他者の自立も尊重するからエゴイズムにはなりようがない。そうなれば自己は他者と対等に平等的に交流できる。この語りの説得性は、議長自身の自他の間を豊かに生き抜いてきた人生の軌跡からおのずと出てくる。宗教家ではないのだが、日々自己を自己の内発的倫理でコントロールして生きてきた議長のような生活実践者がまさにサナータンを真に生きているのだと、気づかされる。この議長が「クリシュナの場」を完成させたキーパーソンであることは誰も疑いようがない。彼が議長に二〇〇八年に選ばれ、そこから猛然たる完成への努力の渦がこのキーパーソンを得たコミュニティに生まれ、その協働が困難克服という実を結んだ。最後の建設段階の資金繰りの難局に議長のエゴイスティックではない献身的努力に、周りの者が感銘を受け協力もしたのだ。そのような協働の過程があればこそ、最終段階の工事を請け負った建設会社のグジャラート系移民の社長に、「神がこの寺院を作った」と言わしめた、まさに奇跡的展開が起きたのだ。この感想はその社長一人のものではない、その協働実践は深く深く関係コミュニティの人々の心に刻み込まれ、魂を震わしたに違いない。大寺院という形態だけが完成したのではなかった、それとともに「クリシュナの場」は本当にあるという確信を人々の間に生み出したことがむしろ大きな真の達成であった。つまり大寺院は、むしろ逆にその真の達成の物証であり続けるのである。この真の達成こそが、場の力を荘厳している、次なるつながりを産出するだろう内発的な精神的絆の制度としての近傍／ネーバーフッドであろう。

ここで本章の記述をまとめる結論を終えるが、本書最後の結章において、記号過程の積み重ねとして寺院建設を描写分析してきた中で、時間の恩恵・時間の慈悲というものを実感したこと、そのこととヘテロトピア・デザインの重要な関係を論じて、本書を結びたいと考えている。そのことで、「クリシュナの場」がヘテロトピア・デザインのまさに実践事例であることを解明した結果として、それがストリート人類学という方法論的理論の要諦を把握したものであることが了解されよう。

注

（1）Vallabh の思想原理「純粋不二一元論」は、その認識（無明を晴らして気づき悟る）から運動（無明を生きて自存力を発揮して歓喜に遊ぶ）へという移行において、理論設定のずれはあるが、その内容が、主観からア・プリオリなモダリテによる知覚へと重心を移したカントの「コペルニクス的転回」に近似していると思われる。もちろんそれは、ヨーガ学派やサーンキヤ学派の二元論、ヴェーダーンタ学派の完成者であり隠れ仏教者とも揶揄されるシャンカラの「不二一元論」という二元論からの反転、バクティ（信愛）を強調する大衆的ナーラーヤナ崇拝をヴェーダーンタ哲学によって哲学的に基礎づけたラーマヌジャのバクティズムに開く「限定／修正不二一元論」などの革新の上に生まれたところの、ヴェーダーンタ学派のジュニャーナ・ヨーガ（知の道）が行為遂行的なバクティ・ヨーガ（信愛の道）に展開する実践的統合であった。

参考文献

新　茂之

二〇一一　『パース「プラグマティズム」の研究——関係と進化と立論のカテゴリー論的整序の試み』晃洋書房。

阿部年晴

二〇〇七　「エピローグ　後背地から……」阿部年晴・小田亮・近藤英俊編『呪術化するモダニティ——現代アフリカの宗教的実践から』風響社。

二〇〇九　「覚え書き・後背地論からみたストリート」『国立民族学博物館調査報告（Senri Ethnological Reports）No. 81　ストリートの人類学　下巻』関根康正編、国立民族学博物館。

有馬道子

二〇〇一　『パースの思想——記号論と認知言語学』岩波書店。

二〇〇六　「言語とパース記号論」『大航海』No.六〇、新書館。

石川文康

一九九五　『カント入門』ちくま新書。

石飛道子

二〇〇七　『ブッダと龍樹の論理学　縁起と中道』サンガ。

伊藤邦武

一九八五　『パースのプラグマティズム——可謬主義的知識論の展開』勁草書房。

二〇〇六　『パースの宇宙論』岩波書店。

二〇一六　『プラグマティズム入門』ちくま新書。

岩田慶治

一九八二　『創造人類学入門——知の折り返し地点』小学館。

一九八八　『自分からの自由』講談社現代新書。

一九九〇　『からだ・こころ・たましい　宗教の世界を旅する』ポプラ社。

一九九六　『〈わたし〉とは何だろう——絵で描く自分発見』講談社現代新書。

ウイリアム・H・デイヴィス

一九九〇　『パースの認識論』赤木昭夫訳、産業図書。

ヴィンフリート・メニングハウス

二〇〇二　『敷居学　ベンヤミンの神話のパサージュ』伊藤秀一訳、現代思潮新社。

植木豊編・訳
　二〇一四　『プラグマティズム古典集成――パース、ジェイムズ、デューイ』作品社。
上田閑照編
　一九九六　『西田哲学への問い』岩波書店。
上山春平責任編集
　一九六八　「パース論文集」上山春平・山下正男訳『世界の名著四八　パース・ジェイムズ・デューイ』中央公論社。
ウォント、クリストファー
　一九九九　『カント（FOR BEGINNERSシリーズ）』現代書館。
内田種臣編訳
　一九八六　『パース著作集二　記号学』勁草書房。
瓜生津隆真
　二〇〇四　『龍樹（ナーガールジュナ）空の論理と菩薩の道』大法輪閣。
岡田雅勝
　一九九八　『パース』清水書院。
柄谷行人
　二〇一〇　『トランスクリティーク――カントとマルクス』岩波現代文庫。
川喜田二郎
　一九六七　『発想法――創造性開発のために』中公新書。
カント、イマヌエル
　一九六一　『純粋理性批判』上、篠田英雄訳、岩波文庫。
　一九六二　『純粋理性批判』下、篠田英雄訳、岩波文庫。
　二〇一二　『純粋理性批判』熊野純彦訳、作品社。
ギブソン、J・J
　一九八六　『生態学的視覚論――ヒトの知覚世界を探る』古崎敬訳、サイエンス社。
　二〇〇四　『直接知覚論の根拠――ギブソン心理学論集』エドワード・リード／レベッカ・ジョーンズ共編、勁草書房。
　二〇一一　『視覚ワールドの知覚』東山篤規・竹澤智美訳、新曜社。

二〇一一　『生態学的知覚システム――感性をとらえなおす』東京大学出版会。
木村美子
二〇一〇「西田幾多郎の場所論とカントの「物自体」――西田の『反省的判断の対象界』を手がかりに」『立命館文學』六一八、二五四―二四一頁。
桑原武夫等編
一九六三『世界思想教養全集一四　プラグマティズム』久野収ほか訳、河出書房新社。
小林康夫・石田英敬・松浦寿輝共編
二〇〇六『フーコー・コレクション　全六巻別巻一』ちくま学芸文庫。
佐伯啓思
二〇一四『西田幾太郎――無私の思想と日本人論』新潮新書。
三枝充悳
一九八五『中論偈頌総覧』第三文明社。
一九九七『龍樹・親鸞ノート』法蔵館（増補新版）。
佐々木正人
一九九四『アフォーダンス』岩波書店。
佐藤康邦
二〇〇七『カント「判断力批判」と現代』岩波書店。
シービオク、T・A
一九八五『自然と文化の記号論』池上嘉彦訳、勁草書房。
ジョゼフ・ブレント
二〇〇四『パースの生涯』有馬道子訳、新書館。
杉本良男
二〇〇〇「インドの聖者と政治――社会学・人類学的考察」島岩・坂田貞二編『聖者たちのインド』二四六―二六四頁、春秋社。
関根康正
一九九五『ケガレの人類学』東京大学出版会。
二〇〇二「『宗教空間』としての歩道空間――チェンナイ市一九九九年～二〇〇一年の『歩道寺院』の盛衰から見える宗教景観」

関根康正編『南アジア地域における経済自由化と『宗教空間』の変容に関する人類学的研究――生活宗教に探る「宗教対立」解消の方途』（一九九九～二〇〇一年度科学研究費補助金基盤研究（A）二、研究成果報告書）日本女子大学、一一一―一三八頁。

二〇〇四a　「ケガレから都市の歩道へ、あるいは、現代人類学事始め――『〈都市的なるもの〉の現在――文化人類学的考察』刊行を編んだ後で」『UP』No.三八四、一四―一九頁。

二〇〇四b　「資源・権力・流用――一九九〇年代以降のインドにおける宗教と伝統的知識の再活性化」内堀基光編『文部科学省科学研究費補助金特定領域研究　資源の分配と共有に関する人類学的統合領域の構築――象徴系と生態系の連関をとおして（中間成果論集）』東京外国語大学アジアアフリカ言語文化研究所、七七―八四頁。

二〇〇四c　「都市のヘテロトポロジー――南インド・チェンナイ（マドラス）市の歩道空間から」関根康正編『〈都市的なるもの〉の現在――文化人類学的考察』東京大学出版会、四七二―五一二頁。

二〇〇四d　「南インドの『歩道寺院』――ストリートを生き抜く知恵」『月刊みんぱく』八月号。

二〇〇六　『宗教紛争と差別の人類学』世界思想社。

二〇〇七a　「『資本としての知識』から『資源としての知識』への視点の移行がもたらすもの」『〈内堀基光総合編集〉資源人類学〇三　知識資源の陰と陽』C・ダニエルス編、弘文堂。

二〇〇七b　「ストリートという縁辺で人類学する――『ストリートの人類学』の提唱」『民博通信』No.一一六（特集・ストリートの人類学　関根康正責任編集）。

二〇〇八　「『ストリートの人類学』という構想」『都市文化理論の構築に向けて』大阪市立大学都市文化研究センター編、清文堂。

二〇〇九a　『ストリートの人類学』上巻&下巻、国立民族学博物館。

二〇〇九b　「散歩」日本文化人類学会編『文化人類学事典』、丸善㈱出版事業部。

二〇〇九c　「都市」日本文化人類学会編『文化人類学事典』、丸善㈱出版事業部。

二〇一一　『フィールドワーカーズ・ハンドブック』世界思想社。

二〇一二a　「ストリートの人類学の第二ラウンド」『民博通信』一三六号。

二〇一二b　「発想法（KJ法）と人類学的フィールドワーク」川喜田二郎記念編集委員会編『悠然の探検――フィールドサイエンスの思潮と可能性』清水弘文堂書房、三二一―三三〇頁。

二〇一三　「ストリート」『世界民族百科事典』丸善出版。

「パッケージ化と脱パッケージ化との間での生き場の創造、あるいは『組み換えのローカリティ』」関根康正編著『ストリートの人類学・下巻』（SER八一）大阪：国立民族学博物館。
関根康正編
　二〇〇四『〈都市的なるもの〉の現在』東京大学出版会。
関根康正・新谷尚紀共編
　二〇〇七『排除する社会・受容する社会』吉川弘文館。
立川武蔵
　一九八六『「空」の構造『中論』の論理』第三文明社（レグルス文庫）。
近森高明
　二〇〇七『ベンヤミンの迷宮都市――都市のモダニティと陶酔経験』世界思想社。
ディーリー、ジョン
　一九九八『記号学の基礎理論』大熊昭信訳、法政大学出版局。
徳永宗雄
　一九八九「バクティー神への信愛と帰依」『インド思想　三』岩波書店。
ド・セルトー、ミシェル
　一九八七（一九八〇）『日常的実践のポイエティーク』山田登世子訳、国文社。
ドゥルーズ、ジル／フェリクス・ガタリ
　一九九四『千のプラトー――資本主義と分裂症』宇野邦一ほか訳、河出書房新社。
中村　元
　二〇〇二『龍樹』講談社学術文庫。
西垣　有
　二〇一四「ローカリティの創出とヘテロトピア・デザイン」『民博通信』No.一四六。
西嶋和夫
　二〇〇六『中論』金沢文庫。
西田幾多郎
　一九七〇『日本の名著　西田幾多郎』上山春平編集、中央公論社。
野口　良平

二〇〇三「信念の検証について――C・S・パースの認識批判再考」『立命館文學』No.五八一、二四四―二三二頁。
二〇〇四「イコン・インデックス・シンボル――概念再定義への試み」『立命館文學』No.五八二、四二―五六頁。
パース、チャールズ・S
一九八五～一九八九『パース著作集　全3冊』、米盛裕二・内田種臣・遠藤弘共訳、勁草書房（Charles Sanders Peirce, Collected Papers of Charles Sanders Peirce 1935, Science and Philosophy 1958.）
二〇〇一『連続性の哲学』伊藤邦武訳、岩波書店。
バーンシュタイン、R・J編
一九七八『パースの世界』岡田雅勝訳、木鐸社。
平山　洋
一九九七『西田哲学の再構築』ミネルヴァ書房。
フーコー、ミッシェル
一九八七『自己への配慮 性の歴史三』田村俶訳、新潮社。
一九九八～二〇〇二『ミシェル・フーコー思考集成　全一〇巻』筑摩書房。
ベンヤミン、ヴァルター
一九九三『パサージュ論』全五巻、今村仁司・三島憲一他訳、岩波書店（Walter Benjamin, 1982. Das Passagen-Werk.）
一九九五～二〇一四『ベンヤミン・コレクション』一～七、ちくま学芸文庫。
一九九七「歴史の概念について」『ベンヤミン・コレクション　一』ちくま学芸文庫。
前田英樹
二〇〇六「パースとソシュール」『大航海』No.六〇、新書館、一〇八―一一四頁。
安冨　歩
二〇一〇『経済学の船出――創発の海へ』エヌティティ出版。
山口裕之
二〇〇三『ベンヤミンのアレゴリー的思考』人文書院。
米盛裕二
一九八一『パースの記号学』勁草書房。
二〇〇七『アブダクション――仮説と発見の論理』勁草書房。

龍樹
一九七四　『龍樹論集』梶山雄一・瓜生津隆真訳注、中央公論社〈大乗仏典一四〉、新訂版。
一九八四　『中論　縁起・空・中の思想』（上中下）、三枝充悳訳注、第三文明社。
リンギス、アルフォンソ
二〇一五　『変形する身体』小林徹訳、水声社。

Ananthamurthy, U. R.
2016 *Hindutva or Hind Swaraj,* Harper Collins India Sivakumar, B., 2012,
Appadurai, Arjun
1996 *Modernity at Large: Cultural Dimensions of Globalization,* Minneapolis: University of Minnesota Press.
Augé, Marc
2009 *Non-Places: An Introduction to Supermodernity,* translated by John Howe, London: Verso.
Ballard, Roger
1994 *Desh Pardesh: The South Asian Experience in Britain,* London: Hurst & Company.
Ballard, Roger
1994 Introduction: The Emergence of Desh Pardesh, in Rachel Dwyer ed., *Desh Pardesh: The South Asian Experience in Britain,* London: Hurst & Company.
Barot, Rohit
1972 A Swaminarayan sect as a community, *Journal of Ethnic and Migration Studies* Volume 2, Issue 1. pages 34-37.
1996 Religion and State in Conflict: International Society for Krishna Consciousness. *British Association for the Study of Religions Bulletin,* vol 78., pp. 20-25.
1996 Review of Lifting the Veil: Communal Violence and Communal Harmony in Contemporary India by Ashgar Ali Engineer. *The Journal of the Royal Society for Asian Affairs,* vol 27., pp. 369-370.
1998 Dowry and hypergamy among the Gujaratis in Britain. in: W Menski (eds) *South Asians and the Dowry problem.* Trentham Books & SOAS, pp. 163-174.
1999 Ethnicity and Religion: The Formation and Adaptation of a Hindu Community in Bristol. *The Scottish Journal of Religious Studies,*

vol 20 (1)., pp. 51-72.

2000 Virtue Ethics and Celibacy: A Hindu Perspective. in: K Flanagan, P Jupp (eds) *Virtue Ethics and Sociology: Issues of Modernity and Religion.* Palgrave, pp. 141-154.

2007 Celibacy and Salvation in the Swaminarayan Movement. in: J. R Hinnels (eds) *Religious Reconstruction in the South Asian Diaspora: From One Generation to Another.* Palgrave Macmillan, pp. 74-92.

Barot, R. & Daly, F.

1999 Economic Migration and Social Exclusion: The Case of Tunisians in Italy in 1980s and 1990s. in: F Antheas, G Lazaridis (eds) *Into the Margins: Migration and Exclusion in Southern Europe.* Ashgate, pp. 35-53.

Barot, R., Bradley, H. & Fenton, C.

1999 *Gender, Ethnicity and Social Change.* Macmillan Publishers Limited.

1999 Rethinking Ethnicity and Gender. in: Barot , H R Bradley, S Fenton (eds) *Ethnicity, Gender and Social Change.* Macmillan Publishers Limited, pp. 1 - 25.

Bhatt, R.K.

1979 *The Vedanta of Pure Non-Dualism,* translated by Ishwar C. Sharma, Norfolk: A Unilaw Library Book.

Breman, Jan

2016 "Only Gandhi wrote about paupers" (G. Sampath's interview article with Jan Breman), *The Hindu,* February 21, 2016.

Brent, Joseph

1998 *Charles Sanders Peirce: A Life.* Revised and enlarged edition, Bloomington: Indiana University Press.

Brown, Judish M.

2006 *Global South Asians: Introduction the Moderon Diaspora,* Cambridge: Cambridge Universitu Press.

Bryant, Edwin and Maria Ekstrand eds.

2004 *The Hare Krishna Movement: The Postcharismatic Fate of a Religious Transplant,* New York: Columbia University Press.

Bunsha, Dionne

2006 *Scarred : experiments with violence in Gujarat,* New Delhi : Penguin Books.

Chavda, Vijaysingh

2007 *Gujarat in Transition,* Vadodara: Sanket Publication.

Daniel, E. Valentine
1984 *Fluid Signs: Being a Person the Tamil Way,* Berkeley: University of California Press.
Dasgupta, Sudeep
2006 Gods in the Sacred Marketplace: Hindu Nationalism and the Return of the Aura in the Public Sphere, in Birgit Meyer and Annelies Moors eds., *Religion, Media and the Public Sphere,* Indianpolis: Indiana University Press.
Dorairaj, S.
2009 On the Margins, *Frontline,* Volume 26, Issue 10.
Dwyer, Rachel
1994 Caste, Religion and Sect in Gujarat: Followers of Vallabhachrya sn Swaminarayan, in Rachel Dwyer ed. Desh Pardesh: *The South Asian Experience in Britain,* London: Hurst & Company. pp. 165-190.
2006 The Saffron Screen? Hindu Nationalism and the Hindi Film, in Birgit Meyer and Annelies Moors eds., *Religion, Media and the Public Sphere,* Indianpolis: Indiana University Press.
Dwyer, Graham and Richard J. Cole eds.
2007 *The Hare Krishna Movement: Forty Years of Chant and Change,* London: I. B. Tauris.
2013 *Hare Krishna in the Modern World,* London: Arktos Media Ltd.
Engineer, Asghar Ali; Dalwai, Shama.; Mhatre, Sandhya
2002 *Sowing hate and reaping violence : the case of Gujarat communal carnage,* Mumbai : Centre for Study of Society and Secularism.
Fisher, M. H.
2006 Working across the Seas: Indian Maritime Labouvers in India, Britain, and in Between, 1600-1857. *International Review of Social History,* 51 (s14) pp.21-45.
Foucault, Michel
1984 Of Other Spaces: Utopias and Heterotopias, *Architecture /Mouvement/ Continuité* October, Translated by Jay Miskowiec (based on the Lecture “Des Espace Autres,” March 1967) pp. 46-49.
Fyee, Nicholas R. ed.
1998 *Images of the Street: Planning, identity and control in Public space,* London: Routledge.
Gibson, J.J.

(1950) *The Perception of the Visual World.* Boston: Houghton Mifflin.

(1966) *The Senses Considered as Perceptual Systems.* Boston: Houghton Mifflin.

(1977) The Theory of Affordances. In R. Shaw & J. Bransford (eds.). *Perceiving, Acting, and Knowing: Toward an Ecological Psychology.* Hillsdale, NJ: Lawrence Erlbaum. (pp. 67-82)

(1979) *The Ecological Approach to Visual Perception.* Boston: Houghton Mifflin.

Goswami, Tamal Krishna and Graham M. Schweig

2012 *A Living Theology of Krishna Bhakti: Essential Teachings of A. C. Bhaktivedanta Swami Prabhupada,* Oxford: Oxford University Press.

Hartshorne, Charles and Paul Weiss eds.

1931-1935 *Collected Papers of Charles Sanders Peirce,* vols. 1-6, Cambridge: Harvard University Press.

Jacobs, Jane Butzner

1962 *The death and life of great American cities,* Vintage Books,

Jacobs, Stephen

2010 *Hinduism Today,* London: Continuum International Publishing Group.

Johnson, Peter G.

2010 On Heterotopia, Draft of Ph.D dissertation, Department of Sociology, Faculty of Social Sciences and Law, University of Bristol.

Kim, Hanna H.

2010 The Swaminarayan Movement and Religious Subjectivity, in Edward Simpson and Aparna Kapadia eds. *The Idea of Gujarat: History, Ethnography and Text,* New Delhi: Orient BlackSwan, pp. 207-228.

Knott, Kim

1993 Contemporary theological trends in the Hare Krishna Movement: A theology of religions, *ISKCON Communications Journal,* Vol.1, pp.44-51.

1997 The religions of South Asian communities in Britain, Jhon R. Hinnells eds., *A New Handbook of Living Religions,* Oxford: Blackwells, pp/756-774.

2000 Hinduism in Britain, in Harold G. Coward, Jhon R. Hinnells, Raymond Brady Williams eds., *The South Asian religions diaspora in Britain, Canada, and the United States,* New York: State University of New York Press, pp.89-107.

25009a Becoming a 'Faith Community': British Hindus, Identity, and the Politics of Representation, Journal of Religion in Europe, Vol.2, pp.85-114.

2009b From locality to location and back again: A spatial journey in the study of religion, *Religion,* 39-6, pp.154-160.

Lingis, Alphonso

2005 *Body Transformations: Evolutions and Atavisms in Culture,* London: Routledge.

Lyon, Michael, H.

Ethnicity in Britain: the Gujarati tradition, *Journal of Ethnic and Migration Studies,* Volume 2, Issue 1. pp. 1-11.

Marfatia, Mrudula I.

1967 *The Philosophy of Vallabhacarya,* Delhi: Munshiram Manoharlal.

Marks, Robert B.

2007 *The Origins of the Modern World: A Global and Ecological Narrative from the Fifteenth to the Twenty-first Century,* second edition, London: rowman & Littlefield Publishers.

Menninghaus, Winfried

1986 *Schwellenkunde. Walter Benjamins Passage des Mythos.* Frankfurt am Main: Suhrkamp.

Michel Foucault

1984(1967) Of Other Spaces: Utopias and Heterotopias, *Architecture /Mouvement/ Continuité* October, Translated by Jay Miskowiec (based on the Lecture "Des Espace Autres," March 1967) pp. 46-49.

Moore, E., and Robin, R. S., eds.

1964 *Studies in the Philosophy of C.S. Peirce, Second Series,* MA: University of Massachusetts Press, Amherst.

Nandy, Ashis

(1995) An Anti-secularist Manifesto. *India International Centre Quarterly.* 22 (1): pp. 35–64.

(1997) The Twilight of certitudes: Secularism, Hindu Nationalism, and Other Masks of Deculturation. *Alternatives: Global, Local, Political.* 22 (2): pp. 157–176.

(12 August 2006) Nationalism, Genuine and Spurious: Mourning Two Early Post-Nationalist Strains. *Economic and Political Weekly.* 41 (32): pp. 3500–3504.

2006 *Talking India: Ashis Nandy in conversation with Ramin Jahanbegloo.* New Delhi: Oxford University Press.

2007　*A Very Popular Exile.* New Delhi: Oxford University Press.

2007　*Time Treks: The Uncertain Future of Old and New Despotisms.* New Delhi: Permanent Black.

Nesbitt, Eleanor

2006　Issues in Locating Hindus' Sacred Space .*Contemporary South Asia* 15 (2).

Peirce Edition Project ed.

1982　*Writings of Charles S. Peirce: A Chronological Edition,* Bloomington & Indianapolis:Indiana University Press.

1992-1998　*The Essential Peirce: Selected Philosophical Writings,* 2 vols., Bloomington & Indianapolis:Indiana University Press.

Pocock, D. F.

1976　Preservation of the religious life: Hindu immigrants in England, *Contibutions to Indian Sociology,* Vol.10, No.2. pp. 341-365.

Sekine, Yasumasa

2006a　Contemporary Popular Remaking of Hindu Traditional Knowledge: Beyond Globalisation and the Invention of Packaged Knowledge, in Christian Daniels ed. *Remaking Traditional Knowledge: Knowledge as a Resource,* Research Institute for Languages and Cultures of Asia and Africa, Tokyo University of Foreign Studies, pp.163-193.

2006b　Sacralisation of the Urban Footpath, with Special Reference to Pavement Shrines in Chennai City, South India, *Temenos: Nordic Journal of Comparative Religion,* Vol.42 No.2,pp79-92 Suomen Uskontotieteellinen Seura [Finnish Society for the Study of Religion]

2011a　*Pollution, Untouchability and Harijans,* Jaipur: Rawat Publications.

2011b　*From Community to Commonality,* Monika Saltzbrunn, Seijyo university.

2012　Transnationality, Hope and 'Recombinant Locality': Knowledge as Capital and Resource, *South Asia Research* 32(1), pp. 1-20.

Shah, A.M.

2006　Sects and Hindu social structure, *Contributions to Indian Sociology,* Vol.40, No.2, pp.209-248.

Shani, Ornit

2007　*Communalism, caste and Hindu nationalism: the violence in Gujarat,* Cambridge : Cambridge University Press, 2007.

Spodek, Howard

2011　*Ahmedabad: Shock City of Twentieth-Century India.* Bloomington: Indiana University Press.

Subbiah, Shanmugam Pillai

2006　Religious Expressions of Urban Poor on Pavements and Religious Continuity of Overseas Indians: Some Observations from Chennai,

India and San Francisco, USA in Christian Daniels ed. *Remaking Traditional Knowledge: Knowledge as a Resource,* Research Institute for Languages and Cultures of Asia and Africa, Tokyo University of Foreign Studies, pp.75-

2015　Location of Temples: Exploring the Ecology of Place and Space, *Minpaku Athropology Newsletter* No.41.

Vaidya, C.M.

1984　*Pushtmarga and Sri Vallabhacarya,* Baroda: Shri Vallabha Publications.

Visvanathan, Shiv

2016　'Straydom' is perhaps the metaphor for democracy: where there is vulnerability there is solidarity, *The Hindu,* March 30, 2016.

Want, Christopher

2011　*Introducing Kant* illustrated by Andrzej Klimowski, Icon Books; Reprint Version.

Weller, Paul (ed.)

2007　*Religions in the UK: Directory* 2007-2010, Derty: Multifaith Centre.

Williams, Raymond B.

2001　*An Introduction of Swaminarayan Hinduism,* Cambridge: Cambridge University Press.

Williams, Raymond B. and Yogi Trivedi eds.

2016　*Swaminarayan Hinduism: Tradition, Adaptation, and Identity,* New Delhi: Oxford University Press.

Wood, Martin

2010　Annakūt/Govardhan Pūjā: Identity and Pilgrimage in the Gujarātī Hindu Diaspora, Diskus Vol.. 11.

Yagnnik, Suchitra Sheth

2005　*Shaping of Modern Gujarat: Plurality, Hindutva and Beyond,* Penguin Books India.

岩崎正太

二〇一一　東京大学大学院総合文化研究科・教養学部附属・共生のための国際哲学研究センター（ＵＴＣＰ）ブログ 2011. 07. 28【報告】石田正人氏講演会「表象のざわめき――Ｃ・Ｓ・パース草稿群との対話」
http://utcp.c.u-tokyo.ac.jp/blog/2011/07/post-467/

前田日明 vs 荒俣宏

https://www.youtube.com/watch?v=dp62GUTnLSE（二〇一六年四月一〇日閲覧）

松岡正剛
　二〇〇三　千夜千冊〇八四六夜：立川武蔵『空の思想史』
　　http://1000ya.isis.ne.jp/0846.html
　二〇〇七　千夜千冊一一八二夜：チャールズ・パース『パース著作集』全三冊、勁草書房 一九八五〜一九八九（二〇一六年四月一〇日閲覧）
　　http://1000ya.isis.ne.jp/1182.html

Citizen consumer and civic Action Group, Slums and Informal Settlements, Retrieved May 10, 2016
　　https://www.cag.org.in/our-work/slums-and-informal-settlements.

2011 Census of India, Retrieved May 8, 2016.
　　http://www.censusindia.gov.in/

Kay, Johnson, (22 March 2013). "Census: 1 in 6 India city residents lives in slums". Retrieved May 10, 2016
　　https://www.bostonglobe.com/news/world/2013/03/22/census-india-city-residents-lives-slums/F5TiBTI4Pw6JE12a91npeP/story.html

Office of national Statistics
　　https://www.ons.gov.uk/census/2011census
　　https://www.ons.gov.uk/census/2001censusandearlier

The New York Times, August 19, 2015, “Timeline of the Riots in Modi’s Gujarat”, Retrieved June 3, 2016
　　http://www.nytimes.com/interactive/2014/04/06/world/asia/modi-gujarat-riots-timeline.html

Vishva Hindu Parishad
　　http://vhp.org/hindus-abroad-old/europe/hindus-abroad-united-kingdom/

Vishva Hindu Parishad
　　http://www.vhpbolton.org.uk/contact/

VHP (UK)
　　http://vhp.org.uk/vhpuk/

結章　ストリート人類学の方法と理論
——「ネオリベ・ストリート化」を脱構築するヘテロトピア・デザインと「根源的ストリート化」

関根康正

一　ヘテロトピア・デザインの精華としてのサナータン寺院からのレッスン

細かい文脈はここでは省略するが、「遅れることはいいことだ」と三〇年も前になるが、南インドでのフィールドワークで出会ったタミル人の研究助手が口にしたことがあって、その言葉はずっと私の中に納まり悪くあり続けた。ところが、それから一〇年ほどして近代的時間の相対化についてじっくり思考する機会があったときに、そのことが思い起こされて私の中での時間論の深化に貴重なきっかけを与えてくれることになった。いままた、新たなフィールドで、「遅れることはいいことだ」と、明確に実感している。Wembleyの新寺院は当初は一九九九年の完成を目論んだが、結局遅れることなんと一一年である。その遅れは二〇〇八年という危機と再生という出来事を導いた。結果的な物言いだが、その危機を見事に創発へと変えた。文字通りの死と再生である。外部者から見れば、不透明なmany problemsなど無い方が良かったと考えるであろう。私も最初はそう思った。しかし、それは浅はかというものであったと今は思う。この二〇〇八年の危機こそ、物事を達成・完成させる時には必ず通る「折り返し地点」であったのである。この折り返しという転換なしにはどうしても「クリシュナの場」の内実を真の意味で完成させられなかったと今は考えている。その視点転換は外部者から内部者への移行、すなわち観察者から当事者への移行で起こった。内情を知ることで、当事者の目線に接近して別の見方・理解が現れてきたのである。その理解からは、二〇〇八年は人為を超えた神がもたらした危機だったかもしれないし、それを通じて自己犠牲的にとりくむ人々の協働を創発して救済したのではないかと言う考えが導かれるのである。こういう包括的な見方・理解は、浅い客観という名の外部者の眼では見えない、当事者にとっての真実なのである。コミットした内部の人たちにはこの理解は全く違和感はないはずである。二〇章の最後に触れた建設会社の社長の「神がこの寺院を作った」という慨嘆に通じるこの見方こそが彼らの実感に近いのであろう。西田幾多郎は「短歌について」においてこう言ったことがある。「人生は固より一つである。併し具体的にして動き行く人生は、之を環境から見るということと、之を飛躍的生命の先端から掴むということとは同一でない」［大橋・野家共編　一九九八］。このことと呼応する事態なのではないだろうか。

遅れることはなぜいいことなのかを、さらにもう少し詰めて考えてみたい。それはその遅れという時間経過が他者の取り込みの機会を作り、その結果自他がつながる出来事をそれだけ余計に増やすからである。その時間経過の中で自ずから私たちは事態をより深くより広く把握できるようになるし、他者とのつながりを通じてその時間がなければ想像だにできなかった新たな他なる力が自己の生きる現場にもたらされるのだ。この原理は、自分の仕事を遅らせてもそこに現れた外者をまずは歓待することが最優先だとした、世界中で普通に見られた伝統社会の知恵「外者歓待（ホスピタリティ）」と同じなのである。私も含めて近代人にはその当たり前が、中途半端な脳の存在、そのエゴ中心の能動性で見えなくなったのである。遅れの価値が見えなくなった。そういう人間は、「クリシュナの場」のあり方が了解しかねる。はっきりしないものは価値なしにする傾向が西洋近代化した現代人にはしみついている。実は、決定的なことを失い始めている。自分の感覚・感情を見つめ、想像力・創造力を使い、それを信じて行動して結果を味わうという自立的な思考の基本を失ったのだ。そんなことでは、「クリシュナの場」に立っても何も気づけないかもしれない。いや、もしかすると、そうではなくて、「クリシュナの場」は、そういう人間を変容転換させてくれるのかも知れない。意識的にか無意識的にか、現代人の反創造的な閉塞した生き方に居心地の悪さを感じている人間をこそ待っているのかもしれない。そして、そこで、この現代人の近代脳の不自由さが揺さぶられる振動の感覚に心身が緩み、魂の力が賦活する兆しに気づくかもしれない。遅れの価値の容認と、クリシュナの場の受動的能動性は相性がいい。このサナータン寺院はそういうベクトルをもった磁場としてロンドンに創発された、今日そして将来において有望な聖空間なのである。

二〇章で詳しく論じたとおり、**Shri-Nathaji** が本来は **murti** ではなく **svarup** であることの深い意味がいまわかる。神の力が、司祭の慎重に行う開眼式や礼拝 **puja** によって入れ込まれるような対象としての **murti** ではなく、特別な司祭のお世話 **seva** を要求する直接顕現の **svarup** なのである。**murti** のように対象化できる有ではなく、正確には信仰が生まれる場所には神の直接顕現が不可避なのである。どういうことだろうか。自分が変わらない、自己変容がないような信仰はあり得ない。なぜなら、自己変容がないということは自己に他者が入り込まないということであるから、絶対他者に帰依する宗教としてバクティ信仰は自己変容無しには不可能なことである。それでは信仰になっていないので、自己不変の世俗のままである。それであるなら、寺院に行っても神の恩恵という商品を気休めにわずかなお金を差し出して買うのと同じであろう。寺院側から言えば宗教ビジネスである。事実としてそういう部分が現実にはある。しかしすべてそうであったなら、宗教の場はやはり最終的には持たないことになってしまうであろう。どこかに本物の宗教の出所がいまもあるはずである。量は多くないかもしれないが、やはりそれがまったくないということはありえない。だから、そういう宗教の本物の力がゼロにならない限り、やはり信仰ならば少なくとも自己変容が起きるはずだ、それどころか他者に向かって身を投げ出す自己放棄が問われるはずである。そうであるから、信仰の核心は、自己利益のための現世利益にあるとは言えないし、やはり、その核心の達成においては「自分が自由になる」、できうるならば「自他共に自由になる」ことが生じるのである〔岩田　一九八二〕。前者の側面は消せなくても、後者が原理的な信仰の核心にあることは普遍であろう。どこでも信仰の場は交換ではなく贈与によって開かれる。自己贈与によって信仰の場が始まるとしたら、このサナータン寺院でも、Shri-Nathaji への贈与的な seva の実践が Mandir の交換的な puja よりも核心に来る。その意味で「クリシュナの場」には svarup としての Shri-Nathaji が立ち上がってこなければならない。二〇章でその建設過程を描写した新寺院の Mandir の空間では、形の上では Shri-Nathaji は対象的な有としての murti になっているが、信仰の原理上、直接顕現の svarup としての Shri-Nathaji が待たれている。新寺院においてはその出現現場こそが、数々の murti（有）によって囲まれた真ん中の何もない空間ではないのかと二〇章で推論できた。東洋思想では究極存在は無というよりも空となる。すでに述べたように Vallabha 派の思想もこれに連なることを見たが、そうであれば、この縁起による空の構造こそがクリシュナが直接顕現する場所となるはずだ。空の原理を体現する信者と神との直接対面の場こそが「クリシュナの場」である。Laytonstone 寺院の Haveli では、Pushtimarg の seva をする司祭が信者と Shri-Nathaji を媒介したが、Wembley 寺院では Shri-Nathaji はサナータン寺院の Mandir の中に取り込まれた。そこにはサナータンの司祭しかいない。murti の神々を祀る司祭が、クリシュナとしてラーマの力を信者に媒介する。しかしそれは「クリシュナの場」の力の振動の体験という核心の出来事への側面的援助に留まるであろう。結局は、神々の取り巻く荘厳された空間の真ん中の虚空で信者が自力で神と直接対面する、それが中心行為になるはずなのである。ならば、媒介・衣装をはがされた自己は、逃げ出すか、絶対他者に向けて自己自身を投げ出すか、それ以外には道はないだろう。つまり、ここでの行論が明らかにすることは、Wembley 寺院では Shri-Nathaji は murti として収まり、中央の虚空を囲う神々の一つとしてある意味でその本質を隠されたが、実は逆説的に中空の場所に直接顕現してくる動的な潜在性をはらむ存在になったと読めるのである。これは、まさにヴァッラバ派のPushtimargとサナータン・ダルマの創造的ブリコラージュであり、繰り返された記号過程の重層をもって行われたヘテロトピア・デザインの達成の最核心であると見極められる。それでは、結論の要点であるヘテロトピア・デザインとは何かとその独特の時間性について整理しておきたい。

新寺院はその完成が大幅に遅れた。その遅れた時間でますます多くの他者を取り込むことになった。そうやって、ますます多様な文脈を繰り込んで活動はヘテロ化の度を増した。この遅れによる寺院建設活動の過程が、実はまさにヘテロトピア・デザインとはどのようなものなのか、どのようなことなのかを明示化してくれた。予定通りに進んでいた建設活動の時も実はヘテロトピア・デザインを行っていたのであるが、デザイナーが中心になってその計画をトップダウンに進めるユートピア・デザインとの差異が見えにくい。言い変えれば、活動を実は根本のところで支えている協働性が見えにくいのである。遅れ始めて事が思うように行かなくなった時間経過の中でヘテロトピア・デザインであることの実相がありありと見えてきた。他者の力を取り入れなければ、もはや活動はどうにも前に進まないからなのである。ヘテロ化の要請と実行が露呈してくるのである。そして、そのことを知った後に、振り返ってみれば、はじめからそうだったのだと気づく。

こうして明らかになるヘテロトピア・デザインとは、折り返し地点の存在すなわち往路と復路のあることを了解したハンブルなボトム・アップの眼差しをもった主体が、他者を繰り込む記号過程を繰り返して、らせん状に充実して事が成っていく、その都度に様々な他者とのつながりを取り込む協働デザイン過程のことである。協働とは時間性の中での自他の出会いとつながりの構築の積み重なりであることがわかる。イコンから始まり、自他の出会いというインデックス(文脈)を生きて対話を重ねることで事(シンボル)を成す、この一連の時間性を持った記号過程が、ヘテロトピア・デザインの形式内容なのである。

このようなヘテロトピア・デザインの精華として産まれた「クリシュナの場」は、すでに述べたように、その協働デザインの精神を宿している。しかも、何かの機縁があってこの「クリシュナの場」に出会い、振動を感じ、自己変容を始める人間のたどる充実過程もまたヘテロトピア・デザインと同じであり、他者を繰り込む協働の歩みをこの場に支えられながら自発的に行うのである。このヘテロトピア・デザインの最大のキーポイントは、デザインがめがける目標の中心が不在であることにある。無が、より正確には空が、在るように進んでいくのである。言いかえれば、有が雲散霧消する自由をめがけて、デザインが進行するのである。私たち人間の生における有無を含む空や不在の在について顧慮しない、有が有を直線的に産めると想定するユートピア・デザインでは最悪の場合は権力的デザイナーの自己満足しか達成がないという貧困な事態に陥る。そのような表層的で狭隘な貧困とは、まったく比べるべくもない深みと広がりのある協働の達成が、ヘテロトピア・デザインでは期待できる。期待できると言ったのは、ユートピアのような予定調和はないのであるから。しかしながら、それでも期待できるのは、その道のあり方は正しいのでたとえ紆余曲折があり時間がかかっても必ずや到達するからである。

このような解明の地点から見返すと、フーコーのヘテロトピア概念をより深く理解できる。フーコーは一九六七年の講演に基づく「他者の場所 Des espaces autres」と題する一九八四年刊行の Architecture, Mouvement, Continuité 誌上の論文の中でヘテロトピア概念をユートピア概念と対照しながら解明を試みる〔フーコー 二〇〇二(一九六七)〕。一見複雑に見えるその鏡を使った説明であるが、言わんとすることは非常な明快で深いものがある。それによると、ヘテロトピアは、要するに「在(有)」と「不在の在」(「無の有」)との差異のあわいに現出する他者と向き合う場所のことであるというのだ〔cf. 岩田 一九八五〕。これに対して、ユートピアは「在の不在」(「有の無」)という「在」の否定的反転像であるとする。これは有の論理に基づく有無二元論であって、他者と出会う契機を欠いている。したがって、私自身、フーコーから学んで造語したヘテロトピア・デザインの意味は、他者を取り込む協働過程という定式によって、正確にフーコーの意に沿うものと確信する。上記の論文でのフーコーのスタンスは、いわゆる「空間論的転回」の唱道であったが、実はそれはまた時間論の革新でもあった。その空間の生産を拘束している近代の時間からの解放を目指す仕事の意義は高く評価した後に、ヘテロトピア概念の重要性をさらに認識するためにも少し注釈を加えたい。すなわち、フーコーの空間論的転回の醍醐味が、近代時間とその尺度ではとらえられない時間、それを時間性とここでは呼ぶことにするが、そういうもう一つの時間性の回復にあることを指摘したいのである。近代時計時間ではない、もう一つの時間性が確かに実在する空間がヘテロトピアなのである。これに対して、ユートピアは時間性を喪失した時計時間が幻のように流れる空間ということになる。

それでは、この独特の時間性（以降、時間性とのみ記す）とは何か。端的に言えば、時間性とは、折り返し地点のある時間、つまり往路と復路の両方があって成り立つワンセットの時間を有した状態を指す。説明してみよう。その本質において無である主体が、与えられた心身をもって生死のある有を生きるのが現実である。有の欲求は自己の確立と増大である。これは往路の「獲得して増やす」性格である。しかし、ある折り返し地点で、それは無の欲求へと転換する。復路の始まりである。そこでは獲得した有なる自己を捨て減じていくことがその性格であり、無に接近していく。有の存在は肯定されているが、その存在理由は新たな無なる主体の達成に向かって投げ出されるところにある。このような、無1→有→無2という有に向かうベクトルから無に向かうベクトルへの折り返しの往復運動を内包する時間過程が、時間性である。これによって、自己変容が一つ完結する。無2は無1においては想像できないもので、実践を通じて立ち上がる未踏の無である。これが自己変容であり、創発である。とりわけ復路では自己放棄の分だけ他者の到来が増大していく。つまり協働性が増大する。たくさん息を吐き切れば、より多くの外気が自然に吸える。これが時間性を持ったヘテロトピアの真骨頂の局面である。これが、フーコーのヘテロトピア概念の豊かさと深みを明確にするための私のコメントである。この往路・復路の時間性はまさにパースの記号過程は内包している。そうであれば、このような議論の要点は、そのままで、近代社会において確立し、ネオリベ・グローバリズムで後背地を根絶させるまでに極端化した（未来の時間まで奪取するような）トップダウンな時計時間支配への根本的な批判である。そういう支配潮流に抗して、ボトムにおいて生の心身を生きる者の視点からの根源的な異議申し立てである。人間が息を〈吸って↓吐いて〉ではなく、〈吐いて↓吸って〉生きられるための生き方の作法転換である。吸って・吸って・吸って、過呼吸で生きられなくなっている世界を脱するために、基本的な問題提起を行うものなのである。

遅れる時間とはこの折り返し地点をもった時間性の到来を待つことの意味であった。この遅れの自己主張の声は、近代時計時間がまさに失った時間性の表現であった。時計時間は、その遅れを悪行として唾棄し否定的な意味を与えて排除してきた。もうこれ以上の説明はいらないであろう。ヘテロトピア・デザインの精華としての「クリシュナの場」を適切に描くには、この時間性の議論が不可欠であった。

そういう場の創出を可能にしたサナータンというフレームは、それ自体は植民地近代の北インドを中心に創発されたものであったが、そのアンブレラ的な包括概念が異国の地で再創発されて、クリシュナの直接権限という伝統を移民社会に生きる人々の現在に適応させた形で蘇らせることになった。サナータンはインドの近代化の文脈で創発されたとしても、その概念自体の出所は元々非近代の概念なのであるから、このような含みある二重性は当然である。植民地と移民社会という西洋近代化の二度にわたる洗礼経験を通じて、信仰の核を堅持する再創造が行われてきたのである。

二　「根源的ストリート化」を開拓するストリート人類学

ストリート人類学は、かつて行った〈都市的なるもの〉をめぐる人類学的思考〔関根　二〇〇四〕を苗床として徐々に育ってきた。両者の間には多くの共通する論点が含まれるものの、西垣が的確に指摘するように、その間には「ストリートへ」の思考から「ストリートから」の思考への重心の移動が確かにあるかもしれない（本書一九章参照）。ただし、この「へ」と「から」はストリート自体が支配システムとの関係においてしか規定できないので、すっきりと分けられない面もある。ただ、この移行を、ストリート現象のブラックボックスを開けるガラスボックス化に向けて研究の歩を進めたという意味ではよく了解できる指摘である。正確には、ストリート人類学で目指してきたことは、ストリート現象の中のストリート・エッジ現象という敷居における創発過程のブラックボックスを開ける試み、実験的思考である。

ストリート人類学は、ベンヤミンの言う意味での「敗北した」場所を元手にした、阿部年晴の後背地論が一貫して主張してきた「人間が人間として生きられる」の仕方の開発に資するための研究プロジェクトである（本書所収「総括討論3」参照）。しかしながら、その研究が、敗北者たちは敗北の場所でどうにか元気にやっているんだという、支配システムの現状肯定言説に補完的に組み込まれないように、あくまでもネオリベ支配システムの解体を目標にしていることを常に確認しておきたい。部分的達成にせよ、そのような日が来ることを祈っている。その時にはこのプロジェクトは無用に帰する。無に向かう研究プロジェクトである。それが本望である。

このことを常に念頭に置きながら行うところのストリート人類学は、ネオリベラリズム／グローバリズムの産み出す絶望的なまでに粗野で暴力的な「ストリート化」のもたらす悲惨と対峙するストリート・エッジでの生の現実を活写し、そこに見出さる創発に注目する人類学である。「ネオリベ的ストリート化」をトップダウンのグローバリズム・イデオロギーに沿った、他者・外部との対話を絶った内閉空間化（息しないホームというユートピア化）であると喝破し、ストリート・エッジでの生に見い出す「根源的ストリート化」がそれとはまったく次元を異にする想像力であることを示してきた。前者が近代時計時間イデオロギーの徹底化であり、後者がもう一つの時間性への注目と回復である。そして、この「根源的ストリート化」こそが人間が人間として生きるときに不可欠な表現実践であることを明らかにしようとしたのである。その結果、「根源的ストリート化」あるいはヘテロトピア・デザインは、往路と復路という折り返し地点を有する時間性、すなわち無→有→無と展開して自己を充実させていくまっとうな記号過程という形式内容を有することが明らかになった。わずかにせよ、ストリート・エッジ現象のブラックボックスが開いたのである。

その形式内容の要諦を、「根源的ストリート化」あるいはヘテロトピア・デザインの記号過程の三つのアスペクトをもって開示したい。また同時に、その中で二〇世紀前半に一九世紀や古典古代を夢想したベンヤミンの敷居・通過という中心的な考え方についても学べた範囲で位置付け直してみたい。通常ブリコラージュという概念化で括られる事態の内実である。

その形式内容は、ワンセットの記号過程で描けることを述べてきた。それが繰り返されて折り重なり、人間の生が充実し、社会が成熟していく。その一つ一つの切り出された記号過程においては始まりと終わりがあるが、その終わりは次の始まりであるから、本質的にはつねにコンティンジェントである。その都度の完了、その都度の真理の達成があることと、それがコンティンジェントあることとは全く矛盾しない。図1の中に示した、『中論』の勝義諦（真諦）と世俗諦（俗諦）との共存する世界と同じである。中論のポイントは、自在するか否かという問い方自体を脱却して、有か無かという実体をめぐる実在論と相対論のエンドレスの論争に終止符を打ったところにある。『中論』は、勝義諦（真諦）と世俗諦（俗諦）いう二種の真理があるとする二諦説を述べる。前者は直接認識された非相対的な世界であり、後者は言語によって概念的に認識された相対的な世界である［龍樹　一九八四］。世俗諦は多彩な姿をとるけれど、「無自性空」の真骨頂は勝義諦という空の場所の非相対的な存在である。今当然、私は「クリシュ

図1　記号過程2の形式内容

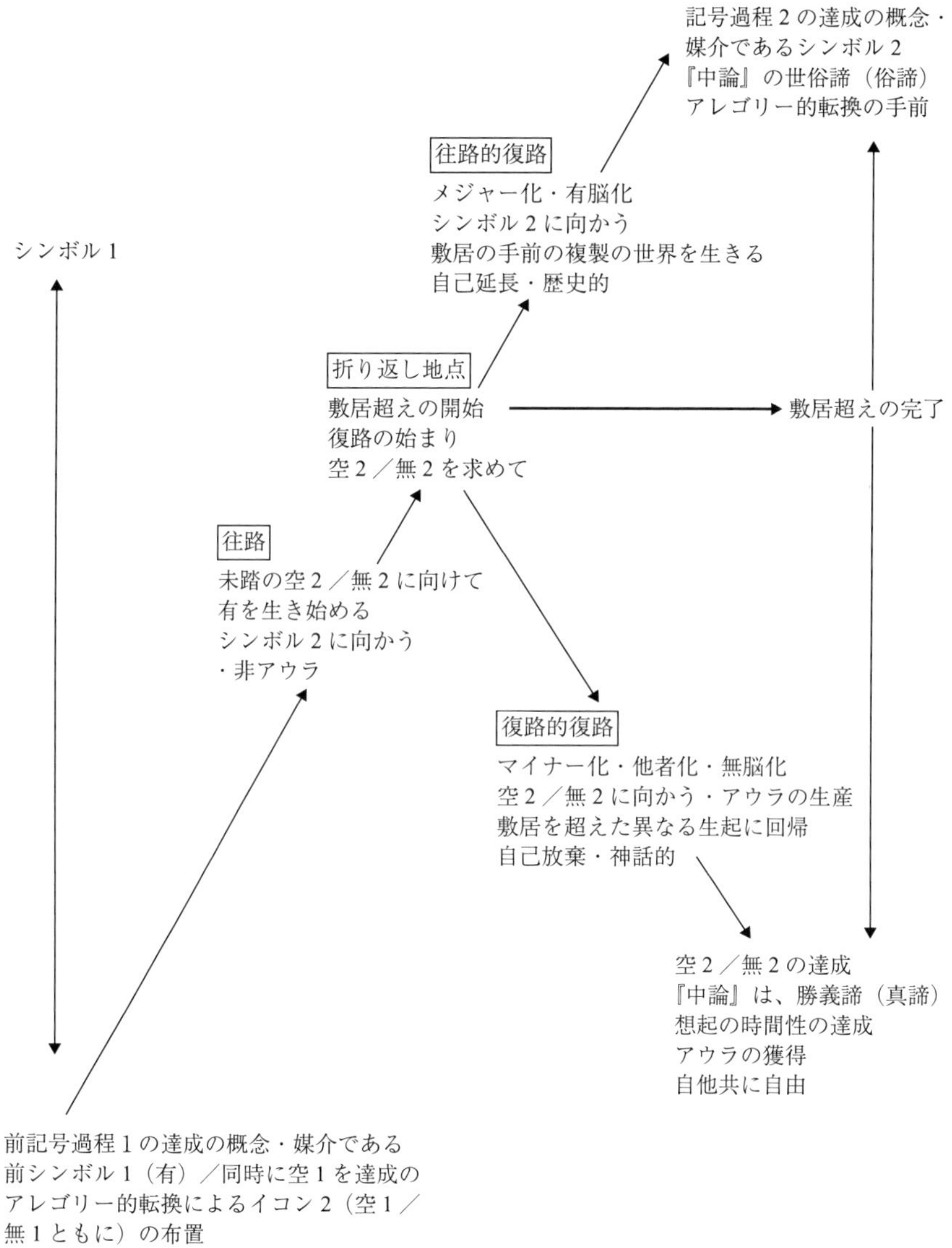

ナの場」を想起している。ちなみに、西田の無は、無いという意味ではない。空への接近を示す無である。そして西田の絶対無はかならずや空である。

私が、寺院建設過程のフィールドワークから学んだ記号過程の形式内容は、図1のようにまとめられる。

この図1において、建設過程の後半部に折り返し地点から始まる復路にベンヤミンを貫く方法としての「敷居」を超える経験が詰まっていることが重要である。敷居を超えるということは、勝利の歴史のファンタスマゴリーからの目覚め、すなわち敗北の歴史の想起であり、それは神的であることと対応するマイナー化の道をたどることである。この折り返し地点以降には、(1)往路的復路と、(2)復路的復路が現実的にはある。(1)は建設過程の前半部の有の欲求という世俗的想像力のままに、これをさらに延長して有なる形象を持った寺院空間の完成という達成に至る。(2)では無の欲求によって空を目指す、言い換えれば本物性の保証のアウラの生産である。それは、「マイナーなものになる」という自己放棄の無へ向かった贈与的な行為がもたらす他者の力の結集によるヘテロ化、その結果としての協働の精華、すなわち寺院の場の空という魂の達成である。形象の次元と魂の次元との二重性への目覚めすなわちアレゴリーの自覚が、シンボル2と空2を結ぶ垂直線で表現されている。

この形式内容からサナータン寺院の建設を振り返ると、二〇〇八年の危機が、建設過程の後半部が始まる折り返し地点だったとわかる。そこからこの寺院建設にとってクリティカルな敷居を超える、貴重なアウラ構築の協働過程が開始されて、見事に完遂した。こうして大寺院という形象と「クリシュナの場」というアウラを放つ空の場が、二にして一という時間性を体現した存在になったのである。このようにして敷居を超えた人々は変わったのである。それぞれの人が自己変容を遂げた。どのように変わったのか。それは、幻かもしれない有を有に見るトップダウンのユートピア的想像力から、危機に直面した者たちが自己を投げ出し明け渡すときその自己不在の場（空）に協働の力、それまでの想像を超えた結集の力が生起することを見てしまったからである。証人になった者には、ヘテロトピア的想像力が刻み付けられたのである。すなわち、生きて何か事を成す過程は、予定したことと予定していなかったこと、自己拡張と自己放棄（他者の到来）という、往路と復路の総合であり、後者なしには、つまり時間性を回復しなければ、魂のこもった形象は完成しないと、身をもってわかったのである。それはおのずとボトムアップの身構えになることを意味していた。

以上述べてきたような、記号過程の形式内容を要諦として持つストリート人類学の挑戦を、空間論的転回に時間性を明確に組み込んだものとして、「ストリート論的転回 street turn」以降の人類学実践と呼びたい。その転回が明らかにする「根源的ストリート化」を組み込んだ創発的な生き様が、人間の本来の生き様であることを今こそ再確認し主張していく必要がある。そのことの確認意識を各人が明確にし、それを共有することで、現代を席巻する「ネオリベ・ストリート化」に立ち向かうのである。そうすることで、暴走する社会的再帰性というオブセッションをまきちらすファンタスゴマリーの無明を払拭していかなければならない。つまり時間性を失うことで人々から生きているというリアリティを奪っていく時間泥棒の暴走を、制御できないまでも、当面はまず、私たち自身が自己再帰性こそ先に重要だ、つまり「根源的ストリート化」なしに人は生きられないことを明確に自覚し、その目覚めの中で、ネオリベ・システムの部分部分から機能不全にしていく協働を開始することが当面実践されるべきことであろう。

私自身の場合なら、大学教育の現場のネオリベ化の現実に対処しなければならない。今私たちは、その意味の記号過程を生きる主体として折り返し地点に立っていることは間違いない。すでに、多くの研究蓄積で危機の問題点は出そろっている。その意味で、今ここを折り返し地点だと宣言し危機意識を共有することが敷居を超え始める第一歩である。そして復路に赴き敷居を超えていくことを始める。動き出せば、その先は、本稿の学びからすると楽観的である。今は十分には想像できない他者の力の結集が協働的な創発を産むに違いないからである。ヘテロトピア・デザインは未踏の沃野の開拓に用いられるのが本望であり、原理的には、そうなるはずである。そういう風にして、私たちにとっての「クリシュナの場」に相当する縁起と生起の場所が構築されはずである。

この「クリシュナの場」を一挙に私たちの生活世界に敷衍すると、人間は、ヘテロトピアの時間性の中で、人間として「まともに」育つことができる。早くにユートピア・デザインを批判した一人にジェイン・ジェイコブズがいる。彼女が指摘した発展する都市の四条件は、本稿の議論から見返せば、折り返し地点を含む時間性を抱えた本当の都市の活力をボトムアップの生活者の視線で提起したものと半世紀の時間を超えて深くも読める点で根源的な次元に触れていた〔ジェイコブズ 二〇一〇（一九六一）〕。それは、いろいろな他者とつながれる可能性を持った生活空間の特長であった。しかしながら、このような細やかな指摘は無視され、ますますトップダウンの度を強めるネオリベ資本主義の貧困なユートピア・デザインがその指摘とは真逆の方向に棄民的な空間を増殖させていっていることは明らかである。同じアメリカでマイク・デイヴィスは都市もストリートも死に向かっていると叫ぶ〔Davis 一九九〇〕。本書は、人間が人間として生きようとする限り不滅の原理を、ヘテロトピア・デザイン、「根源的ストリート化」、「折り返し地点をもつ時間性」というキーコンセプトをもって、改めてネオリベ資本主義という粗野な野蛮思想に抗して主張するものである。

最後に、ストリート、ストリート・エッジ、敷居などの本稿のキーワードについて再度注釈をしてくべきであろう。最初に述べたが、ストリートとストリート・エッジという概念は、南インドの大都市チェンナイ市の大通り／ストリートにおいて、まず非常に直接的な形で発想した。このストリート人類学の産声は、その大通りの両端の歩道空間というストリート・エッジ（この表面的用法はすぐこの後に否定される）から聞こえてきた。そこには、初めは私にはよく見えなかったのだが、気づいてからはありありとエッジが見えてきた。そのエッジの体現者は、貧しき人々が生きる糧に建設したささやかな歩道上の祠だった。後に、私はそれを「歩道寺院」として概念化した。おびただしい数の歩道寺院がチェンナイ市にあることがスッバイヤ教授（マドラス大学）との共同調査で明らかになった。なぜこんなに多くの歩道寺院が建設され維持されているのかを、考え始めた。そこで、私は、このストリート・エッジ現象に、ストリートという支配から被支配までの社会全体を映し出す空間の中で「マイナーになる」手がかりを与える兆候を見出したのだった。この歩道空間の貧者たちのぎりぎりの生活維持活動にそれを見たのであった〔関根　二〇〇四、Sekine 2006〕。この兆候の場所としてのストリート・エッジは「敷居の始まり」と見定められる。それは、まさにベンヤミンの個人・個別活動の表面・外面に現れているところの集団の内面の膨れ上がりだからである。「敷居」（Schwelle）は膨れる、腫れる、隆起するという意味を有する〔ベンヤミン　一九九三、メニングハウス　二〇〇〇〕。これが、また非常に興味深く重大なことに、龍樹の空に意味が重なることである。中村元によれば、「大乗仏教は、もろもろの事象が相互依存において成立しているという理論によって、空（sunyata）の観念を基礎づけた。空（sunya）とは、その語源は「膨れあがった」「うつろな」という意味である。膨れあがったものは中がうつろ（空）である。われわれが今日数学においてゼロと呼んでいる小さな楕円形の記号は、サンスクリット語ではシューニャ（空sunya）と呼ばれる。それが漢訳仏典では「空」と訳されているのである。」〔中村　二〇〇二〕。

集団の夢・内面の膨れ上がり表面が観察可能な都市の表面に現れているのが敷居である。それは「通過passage」の兆候であり、超えられることをまさに待っている〔ベンヤミン　一九九三〕。議論してきたことにつなげれば、敷居の始まりが折り返し地点であった。そこは自己変容・自己放棄への招待への腫れあがりである。敷居は身体の表面に現れた皮膚病である。自己獲得・自己拡張のみに自己満足的に邁進した挙句、身体が腫れあがり限界に達した。それはそういう自己を変容する、脱却する、放棄するチャンスへの招待としての表面にサインを現したのである。サインは出されているが、トップダウンの思考で事態が済んでいるうちはよく見えない。トップダウンの目線を続ける余裕がなくなったときに人はいよいよ気づく。そしてありありとそのサインが生々しく集団や社会の内面であることを、気づき始める。一旦そのことに気づけば、サインないし兆候としての敷居は至るところに観察可能な形で布置、存在していることが分かってくる。

身体の比喩を続けると、フィットネスのような内部からの過度の膨れ上がりも勝利に酔った過剰の表面化である［リンギス　二〇一五］。つまり、敷居には、「勝利した敷居」から皮膚病のような「敗北した敷居」まで、あるいはその両者が綯交ぜになりながら集団や社会の欲望をそこに映し出しているのであろう。ベンヤミンは階段のステップのこの一段と次の一段の間にも敷居を超えるという実践があると言っている。二つのステップの間に敷居があるのではない。この一段のステップに過去の歴史が充満、膨れ上がりを見ている、敷居が浮き出ているから、それが超えろと命じている。次のステップは未踏の異なる世界なのであり、そこに誘われ、次のステップを踏み上がる者は自己変容の新世界で形象と魂のアレゴリカルな二重性を知るのだ。

ストリート・エッジは、ストリートの膨れ上がりの兆候的現出であり、フィットネスと皮膚病を含む身体表面に例えられる「敷居の始まり」あるいは「敷居への招待」である。トップダウンからボトムアップへ、自己拡張から自己放棄へ、交換的バクティから贈与的なバクティへ、ここで折り返せと招いている。折り返しの地点におまえは立っているんだと、敷居は必死にサインを出している。そう気づいてみると、私たちの生活空間はそうしたサインだらけなのであるが、皆が同じように気づけるわけではない。見る主体の問題意識にかかっているが、その主体の眼差しも主体＝環境の交流という述語的にしか強化されない。その時その場の主語が、己を空しくして述語につながれば、そうしたサインはありありと見えてくる。

その意味で、大都市の大通りの端には気づいてみれば非常に見えやすい「敗北のストリート・エッジ」が剥き出しになっていると言える。その剥き出しぶりは一九九〇年代以降のネオリベ資本主義のインドへの浸透とともに露出度をました現象であることを確認しておきたい［関根　二〇〇二］。さもありなんである。世界中で、もう社会の腫れ方が尋常ではないのである。

さて、それでは、移民とは言え、英国社会にしっかり定着して安定した生活を営む人々が少なくないグジャラート系移民の人々が行う寺院建設活動のどこがストリート・エッジなんだと、聞かれるだろう。この疑問には、すでに上述の傍線部で答えている。歩道寺院の場合も、社会的弱者だからエッジになっているのではなく、社会的弱者においては一つに歩道寺院建設というエッジの立ち方、あるいは敷居の形で現出してきたということである（ほかのエッジの立ち方も当然ある）。ストリートが腫れあがる膨れ上がる本体の内部の所在であり、ストリート・エッジは皮膚という外部に見える現出の場所を指す。グジャラート・ヒンドゥー集団として臨時的な移民生活を終わらせ安定した生活空間をえたい、そのために宗教空間を求める内部欲求が、様々な文脈の交差の中で盛り上がり溢れ出したのがストリート・エッジとしての寺院建設運動である。その全過程はホップ・ステップ・ジャンプで説明したが、九合目が半ばと言われるように、ジャンプ段階の終わりに近いところ二〇〇八年に、そのエッジの「真の敷居の入り口」が来たのであった。しかしその真の敷居を超えることで、大寺院は真に完成したのであった。

この結章で述べてきたことは、はじめに断りを入れた通り、私なりの考察の一つの挑戦、一つの実験、一つの試合である。したがって、同じデータでもまた違った切り口が可能であろうし、それを排除しない。この実験的考察を、往路であるとすれば、ストリート人類学の十全な構築のための協働の始まりを告げる一つの折り返し地点の提示と受け止めてもらうと有り難いことである。

参考文献

岩田慶治

一九八二　『創造人類学入門――知の折り返し地点』小学館。

一九八五　「講演・私という空間に去来する雲」『民博通信』No.三〇、二一―二七頁。

大橋良介・野家啓一共編
一九九八『西田哲学選集 第六巻「芸術哲学」論文集』岩城見一編集・解説、燈影舎。
ジェイコブズ、ジェイン・B
二〇一〇（一九六一）『アメリカ大都市の死と生』山形浩生訳、鹿島出版会。
関根康正
二〇〇二「『宗教空間』としての歩道空間――チェンナイ市一九九九年～二〇〇一年の『歩道寺院』の盛衰から見える宗教景観」関根康正編『南アジア地域における経済自由化と『宗教空間』の変容に関する人類学的研究――生活宗教に探る「宗教対立」解消の方途』（一九九九～二〇〇一年度科学研究費補助金基盤研究（A）（二）研究成果報告書）日本女子大学、一一一―一三八頁。
二〇〇四「都市のヘテロトポロジー――南インド・チェンナイ（マドラス）市の歩道空間から」関根康正編『〈都市的なるもの〉の現在――文化人類学的考察』東京大学出版会、四七二―五一二頁。
中村 元
二〇〇二『龍樹』講談社学術文庫。
フーコー、ミッシェル
二〇〇二「他者の場所――混在郷について」『ミシェル・フーコー思考集成 全一〇巻・X 倫理／道徳／啓蒙』筑摩書房、二七六―二八八頁。
ベンヤミン、ヴァルター
一九九三『パサージュ論』全五巻、今村仁司・三島憲一他訳、岩波書店（Walter Benjamin 1982. Das Passagen-Werk）
メニングハウス、ヴィンフリート
二〇〇〇『敷居学――ベンヤミンの神話のパサージュ』伊藤秀一訳、現代思潮新社（Menninghaus, Winfried, 1986, *Schwellenkunde. Walter Benjamins Passage des Mythos.* Frankfurt am Main: Suhrkamp）
龍樹
一九八四『中論――縁起・空・中の思想』（上中下）、三枝充悳訳注、第三文明社。
リンギス、アルフォンソ
二〇一五『変形する身体』小林徹訳、水声社。
Davis, Mike

1990 *City of Quartz: Excavating the Future in Los Angeles,* London and New York: Verso.

Foucault, Michel

1984 Des Espaces Autres, *Architecture, Mouvement, Continuité,* no. 5 : 46–49 (Foucault,Michel,1986, Of Other Spaces: Utopias and Heterotopias, (translated by Jay Miskowiec), Diacritics 16, no. 1 : 22–27).

Sekine, Yasumasa

2006b Sacralisation of the Urban Footpath, with Special Reference to Pavement Shrines in Chennai City, South India, *Temenos: Nordic Journal of Comparative Religion,* Vol.42 No.2,pp. 79-92. Suomen Uskontotieteellinen Seura [Finnish Society for the Study of Religion]

総括討論

総括討論1

生成変化という一つの先端をめぐって

西垣　有

本書一九章において、私はドゥルーズと岩田慶治とを交差させながら、生成変化の場としての近傍を、ストリート人類学の場（すなわちストリート）として提示した。もし読者がこのような生成変化の人類学を、晩年の岩田が達した特殊な境地としてとらえ、通常の人類学的経験とは無縁のものとして理解されるとすれば、それは私の本意ではない。幾多の人類学者がフィールドで他者と出会う時、本論でみたような近傍——他者との不可識別領域——を経由してきたはずであり、自覚的であろうとなかろうと、そこで概念的思考を鍛えあげてきたはずである。

ここでは総括討論として、本書を構成する論文のなかからいくつかの事例をとりあげ、ストリートという場の近傍的なあり方について具体化してみたい。

第四章の根本論文は、まさに生成変化という問題を「当事者性」の獲得という観点からとりあげている。根本は日本の仏教僧である佐々井秀嶺が、インドの仏教徒による反差別運動においていかに当事者性を獲得したのかを問おうとする。レヴィ＝ストロースの「具体の科学」や、ドゥルーズの「生成変化」を参照しながら、根本はAがAでありながら非Aでもあるような領域において、佐々井がいかに脱領土化し、「不可触民の指導者／聖者」へと生成変化したかを描いている。類似性と隣接性に依拠しつつ、佐々井は龍樹の化身アンベードカルのそのまた化身となる（生成変化する）。しかし、化身同士は完全に同一であるわけではない。化身においてはAがAでありながら非Aでもあるということが可能であり、そのことが化身を生成変化たらしめている。

根本の議論を以上のように要約した時に気になるのは、岩田慶治が自ら生成変化しようとしているのに対して、根本は佐々井の生成変化を記述しようとしているようにみえるという点である。両者の間には本質的と言っていい違いがあるのではないかと問いたくなるかもしれない。

もし根本の記述が同一性の言語に基づいた客観的な他者表象であるならば、確かに岩田のように自ら生成変化することと、根本のように生成変化を記述することとの間には本質的な違いがあることになる。しかし、根本の記述がそれ自身佐々井の生成変化に接続するものであるとすればどうだろうか。根本が近傍をローカリティに置き換えることなく近傍のままに記述するものであるとすれば、両者の差異は見た目ほど単純なものではなくなる。というのも、近傍の連鎖を探検するためには、私たち自身がその上で生成変化する以外にないからである[1]。根本の試みを以上の意味において、近傍における生成変化の試みと解したい。

第一二章の森田論文もまた、（根本のように生成変化という言い方をしているわけではないものの）ストリートの近傍としてのあり方に関わる論点を含んでいる。森田がとりあげるのは、インドネシアと東ティモールの国境において、国民国家の境界線をまたいで行われる密輸と、その密輸が「公然の秘密」として行われる「ねずみの道」である。その際、森田は従来の人類学における密輸研究において参照軸とされてきたアイファ・オングの「例外状況としてのネオリベラリズム」という考え方を援用する[2]。密輸研究者たちが強調するのは、「例外」としての密輸という行為がたんに国家による統治を否定するものではなく、むしろそれを承認し追随することで可能になっているという点である。

オングが導入しているこの「例外」という考え方はジョルジュ・アガンベンのいう「例外状態」に由来する〔オング　二〇一三：二〇〕。アガンベンのいう例外状態とは、単純に規則の適用されない外部という意味ではない。規則は例外に対して適用を外すことで、例外を外に捉える。それによって、規則は自らを宙づりにし、例外との関係を保つことで自らを構成する。例外は内と外を区別するにとどまらず、両者の間に境界線として例外状態を設ける。この境界線としての例外状態によって内と外はトポロジックな関係へと入っていく〔アガンベン　二〇〇三：二九、三〇〕。

森田の議論は、「ねずみの道」で起こった兵士と村人たちとの衝突事件の検討を通して、まず従来の議論が確認してきたように、密輸が単純に国家と対抗するものではないことを確認したうえで、例外状態としての「ねずみの道」において国家的な秩序の内部と外部がどのように維持され、また反転するかを描きだしている。

その際重要な役割を果たしているのがアダットの慣習的世界と、そこでの「和解の儀礼」である。国家的な秩序にとっての例外状態であった「ねずみの道」が慣習という別の秩序の後ろ盾を得ることで、国家と慣習という二つの秩序が対峙する境界として位置づけられることになる。

近代国家の秩序に対して、アダットのような慣習的世界を描くこと自体は人類学が古くから行ってきたことである。それに対して、森田はここで「ねずみの道」をたんに近代と伝統の境界として描いているのではないし、たんに近代国家にとっての例外状態として描いているわけでもない。ここでの森田の議論のポイントは（アガンベン風に言うならば）、近代国家にとってトポロジカルな境界として作用する「ねずみの道」という例外状態の場所から、近代国家の内と外と、アダットの世界の内と外の相互反転を描いたことにある。

森田はこのような「ねずみの道」を行き来する村人たちを、あるインフォーマントの言葉を借りて「ねずみ（penikus）たち」と呼んでいる。「penikus」とは、動物の「ねずみ（tikus）」に派生語をつくる接頭辞をつけたもので、「ねずみの道を行き来する者たち」を指すという。アガンベンはアングロサクソン世界における狼男が、森と都市、動物と人間、ピュシスとノモスとの不分明な境界線として位置づけられていることを指摘している〔アガンベン 二〇〇三：一五〇〕。ここでの「ねずみ」をそのような境界的形象として位置づけることが可能かどうかは分からないが、もし生成変化の立場からドゥルーズ風に言うことが許されるならば、「人間が現実にねずみ（tikus）になれるのではないにしても、ねずみ（penikus）への生成変化は現実である」というとらえ方も可能なはずである。[3] 森田の描く国境を行き来する村人たちの姿がもし「ねずみ（penikus）」への生成変化のあり方を示しているならば、「ねずみの道」もまた近傍としての側面をもっていることになる。そこで私たちは現実に、別のあり方へと生成変化することが可能となる。

続いて第九章の姜論文をみてみよう。姜があつかうのは、徳島県の「木偶廻し」と呼ばれる人形芝居の再生である。姜はジェーンマリー・ローの淡路島の人形伝統研究を参照しながら、伝統の再生において生じるノスタルジアのアンビバレンスについて指摘する。

人形芝居の伝統は文化財保護行政や芸能研究を中心とした民俗学運動、ディスカバー・ジャパンのようなツーリズムによって再生を果たすが、その過程で人形遣いが伝統的に果たしてきた儀礼上の役割におけるアウトサイダーとしての漂泊性や他者性は見落とされ、その結果、再生の担い手たちが自らの過去に対して抱く「痛み」や「辛さ」が隠ぺいされてきたと（ローと）姜はいう。

そこで姜が提起するのが「ノスタルジアの遠近法」という考え方である。姜はノスタルジアという概念の時間と空間、歴史と地理を置き換える効果に着目し、エドワード・ソジャの（アンリ・ルフェーブルの議論を敷衍した）空間論（三元弁証法）――すなわち、知覚される空間としての第一空間（ルフェーブルの「空間的実践」）、思考される空間としての第二空間（ルフェーブルの「空間の表象」）、そして生きられる空間としての第三空間（ルフェーブルの「表象の空間」）の区別〔ソ

ジャ　二〇〇五：八六―一〇四〕――を参照しながら、「ノスタルジアの遠近法」の構図を提示する。

その際、姜はソジャの三元弁証法を以下のように位置づけなおす。人形遣いたちの漂泊性を活性化するような「空間」として歴史的に形成されてきたランドスケープを第一空間として、文化財行政などの伝統復興が企画してきたような計画（周縁性が押しつけられる「場所」）を第二空間として、そして、「痛み」や「辛さ」をふくむ人形遣いたち当事者性を第三空間として。

そのうえで姜は以下のように問う。第二空間の（イデオロギーとしての）ノスタルジアを消費するツーリストの生と、そのような第二空間とのあいだにアンビバレンスをはらむ（経験としての）ノスタルジアを生きる人形遣いたちの生は、（ともに生きられる空間として第三空間に位置するものの）第三空間においてそれぞれ異なった位相を占め、相互に交わることがない。だとすれば、ツーリストと同様当事者性を欠きつつも当事者に寄り添おうとする調査者は、人形遣いたちの生きる第三空間をいかにとらえることができるか？と。

姜はソジャの三元弁証法の枠組みを「ノスタルジアの遠近法」へと援用する際に、「ランドスケープ」という概念を導入し、第一空間と第三空間のあいだの接続に焦点を当てる。ランドスケープは単に知覚される空間（第一空間）であるだけではなく、それを知覚する当事者の視線を介して、「社会的・主体的なアイデンティティを形成するプロセス」、すなわち生きられる空間としての第三空間へとつながっている。

ここで重要なポイントは、ランドスケープが生活者の「地形感覚」に裏打ちされて形成されている点である。姜は、益田勝美の「新風景論序説」を参照しつつ、かつて「猟犬に追われた鹿が一目散に下ってきて足跡と臭いを消すために飛び込んで対岸へ渡る沢」に存在した「狩りうどの眼がもつ風景」や、「カンジキを履いたり竹竿を沈め渡して田植えをするほど泥濘の深い田んぼや泥沼」に存在した、等高線地図には表れない「泥の深浅図」といった生活者の「地形感覚」に宿る、眼には見えないが「わかっている風景」に着目する。そして、人形遣いたちの居住地のランドスケープがどのように形成されてきたのかを、姜は民族誌の手法と地域史の成果を交差させながら、中世以来の漂泊芸能民としての人形遣いが、近世の身分社会において周縁化されながらも、やがてその漂泊性とネットワークを生かして「芸能の商品化」を達成して行った歴史の中に系譜学的に探求する。

近傍論の観点からすれば、姜のいう「ノスタルジアの遠近法」に内在する、以下の二点が重要である。第一に、歴史的に人形遣いたちの漂泊性を可能としてきたランドスケープ（第一空間）は、周縁性を押しつけてきた第二空間との権力関係の中で、現在人形芝居の伝統を再生しようとしている当事者の生（第三空間）にとってのコンテキストとして働いているという点、第二に、漂泊性を可能としてきたランドスケープ（第一空間）と、周縁性を押しつけてきた第二空間との関係性を組み替えることによって、第三空間としての当事者の生のあり方（痛み、辛さを含む）は変化しうるという点である。

もし姜が言うように、このランドスケープが「社会的・主体的なアイデンティティ」を形成することに成功したならば、近傍はアパデュライのいうローカリティに置き換えられ、新たなローカルな主体として構築されたことになるだろう。姜が描くのはその主体化の途上のプロセスである。

第八章の鈴木論文は、新潟県長岡市山古志地区（旧山古志村）の伝統野菜「かぐらなんばん」の事例から、伝統野菜ムーブメント――「伝統野菜」というラベルを用いて、地域に埋もれた在来の作物を再発見・再評価し積極的にプロデュースしていく動き――の同時代的意義を問うものである。

鈴木は自らの議論を提示する際の参照点として、香坂玲と冨吉光之の伝統野菜に関する（森林経済学、農業経済学などの立場からの）研究を活用する。鈴木によれば、香坂らは「帰るべき場」としての伝統野菜を「ある種のフィクション」と断じたうえで、「帰るべき場」から「自らを問う場」としての伝統野菜へと脱皮していくことを提案している。

「伝統野菜を通して問うべきは、それが本物であるかどうかでもないように、その消費がどうあるべきかでもない。なぜ伝統野菜という商品が自分にとって大切なのか、それらが生産されることでどのような農業、社会を形作って行きたいのか、自らを問うことができるかどうか」だと香坂らはいう（本書鈴木論文参照）。

鈴木は、香坂らの議論が伝統野菜の真正性（本物であるかどうか）を問うものではないとしている点に同意しつつも、伝統野菜を「自らを問う場」へと転回する一歩手前に踏みとどまる必要性を主張する。自らを問うためには、「伝統」の名によるブランド化に覆い隠された、野菜と人とのつながりのありようをエスノグラフィックに探究することが不可欠だと鈴木はいう。

ここで注目したいのは、鈴木のこだわるこの「自らを問う場」とその「手前」との関係である。

鈴木が人と野菜のつながりをエスノグラフィックに追跡する上で、重要なポイントとなっているのは、伝統野菜とF1品種の野菜との差異である。今日私たちが口にするほとんどの野菜がF1品種であり、それは均質で耐病性に優れ、手間暇もかからずしかも高収量であるという。一九六六年以降、大量生産・大量供給を目指して、そのようなF1品種が席巻しているのに対して、近年の伝統野菜ムーブメントはカウンター的な性格を有していると鈴木はいう。実際、伝統野菜をめぐって鈴木の描く、人と野菜のつながりのありようは、F1品種の場合とは全く異なっている。鈴木は第一にその非匿名的な性格（「ゴヘイのミヨ婆ちゃん」の種など）、第二に「種を継いでいく」という営為そのものの重要性（「絶対に種を絶やすわけにはいかないんで」など）を、（「伝統野菜」の手前にある）在来の野菜をめぐる人と野菜のつながりの特徴としてあげている（第三の特徴については後述）。

問題は、鈴木の描くこのような人と野菜のつながりのありようと、香坂らのいう「自らを問う場」との関係である。まず注意すべき点は、香坂らの「自らを問う場としての伝統野菜」という提案が、伝統野菜をプロデュースする側に対する呼びかけであるのに対して、鈴木の議論が、生活の場において野菜を作る側に焦点を当てているという点である。

鈴木はティム・インゴルドの議論に引きつけながら、人と野菜のつながりのありようを、住まうものの内部から開示される世界へとして位置づける。在来の野菜に連鎖する非匿名的なひとのつながりが、ローカリティに内在的なパースペクティヴを開示するのに対して、「伝統野菜」のブランド化は、その領域から切り離された外部から賦与されるものとして位置づけられる。鈴木はこのような当事者性をめぐる（内外の）非対称性を強調する。

以上のような鈴木の議論は近傍論からも理解できる。アパデュライ風に言うならば、伝統野菜のブランド化のような外部から賦与される「ローカリティ」が同一性に基づくものであるのに対し、生活の営みの中で内在的に形成されていく人と野菜のつながりの領域は、近傍として（アパデュライが言う意味での）ローカリティから区別できる。しかし、もしこのように鈴木の議論を近傍論に引きつけるとすれば、近傍としての人と野菜のつながりははたして「自己を問う場」の手前にあると言えるだろうか。むしろ近傍においてこそ自己は問われるのではなかったか？

誤解があってはならないので確認しておくと、鈴木のいう「手前」は論理的な前後関係としては説得的な議論になっている。ローカリティは近傍において出現する。しかし、自己を問うという営みはかならずしも、ローカリティの同一性を前提とした仕方でのみ可能なわけではなく、むしろ近傍において、他者たちとの関係性の中でも可能なはずである。そして、近傍において自己が問われる時、論理的前後関係が交錯するような「折り返し地点」が出現する。実際、鈴木の描く人と野菜のつながりの描写は近傍から出現する多くの新しい自己たちの姿として、多くの折り返し地点として読むことも可能である。ただ、「伝統野菜のエスノグラフィー」のための「メモランダム」として位置づけられている今回の鈴木論文においては、そのような交錯において問われている自己を描くことよりも、外部と当事者との論理的な前後関係を明示することに重きが置かれている。

最後に鈴木は、人と野菜のつながりをめぐる第三の特徴として、「伝統野菜ムーブメントが有しうるローカリティの賦活作用」を挙げている。かつて山古志において取り立てて特別なものではなかった「かぐらなんばん」が、種を継いでいくべきものとされるようになったことの要因として「伝統野菜ムーブメント」の働きがあったという。外部から賦与された「伝統野菜」という同一性に相関的なローカリティと、内部において他者たちとのつながりのなかで――あるいは本稿の立場からすると近傍において――形成される自己性とが交錯する「中間」の存在が指摘されている。今回鈴木の描いたメモランダムの先には「伝統野菜のエスノグラフィー」という広大な沃野が広がっていることは間違いない。

つづいて第一八章の小田論文をみてみよう。小田はレベッカ・ソルニットのいう「災害ユートピア」はなぜ終わって行くのかという問いと、それに対するソルニットの答えを変奏しながら、（レヴィ＝ストロースのいう）「真正な社会」（五〇〇人規模）と「非真正な社会」（五〇〇〇人規模）の区別に検討を加え、精緻化していく。

災害ユートピアはなぜ終わって行くのかという問いに対するソルニットの答えは、秩序回復や復旧の名のもとにエリートが介入してくるから、というものであった。小田はこの問いの背後に、（ハーバーマスのいう「システム」と「生活世界」の対立を援用しながら）「システム」と「システムに依存しない基底的な人間性」とのせめぎ合いをみようとする。そして、上記の災害ユートピアはなぜ終わるのかという問いを、基底的な人間性は現代社会ではなぜ隠されてしまうのか、代替不可能な単独性はなぜ失われてしまうのかという一連の問いへと読み替えたうえで、ソルニットの答えもそれにあわせて、「非真正な社会」に絡めとられたとき災害ユートピアは終わる、というものへと読み替えていく。ソルニットが「慈善」と呼ぶような外部からの支援や公的な援助が、現地の人々のあいだの相互扶助の自律性を消し去ってしまうからである。

しかし、災害ユートピアはただ終焉しただけなのだろうか。そこには生活世界の脱植民地化につながるような可能性は残されていないのだろうか？　このように小田はソルニットの先へと問いをすすめる。「真正な社会」は、デヴィッド・グレーバーの「基底的な共産主義」、ネグリとハートのいう〈コモン＝共〉、内山節のいう「多層的共同体」など多岐にわたる議論と交差、変奏され、最終的に本書序章において関根の述べた「根源的なストリート化」へと重ねあわされていく。

小田の議論において、災害ユートピアが見かけ上終わりをむかえながらも、生活世界の脱植民地化につながるような可能性を有し続けることを説明する上で重要な役割を果たすのが、精神医学者の木村敏のいうリアリティとアクチュアリティの区別である。「リアリティが現実を構成する事物の存在に関して、これを認識し確認する立場から言われているのに対して、アクチュアリティは現実に向かってはたらきかける行為のはたらきそのものに関して言われることになる」［木村　二〇〇〇：一三］。

木村はこのリアリティとアクチュアリティの区別を、生命論におけるビオス（個体的な生）とゾーエー（生命一般）の区別と関連づける。(4)「リアルなモノの次元ではない、アクチュアルなコトの次元での私の生命、私が今ここに生きているという主観的なアクチュアリティの意識が、一方では絶対的に交換不可能な単独性の形で、もう一方では無限に開かれた生命的連帯の形で、二度現われてくる」［木村　一九九四：一三七］。「……私のアクチュアルな個別性は個的な身体的生命の側の事象でも、種的で非身体的な生命的事象でもない。それは個的な生命体がその根底にある生命一般とつねに関わりあい、この生命の根拠をみずからの個的生命のなかへ受け入れている、この関係そのものとして生起する事象なのである。リアルな個的身体的生命とアクチュアルな生命一般が相接した界面に、そのつどの私のアクチュアルな個別性と主観的な意識が生起する」(5)［木村　一九九四：一三八―一三九］

小田の議論から一旦少し離れることになるが、本稿の後の議論に関連してここで一つ補足しておきたい。小田が引用している木村の文献は一九九三年から一九九四年が初出のものであるが、一九九二年から一九九七年ごろまで

の木村は小田が引用した文献同様リアリティとアクチュアリティの差異に依拠して議論を展開していた。(6)

ところが一九九七年以降、木村はリアリティとアクチュアリティに加えて、ヴァーチュアリティ(潜在性)という概念を――ドゥルーズ経由で――導入する[木村 一九九七、二〇〇五:二五二―二六〇、木村・檜垣 二〇〇六:六七―六九]。二義的だったアクチュアリティのうち生命一般(ゾーエー)に対応していた局面がヴァーチュアリティとして位置づけなおされ、それが個体的生命に直接的経験としてアクチュアライズされたり、あるいはリアリティの水準において認識、確認されたりするというリアリティ/アクチュアリティ/ヴァーチュアリティの三つ組みへと改変される。(ヴァーチュアリティに関しては後述する)。

以上の木村の議論をふまえたうえで、最後に、小田論文と、本書における関根康正の議論の関係について検討しておきたい。小田はシステムの「外」に放り出された被災者の姿を、関根のいう「ネオリベラリズムのストリート化」に重ねあわせる。「ネオリベラリズムのストリート化」では、一方で、ホームで暮らす人びとと、ホームから追い出されてストリートに放置された人びとが区別される。他方で、ホームに暮らす人々の大多数も(ストリートに放置された人びとと同様)「明日をも知らない不安定」に(少なくとも潜在的に)さらされることになる。小田は、被災地において大きな指定避難所で過ごしていた「無力な被災者」の姿にこのホームにおける「明日をも知らない不安定」をみる。

それに対して、小田の紹介する自然発生的な避難所は、そのような指定避難所によるホーム化(ソルニットのいう「慈善」)を拒否するものである。小田はこのような自然発生的な避難所の事例を関根のいう「根源的ストリート化」に重ねあわせる。

このようにみると、小田の議論は経験的レベルにおける排除や包摂という問題の先に、内在的なレベルにおいて

「ネオリベラルなストリート化」を位置づけたうえで（誰もが潜在的に権力の対象となり、外部が存在しない）、それに抗する可能性として「根源的ストリート化」を位置づけようとしていると言えそうである。

ここでひとつのエピソードを紹介しておこう。本書一九章でもふれたように、関根康正は二〇〇九年の『ストリートの人類学』において「ドゥルーズ的転回」を宣言している。そのきっかけとなったのが小田からの「死を特権化している」という指摘であった［関根 二〇〇九：五四四］。関根は小田のその指摘を受け、生と死、内と外、ホームとストリートのあいだの差異を再考する。その結果（檜垣立哉の議論を援用しつつ）関根は「デリダ的差異」（他性や絶対的否定を外に含意する）と「ドゥルーズ的差異」（剥き出しの肯定性によって内から溢れる強度）とを区別し、デリダ的差異からドゥルーズ的差異へと重心を移動する。この「ドゥルーズ的転回」によって、生と死を貫通する生命の潜在的な流れの微分／分化として個体的な死と生が位置づけなおされる［関根 二〇〇九：五四五］。

本書序章において関根のいう「ネオリベラリズムのストリート化」と「根源的ストリート化」の区別は以上のような小田の批判に対する応答をふまえたものである。以上のエピソードをふまえると、上記の小田の議論の関根の議論への重ねあわせは、関根の小田への応答に対する小田の再応答として読むことができる。「デリダ的差異」から「ドゥルーズ的差異」へ、「ネオリベラリズムのストリート化」から「根源的ストリート化」へ、「往路」から「復路」へと小田と関根は併走し、両者はともに超越から内在へという「ドゥルーズ的転回」を共有しているかのようにみえる。

しかし、本書における関根の議論には、「ドゥルーズ的転回」のその先で、あるいは「往路から復路へ」というベクトルのその先で、「折り返し地点」において、ある転調が生起している（この転調は本書の結章において「ストリート的転回」と呼ばれることになる）。

ヘテロトピア・デザインの実践において関根は再び「非場の場」「不在の在」について語っている（本書結章）。もちろんこの転調によって、関根はドゥルーズ的転回以前に回帰したわけではないし、復路から往路へと再び回帰したわけでもない。結論を先に述べるならば、ドゥルーズ的転回のその先で、自己と他者、内と外、生と死、ホームとストリートの二分法的な差異は単純に瓦解するわけではなく、(「非場の場」「不在の在」といった絶対的な差異の)交錯あるいは相互反転として位置づけなおされるのである。別の言い方をすれば、「ドゥルーズ的転回」以前から関根が語り続けていたことが「ドゥルーズ的転回」の先に転調され、位置づけなおされると言ってもよい。

小田のいうリアリティの水準や非真正性の水準、本論でいうローカリティの水準をこえて、アクチュアリティや真正性の水準、ヘテロトピア、近傍へと垂直的に掘り下げていったその先に関根のいう「折り返し地点」は出現する。そこでは、リアリティとの差異においてアクチュアリティを描くのではなく、ユートピアとの差異においてヘテロトピアを描くのではなく、ローカリティとの差異において近傍を描くのではなく、マイナーなものへの生成変化そのものの中へと入って行くことになる。そこで自己と他者とが交錯する「復路」としてのヘテロトピア・デザインが実践される。岩田の歩みに引きつけていえば自己を探して歩いていたはずが、いつのまにか木や魚や鳥や光や風とほとんど一つになっていたというような転調がそこにはある。メジャーからマイナーへの転調、あるいは存在から生成変化への転調である。

では「折り返し地点」まで併走してきた関根と小田は「復路」において袂を分かつのであろうか? 結論からいえば、復路において両者は共通する方向性を維持しつつも、あるコントラストをみせるようになる。

復路としての「根源的ストリート化」における転調と小田の議論の対比に関連して、ここで補助線として参照しておきたい議論が二つある。一つ目はドゥルーズがフーコー論の中で提示している「外部性(extériorité)」と「外(dehors)」の区別である。外部性が形態であるのに対して、外は力に関わる。[7]

このような外は、分解することのできないさまざまな距離からなり、この距離を介して、力は他の力に作用し作用されるのだ。一つの力が、変化する配置を他の力に与えたり、他の力から受け取ったりするのは、いつも外からである。……それゆえに、形態の歴史とは決して一致しない力の生成が存在するのである。この生成は別の次元で行われるからである。どんな外部世界よりも、またどんな外部性の形態よりも、なお遠い一つの外、そのため限りなく近いものである一つの外。そしてより近く、より遠いこのような外がなければ、どのようにして二つの外部性の形態は、たがいに外部にありえようか。……そこではまさに関係は一つの「無関係」であり、場所は非場所であり、歴史は生成なのである［ドゥルーズ　二〇〇七：一六〇］。

ドゥルーズは外部性と内面性（intériorité）とを区別するのに対して、外と内（dedans）とは別のものではないという。

フーコーは内面性を、たえず根本的な批判にさらした。しかし、外がどんな外部的な世界よりも遠いように、内はあらゆる内部的世界より深いのではないか。外は固定した限界ではなく、動く物質なのである。この物質は、蠕動によって、一つの内を形成する襞や褶曲によってかき立てられる。内は外と異なるものではなく、まさに外の内である［ドゥルーズ　二〇〇七：一七八］。

このように襞を折り返し、褶曲させることで内と外とが一体的に形成される（外の内）。それらは内面性と外部性のように区別されるわけではない。かつて関根が「非場の場」としてのヘテロトピアにおいて、自己を穿つと述べていた実践、また本書においてヘテロトピア・デザインと呼んでいる実践は、ドゥルーズのいうこの襞の折り返しと重なるだろう。襞を折り返すというヘテロトピア・デザインの実践によって私たちは自己と他者とが交錯する生成変化の領域へと入っていく。根本の語る佐々井秀嶺の生成変化、森田の語るねずみたちへの生成変化、姜のいう「ノスタルジーの遠近法」における当事者のパースペクティヴの生成、そして鈴木の描く人と野菜のつながり（およびそこで問われているはずの自己）、これらは関根のいう根源的ストリート化の水準における襞の折り返しの試みの一つとして位置づけることができる。それぞれの襞が別様の仕方で自己を穿つような、単独性の束としての多様体として。

関根のいう「根源的ストリート化」におけるヘテロトピア・デザインを以上のような「外」を形づくる襞との形成としてとらえた場合、関根の議論と、単独性やアクチュアリティを特徴とする小田の「真正な社会」をめぐる議論とは、たがいに大きく重なりながらも、力点の置き方にある対照的な違いをもつことになる。結論を先取りして言えば、小田が「外の内」を外との関係で形成される内の形成（アクチュアル化）として描こうとするのに対し、関根は（「非場の場」や「不在の在」といった）外と内の相互反転を描こうとする。議論を続けよう。

二つ目の補助線として参照するのはアガンベンの「外（fuori）」をめぐる議論である。アガンベンは『到来する共同体』において「外」というタイトルのアフォリズムを書いている。

『到来する共同体』で問題になっているのは「なんであれかまわないもの」という存在のありよう（それがどんなものであれ単独の存在であるかぎりでの単独の存在）である。アガンベンは「なんであれかまわないもの」とは純粋の個物がとる形象だという［アガンベン　二〇一五：八五］。個物はカントの言うように可能なものすべてと隣接する。可能なものすべてと隣接しているということは、外部というものを知らない限界ではなくて、ある一つの「敷居＝閾（Grenze）」すなわち「空虚なものにとどまらざるを得ない接触点」である［アガンベン　二〇一五：八六］。

なんであれかまわないものが個物に付加するのは、たんにひとつの空虚、たんにひとつの閾であるにすぎない。なんであれかまわないものというのは、単独性に空虚な空間が加えられたもの、有限でありながら、ある概念によっては限定されえないものである。しかし、単独性に空虚な空間が加えられたものというのは純粋の外在性、純粋の露呈状態以外の何ものでもない［アガンベン 二〇一五：八六］。

アガンベンはこの純粋の外在性、純粋の露呈そのものを「外（fuori）」という概念でとらえようとする。ヨーロッパの多くの言語において、「外」は「戸口で」を意味する語によって表現されている（ラテン語の「フォレス」は「家の戸口」を、ギリシア語の「テュラテン」は文字通り「敷居で」を意味するという）ことを指摘したうえで、アガンベンは以下のように述べる。

> 外はある特定の空間の向こう側にある空間ではない。そうではなくて、通路であり、その別の空間に出入りするための門扉である。一言でいうなら、その空間の顔、その空間のエイドスなのだ。
> この意味では、敷居＝閾は限界と別のものではない。それは、こう言ってよければ、限界そのものの経験、外の内にあるということである［アガンベン 二〇一五：八七］。

ドゥルーズが「外の内」を「外の内」として、つまり襞における内外の一体性、同時性に力点を置いていたのに対し、ここでアガンベンは「外の内」として、つまり内在的個物の単独性に対して付け加わってくる純粋な外在性、純粋な空虚との矛盾的な接続に力点を置いている。ここでの「敷居＝閾」は外（空虚）の内（内在）への貫入そのものである。内は外との接続によって内たりえている。外が空虚であることで内そのものが外への通路、関根の言葉でいえばストリート・エッジになる。

単独性が単独性として成立するためにはこのような「外」が決定的に重要である。このような「外」は単独性に対して何をつけ加えているのだろうか？

ここでアガンベンが注目するアリストテレスの「非の潜勢力」をめぐる議論をとりあげたい[8]。アガンベンはアリストテレスのいうデュナミス（潜勢力、潜在性、可能態）に注目する。アリストテレスのいうデュナミスはエネルゲイア（現勢力、顕在性、現実態）と対をなす概念であり、ドゥルーズやその影響を受けた木村敏がヴァーチュアリティ（潜在性）／アクチュアリティ（顕在性）として、あるいはアガンベンがポテンシャリティ（潜勢力）／アクチュアリティ（現勢力）という形でとりあげた問題につながる古典的概念である。

アガンベンが注目するのはアリストテレスが区別する二つの潜勢力のうちの一つ「非の潜勢力（dynamis me einai）」すなわち無能力（インポテンス）（adynamia）である。「なんであれかまわない存在」とは本来「存在しないでいることができる存在」「無能力でいることができる存在」である［アガンベン　二〇一五：四九―五〇］。存在することができることと存在しないでいることができることが対称をなしているのは、たんに見かけ上のことに過ぎない。存在することの潜勢力の場合、エネルゲイン（＝行為すること）は決定づけられた行為への移行を意味している。しかし存在しないでいることの潜勢力の場合、行為はたんに潜勢力（potentia）から現勢力（actum）への移行の内には存在しえない［アガンベン　二〇一五：四九―五〇］。非の潜勢力はあらゆる潜勢力の欠如をではなく、「現勢力にならない潜勢力」を意味している［アガンベン　二〇〇九：三四二］。

そこから、アガンベンはアリストテレスにしたがって、人間的潜勢力の両義性を指摘する。「人間的潜勢力はつねに――同じものに対して――存在することができる潜勢力であるとともに存在しないことができる潜勢力、なすことができる潜勢力であるとともになさないことができる潜勢力である」という［アガンベン　二〇〇九：三四二］。このような潜勢力の両義性についてアリストテレスは次のようにいう。

潜勢的なものは、現勢力にならないことができる。存在する潜勢力をもつものは、存在することも存在しないこともできる。じつのところ、同じものが、存在する潜勢力と存在しない潜勢力をもつ〔アガンベン　二〇〇九：三四三〕。

アガンベンはこのようなアリストテレスの言葉を受けて、「潜勢力をもつものは非存在を迎え入れ、非存在を到来するがままにする」と述べる〔アガンベン　二〇〇九：三四三〕。潜勢力の平面では――モーダルな言表行為の水準とは異なり――否定と肯定が排除しあわない〔アガンベン　二〇〇九：三四七〕。人間的潜勢力はすべて、否定性にさらされているのであり、はじめから「非の潜勢力」なのだ〔アガンベン　二〇〇九：三四四〕。

このようにデュナミスとエネルゲイアの相互交錯は、上記の外と内の相互交錯と同様、関根の「非場の場」という事態を理解するのに役に立つ。潜勢力という平面では（同時にそれは現勢力の平面でもあるのだが）肯定と否定が、つまりAであることと非Aであることが排除しあわない。そこでは内と外、場と非場が同時的である。

また、エネルゲイアがエネルゲイアであるためには――あるいは小田の議論と結びつけるなら、アクチュアリティがアクチュアリティであるためには――非の潜勢力が前提となっていることは、小田の災害ユートピアをめぐる議論においても重要なはずである。リアリティとしての災害ユートピアが災害ユートピアとして終わることと、そこにアクチュアリティが残されていることは「非の潜勢力」を介することでよく理解できる。

小田の議論においても関根のように力点は置かれていないものの、この「外」や「非の潜勢力」に相当する位相は（論理的にいって）存在するはずである。小田の議論では、他者たちの単独性同士の相互作用がたがいにずれながら重なりあって「多層的ネットワーク」を形成している。それらは「部分的なずれを許さない全人格的な関係」からなるのではなく、ずれを含みながら「おおざっぱに、包括的に」理解されている。この包括性が多層的なネットワークを共同体化するという。小田のいう単独性にはこのようなずれが前提条件としてどうしても必要である。ずれを許さないような一義的に決定された単独性は単独性ではない。それはアクチュアリティを失いリアリティに置き換え可能な状態にまで切り縮められてしまうだろう。アガンベンのいう「非の潜勢力」が「エネルゲイア」の条件になっていたのと同様である。

このように見えると小田の議論においても、リアリティとアクチュアリティの対立、あるいはリアリティからアクチュアリティへという議論（生活世界の脱植民地化）だけではなく、アガンベンのいう潜勢力やドゥルーズ - 木村のいうヴァーチュアリティとアクチュアリティの水準がアクチュアリティのなかに折り畳まれていると言えるだろう。

ただし、少なくとも本書での小田の議論において、このようなアガンベンのいう潜勢力やドゥルーズ - 木村のいうヴァーチュアリティとアクチュアリティの関係はそれほど強調されていない。リアリティとアクチュアリティの対立、あるいはリアリティからアクチュアリティへという軸（なんらかのリアリティと共存するアクチュアリティの可能性の探求）が小田の議論の主旋律をなしている。これは関根の言葉でいえば往路と復路の対立、ないしは「往路から復路へ」という転回（ドゥルーズ的転回）に相当するだろう。それに対して、本書における関根の議論は自己と他者、内と外、生と死、アクチュアリティとヴァーチュアリティが相互交錯し、相互反転するような敷居＝閾や、そこでの生成変化に力点が置かれている。

では逆に、小田の立場から関根のこのような立場を「ドゥルーズ的転回」以前の立場への退行とみなすような批判はできないだろうか？　というのも小田の立場はドゥルーズ的な内在の立場を堅持しているのに対して、関根の転調は内在と超越の相即（内在即超越、超越即内在とでもいうべき）を描いているように見えるからである。

関根はこのような仮想的批判に明確に答えているわけではないが、本稿の立場からは二つの答え方ができるように思われる。第一の答え方は、あまり面白くない答え方であるが、そのような（仮想的）批判はドゥルーズのいう「外部性（extériorité）」と「外（dehors）」との混同に基づくものであるという答え方である。外は内と別のものではない。もう一つの答え方は、かつての「ドゥルーズ的転回」がデリダ的差異からドゥルーズ的差異への「重心の移動」（「〜から〜へ」例えば「往路から復路へ」など）であったのに対し、ドゥルーズ的転回に加えられた本書における転調（マイナー性への転調あるいはストリート的転回）は「折り返し地点」において――自己と他者、内と外、生と死、アクチュアリティとヴァーチュアリティの相互反転が起こるというだけではなく――往路と復路自体が同時的な相互反転へと位置づけなおされるような転調だということである。(9)「往路から復路へ」という前提自体がそのはてにたどり着いた「折り返し地点」において脱臼され、「折り返し地点」からの同時的な風景へと転調される。

関根と小田の議論は以上のように大きな方向性は共有しつつも、その力点の置き方に違いがあり、そのことがストリート人類学の多様性――あるいは多様体としてのストリート（人類学）――を示していると言えるだろう。

本論においてとりあげた近傍やそこでの生成変化という問題が岩田慶治の人類学だけではなく、ストリート人類学の一つの特徴として、本書を構成するいくつかの章の議論において見出すことができたなら、そして、そのことでストリート人類学の多岐にわたる論点の一つの先端を示すことができたなら、この総括討論の目的は達成されたことになる。複数の襞や単独性、生成変化の連鎖が織りなすストリートが、読者へと、そしてまた別のどこかへと続いてことを祈りつつ。

注

（1）このような近傍の記述という観点からすれば、根本は佐々井の生成変化に接続することで近傍の連鎖を探検し、西垣は岩田の生成変化に接続することでそれを果たそうとしたと言えるだろう。近傍の連鎖に分け入って生成変化を遂げるという点においては四者に違いはない。にもかかわらず岩田の行う生成変化が（あるいは根本にとっての佐々井の生成変化が）私自身の（根本自身の）生成変化よりも一歩先んじて見えるとすれば、それは私たちがいまだ同一性の言語に縛られており、生成変化の実践を徹底できていないからであろう。

（2）オング自身の議論では「例外状況としての新自由主義」と「新自由主義からの例外化」が区別されたうえで、両者の重なりが問題とされている。前者が「人口管理や特定の空間管理のために市場主導の予測計算が導入されるまさにその突然変異の生じる場に取り入れられる」のに対し、後者は「政治決定を行う際に、ある住民や空間を新自由主義的な予測計算や選択から排除するために用いられる」［オング　二〇一三：一九］。森田らが参照しているのはこのうち前者である。ここでオングの言う「突然変異の生じる場」とは本稿で近傍としてとりあげた空間にも言える特徴である。

このようなオングによる「例外状況としての新自由主義」と「新自由主義からの例外化」は、本書の序章において関根が提示した「ネオリベラリズムのストリート化」と「根源的ストリート化」との区別を想起させるかもしれない。関根が「ネオリベラリズムのストリート化」から「根源的ストリート化」へと進むのに対し（往路）、オングは二つの水準の接触面をクローズアップし、その接触面を「新自由主義」ととらえたうえで、水面下において閾を形成する水準を「例外状況としての新自由主義」として、水面上に発生する排除の力学を「新自由主義からの例外化」として位置づけているようにみえる。

（3）本書一九章で引用したドゥルーズとガタリ［ドゥルーズ／ガタリ　二〇一〇：二三六］の言葉を森田の議論にあわせてアレンジした。アガンベンは狼男を狼と人間のどちらでもない両者の境界線に位置づけているが、ここでのねずみ（penikus）が動物のねずみ（tikus）そのものではない点にも注意が必要だろう［アガンベン　二〇〇三：一五〇］。

（4）木村はまたリアリティとアクチュアリティの差異をマルティン・ハイデガーの存在論的差異に重ねあわせ、前者を存在者（もの）に、後者をそのような存在者の存在（こと）に結びつける。一方、ハイデガー自身は『現象学の根本問題』において、カントのいう「実在（Realität）」を物の事象内容を示す「本質存在 essentia（……デアル）」として、「現実性（Wirklichkeit）」を「事実存在 existeitia（……ガアル）」として位置づけたうえで、この現実性（Wirklichkeit）が中世存在論においてはアクチュアリタス actualitas、さらに古代のアリストテレス哲学においてはエネルゲイア energeia にまで遡ることをあとづけている［木田一九九三：一一三―一一八］。ギリシア語のエネルゲイアとラテン語のアクチュアリティ、ドイツ語のウィルクリッヒカイトを結びつけるこのハイデガーの研究はこの分野の古典となっている。

（5）木村がどこまで意識していたかはわからないが、興味深いことにここで木村の言う「個的な身体的生命の側」と「種的な非身体的生命一般の側」という区別は、それぞれフーコーの規律権力と安全の権力の対象と一致している［フーコー　二〇〇七：三―二八］。そして両者の界面に生起する私のアクチュアルな個別的ビオスを――木村の言うような主観的意識としてのみではなく――さまざまな主体化を可能にする自己の技術として探求しようとしたのがフーコーである［フーコー　一九八六］。

（6）木村がこのリアリティとアクチュアリティの差異をめぐる議論を開始したのは一九九二年に柄谷行人らが主催する国際会議

"Anywhere"に招待され公演をしたことが直接のきっかけであったという。その依頼状の中に「リアル／ポッシブルの軸からアクチュアル／ヴァーチュアルの軸との差異をふまえて」というような文面があったという［木村　一九九七：一〇七］。

（7）　本稿で詳しく論じることはできないが、ここでドゥルーズはフーコーの議論を知、権力、主体化という三つの水準に区別したうえで晩年の自己と主体化をめぐる議論について論じている。フーコーは古代ギリシアの家政術（オイコノミア）や養生術、恋愛術をとりあげ、自己をめぐる技術を「生存の技法（art de l'existence）」としてとりだしていく。これは自己をめぐる研究以前フーコーが統治性を研究し、規律権力や生権力によっていかに近代的主体が統治性の網の目に組み込まれているかの分析のあと、それとは別様の主体化の道筋を探求しようとしたものと考えられる（なお「existence 生存」は本来「実存（現実存在）」と訳すべきと思うが、おそらくサルトル的実存との混同を避けるためか「生存」が定訳となっているため、ここではそれに従う）。ドゥルーズが襞として描くここでの折り返しはそのようなフーコーの探求、すなわち自己を主体化する実践に対する名前である。

（8）　アガンベンはアリストテレスの「非の潜勢力」について『到来する共同体』（イタリア語版は一九九〇年初出）に収録されているアフォリズム「バートルビー」において［アガンベン　二〇一五：四九―五三］、またより詳細なものとしては講演録「思考の潜勢力」（イタリア語版は一九八七年初出）［アガンベン　二〇〇九］において検討している。ここではこの二つを参照する。他にも『ホモ・サケル』（イタリア語版は一九九五年初出）にも断片的にではあるがこのアリストテレスの議論がくりかえし参照されている［アガンベン　二〇〇三：六九］。

（9）　岩田慶治は「知の折り返し地点」をめぐる議論において、「往路の知」を記述と分析からなるものとして、「帰路の知」を総合的で表現的なものとして位置づけたうえで、「しかし、二つの知は結局のところ、そして具体的には、同じ一つの知でなければならない」という［岩田　一九八二：一五三］。具体的にはという部分が重要である。本書における関根のいう「折り返し地点」はこの岩田の議論の展開として読むことができる。

参照文献

アガンベン、ジョルジュ

二〇〇三　『ホモ・サケル』高桑和巳訳、以文社。

二〇〇九　「思考の潜勢力」『思考の潜勢力――論文と公演』高桑和巳訳、月曜社。

二〇一五　『到来する共同体』（新装版）上村忠男訳、月曜社。

岩田慶治
一九八二『創造人類学入門――《知》の折返し地点』小学館。
オング、アイファ
二〇一三『《アジア》、例外としての新自由主義――経済成長はいかに統治と人々に突然変異をもたらすのか？』加藤敦典他訳、作品社。
木田　元
一九九三『ハイデガーの思想』（岩波新書）岩波書店。
木村　敏
一九九四『心の病理を考える』（岩波新書）岩波書店。
一九九七「リアリティとアクチュアリティ――離人症再論」『講座生命Vol. 2』中村雄二郎・木村敏監修、哲学書房。
二〇〇〇『偶然性の精神病理』（岩波現代文庫）岩波書店。
二〇〇五「一人称の精神病理学へ向けて――ヴォルフガング・ブランケンブルク追悼のために」『関係としての自己』みすず書房。
木村敏・檜垣立哉
二〇〇六『生命と現実――木村敏との対話』河出書房新社。
関根康正
二〇〇九「総括『ストリートの人類学』という批評的エスノグラフィーの実践と理論」関根康正編『ストリートの人類学』下巻、国立民族学博物館調査報告八一：五一九―一六〇頁。
ソジャ、エドワード
二〇〇五『第三空間――ポストモダンの空間論的転回』加藤政洋訳、青土社。
ドゥルーズ
二〇〇七『フーコー』（河出文庫）宇野邦一訳、河出書房新社。
ドゥルーズ、ジル／フェリックス・ガタリ
二〇一〇『千のプラトー（中）』（河出文庫）宇野邦一他訳、河出書房新社。
フーコー、ミシェル
一九八六『性の歴史Ⅱ――快楽の活用』田村俶訳、新潮社。
二〇〇七『安全・領土・人口――コレージュ・ド・フランス講義一九七七―一九七八年度』高桑和巳訳、筑摩書房。

総括討論2　路傍の信仰とノスタルジアからみたストリートの人類学

野村雅一

［編者注記］二〇一一年度から四年間にわたって行われた民博の共同研究会「ストリート・ウィズダムとローカリティの創出に関する人類学的研究」の最終回（二〇一四年一二月二〇日）に口頭でなされた総括コメントをここに収録した。野村雅一氏は達意の文章をものするが、語りの魅力と妙味もそれに劣らない。その魅力をなるべく伝えたいためであることをお断りしたい。

今日は総括コメントということで、一応レジュメをつくっておりますので、それに沿ってお話しします。ストリートの人類学の研究は何回かやって終わるというものじゃないので、これはまだいろんな形で展開していかなきゃいけないものでしょうから、一つの区切りと新たなきっかけと思ってお話しします。それで、私も考えていることというか、それは研究会で議論してきたことと違うことというよりも、相互理解をさらに深めることができるような、それほど頻繁に研究会もできたわけではないと思いますから、これは私なりのそういう意味のまとめということです。

皆さんにお配りしたレジュメにしたがって総括コメントを、三段階の形で話してみたいと思います。

レジュメ

(1) 大道芸の目線からみたストリートの人類学

『月刊みんぱく』二〇〇四年八月号特集「ストリートのいま」に関根康正が「南インドの『歩道寺院』――ストリートを生き抜く知恵」と題して寄稿している。その結びに、公募研究「ストリートの人類学」をはじめようとしているところだ、とある。テーマといいタイトルといい、現在の共同研究はここで発足している。

なお、野村は在職中につくられた人間文化機構の公開シンポジウム「歩く人文学」(二〇〇六年)で、この研究を念頭におきながら「路上に世界の破片を拾う――大道芸の目線」という発表をおこなった。「道端のお地蔵さんがなくなったら、やっぱりさびしいのではないですか」(雪竹太郎)

(2)「日本研究の一元的意味構造」を超え出る路傍の対抗信仰

先だって道頓堀を散歩して、御堂筋にさしかかり、西向こうをみると二丁目商店街というイルミネーションと交互に、「出世地蔵尊　すぐそこ」という表示がイラストつきでみえた。真昼間に電光宣伝するお地蔵さんとは?と思って行ってみると、三体か、三菩薩か、あったが、仏師も由来も不詳。しかし、次々に人がきてお賽銭をあげてお参りする。近くのアメリカ村には御津神社とか八幡とか格式高い寺社があるが人気がない。

ジェーンマリー・ローが『神舞い人形』で研究テーマしたというのは、そこである。日本の神々は延喜式神明帳でも二千数百あるが、これら八百万の神はみな系譜づけられている。シカゴ学派の日本研究でいう一元的意味構造である。しかし、そこにたえず挑戦する霊的勢力がある。お地蔵さん、稲荷さん、その他、まったく格式のない神仏があり、人心をあつめる。戎舞いをはじめ、日本の芸能の多くは路傍の対抗信仰からきているのではないか。

（3）「ホテル化」するソフトな高度管理社会に抵抗するストリートの人類学

二一世紀にさしかかるころから、日本でも人（人情）も街（風情）も大きく変化したとおもう。この研究会でまえに「マナー化」を話題にしたことがある。近代のいわゆる監視社会から人の内面に踏み込んでいるという意味だった。けれども、どうもそれは一八、一九世紀的で、二一世紀の、すくなくとも産業社会にはそぐわない。監獄、病院、学校とかではなく、現代生活のモデルは「ホテル」ではないか。ここは、辺見庸がベトナム・ハノイ特派員のころみた、七〇年代のアメリカ兵捕虜収容所の宣伝映画「ヒルトン・ハノイへのクリスマスのお客様」からの考察にもとづく［『中央公論』一九九〇年七月］。われわれはみんな、「おもてなし」を受けているのでしょうか。

いくつか、他にも論点がありますが、時間にかぎりがあります。むしろ上記とは関係なくご意見をいただいたらいいかとおもいます。

一　大道芸の目線からみたストリートの人類学

この研究が最初どういうところから始まったのかなというのを振り返ってみて、そしてさらにたどって次を見ようということなんですよ。

前にもここでお配りしたと思うけど『月刊みんぱく』で、私が編集を担当していたんだけど、二〇〇四年の八月号に、「ストリートの今」という特集をしまして。関根さんにも、「南インドの歩道寺院―ストリートを生き抜く知恵」という題で寄稿してもらっているわけです。

この文章の中に、今も使っているストリート・ウィズダムだとか、生き抜く知恵というのかな、括弧つきで「ストリート・ウィズダム」なんていう言葉も出てきます。結びのところで、今新たに民博の共同研究プロジェクト、ストリートの人類学を始めようとしているところであると書いてあるんで、この二〇〇四年のこのときがはじまりですね。これで一〇年ぐらいやってきてるということです。

私もその間、いろいろ発表したりしてるんですが、私がまだ民博にいるころに、人間文化機構という機構法人ができ上がって、そのときの記念の公開シンポジウムが「歩く人文学」というものでした。それには民博以外の方々も出ていますが、民博は一応私が代表をつとめました。私の発表は、このストリートの人類学の研究を頭に入れながら、「路上に世界の破片を拾う――大道芸の目線」というものでした。これはビデオも入れたりして一種の公演になりました。

タイトルが詩みたいだなあと言われましたが、そうではなくて、実はこれは極めて具体的に路上に破片を拾う話なんですよ。そのことをただ書いてるだけなんですが。

大道芸の目線からと書いてますけども、雪竹太郎さんという日本を代表する大道芸人と、ギリヤーク尼ヶ崎さんとの二人の話です。雪竹さんのほうがずっと若いけど、ともかく今もまだ頑張っている。雪竹太郎さんの大道芸の紹介と、そして彼から聞いた話です。雪竹さんすごい好男子ですよ。早稲田大学文学部演劇学科をちゃんと卒業してるわけですよ。

彼、俳優志望だったらしいけど、それをやってたら、きっと有名なスターになっていただろうと思いますね。しかし、彼はその道を選ばなくて、初めから大道芸を志したんですよ。「人間美術館」とか幾つかのレパートリーがあります。

ここに、「路上に世界の破片を拾う――大道芸の目線」の一節である「壊れた世界を結ぶつながり」という見出しの部分のコピーがありますね。そこのところを今、お話ししています。

参考資料1

野村雅一「路上に世界の破片を拾う――大道芸の目線」

壊れた世界を結ぶつながり

雪竹太郎さんは見るからに役者といいますか、かっこいい人で、体も鍛えていますし、長いあいだ演劇訓練もしています。立派な学歴もあります。早稲田大学の演劇学科卒業です。きっちり訓練を積んだ美丈夫ですから、テレビでも演劇でも映画でもやればいくらでも有名になれるし、収入的にも楽なのではないかと思うのです。私は彼に何度か、なぜ大道芸を続けるのかと聞いたことがあります。彼の答えは、いつもポイントが少しずつ違うのですが、一つは、いまの日本の街、欧米もそうですが、街の中には人やモノがたくさんあふれている。雑踏がある、においもする、音もする。しかし皆バラバラだ、と。言ってみれば、ガラスが壊れて、破片のようにバラバラになっている。たとえば救急車がピーポーピーポーとサイレンを鳴らして飛んできても、皆他人ごとのように見向きもしない状態。であれば、そうしたバラバラな世界に自分を置くことで、何かできないか。たとえば救急車がピーポーピーポーと走っているときに、誰かが「助けて！」と叫んだらどうなるか。そうしたら、そのときは皆、足を止めて、目を向けるのではないか。その場につながりができるのだと。それはもちろん架空のものだし、一瞬ですが、壊れた世界を結ぶつながりができるのではないかと言うのです。

彼の大道芸は、言ってみれば「路上に〈いま〉という場を作る」ことで、括弧つきの比喩としての世界ですが、私たちの世界を、歩行者たちと、そこに見ている観客たちと一緒に再構築するという経験を、しばらくでも共有してみるのが自分の役割だというようなことを言っています。

また、彼がもう一つ言っていたことがあります。この世の中に劇というものはいろいろあります。仏像でも、奈良の大仏のような立派なものはバスを連ねて見にいきますが、大劇場にも大挙して出かけて行きます。ところが、町の片隅にあるお地蔵さんには誰も見向きもしないで通り過ぎます。それでも、そのお地蔵さんがあるとき急になくなったらやはり寂しいのではないか。それまでもちゃんと拝んでいたわけではない。しかし、なくなったらやはりすごく寂しいのではないか。そうすると、奈良の大仏と道端のお地蔵さんと、どちらに値打ちがあるのでしょうか。それでは、自分は大仏のほうは無理だから、お地蔵さんになろうではないかということでした。

今日、シンポジウムでビデオを皆さんにお見せするのでお電話をしてみたら、数日前からオランダに行っているそうでした。いまごろはオランダでこのような芸を見せているのではないかと思います。

日本の大道芸は国際的です。

私は何度か彼にインタビューもし話し合いもして、どうして大道芸を続けるのか聞いてみました。日本ではもうなかなか大道芸ができなくなって、彼は一年のうち半分くらいヨーロッパに行ってるんですよ。ときには、酔っぱらいに殴られて血を流したり、ひどい目にも遭ってるんだけど、今も続けているんですよ。

彼の話しで、一番印象に残ったのは、今の日本の町、欧米もそうですが、町の中には人やものがたくさんあふれている、雑踏がある、においもする、音もする、しかし、みんなばらばらだ、と。言ってみれば、これはガラスが壊れて破片のようにばらばらになって道端に落ちてるような状態なんだと、彼はそう思うと言うんですよね。

例えば、救急車がピーポーピーポーとサイレンを鳴らしてとんできても、みんな他人事のように見向きもしない状況。であれば、そうしたばらばらな世界に自分を置くことで、彼が役者として自分を置くことで何かができないか。例えば救急車がピーポーピーポーと走ってるときに、誰かが「助けて」と叫んだらどうなるのか。普通、黙って通り過ぎていくだけなんだけど、そこで誰かが助けてと叫んだら、そのときは、みんな足を止めて目を向けるのではないか。

それはもちろん一瞬のことで、架空のものだし、それでも壊れた世界を結ぶつながりができるんじゃないかと思うんだと言うわけですよ。それで、雪竹太郎の大道芸、言ってみれば路上に「今」という場をつくるんだということで、括弧つきの、比喩としての「世界」ですが、私たちの「世界」を歩行者たちと、そこで見ている観客たちと一緒に再構築するという経験を、しばらくですけど、大道芸の間、まあ一時間足らず、共有してみるのが自分の役割だと言ってました。

二　「日本研究の一元的意味構造」を超え出る路傍の対抗信仰

路傍の信仰――大仏と地蔵さん

雪竹太郎さんが言っていたで印象深いのは、この世の中に演劇はいろいろあるというのです。これはちょうど仏像みたいなもので、奈良の大仏みたいに立派なものもあるし、それにはみんなバスを連ねて見にいく。劇場でも大劇場には大勢が詰めかけるわけですよね。ところが、道端にあるお地蔵さんには誰も見向きもしないで通り過ぎていく。それでもそのお地蔵さんがあるとき急になくなったらやっぱり寂しいのではないかというのです。それまでもちゃんと拝んでいたわけでもないが、しかし、なくなったらやはりすごく寂しいのではないかと。

そうすると奈良の大仏と道端のお地蔵さんとどちらにより値打ちがあるのでしょうかというのです。自分は大仏にはなれない、だったらお地蔵さんになってみようということですね。これが、一つの私のストリートというか、現代社会の中における今の、道、路上の状況だと思うんです。

そのお地蔵さんで思い出すのが、レジュメの二のところになるんですが、この間、道頓堀を散歩していたら御堂筋に差しかかって、この西側を見ると御堂筋を挟んで道頓堀二丁目商店街があります。あれは花街で、もともとは久左衛門町とか何か、宗右衛門町からずっとつながってる花街で、御堂筋がつくられて、拡張されて、あれがぶった切られた感じになっている。

向こう側のほうは道頓堀川のすぐ横のほうですね。今、新戎橋があるところ。すぐそこのところの商店街の入り口に、「二丁目商店街」っていうのと交互に「出世地蔵尊すぐそこ」っていうイルミネーションが出てるんですよ。真っ昼間でも遠くからわかるようなイルミネーション。これ何なんだと、お地蔵さんの宣伝のためにこんなのやるの見たことないなとか思って早速行ってみたんですよ。

そうすると、この電光掲示板で宣伝するお地蔵さんというのは、有名な三菩薩っていうのか、三体ありました。あったんだけど、しかし、誰がつくったとか由来も不詳です。この出世地蔵というのも変な名前だなと思って、聞いたことないなと思ったんです。実はそこの由来みたいなのがちょっとだけは書いてありましたが、その町の話が書いてあるだけで、お地蔵さんそのもののことは全然触れてありません。

戦災であの辺全焼して、お地蔵さんは、一つは前からあったらしいんだけど、行方不明になったらしいんです。瓦礫のどうも下のほうになってたらしい。その説明文を読むと、一九五〇年ごろ、結構いいかげんなんだけど、そのころに瓦礫の下からお地蔵さん出てきて、それでみんなでお祀りしたと。そのときに、ちょっとでも戦災からの復興の縁起がいいようにというので、「出世」という名前を勝手につけたと書いてあるんです。

ただ、それを見てる間もどんどん人が来るんですよ。みんなお参りして、お賽銭入れるんです。三つの真ん中にあるのは水子地蔵ですよ。水子をまつるんだけど、そういうのにみんな少しずつつられてお参りする。それが途切れないぐらい人が来るんですよ。これいつごろからあるんですかとかちょっと話しかけて聞いてみたら、あの辺のお店の女性だと思うんですが、私にもよくわからないんですけどと言って、通るといつもここでお参りするようにしてますと言ってました。

そのすぐ近く、アメリカ村のほうに御津神社があります。御津っていうのは古い神社ですよ、御津寺もありますけど。御津って、広辞苑にも出てくるけれど、浪速の古称といわれますよね。大阪のことです。確かに後で調べてみたら、万葉集の家持の望郷の歌かなんかでその御津、浪速に早く帰りたいっていう歌を詠んでるんです。だから、相当古い神社です。一方に、八幡さんもあります、アメリカ村のところに。ところがそっちは誰も行ってないんですよ。しかし、お地蔵さんのほうには、もうひっきりなしにお参りがある。これはどういうことなのかということですね。

この研究会で前回、姜さんが紹介した、日本の宗教史研究者で、アメリカのコーネル大学のジェーンマリー・ローが神舞い人形の研究（『神舞い人形——淡路人形伝統の生と死、そして再生』）を通じて扱ってるテーマの一つが、この問題なんです。彼女がなぜこの淡路の人形浄瑠璃を研究したのかということなんだけど。それが、そこのところに書いてあります。初めのほうに書かれているんだけど、日本の神々は、基本的な神々というか正式な神々は、延喜式神名帳、そこに登録されてるわけですよね。あれは二回改訂されて、今のものは平安時代のものらしいですけど。

あの中に、大社、小社。官幣大社あるいは官幣小社というのがあります。そしてさらに下のところに、境内に組み入れられているような摂社があります。そういう組み合わせがある。お祀りされている神というのは、二つに大別されますが、国つ神というか、もともと日本のものと、天津神、どこからか来たというもの。天皇一族は天津神なんだろうけど、とにかく、そういうものがある。日本研究をしているアメリカの研究者が指摘してるのは、この八百万の神々といっても、日本の神は全部系譜づけられ、関連づけられているということです。敵対関係も含めて。勝手にそんなにばらばらじゃない。だからそれを、シカゴ学派（シカゴ大学の日本宗教史研究者）のヨセフ北川という日系人や、ハリー・ハルトゥーニアンとかの人たちが、それについて日本の宗教は一元的意味構造だといっています。

ただ、ジェーンマリー・ローさんは、ちょっとそれ待ってくださいよというような感じです。つまり淡路の人形浄瑠璃を見に行って、その雰囲気に圧倒されて、それで研究を始めた。日本語もできなかったけど、とにかくそういう現場の宗教はもうえらいことになってるという風に感じたわけです。それから二〇年かけて、その人形浄瑠璃に寄り添って、日本中一緒に回ったりしてるわけですよね。それはなぜかといったら、一元的意味構造というのが日本の神々の中には確かにあるんだろうけれど、それでも正確に言うと、何かまだわからないことが多いことにひっかかったのです。例えば、もっとも権威のある延喜式神名帳の中に入ってないものも少なくない。たとえば、なぜ入っていないのかがわからないのは、那智大社です。熊野信仰の一番根源というか、中心でしょう、那智大社は延喜式に書かれていないんです。天皇家との関係が何かあるんじゃないかと言われているけど、全然わからない。

あと不思議なのは、西宮神社ですよ。えびす信仰の。新年のときもあれだけ人が集まりますけど、あれも神名帳にないんですよ。あれは、まず西宮は神様の名前から来ているんだけど、何で西かわからないんですよね。何の西なのかと。一説によると伊勢神宮があって伊勢に対する西と言われるけれど、えらい遠いなとか思うし、まあ諸説あって、すぐ近くに南神社はあるんですけど、北はない、東もない。西宮神社だけが大きく発展して、しかもそこでお祀りしてるのが、えびすさんというか、本当は「ヒルコ」ですよね、古事記に出てくる、日本で最初に生まれた子供、不具の子供、三年たっても立てなかったから葦の船に流したら、それが西宮に漂着したといわれる。それをお祀りしてるんだといって、そのヒルコの魂というか、ヒルコを慰めるために人形芝居を始めたんだとか、いろいろな話があります。

ともかく、一元的意味構造であると言っても初めから漏れてるのがある。しかし、もっと雑多なというか、本当にとるに足らない、そう言っちゃ悪いけど、先ほど言った出世地蔵なんてのもそれですけど、あのお地蔵さんの存在はすごいものです。これ、やっぱりローカルなんですよ。西日本、特に畿内、近畿地方。百科事典見てみたら、平安時代に地蔵信仰が京都で生まれたと書いてあります。だから、やっぱり畿内がすごく多いです。

地蔵信仰は非常に変わってる信仰ですよね。地蔵盆って子供が中心になってやるようになってるでしょう。そして、それを世話してる人は大体女性ですよね。子供たちの母親とかおばあさんとかそういう人たちがやっているんで、男は余り出る幕がない。そして、地蔵盆と言いますが、正式なお盆とは一週間、微妙にずれているんですよね。何で一緒にやらないのかと思うんだけど、わざわざずらしてあるんですよ。そこのところというのが、そういうズレが絶えずあるんですね。

近畿に比べたら東京のほうに地蔵さんはほとんどないと言っても良いくらいですよ。たとえば、日本橋三越の上にあるんだけど、実は。それはこっち（近畿）から、つまり三越って西日本のほうから東京に行ったから一緒に祀っているんだとか。東京の方は基本的には数が少ない。

しかし、同じような雑多な事例で、江戸、東京になると、稲荷さんがめちゃくちゃ多いわけです。だから、江戸に多きもの稲荷、伊勢屋と犬の糞とかということわざがあるんだけど、めちゃくちゃ多い、稲荷さんが。

稲荷さんも一応、伏見が中心ということになっているけど、その辺にある稲荷さん、別にその伏見神社に許可をもらってというかね、伏見神社と相談してお祀りしてるんじゃないんですよ。個人の家でも、私の親戚の家でも、昔、子供のとき庭に稲荷さん建ててましたが、あんなの誰もお参り、たとえば神職が来てからお参りするわけじゃないし、勝手に造ってるわけでしょう。でも、それだけの強い信仰があるんですよ。

むしろ信仰ということになってきたら、そっちのほうが強いらしい。全く格式のない神仏というのがあります。格式というのは、延喜式のことらしいね。延喜式に載っていること。延喜式が格をつけてるんですよ。官幣大社、小社、摂社とかいろいろ。それを格式という。高いというのはそれの上のほうにあって、官幣大社と言ったら一番上、そういうことらしいですけど。

でも、その範囲外の神々がたくさんあるんです。そういうのがみんなの人心を集めてる。えびす舞、これは人形浄瑠璃になりますが、えびす舞をはじめ日本の芸能というのは、ほとんどがこの路傍の、言ってみればこういうカウンター・レリジョンというのか、そういう対抗信仰みたいなものとつながっています。

これは文楽もそうだし、人形浄瑠璃から歌舞伎から、能なんかも、能狂言も一応興福寺とか大きな寺社とつながってますが、やってることはかなり独自なことをやっております。

私がここで言いたかったのは、これ（路傍の対抗信仰）がしかし、綿々と維持されてきたわけです。京都でも、地蔵信仰が一回徹底的にやられた時期があって、それは廃仏毀釈のときです。今、京都にあるたくさんのお地蔵さんって、和崎さんなんか御存じないかな、結構いんちきらしいね。というのは、廃仏毀釈のときに全部集められて、鴨川の川のところに捨てられてたんでしょう。それをまたそれぞれの人たちが、町の人たちがそれを持って帰って、それで地蔵さんをお祀りしたんですよ。

それが、前からあったお地蔵さんかどうかなんか誰もわからないわけですよ。首が飛んでるやつなんかも後から添えて祀っている。だから、一回切れてるんだけど、しかしそれでもまだみんなの信仰はずっと衰えることなく続いてきたってわけですね。これってどういうことなのかということです。

そうすると、やっぱりここにその土地に対する、過去というものに対するつながりですよね。やっぱりお地蔵さんって懐かしいとかね、ふるさととか、さきほど西垣さんが議論していた「近傍」（本書西垣論文参照）じゃないけど、そのかいわいとか、そういうようなものの結びつきというか、つながりみたいなものね。そういう精神的なつながりみたいなものがその土地でつくられてんじゃないかと思います。

「エキゾチックな故郷」——川田順造とジェーンマリー・ロー

実はその辺で、僕ら人類学の先輩である川田順造さんのお仕事『母の声、川の匂い——ある幼時と未生以前をめぐる断想』を思い出します。もらってから読んでなかったけど、この一年ぐらい読み出したら、これは大変な名作というか傑作だなということで、単なる思い出話じゃない。しかもこれは過去の記憶をたどってますが、「ある幼時と未生以前をめぐる断想」となってるから、川田さんの家は八代前から、今の埼玉県のほうなんかな、あっちのほうから、そこには川田という地名もあるらしいけど、深川のほうに出てきたらしいです。ここに書かれてるのは、その書き出しは、まずお母さんが、八一歳でお亡くなりになるところから始まります。その直前に、川田さんがアフリカに行く前にお母さんに会ってるんだよね、甘酒持っていって。そしたらお母さんいろいろしゃべったらしいです。それは自分の子供のころの話なんだ。

それで、子供のころの、その母親がおじいさんに連れられてとか言うから、もう四代ぐらい前の明治の初めか江戸までの記憶みたいなもの、何かつながるものが語られています。これが『母の声、川の匂い』になります。このにおいがまた本のいろいろ重要なテーマになっています。

しかし一方で、さっきも松本博之さんもおっしゃってたけど、川田さんは長いこと深川には行ってないんだよね。何年かな、一九八〇年かなんかに、学生時代から引っ越して家がなくなるんです。だから、それで全然、深川なんかに行きたいとは思わなくてというので行ってなかったらしいんですよ。アフリカに行ったり、フランスに行ったりなんかするので。というか、むしろ、日本の、特に深川なんていう、下町のにおいというか、生活みたいなものに対して、むしろものすごい反発というか思い出したくないというか、嫌悪感みたいなものを抱いてたという。そうだったんだけど、お母さんの死というのも一つあったんでしょう。それで、また深川を再訪するわけですよ。あの辺の、まだ知り合いみたいなのが、結構深川というところは残ってますので、そういう家を訪ねていろんな人に会う。

もう一つ、川田さんは、その後、『江戸＝東京の下町から——生きられた記憶への旅』という本を出されています。これはもっと新しいです、五年ぐらい前です。実はこの本の第一部というのが、その深川の特に女性、深川女の聞き書きですよ。昔のこととか、今の暮らしとか。これがね、ものすごいロング・インタビューで、尋常でない長さと内容で、よく聞いて引き出してるんですよ。川田さんってこんなに人の話、うまく引き出すのかなと思うぐらい引き出しています。

これはすごく値打ちがあります。このとき訪ねていったんですね、お母さんが亡くなってからですが。それでまだ川田さんのこと、川田さんの子供時代のことを覚えてる人なんかもいて、そういう話がいろいろ出てくる。そして、この本についてもう一つ言えるのは、この研究会での議論は皆アカデミックな話だけなんだけど、こうした本からは、川田さんが単にアカデミックな人じゃないんだなと思いました。これね、この膨大な聞き書きの本ですよ。私は昔、その聞き書きの一部のコピーをもらったなと思ったんだけど、発表されたものには、いろんな論文とか聞き書きとか多様に入ってる。絶妙な構成です。見事な編集になってます。

初めの聞き書きのところ、深川の女たちの聞き書きというのは、「深川」というあそこの商店街のタウン誌に掲載しておられるんです。このことって、すごく大事なことですよ。それはジェーンマリー・ローも言ってることです。

これね、いきなりこんな本の中に載せても、深川の人、インタビューしてもらった人でも無理やりでも押しつけなきゃ読みませんよ、誰も、こんなもの手にとるわけないんですよ。

だけど、タウン誌に載せたから、みんなそこの人は見るわけじゃないですか。そしたらそこのところで、それを自分たちの過去のこととかいろんなことで共感したりする。だから、これを聞き書きして、タウン誌に載せることによって、そこで一つの文化的、社会的なアイデンティティーというかな、またつながりを思い出すということ。

そして、声という言葉、川田さんの研究にも出てくるんだけど、声がいっぱいあるんです。記憶と言ったってみんな一人一人違うので。それが交差するように立ち上がってくる。それを地元の人、まさに当事者ですよ、本人たちですよ、そういう本人たちに読んでもらいたいということですよね。そしたら、やっぱり深川に対する何らかの効果というか、意味もあるだろうということでタウン誌に載せてあると思います。

そういう聞き書きが後にこの本の中におさめられているわけですが、本当はこの聞き書きの読まれる場所としては、タウン誌とかそういうところがベストだろうなと思います。これはそういうやりとりの中で、話したことが話した人に返ってくるわけだから。

これは、実はそういうやりとりの文脈の中で、この過去をどういうふうに思い出していくのかという重要な問題を含んでいます。

ジェーンマリー・ローさんの本『神舞い人形』、最後のほう一部カットしてあるんですが、そういうのを見ると、彼女のようなアメリカ人の研究者もすごいなと思うんだけど、彼女は、日本の研究者、特に大学の先生とか、宗教学者も含めて、全然相手にしてませんよ。全然参照してないんだ。参照してるのは柳田国男、堀一郎ぐらいまでで。

例えば、彼女は筑波大学にもちょっといたんだけど、宮田登のような名前も一切出てこない。実はこの間、小松和彦さんに彼女の話をしたときに、「えっ、宮田登の名前出てこない」とか言って驚いてたけど、出てこない。ただし、淡路の地元の研究者とはもう本当に親密な関係で、ずっと二〇年間つき合ってるわけです。

　日本の学問の一番の特徴は何なのかというようなことを言うわけです。この人文学とかに関するものなんですけど、高校の先生、特に退職した後の高校の先生が地元の研究に没頭して、そしてそんな大きな本じゃないけど、淡路でも地元の芸能の研究書がたくさん自費出版されています。それを彼女は高く評価しています。それはアメリカでは考えられないと、高校の先生がそんな研究して自費出版するなんてことは。

　しかし、彼女はそこに着目しているんです。小さい本でも、その高校の先生たちが退職して、地元のことでずっと勉強したときに扱っているものは、資料が皆一次資料ですよ。ほかでは得られないもの。あるいは写真も、どこにも見られないような昔の写真が載ってるんですよ。すごく貴重な研究であると。

　さらに、川田さんと同じようなことをまた彼女は言っています。つまり地元で自費出版するというと、そんなの誰が読むんだということになるじゃないですか。だから近所の人たちに無理やりでもあげて、地元の人たちに読んでもらう。神戸とか、大阪とか、そんなところの本屋さんに並べたいからじゃないんだと言って、特定の人に手渡ししてでも読んでもらうということになる。それによって、そういう本があることによって、淡路の人形浄瑠璃は、三〇年ぐらいの間一回途絶えるわけですが、それが立派に復興して、ちゃんとまあ、今、人形師は公務員にまでなっている。人形浄瑠璃は今も行われていますが、その復興に当たって、そういう自費出版した先生たちの研究というのは、目立たないですけど、すごく大きな意味があるんだとジェーンマリー・ローは言っている。大学の教授たちが、あちこちで研究してるのとまったく意味が違うと彼女は言っている。

　川田さんとも同じような考えをお持ちらしい。これ、何ていうんですか。自己言及、また返ってくるということですよね、自分たちのところに。それによって結びつきが強まるということらしいです。

　川田さんは、過去を、生きられた次元というのと、思い描かれた記憶の次元というのを区別しなきゃいけないと言っておられるんです。生きられた次元というのは、これを一回限りの出来事として起こったことなんで、これは確かめることはできる。しかし、それに対して思い描かれた次元というのは、無数にある。みんな一人一人違うと。この点はちゃんと使い分けなきゃいけない。確かなものということじゃなくて、一つの声でしかないんです。でも、それらをたくさん集めることで、あるいはクロス・レファレンス（相互参照）することで、みんながより大きな記憶というのをつくることができるんですよ。

それには当事者というか、そこの人たちにそれを還元するというか、戻すのがいいんだというのを川田さんも言ってます。だから、過去を再構成するというか、もう一回そのように思いをはせることによって、現在をどういうふうにしていいように生きていこうかという、そういうところにつなげていくということなんですよ。そういう意味で、僕、今さらながら、どちらの仕事も志が高いと思います。そう言えば、江戸＝東京の下町というタイトルからして江戸イコール東京って、これつなげてる。実は、単純にイコールというんじゃなくて、連続性を強調しているんだ、川田さんは、そうしたいんだ。それは深川という場所柄もあるので、そうなんですけど。

しかし、この本の初めの前書きで書いてますが、この本で私が試みたいのは、江戸、東京、下町という連続した地域の視点から、明治維新で変革された日本という国家を捉え直すことだと。要するに、深川の地域から国家を捉え直すってことだと。

そして、江戸、東京、下町民ですね、そのありようを西洋モデルともかみ合う形での市民社会のモデルとする可能性を探ることだと言うのです。本をもらって、ここを読んだだけで、そんな荒唐無稽なと思って、何言ってるんやと思ってね、もう冒頭を見てからその本を全然見向きもしなかったんだけど、しかし初めから読み出したら、えっ、これは本気なのかというところがあって、やっぱりすごいなと思いました。

そして、川田さんの場合、その本に書いてある、下町民の生き方は芸能につながるんです。日本の芸能って、江戸で圧倒的に重要なのは歌舞伎だけど、あそこには歴史とかいろんなものが全部詰まってるんですよね。歌舞伎の中には能狂言、あるいはもっと前の猿楽みたいなものも流れ込んでいってるんで、それに通じていたらしいですが。お母さんやおじいさんがそういうものが好きだったんですよ。それで川田さんも子供のときに連れていかれてるんです。

どこかに書いてますけど、川田さん、高校時代に「演劇界」だったか、歌舞伎とか伝統芸能の専門雑誌ですよね、その常連投稿者だったらしいね。

だけど一方で、あれは荒唐無稽ナンセンスなやつでという想いもあって、フランスに行ってから、アフリカに行くようになったら全然足が遠のいてたのに、今また思い出してもう一回見てみようということになってる。歌舞伎や伝統芸能というのは知識の宝庫ですよ。知識というか、これ信仰が含まれてるから、そこがすごいし、こういう世界では過去というものは捨てることはできない。いや、一見はなくなるみたいだけど、細々と何か隠れて維持されてるんですよ。その細い線がどこかにまだあるんですよ。

例えば、明治政府なんて維新になってから政府、国をつくるなんてなったら、いきなり律令制のようになってしまう。大臣とかあんなもん千何百年前の話と違うのか、大臣（おとど）とか言ってたのが、それがまたよみがえってくるわけでしょう。それに頼るわけだよね。大蔵省とかいって。めちゃくちゃ古いですよ。もうなくなってたのに、またそこにもどる。

要するにその変革とか、変わり目があるときに何をやるのかということなんだけど、一つは外国からそれを入れるんですよ。実際明治の変革も西洋のをいっぱい入れるわけじゃないですか。しかし、外国のものというのはそれだけだったら、なぜという正当性がないんです。だから、やっぱり過去というのが、かすかに残っている記憶とかそういうのであっても、過去があって、これにもう一回戻ってみるんだということにはなにか正当性の問題があると思うんですよ。そこに、この歴史というか、過去なんですが、それを取り上げてる意味があると思います。だから、この過去を思いやるというのがノスタルジアになるわけで、懐かしさというかね。このことが川田さんの本の中に出てくるんだけど、このジェーンマリー・ローと同じ言葉が出てくるんだよね、これ。この『母の声、川の匂い』の中の初めのところに出てくるんだけど、「エキゾチックな故郷」というんですよ。つまり長いことなかったから、自分にとってエキゾチックなものになってるんですよ。それを確かめようということなんです。あるいは懐かしい異郷、つまり別世界ということですよね、異郷といっても、しかし、懐かしいという。そういうものになってるんです。

これはやっぱり、皆過去というものが、これを支えてるわけですよね。そういうことなんです。それはジェーンマリー・ローさんも言ってることなんです。復興運動をなぜやるかということ。今の淡路の人形浄瑠璃は過去のものじゃないんです。また違ったものになっている。しかし、やっぱりつながってるんですよ、ということで、これはまあ希望ということだと思います。

私も、だから川田さんのこれらの本を改めて読んで非常に感激したし、偉い人だなと改めて思いました。

三　「ホテル化」するソフトな高度管理社会に抵抗するストリートの人類学

二一世紀に差しかかるころから、日本でも、いわゆる人情、人情って寅さんみたいなやつだけじゃない、全て含む人情ですけど、あるいは町の風情というようなものがすごく変わってしまったと思います。

これは後でちょっと見てもらいたいのですが、例えばこんなことがある。実は私、小学一年生の国語の教科書に書いてるんだけど、先生用の指導書『ひろがる言葉　小学国語　一下　教師用指導書　解説・展開編』（教育出版二〇一五年）というのがあって、指導書自体は編集委員の先生が細かく書いています。なんですが、そこに「著者の言葉」というのをなにか一つ書けと言われました。それで「みぶりと人と」というのを書きました。それが参考資料二です。実はこの教科書は一五年前から使われています。今回改訂したわけです。

参考資料2

野村雅一「みぶりと人と」

言葉は言葉のないところから生まれる。人と人が一定の距離に近づくと、いわば言葉の場ができて、言葉が交わされる。これは日本の戦後の国語教育で重視されてきた「言語生活」という考え方の基本であり、アメリカのコミュニケーション研究の大前提でもあった。

ところが、二一世紀にさしかかる頃からこのような言葉の場に異変と言っていいような大きな変化が起こった。場が成り立ちにくくなったのだ。

長年、日本を研究してきたあるアメリカ人の社会学者は、久しぶりに東京を訪れたときの印象をこんなふうに書いている。

なにも変わっていないように見えたが、地下鉄に乗って、「何かがおかしいと感じた。」このとらえどころない居心地の悪さはなんなのか。しばらくして思い当たった。「車内がやけに静かなのだ。他愛のないおしゃべりも聞こえないし、他の乗客と視線が合うこともない。誰も彼もが黙りこくって携帯電話をいじり、ちっぽけな画面を見つめている。（中略）静まりかえった車内の光景に、私は強烈な違和感を覚えた。ここには『場』がない。周囲の空間や人々とのつながりがない」と。そして、テクノロジーを介してほかの人と結びつくようになって足元の現実との結びつきをなくし始めているのは先進国に共通のことかもしれないが、日本の社会にとってこのような場の喪失感は全く違った意味を持つと記している。とりわけ、日本人はそういう場をつくって、場に頼って生活してきたのだからというのである。

いま、日本語についてみると、もともと誰が誰に話しているのかわからないようなことがよくあるが、電車など人の集まる場所での沈黙は、知らない人への適当な呼びかけ語が日本語にないことも関係しているだろう。実際、落とし物をした人や、道に迷っている様子の人に声をかけるにはちょっとした「勇気」がいる。言葉に詰まってしまうのだ。

しかし、町中の小さな文房具店で、近ごろは「いらっしゃいませ」と言っても黙って店に入り、奥まで一周してそのまま無言で出ていく人が男女を問わず増えたといった話をきくと、ことはもう言語の問題を超えていると考えざるを得ない。たしかに、「いらっしゃい」のような日本語のあいさつ言葉には、決まった返し文句がないので困ることはあるかもしれないが、店主の顔も見ないというのだから、コンビニや自動販売機を利用する習慣が直接影響しているのかもしれない。

都市の路上での接触事故も人と自転車だけではない。女子高生の通学路で「こちらからよけないで歩いたら、向こうからやってくる女子高生はよけてくれるか」という無謀な実験をした男性がいる。結果は悲惨で、体あたりされ、バッグをさんざんあてられて、翌日は体中痛かったという。

街に出ると不特定の他人と「見る／見られる」関係の場ができるはずだが、それが必ずしも成り立たなくなっているのだ。後ろはもちろん、前も横も見えない。

周囲の人をよく見て、声や物音をよくきく。言葉にせよ身ぶりやしぐさにせよ、コミュニケーションはそこからしか始まらないのである。

こんなあたりまえのことを強調するのは、通信テクノロジーによって、いま言葉ははじめから、いつでも誰にでも通じるものと思われてきているからだ。一人で勝手に発信（発話）できる電子文は、自由でかつオープンではあるが、完全に脱身体化していて、モノローグでもダイアローグでもない。生身のコミュニケーションとは全く別の領域なのである。

（後略）

初めのところに書いてますね、言葉というのは、言葉がないところから生まれるのであると。当たり前ですけど、沈黙があって発話がされるんですが、人と人が一定の距離に近づくと普通は、いわば言葉の場ができるわけですよ。それで言葉が交わされる。日本の戦後の国語教育というのは独特なもので、言語生活というものが非常に重視されている。今も日本の国語教育の柱ですが。言語生活の場をどのようにつくるか。

ところが、これが、どうも言葉を交わす場ができなくなっているんじゃないかというのがまず私の言いたいことなんです。そこの次に書いてるのは、日本研究専門のあるアメリカ人の教育社会学者（メアリー・C・ブリントン）が久しぶりに日本に来て東京の電車に乗ったらどうもおかしい、風景などは一緒なのに何かが違うという違和感を感じたというんですよ。

それは要するに、そこには場がない。人々と周囲の空間との結びつきがない。それが問題というか。これたぶん、誰でも、皆さんも、たびたびそういうことを感じることがあるでしょう。私もしょっちゅう感じてるんだけど。ここでは、アメリカの先生のやつを引用したほうが、小学校の先生方が、僕が言うよりも読んでくれるかなと思って。しかし、彼女は、ここで一つのポイントを言ってる。ケータイとかスマホとか、テクノロジーを介してほかの人と結びつくようになって、足元の現実との結びつきをなくし始めてるのは日本だけじゃない、先進国に共通なんじゃないかとその先生は言ってる。

しかしと、彼女はつけ加えるんです。日本の社会にとって、このような場の喪失感というのは全く違った意味を持っていると。というのは、とりわけ日本人はそういう場をつくって、場に頼って生活をしてきたからだと。確かに言葉にしても、日本語は呼びかけ語が何もないんですね。顔を合わせて初めて誰が誰に言ってるのかということがわかるわけです。源氏物語の昔から。この言葉の場がないと会話ができないんですよ。

彼女は教育社会学者で、日本の職業高校の研究をしているんですが、ここで場というのは組織の意味も含めていて、例えば家庭という場、あるいは学校という場。彼女によると、だから職業高校だったら、就職するとか職探しも皆、学校がその世話をやるわけですから、そういう場であったのが、学校もそんなことやれなくなってきたと言ったら、要するに場がなくなってしまうということ。そういう広い意味で、日本人は場に頼っていると、彼女は使っているんです。

今どうなってるかということですが、もともと日本語というのは誰に話してるのかわからないところがある。電車など人の集まる場所での沈黙というのは、呼びかけ語がないせいもあります。どう言って呼びかけたらいいのか。第一声が出せないから話しにくい。落としましたよと言おうと思ってもね、ちょっとうっとうしいなと、どう言ったらいいかって、もう黙っとこうかというようなことにもなってくるんですけどね。

しかし、もう一つ、行きつけの、心斎橋で夫婦でやってる小さな文房具屋さんがあるんだけど、こう言っているんです。近ごろは「いらっしゃいませ」と言っても、黙って店に入ってきて、奥まで細々した商品が詰まっているんで、そんな店の奥までずっと回ってね、それで黙ったままね、帰っていく人が結構ふえたと言うんです。だからそんな風に何の場もできないような状況というのが出てきてるということです。

ここのところで言ってることが、人情も町の風情も相当変わってきたということです。電車は、大阪も同じですけど、東京にこの間久しぶりに行ってみると、こりゃちょっとむちゃやなと思いました。もともと電車ってストリートなもの、道路ですよね、あれは。考えてみたら、本当は、ヨーロッパの場合なんかはコンパートメントみたいなものをイメージしてできてますので、「場」ができるようにつくってるんですよ。最初の鉄道ができたときから船の船室をイメージしてつくってますから。

ところが日本の鉄道は、特に今になってきたら、イワシの缶詰みたいに新幹線のようになって、結局、何の場もできないようにつくられている。まさに動く歩道ですわね、これ。だからみんな日曜日の朝八時半に乗ると、中央線でもみんななぜか女性客ばっかり多いんだけども、みんな「わけあり顔」の人で、何か用があるみたいで、とても浮き浮きした感じでも、休みという感じでもなくて、黙ってじっと立ってる、あるいは一点をじっと見てるんですよ。これって、これはどういうことなのかということなんです。

しかし、みんなそれなりに快適にしてるんだろうな。おしゃれをしてるし、おしゃれをしようとしてると思うんです。これはみんな教育されてると思うんですよ。前の共同研究会の時でしたが、だいぶ前に「マナー化」という話を私はしました（『ストリートの人類学　上巻』所収野村論文参照）。現代の日本ではマナー化が起こってるんじゃないかと議論したのです。昔は号令かけたりしてたけれど、今はマナーがよくないという。マナーで気をきかせてそれぞれ適応しなさいということ。号令は内化されてるというか、内化しなきゃいけないんだという考え方。社会生活のマナー化というのがどんどん進んでるんじゃないかと思うんです。

そしてこう考えると、今日もフーコーとかの話が出ましたが、いわゆる監視社会というイメージね。フーコーのパノプティコンからいろいろありますね。それからゴフマンのアサイラムとかああいう病院の研究なんていうのがあって、あれは total institution という言葉を使ってるけど、ああいう社会からは今日変わってきていると思うんです。

フーコーもゴフマンも一九四〇年代から五〇年代の社会を考えながら書いているんですよ。それはもう変わってきてるんじゃないかと。人の内面に踏み込んでいるという意味だったんだけど、どうもそれは一九世紀的で、二一世紀の産業社会にはそぐわない。

今の社会ってそんなもんじゃないだろうって思う。皆さんマナーをよくして、お互いに快適に過ごしましょうという。これは、今の社会を監獄とか病院とか学校のモデルで見られるんじゃなくて、現代社会のモデルはもしかしたらホテルじゃないのかと、考えさせられるんです。

ということで、最後にもうひとつこれだけ見ていただきたいんですが、そんなことを思ったのは、作家の辺見庸が中央公論に一九九〇年に書いたもの。しかし、読んだのは三か月ぐらい前です。その雑誌を捨てようかなと思ってたんだけど、その中にこの辺見庸のエッセイが出てきて、もう引きつけられてしまって、これは捨てられないなという話になったんだけど。

これは､辺見庸「蘇った映像――「ハノイ・ヒルトン」とベトナム戦争」〔『中央公論』一九九〇年〕というものです。辺見庸は、共同通信のハノイ特派員をやってたんですよ。それでね、「ヒルトン・ハノイでのクリスマスのお客様」という映画のことをめぐって書いているんです。その映画を見てみると、北ベトナムが、要するにね、北爆のアメリカ兵を捕虜にしてるんです。そうなるのは、半端じゃない数の爆撃機が墜落しているんですね。太平洋戦争の日本の場合はほとんど撃ち落とせなかったのに。何かものすごい数撃墜されてるんですよ。それで、約五〇〇人が収容されてたんです。それを、ジョークなのかどうか、その収容所を、ハノイ・ヒルトンと呼んでた。

そしてね、彼ら捕虜をどういうふうに待遇してるのかというのを、記録映画にしてつくってるんですよ。これは北爆期間中、一九七〇年代のことですね。

映画はベトナム人がもちろんつくったんですけど、この映画では、捕虜を、特に顔をね、近くからずっと撮っているんです。その中には、あのマケインもいるんです。のちの大統領候補になったジョン・マケイン。彼、五年間もここにいたんです、ハノイ・ヒルトンに。

そういう人たちの顔をずっと撮ってるんですけど、そういう映画なんです。これがなかなかおもしろいらしいのです。私は見てませんが、このエッセイはその映画の話です。

しかし、これは前置きで、彼がね、辺見さんはここのところで、このホテルというのは一体何なのかを書いてるんです。フーコーとか何とか、そんな名前一切出てきませんけど。しかし、ゴフマンなんかも読んでるなと思うんだけど。このおおよそホテルというところに逗留しているお客さんで心から幸せそうな顔をしている人を私は見たことがありませんと書いているんです。金持ちもそうでない人も幸せとは違う何か陰りがある、いわくありげな表情をしていると思いませんかと。ホテルには、一般にわけがある人が泊まるからかもしれません。そのわけというのは、しかし、濃淡の違いはあれ、誰もが持ってるものです。なぜホテル客の顔が、取り分けて、よしありげになるのでしょうかと言う。これは、ホテルはもともと快適を前提にし、制度化している架空の器であるということのためではないかなどといったようなことがずっと書かれてるんですよ。

ホテルというのは、これは何か芝居じみた空間だと。ホテルという閉域、閉じた域と書いてるから、これはゴフマンのことば total institution からつくった概念だと思うんです。ホテルという閉域は、中にいる人々の芝居心をそそるといってほぼ間違いないようですと言う。

そのすぐ後で、病院、学校、監獄などという閉域にも相当の芝居があると考えられますと続けます。ただし、近世はいざ知らず、今日では（これは一九九〇年のことですが）、ホテルのほうが病院、学校、監獄などより高度の空間概念になりつつあるようですと書いている。確かに、病院、学校、監獄にホテル名をつけてもその名称が実態を必ずしも裏切らないほどにホテル的空間になっているようですね。

確かにこのごろ病院なんて、受付ホールなどはホテルのエントランスと全然変わらないようになっていて、いかにもサービス業と化してきています。やることは一緒なんですね。

最後にこういうことをお話ししたのは、今日の最終研究会のお土産にこれだけは語って残しとこうと思ったことなんです。これからは、フーコーが言うような病院、学校、監獄などじゃなくて、ホテルが社会のモデルなのじゃないかって思うという話です。電車が動く歩道になっていると同じように、所詮、私たちの住んでる家もホテルみたいなもので、外から見ると、プレハブ住宅がマッチ箱みたいに並んでるわけです。そういうところでみんな生活を営んでいるのだろうなと思うんだけど、まあ一種のホテル化現象なんかなと思っているわけです。

辺見は、自分がハノイ・ヒルトンを訪問した動機はホテルというものへのこうした興味を下地にしていましたと言っています。これは相当鋭い話だなと思います。これが先ほど言ったマナー化というようなものにつながる。

要するに快適さの牢獄みたいな話です。病院もすごく快適になってますし、監獄もかなり今、居心地が改善されて、ヨーロッパなんかではもう自由自在、誰でも出入りもできる、いや自由なんていうところもありますしね。もう完全にホテル化してしまっているんだなということです。

そうするとこの括弧つきの「ホテル」という制度、これはかなり現在及び今後の社会の何か方向性の変化を指し示しているようなところがあるなと思って。それを私はいいと言ってるわけじゃないんですよ。これは困るなと言っているんです。

しかし、こういうふうに、ソフトに攻めてこられたら、それに反発するったって大変ですね。ソフトに「おもてなし」（「おもてなし」ブームで流行ってますけど）と言われて、そんな「おもてなし」に反発しても余り効果ないやろうしね。かえって監視社会のほうが抵抗できるんですが、このおもてなしに抵抗するにはどうしたらいいのかなという課題が見えてくるわけです。私の勝手な空想ですけど、ホテル化に抵抗するという課題が、今後、ストリートの人類学というものを考えて行く時に示唆するものがあると思えるんです。これまでとちょっと違ったようなイメージ・モデルをもって考えてみたいなと思っているところです。

参考文献

川田順造
二〇〇六『母の声、川の匂い――ある幼時と未生以前をめぐる断想』筑摩書房。
二〇一一『江戸=東京の下町から――生きられた記憶への旅』岩波書店。
ジェーンマリー・ロー
二〇一二『神舞い人形――淡路人形伝統の生と死、そして再生』齋藤智之訳、齋藤智之(出版)。
野村雅一
二〇〇六「路上に世界の破片を拾う――大道芸の目線」『人間文化』Vol.二、四〇頁。
二〇一五「みぶりと人と」『ひろがる言葉　小学国語　一下　教師用指導書　解説・展開編』教育出版編集局編、教育出版、一七五―一七六頁。
辺見　庸
一九九〇「蘇った映像――「ハノイ・ヒルトン」とベトナム戦争」『中央公論』七月号。

総括討論3　「神話」と「後背地」から見たストリート人類学

阿部年晴

はじめに——「後背地」と「根源的ストリート化」

本章では、民族誌学の研究に基づいてロンドンにおけるヒンズー寺院の建立をめぐる関根の理論的考察について考える。神話など基層社会の伝統と「根源的ストリート化」を相互照射することによって両者が現代社会において果たしうる役割についての見通しを得ることが目的である。

関根の理論の鍵は「往相」、「還相」、折り返し点としての「クリシュナの時」、「他者」である。内容は異なるけれども、少なくとも形式において、これとよく似たものが基層社会に普遍的な神話に見られる。それを手がかりに考えてみたい。

後ほど述べるように、現代社会においては全体社会の基層（基盤）である地域共同体＝共同体自体がストリート化している。そこでもロンドンのヒンドゥー寺院の建立に似たことが起こりうるのか。ストリート・エッジに当たるものが生じうるのか、生じるとしたらそこで何が起こりうるのか。あるいはグローバル・ハイウェイの複雑な交差点に発現するストリート・エッジの創造性とは異なる創造性のかたちが見られるのか。これが本章での問いである。

一　基層社会＝後背地について

1　基層社会の伝統

関根の考察の舞台であり対象でもあるのは大都市（チェンナイとロンドン）であるが、私のそれは人間の棲むところ人類史を貫いてどこにも存在する基層社会としての地域共同体である。本章は基層社会の伝統を光源として現代社会とそこにおける「根源的ストリート化」を見る試みなので、自明のことと思われるかもしれないが、議論の前提として基層社会についてごく簡単におさらいしておきたい。

それらは「持続的な対面関係が優勢な家族的集団や近隣集団を核とする小地域集団」（狩猟民や牧畜民の非定住的な共住集団も含む）であった。人類史の大半において生活の場としての小地域集団——共住集団は相対的に自律的・自給自足的であり、人間が人間として生きるうえでほんとうに必要なことを実現するために、生活者としての当事者が当事者として当事者自身のために共同で努力してきた。「人間的生が直面する基本的な問題」のすべてに、当事者が当事者として当事者のために共同で取り組み、自前で解決する。そこでの営みを特徴づけるのは自立性、自律性、自発性、共同性であった。

人類は小地域共同体＝共住集団（＝基層社会）の生活の中で社会的文化的存在としての「人間」になった。人間はそこで人間になり、人間であり続けた。人間、社会、文化の原型はそこでかたちづくられた。文明のシステム（文明世界）と比べると、自然及び人間との直接的関係、対面関係、贈与経済、自律性、自発性、共同性、平等主義、多様化、他者に開かれてあることなどによって特徴づけられる。

ヒトが人になるうえでは「共同性」の発達が鍵になるのであるが、それは裏返せば「他者性」の問題でもある。

共同性と他者との関係は表裏の関係にある。基層社会も共同性と他者性の織物として捉えることができるが、特に「他者性のシステム」としての側面が顕著である。【この点については本章では主として神話を手がかりとして論証したい。】他者性と関連してもう一点強調しておきたいのは、基層社会は多様性への強いベクトルを内在させていることである。人間社会の常として基層社会も画一化への方向性と多様性への方向性の均衡の上に成り立ってはいるが、文明のシステムと比べて果てしない多様化への動きが顕著だ。

近代システムの複合（国民国家、資本主義経済、テクノロジー、それらに随伴する近代的思考と価値観）は、人間と社会の基底としての小地域共同体＝共住集団（＝基層社会）を、自己の論理を貫徹することによって変質させ空洞化し解体しつつある。小地域共同体＝共住集団（＝基層社会）自体がある意味でストリート化しつつある。これが本章の議論の前提である。

人文社会諸科学においては今日でもなお、基層社会については、もっぱら政治的支配システムに組み込まれて以降の地域共同体のイメージで論じられることが多いので注意を要する。この事態に対する人文社会諸科学の主流の反応は鈍く、対応策も開発・援助に見られるように、「ユートピア・デザイン」によって自己の論理をさらに貫徹する方向に作用するのがほとんどである。

誤解が生じやすい点なので強調しておきたいが、地域共同体＝基層社会を美化したり理想化したりしているわけではない。人間は地域共同体において人間になったというときの人間は私たちが知っている人間であり私たち自身である。もちろん近代文明と人間の関係に関しては、システムの創発性を考慮に入れるべきであるが。

2　「後背地」としての基層社会

「後背地」は都市成立以降の文明システムと基層社会の関係を示すための概念である。「後背地」についてはこれまで繰り返し書いているので、それを参照していただくことにして、ここでは最小限の説明に止める［たとえば、阿部 二〇〇九］。

人類社会の基層としての地域共同体＝共住集団地域集団の重層化・階層化 本章では、都市が成立し政治や経済など社会の諸機能が分化し析出して自律的なシステムが誕生して以降の基礎社会を全体社会における機能に注目して「後背地」と呼ぶことにしよう。

人類史においてはより大規模な地域集団やより大きな権力が出現しても、それらは、多くの場合、既存の小地域集団を消滅させるのではなく、影響下に置いたり自分の内に組み込んだりする。つまり、既存の地域共同体が蓄積したものを、取捨し、再編し、新しい要素を付け加えるが、人間・文化・社会を再生産する基本的な機能については、地域共同体に依存してきたのである。逆の言い方をすれば地域共同体＝共住集団は、例えば文明システムに組み込まれても、全体社会の基層部分として、相対的な自律性を保って存在し続け、文明システムの影響を変容させて生活という全体性の一部に組み、社会と文化の基底部をかたちづくる材料とし、文化的生物としての人類（人間）（人間と文化の）を再生産するための基本的な機能を果たし続けた。またそのようにして変容したものがシステムに影響を与え、そこに一種の相互作用もしくは循環が成立した。通常あまり注目されないが、これが文明史の重要な側面である。

基層集団の変化はゆるやかで、変化しつつも大きな連続性を保つのが普通であるが、その状況は、地域によっては近代に至るまで続いた。

「後背地」としての生活の場――都市文明の成立 人類史における地域集団のあり方に一つの画期をもたらしたのは、古代都市国家の出現であった。そこでは、地域集団に根拠をもつ活動とその外部に根拠をもつ活動との力関係が逆転する。社会的諸機能を集中させた「都市的中枢」は、自給自足できず、周辺の地域集団―共住集団を、物資や労働力を供給する「後背地」として支配するようになる。従来「後背地」という語は、このような経済的政治的関係に着目して用いられてきたのであるが、ここで提案したいのは、以下に述べるように、「後背地」の概念内容を拡大するとともに、いわば焦点をずらして用いることである。都市的中枢を拠点とするシステムや専門家、知的エリート、官僚などの営みは、人間の可能性の地平を大きく切り拓くが、それ自体では文化的生物としての人間を再生産することができず、その意味では既存の小地域集団―共住集団が果たしてきた機能を全面的に代替することはできない。つまり、自給自足の「生活の場」から離陸した都市的中枢は、物資や労働力のためだけでなく、文化的生物としての人間と社会を再生産するためにも「後背地」すなわち生活の場としての小地域集団―共住集団を必要とする。

古代都市文明の成立後も、文明中枢は、ふつうは、「後背地」に直接働きかけて完全に変質させたり解体したりすることはなく、ある程度の自律性をもたせたままで、それに依存してきた。文明中枢の知的装置やそれを担う知的エリートは、後背地の伝統（習俗）やそれが人間に対して持つ意義を十全には理解できなくても、その重要性には気づいていたようで、長続きする文明は、自己の内外の「後背地」すなわち生活の場とその「習俗」を無闇に破壊するようなことはせず、安定した相互関係を維持していた。それでも、都市文明の成立は、各地の小地域社会が、大きな外的圧力にさらされ、機能のある部分を奪われ変質する歴史の始まりでもあった。

二　基層社会における「他者」と「空」

1　神話――基層社会の世界観

基層社会の伝統と「根源的ストリート化」を関連づけるための予備作業として、まず「他者」あるいは「他者性」

基層社会の世界観を論じる際にはおおむね神話を例として用いることにする。なお、本章においては、「他者」や「他者性」は社会や文化の核をなす主題である。基層社会に普遍的な世界観である神話を手がかりとして検証したい。先に述べたように世界各地の基層社会においては「他者」や「他者性」は社会や文化の核をなす主題である。

2　神話と「他者」

神話は、「世界は、そして人間はなぜこのようであるのか、このようでなければならないのか、その根拠はなにか」という問いに答える物語である。神々や半神、人間などの活躍によって、いま在る世界が形成される奇想天外な物語を紡ぎ出す精神の働きを、「神話意識」と呼ぶことにしよう。

人類社会の草の根の神話意識は身のまわりの世界の在り方を自明のこととみなさず、人間社会を支える規範や制度（というフィクション）の究極の根拠を求めるが、それを社会や文化自体のなかに見いだすことができないので始源へと遡行し、そこで虚無の深淵に直面する。ところが興味深いことに、この深淵は神話意識にとっては、単なる虚無ではなく万物の始源としての無や混沌だ。世界を飲みこもうとする脅威であると同時に、世界の源泉であり、精神と文化が「他なるもの」（絶対他者）に遭遇する場である。その「他なるもの」の神話的イメージが、起源神話の冒頭に登場する「混沌」、「無」、「闇」、「自然」、「宇宙霊」などだ。神話意識が絶対的根源的な「他なるもの」に遭遇すると、虚無の深淵は一転して創成の場となり、世界の自《おの》ずからなる生成や、「他なるもの」による世界創造や、「他なるもの」と人間との協働による世界形成のプロセスがはじまる。精神や制度の究極の「根拠」はそれ自体のうちにはなく、「他なるもの」（他者）との関係にある。これが、神話が開示する真実である。

他者と遭遇した神話意識は、始源の深淵のうえに神と人間、光と闇、生と死、動物と人間、男と女などもっとも基本的な「区別（分別）」が生成する次第を物語る。見方を変えればそれは共同体を支えているもっとも基本的な「前提」に光を当てることであり、そこに矛盾があればそれを明らかにすることでもある。

こうして世界の基本構造は出来上がった。人間たちはその世界に人や集団を結び統合する観念（共通の祖先など）や制度、贈与交換のシステム、挨拶、社交、タブー、儀礼、遊び、物語など、「文化」や「習俗」と呼ばれるクモの糸を張りめぐらせる。このクモの糸こそが、じつは、「人間が人間であるための」、あるいは「人間社会が人間社会であるための」仕掛けにほかならない。神話は、この仕掛けの起源と根拠を物語ると同時に、その仕掛けの一部であり、また仕掛けを支える力でもある。神話にあっては、認識し想像し物語ることは同時にかたちづくることでもあるのだ。

虚無の深淵に張り巡《めぐ》らされたクモの巣……。人間社会の基盤は脆弱なもので、人間の不断の努力がないと維持できない。だが神話意識は、虚無の深淵に直面しているにもかかわらず、現代人に深く浸透しつつあるいわゆるニヒリズムやシニシズムとは対極にあるように思われる。かといって進歩と開発を求めて止まない能天気な楽天主義でもない。神話は、一方では世界を根底から相対化し、他方では基底的な秩序を生みだす。神話においては、世界を徹底的に相対化することと「肯定の意思」が矛盾なく併存している。

本格的な（典型的な）創世神話に限らず神話は「他者との遭遇による世界の形成あるいは変容の物語」だ。アフリカからスーダン南部のルグバラ人の例を挙げてみよう。

ルグバラ人自身の神話論によれば、ある存在が社会外的な領域から社会内的な領域へと移り、そこに定まった位置を占めるに至る過程を物語るのが神話である。ある未知の存在がルグバラの視界の果てから立ち現われたとき神話過程が始まり、その存在との交渉によって自他が変容して新しい秩序が形成されたとき神話過程は終わる。例えば、ルグバラの地平の彼方から出現したヨーロッパ人は、頭で跳ね歩き、時々地中に消えてはまた現れる怪物だった。この怪物がルグバラ人を遭遇すると今のような人間の姿になり、同時にルグバラの社会とルグバラ人にも何がしかの変化が起こった。地平の彼方からヨーロッパ人が出現した時神話的物語が始まり、両者の交渉が確立した時点で物語は終わる［阿部　二〇一三、Middleton 1958］。

もう一つ例をあげておこう。新大陸の神話にはやがて来る他者が占めるべき位置を残しているものがある［出口　二〇一一、Levi=Strauss 1964-1971］。

基層社会が他者性の織物であることは先に述べた通りで、そのことを示す例は神話のほかにも無数にある。アフリカの諸民族の伝統には、深層の自己は他者であるとするものが珍しくない。創世の神は世界創造を終えると、下位の霊や人間に世界の管理を委ねて地上を去ったが、生と死だけは自分の管轄事項としていて、各人が生まれる時自分の一片もしくは分身を与える。これがその個人の深層の自己であり運命である。赤ん坊が祖先の名に因んで命名されると、その祖先の霊が宿る。個人はその霊を含めて十全な存在となる［阿部　二〇一三］。

基層社会における他者性についてはここまでにしておこう。

3　神話における「空」——神話の「往相」と「還相」

関根は「往相」「還相」という語を用いている。それとは独立に私は神話意識の運動を記述するために、仏教用語から借用して同じ語を別の意味で用いてきた。

私の用法では、神話意識が日常的現実や制度の根拠を求めてすべてを括弧に入れ相対化しつつ始源＝空に向かうのが往相であり、そこから現実世界を形成する過程が還相であるが、これは仏教における「往相」「還相」とは本質的に意味が異なる。ここには人類社会に普遍的な神話といわゆる普遍主義的宗教の違いを考えるための手掛かりがあると考えている。いずれにしてもこの語は人類が世界や制度をどのように捉え経験するかに関わる核心的な問題を孕んでいるのではないか。理論的によく練られた関根の用法と比べて私のは多分に直観的だという難点はあるが、これら三つの用法を比較すると何か興味深い問題をひき出すことができるかもしれない。

神話意識の運動を先の記述とはやや異なる観点から記述してみよう。神話は言葉による表現としては世界の始まりから現在の世界の成立までを通時的に（時間系列に沿って）語るのであるが、神話意識自体は日常的現実＝世界に棲息しそこに深く根を下ろし、日常的な事象を対象として作動しはじめる。後で述べるように反対の見方が流布しているようなので強調したいが、神話を生きる人びとは、私たちが自明としている日常的現実や制度などを自明のこととしないで、執拗にその起源と根拠を問う。なぜ人間は生殖によって子孫を残すようになったのか、つまり何故性の区分をするようになったのか。何故生と死、動物と人間、善と悪……を区別するのか。こう問うて神話意識は世界を構成していて、私たちが自明の前提としているもとも基本的な概念的な対立や区分（分別）が存在しない状態を想像しようとする。【この営みの果てに神話意識は自他、生と死、善と悪、動物と人間、男と女、昼と夜などの区分のない始源に到達する。】世界を「区別」（分別）というもののない白紙に戻してしまうのが尋常でないことは、自分で試してみればすぐにわかる。私たちは、人間も、人間の意識も、世界も存在しない状態を想像しようとなどと思うだろうか、想像できるだろうか。神と人間、自己と他者、光と闇、生と死、自然と文化、動物と人間、男と女などの「区別」が存在しない世界を想像し経験できるだろうか。

こうして神話意識が到達する神話的始原が大乗仏教の「空」を連想させるといえば、見当ちがいだと一蹴されるだろうが、大乗仏教の「空」と概念的な区分（分別）を括弧に入れた後に到達する創世神話の「始源」に通底する人類精神史の地下水脈があるように思われる。ただし、仏教が宗教として内面世界と生き方の探究に特化し深化してゆくのにたいして、神話的想像力は社会と文化を含む人間世界の根源と全体構造に関わるという点を忘れてはならない。

近代文明の外部にいる人びとは因習に囚われていて、自分でものを考えることなどないと思い込んでいる現代人には理解がむずかしいかもしれないが、自律的な生活共同体で生きる人びとの精神は根本的（ラディカル）かつ全体的であり、他者（他なるもの）に対しても異質な二つの現実に対しても開かれている。開放性を自称する現代文明の方がかえって他者と外部に対して閉ざされている。

神話は、一方では世界を根底から相対化し、他方では基底的な秩序を生みだす。神話においては、世界を徹底的に相対化することと「肯定の意思」が矛盾なく併存している。これも近代人には理解しにくいのではないだろうか。

三　基層社会＝後背地の方法の普遍性

1　「生活」――神話の土壌

世界の始まりを問う神話は、元来、草の根の「自立的で自律的な」生活共同体の共同制作によって生みだされ口頭で伝えられるものだ。生活共同体としての地域コミュニティは社会の基盤であり、人間を生み、人間をつくる場である。神話はそこでの生活の構成要素であり、その創造性と全体性の表れである。

「なぜ、草の根に生きる普通の人びとが……」という疑問が出されるかもしれない。「世界のはじまり」や文化のもっとも基本的な「前提」などという主題は、「思想」の専門家の書斎や、宇宙物理学者の研究室にこそふさわしく、普通の人びとの暮らしにはなじまないのではないか……。この疑問は後ほど改めてとり上げることにして、まずは神話を生みだした土壌を考えてみよう。

神話を生みだし、伝承した社会の多くは、国家も文字ももっていなかった。強大な中央権力も、文字で固定された権威ある世界観もない。自立的な小集団が互いに拮抗していて、ある時は協同し、ある時は戦った。集団の内外で秩序は不安定で流動的だっただろう。それぞれの小集団がこうした状況のなかで秩序を生産し、再生産し、生活の場で直面する問題に自前で対応しなければならなかった。自給自足というと食料など生活物資のことだけが考えられがちだが、自給自足は本来、規範やルールをふくめて、共同生活を維持するために必要なすべてを自前で創りだすことをも含むのだ。生活の場で、文化的動物であるという人間の条件に直接向き合い、人間が人間として生きつづけることを可能にする規範や価値観を（他集団から借用した要素も組み入れながら）自分たちでつくりだし維持しなければならない。規範や制度を自前で根拠づけなければならない。神話はそのための重要な装置として共住集団が生みだしたものだ。それは、真実の開示、世界と人間的生の形成、そして歓びの源泉として公《おおやけ》の場で朗誦され演じられる。

2　人間——神話を生きる生物

世界中至るところで、ごく普通の狩猟民や農耕民や牧畜民たちが、神と人間、光と闇、生と死、動物と人間、男と女などの「区別（分別）」の存在しない始源（原）への遡行を試みた。彼らが紡ぎ出す創世神話の構造はほぼ普遍的である。ここで幾つかの質問が出されるだろう。創世神話が普遍的なのはなぜか。あるいは、「世界のはじまり」や「世界の根拠」などという主題は、ふつうの人びとの暮らしの場にはなじまないのではないか。これらの問いに対する答えは、人類という生物の特性自体のうちにある。

人類は「文化的動物」だ。文化を生みだすと同時に文化によってかたちづくられ、文化に依存し、文化なしには生きられない。人間の本能は、他の動物にくら（比）べて曖昧で可塑的なので、本能だけでは生存できない。子どもを産み育てるにも、人類はそれぞれの集団の仕方（文化）にしたがう。人類という生き物は本能だけでは、子孫すら残せないのだ。

蜂の住まい（巣）と人間の住まい（家屋）は異なる。蜂の巣は自然に属するが、人間の家屋は文化の産物だ。人類は、自分の身体を変える代わりに文化を発達させることで環境に適応し、文化を通じて自己の可能性を実現してきた。いうまでもなく、人間は自然の一部であり、社会・文化もある意味では自然の産物だが、個々の観念や制度が自然という源泉から直接的、必然的にしょう（生）じるわけではない。個別的で具体的な観念や制度の根拠が、それ自体のうちにあるわけでもない。人間の生活と社会を支えているのは人為的な約束事・フィクションなのだ。なんらかの仕方で根拠づけ納得しないことには、人間は、この約束事・フィクションを受け入れ、共有し、世代から世代へ伝承することができない。その根拠づけを担うのが神話なのである。

近代社会はこうした神話を、幼稚なフィクション、不合理な世界観の表れとしかみない。では立場を変えて神話を光源として見ると、近代社会のどのような姿がみえてくるのか。

四　システム複合としての近代

1　近代システムの素描

グローバリゼーションやそれに伴う「ストリート化」を押し進めるのはどのようなシステムなのか。本章で必要な範囲で次のように単純化しておこう。

近代人は自分たちの社会について、「自律的で主体的な個人の競争によってつくられる合理的で自由で平等な開かれた社会」というゆるぎない自己イメージを持っているが、国民国家と市場経済とテクノロジーからなる近代的複合システムの自己運動は、そうした近代的イデオロギーとは異質な原理にもとづいている。近代人の思い込みと現実の間には大きなギャップがある。現代社会は、国民国家、商品貨幣経済（資本主義経済）、科学技術（テクノロジー）とそれらを支え正当化する記号の体系と近代的価値観（イデオロギー）の複合システムによってかたちづくられている。この複合システムは、「生活」のあらゆる側面を支配下において自らの論理を貫徹し、グローバリゼーションによって、閉ざされた一元的世界を形成しつつある。

資本主義経済は国民国家とテクノロジーと手を組んで肥大化し、人間活動のあらゆる場面に浸透し、生活の営みを次々と商品化し、貨幣が貨幣を生む過程に巻き込むとともに、「競争」というメカニズムを利用して個人や集団を選別し適応を強制して人間世界を地球規模で画一化しつつある。

テクノロジーは、国民国家・資本主義経済と手を組んでミクロ、マクロの双方に向けて科学的世界理解を果てしなく進めるとともに、自らの観点から説明できないものは存在しない（あるいは、現実でない）という信念を浸透させる。テクノロジーは一方で地球環境を攪乱し変容させ、多様性を縮減し、すさまじい勢いで他の生物種を絶滅に追いやるとともに、他方で人間自体をも変えつつある。遺伝子操作や生殖医療などによって、人間の欲望のおもむくままに進化のプロセスにまで介入する。加速度的に発達し続けるテクノロジーに実効性をもって拮抗する力のある世界観や方法は、今のところ存在しない。

こうして近代的複合システムの自己運動は全体として「外部」と「他者」を排除していく。

この複合システムの支配の下で社会と人間はどのような様相を帯びつつあるのか。

神話との関連で次の点に注目したい。

2　近代システムがつくる世界

生活の場（後背地）の空洞化・解体と手段の目的化　現代社会では、たかだか数百年前から自律的な領域として発展してきたばかりの近代的システムが生活世界（地域共同体＝後背地）を支配し、いわば植民地化する。近代社会においては基層社会＝後背地自体がストリートと化している。ここに近代システムの特徴がある。ここに関根のいうストリート・エッジに当たるものが生じるだろうか。都市的文明の誕生以来、生活共同体としての地域共同体は中央権力と巨大システムの支配下に置かれてきた。しかし近代以前の文明は末端の地域共同体の内部にはあまり介入せず、長《おさ》もしくは代表者を介して共同体単位で支配するのが普通であった。生活世界地域共同体＝後背地は人間が人間になり人間として生きる場である。生活世界（とくに生活共同体としての地域社会）は人類史を凝縮しており、人間の自発性と自律性の拠点であり、神話を生みだす土壌でもある。生活の場の創造性は神話や習俗を観察すれば明らかであるが、国民国家と資本主義経済はこの生活世界を手段として利用することで、自発性と全体性と創造性を破壊する。本来、手段であるはずのシステムが、目的であるべき「生活」を手段化するという倒錯が生じ、生活世界が変質し空洞化する。人間たちはある種の思考停止におちいってますます深くシステムに依存し、その結果、人間がさまざまな苦悩に襲われるだけでなく、社会全体も危機に直面しつつある。

個人の分断と直接支配――欲望の創出と操作　近代的システムの支配には、おそらく人類史上初めての特徴がもう一つある。近代システムは自律的な個の共同性を約束したはずだが、現実には個々人を分断したうえで直接支配し、その支配は身体にまで及ぶことだ。これに対して近代国家は、領域内に住む人間をばらばらの個人に分断し、生殺与奪の権を掌握し、生産、消費、教育などだけでなく、生老病死まで直接の統制下におく。注目すべきは、こうした支配を支え促進するのは人間自身の欲望であることだ。システムはシステムの目的に適合する欲望を創出し、欲望を操作することによって個人を支配しシステムに同調させる。

近代システムは、「便利さ」や「豊かさ」を約束して欲望を肥大化させる。欲望を媒介にする近代システムの支配は意識の範囲を超え、遺伝子操作や生殖医療などをとおして進化のレベルにまで及ぶ。人間はシステムが生みだす欲望を内面化し、システムに過剰適応し、自らの欲望の充足を追求すればするほどより深くシステムの運動に巻き込まれ、結果的には好むと好まざるにかかわらず、「主体的能動的に」システムの維持発展に寄与することになる。

人間が貨幣商品経済に巻き込まれる過程が典型的な例だ。人間の欲望によって巨大化し精緻化したシステムは、便利さや豊かさだけでなく新たな苦悩と危機をもたらすが、私たちはこの循環をなかなか自覚できないし、脱することもできない。

M・フーコーは、個人の身体を把握し操作する近代国家の「ソフトな」権力を生・権力と呼んだが、必要とあれば、国家権力は別の貌を現す。もっとも近代的現象である総力戦がいい例だ。暴力的威圧的な側面を露わにした国家権力が、生活の場である地域共同体にまで徹底的に介入し、戦争協力組織へと変質させた。戦後はこれに代わって経済が天下を取り、「高度経済成長」が錦の御旗になった。

閉鎖性・画一性の促進　先に述べたように、「開かれた社会」という近代の自己イメージに反して、現代社会では人間は急速に肥大化するシステムが支配する閉ざされた閉鎖的一元的な世界に生きている。この点についてはすでに近代システムの複合について述べた通りなので、繰り返さない。

自明性の喪失と思考停止　自明性の喪失という問題。共有される意味は、生活共同体でのコミュニケーションによって生みだされ、同時にそれを支えてもいる。人間を人間足らしめるのはこのコミュニケーションである。これに対して、近代が強調する個の自律は自己中心的な思考や共同性の喪失として現実化して、共有されている意味の体系と自明性の基盤を切り崩す。こうした個々人の動向だけでなく、意味と目的の源泉である「生活」を手段の体系として支配する近代社会のあり方自体も、自明性の喪失とある種の思考停止をもたらす。自明性が失われ、誰もがこれまで深く考えたことのなかった根本的な問題に日々の暮らしの場で直面する。

生と死の区別がその一例だ。私たちは、何をもって人間の「死」とするかが国会で議論されるという事態を経験した。また「男であること」「女であること」も改めて問い直され、性のさまざまなあり方が「人権」の問題として論じられるようになった。生殖技術の発達によって、性行為と妊娠、妊娠と出産がかならずしも直結しなくなりつつある。子孫を残すこと（種の保存）を至上命令と感じない人もすでに珍しくない。子どもを産み育てるという社会にとって基本的な営みは、常《つね》に経済や政治の手段として扱われる。

あるいはまた、「なぜ人を殺してはいけないのか」という子どもの問いに対して大人が口ごもる。事態がこのまま進めば遠からず、そもそも善悪の対立とは何かということ自体が、誰もが直面する普通の問いになるだろう。これまでは善悪の基準は時と所で変わっても、善悪の対立自体は自明のこととされてきた。しかし、手段の体系としてのシステムが支配的な社会では、一方で法律とルールによって管理される部分が次第に大きくなり、他方で善悪の観念自体が曖昧になり、生活の場で自生する道徳の影はますます薄くなっていくだろう。

それらすべての基盤にあるはずの「人間」という観念自体が、自明ではなくなろうとしている。

ＤＮＡ研究の進展やロボットやサイボーグや移植医療の発達によって他の生物や機械との境界が、遺伝子工学や認知科学などの発達によって個体のアイデンティティが、曖昧になるかもしれない。いままで気づかれなかった人間の多形性や可能性が明らかになり、あるいは遺伝子レベルでの人間のデザインや機械環境と融合する人間の製造が可能になれば、私たちは人間観自体を再編する必要に迫られることになるだろう。

この状況認識・時代認識自体には、とくに新しいところはない。たとえば既存の概念装置や価値の解体については、近代の終焉あるいはポストモダンの時代の到来とするそれ自体近代的な言説が流行ったことがある。とくに人間概念の揺らぎは、近代的人間観の終焉というポストモダン論好みの主題だ。しかしここでの関心は神話との関係にあるので、そうした議論には深入りしない。

漂流する文明——私たちはどこへ行くのか　現代社会（文明）は「他者」と「外部」を排除し、閉ざされた一元的社会をつくる。そこでは異質な他者に出会うことも、他者と外部を排除する文明では内部の者が文明全体を客観的に見て相対化する手がかりがないので、文明がどこへ向かおうとしているのか見ることもむずかしく、またその方向性をコントロールすることも難しい。意味も目的も定かでない欲望を燃料とする文明は羅針盤も碇もない巨艦さながら、見方によって漂流しているようでもあり、疾走しているようでもあるが、いずれにしても加速度的に変化して止まるところを知らない。繰り返しになるが、現代文明というこの巨艦の内部では社会も生活も人間の思考も、手段の体系の自己運動に巻き込まれ、生活の場での共同性（共感能力）や生活の目的、規範など、人間世界の基底を支える営みがやせ細り、生きるということの根幹が次第に曖昧になりつつある。

3　近代システムと後背地の方法

神話の死――神話なき「神話の季節」

ストリート化もロンドンのヒンズー寺院建立も「ネオリベ的グローバリゼーション」という環境のなかで起こっている。後背地や神話はこの現代的状況とどのような関係にあるのだろうか。

イギリスの宗教学者アームストロングにとって、近代と神話の関係は逆説的だ。彼女によれば、人類史には神話産出活動がとくに活発な「神話の季節」とも呼ぶべき時代がある。それは大きく変化する環境のもとで、精神と社会が新たな困難に神話をもって立ち向かう危機の時代だ。アームストロングは「神話の季節」にあたるものとして、狩猟民の経験、農耕の始まり、古代都市文明の始まり、枢軸時代、近代文明の始まりを挙げる［カレン・アームストロング『神話がわたしたちに語ること』角川書店　二〇〇五］。近代化という実験のもっとも重要な、そしておそらくもっとも悲惨な結果は「神話の死」だ。現代は大変動と危機の「神話の季節」だが、危機において人類を支えてきた神話はすでに死んでしまった。現代は、神話なき「神話の季節」、逆説的な「神話の季節」ということになる。彼女は、神話が死んだ現代の「荒野」で神話の叡知を私たちのうちに呼び覚まそうと努めてきたのは宗教家ではなく作家や画家であるとして、「ゲルニカ」のピカソなどの名を挙げているが、神話と近代の関係を別の観点から見ることもできるのではないだろうか。

神話を光源にして　神話と近代の関係はナチスの「血と土の神話（アーリア神話）」のような不吉なものでしかあり得ないというのが、今日の常識であろう。果たしてそうか。近代文明の現状は、むしろ神話を身近なものにしつつあるのではないだろうか（それは基層社会の世界観と方法が身近になりつつあるということでもある）。

私たちは今日、自明性が次第に失われる世界にあってなすすべを知らない。だが神話意識は元来何事も自明のことせず、果敢にその根拠を問うて、世界を成り立たせる基本的な「区別（分別）」を相対化して始源（原）へと遡行する。神話意識はそこで、人間と文化にとっての他者（絶対他者）に遭遇する。身のまわりの環境世界と始源（原）を混同はしないが、そのいずれかだけが現実だとは考えないで、両者を関係づける工夫をこらしつつ異質な二つの現実を生きる。

神話は、一方では世界を根底から相対化し、他方では基底的な秩序を生みだす。神話においては、世界を徹底的に相対化することと「肯定の意思」が矛盾なく併存している。いま私たちに必要なのはこの姿勢と能力だ。

私たちの前に一つの謎が立ちはだかっている。

近代文明を生みだし押（推）し進めている「人間」とはいかなる存在なのか。いまや人間は他の生物にとっても世界にとっても、人間自身にとってすら深刻な「問題」と「謎」を孕んだものとして立ち現われつつある。そしてここでも私たちは、思いがけないかたちで草の根の神話と再会することになる。創世神話の真の主題は人間自身の起源だ。人間が人間になることによって、世界もまたいま在る世界になったのだ。アフリカの創世神話は「人間はなぜ人間になったのか」と問うている。神話はまた、神々と他の生き物たちが、将来人間が及ぼしうる悪影響を危惧して、人間を絶滅させるべきかどうかで激論を戦わせたとも語っているのだ。

創世神話の多くは、人間も世界も究極的な他者との遭遇と分離によって成立したと物語る。近代文明を生きる私たちはそこに如何なるメッセージを読みとることができるだろうか。

おわりに

本章では、もっぱら近代文明の負の側面を指摘してきたが、もちろん近代文明を全否定しているわけではない。自律性を獲得し自己目的化した近代文明の創造性やそれが生みだす豊かさを私たちは日々経験している。他方、地域共同体はこれとは異質な創造性を備えており、その世界観と方法の表れである神話は世界の生成を物語る、いわば究極の構想力である。

両者の新しい関係は、閉ざされた近代文明を拓く突破力を生みだすにちがいない。

参考文献

阿部年晴
二〇〇九　「覚え書・後背地論からみたストリート」関根康正編『ストリートの人類学・下巻』国立民族学博物館。
二〇一三　『アフリカの創世神話』（新装版）紀伊國屋書店。
Middleton, J.
1958　The Lugbara of Uganda, in Middleton and D. Teit (eds.) *Tribes without Rulers*, Routledge and Kegan Paul.
出口　顕
二〇一一　『神話論理の思想――レヴィ＝ストロースとその双子たち』みすず書房。
Lévi-Strauss, Claude
1964-1971　*Mythologiques I-IV* (1964 Le cru et le cuit; 1966 Du miel aux cendres; 1968 L'Origine des manières de table; 1971 L'Homme nu), Paris, Plon
アームストロング、カレン
二〇〇五　『神話がわたしたちに語ること』角川書店。

あとがき

何事も一人の力でできることは限られている。そのことを、今回もまた強く教えられた。ここに『ストリート人類学』なる書物が完成できたことは、一つの奇蹟なのであり、二〇人余の共同研究者の協働の軌跡なのである。研究が進んでいるのか、深まっているのか、よく分からない暗中模索の時間経過の中で、振り返ってみれば、何かが、はじめには予想できなかった何かが、やはり生まれていたのだ。時間性の賜物である。それ自体が、有り難い「記号過程」であったし、それは未だ一区切りに過ぎない。これからも、新たな記号過程が待っている。楽しみである。この書物が世の中に現れて、新たな文脈を獲得して、未踏の解釈地平が拓かれていくとしたら、望外の喜びと言う以外にない。

まず特筆すべきは、野村雅一先生がこの繰り返した長い共同研究に同伴してくださったことである。一九九八年開始の「都市的なるもの」の共同研究会以来である。足かけ一八年に及ぶものであり、それが深い影響を与えていることは言を俟たない。本書に寄せていただいた総括討論で明らかなように、野村先生は、更なるストリート人類学を構想してやまない。編者の愚直なこだわりを、広く高くそして深い視座を持って見守り教示してくださった学恩は計り知れない。先生は、二〇一六年にご体調を崩され、思うようには執筆活動ができない状態となったが、二〇一五年度の最後の研究会においてきわめて重要な総括コメントを残されたので、本書にはそれが収録されている。その内容はストリート人類学の来し方行く末を示すものであり、いくつもの卓見が教示されている。

もう一つ、心底からの感謝の念をもってここに記しておきたい。私たちのストリートの人類学の共同研究を長く支えてくださいました阿部年晴先生が二〇一六年一一月一五日に逝去されました。一九日の告別式に参加してお別れいたしました。長い闘病生活をしながら、阿部人類学を私たちに手渡しでお教えいただきました。先生は最後の力をふり絞って、私の拙い二〇章と結章をお読みくださった上で、それへのコメントも含めて本書のストリート人類学に寄せる御原稿を書いてくださいました。それを総括討論として掲載させていただきました。ご無理をさせてしまったかと悔恨の気持ちがあります。言うまでもなく、心動かされる素晴らしい文章です。その文章の宛先は、明らかに現代社会の波頭で、特に底辺で苦悩する人々であります。その広く深く遠くに届く先生の言葉が集大成のように紡がれて、そこにあります。最後の命を燃やして書かれた御原稿に触れたとき、そのすがすがしい文章に、表現しがたいほどの感動を覚えました。その気持ちを電話で直接先生に伝えましたら、それは何より嬉しい言葉だとおっしゃっていただきました。それが私とかわした先生の最後の言葉であり、先生の研究者人生を体現した言葉だと感得しました。病の中にあっても最後の最後までその精神は傲然と屹立していました。なんと素晴らしい人間なのだろうとあらためて感嘆した次第ですし、そういう阿部先生に出会えた幸運を深く噛みしめました。本書にこの先生の魂の言葉を収めることができたことのありがたさを感じますし、阿部先生は私たちの中にずっと生きていくものと確信しています。

すでに述べたように、本書に結実した「ストリート人類学」研究プロジェクトは、「都市的なるもの」を問うことに起点があったとすると一八年間の長きに及びました。その間に、本書執筆者をはじめとして内外の多くの研究者に支えていただいたことに感謝申し上げます。特に、岩田慶治先生の紹介で知り合いになることができました松本博之先生（奈良女子大学名誉教授）には、研究会を継続するにあたって様々なお気遣いをいただき見守っていただいたことを、有難きことと心にとめ、深謝いたします。

こうして本書において一応の結実をみた、長きに渡るストリート人類学プロジェクトには、直接的には言及されることは少なくとも、ふたりの際立った地理学者かつ人類学者である川喜田二郎先生と岩田慶治先生の思想と学問が土台にあり、その影響は本書のさまざまな行論で繰り返し蘇り反響していることは疑いありません。両先生は、土地と人間と宇宙をつなぐ創発性をめぐって展開された脱文化的な人類学の沃野を示し続けてくれたからです。その学問の軌跡は間違いなくそれぞれの創造人類学であり、ひとつの宇宙人類学でありました。ストリート人類学は、未完ながらその系譜に連なる大望だけは宿しています。そのことだけはここに書き留めておきます。

最後に、昨今のますます厳しい出版事情の中にもかかわらず、大人数の執筆者になる大部の専門書の出版を即座に快諾していただいた風響社の石井雅社長の思想と胆力に対して、深甚なる謝意を表します。朝日由実子さんの仲介で石井氏にお会いできましたが、最初の面談で本のタイトルは「ストリート人類学」で決まりと言い抜いていただいたことは、私の中でも我が意を得たりと想い、鮮やかな印象として残っています。

なお、本書の出版に際しては、平成二九年度日本学術振興会科学研究費補助金（研究成果公開促進費、課題番号：17HP5115）の交付を受けた。記して感謝を申し上げます。

追記　本書の校正を進めている二〇一七年九月九日に野村雅一先生が永眠されました。誠に残念至極ですが、心より哀悼の意を表します。そして、本書を野村雅一先生の御霊前に捧げます。

編者

本書は、下記のような、二〇〇四年以来の二度の科研助成および民博の二度の共同研究会の成果を公刊するものである。ここに記して心より謝意を表します。

（1）二〇〇四―二〇〇七　民博共同研究会「ストリートの人類学」を組織
（2）二〇一一―二〇一四　民博共同研究会「ストリート・ウィズダムとローカリティの創出に関する人類学的研究」を組織
（3）二〇〇六―二〇〇九年度　トランスナショナリズムと「ストリート」現象の人類学的研究（科研費助成事業、代表：関根康正）
（4）二〇一一―二〇一五年度　ストリート・ウィズダムと新たなローカリティの創発に関する人類学的研究（科研費助成事業、代表：関根康正）

（1）と（3）の成果としては、すでに『ストリートの人類学 上巻、下巻』国立民族学博物館、二〇〇九年が出版された。
（2）の総計で一〇回行われた民博共同研究会の記録は以下のようである。記して共同研究員諸氏のご協力に謝意を表します。何人かの方は事情で寄稿がならなかったが、本書の研究成果に直接的・間接的に反映していることを確認できる。

二〇一一年度共同研究会

【館内研究員】岸上伸啓
【館外研究員】朝日由美子、小田亮、北山修、Gill, Tom、鈴木晋介、近森高明、西垣有、野村雅一、丸山里美、南博文、森田良成、和崎春日

二〇一一年一〇月二九日（土）一三：三〇〜一八：三〇（国立民族学博物館　第三セミナー室）
関根康正（関西学院大学）共同研究の趣旨説明
トム・ギル（明治学院大学）「福島原発の被災地域をめぐって」
全員討論「共同研究の課題をめぐって」

二〇一二年一月二二日（日）一三：三〇〜一八：三〇（国立民族学博物館　大演習室）
姜竣（京都精華大学）「街頭紙芝居を育んだ町（まち）と街（まち）」
関根康正（関西学院大学）「ストリート人類学の第二ラウンド」
全員討論

二〇一二年度共同研究会
【館内研究員】岸上伸啓
【館外研究員】朝日由実子、阿部年晴、小田亮、姜竣、北山修、Gill, Tom、鈴木晋介、高坂健治、近森高明、内藤順子、西垣有、野村雅一、古川彰、丸山里美、南博文、森田良成、和崎春日

二〇一二年五月一三日（日）一三：〇〇～一八：三〇（国立民族学博物館　第三セミナー室）
サラ・ティーズリー「グローバルデザイン史の方法論をめぐって」
関根康正「ローカリティの生産と変質――ロンドンの南アジア系移民のヒンドゥー寺院建設活動」
全員討論と打ち合わせ

二〇一二年七月二一日（土）一三：〇〇～一八：三〇（国立民族学博物館　第四セミナー室）
野村雅一（国立民族学博物館名誉教授）「冷戦と経済成長・開発（デベロプメント）――ギリシャからの展望」
森田良成（摂南大学非常勤講師）「映像作品『アナ・ボトル――西ティモールの町と村で生きる』をめぐって」
全員討論と打ち合わせ

二〇一二年一二月一五日（土）一三：〇〇～一九：〇〇（国立民族学博物館　第五セミナー室）
サラ・ティーズリー「日本の家具製作に見るグローバルデザインヒストリー」（仮）
小田亮「災害ユートピアと日常性」
村松彰子「仮設という暮らし」
総合討論と打ち合わせ

二〇一三年一月一三日（日）一三：〇〇～一九：〇〇（国立民族学博物館　大演習室）
門脇篤（門脇篤まちとアート研究所代表）「震災後のコミュニティとアート」
高坂健次（関西学院大学名誉教授）「個的体験事実と全体的客観事実とのパラドクス――Frustrated achiever、民工、セクシャル・マイノリティー」
全員討論と打ち合わせ

二〇一三年度共同研究会
【館内研究員】岸上伸啓
【館外研究員】朝日由実子、阿部年晴、小田亮、姜竣、北山修、高坂健治、鈴木晋介、近森高明、Gill, Tom、内藤順子、西垣有、根本達、野村雅一、古川彰、松本博之、丸山里美、南博文、森田良成、和崎春日

二〇一三年六月二九日（土）一三：〇〇～一九：〇〇（国立民族学博物館　第四セミナー室）
田嶌誠一（九州大学）「児童福祉施設における暴力問題の理解と対応」
飯嶋秀治（九州大学）「施設と暴力――児童福祉施設で人類学者として何を体験したか」
総合討論

二〇一三年一〇月二七日（日）一三：〇〇～一九：〇〇（国立民族学博物館　第四セミナー室）
南博文（九州大学）「都市の精神分析――ニューヨークと広島における抵抗と抑圧」
北山修（九州大学名誉教授）「見るなの禁止――由来とその現在」
総合討論

二〇一四年度共同研究会

【館内研究員】岸上伸啓
【館外研究員】朝日由実子、阿部年晴、小田亮、姜竣、北山修、高坂健治、鈴木晋介、近森高明、Gill, Tom、内藤順子、西垣有、根本達、野村雅一、古川彰、松本博之、丸山里美、南博文、森田良成、和崎春日

二〇一四年一〇月二六日（日）一二：〇〇～一九：三〇（国立民族学博物館　第六セミナー室）
根本達「野生の仏教序説──現代インドを生きる仏教僧佐々井秀嶺と『当事者になること』について」
朝日由実子「『エスニック・タウン』とストリート」
丸山里美「イギリスのスクウォット運動」
関根康正「ストリート人類学の展望」
成果に向けての討論

二〇一四年一二月二〇日（土）一二：〇〇～一九：三〇（国立民族学博物館　第一会議室）
丸山里美「イギリスのスクウォット運動」
鈴木晋介「伝統野菜の復興──背景と問題の所在」
西垣有「近傍論──ローカリティの創発へ向けての一試論」
関根康正「ストリート人類学の挑戦」
野村雅一「総括コメント」
総合討論

ワ

マ

ヤ

ラ

ナ

ハ

タ

サ

カ

索　引

倫理」（小田亮編『グローカリゼーションと共同性』、成城大学グローカル研究センター、2010年）、「アクチュアル人類学宣言！」（『社会人類学年報』40巻、2014年）など。

村松彰子（むらまつ　あきこ）

1976年、静岡県生まれ。

2010年、成城大学大学院文学研究科博士課程単位取得退学。博士（社会人類学）。

専攻は、文化人類学。現在、相模女子大学人間社会学部講師。

論文として、「物語化された死者儀礼：沖縄島の『ミーサァ』をめぐる『ユタ』のクライアントの語りから」（『琉球・沖縄研究』早稲田大学琉球沖縄研究所、2007年）、「『沖縄的な知』は商品なのか：人びとの日常的な〈つながり〉の視点から」（『常民文化』成城大学大学院、2010）、「ほんものの作り手であり続けること：「紅型」と「琉球びんがた」のあいだのずれ」（床呂郁哉・河合香吏編『ものの人類学』、京都大学出版会、2011年）、「アクチュアリティの世界を生きる」（小田亮編『グローカリゼーションと共同性』成城大学グローカル研究センター、2010年）など。

西垣　有（にしがき　ゆう）

1976年、京都府生まれ。

2012年、大阪大学大学院人間科学研究科博士後期課程単位取得退学。博士（人間科学）。

専攻は、文化人類学、モンゴル地域研究。

現在、関西大学非常勤講師。

主論文として、「都市のテクノロジー：モンゴル・ウランバートル市の都市化とコンパクトシティ計画」（『文化人類学』75巻2号、2010年）など。

阿部年晴（あべ　としはる）

1938年、和歌山県生まれ。

東京大学大学院生物系研究科文化人類学専門課程博士課程単位取得退学。

専攻は、文化人類学、アフリカ研究、神話論、文明論。

埼玉大学名誉教授。2016年没。

主著書として、『地域社会を創る ― ある出版人の挑戦』（さきたま出版会、2014年）、『近縁のアジア ―〈ケガレ〉が問いかけるもの』（明石書店、2007年、共編著）、『苦悩することの希望 ― 専門家のサファリングの人類学』（協同医書出版社、2014年、共著）、『呪術化するモダニティ ― 現代アフリカの宗教的実践から』（風響社、2007年、共編著）、『アフリカ入門』（新書館、1999年、共著）、『民族の世界（上・下）』（小学館、1990年、共編著）、『アフリカ人の生活と伝統』（三省堂、1982年）、『現代文化人類学』（弘文堂、1978年共著）、『アフリカの創世神話』（紀伊國屋書店、1965年）、論文として「覚書･後背地論から見たストリート」（『ストリートの人類学』下巻SER81、2009年）、「アフリカを語るための覚え書」（『アリーナ』4号、2007年）、「『後背地』から：アフリカの妖術」（『宗教と社会』11(0)、2005年）、「都市と妖術」（『比較文明』5号、1999年）、「“未開と文明”再考」（『比較文明』創刊号、1985年）など。

野村雅一（のむら　まさいち）

1942年、広島県生まれ。

1968年、京都大学大学院文学研究科修士課程修了。文学修士。

専攻は、文化人類学、演劇人類学、身体コミュニケーション論。

国立民族学博物館名誉教授。2017年没。

主著書として、『地域社会を創る：ある出版人の挑戦』（さきたま出版会、2014年）、『苦悩することの希望：専門家のサファリングの人類学』（協同医書出版会、2014年）、『辺縁のアジア：〈ケガレ〉が問いかけるもの』（明石書店、2007年、共編著）、『表象としての身体』（大修館書店、2005年、共編著）、『しぐさの人間学』（河出書房新社、2004年）、『老いのデザイン』（求龍堂、2003年）、『みんぱくミュージアム劇場：からだは表現する』（財団法人千里文化財団、2000年、編著）、『技術としての身体』（大修館書店、1999年、共編著）、『身ぶりとしぐさの人類学』（中公新書、1996年）、『コミュニケーションとしての身体』（大修館書店、1996年、共編著）、『ボディーランゲージの世界：あいことばは身ぶりで』（ポプラ社、1993年）、『現代日本文化における伝統と変容8：情報と日本人』（ドメス出版、1992年）、*Culture Embodied*, (National Museum of Ethnology, 1990, co-ed. with Michael Moerman & Masaichi Nomura)、『民族音楽叢書9：身ぶりと音楽』(東京書籍、1990年、共編著)、『ふれあう回路』（平凡社、1987年、共著)、『ボディーランゲージを読む：身ぶりの空間の文化』（平凡社ライブラリ、1984年）、『しぐさの世界：身体表現の民族学』（日本放送出版協会、1983年）、論文として「『ピノッキオの冒険』の民俗誌的研究：身体性を中心に」（『子ども文化の原像』岩田慶治編著、日本放送出版協会、1985年）、「スパゲッティ以前：食文化と地域性」（『ヨーロッパの基層文化』川田順造編著、岩波書店、1995年）など。

現在、日本女子大学現代社会学科助教。

主な論文として、「『エスニック・タウン』の誕生とストリート：ロサンゼルスのカンボジア・タウンの事例から」（『ストリートの人類学』下巻 国立民族学博物館調査報告 81、2009 年）、

「カンボジア、メコン河支流沿いにおける絹織物生産と地域社会：スロック・チョムカーとスロック・スラエの関係を中心に」『社会情報研究』第 10 号、2012 年）など。

森田良成（もりた　よしなり）

1976 年、奈良県生まれ。

2010 年、大阪大学大学院人間科学研究科博士後期課程修了。博士（人間科学）。

専攻は、文化人類学。

現在、大阪大学大学院人間科学研究科特任研究員、東洋大学アジア文化研究所客員研究員。

主著書として、『「国家英雄」が映すインドネシア』（木犀社、2017 年、共著）、『人類学で世界をみる』（ミネルヴァ書房、2008 年、共著）、論文として、「携帯電話と電気への欲求：インドネシア、西ティモールの農村の事例」（『白山人類学』20 号、2017 年）、映像作品として、『アナ・ボトル：西ティモールの町と村で生きる』（43 分、2012 年）など。

和崎春日（わざき　はるか）
1949 年、京都府生まれ
1978 年、慶應義塾大学大学院社会学研究科博士課程単位取得退学　博士（社会学）
専攻は、都市人類学、アフリカ地域研究
現在、中部大学国際関係学部教授
主著書として、『アフリカに暮らして：ガーナ、カメルーンの人と日常』（春風社、2012 年、共著）、『大文字の都市人類学的研究』（刀水書房、1992 年）、『アフリカの都市的世界』（世界思想社、2001 年、共編著）、論文として、
「人類学方法論としての日本 - アフリカ邂逅誌：日本 - カメルーン往還のフィールドワーク」（『貿易風：中部大学国際関係学部論集』第 9 号、2014 年）
「在日・在中アフリカ人の生活戦略とホスト社会の受容性：グローバル化時代のネットワークと共同性」（『研究論集』36 号、愛知大学、2013 年）
「建造物・陳列物の展示性をめぐる比較博物館的調査：ベトナム、フランス、カメルーン」『中部大学民族資料博物館調査研究報告』平成 23 年度、2012 年）

小馬　徹（こんま　とおる）
1948 年富山県生まれ。
1981 年、一橋大学大学院社会学研究科博士課程単位取得退学。博士（社会人類学）。
専攻は、社会人類学、文化人類学、アフリカ研究、日本研究。
現在、神奈川大学人間科学研究科教授。
最近の著書には、『文化を折り返す：普段着でする文化人類学』（青娥書房、2016 年）、『フィールドワーク事始め：出会い、発見し、考える経験への誘い』（御茶の水書房、2916 年）、『「統治者なき社会」と統治：キプシギス民族の近代と前近代を中心に』（神奈川大学出版会、2017 年）、『「女性婚」を生きる：キプシギスの「女の知恵」考』（神奈川大学出版会、2018 年）など。

岸上伸啓（きしがみ　のぶひろ）

1958 年、高知県生まれ。

1989 年、マッギル大学大学院人類学部博士課程単位取得退学。博士（文学）。

専攻は、文化人類学、北方先住民文化研究。

現在、国立民族学博物館教授、総合研究大学院大学文化科学研究科教授。

主著書として、『贈与論再考』（臨川書店、2016 年、編著）『クジラとともに生きる』（臨川書店、2014 年）、『捕鯨の文化人類学』（成山堂書店、2012 年、編著）、『開発と先住民』（明石書店、2009 年、編著）『カナダ先住民の食文化と社会変化』(世界思想社、2007 年)、『イヌイット』（中公新書、2005 年）、『極北の民カナダ・イヌイット』（弘文堂、1998 年）など、論文に「Climate change, oil and gas development, and Inupiat whaling in northwest Alaska」(*Études/Inuit/Studies*, 34(1) 2010)、「A New Typology of Food-Sharing Practices among Hunter-Gatherers, with a Special Focus on Inuit Examples」(*Journal of Anthropological Research*, 60(3), 2004）など。

小田　亮（おだ　まこと）
1954 年、新潟県生まれ。
1988 年、東京都立大学大学院社会科学研究科博士課程単位取得退学。博士（社会人類学）。
専攻は、社会人類学。現在、首都大学東京人文社会学部教授。
主著書として、『構造主義のパラドクス』（勁草書房、1989 年）、『構造人類学のフィールド』（世界思想社、1994 年）、『レヴィ＝ストロース入門』（筑摩書房、2000 年）、論文として「ポストモダン人類学の代価：ブリコルールの戦術と生活の場の人類学」（『国立民族学博物館研究報告』21 巻 4 号、1997 年）、「『二重社会』という視点とネオリベラリズム：生存のための日常的実践」（『文化人類学』74 巻 2 号、2009 年）、「真正性の水準について」（『思想』1016 号、2008 年）、「真正性の水準と『顔』の

「子どもたちに居場所はあるか：「居方」というサイン」（『教育と医学』57 巻２号、2009 年）、「Asian Urbanism: Understanding the dynamics of communal life in the public streets.」（建築学報：*Architectural Journal*, No.2, 2007 年）など。

モニカ・ザルツブルン (Monika Salzbrunn)
Docteure en Anthropologie Sociale et Ethnologie (EHESS Paris) / Dr. rer. soc. (Faculty of Sociology, University of Bielefeld)
専攻は、Social and Cultural Anthropology, Migration, Art, Religion.
現在、full professor of Religion, Migration and Diaspora Studies at the University of Lausanne and director of the ERC project "ARTIVISM – Art and Activism. Creativity and Performance as Subversive Forms of Political Expression in Super-Diverse Cities".
主著書として、*L' Islam (in)visible en ville. Appartenances et engagements dans l'espace urbain* (Labor et Fides, 2018, ed,). *L'événement (im)prévisible. Mobilisations politiques et dynamiques religieuses* (Editions Beauchesne, 2018, co-ed. with Laurent Amiotte-Suchet). *The Economy of Urban Diversity. Ruhr Area and Istanbul*（Palgrave Macmillan, 2013, co-ed. with Darja Reuschke, Korinna Schönhärl). *From Community to Commonality: Multiple Belonging and Street Phenomena in the Era of Reflexive Modernization* (Seijo University, 2011, co-authored with Yasumasa Sekine). 論文として、A l'écoute des transnationalisations religieuses/Sounding religious transnationalism, (*Civilisations* 67, 2018, co-edited with Stefania Cappone and Hugo Ferran). When the Mosque Goes Beethoven: Expressing Religious Belongings through Music, (*COMPASO - Journal of Comparative Research in Anthropology and Sociology*, vol. 7 no.1, 2016). How diverse is Cologne Carnival? How migrants appropriate popular art spaces, (*Identities*, 21 (1), 2014) など。

喜田康稔（きた　やすとし）
1986 年、徳島県生まれ
2014 年、関西学院大学大学院社会学研究科博士課程前期課程修了。社会学修士。
専攻は、文化人類学。
現在、農業者。
主な論文として、「『「脱ダム」を生きる！』という地域の選択：細川内ダム建設問題を通して考える」（関西学院大学社会学部修士論文）など。

鈴木晋介（すずき　しんすけ）

1971 年、新潟県生まれ。

2004 年、筑波大学大学院博士課程歴史・人類学研究科単位取得退学、博士（文学）。

専攻は、文化人類学。

現在、茨城キリスト教大学文学部助教。

主著書として、『南アジア系社会の周辺化された人々：下からの創発的生活実践』（関西学院大学出版会、2017 年、共編著）、『社会苦に挑む南アジアの仏教：B.R. アンベードカルと佐々井秀嶺による不可触民解放闘争』（関西学院大学出版会、2016 年、共著）、『スリランカを知るための 58 章』（明石書店、2013 年、共編著）、『つながりのジャーティヤ：スリランカの民族とカースト』（法蔵館、2013 年）など。

姜　竣（かん　じゅん）
1966 年、韓国大邱市生まれ。
1999 年、筑波大学大学院歴史・人類学研究科博士後期課程単位取得退学。2008 年、博士（文学・大阪大学）。
専攻は、文化人類学、民俗学。
現在、京都精華大学マンガ学部・マンガ研究科教授。
主著書として、『民俗学的想像力』（せりか書房、2009 年、共著）、『紙芝居と〈不気味なもの〉たちの近代』（青弓社、2007 年）、『新しい民俗学へ』（せりか書房、2003 年、共著）、論文として、「絵の〈声〉の聴き方」（『文学』5 巻 2 号、2004 年 3・4 月、岩波書店）、「イメージとことばの「近代」」（『口承文藝研究』25 号、2002 年）、「目と耳の民俗学」（『日本民俗学』224 号、2001 年）、など。

中野歩美（なかの　あゆみ）

1988 年、福岡県生まれ。

2003 年、関西学院大学大学院社会学研究科博士課程単位取得退学。

専攻は、文化人類学、南アジア地域研究。

現在、関西学院大学大学院奨励研究員。

主な論文として、「北インドにおける婚資婚再考：ラージャスターン州西部に暮らすジョーギーの姻戚関係を事例に」（『国立民族学博物館研究報告』42 巻 3 号、2018 年）、「『移動民』をめぐる語りとカーストの形成に関する一考察：インド・タール沙漠地域に暮らすジョーギーを対象として」（『先端社会研究書紀要』10 号、2013 年）など。

朝日由実子（あさひ　ゆみこ）
1980 年、東京都生まれ。
2008 年、上智大学大学院外国語学研究科博士課程単位取得退学。修士（地域研究）。
専攻は、文化人類学、カンボジア地域研究。

執筆者紹介（掲載順）

トム・ギル（Thomas Paramor Gill, 一般に Tom Gill）

1960 年、イギリス・ポーツマス生まれ。

1997 年、ロンドン大学政治経済学院社会人類学研究科博士課程修了。Ph.D(Social Anthropology)。

専攻は、社会人類学、日本研究。

現在、明治学院大学国際学部教授。

主著書として、*Men of Uncertainty: The Social Organization of Japanese Day Laborers in Contemporary Japan*（SUNY Press、2001 年）、『毎日あほうだんす：寿町の日雇い哲学者西川紀光の世界』（キョウトット出版、2013 年）、『東日本大震災の人類学：津波、原発事故と被災者たちの「その後」』（人文書院、2013 年、編者・共著）、*Yokohama Street Life: The Precarious Career of a Japanese Day Laborer*（Lexington Books、2015 年）。論文として、「日本の都市路上に散った男らしさ：ホームレス男にとっての自立の意味」（『日本人の「男らしさ」：サムライからオタクまで「男性性」の変遷を追う』、サビーネ・フリューシュトゥックと アン・ウォルソール編、第 6 章、175-202 頁（明石書店、2013 年）他。

飯嶋秀治（いいじま　しゅうじ）

1969 年、埼玉県生まれ。

2005 年、九州大学大学院人間環境学研究科博士課程修了。博士（人間環境学）。

専攻は、共生社会システム論。

現在、九州大学大学院人間環境学研究院准教授。

主著書として、『アクション別フィールドワーク入門』（世界思想社、2008 年、共著）、『支援のフィールドワーク：開発と福祉の現場から』（世界思想社、2011 年、共編著）、『社会的包摂／排除の人類学：開発、難民、福祉』（昭和堂、2014 年、共著）、『現実に介入しつつこころに関わる展開編：多面的援助アプローチの実際』（明石書店、2016 年、共著）、論文として、「社会的排除とのつきあい方：日本の児童養護施設における臨床心理学と文化人類学の連携」（『文化人類学』77 巻 2 号、2012 年）。

田嶌誠一（たじま　せいいち）

1951 年、福岡県生まれ。

1980 年 3 月　九州大学教育学部大学院前期博士課程（教育心理学専攻）博士課程単位取得退学。博士（教育心理学）。2016 年 3 月に九州大学を定年退職。九州大学名誉教授。

専攻は、臨床心理学。

主著書として、『現実に介入しつつ心に関わる：展開編』（2016 年編著、金剛出版）、『その場で関わる心理臨床：多面的体験支援アプローチ』（2016 年単著遠見書房）、『心の営みとしての病むこと：イメージの心理臨床』（2011 年単著、岩波書店）、『児童福祉施設における暴力問題の理解と対応：続・現実に介入しつつ心に関わる』（2011 年単著、金剛出版）、『現実に介入しつつ心に関わる』（2009 年、金剛出版）、『不登校：ネットワークを生かした多面的援助の実際』（2010 年編著、金剛出版）など。

根本　達（ねもと　たつし）
1975 年、ペルー生まれ。
2010 年、筑波大学大学院博士課程人文社会科学研究科修了。博士（国際政治経済学）。
専攻は、文化人類学、南アジア地域研究。
現在、筑波大学人文社会系助教。
主な論文として、「ポスト・アンベードカルの時代における自己尊厳の獲得と他者の声：インド・ナーグプル市の反差別運動と仏教僧佐々井の矛盾する実践について」（『文化人類学』81 巻 2 号、2016 年）、「「繋ぐ者」の連帯と開かれた交渉の場：現代インドを生きる仏教徒たちの改宗運動と生活世界」（『文化人類学』78 巻 3 号、2013 年）など。

近森高明（ちかもり　たかあき）

1974 年、愛媛県生まれ。

2002 年、京都大学大学院文学研究科博士後期課程研究指導認定退学。博士（文学）。

専攻は、文化社会学、都市空間論。

現在、慶應義塾大学文学部教授。

主著書として、『ベンヤミンの迷宮都市：都市のモダニティと陶酔経験』（世界思想社、2007 年）、『無印都市の社会学：どこにでもある日常空間をフィールドワークする』（法律文化社、2013 年、共編）、『都市のリアル』（有斐閣、2013 年、共編）、論文として、「コールハース、ズーキン、そしてベンヤミン：都市批評の現在的困難を超えて」（『法学研究』第 90 巻第 1 号、2017 年）、「「地下街主義」宣言のためのノート：高度経済成長期日本の過密の文化」（『文化人類学』第 82 巻第 2 号、2017 年）など。

南　博文（みなみ　ひろふみ）
1957 年、広島県生まれ。
1985 年、米国クラーク大学大学院心理学科博士課程修了。Ph.D(Psychology)。
専攻は、環境心理学、都市の場所研究。
現在、九州大学大学院人間環境学研究院教授。
主著書として、『子ども達の「居場所」と対人的世界の現在』（九州大学出版会、2003 年、編著）、『環境心理学の新しいかたち』（誠信書房、2006 年、編著）、『社会と場所の経験（質的心理学講座第 3 巻）』（東京大学出版会、2008 年、編著）、論文として、

編者紹介

関根康正（せきね　やすまさ）

1949 年、群馬県生まれ。

1993 年、ロンドン大学東洋アフリカ研究学院博士課程修了。Ph.D(Social Anthropology)。

専攻は、社会人類学、南アジア社会研究。

現在、関西学院大学社会学部教授。

主著書として、『社会苦に挑む南アジアの仏教：B. R. アンベードカルと佐々井秀嶺による不可触民解放闘争』（関西学院大学出版会、2016 年、共著）、“From Community to Commonality: Multiple Belonging and Street Phenomena in the Era of Reflexive Modernization”（Center for Glocal Studies Seijo University, 2011 年 , 共著）、“Pollution, Untouchability and Harijans：A South Indian Ethnography”（Rawat Publications , 2011 年）、『ストリートの人類学　上巻＋下巻』（国立民族学博物館、2009 年、編著）、『宗教紛争と差別の人類学』（世界思想社、2006 年）、『〈都市的なるもの〉の現在：文化人類学的考察』（東京大学出版会、2004 年、編著）、『ケガレの人類学：南インド・ハリジャンの生活世界』（東京大学出版会、1995 年）、論文として、‘Transnationality, Hope and ‘Recombinant Locality’:Knowledge as Capital and Resource’（*South Asia Research* 32(1), 2012 年）など。

ストリート人類学　方法と理論の実践的展開

2018 年 2 月 20 日　印刷
2018 年 2 月 28 日　発行

編　者　関根康正

発行者　石井　雅

発行所　株式会社　風響社

東京都北区田端 4-14-9（〒 114-0014）
Tel 03(3828)9249　振替 00110-0-553554
印刷　モリモト印刷

ISBN978- 4-89489-246-0 C3039